2018
中国民政统计年鉴
中国社会服务统计资料

CHINA CIVIL AFFAIRS'STATISTICAL YEARBOOK

STATISTICS OF CHINA SOCIAL SERVICES

中华人民共和国民政部　编

中国社会出版社
国家一级出版社・全国百佳图书出版单位

图书在版编目（CIP）数据

中国民政统计年鉴 ：中国社会服务统计资料．2018 ／
中华人民共和国民政部编．-- 北京 ：中国社会出版社，2018.9
ISBN 978-7-5087-6066-7

Ⅰ．①中… Ⅱ．①中… Ⅲ．①民政事务－统计资料－
中国－2018 Ⅳ．①D632-66

中国版本图书馆CIP数据核字(2018)第219128号

书　　名：中国民政统计年鉴 ：中国社会服务统计资料．2018
编　　者：中华人民共和国民政部

出 版 人：浦善新
终 审 人：李　浩
责任编辑：王晓燕
助理编辑：张　党

出版发行：中国社会出版社　　**邮政编码**：100032
通联方式：北京市西城区二龙路甲33号新龙大厦4层
电　　话：编辑部：（010）58124812
邮购部：（010）58124848
销售部：（010）58124845
传　真：（010）58124856
网　　址：www.shcbs.com.cn
shcbs.mca.gov.cn
经　　销：各地新华书店

中国社会出版社天猫旗舰店

印刷装订：中国电影出版社印刷厂
开　　本：210mm×297mm 1/16
印　　张：40.50
字　　数：1200千字
版　　次：2018年9月第1版
印　　次：2018年9月第1次印刷
定　　价：320.00元

中国社会出版社微信公众号

2018

中国民政统计年鉴

中国社会服务统计资料

编委会和编辑人员

编者说明

《中国民政统计年鉴–2018》（中国社会服务统计资料）是一部反映2017年度中国社会服务发展的资料性年刊，是根据各省、自治区、直辖市以及计划单列市民政厅（局）报送的社会服务业统计年报及有关部门的报表编制而成。本书内容由六部分组成：第一部分是专文，2017年社会服务发展统计公报；第二部分是社会服务主要数据图表；第三部分是社会服务综合统计资料；第四部分是社会服务历年统计资料；第五部分是社会服务当年分省统计资料；第六部分是附录，《中国民政统计年鉴－2017》勘误。本书对各级政府有关部门、从事社会服务研究和教学的人员，以及社会各界了解和研究社会服务发展状况、提高政府管理和决策水平，具有重要的参考价值。

书中涉及的全国性统计数据均不包括香港特别行政区，澳门特别行政区和台湾省，表格中“一”符号表示数据不足本表最小计量单位；“空格”符号表示该项统计数据为零，“#”表示为其中主要项。

本书凝聚了全国民政系统广大规划财务部门统计工作者和有关部门统计人员的辛勤汗水和工作成果。本书的编辑出版得到了各级领导和统计战线同人们的热情支持和帮助。在此，向所有关心和支持该书出版发行的同志们表示衷心的谢意。

目　录

第一部分：专文

第二部分：社会服务主要数据图表

综合

社会工作

成员组织和其他社会服务

第三部分：社会服务综合统计资料

综合

社会工作

成员组织和其他社会服务

第四部分：社会服务历年统计资料

综合

社会工作

社会工作

提供住宿的社会服务活动

为老年人与残疾人提供住宿服务的机构

为智障与精神疾病人提供住宿服务的机构

自治组织

其他社会服务

婚姻服务

殡葬服务

其他

第六部分：附录

第一部分

专　文

2017年社会服务发展统计公报

中华人民共和国民政部
2018年7月25日

2017年，全国民政系统认真学习贯彻习近平新时代中国特色社会主义思想和党的十九大精神，全力以赴抓好党中央、国务院各项决策部署的落实，坚定不移推进民政系统全面从严治党，全面树立“民政为民、民政爱民”工作理念，大力推进民政事业改革创新，扎实推进加强基层民政和机关基础工作，民政事业得到新发展，民政部门发生新变化，民政队伍呈现新面貌。

一、综合

截至2017年底，全国共有省级行政区划单位34个（其中直辖市4个、省23个、自治区5个、特别行政区2个），地级行政区划单位334个（其中地级市294个、地区7个，自治州30个、盟3个），县级行政区划单位2851个（其中市辖区962个、县级市363个、县1355个、自治县117个、旗49个、自治旗3个、特区1个、林区1个），乡级行政区划单位39888个，其中区公所2个、镇21116个、乡9394个、苏木152个、民族乡982个、民族苏木1个、街道8241个。

2017年共联合检查省界13条，完成了总长度约为14450公里的省界联检任务。

图1　乡、镇、街道变化情况

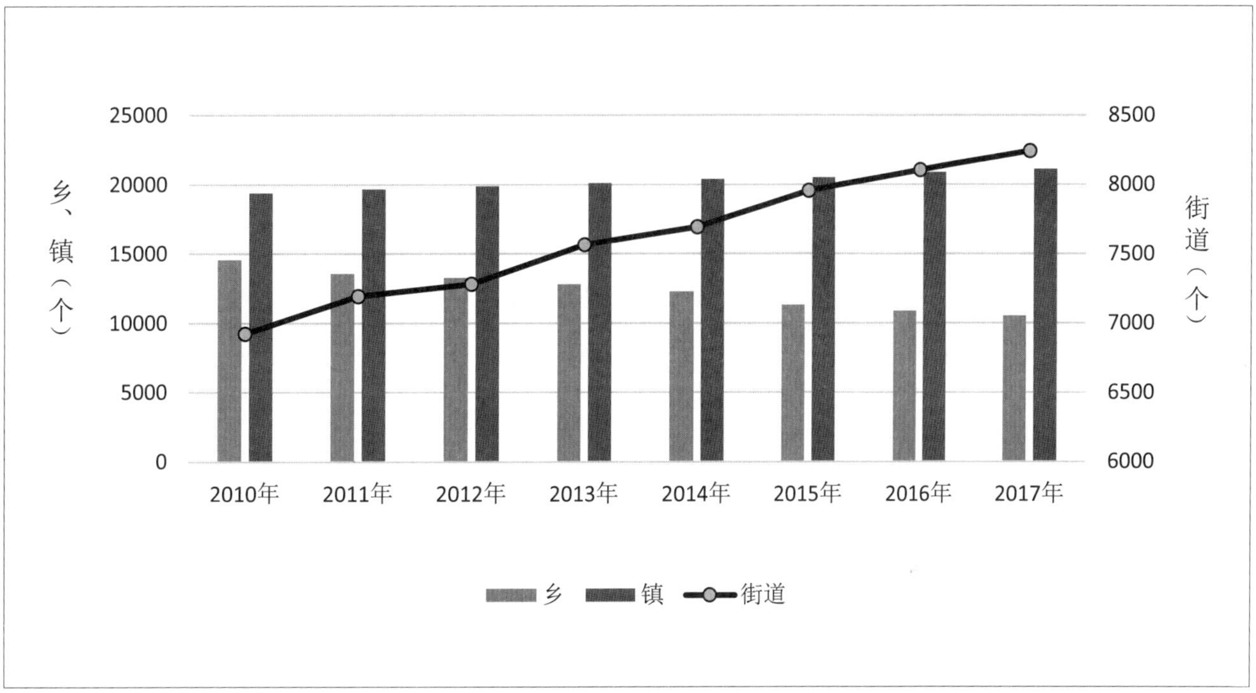

表1　乡、镇、街道变化情况

单位：个

指标	2010年	2011年	2012年	2013年	2014年	2015年	2016年	2017年
乡	14571	13587	13281	12812	12282	11315	10872	10529
镇	19410	19683	19881	20117	20401	20515	20883	21116
街道	6923	7194	7282	7566	7696	7957	8105	8241

截至2017年底，全国共有社会服务机构和设施182.1万个，职工总数1355.8万人，固定资产原价5434.8亿元；社会服务事业基本建设在建项目建设规模2594.0万平方米，全年实际完成投资总额209.2亿元；全国持证社会工作者共计32.7万人，其中社会工作师8.3万人，助理社会工作师24.3万人；全国社会服务事业费支出5932.7亿元，比上年增长9.1%，占国家财政支出比重为2.9%，其中中央财政向各地转移支付社会服务事业费2492.3亿元，比上年增长0.3%，占社会服务事业费比重为42.0%，同比下降3.7个百分点。

图2　社会服务基本情况

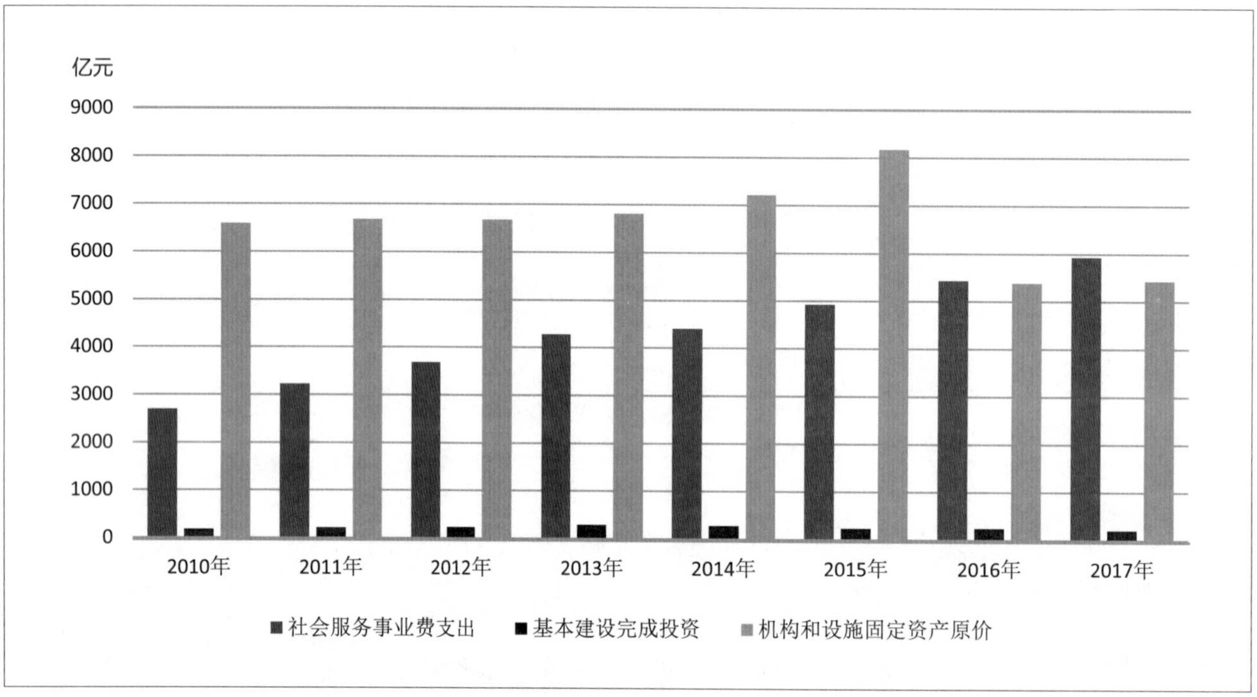

表2　社会服务基本情况

单位：亿元

指标	2010年	2011年	2012年	2013年	2014年	2015年	2016年	2017年
社会服务事业费支出	2697.5	3229.1	3683.7	4276.5	4404.1	4926.4	5440.2	5932.7
基本建设完成投资	183.0	218.5	235.0	292.8	282.2	239.9	243.5	209.2
机构和设施固定资产原价	6589.3	6676.7	6675.4	6810.2	7213.0	8183.1	5393.6	5434.8

二、社会工作

（一）提供住宿的社会服务。

截至2017年底，全国注册登记的提供住宿的各类社会服务机构3.2万个，其中注册登记为事业单位的机构1.8万个，注册登记为民办非企业单位的机构1.3万个。机构内床位419.6万张，年末收留抚养人员228.8万人。

图3　社会服务机构床位

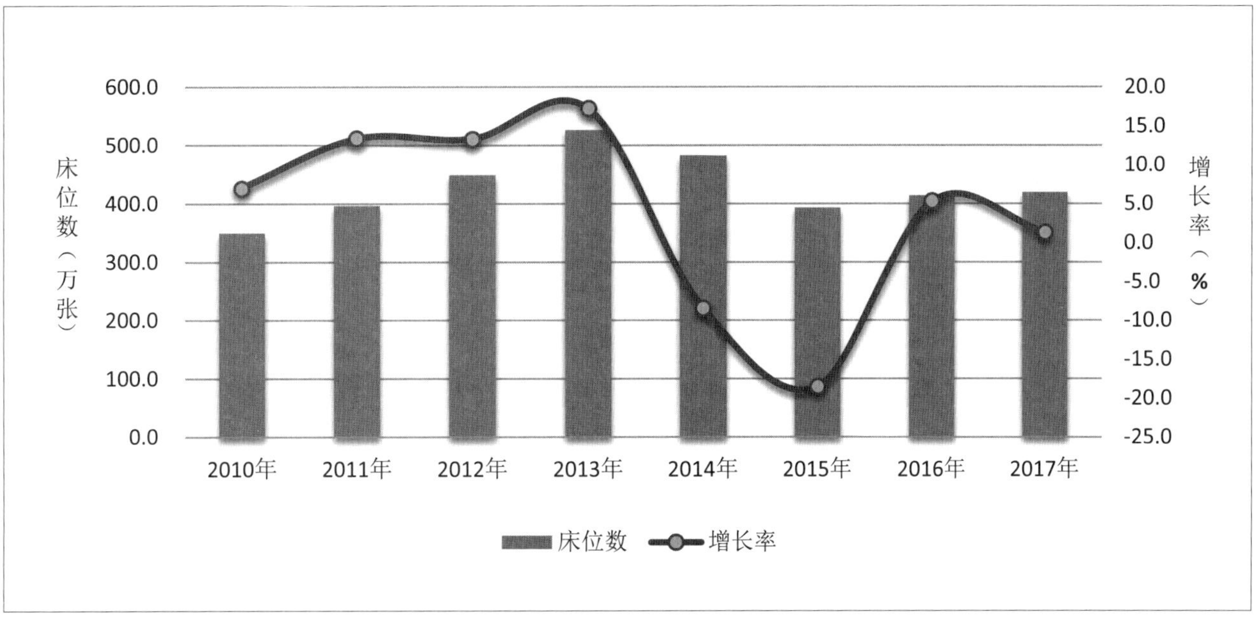

表3　社会服务机构床位

单位：万张、%

指标	2010年	2011年	2012年	2013年	2014年	2015年	2016年	2017年
床位数	349.6	396.4	449.3	526.7	482.3	393.2	414.0	419.6
增长率	7.1	13.4	13.4	17.2	-8.4	-18.5	5.3	1.4

1.提供住宿的养老服务。全国各类养老服务机构和设施15.5万个，比上年增长10.6%，其中：注册登记的养老机构2.9万个，社区养老机构和设施4.3万个，社区互助型养老设施8.3万个；各类养老床位合计744.8万张，比上年增长2%（每千名老年人拥有养老床位30.9张），其中社区留宿和日间照料床位338.5万张。

2.提供住宿的精神卫生服务。全国民政部门管理的智障与精神疾病服务机构共有242个，床位8.8万张。其中社会福利医院（精神病院）144个，床位数5.5万张，年末收留抚养各类人员4.7万人；复退军人精神病院98个，床位数3.3万张，年末收留抚养各类人员2.7万人。

3.提供住宿的儿童福利和救助保护服务。全国共有儿童收养救助服务机构663个，床位10.3万张，年末收留抚养各类人员5.9万人。其中儿童福利机构469个，床位9.5万张；未成年人救助保护中心194个，床位0.8万张，全年共救助流浪乞讨未成年人3.5万人次。

4.其他提供住宿的社会服务。全国共有其他提供住宿的社会服务机构2254个，床位17.1万张。其中各类救助管理机构1623个，床位10.1万张，全年救助生活无着流浪乞讨人员215.4万人次（在站救助163.1万人次，站外救助52.3万人次）。军供站313个，其他提供住宿的机构318个。

（二）不提供住宿的社会服务。

1.老龄服务。截至2017年底，全国60周岁及以上老年人口24090万人，占总人口的17.3%，其中65周岁及以上老年人口15831万人，占总人口的11.4%。全国共有老龄事业单位1600个，老年法律援助中心2.0万个，老年维权协调组织6.4万个，老年学校4.9万个、在校学习人员704.0万人，各类老年活动室35.0万个；享受高龄补贴的老年人2682.2万人，比上年增长13.9%；享受护理补贴的老年人61.3万人，比上年增长51.5%；享受养老服务补贴的老年人354.4万人，比上年增长25.3%。

图4　60周岁及以上老年人口占全国总人口比重

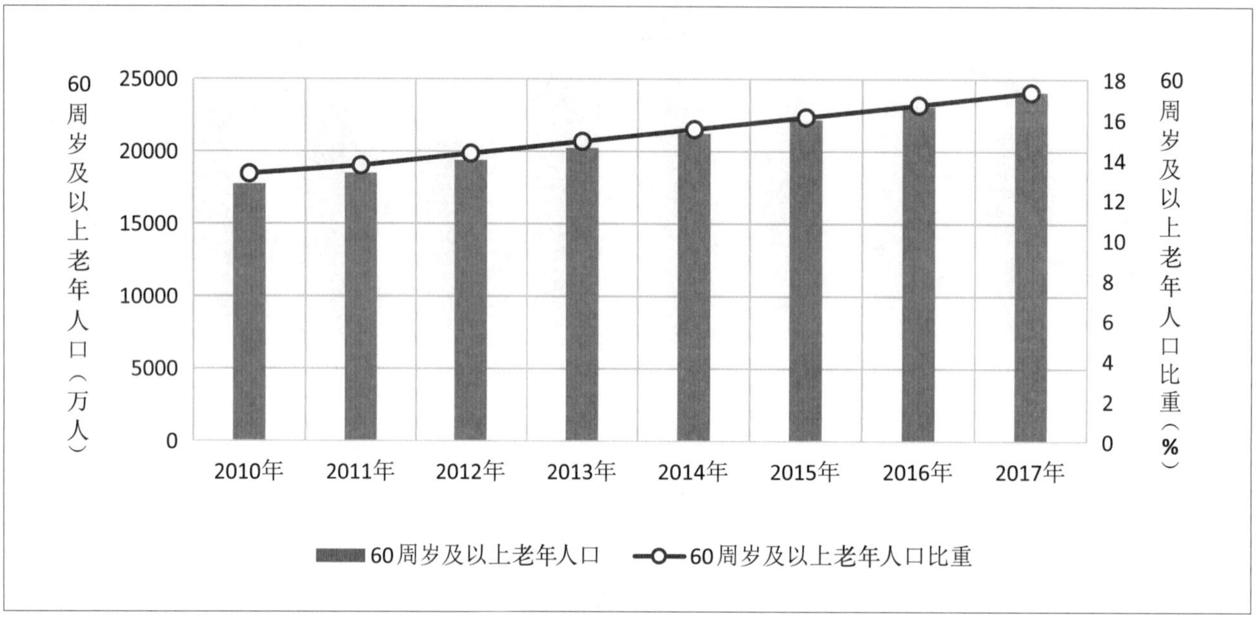

表4　60周岁及以上老年人口占全国总人口比重

单位：万人、%

指标	2010年	2011年	2012年	2013年	2014年	2015年	2016年	2017年
60周岁及以上老年人口	17765	18499	19390	20243	21242	22200	23086	24090
60周岁及以上老年人口比重	13.3	13.7	14.3	14.9	15.5	16.1	16.7	17.3

注：本图表资料来源于国家统计局。

2.儿童福利和收养登记。截至2017年底，全国共有孤儿41.0万人，其中集中供养孤儿8.6万人，社会散居孤儿32.4万人。2017年全国办理收养登记1.9万件，其中：内地居民收养登记1.7万件，港澳台华侨收养登记103件，外国人收养登记2228件。

表5　收养登记

单位：件、%

指标	2010年	2011年	2012年	2013年	2014年	2015年	2016年	2017年
收养登记数	34529	31424	27278	24460	22772	22348	18736	18820
年增长率	-22.0	-9.0	-13.2	-10.3	-6.9	-1.9	-16.2	0.4

图5　收养登记

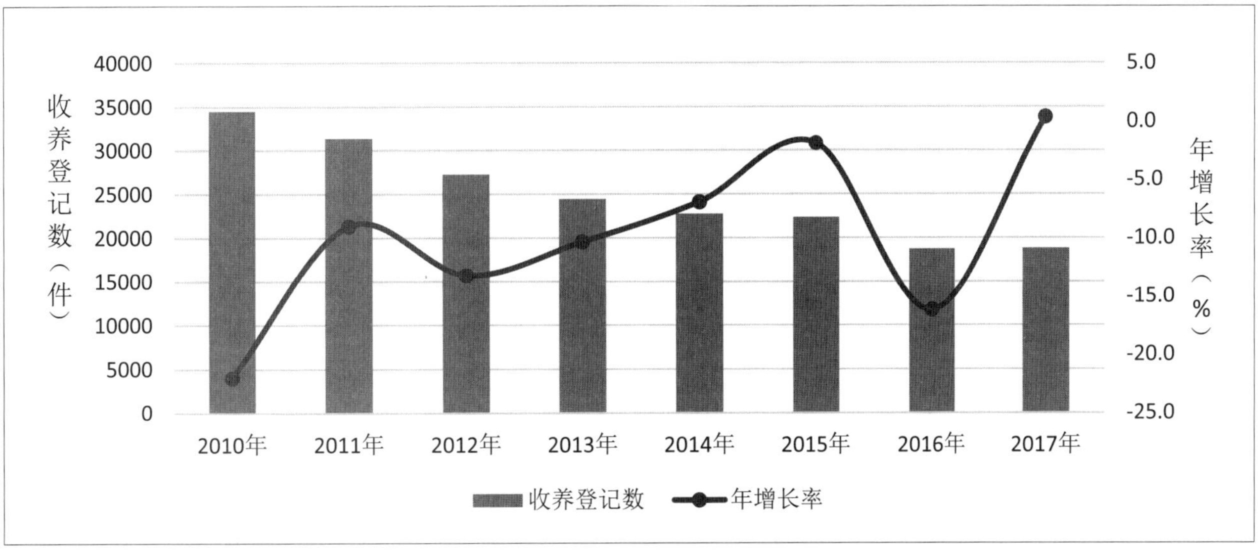

3.残疾人服务。2017年，困难残疾人生活补贴人数1019.2万人，重度残疾人护理补贴人数1053.7万人。截至2017年底,民政部门直属康复辅具机构24个，固定资产原价5.7亿元。

4.社会救助。最低生活保障。截至2017年底，全国有城市低保对象741.5万户、1261.0万人。全年各级财政共支出城市低保资金640.5亿元。2017年全国城市低保平均标准540.6元/人·月，比上年增长9.3%。全国有农村低保对象2249.3万户、4045.2万人。全年各级财政共支出农村低保资金1051.8亿元。2017年全国农村低保平均标准4300.7元/人·年，比上年增长14.9%。

特困人员救助供养。截至2017年底，全国共有农村特困人员466.9万人，比上年减少6.0%。全年各级财政共支出农村特困人员救助供养资金269.4亿元，比上年增长17.7%。全国共有城市特困人员25.4万人。全年各级财政共支出城市特困人员救助供养资金21.2亿元。

临时救助。2017年临时救助累计救助970.3万人次，其中救助非本地户籍对象11.9万人次。全国各级财政共支出临时救助资金107.7亿元，平均救助水平1109.9元/人·次。

图6　困难群众基本生活救助情况

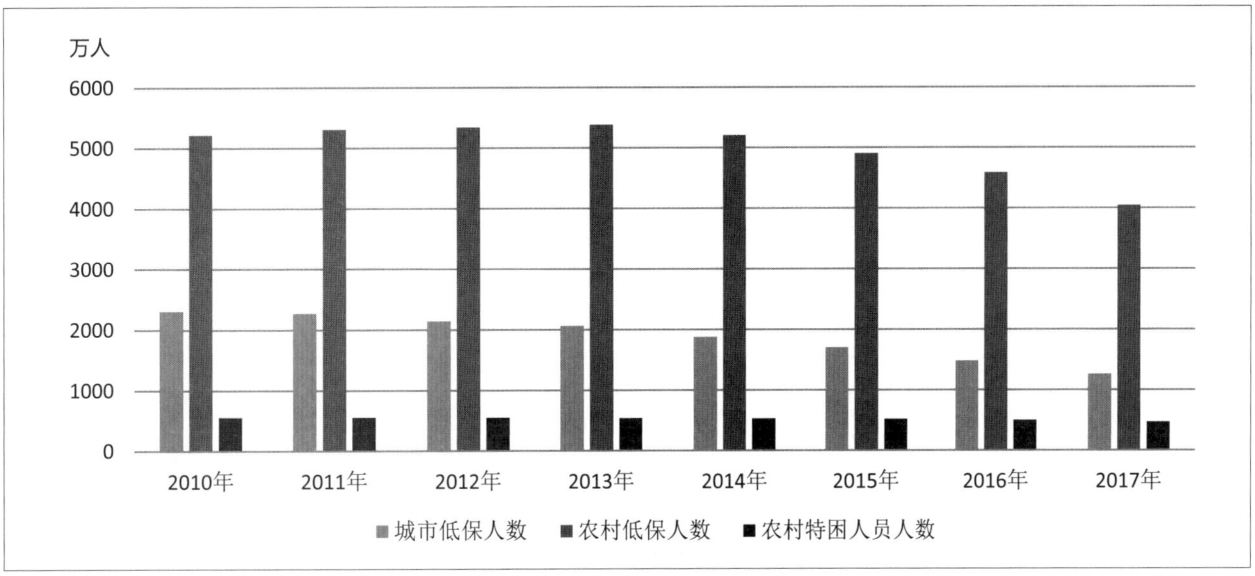

表6　困难群众基本生活救助情况

单位：万人

指标	2010年	2011年	2012年	2013年	2014年	2015年	2016年	2017年
城市低保人数	2310.5	2276.8	2143.5	2064.2	1877.0	1701.1	1480.2	1261.0
农村低保人数	5214.0	5305.7	5344.5	5388.0	5207.2	4903.6	4586.5	4045.2
农村特困人员人数	556.3	551.0	545.6	537.2	529.1	516.8	496.9	466.9

医疗救助。2017年资助参加基本医疗保险5621.0万人，支出74.0亿元，人均补助水平131.6元。2017年实施住院和门诊医疗救助3517.1万人次，支出266.1亿元，住院和门诊每人次平均救助水平分别为1498.4元和153.2元。2017年全年累计资助优抚对象367.1万人次，支出优抚医疗补助资金36.1亿元，人均补助水平982.3元。

5.防灾减灾救灾。2017年全国各类自然灾害共造成1.4亿人次不同程度受灾，因灾死亡（含失踪）979人，紧急转移安置525.3万人次；农作物受灾面积18478.1千公顷，其中绝收面积1826.7千公顷；倒塌房屋15.3万间，损坏房屋157.9万间；因灾直接经济损失3018.7亿元。国家减灾委、民政部共启动国家救灾应急响应17次，向各受灾省份累计下拨中央财政自然灾害生活补助资金80.7亿元（含中央冬春救灾资金57.3亿元），紧急调拨近3万顶救灾帐篷、11.6万床（件）衣被、3.1万条睡袋、6.9万张折叠床等中央储备生活类救灾物资。

图7　因灾死亡（含失踪）人口

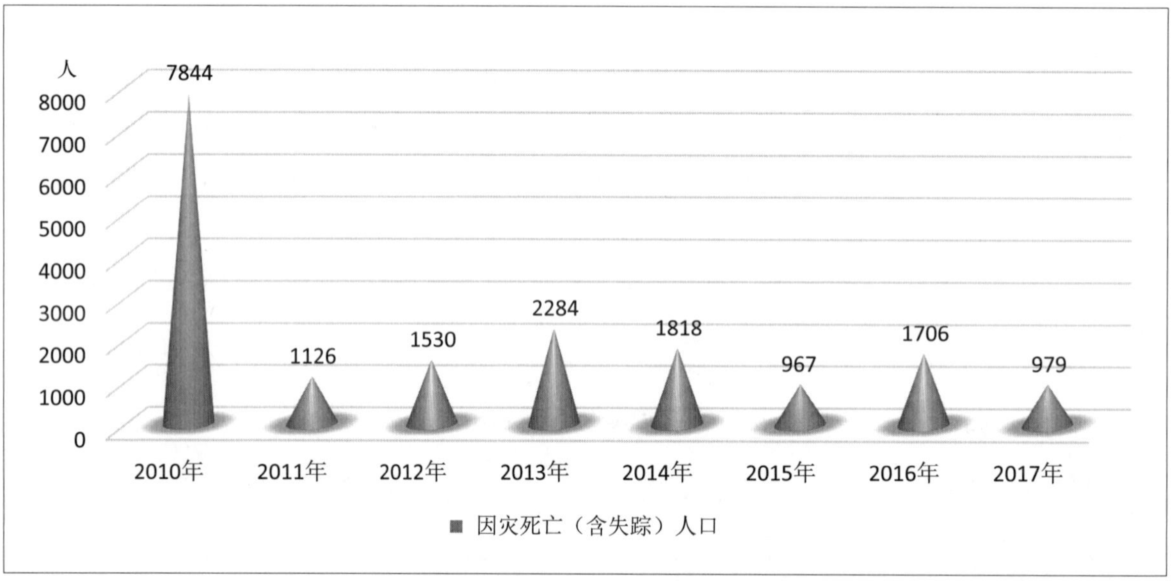

表7 因灾死亡（含失踪）人口

单位：人

指标	2010年	2011年	2012年	2013年	2014年	2015年	2016年	2017年
因灾死亡（含失踪）人口	7844	1126	1530	2284	1818	967	1706	979

6.慈善事业

慈善捐赠。截至2017年底，全国共建立经常性社会捐助工作站、点和慈善超市2.8万个（其中：慈善超市8969个）。全年共接收社会捐款754.2亿元，其中：民政部门直接接收社会各界捐款25.0亿元，各类社会组织接收捐款729.2亿元。全年各地民政部门直接接收捐赠物资价值折合人民币1.1亿元，间接接收其他部门转入的捐赠物资折款0.7亿元，社会捐款10.3亿元。全年有582.8万人次困难群众受益。全年有1716.4万人次在社会服务领域提供了5395.6万小时的志愿服务。

图8　接收社会捐款

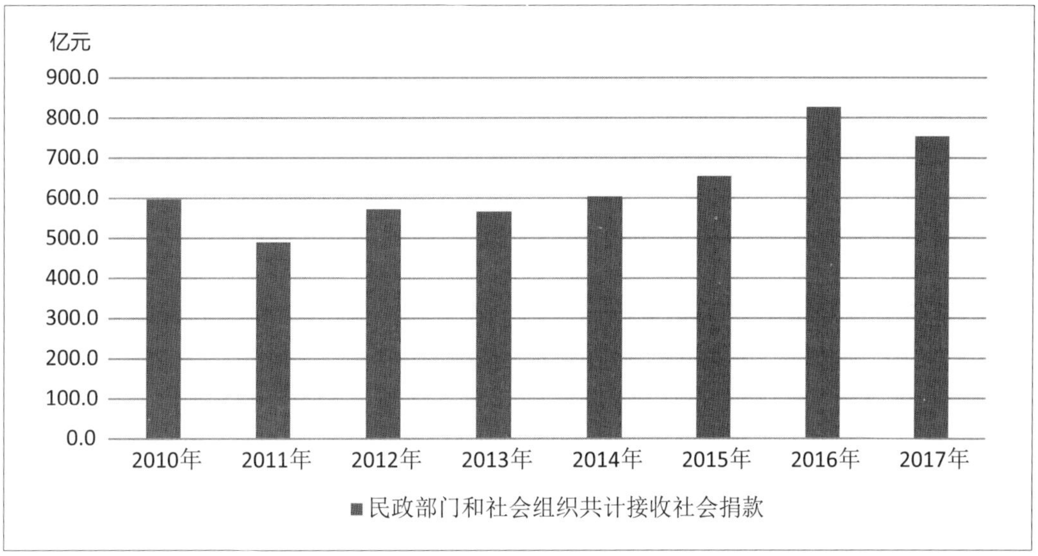

表8　接收社会捐款

单位：亿元

指标	2010年	2011年	2012年	2013年	2014年	2015年	2016年	2017年
民政部门和社会组织共计接收社会捐款	596.8	490.1	572.5	566.4	604.4	654.5	827.0	754.2

福利彩票。2017年中国福利彩票销售2169.8亿元，比上年增加104.9亿元，增长5.1%。全年筹集福利彩票公益金631.1亿元，比上年增长6.7%。全年民政系统共支出彩票公益金275.2亿元，比上年增长2.6%，其中用于抚恤6.2亿元，社会福利173.6亿元，社会救助35.4亿元，自然灾害生活救助3.5亿元。

图9　福利彩票

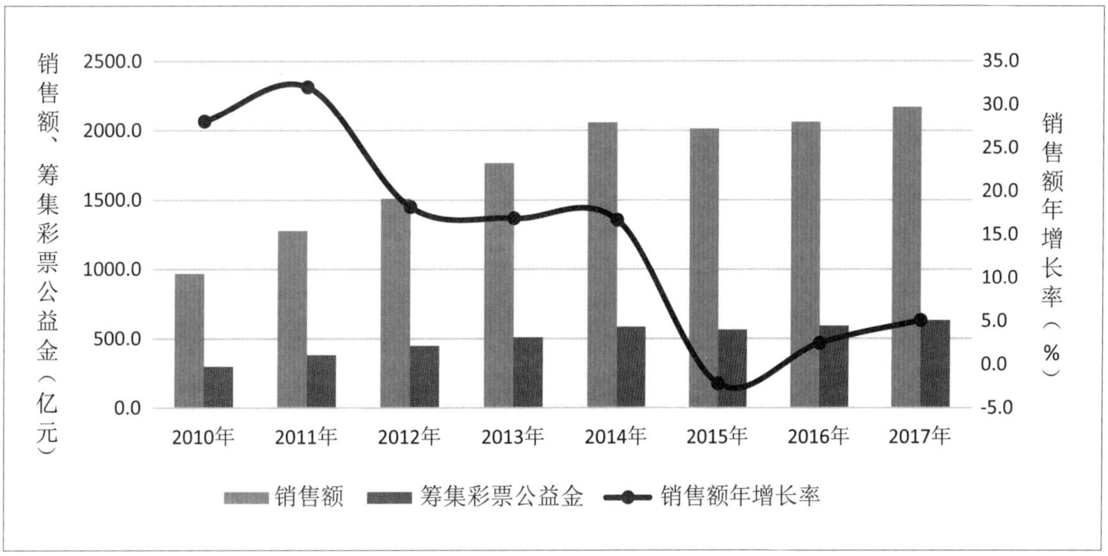

表9　福利彩票

单位：亿元、%

指标	2010年	2011年	2012年	2013年	2014年	2015年	2016年	2017年
销售额	968.0	1278.0	1510.3	1765.3	2059.7	2015.1	2064.9	2169.8
销售额年增长率	28.0	32.0	18.2	16.9	16.7	-2.2	2.5	5.1
筹集彩票公益金	298.8	382.0	449.4	510.7	585.7	563.8	591.8	631.1

7.**优抚安置**。截至2017年底，国家抚恤、补助各类重点优抚对象857.7万人。各级财政共支出抚恤事业费827.3亿元，比上年增长7.5%。全国共有注册登记的烈士纪念设施管理保护单位957个，占地面积4128.1公顷，机构内烈士纪念设施0.8万处。2017年新增184人享受烈士待遇。全国共有军队离退休人员管理中心、活动中心296个，年末职工0.4万人，服务军队离退休人员34.9万人。

图10　国家抚恤、补助优抚对象

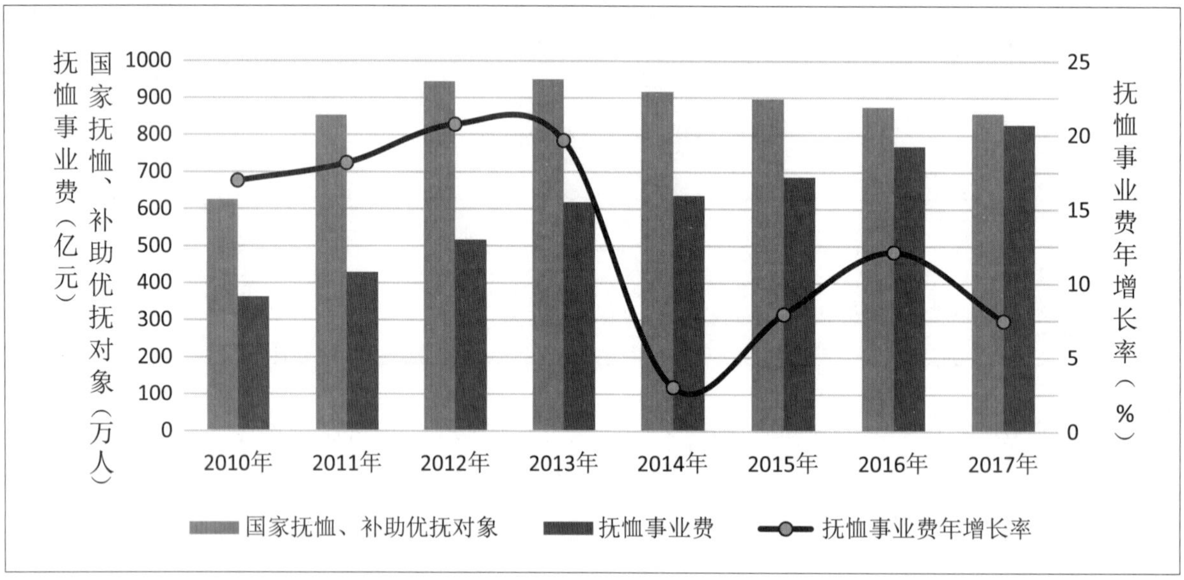

表10　国家抚恤、补助优抚对象

单位：万人、亿元、%

指标	2010年	2011年	2012年	2013年	2014年	2015年	2016年	2017年
国家抚恤、补助优抚对象	625.0	852.5	944.4	950.5	917.3	897.0	874.8	857.7
抚恤事业费	362.7	428.3	517.0	618.4	636.6	686.8	769.8	827.3
抚恤事业费年增长率	16.9	18.1	20.7	19.6	2.9	7.9	12.1	7.5

8.**社区服务**。截至2017年底，全国共有各类社区服务机构和设施40.7万个，其中社区服务指导中心619个（其中农村16个），社区服务中心2.5万个（其中农村1.0万个），社区服务站14.3万个（其中农村7.5万个），其他社区服务设施11.3万个，社区服务中心（站）覆盖率25.5%，其中城市社区服务中心（站）覆盖率78.6%，农村社区服务中心（站）覆盖率15.3%。社区志愿服务组织9.6万个。

图11　社区服务机构和设施

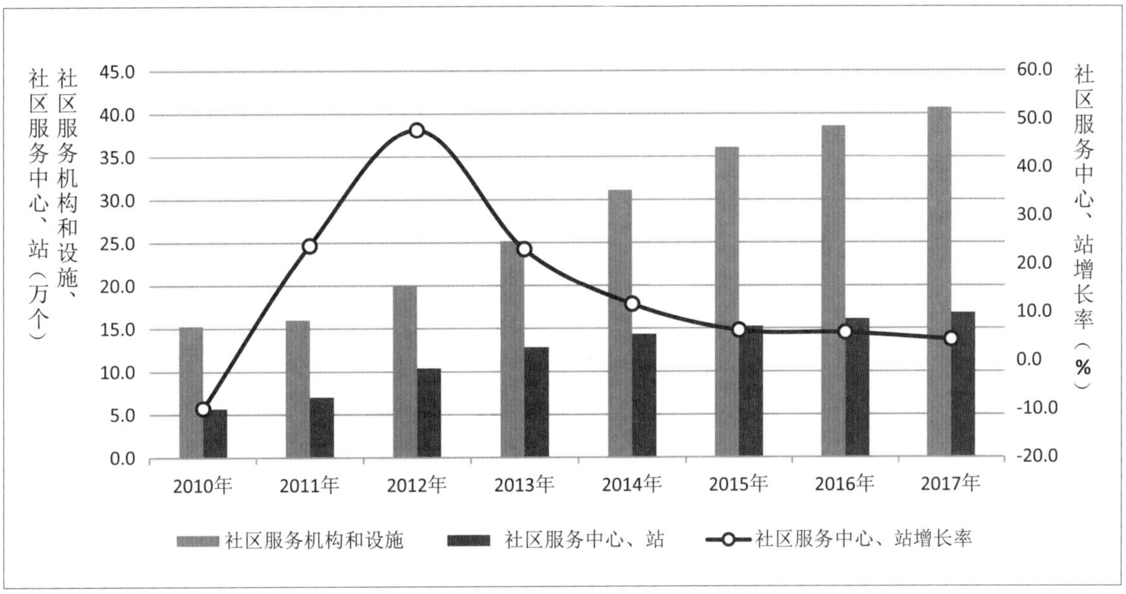

表11　社区服务机构和设施

单位：万个、%

指标	2010年	2011年	2012年	2013年	2014年	2015年	2016年	2017年
社区服务机构和设施	15.3	16.0	20.0	25.2	31.1	36.1	38.6	40.7
社区服务中心、站	5.7	7.1	10.4	12.8	14.3	15.2	16.1	16.8
社区服务中心、站增长率	-9.8	23.9	47.8	23.1	11.7	6.2	5.8	4.3

三、成员组织和其他社会服务

（一）成员组织。

1.社会组织。截至2017年底，全国共有社会组织76.2万个，比上年增长8.4%；吸纳社会各类人员就业864.7万人，比上年增长13.2%。全年共查处社会组织违法违规案件4293起，行政处罚4270起。

全国共有社会团体35.5万个，比上年增长5.7%，其中：工商服务业类3.9万个，科技研究类1.5万个，教育类1.0万个，卫生类0.9万个，社会服务类4.8万个，文化类3.9万个，体育类3.0万个，生态环境类0.6万个，法律类0.3万个，宗教类0.5万个，农业及农村发展类6.2万个，职业及从业组织类2.0万个，其他6.8万个。全年共查处社会团体违法违规案件2375起，行政处罚2352起。

全国共有各类基金会6307个，比上年增长13.5%，其中：公募基金会1678个，非公募基金会4629个；民政部登记的基金会213个。全年共查处基金会违法违规案件49起，行政处罚49起。

全国共有民办非企业单位40.0万个，比上年增长10.8%，其中：科技服务类1.6万个，生态环境类501个，教育类21.7万个，卫生类2.7万个，社会服务类6.2万个，文化类2.1万个，体育类1.8万个，法律类1197个，工商业服务类3652个，宗教类115个，国际及其他涉外组织类15个，其他3.0万个。全年共查处民办非企业单位违法违规案件1869起，行政处罚1869起。

图12　社会组织

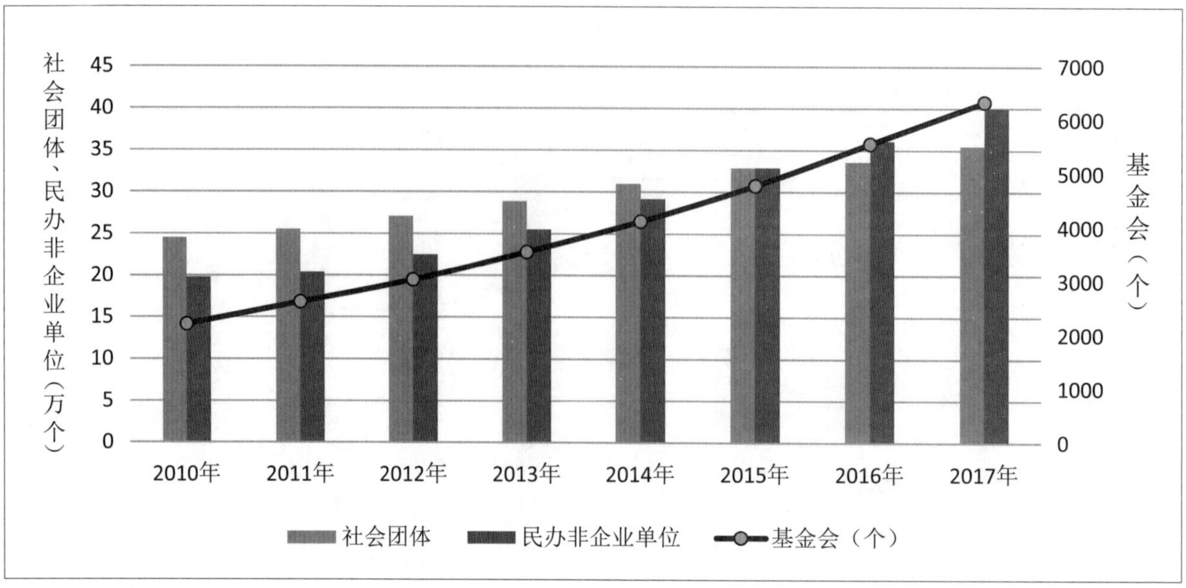

表12　社会组织

单位：万个、个

指标	2010年	2011年	2012年	2013年	2014年	2015年	2016年	2017年
社会团体	24.5	25.5	27.1	28.9	31.0	32.9	33.6	35.5
基金会（个）	2200	2614	3029	3549	4117	4784	5559	6307
民办非企业单位	19.8	20.4	22.5	25.5	29.2	32.9	36.1	40.0

2.自治组织。截至2017年底，基层群众性自治组织共计66.1万个，其中：村委会55.4万个，比上年下降0.9%；村民小组439.7万个，村委会成员224.3万人，比上年下降0.5%；居委会10.6万个，比上年增长3.1%；居民小组137.1万个，居委会成员56.5万人，比上年增长4.7%。全年共有18.2万个村（居）委会完成选举，参与选举的村（居）民登记数为2.4亿人，参与投票人数为2.1亿人。

图13　自治组织

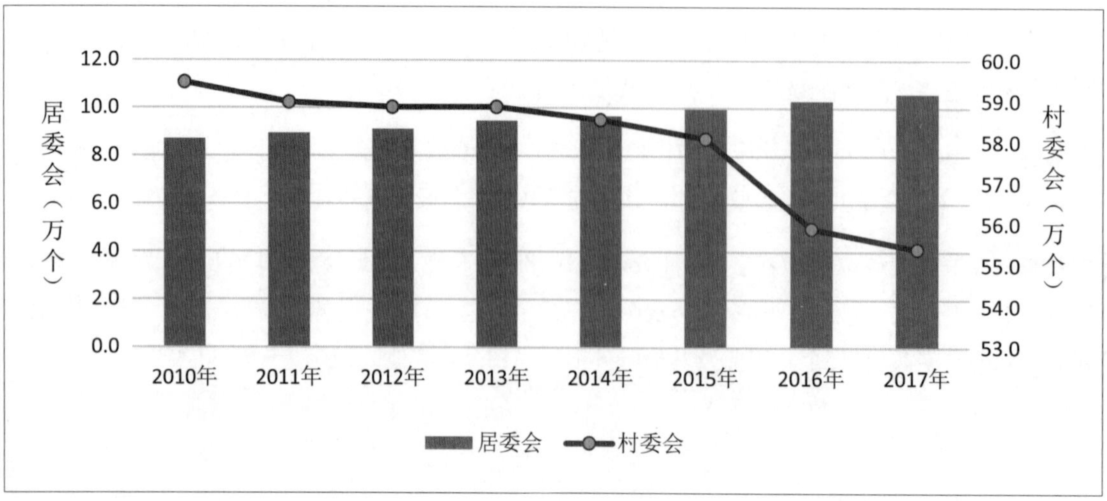

表13　自治组织

单位：万个

指标	2010年	2011年	2012年	2013年	2014年	2015年	2016年	2017年
居委会	8.7	8.9	9.1	9.5	9.7	10.0	10.3	10.6
村委会	59.5	59.0	58.8	58.9	58.5	58.1	55.9	55.4

（二）其他社会服务。

1.婚姻登记服务。2017年全国共有婚姻登记机构1217个，办理婚姻登记场所4877处。各级民政部门和婚姻登记机构共依法办理结婚登记1063.1万对，比上年下降7.0%，其中涉外及华侨、港澳台居民登记结婚4.1万对。结婚率为7.7‰，比上年降低0.6个千分点。2017年25—29岁办理结婚登记占结婚总人口比重最大，占36.9%。

2017年依法办理离婚手续的共有437.4万对，比上年增长5.2%，其中：民政部门登记离婚370.4万对，法院判决、调解离婚66.9万对。离婚率为3.2‰，比上年增加0.2个千分点。

图14　结婚率和离婚率

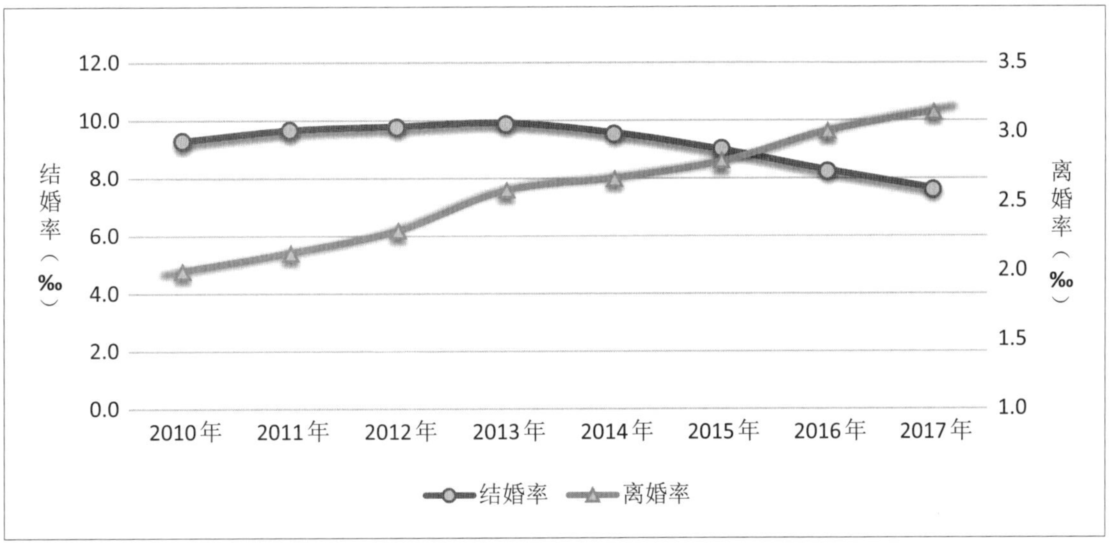

表14　结婚率和离婚率

单位：‰

指标	2010年	2011年	2012年	2013年	2014年	2015年	2016年	2017年
结婚率	9.3	9.7	9.8	9.9	9.6	9.0	8.3	7.7
离婚率	2.0	2.1	2.3	2.6	2.7	2.8	3.0	3.2

2.殡葬服务。截至2017年底，全国共有殡葬服务机构4132个，其中殡仪馆1760个，殡葬管理机构952个，民政部门管理的公墓1420个。殡葬服务机构职工8.1万人，其中殡仪馆职工4.7万人。火化炉6361台，火化遗体482.0万具，火化率48.9%，比上年增加0.6个百分点。

图15　火化遗体情况

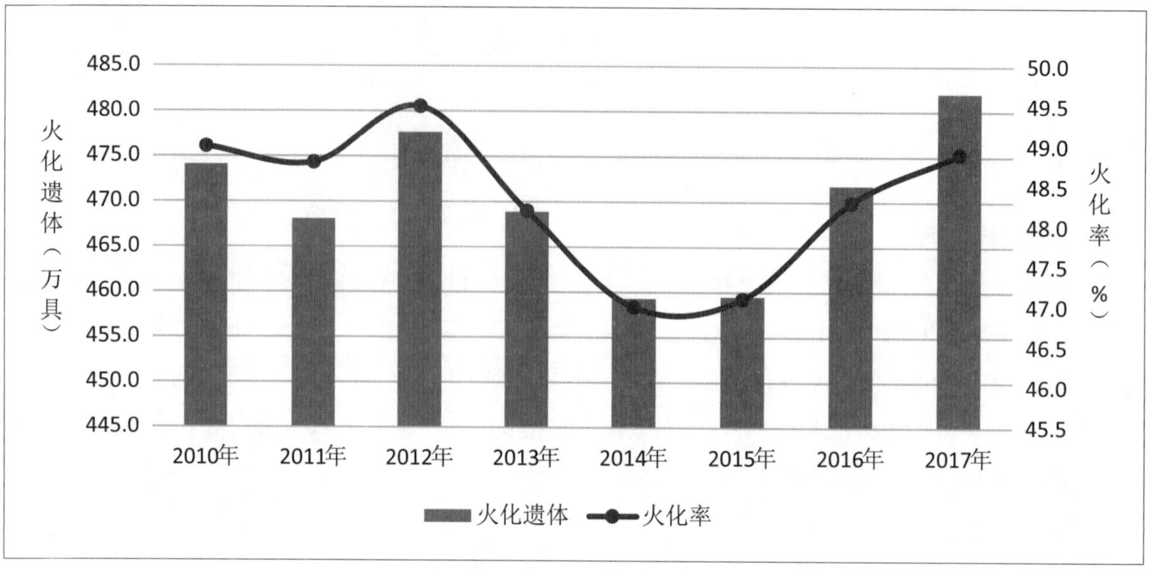

表15　火化遗体情况

单位：万具、%

指标	2010年	2011年	2012年	2013年	2014年	2015年	2016年	2017年
火化遗体	474.1	468.1	477.7	468.9	459.3	459.5	471.8	482.0
火化率	49.0	48.8	49.5	48.2	47.0	47.1	48.3	48.9

注释：

1.图1中“乡”包含“民族乡、苏木和民族苏木”。

2.财政部、民政部下拨中央资金不包含中央级救灾物资采购经费和部分拨付新疆生产建设兵团资金等。

3.社会组织捐赠数据使用的是2017年完成年检社会组织的数据。

4.离婚登记服务中法院判决、调解离婚数据来源于最高人民法院。

5.本资料中的民政对象人数和机构数均为当年实际发生数和注册登记的法定机构数，与当年批准数、计划数和预算数不可比。

6.本资料部分数据因四舍五入原因，存在分项数据与合计数据不等情况，由此产生的误差，均未作机械调整。

7.各项统计数据均未包括香港特别行政区、澳门特别行政区和台湾省。

8.因2017年尚未进行机构改革，有关优抚安置、减灾救灾、医疗救助等数据依然纳入统计。

Statistical Report on the Development of Social Services in 2017

Ministry of Civil Affairs
of the People's Republic of China
June, 2018

In 2017, nation-wide Civil Affairs Departments have earnestly grasp and put into practice the principles of President Xi Jinping's thoughts on "socialism with Chinese characteristics in the new era" and the spirits of the 19th National Congress of the Communist Party of China (CPC); The Departments have made every effort possible to implement policies and decisions of the Central Committee of the Communist Party of China and the State Council. In this year, the Departments firmly uphold the principle of "strict self-discipline of CPC members" and the slogan of "Civil Affairs Serves the People, Civil Affairs Cares about the People"; In this year, the Departments vigorously promoted reform and innovation and vigorously strengthened grassroots civil affairs organizations. In this year, the national Civil Affairs undertaking has made new advancements; The Civil Affairs Departments have witnessed new changes; People engaged in civil affairs have showed new spirit.

I Status Quo

By the end of 2017, there were in total 34 provincial-level administrative divisions in China (including 4 Municipalities Directly Under Central Government, 23 Provinces, 5 Autonomous Regions, 2 Special Administrative Regions), 334 prefecture-level administrative divisions (including 294 prefecture-level cities and 7 districts, 30 autonomous prefectures and 3 Mengs), 2,851 administrative divisions at the county level (including 962 municipal districts, 363 county-level cities, 1355 counties, 117 autonomous counties, 49 Qis, 3 autonomous Qis, 1 special zones and 1 forestry zones) and 39,888 township administrative divisions (including 2 district offices, 21,116 towns, 9,394 townships, 152 Sumu, 982 ethnic townships, 1 ethnic Sumu, and 8,241 streets communities).

In 2017, 13 pieces of provincial boundaries approximately 14,450 kilometers were inspected.

Figure 1 Townships, Towns and Street Communities

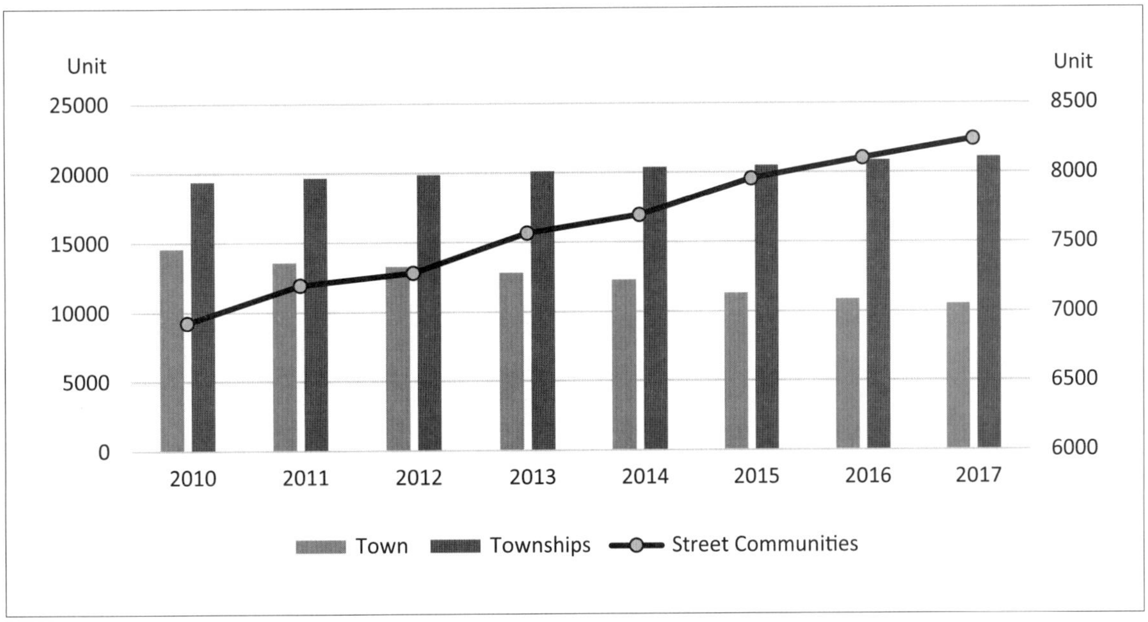

Table 1 Townships,Towns and Street Communities

Unit:Unit

Indicators	2010	2011	2012	2013	2014	2015	2016	2017
Town	14571	13587	13281	12812	12282	11315	10872	10529
Townships	19410	19683	19881	20117	20401	20515	20883	21116
Street Communities	6923	7194	7282	7566	7696	7957	8105	8241

By the end of 2017, there were 1.821 million social service agencies and facilities throughout the country, with 13.558 million employees and 543.48 billion Yuan worth fixed assets (Original Value of Fixed Assets). In this year, nation-wide on-going social services facility construction area reached 25.94 million square meters; in the meantime, 20.92 billion Yuan investment on facility construction accomplished. There are in total 327 thousand registered social workers in the country, including 83 thousand social workers and 243 thousand assistant social workers; Total expenditure on social services increased 9.1% year on year and reached 593.27 billion Yuan in 2017, accounting for 3.4% of the total national financial expenditures of the year. Of all the social services expenditures, 249.23 billion Yuan was covered by the Central Government through means of Transferred Payment, an increase of 0.3% from the previous year. This part accounted for 42.0% of total social service expenditures in 2017, a decrease of 3.7% year-on-year.

Figure 2 Status Quo of Social Services

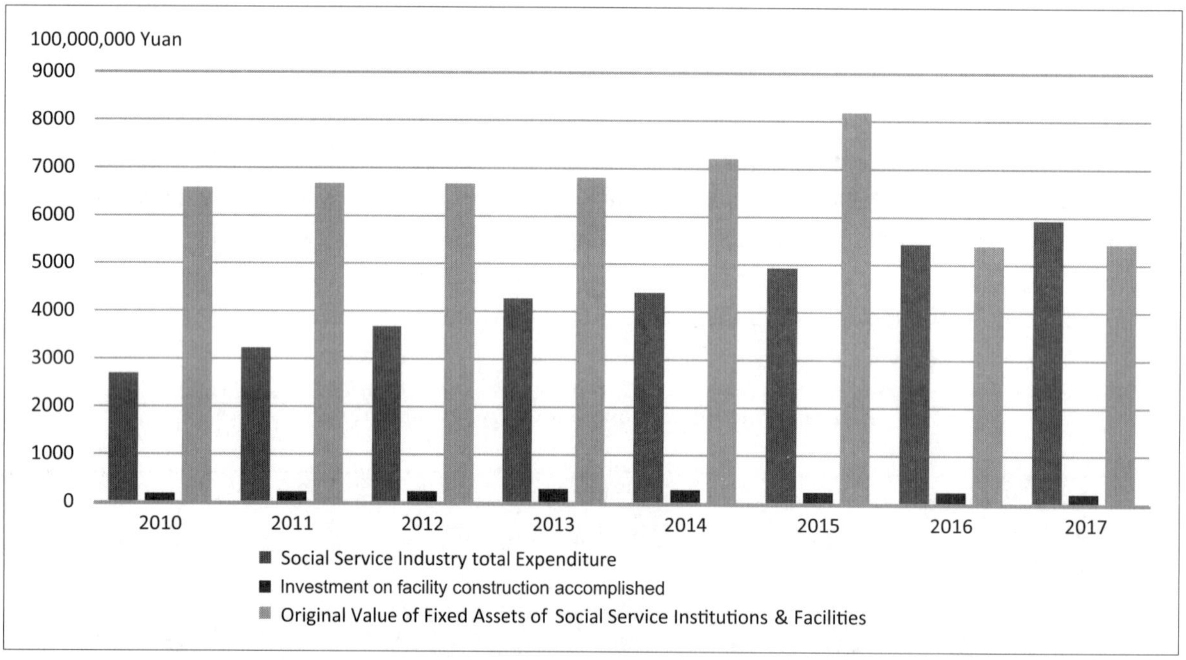

Table 2 Status Quo of Social Services

Unit:100,000,000 Yuan

Indicators	2010	2011	2012	2013	2014	2015	2016	2017
Social Service Industry total Expenditure	2697.5	3229.1	3683.7	4276.5	4404.1	4926.4	5440.2	5932.7
Investment on facility construction accomplished	183.0	218.5	235.0	292.8	282.2	239.9	243.5	209.2
Original Value of Fixed Assets of Social Service Institutions & Facilities	6589.3	6676.7	6675.4	6810.2	7213.0	8183.1	5393.6	5434.8

II Social Services

A. Provision of social services with accommodation.

By the end of 2017, there were 32 thousand registered social service institutions who provide accommodation for service beneficiaries throughout the Country, of which 18 thousand were public institutions, 13 thousand were private non- commercial enterprise. There were 4.196 million beds in these institutions which accommodated 2.288 million beneficiaries in this year.

Figure 3 Number of Beds Provided by Social Service Institutions

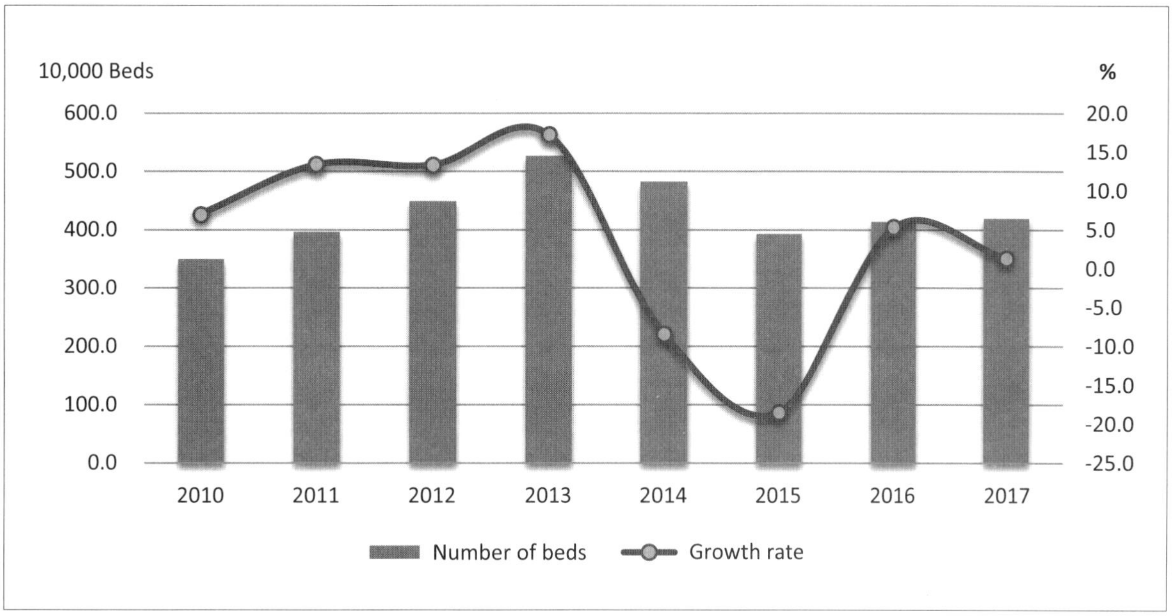

Table 3 Number of Beds Provided by Social Service Institutions

Unit:10,000 Beds, %

Indicators	2010	2011	2012	2013	2014	2015	2016	2017
Number of beds	349.6	396.4	449.3	526.7	482.3	393.2	414.0	419.6
Growth rate	7.1	13.4	13.4	17.2	-8.4	-18.5	5.3	1.4

1. Provision of elderly care services with accommodation.

There were 155 thousand elderly care institutions and facilities throughout the country in 2017, an increase of 10.6% over the previous year. These statistics include 29 thousand registered elderly care agencies, 43 thousand community-based elderly care services and facilities and 83 thousand community-supported care facilities; In total 7.448 million beds were provided for the purpose of elderly care, an 2% increase over the previous year (on average 30.9 beds per 1,000 elderly people), including 3.385 million beds at Community Service Centres and beds for day-care services.

2. Provision of mental health services with accommodation.

Up to 2017, Civil Affairs Departments manage in total 242 service agencies for the mentally disordered people, with 88 thousand beds. Among these agencies, 144 are social welfare institutions (psychiatric hospitals) with 55 thousand beds which adopted 47 thousand patients by the end of 2017; 98 are psychiatric hospitals for demobilized soldiers with 33 thousand beds, which adopted 27 thousand patients at the end of the year.

3.Provision of children welfare and protection services with accommodation.

There are 663 child caring and rescue service institutions nationwide, with 103 thousand beds. At the end of 2017,

59 thousand people were accommodated at these institutions. Among these service agencies, 469 are Children's Welfare Institutions with 95 thousand beds and 194 are Adolescent Protection and Support Centers with 8 thousand beds. In 2017, 35 thousand homeless minors received help from these institutions.

4.Provision of other types of social services with accommodation.

There were 2,254 other types of social service institutions providing accommodation with 171 thousand beds. Among them, there were 1,623 rescue and management agencies with 101 thousand beds who helped 2.154 million person-times of homeless people during the year (1.631 million people received in-station care and 523 thousand received out-of-station care). Throughout the country, there were 313 military supply stations and 318 other service institutions that provide care to the needed with accommodation.

B. Provision of social services without accommodation

1. Elderly care services.

By the end of 2017, there were in total 240.9 million elderly people aged 60 or above, accounting for 17.3% of China's total population. Among the elderly, 158.31 million were aged 65 or above, accounting for 11.4% of China's total population. There were 1,600 elderly care institutions, 20 thousand elderly legal aid centers, 64 thousand elderly rights protection agencies. There were 49 thousand schools for elderly people with 7.04 million registered students and 350 thousand elderly entertainment centres. In total, there were 26.822 million people received Elderly Subsidy, an increase of 13.9% over the previous year; 613 thousand received Nursing Subsidy, an increase of 51.5% over the previous year; and the number of elderly people enjoying subsidies for elderly care services was 3.544 million, an increase of 25.3% over the previous year.

Figure 4 Ratio of Senior people aged 60 or above in the total population

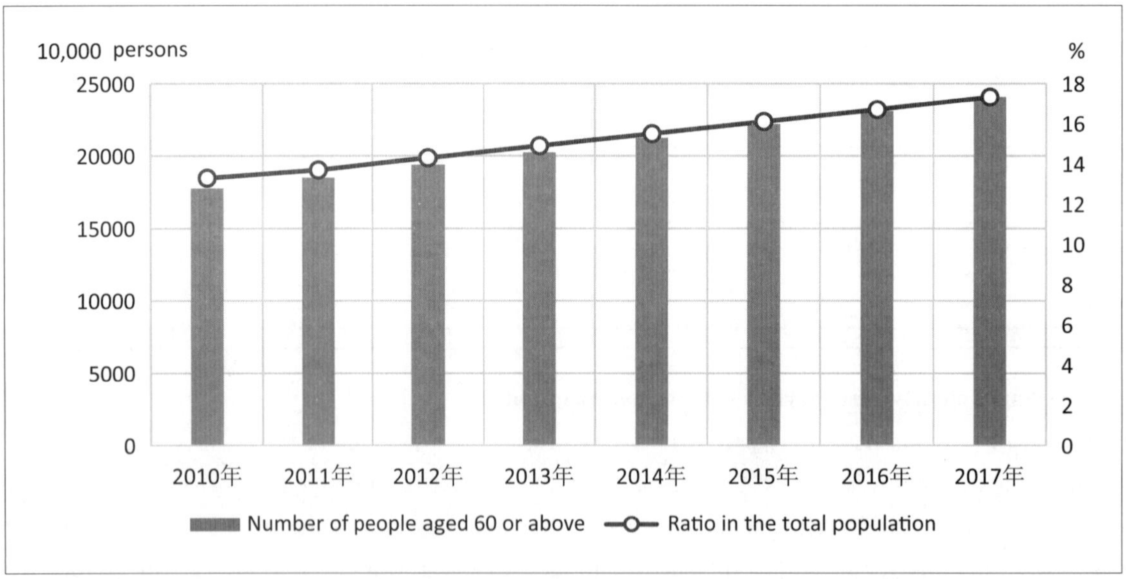

Table 4 Ratio of Senior people aged 60 or above in the total population

Unit:10,000 Persons, %

Indicators	2010	2011	2012	2013	2014	2015	2016	2017
Number of people aged 60 or above	17765	18499	19390	20243	21242	22200	23086	24090
Ratio in the total population	13.3	13.7	14.3	14.9	15.5	16.1	16.7	17.3

2. Child welfare and adoption registration.

By the end of 2017, there were 410 thousand orphans throughout the country, including 86 thousand live collectively in children's care organizations and 324 thousand live in individual adoption homes. In 2017, 19 thousand family adoption cases were registered, including: 17 thousand adoption registrations by mainland residents, 103 by overseas Chinese from Hong Kong, Macao and Taiwan, and 2,228 by foreigners.

Figure5 Children adopted by families

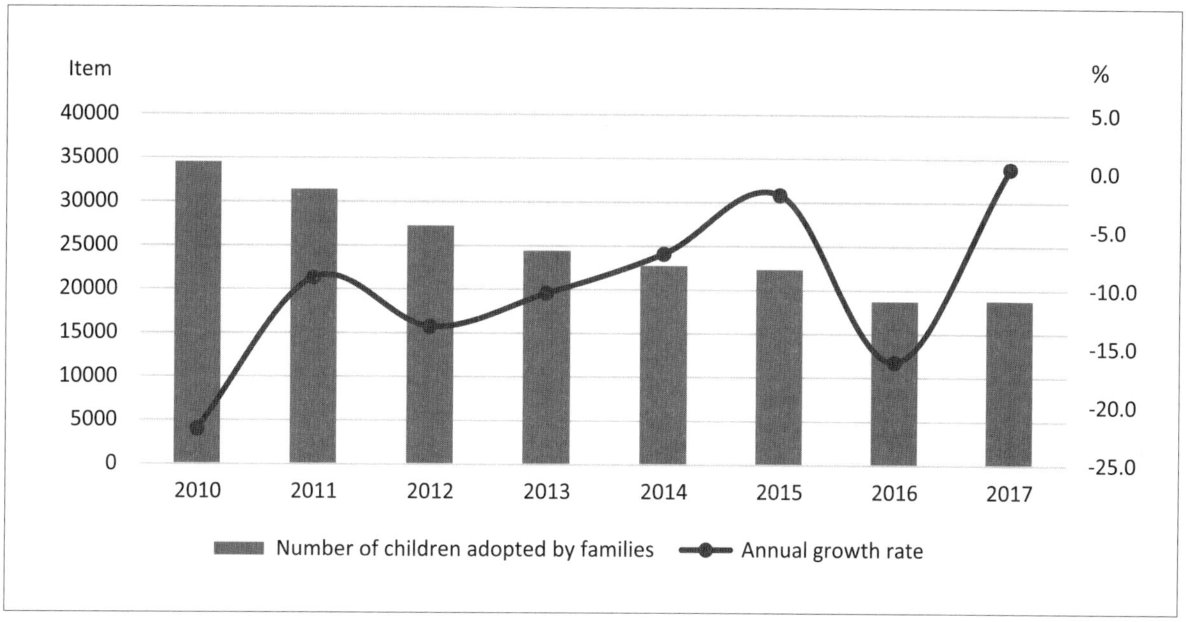

Table 5 Children adopted by families

Unit:Item, %

Indicators	2010	2011	2012	2013	2014	2015	2016	2017
Number of children adopted by families	34529	31424	27278	24460	22772	22348	18736	18820
Annual growth rate	-22.0	-9.0	-13.2	-10.3	-6.9	-1.9	-16.2	0.4

3. Services for the disabled.

In 2017, 10.192 million poverty-stricken disabled persons received living allowances; 10.537 million disabled received subsidies for severe disability care. By the end of 2017, the civil affairs departments operate 24 Rehabilitation Devices Centres, with 570 million Yuan worth fixed asset.

4. Social Relief

• Minimum living guarantee.

By of the end of 2017, there were 7.415 million households and 12.61 million urban residents in need of minimum living guarantee. Governments at all levels in total spent 64.05 billion Yuan in providing urban minimum living guarantee. National average urban minimum living guarantee in 2017 was 540.6 Yuan/person·month, an increase of 9.3% over the previous year. There are 22.493 million households and 40.452 million people in the rural area in need of minimum living guarantee. Governments at all levels in total spent 105.18 billion Yuan in providing rural minimum living guarantee. National average rural minimum living guarantee in 2017 was 4,300.7 yuan/person·year, an increase of 14.9% over the previous year.

• Help and support for the extremely poor.

By the end of 2017, total number of the country's extremely poor living in the rural area was 4.669 million, a decrease of 6.0% from the previous year. In 2017 financial expenditures by all levels of governments reached 26.94 billion yuan in helping and supporting of rural extreme poor, an increase of 17.7% over the previous year. Total number of extreme poor living in the urban area was 254 thousand in 2017. In this year, financial expenditures by all levels of governments reached 2.12 billion Yuan in helping and supporting of urban extreme poor.

• Emergency assistance.

In 2017, in total 9.703 million person times received emergency assistance, 119 thousand person times assistance were given to non-local people. The total expenditure of such assistances reached 10.77 billion Yuan, which means on average, such assistance costed 1,109.9 yuan/person time.

Figure 6 Status Quo of Relief for People facing Difficulties

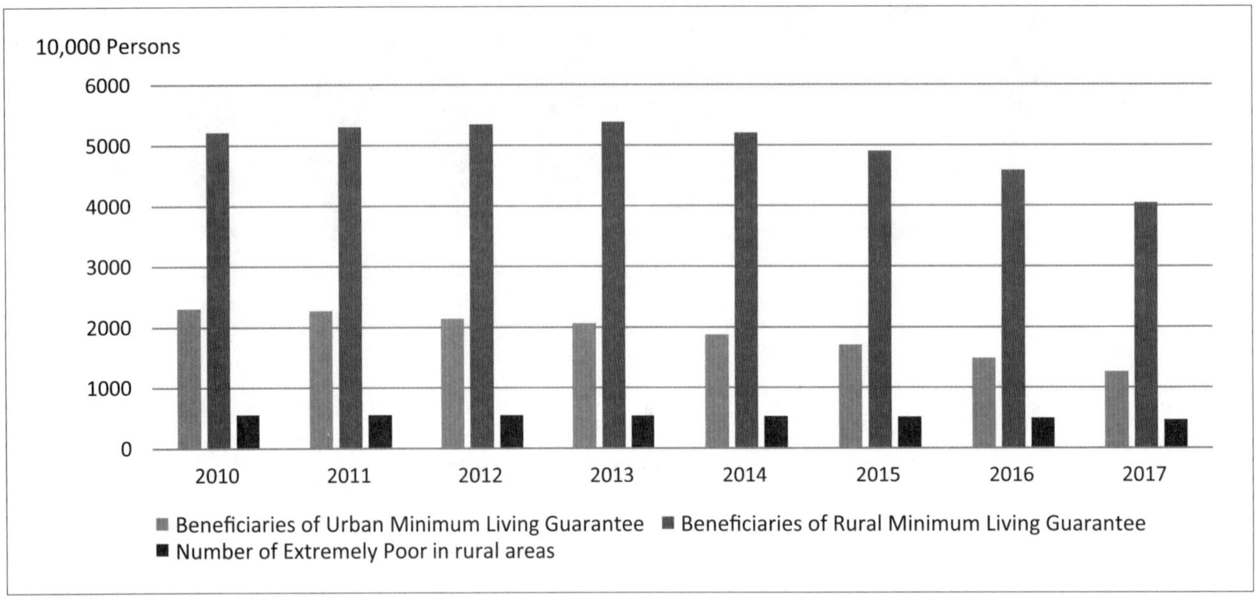

Table 6 Status Quo of Relief for People facing Difficulties

Unit: 10,000 persons

Indicators	2010	2011	2012	2013	2014	2015	2016	2017
Beneficiaries of Urban Minimum Living Guarantee	2310.5	2276.8	2143.5	2064.2	1877.0	1701.0	1480.2	1261.0
Beneficiaries of Rural Minimum Living Guarantee	5214.0	5305.7	5344.5	5388.0	5207.2	4903.6	4586.5	4045.2
Number of Extremely Poor in rural areas	556.3	551	545.6	537.2	529.1	516.7	496.9	466.9

• Medical Support.

In 2017, 56.21 million people received financial support to benefit from the National Basic Medical Insurance system; total expenditure on such support reached 7.40 billion Yuan, which means on average, 131.6 Yuan was spent per recipient. In 2017, 35.171 million person times received inpatient and outpatient medical assistance which costed in total 26.61 billion Yuan. The average level of hospitalization and outpatient visits was 1,498.4 yuan and 153.2 yuan respectively. In 2017 the number of people who were covered by State Pension and Preferential Treatment Program reached 3.671 million person-times; who in total received 3.61 billion Yuan for medical subsidy, accounting for 982.3 yuan per recipient.

5. Disaster prevention, mitigation and relief.

In 2017, 140 million people suffered from various natural disasters, which caused 979 people missing and 5.253 million people rescued and resettled. 18,478.1 thousand hectares of agricultural areas hit by disasters, of which 1,826.7 thousand hectares were completely demolished; 153 thousand houses hit in disaster collapsed; 1.579 million houses damaged. Total direct economic loss caused by disasters reached 301.87 billion Yuan. The National Disaster Reduction Committee and the Ministry of Civil Affairs launched in total 17 "National Emergency Response Actions" and allocated 8.07 billion Yuan to the disaster-stricken provinces (including 5.73 billion Yuan from the Central Winter and Spring Disaster Relief Funds) together with supplies to guarantee temporary livable conditions such as 30 thousand rescue tents, 116 thousand pieces of cloths and duvets, 31 thousand sleeping bags and 69 thousand folding beds.

Figure 7 Death (including missing) caused by disasters

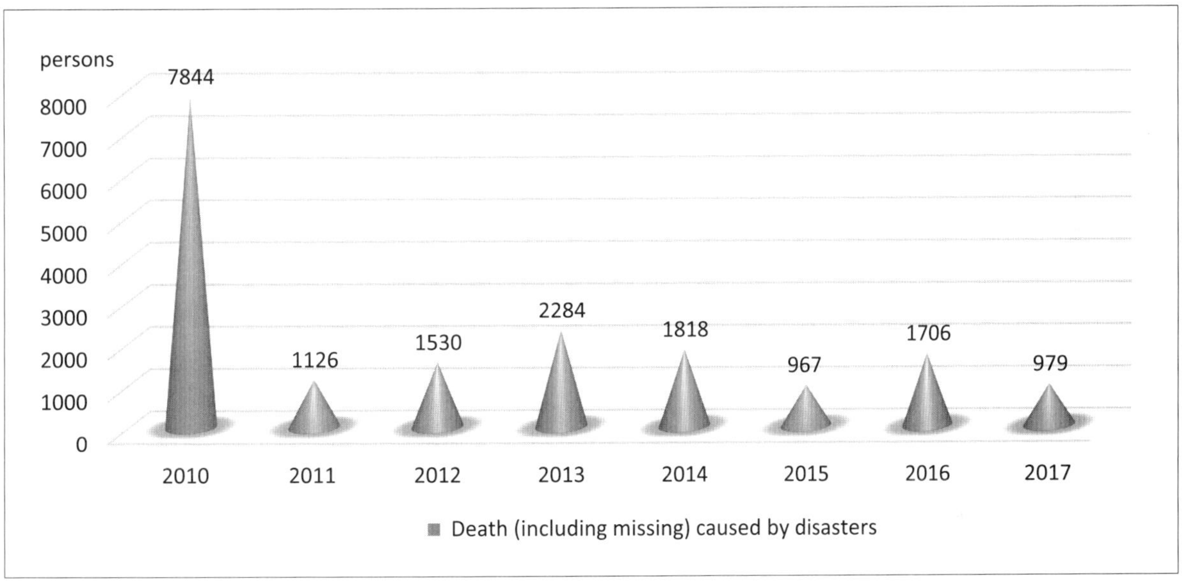

Table 7 Death (including missing) caused by disasters

Unit: persons

Indicators	2010	2011	2012	2013	2014	2015	2016	2017
Death (including missing) caused by disasters	7844	1126	1530	2284	1818	967	1706	979

6. Social Charity.

• Charity donation.

By the end of 2017, in total 28 thousand fixed social donation stations, donation points and charity supermarkets had been established (including 8,969 charitable supermarkets). In 2017, 75.42 billion Yuan were donated, including 2.5 billion Yuan received by the Civil Affairs Departments and 72.92 billion Yuan received by various social organizations. Civil Affairs Departments also directly received donated goods worth 110 million Yuan; In addition, 70 million Yuan worth goods were received and transferred to Civil Affairs Departments from other agencies together with 1.03 billion Yuan donation. In this year, donations have helped 5.828 million people to overcome their difficulties. Throughout the year, 17.164 million person-times volunteered to work 53.956 million hours in the provision of social services.

Figure 8 Donations Received

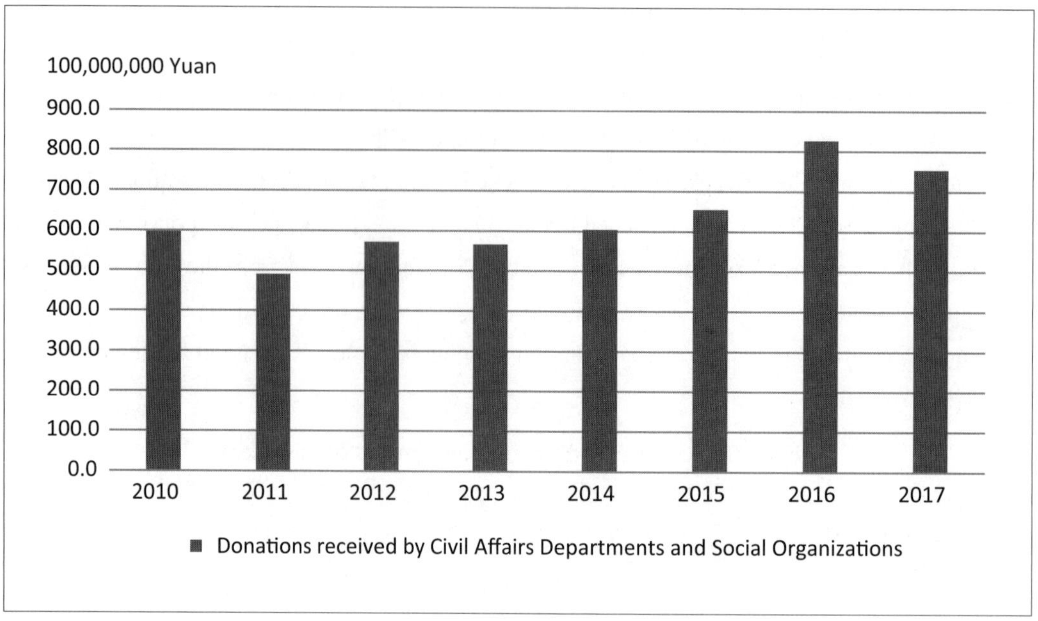

Table 8 Donations Received

Unit: 100,000,000 Yuan

Indicators	2010	2011	2012	2013	2014	2015	2016	2017
Donations received by Civil Affairs Departments and Social Organizations	596.8	490.1	572.5	566.4	604.4	654.5	827.0	754.2

- **Welfare Lottery.**

In 2017, China's Welfare Lottery sales reached 216.98 billion Yuan, an increase of 5.1% (10.49 billion Yuan) from over last year. The Welfare Lottery Fund raised 63.11 billion Yuan during the year, an increase of 6.7% from 2016. Civil Affairs Departments spent a total of 27.52 billion Yuan from the Fund, an increase of 2.6% over the previous year, including 620 million Yuan for State Pensions, 60 million for decommissioning (of demobilized military staffs), 17.36 billion for social welfare, 3.54 billion for social assistance and 350 million yuan for natural disaster relief.

Table 9 Welfare Lottery

Unit:100,000,000 Yuan, %

Indicators	2010	2011	2012	2013	2014	2015	2016	2017
Sales	968.0	1278.0	1510.3	1765.3	2059.7	2015.1	2064.9	2169.8
Raised funds for the Welfare Lottery Fund	298.8	382.0	449.4	510.7	585.7	563.8	591.8	631.1
Annual Growth rate in sales	28.0	32.0	18.2	16.9	16.7	-2.2	2.5	5.1

Figure 9 Welfare Lottery

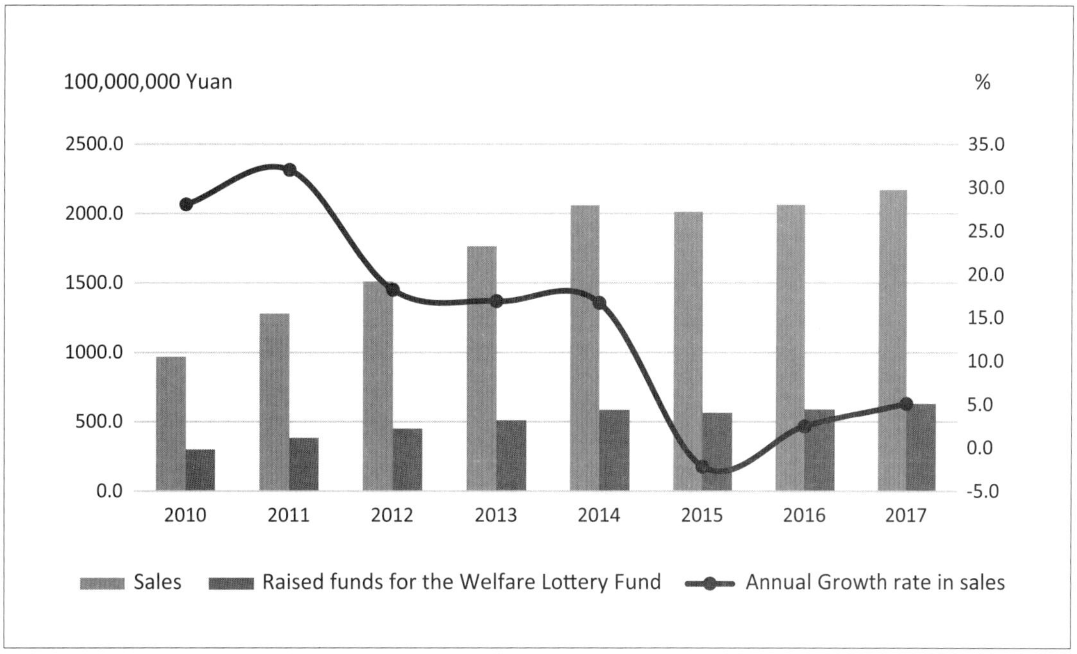

7. State Pension, Preferential Treatment and Reallocation.

As of the end of 2017, 8.577 million people became target of the State Pension and Preferential Treatment Programme. Total expenditure on pensions at all levels reached 82.73 billion yuan, an increase of 7.5% over the previous year. There were 957 registered Martyr's Memorial Care Agencies in the country, covering an area of 4,128.1 hectares and 8 thousand martyrs memorial facilities. In 2017, 184 were newly added to the list of State Martyrs. There are 296 Centres for Retired Military Servants nationwide, with 4 thousand employees who served 349 thousand people.

Figure 10 Beneficiaries of State Pension and Preferential Treatment

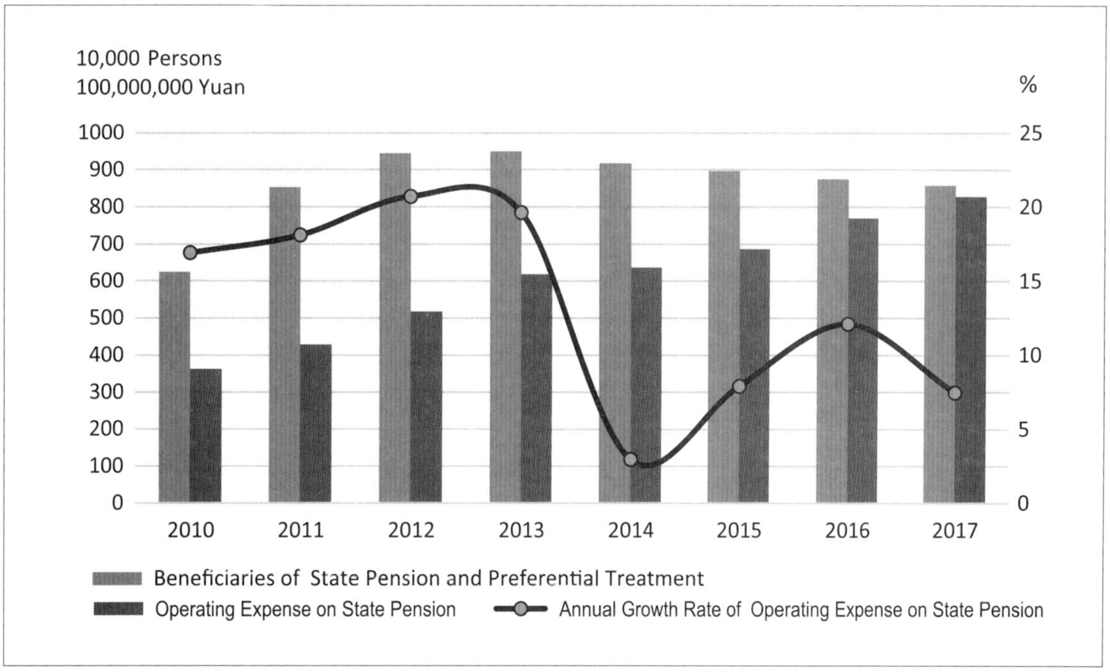

Table 10 Beneficiaries of State Pension and Preferential Treatment

Unit:10,000 Persons, 100,000,000 Yuan, %

Indicators	2010	2011	2012	2013	2014	2015	2016	2017
Beneficiaries of State Pension and Preferential Treatment	625.0	852.5	944.4	950.5	917.3	897.0	874.8	857.7
Operating Expense on State Pension	362.7	428.3	517	618.4	636.6	686.8	769.8	827.3
Annual Growth Rate of Operating Expense on State Pension	16.9	18.1	20.7	19.6	2.9	7.9	12.1	7.5

8. Community Services

By the end of 2017, there were 407 thousand community service agencies and facilities in the country, including 619 Community Service Guidance Centers (of which 16 are based in rural areas), 25 thousand Community Service Centers (of which ten thousand are based in rural areas), 143 thousand Community Service Stations (of which 75 thousand are based in rural areas), 113 thousand other types of community service facilities. Community Service Centers and Stations cover 25.5% of the country (78.6% urban area and 15.3% rural area are covered by various Community Services). There are also 96 thousand community volunteer service organizations in this country.

Figure 11 Community Service Institutions and Facilities

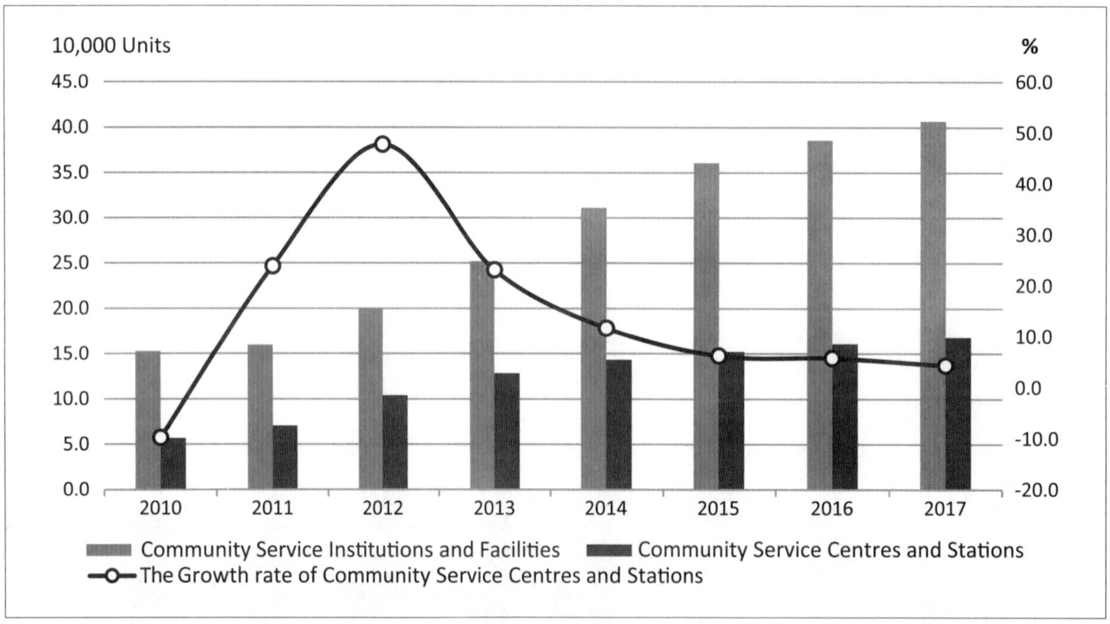

Table 11 Community Service Institutions and Facilities

Unit:10,000 Unit, %

Indicators	2010	2011	2012	2013	2014	2015	2016	2017
Community Service Institutions and Facilities	15.3	16.0	20.0	25.2	31.1	36.1	38.6	40.7
Community Service Centers and Stations	5.7	7.1	10.4	12.8	14.3	15.2	16.1	16.8
The growth rate of Community Service Stations	-9.8	23.9	47.8	23.1	11.7	6.2	5.8	4.3

III Member Organizations and Other Social Services

A. Member organizations.

1. Social Organizations.

By the end of 2017, there were 762 thousand social organizations in the country (an increase of 8.4% over the previous year), employing 8.647 million people (an increase of 13.2% over the previous year). In the year, 4,293 cases violating laws and regulations that involve social organizations were investigated, resulted in 4,270 administrative penalties.

There were 355 thousand social groups in the country (an increase of 5.7% over the previous year), including 39 thousand engaged in industrial and commercial business services, 15 thousand in scientific research, 10 thousand in education, 9 thousand in public health, 48 thousand in social services, 39 thousand in culture, and 30 thousand in sports, 6 thousand in the field of ecology and environment, 3 thousand in legal services, 5 thousand in religious services, 62 thousand in agricultural and rural development, 20 thousand in occupation and employment and 68 thousand in others business. In 2017, 2,375 cases violating laws and regulations that involve social groups were investigated, resulted in 2,352 administrative penalties.

In 2017, there were 6,307 foundations of various types across the country (an increase of 13.5% over the previous year), including 1,678 public fundraising foundations, 4,629 non-public fundraising foundations. 213 foundations were registered at the Ministry of Civil Affairs. 49 cases violating laws and regulation that involve foundations were investigated, resulted in 49 administrative penalties.

There were 400 thousand private non-commercial enterprises in the country (an increase of 10.8% over the previous year) including 16 thousand engaged in science and technology services, 501 in ecology and environment, 217 thousand in education, 27 thousand in health, 62 thousand in social services, 21 thousand in cultural, 18 thousand in sports, 1,197 in law, 3,652 in industrial and commercial services, 115 in religion, 15 international/foreign organizations and 30 thousand in other business. In 2017, 1,869 cases violating laws and regulation that involve non-commercial enterprises were investigated, resulted in 1,869 administrative penalties.

Figure 12 Social Organizations

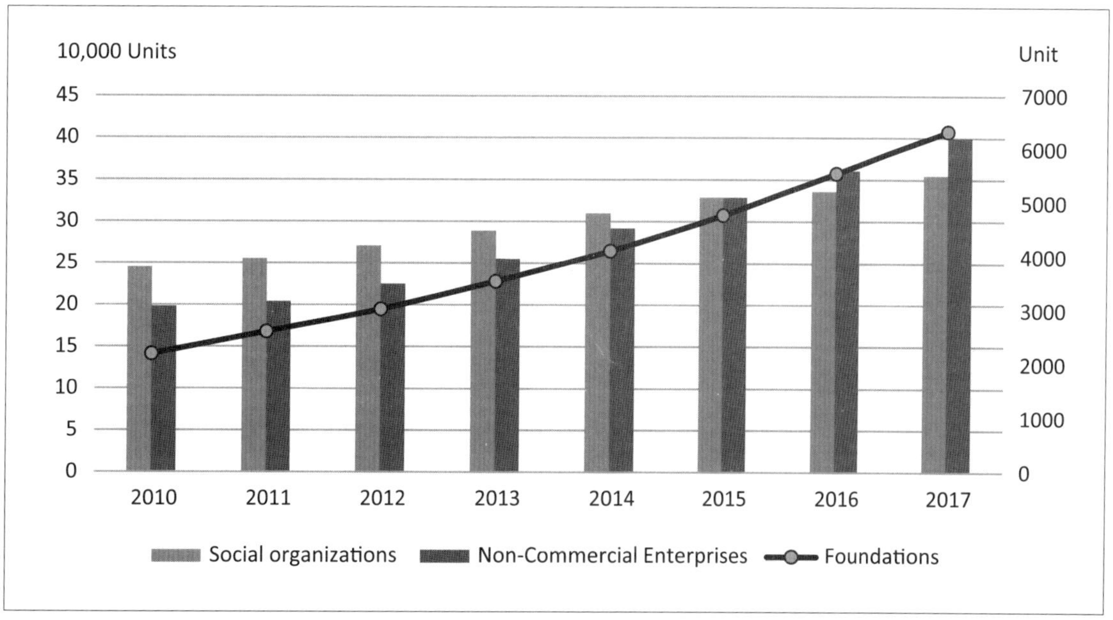

Table 12 Social Organizations

Unit:10,000 Units, Units

Indicators	2010	2011	2012	2013	2014	2015	2016	2017
Social Organizations	24.5	25.5	27.1	28.9	31.0	32.9	33.6	35.5
Foundations	2200	2614	3029	3549	4117	4784	5559	6307
Non-Commercial Enterprises	19.8	20.4	22.5	25.5	29.2	32.9	36.1	40.0

2. Self-Governance Organizations.

As of the end of 2017, there were 661 thousand grassroots self-governing organizations, including 554 thousand village committees (0.9% decrease from the previous year), 4.397 million village groups with 2.243 million village committee members (0.5% decrease from the previous year) and 106 thousand neighborhood committees (an increase of 3.1% over the previous year), 1.371 million resident groups with 565 thousand neighborhood committee members (an increase of 4.7% over the previous year). In total, 182 thousand village (neighborhood) committees conducted elections in 2017, 240 million persons registered as voters, 210 million actually casted their votes.

Figure 13 Self-Governance Organizations

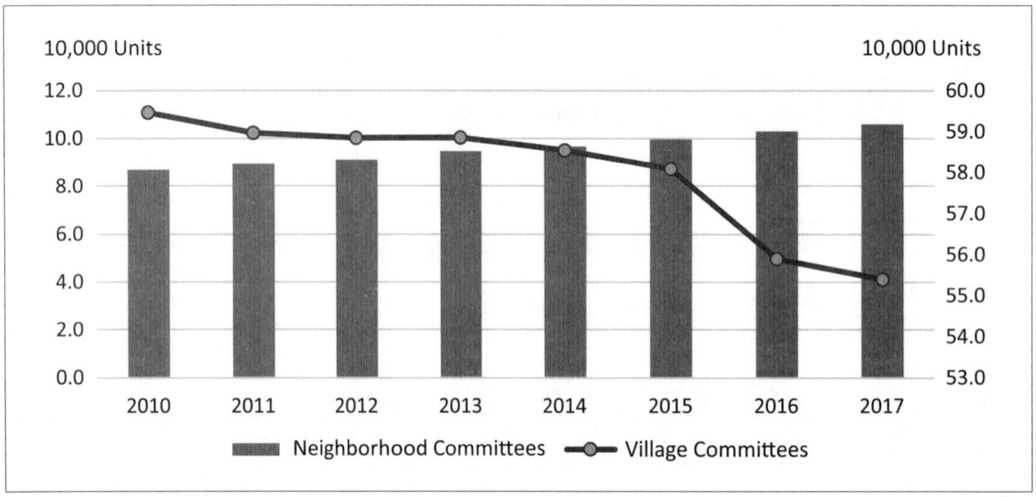

Table 13 Self-Governance Organizations

Unit:10,000 Units

Indicators	2010	2011	2012	2013	2014	2015	2016	2017
Neighborhood Committees	8.7	8.9	9.1	9.5	9.7	10.0	10.3	10.6
Village Committees	59.5	59.0	58.8	58.9	58.5	58.1	55.9	55.4

B. Other Social Services

1. Marriage registration.

In 2017, there were 1,217 marriage registration agencies and 4,877 marriage registration sites throughout the country. 10.631 million marriages were lawfully registered by Civil Affairs Departments and marriage registration agencies at all levels, a decrease of 7.0% over the previous year. Among these marriages, 41 thousand marriage registration involved none-Chinese nationals or overseas Chinese or Hong Kong, Macao and Taiwan residents. Marriage rate was 7.7‰, a decrease of 0.6‰ over last year. In 2017, 36.9% of the marriages are registered by people in the age group between 25 and 29, the largest percentage among all age groups.

In 2017, 4.374 million divorce cases were lawfully registered, an increase of 5.2% over the previous year. Among these divorces, 3.704 million were registered at the Civil Affairs Departments, 669 thousand were results of judicial decision and meditation by the courts (this part of divorce rate was 3.2‰, an increase of 0.2 ‰ over the previous year).

Figure 14 Marriage Rate and Divorce Rate

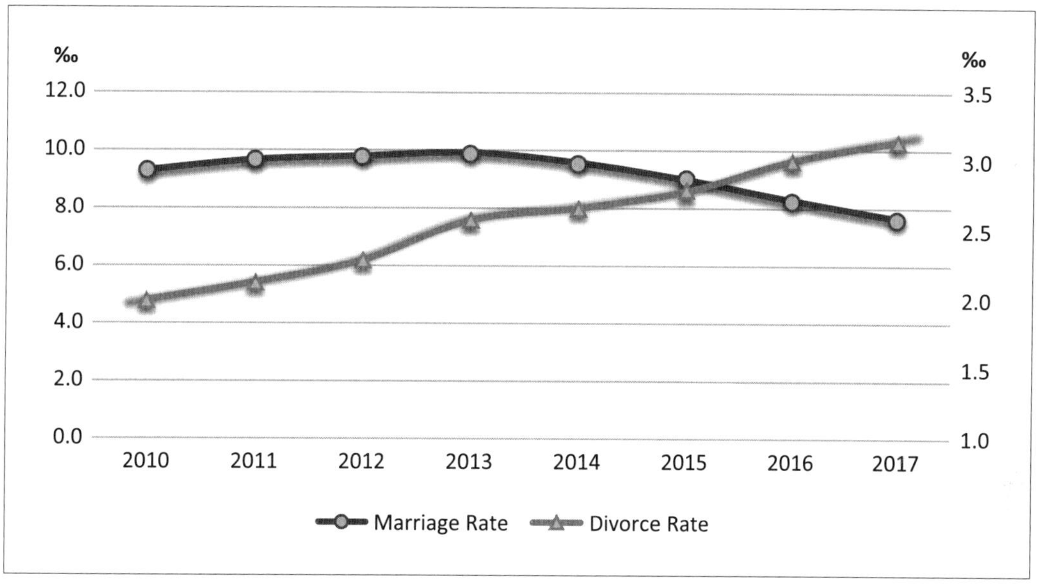

Table 14 Marriage Rate and Divorce Rate

Unit: ‰

Indicators	2010	2011	2012	2013	2014	2015	2016	2017
Marriage Rate	9.3	9.7	9.8	9.9	9.6	9.0	8.3	7.7
Divorce Rate	2.0	2.1	2.3	2.6	2.7	2.8	3.0	3.2

2. Funeral services.

By the end of 2017, there were 4,132 funeral services providers in the country, including 1,760 funeral parlors, 952 funeral management agencies. There were 1,420 public cemeteries and ash halls managed by Civil Affairs Departments. There were 81 staff thousand employed in funeral services, including 47 thousand staff working in the funeral parlors. There were 6,361 cremators throughout the country, provided cremation services to 4.82 million deceased. Cremation rate in 2017 was 48.9%, an increase of 0.6% over the previous year.

Figure 15 Cremation services

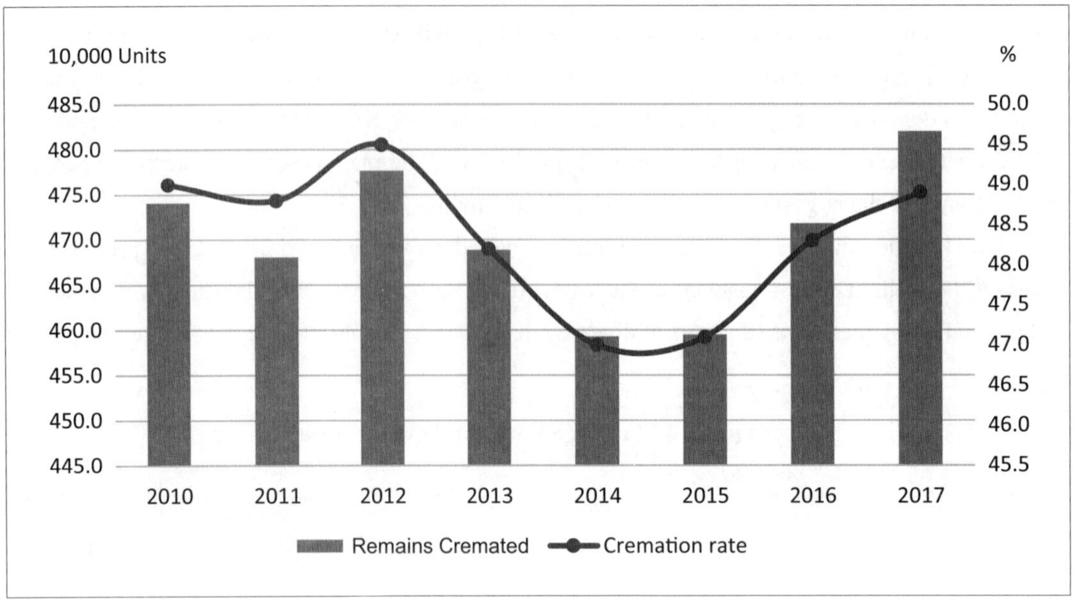

Table 15 Cremation services

Unit:10,000 Units, %

Indicators	2010	2011	2012	2013	2014	2015	2016	2017
Remains Cremated	474.1	468.1	477.7	468.9	459.3	459.5	471.8	482.0
Cremation Rate	49.0	48.8	49.5	48.2	47.0	47.1	48.3	48.9

Notes:

[1] The "township" in Figure 1 includes "national township, Sumu and Ethnic Sumu".

[2] The central government funds allocated by the Ministry of Finance and the Ministry of Civil Affairs do not include central funds earmarked for the procurement of disaster relief goods and materials and funds for the Xinjiang Production and Construction Corps.

[3] "Donation received by Social Organizations", Social Organizations here are those organizations who fulfilled annual inspections requirements in 2017.

[4] The statistics of divorce cases as result of judicial decisions and meditation were provided by the Supreme People's Court.

[5] The number of civil affairs objects and institutions in this document are the actual number of occurrences and the number of registered statutory bodies in the year. These are incomparable with the number approved, planned or budgeted for the year.

[6] Due to the data rounding practices in this document, there are cases where sum of the sub-item does not equal to and the "total". Errors caused by rounding practices were not manual adjusted in this document.

[7] Statistics of Hong Kong SAR, Macao SAR and Taiwan Province were not included in this report.

[8] Reporting period of this Statistics Report is the calendar year of 2017. Since China's state institutional reform hadn't happened yet in 2017, this report still includes 2017 statistics on state pension, preferential treatment and reallocation, disaster mitigation and disaster relief and medical aid.

第二部分

社会服务
主要数据图表

图1-1　市、区、县

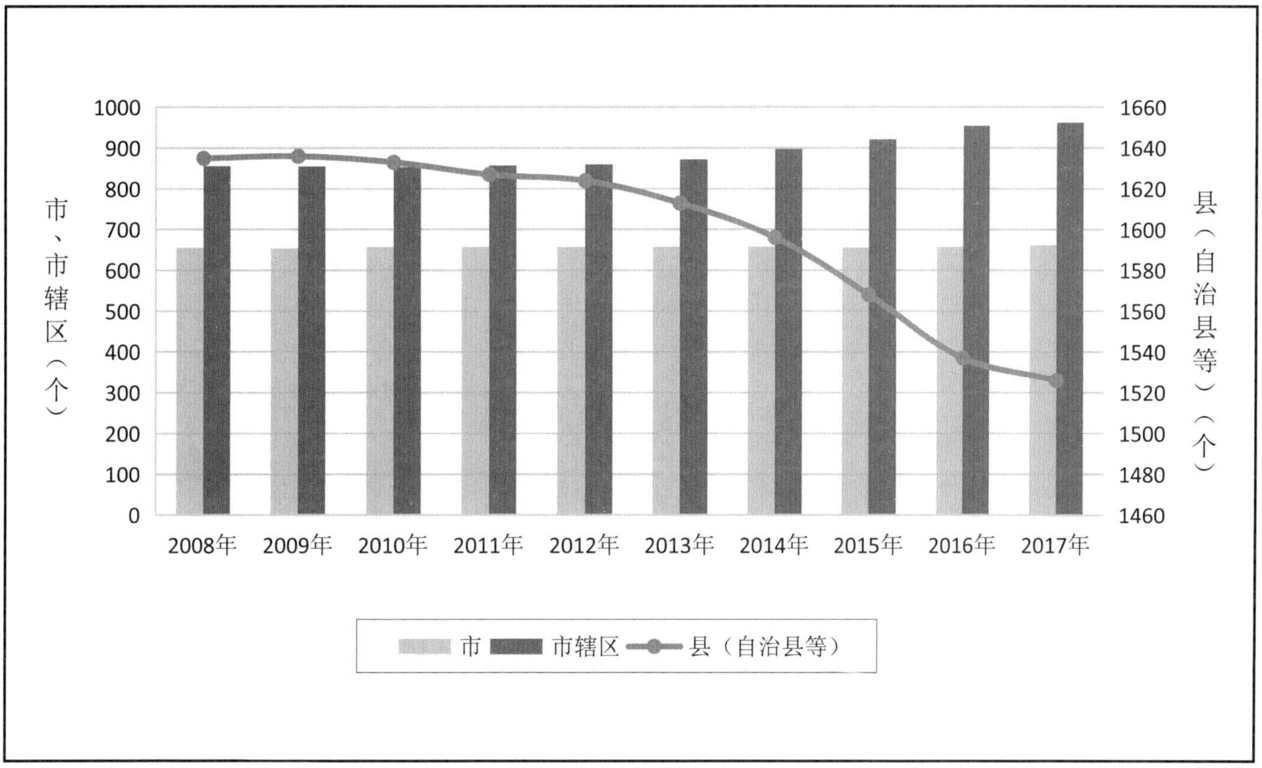

单位：个

指标	2008年	2009年	2010年	2011年	2012年	2013年	2014年	2015年	2016年	2017年
市	655	654	657	657	657	658	658	656	657	661
市辖区	856	855	853	857	860	872	897	921	954	962
县（自治县等）	1635	1636	1633	1627	1624	1613	1596	1568	1537	1526

注：市含直辖市、地级市及县级市。

图1-2　乡、镇与街道

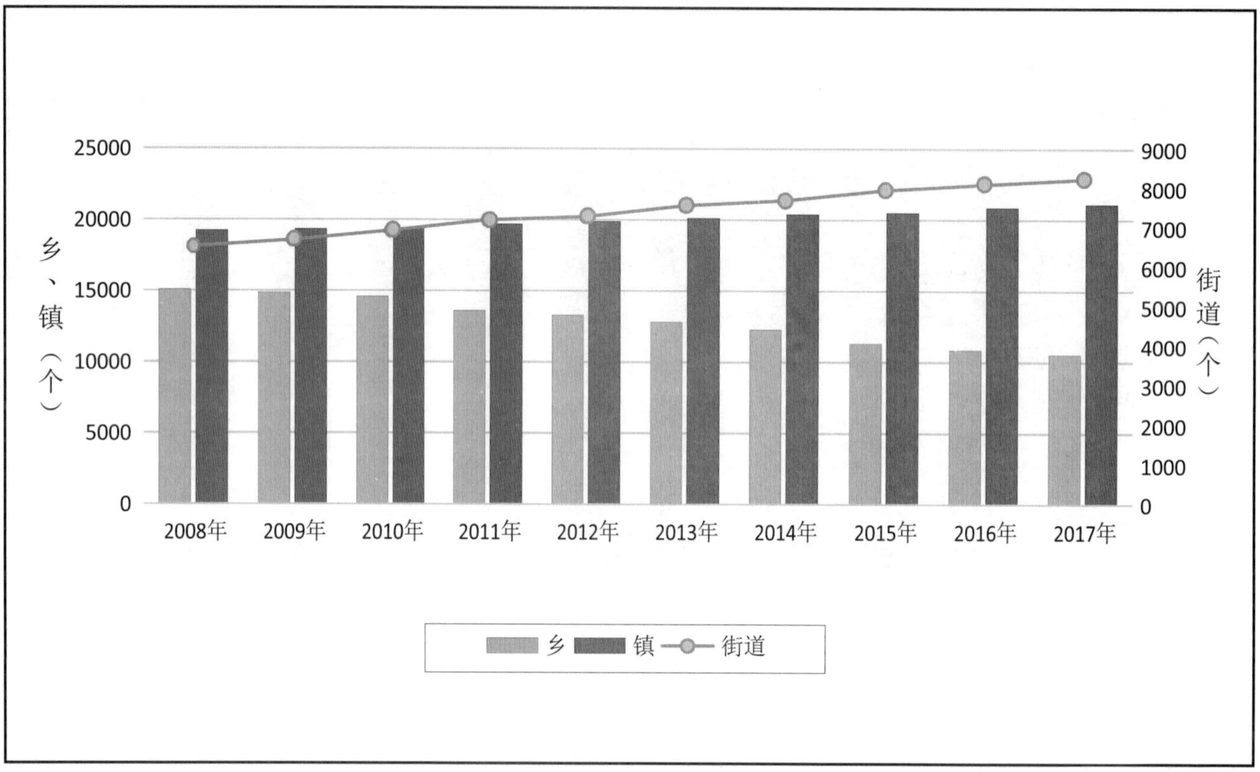

单位：个

指标	2008年	2009年	2010年	2011年	2012年	2013年	2014年	2015年	2016年	2017年
乡	15067	14848	14571	13587	13281	12812	12282	11315	10872	10529
镇	19234	19322	19410	19683	19881	20117	20401	20515	20883	21116
街道	6524	6686	6923	7194	7282	7566	7696	7957	8105	8241

图1-3　60周岁及以上老年人口占全国总人口比重

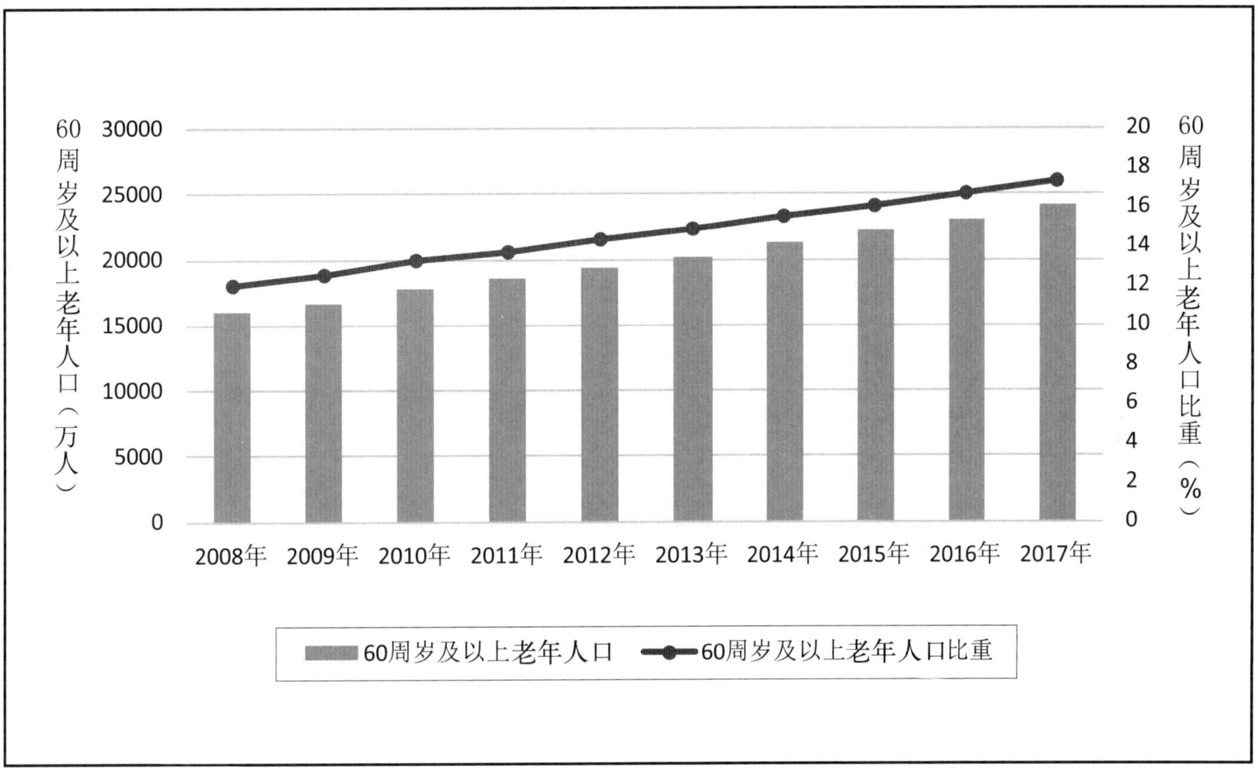

单位：万人、%

指标	2008年	2009年	2010年	2011年	2012年	2013年	2014年	2015年	2016年	2017年
60周岁及以上老年人口	15989	16714	17765	18499	19390	20243	21242	22200	23086	24090
60周岁及以上老年人口比重	12	12.5	13.3	13.7	14.3	14.9	15.5	16.1	16.7	17.3

注：本表数据来源于国家统计局。

图1-4　人口年龄结构

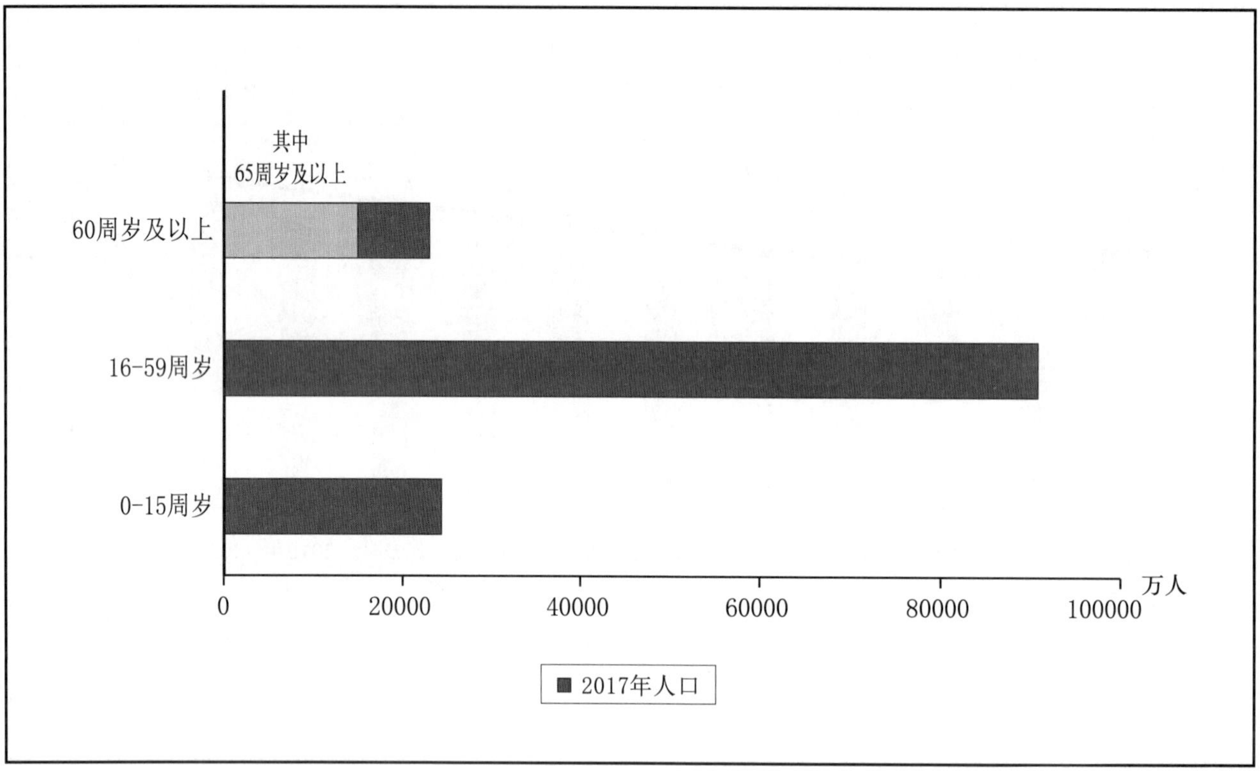

单位：万人、%

指标	0-15周岁	16-59周岁	60周岁及以上	65周岁及以上
2017年人口	24719	90199	24090	15831
不同年龄段人口比重	17.8	64.9	17.3	11.4
比2016年增减百分点	0.1	-0.7	0.6	0.6

注：本表数据来源于国家统计局。

图1-5　社会服务对象占全国总人口比重

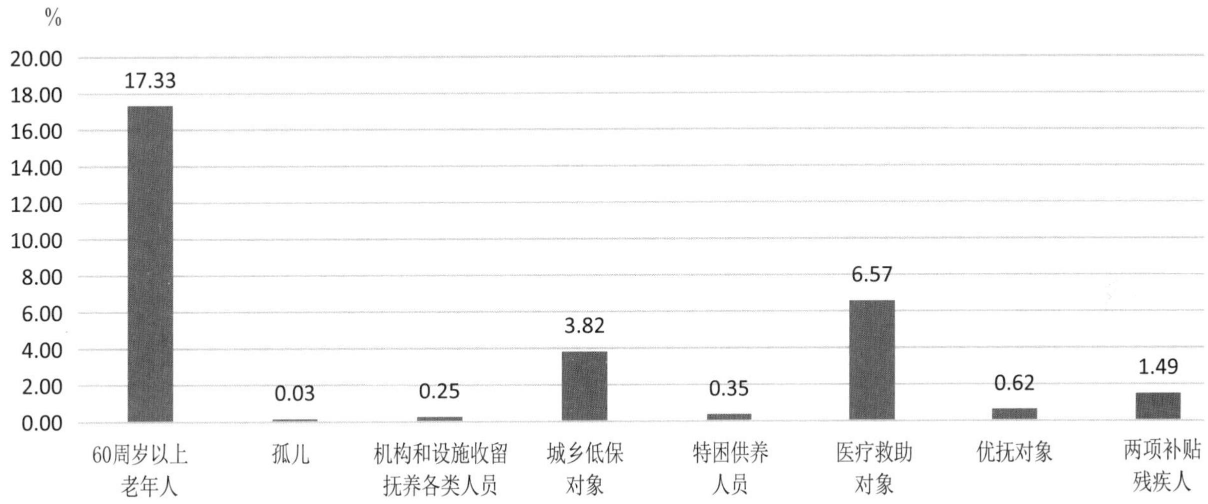

单位：万人、%

指标	2017年	比　重
全国总人口	139008	
社会服务对象	42342.4	30.46
60周岁以上老年人	24090	17.33
孤儿	41.0	0.03
机构和设施收留抚养各类人员	344.2	0.25
城乡低保对象	5306.2	3.82
特困供养人员	492.3	0.35
医疗救助对象	9138.1	6.57
优抚对象	857.7	0.62
两项补贴残疾人	2072.9	1.49

注：医疗救助对象为人次数。

图1-6　社会服务机构和设施职工

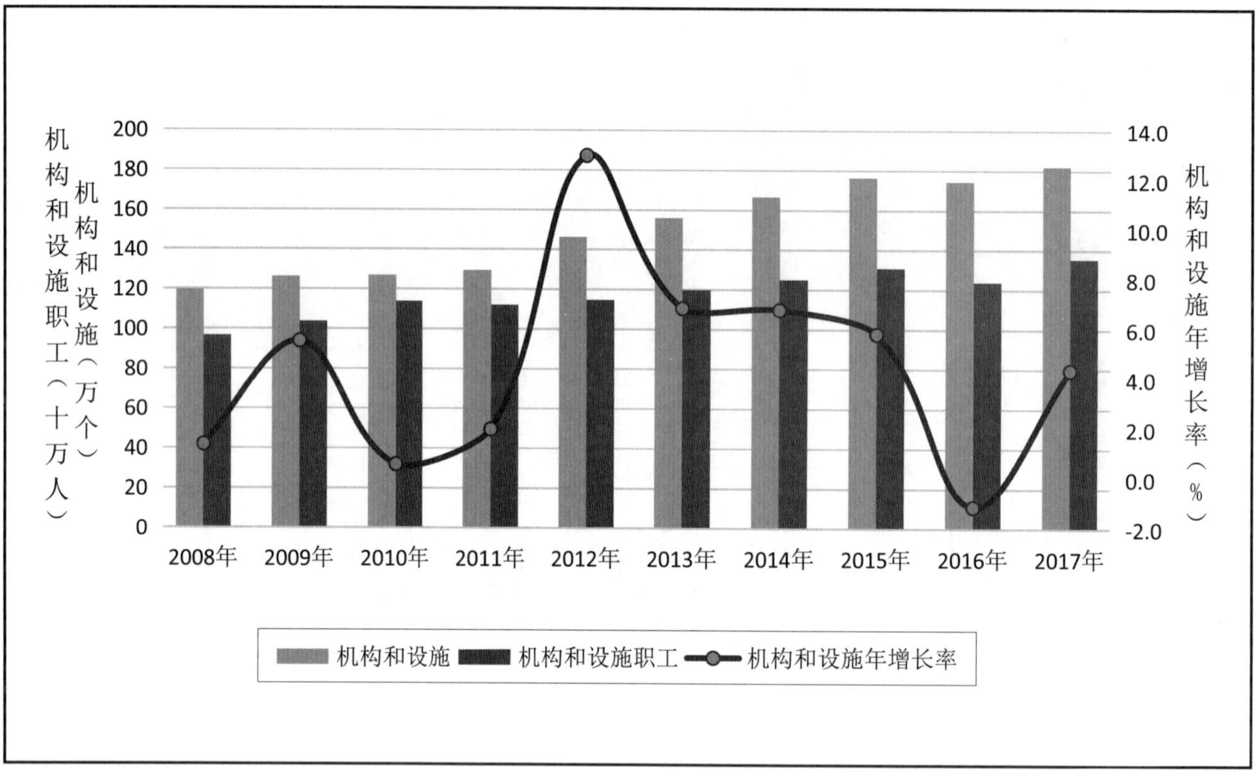

单位：万个、十万人、%

指标	2008年	2009年	2010年	2011年	2012年	2013年	2014年	2015年	2016年	2017年
机构和设施	119.6	126.2	126.9	129.4	146.2	156.2	166.8	176.5	174.5	182.1
机构和设施职工	96.7	103.8	113.8	112.1	114.7	119.8	125.1	130.9	123.9	135.6
机构和设施年增长率	1.4	5.5	0.6	2.0	13.0	6.8	6.8	5.8	-1.1	4.4

注：为避免重复，社会服务机构和设施总数中剔除了在民政部门登记的社会工作类和其他社会服务类机构。

图1-7　社会服务机构和设施固定资产原价

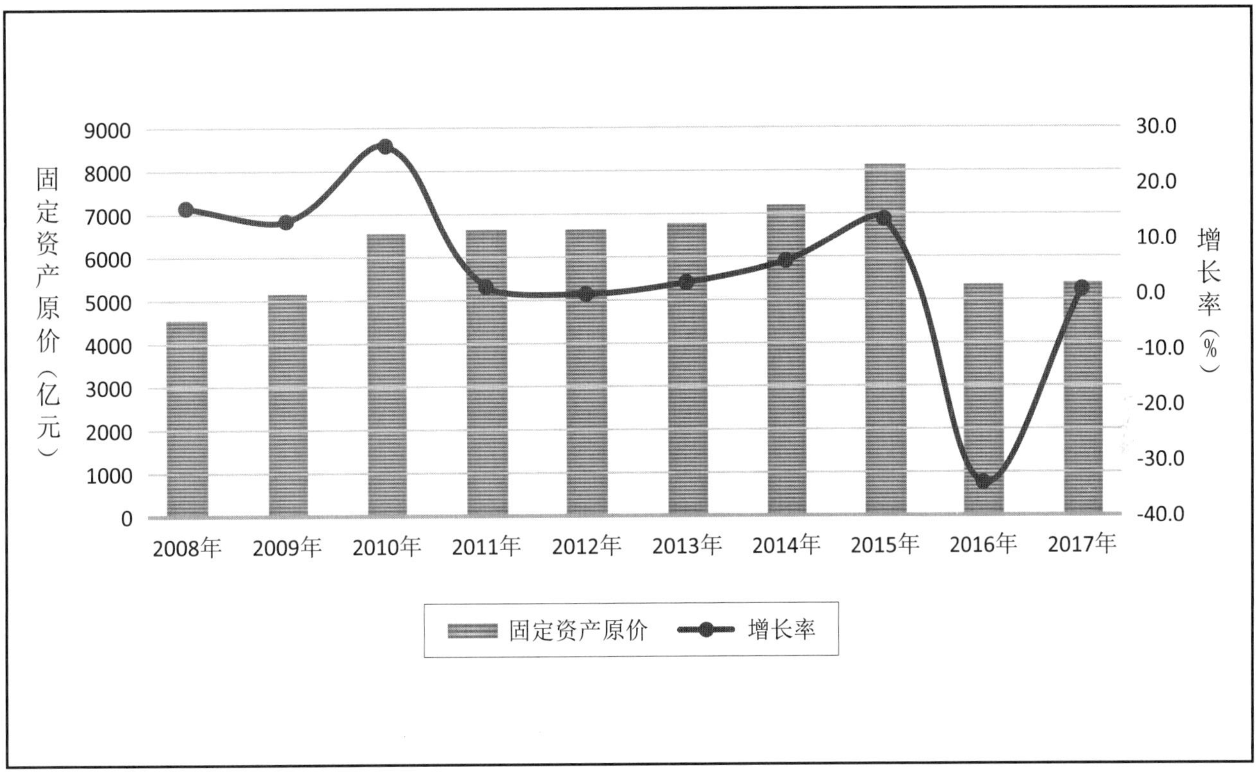

单位：亿元、%

指标	2008年	2009年	2010年	2011年	2012年	2013年	2014年	2015年	2016年	2017年
固定资产原价	4592.8	5198	6589.3	6676.7	6675.4	6810.2	7213.0	8183.1	5393.6	5434.8
增长率	15.6	13.2	26.8	1.3	-	2.0	5.9	13.4	-34.1	0.8

注：自2016年起，民政部取消社会福利企业资质认定，不再统计社会福利企业情况指标，因此社会服务机构和设施固定资产原价指标出现较大降幅。

图1-8　社会服务事业费支出

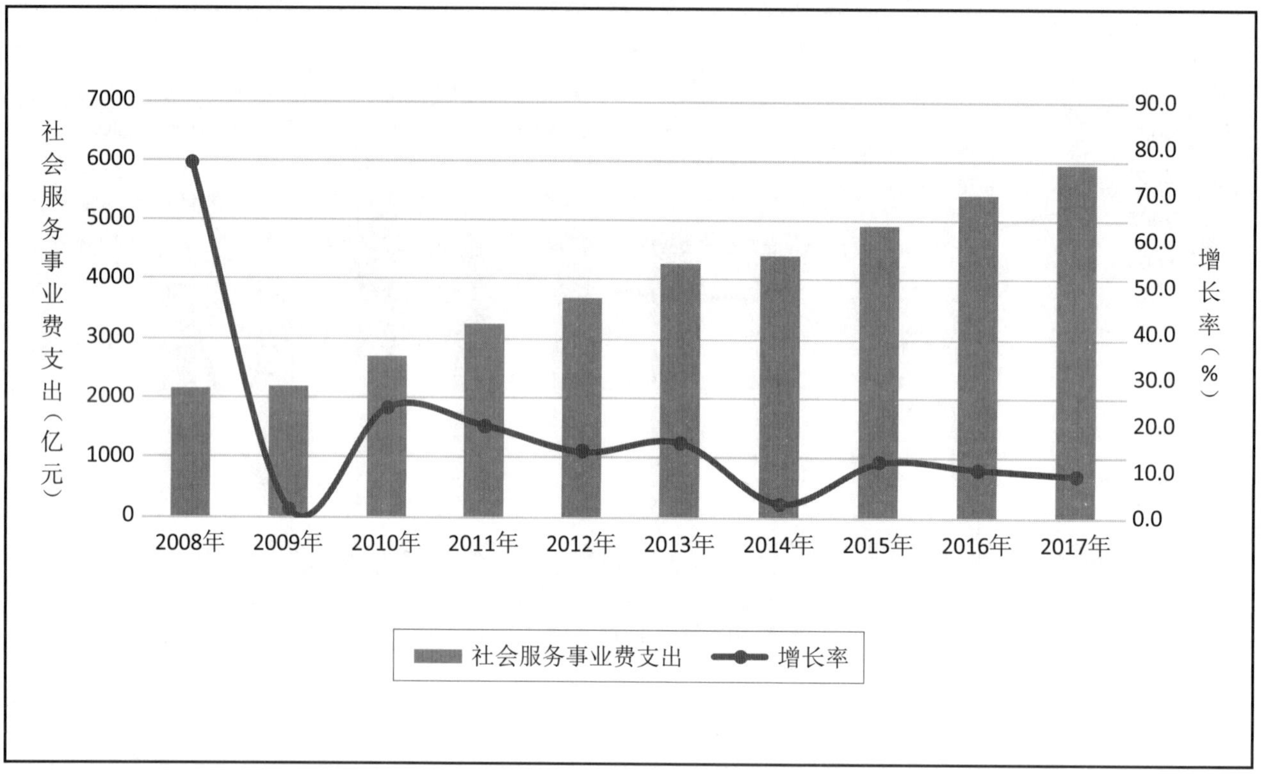

单位：亿元、%

指标	2008年	2009年	2010年	2011年	2012年	2013年	2014年	2015年	2016年	2017年
社会服务事业费支出	2146.5	2181.9	2697.5	3229.1	3683.7	4276.5	4404.1	4926.4	5440.2	5932.7
增长率	76.6	1.6	23.6	19.7	14.1	16.1	3.0	11.9	10.4	9.1

图1-9　社会服务事业费支出占国家财政支出的比重

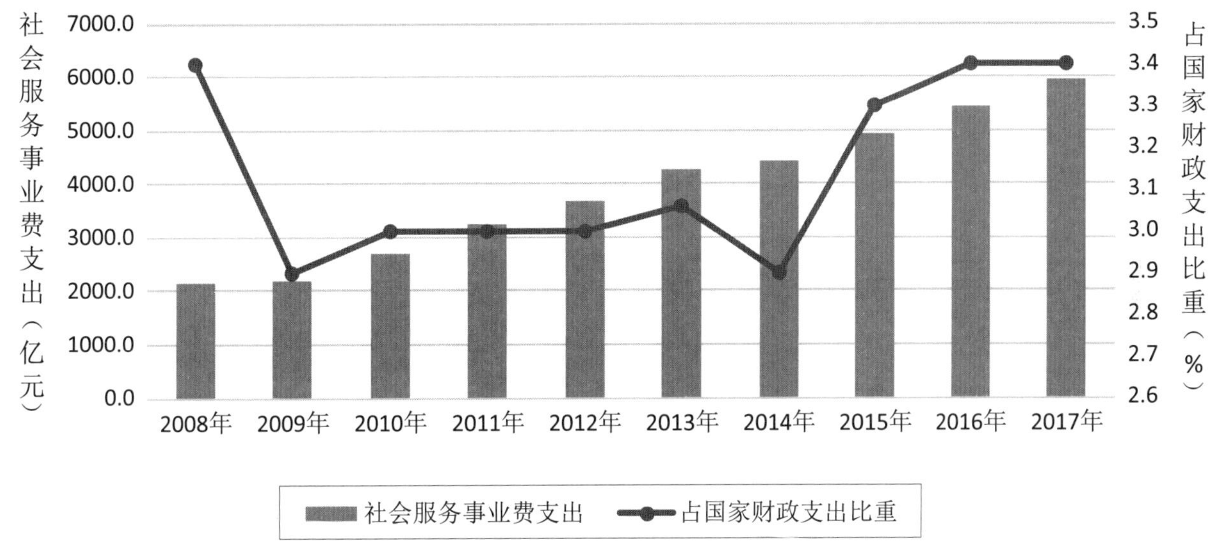

单位：亿元、%

指标	2008年	2009年	2010年	2011年	2012年	2013年	2014年	2015年	2016年	2017年
社会服务事业费支出	2146.5	2181.9	2697.5	3229.1	3683.7	4276.5	4404.1	4926.4	5440.2	5932.7
占国家财政支出比重	3.4	2.9	3.0	3.0	3.0	3.1	2.9	2.8	2.9	2.9

图1-10　按用项分社会服务事业费

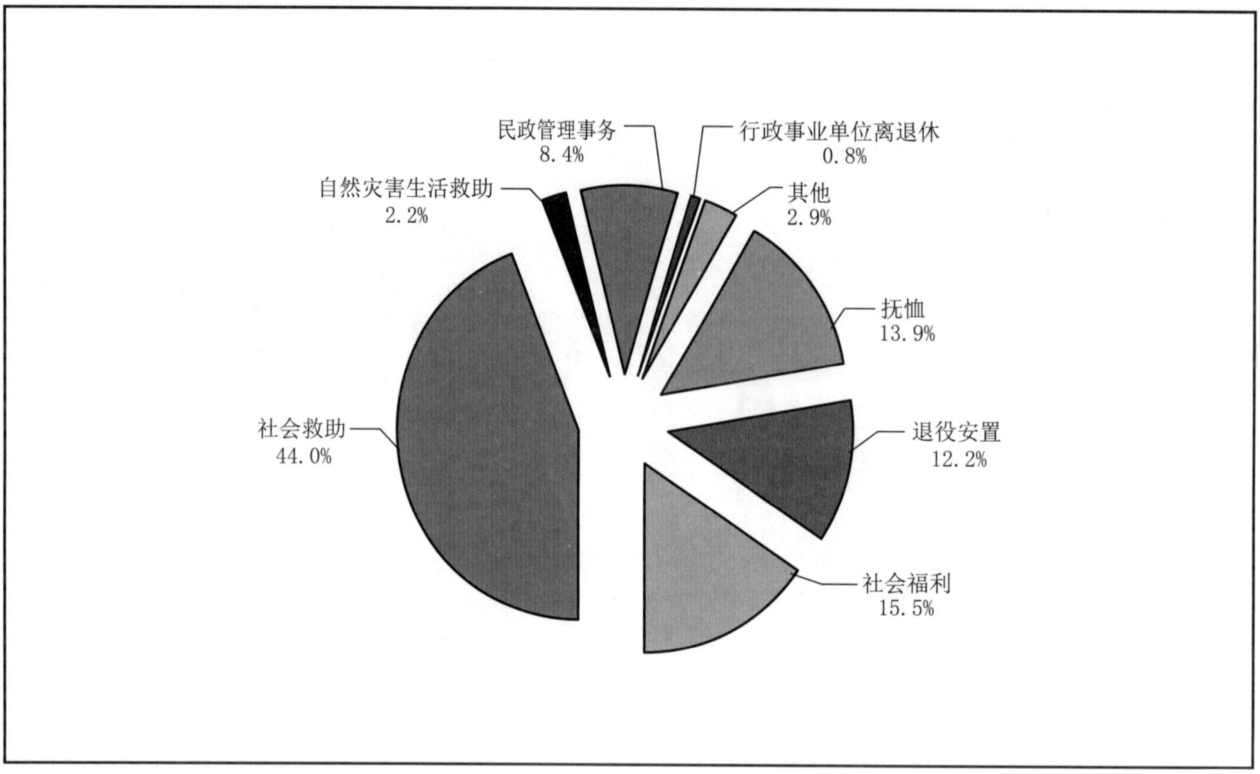

单位：亿元、%

指标	社会服务事业费	抚恤	退役安置	社会福利	社会救助	自然灾害生活救助	民政管理事务	行政事业单位离退休	其他
金额	5932.7	827.3	723.4	920.5	2609.8	128.0	501.0	47.9	175.0
比重	100.0	13.9	12.2	15.5	44.0	2.2	8.4	0.8	2.9

图1-11 中央转移支付社会服务事业费

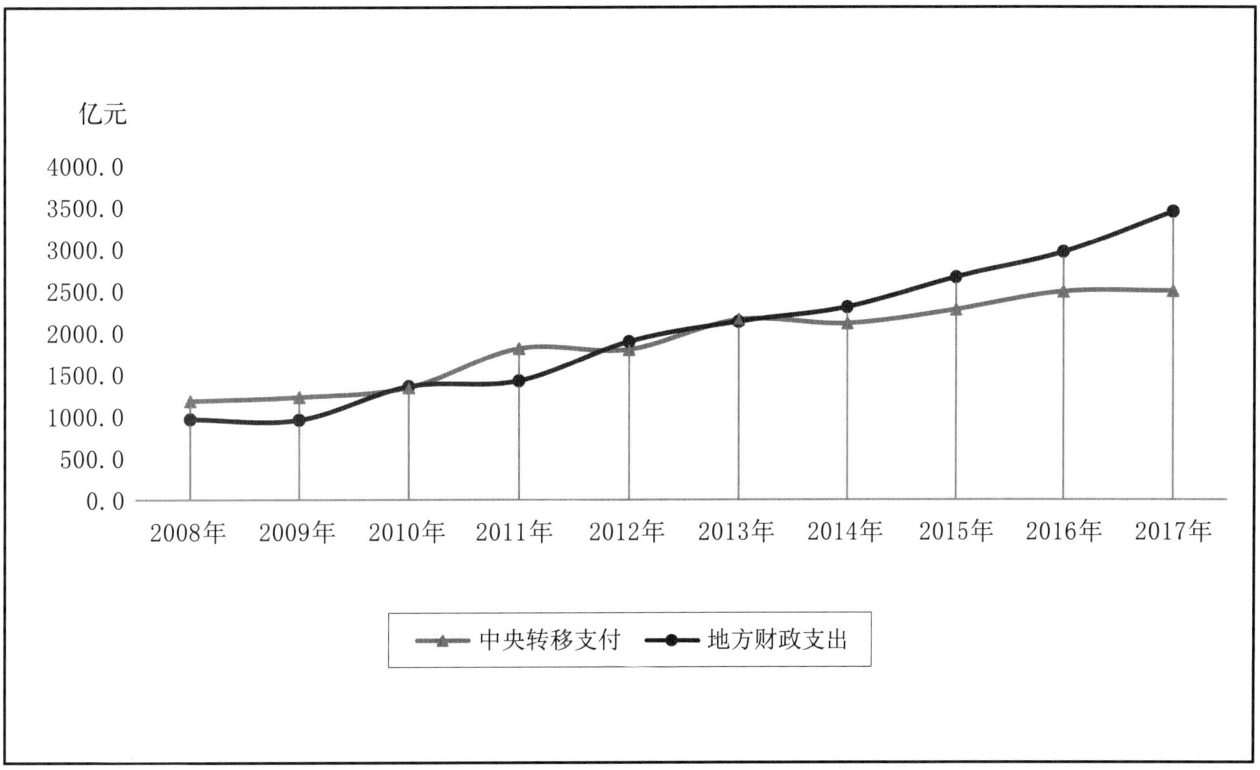

单位：亿元、%

指标	2008年	2009年	2010年	2011年	2012年	2013年	2014年	2015年	2016年	2017年
社会服务事业费支出	2146.5	2181.9	2697.5	3229.1	3683.7	4276.5	4404.1	4926.4	5440.2	5932.7
中央转移支付	1181.1	1227.0	1342.4	1808.0	1794.6	2149.7	2105.0	2270.3	2484.0	2492.3
地方财政支出	965.4	954.9	1355.1	1421.1	1889.1	2126.8	2299.1	2656.1	2956.2	3440.4
中央转移支付比重	55.0	56.2	49.8	56.0	48.7	50.3	47.8	46.1	45.7	42.0

图1-12　社会服务基本建设投资

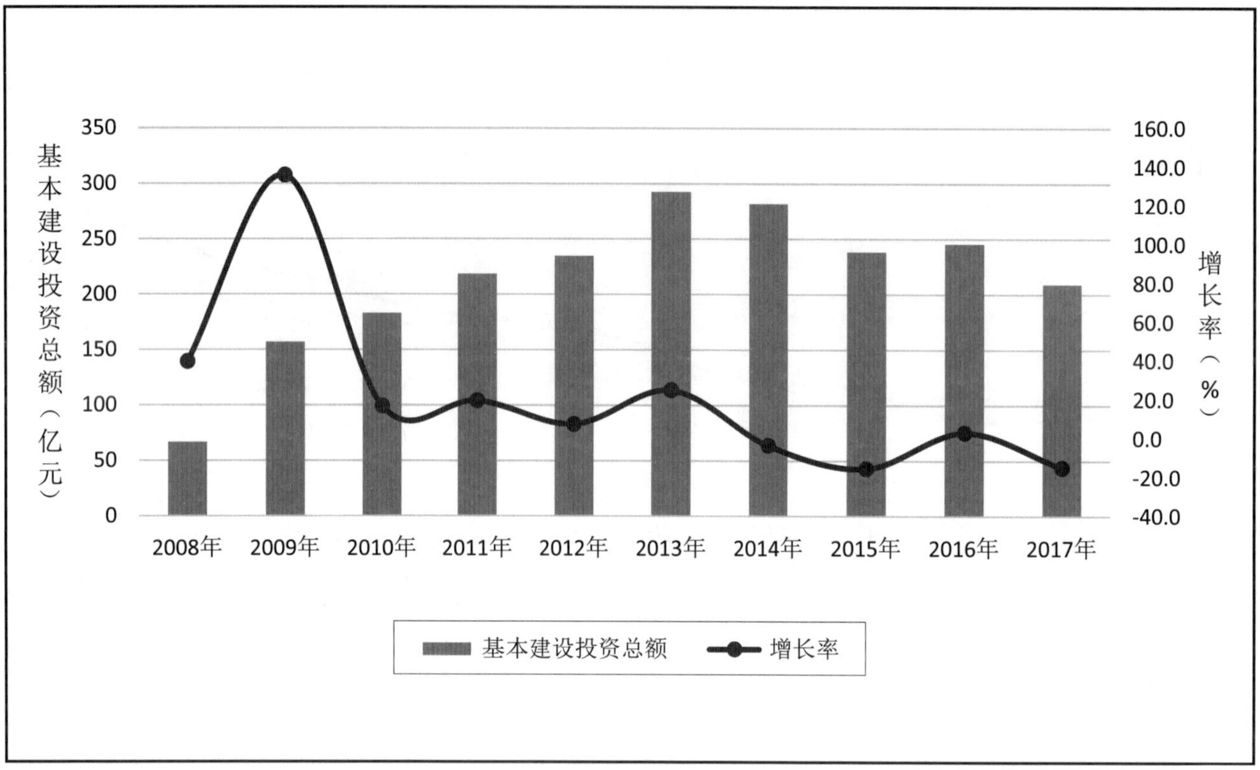

单位：亿元、%

指标	2008年	2009年	2010年	2011年	2012年	2013年	2014年	2015年	2016年	2017年
基本建设投资总额	66.6	157	183	218.5	234.7	292.8	282.2	238.5	245.8	209.2
增长率	39.6	135.7	16.6	19.4	7.4	24.8	-3.6	-15.5	3.1	-14.9

图1-13 预算内基本建设支出和中央转移支付情况

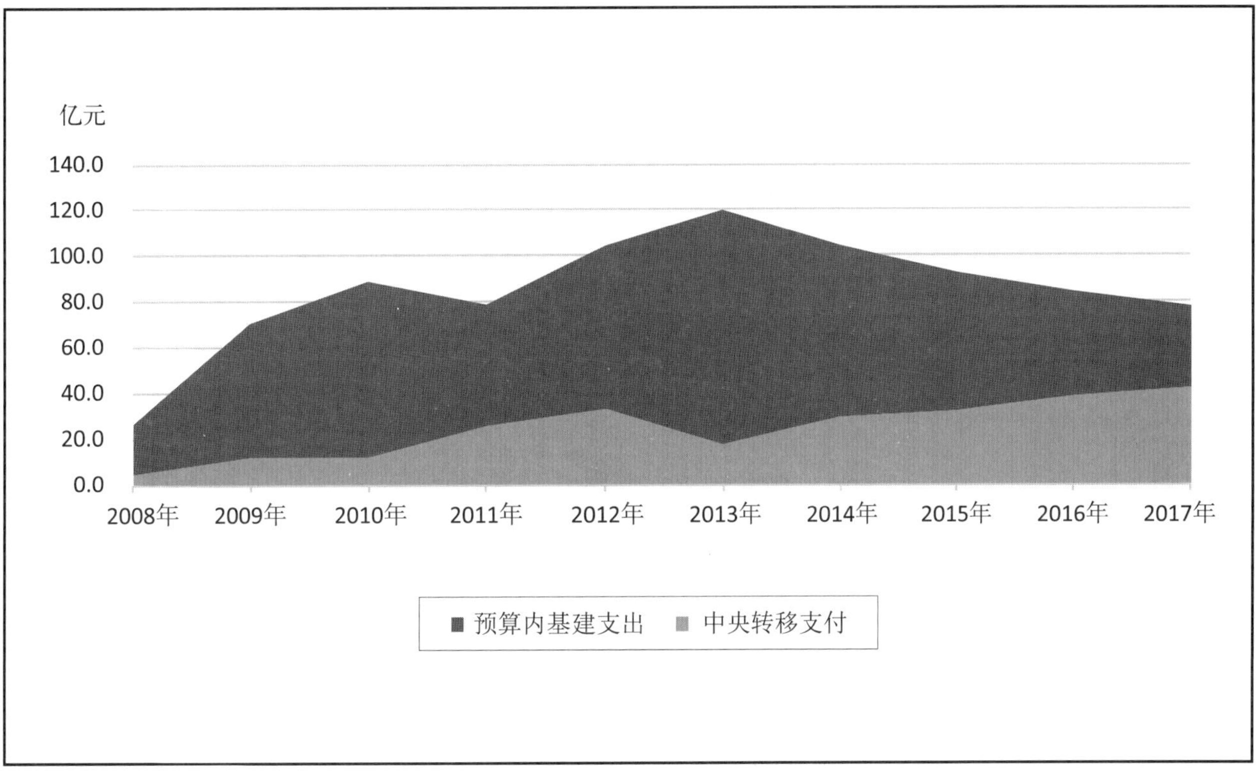

单位：亿元

指标	2008年	2009年	2010年	2011年	2012年	2013年	2014年	2015年	2016年	2017年
社会服务事业费支出	2146.5	2181.9	2697.5	3229.1	3683.7	4276.5	4404.1	4926.4	5440.2	5932.7
预算内基建支出	26.6	70.6	89.1	78.5	104.2	120.1	104.3	92.8	84.4	77.8
中央转移支付	4.7	11.7	12.0	25.3	33.0	17.0	29.0	32.0	38.0	42.0

图2-1 社会服务床位数

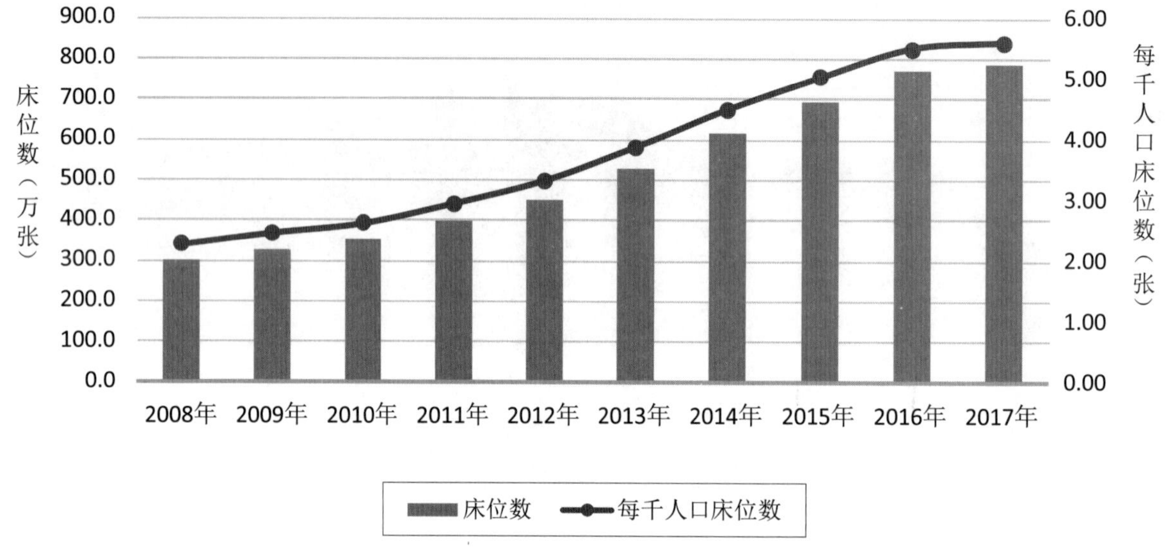

单位：万张、张

指标	2008年	2009年	2010年	2011年	2012年	2013年	2014年	2015年	2016年	2017年
床位数	300.3	326.5	349.6	396.4	449.3	526.7	613.5	732.9	771.2	786.2
每千人口床位数	2.26	2.45	2.61	2.94	3.32	3.87	4.49	5.02	5.50	5.60

图2-2　养老服务床位数

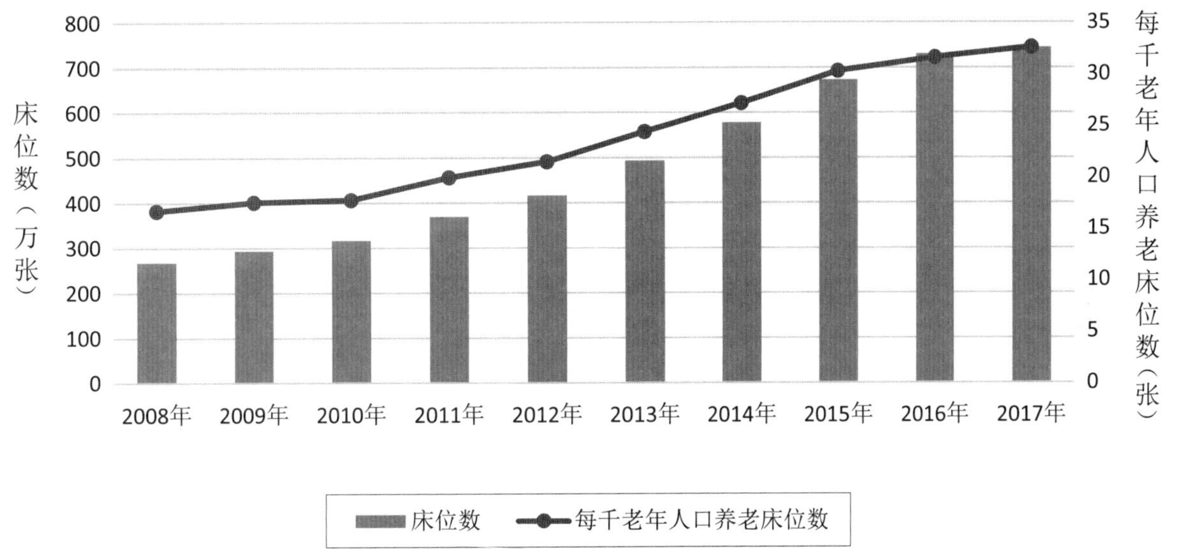

单位：万张、%、张

指标	2008年	2009年	2010年	2011年	2012年	2013年	2014年	2015年	2016年	2017年
床位数	267.4	293.5	316.1	369.2	416.5	493.7	577.7	672.7	730.2	744.8
增长率	10.1	9.8	7.7	16.8	12.8	18.5	17.0	16.4	8.5	2.0
每千老年人口养老床位数	16.7	17.6	17.8	20.0	21.5	24.4	27.2	30.3	31.6	30.9

图2-3 智障和精神疾病服务床位数

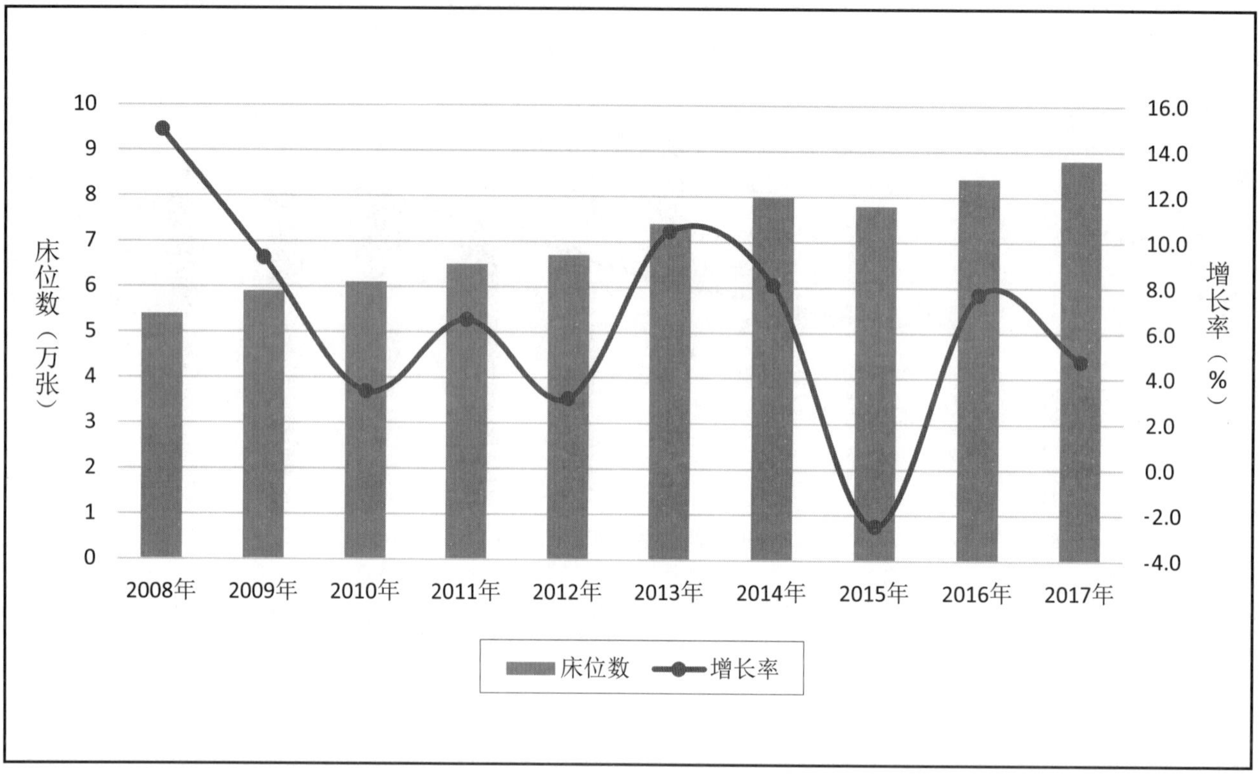

单位：万张、%

指标	2008年	2009年	2010年	2011年	2012年	2013年	2014年	2015年	2016年	2017年
床位数	5.4	5.9	6.1	6.5	6.7	7.4	8.0	7.8	8.4	8.8
增长率	14.9	9.3	3.4	6.6	3.1	10.4	8.1	-2.5	7.7	4.8

图2-4　儿童服务床位数

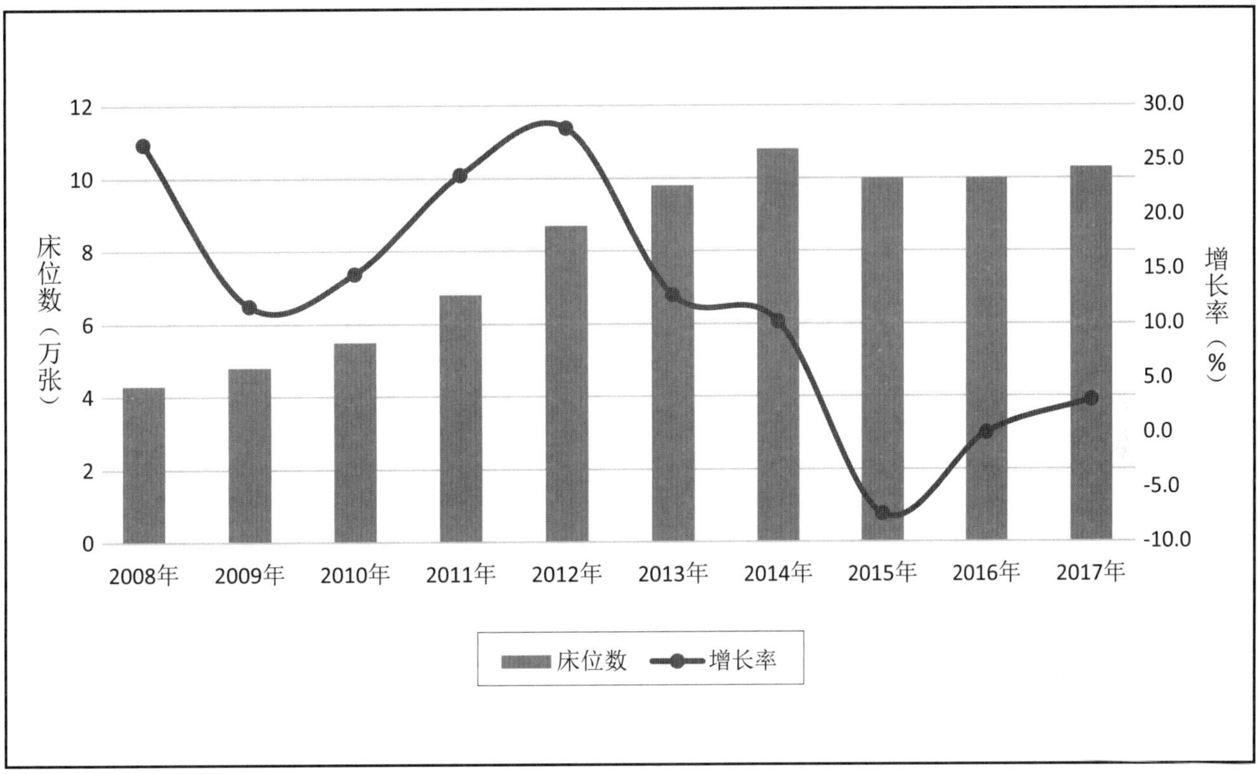

单位：万张、%

指标	2008年	2009年	2010年	2011年	2012年	2013年	2014年	2015年	2016年	2017年
床位数	4.3	4.8	5.5	6.8	8.7	9.8	10.8	10.0	10.0	10.3
增长率	26.5	11.6	14.6	23.6	27.9	12.6	10.2	-7.4	-	3.0

图2-5　老年人福利

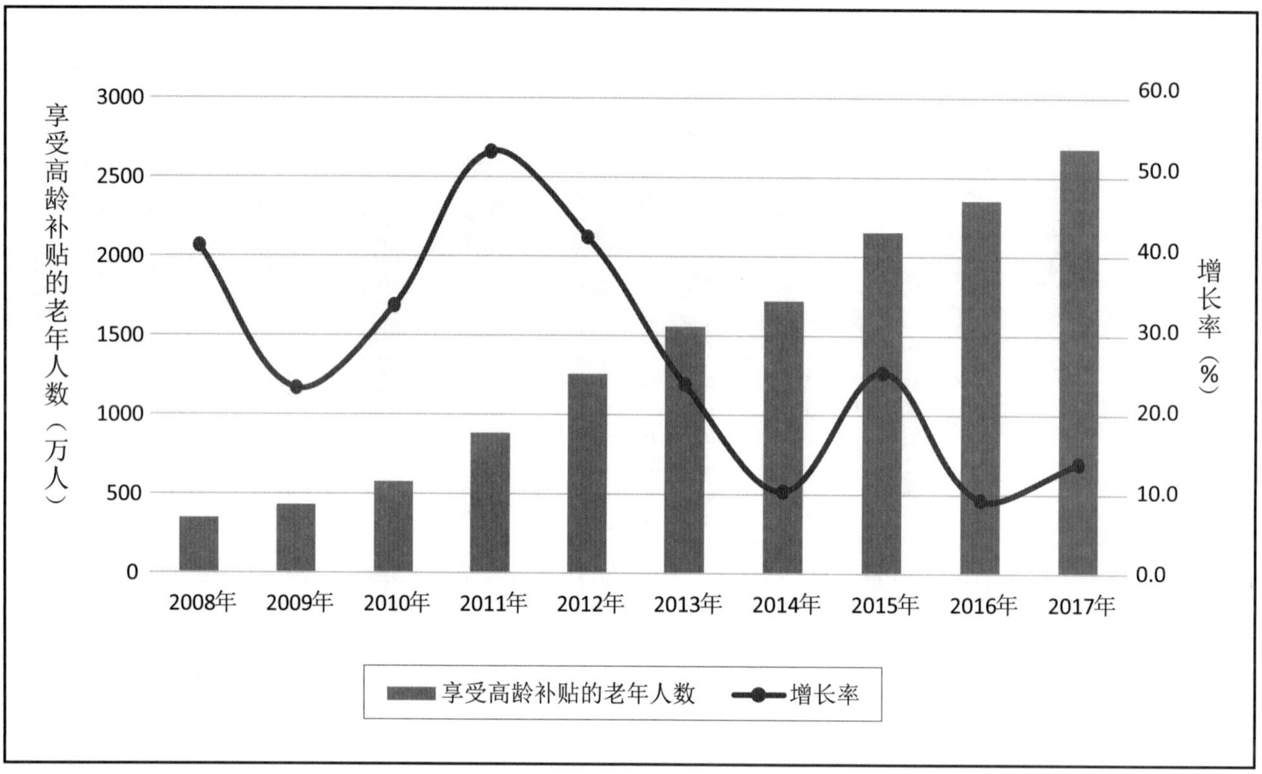

单位：万人、%

指标	2008年	2009年	2010年	2011年	2012年	2013年	2014年	2015年	2016年	2017年
享受高龄补贴的老年人数	349.3	430.9	576.4	883.1	1257.7	1557.9	1719.6	2155.1	2355.4	2682.2
增长率	41.4	23.4	33.8	53.2	42.4	23.9	10.4	25.3	9.3	13.9

图2-6　收养登记

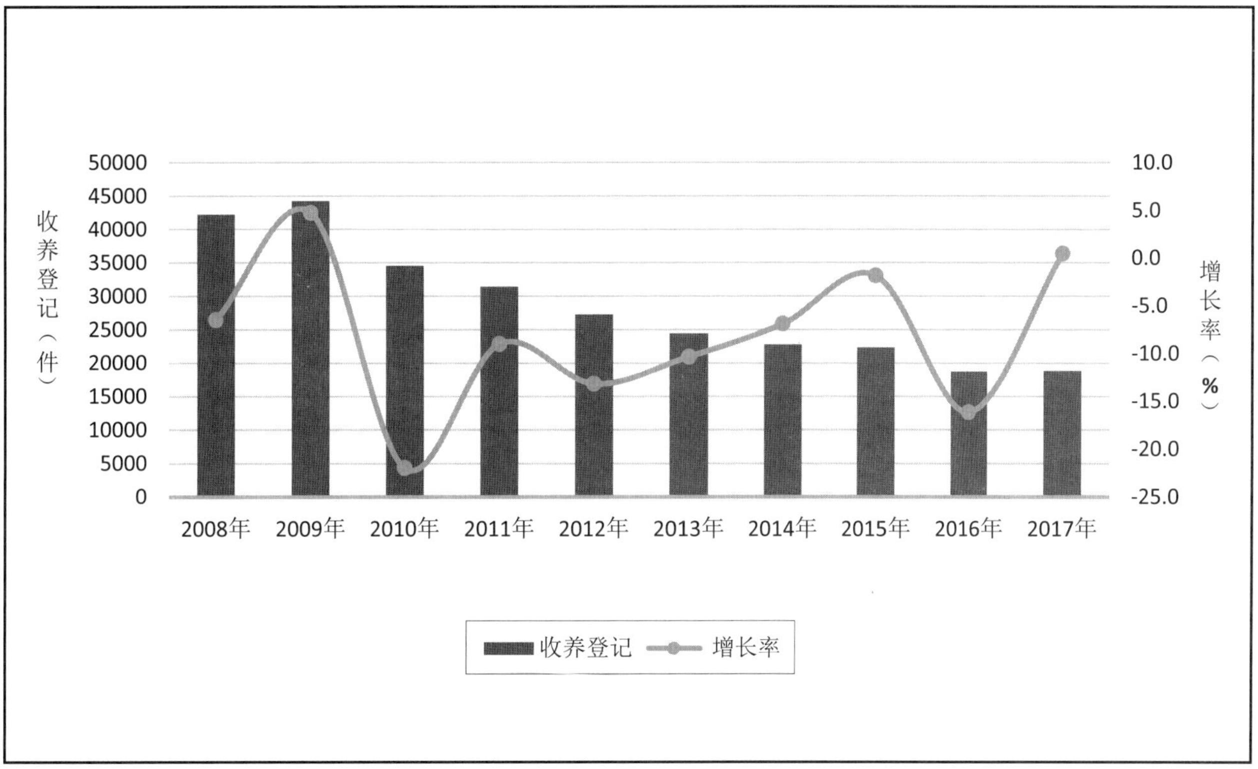

单位：件、%

指标	2008年	2009年	2010年	2011年	2012年	2013年	2014年	2015年	2016年	2017年
收养登记	42250	44260	34529	31424	27278	24460	22772	22348	18736	18820
增长率	-6.5	4.8	-22.0	-9.0	-13.2	-10.3	-6.9	-1.9	-16.2	0.4

图2-7　城市最低生活保障人数

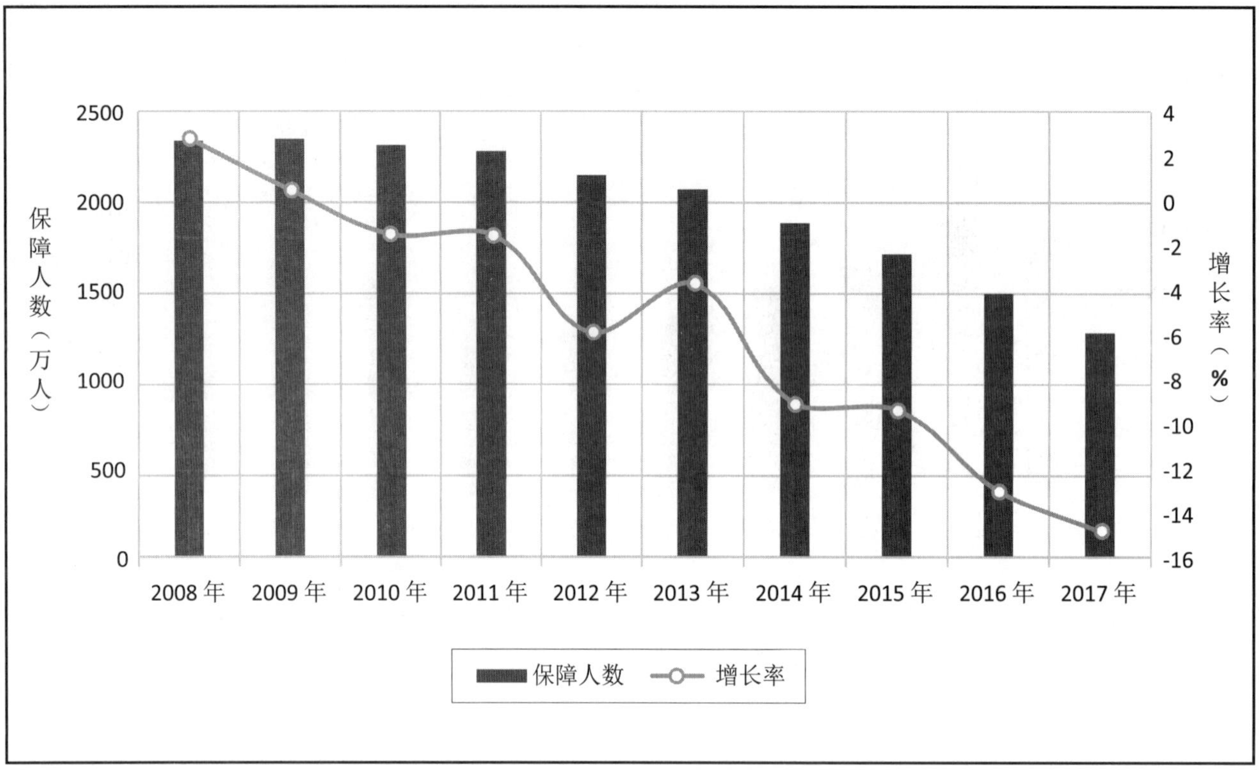

单位：万人、%

指标	2008年	2009年	2010年	2011年	2012年	2013年	2014年	2015年	2016年	2017年
保障人数	2334.8	2345.6	2310.5	2276.8	2143.5	2064.2	1877.0	1701.1	1480.2	1261.0
增长率	2.8	0.5	-1.5	-1.5	-5.9	-3.7	-9.1	-9.4	-13.0	-14.8

图2-8 城市最低生活保障平均标准

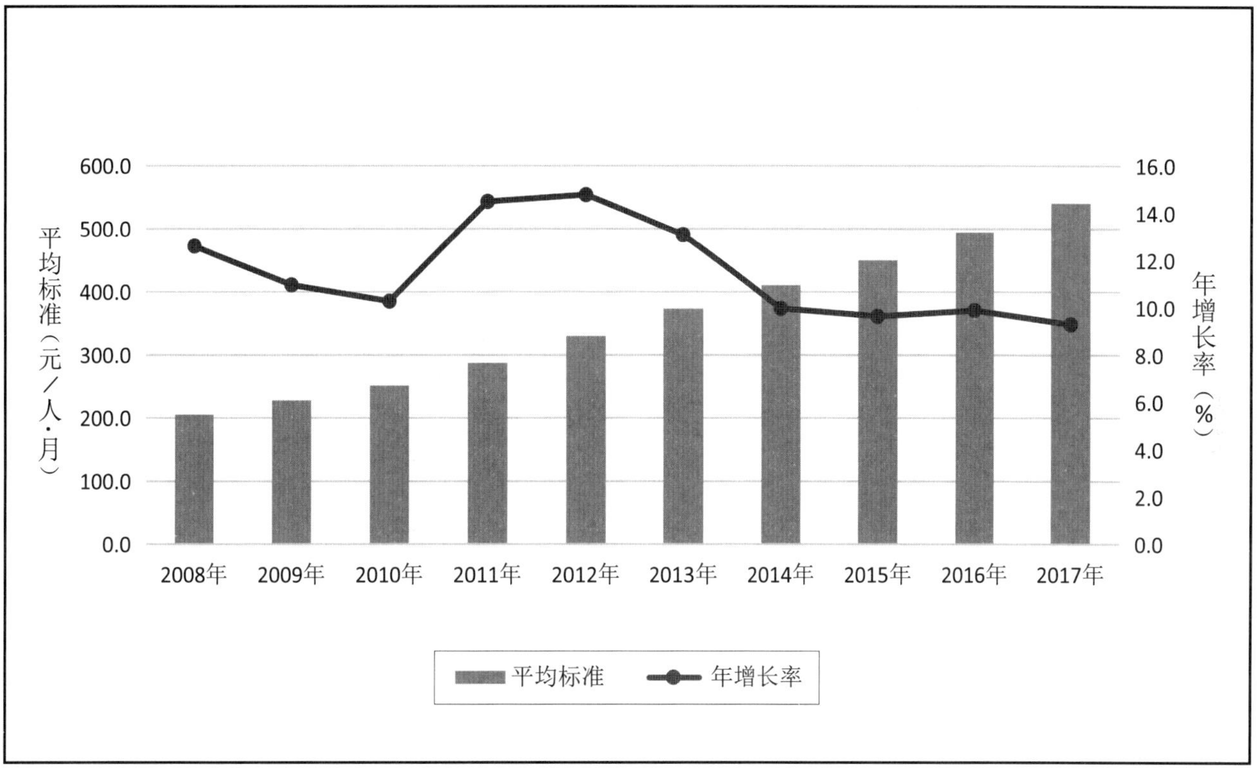

单位：元/人·月、%

指标	2008年	2009年	2010年	2011年	2012年	2013年	2014年	2015年	2016年	2017年
平均标准	205.3	227.8	251.2	287.6	330.1	373.3	410.5	450.1	494.6	540.6
增长率	12.6	11.0	10.3	14.5	14.8	13.1	10.0	9.6	9.9	9.3

图2-9　分省城市最低生活保障平均标准

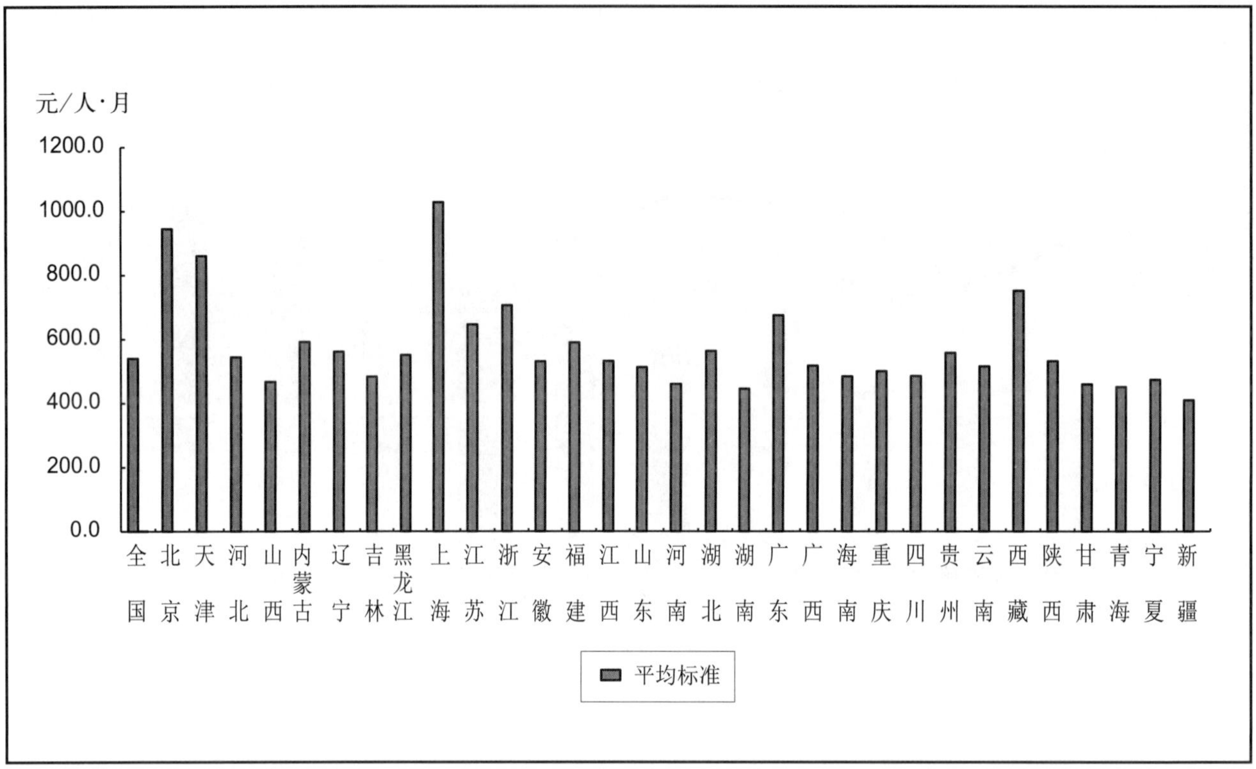

单位：元/人·月

地　区	平均标准	地　区	平均标准	地　区	平均标准	地　区	平均标准
全　国	**540.6**	黑龙江	550.7	河　南	459.6	贵　州	557.0
北　京	945.0	上　海	1028.1	湖　北	563.6	云　南	516.0
天　津	860.0	江　苏	645.6	湖　南	444.1	西　藏	751.5
河　北	544.0	浙　江	706.2	广　东	674.8	陕　西	532.2
山　西	467.5	安　徽	531.2	广　西	518.0	甘　肃	458.6
内蒙古	591.6	福　建	589.8	海　南	484.4	青　海	450.5
辽　宁	561.6	江　西	531.7	重　庆	500.0	宁　夏	473.2
吉　林	483.4	山　东	513.2	四　川	485.1	新　疆	409.0

图2-10　农村最低生活保障人数

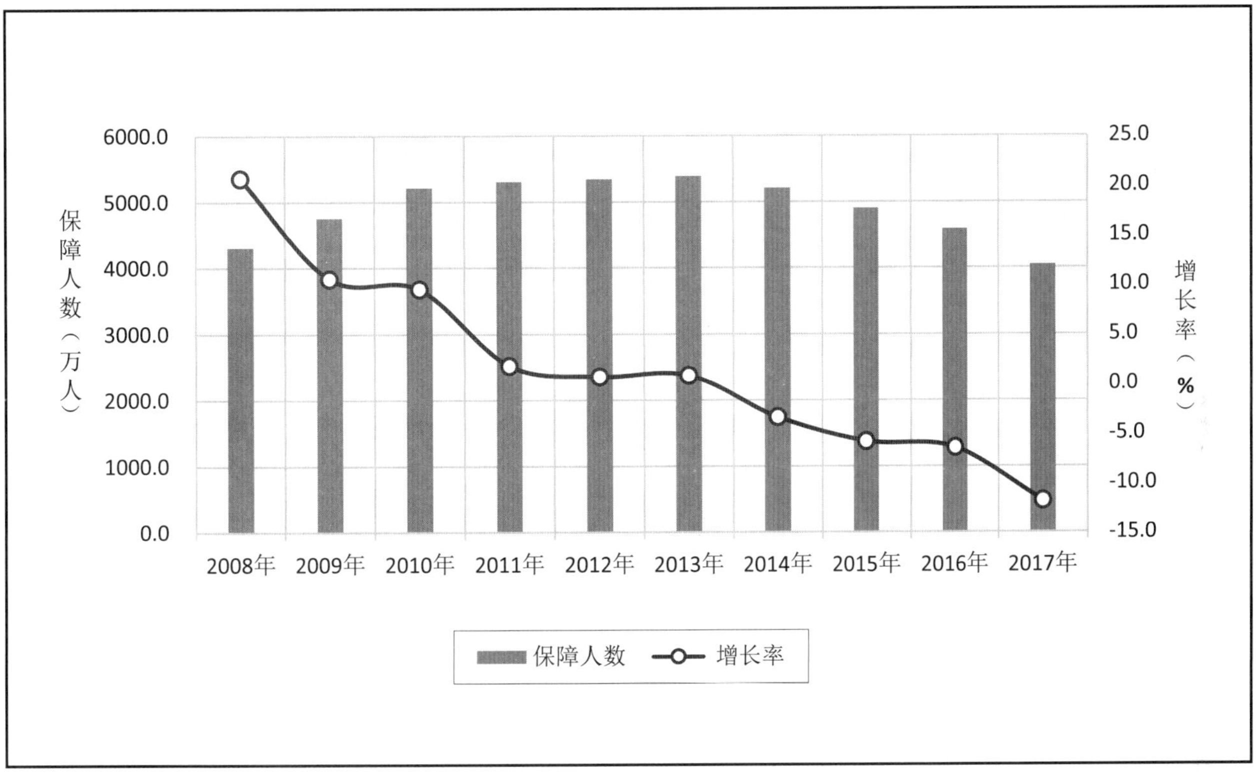

单位：万人、%

指标	2008年	2009年	2010年	2011年	2012年	2013年	2014年	2015年	2016年	2017年
保障人数	4305.5	4760.0	5214.0	5305.7	5344.5	5388.0	5207.2	4903.6	4586.5	4045.2
增长率	20.7	10.6	9.5	1.8	0.7	0.8	-3.4	-5.8	-6.5	-11.8

图2-11　农村最低生活保障平均标准

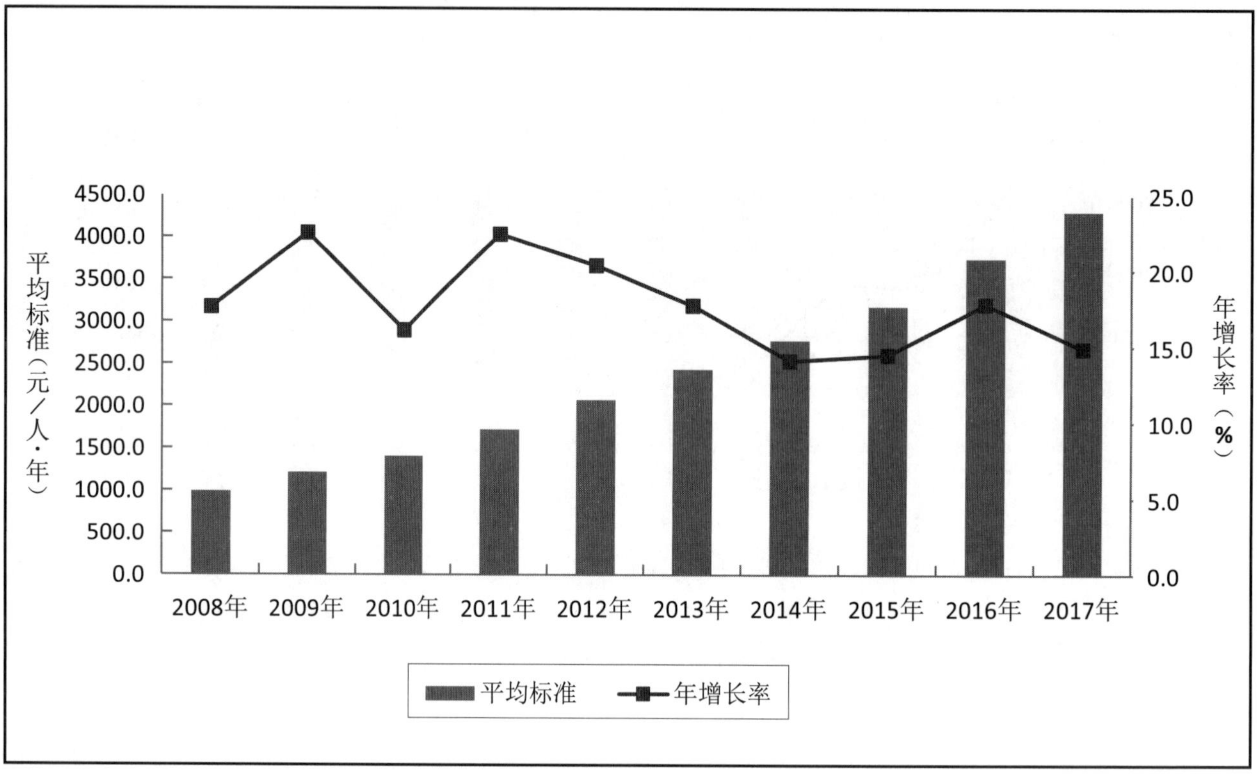

单位：元/人·年、%

指标	2008年	2009年	2010年	2011年	2012年	2013年	2014年	2015年	2016年	2017年
平均标准	987.6	1209.6	1404.0	1718.4	2067.8	2433.9	2776.6	3178.2	3744.0	4300.7
增长率	17.6	22.5	16.1	22.4	20.3	17.7	14.1	14.5	17.8	14.9

图2-12 分省农村最低生活保障平均标准

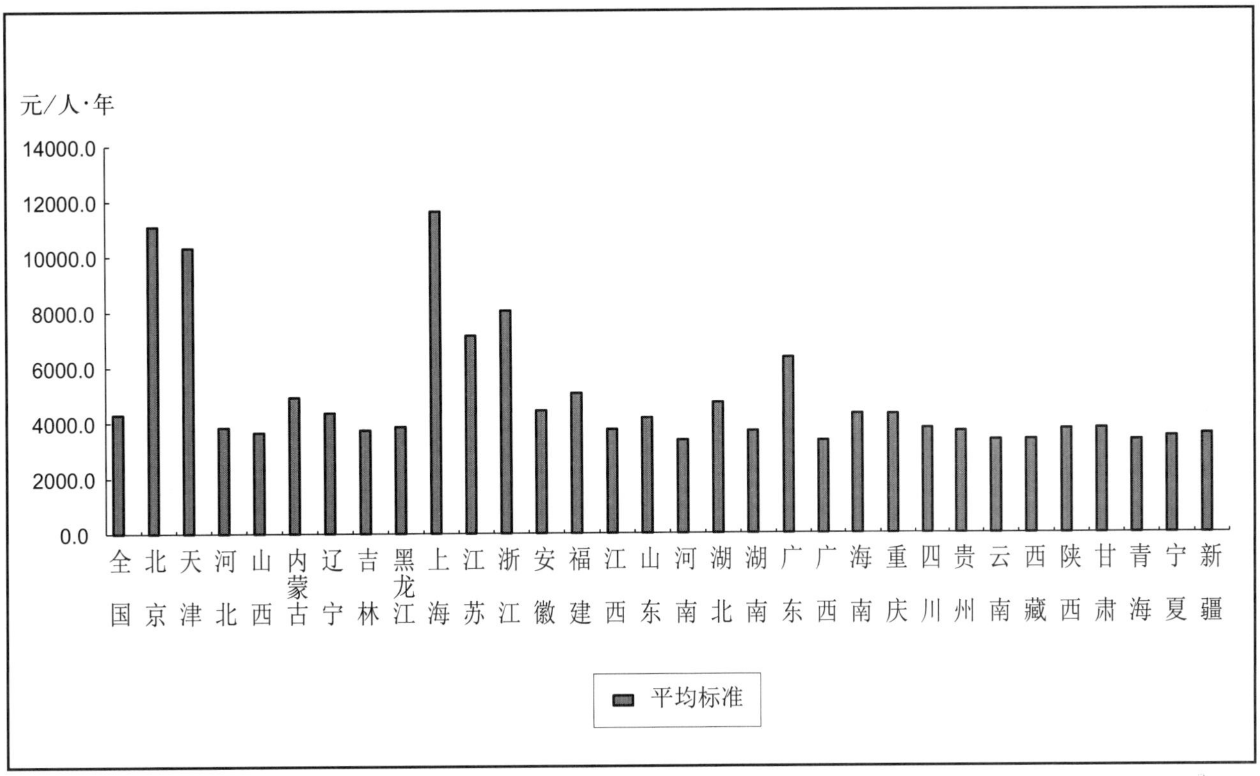

单位：元/人·年

地 区	平 均 标 准	地 区	平均标准	地 区	平 均 标 准	地 区	平 均 标 准
全 国	**4300.7**	黑龙江	3857.5	河 南	3356.4	贵 州	3660.0
北 京	11095.4	上 海	11640.0	湖 北	4706.4	云 南	3342.0
天 津	10320.0	江 苏	7147.1	湖 南	3689.0	西 藏	3355.5
河 北	3829.1	浙 江	8040.6	广 东	6340.8	陕 西	3733.7
山 西	3646.9	安 徽	4427.5	广 西	3338.4	甘 肃	3765.3
内蒙古	4920.2	福 建	5054.0	海 南	4300.8	青 海	3335.0
辽 宁	4350.9	江 西	3743.3	重 庆	4287.7	宁 夏	3468.9
吉 林	3734.9	山 东	4162.9	四 川	3767.8	新 疆	3557.9

图2-13　农村特困人员救助供养

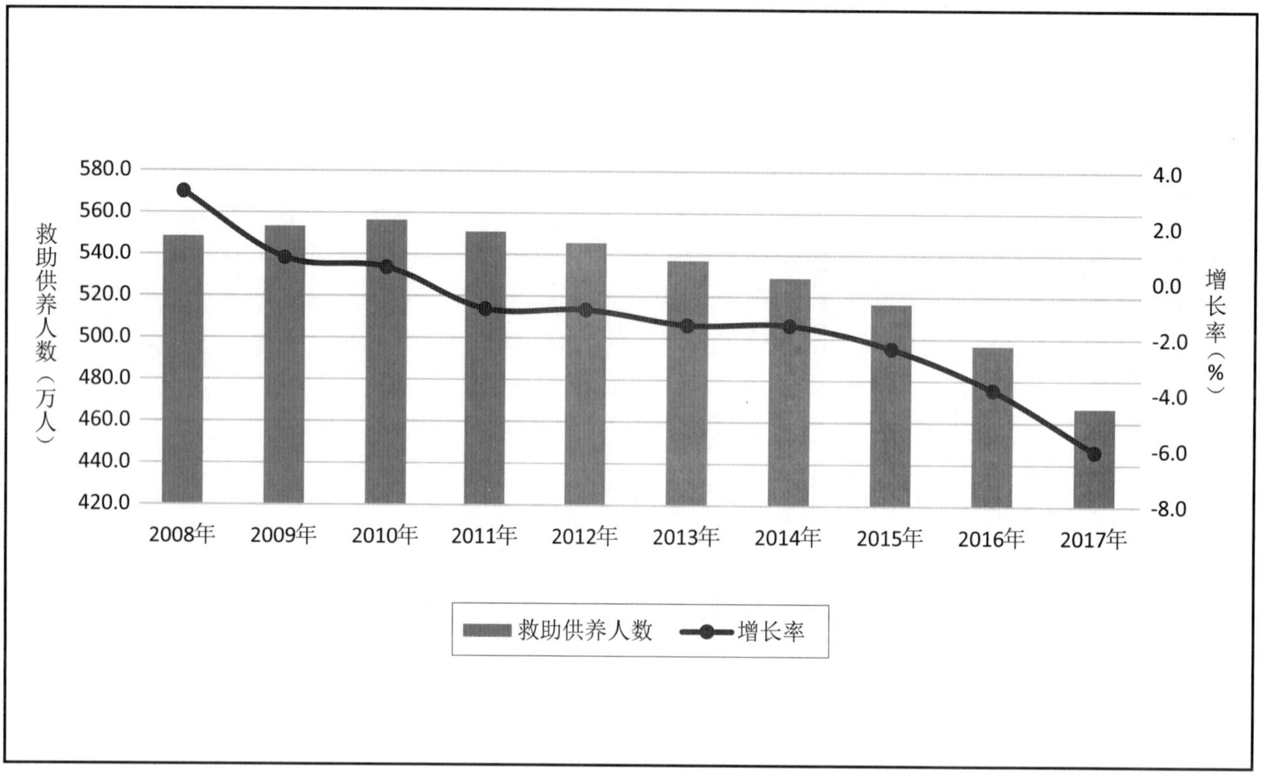

单位：万人、%

指标	2008年	2009年	2010年	2011年	2012年	2013年	2014年	2015年	2016年	2017年
救助供养人数	548.6	553.4	556.3	551.0	545.6	537.3	529.1	516.7	496.9	466.9
增长率	3.3	0.9	0.5	-1.0	-1.0	-1.5	-1.5	-2.3	-3.8	-6.0

图2-14　分省孤儿平均保障标准

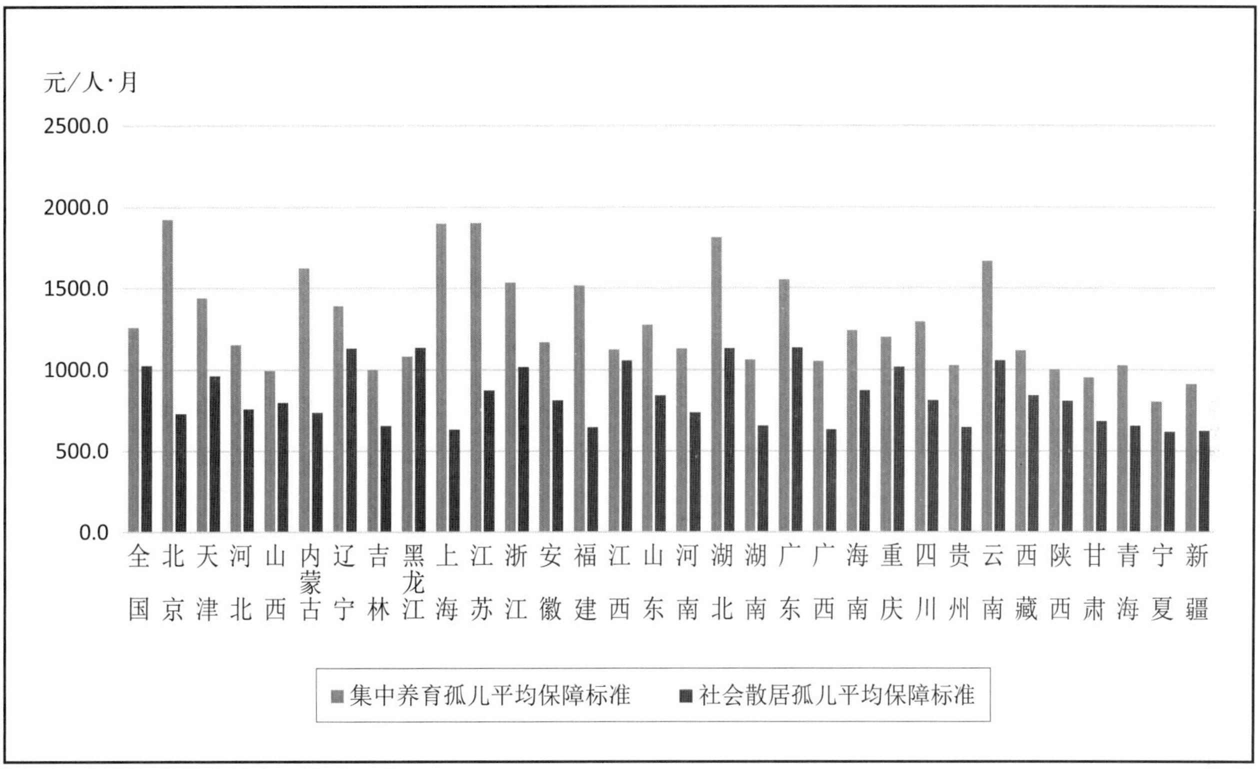

单位：元/人·月

地　区	集中养育孤儿平均保障标准	社会散居孤儿平均保障标准	地　区	集中养育孤儿平均保障标准	社会散居孤儿平均保障标准	地　区	集中养育孤儿平均保障标准	社会散居孤儿平均保障标准	地　区	集中养育孤儿平均保障标准	社会散居孤儿平均保障标准
全　国	**1258.7**	**1024.6**	黑龙江	1083.2	1136.4	河　南	1128.9	736.0	贵　州	1027.4	646.0
北　京	1925.0	727.9	上　海	1900.0	631.2	湖　北	1815.2	1131.7	云　南	1666.6	1057.3
天　津	1440.0	962.0	江　苏	1903.1	872.6	湖　南	1063.0	654.4	西　藏	1117.7	840.7
河　北	1153.5	758.4	浙　江	1534.5	1017.5	广　东	1553.1	1136.4	陕　西	1000.9	806.1
山　西	993.8	796.8	安　徽	1169.7	810.6	广　西	1053.5	631.2	甘　肃	951.5	682.0
内蒙古	1623.8	736.0	福　建	1516.8	646.0	海　南	1242.1	872.6	青　海	1027.5	655.2
辽　宁	1391.9	1131.7	江　西	1124.6	1057.3	重　庆	1200.0	1017.5	宁　夏	802.5	617.5
吉　林	1000.0	654.4	山　东	1275.9	840.7	四　川	1294.3	810.6	新　疆	912.6	623.6

图2-15　社会捐赠

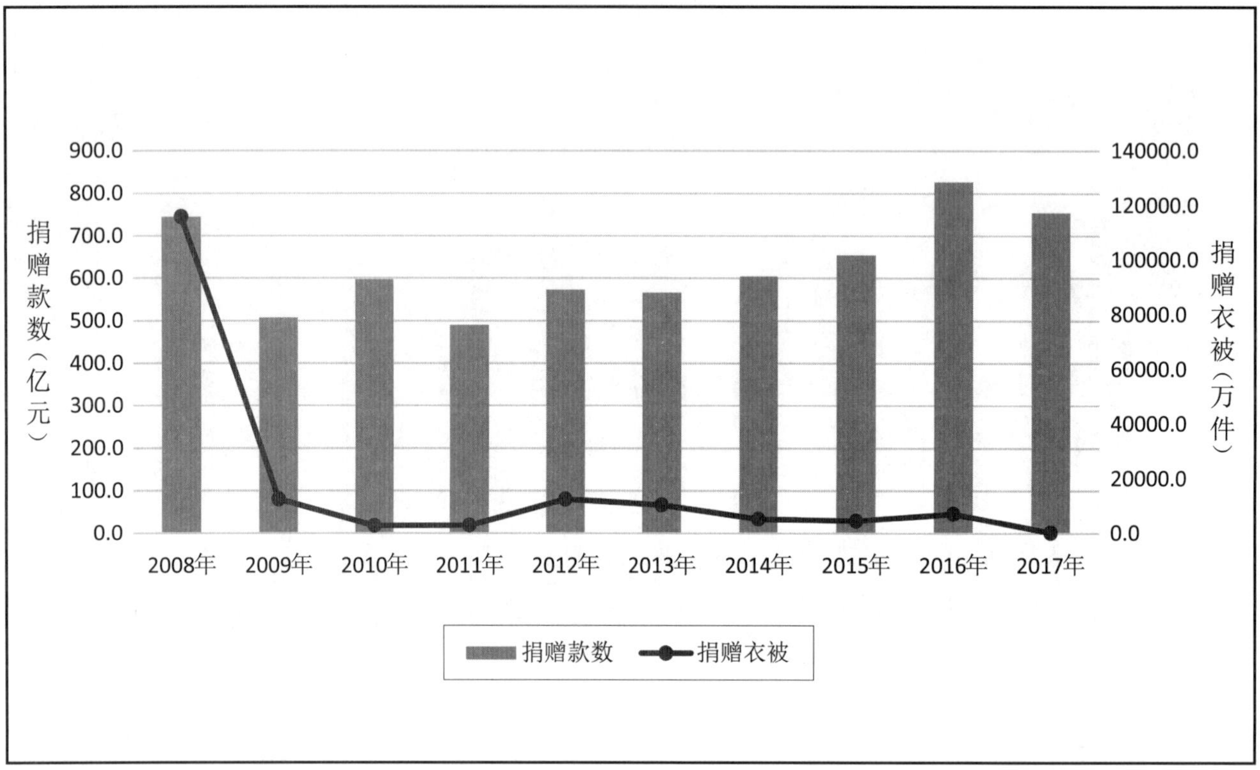

单位：亿元、万件

指标	2008年	2009年	2010年	2011年	2012年	2013年	2014年	2015年	2016年	2017年
捐赠款数	744.5	507.2	596.8	490.1	572.5	566.4	604.4	654.5	827.0	754.2
捐赠衣被	115816.3	12476.6	2750.2	2918.5	12538.2	10405.0	5244.5	4537.0	7123.2	245.9

注：捐赠款为民政部门和社会组织接收捐赠的合计数。

图2-16　福利彩票

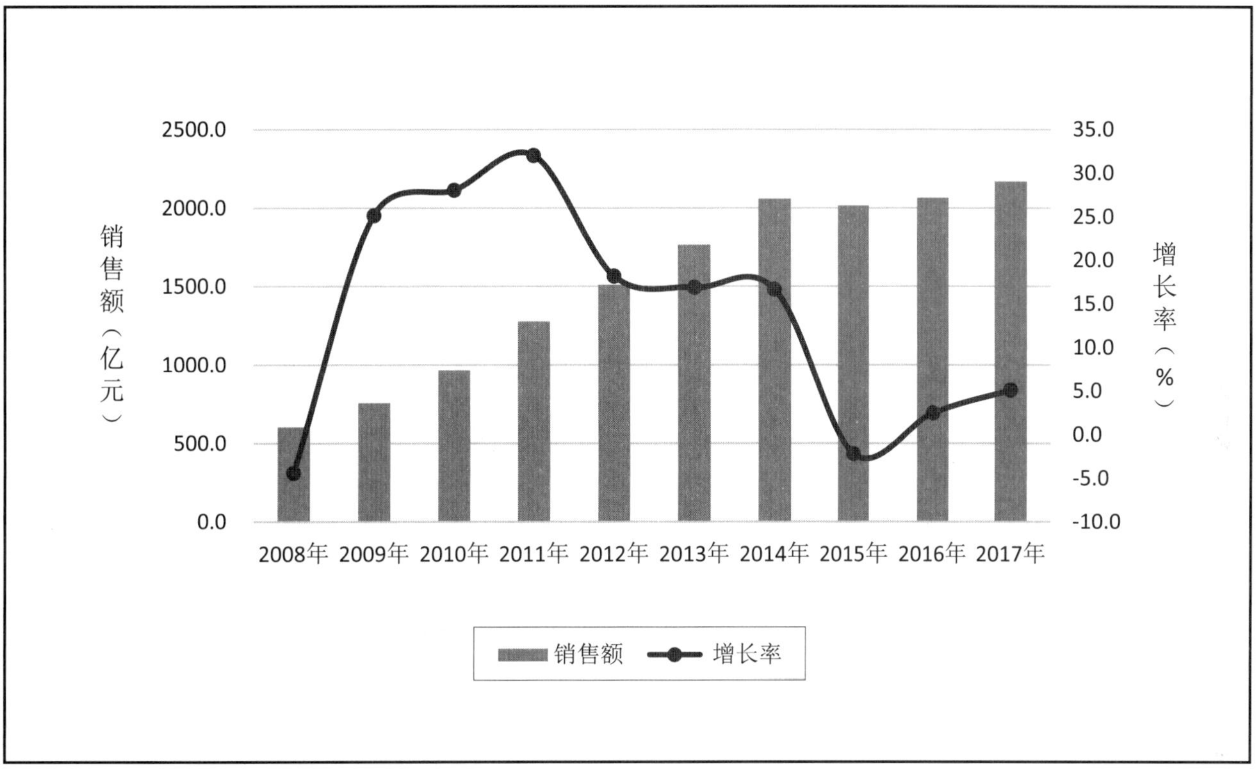

单位：亿元、%

指标	2008年	2009年	2010年	2011年	2012年	2013年	2014年	2015年	2016年	2017年
销售额	604.0	756.0	968.0	1278.0	1510.3	1765.3	2059.7	2015.1	2064.9	2169.8
增长率	−4.4	25.2	28.0	32.0	18.2	16.9	16.7	−2.2	2.5	5.1

图2-17 国家抚恤、补助优抚对象

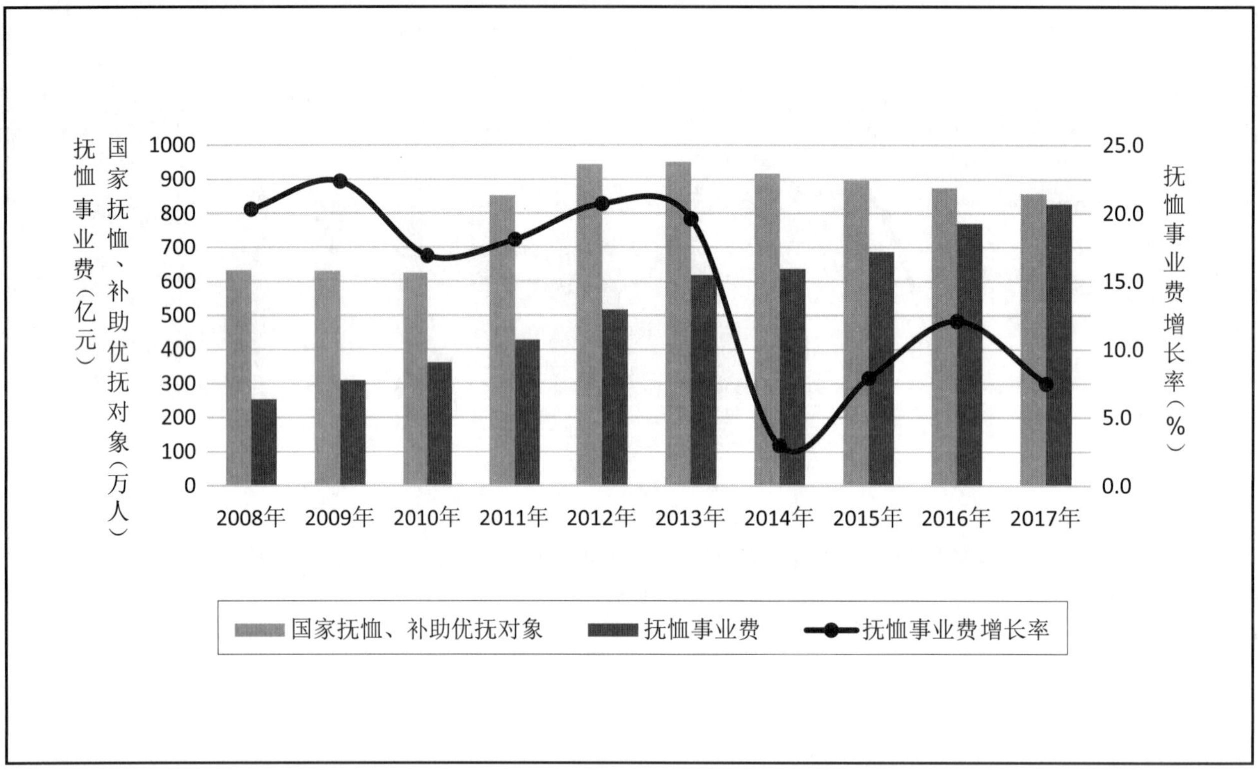

单位：万人、亿元、%

指标	2008年	2009年	2010年	2011年	2012年	2013年	2014年	2015年	2016年	2017年
国家抚恤、补助优抚对象	633.2	630.7	625.0	852.5	944.4	950.5	917.3	897.0	874.8	857.7
抚恤事业费	253.6	310.3	362.7	428.3	517	618.4	636.6	686.8	769.8	827.3
抚恤事业费增长率	20.3	22.4	16.9	18.1	20.7	19.6	2.9	7.9	12.1	7.5

图2–18　优抚对象分类

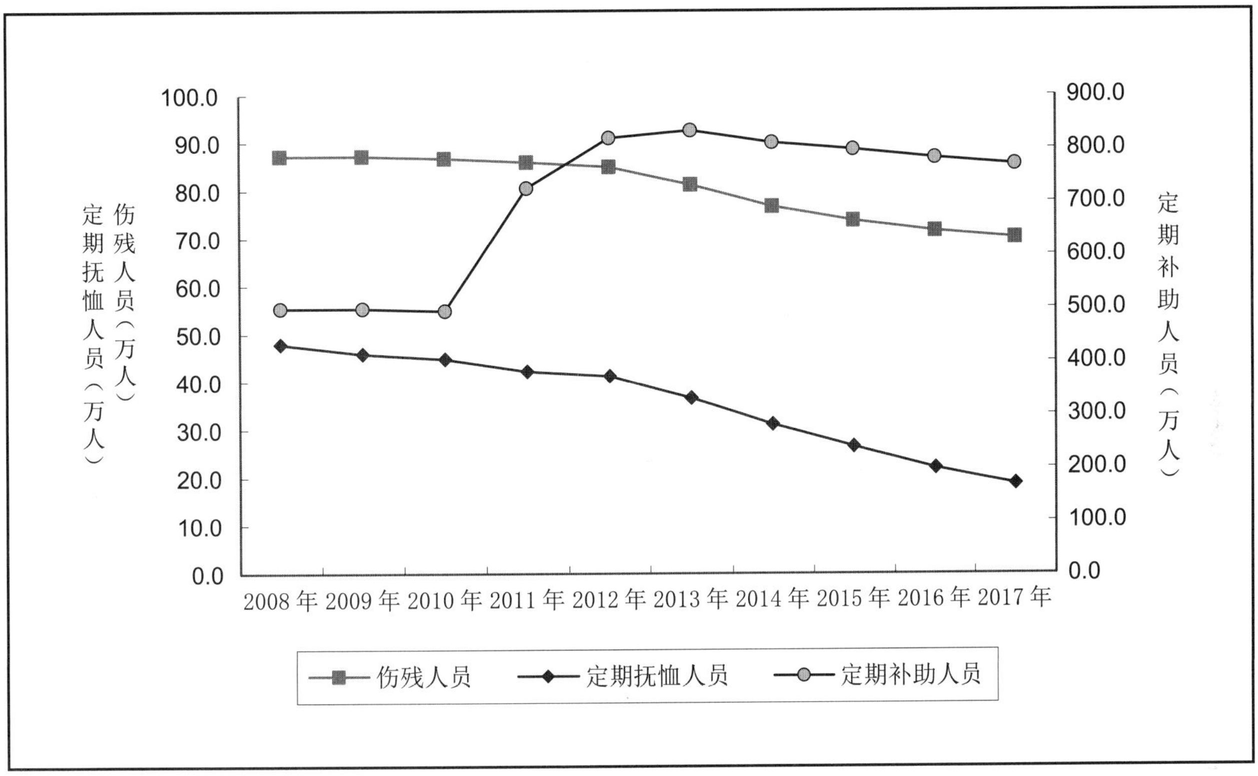

单位：万人

指标	2008年	2009年	2010年	2011年	2012年	2013年	2014年	2015年	2016年	2017年
伤残人员	87.2	87.2	86.7	85.9	84.9	81.2	76.6	73.7	71.5	70.1
定期抚恤人员	47.9	45.9	44.8	42.2	41.2	36.6	31.1	26.5	22.0	18.7
定期补助人员	498.2	497.7	493.5	724.4	818.4	832.6	809.6	796.8	781.3	768.9

图2-19 接收军休干部、军休职工

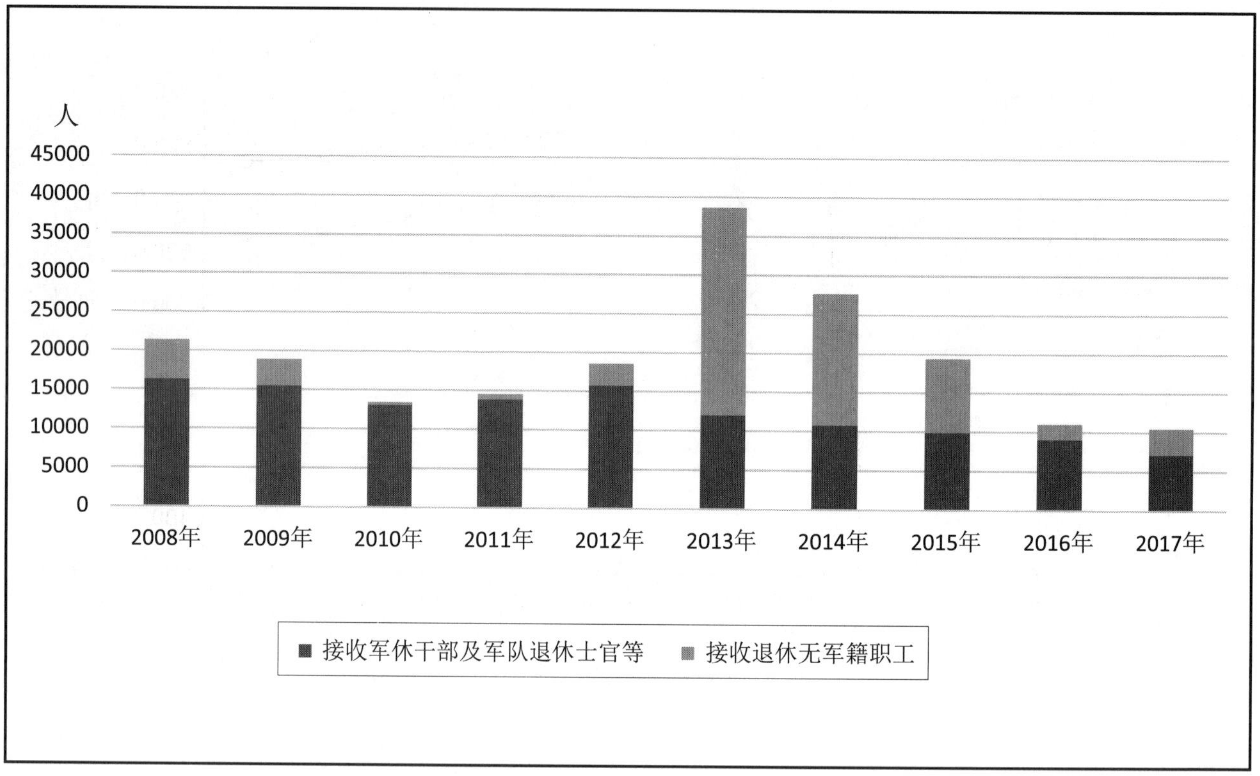

单位：人

指标	2008年	2009年	2010年	2011年	2012年	2013年	2014年	2015年	2016年	2017年
接收军休干部及军队退休士官等	16331	15492	13070	13901	15723	11997	10791	9921	9094	7142
接收无军籍职工	5047	3412	381	629	2847	26709	16908	9508	1959	3389

注：2017年接收军休干部及军队退休士官不含地方离退休干部。

图2-20　烈士纪念设施管理保护单位和藏品量

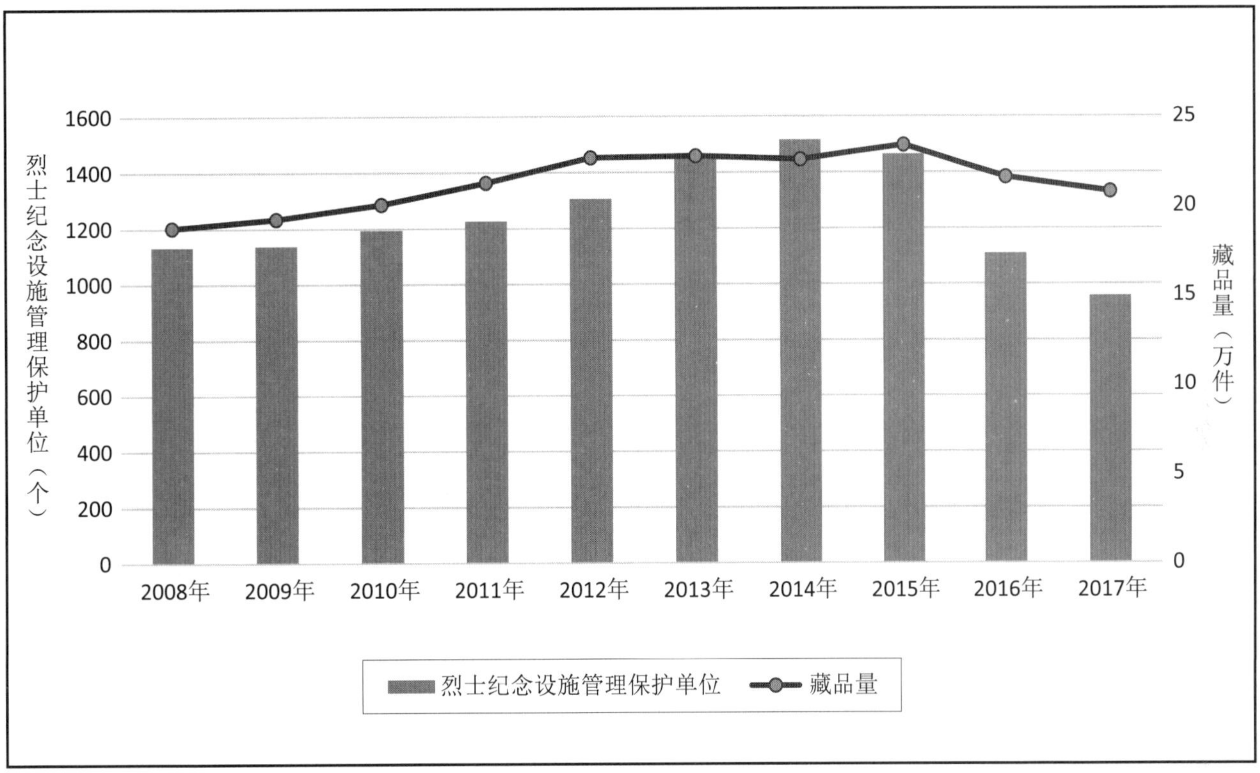

单位：个、万件

指标	2008年	2009年	2010年	2011年	2012年	2013年	2014年	2015年	2016年	2017年
烈士纪念设施管理保护单位	1133	1137	1195	1227	1306	1463	1516	1464	1109	957
藏品量	18.8	19.3	20.1	21.3	22.7	22.8	22.6	23.4	21.6	20.8

图2-21　烈士褒扬

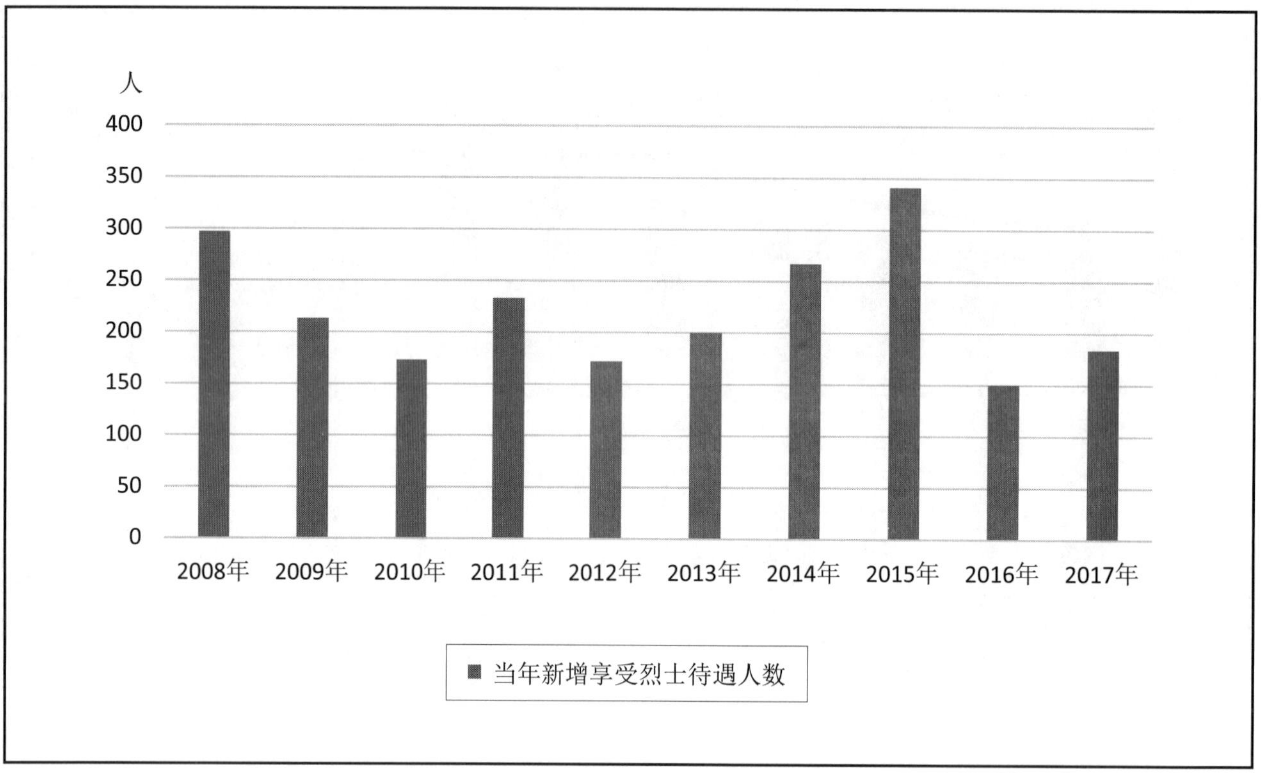

单位：人

指标	2008年	2009年	2010年	2011年	2012年	2013年	2014年	2015年	2016年	2017年
当年新增享受烈士待遇人数	297	213	173	233	172	200	267	341	150	184

图2-22 受灾人口

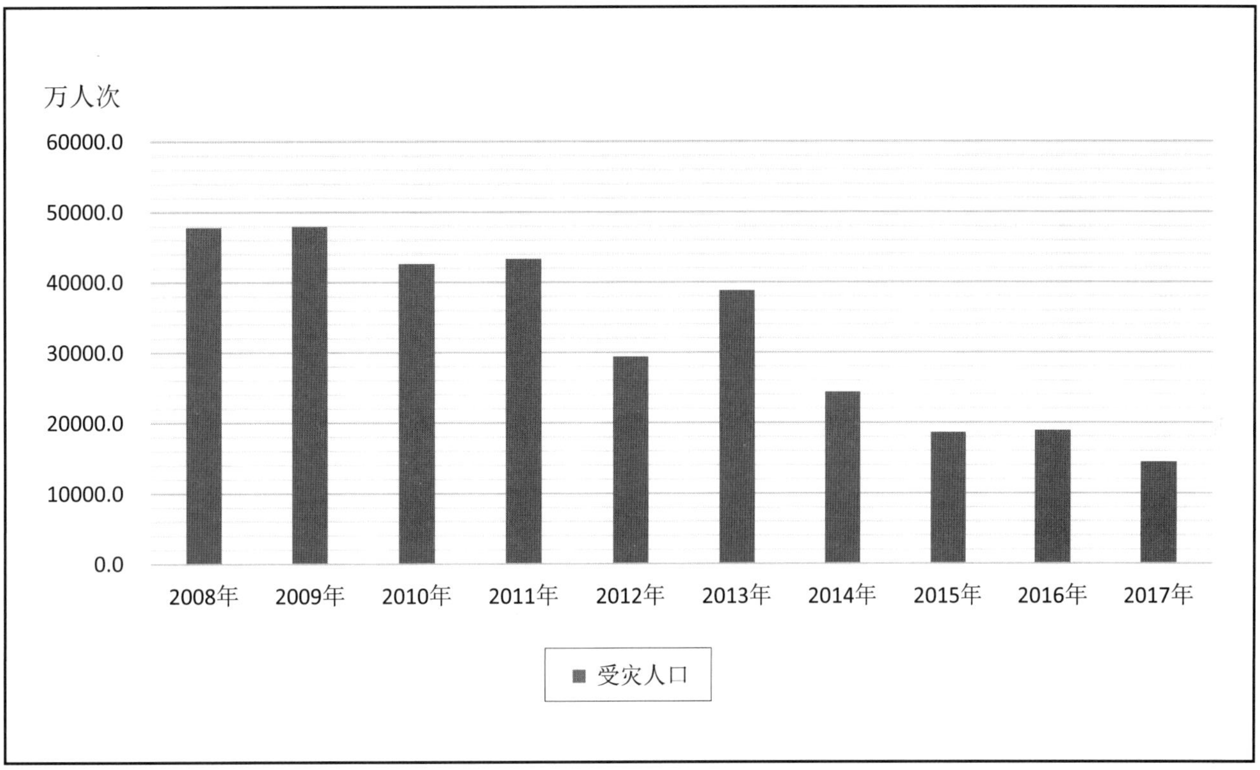

单位：万人次

指标	2008年	2009年	2010年	2011年	2012年	2013年	2014年	2015年	2016年	2017年
受灾人口	47795.0	47933.5	42610.2	43290.0	29421.7	38818.7	24353.7	18620.3	18911.7	14448.0

图2–23　因灾死亡（含失踪）人口

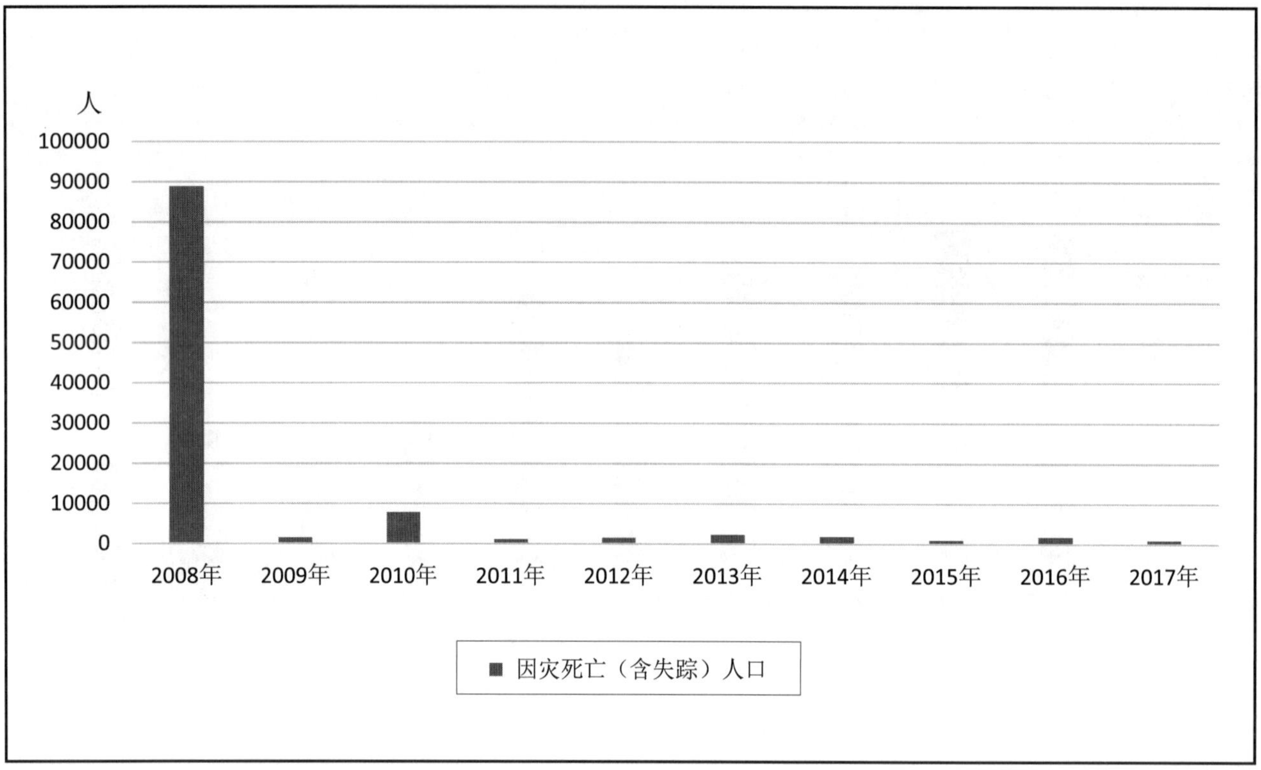

单位：人

指标	2008年	2009年	2010年	2011年	2012年	2013年	2014年	2015年	2016年	2017年
因灾死亡（含失踪）人口	88928	1528	7844	1126	1530	2284	1818	967	1706	979

图2-24　社区服务机构和设施

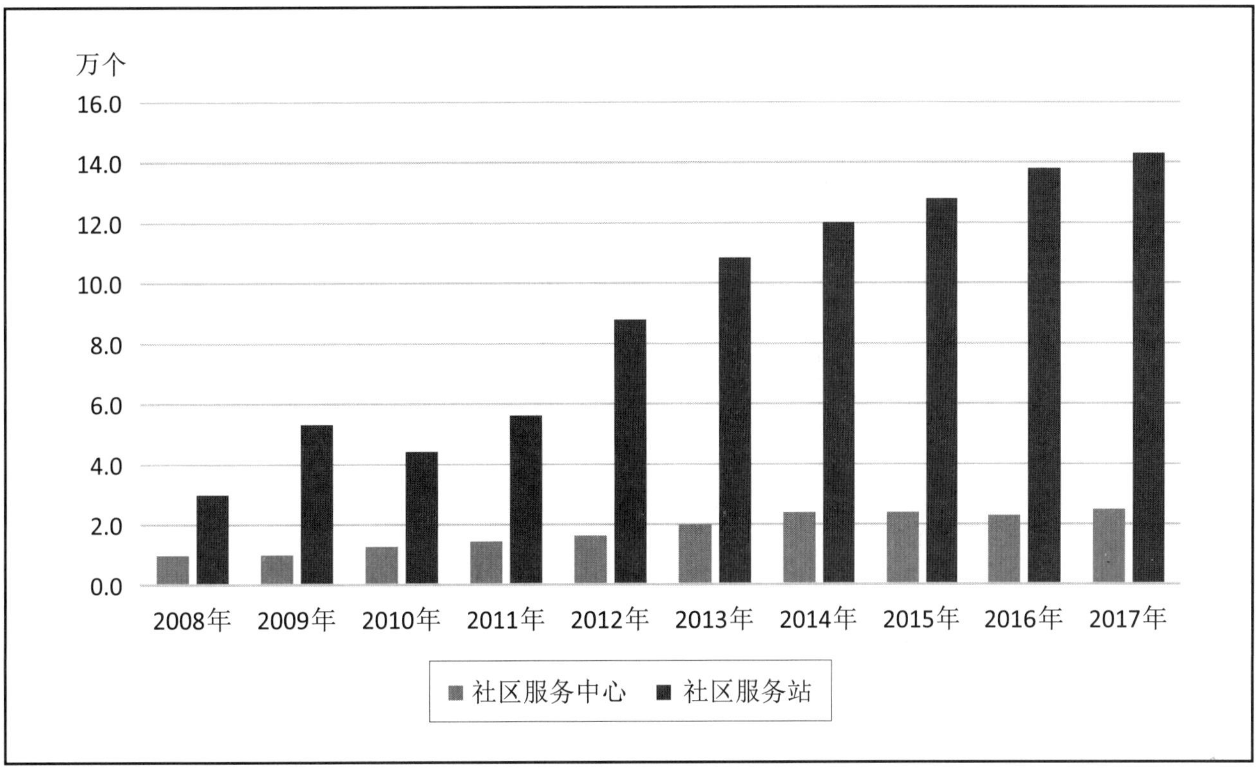

单位：万个

指标	2008年	2009年	2010年	2011年	2012年	2013年	2014年	2015年	2016年	2017年
社区服务机构和设施	14.6	14.6	15.3	16.0	20.0	25.2	31.1	36.1	38.6	40.7
#社区服务中心	1.0	1.0	1.3	1.4	1.6	2.0	2.4	2.4	2.3	2.5
社区服务站	3.0	5.3	4.4	5.6	8.8	10.8	12.0	12.8	13.8	14.3

注：2014年以后社区服务中心中含社区服务指导中心。

图2-25　社区服务中心（站）覆盖率

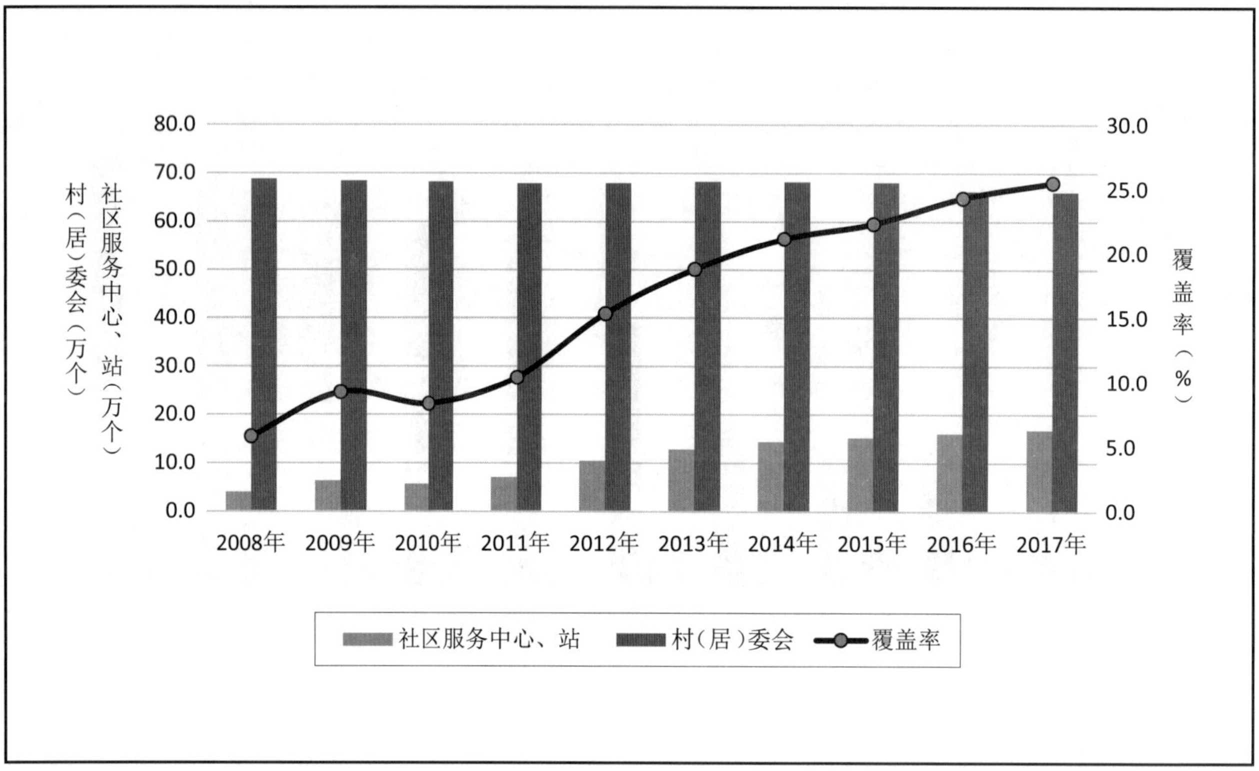

单位：万个、%

指标	2008年	2009年	2010年	2011年	2012年	2013年	2014年	2015年	2016年	2017年
社区服务中心、站	4.0	6.3	5.7	7.1	10.4	12.8	14.3	15.2	16.1	16.8
村（居）委会	68.8	68.4	68.2	67.9	68.0	68.3	68.2	68.1	66.2	66.1
覆盖率	5.8	9.2	8.4	10.4	15.3	18.8	21.1	22.3	24.3	25.5

注：覆盖率$=\frac{\text{社区服务中心、站}}{\text{村（居）委会}}\times 100\%$

图3-1　社会组织

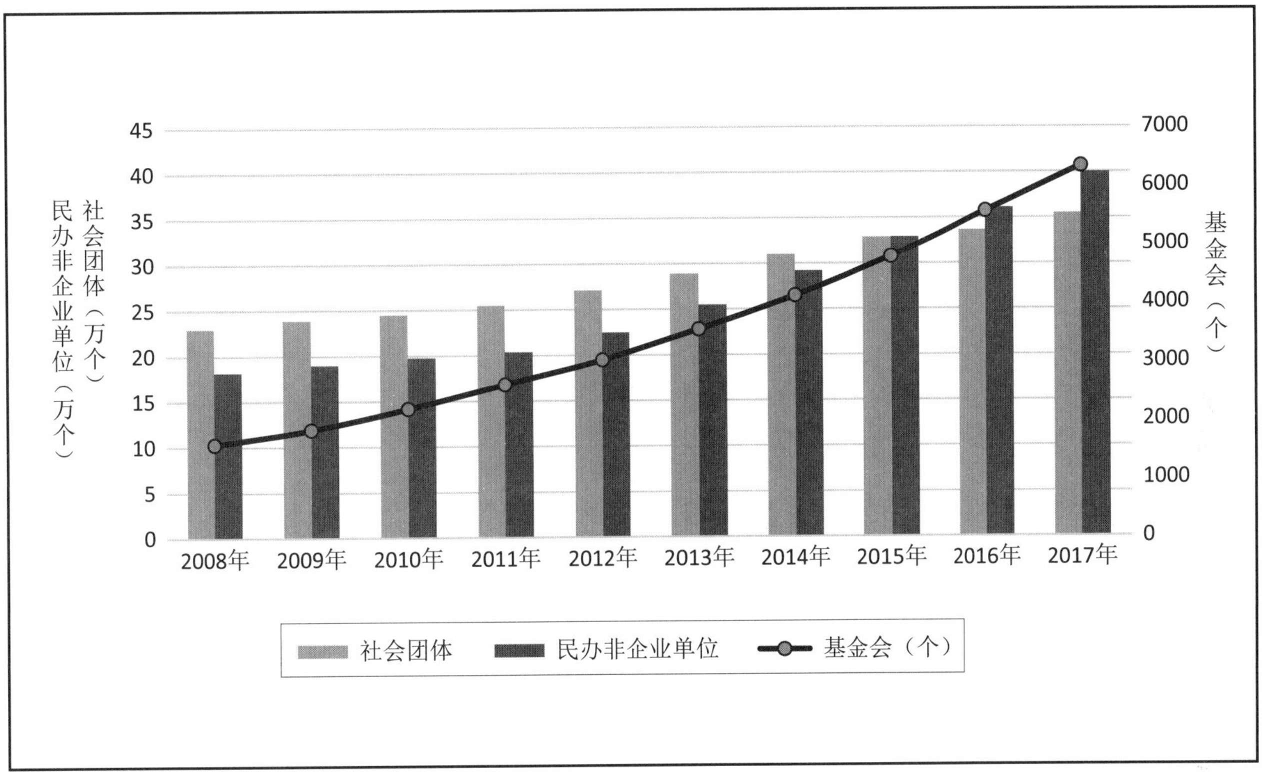

单位：万个、个

指标	2008年	2009年	2010年	2011年	2012年	2013年	2014年	2015年	2016年	2017年
社会组织	41.4	43.1	44.6	46.2	49.9	54.7	60.6	66.2	70.2	76.2
社会团体	23.0	23.9	24.5	25.5	27.1	28.9	31.0	32.9	33.6	35.5
基金会（个）	1597	1843	2200	2614	3029	3549	4117	4784	5559	6307
民办非企业单位	18.2	19.0	19.8	20.4	22.5	25.5	29.2	32.9	36.1	40.0

图3-2　自治组织

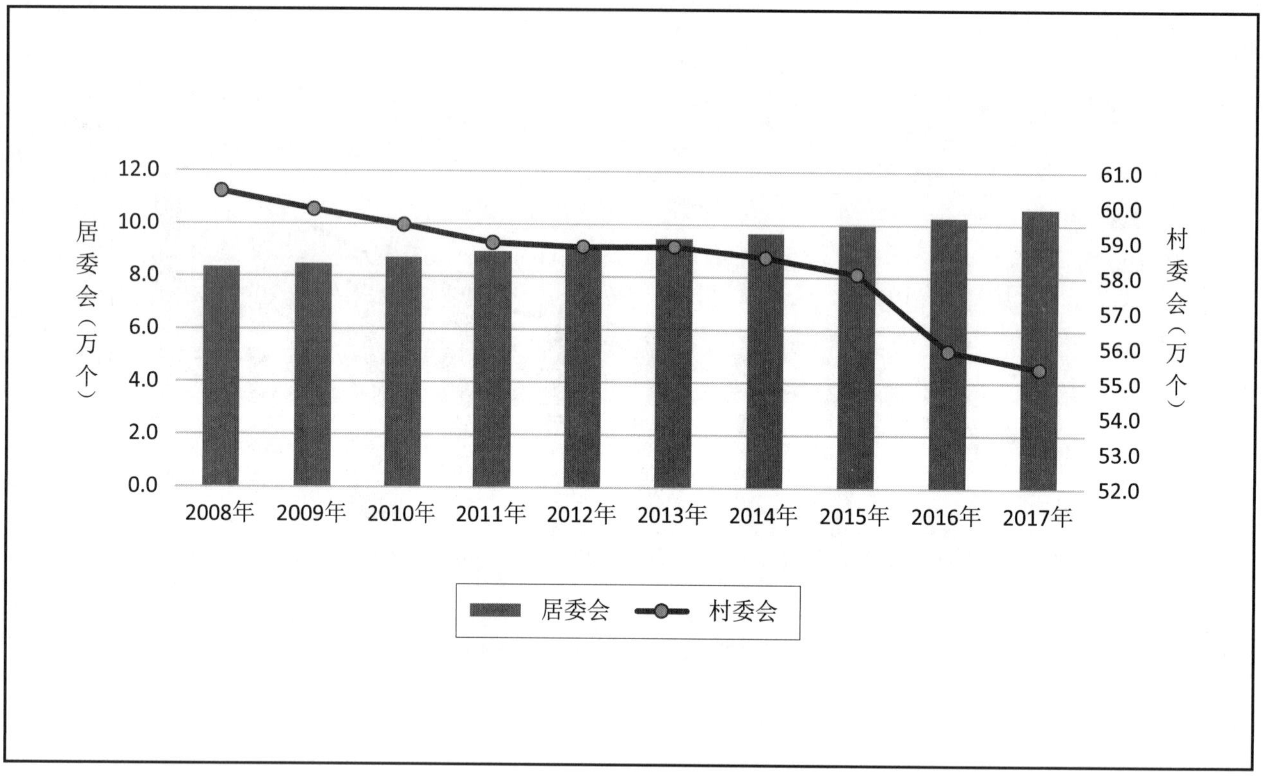

单位：万个

指标	2008年	2009年	2010年	2011年	2012年	2013年	2014年	2015年	2016年	2017年
自治组织	68.8	68.4	68.2	67.9	68.0	68.3	68.2	68.1	66.2	66.1
居委会	8.3	8.5	8.7	8.9	9.1	9.5	9.7	10.0	10.3	10.6
村委会	60.4	59.9	59.5	59.0	58.8	58.9	58.5	58.1	55.9	55.4

图3-3　结婚登记

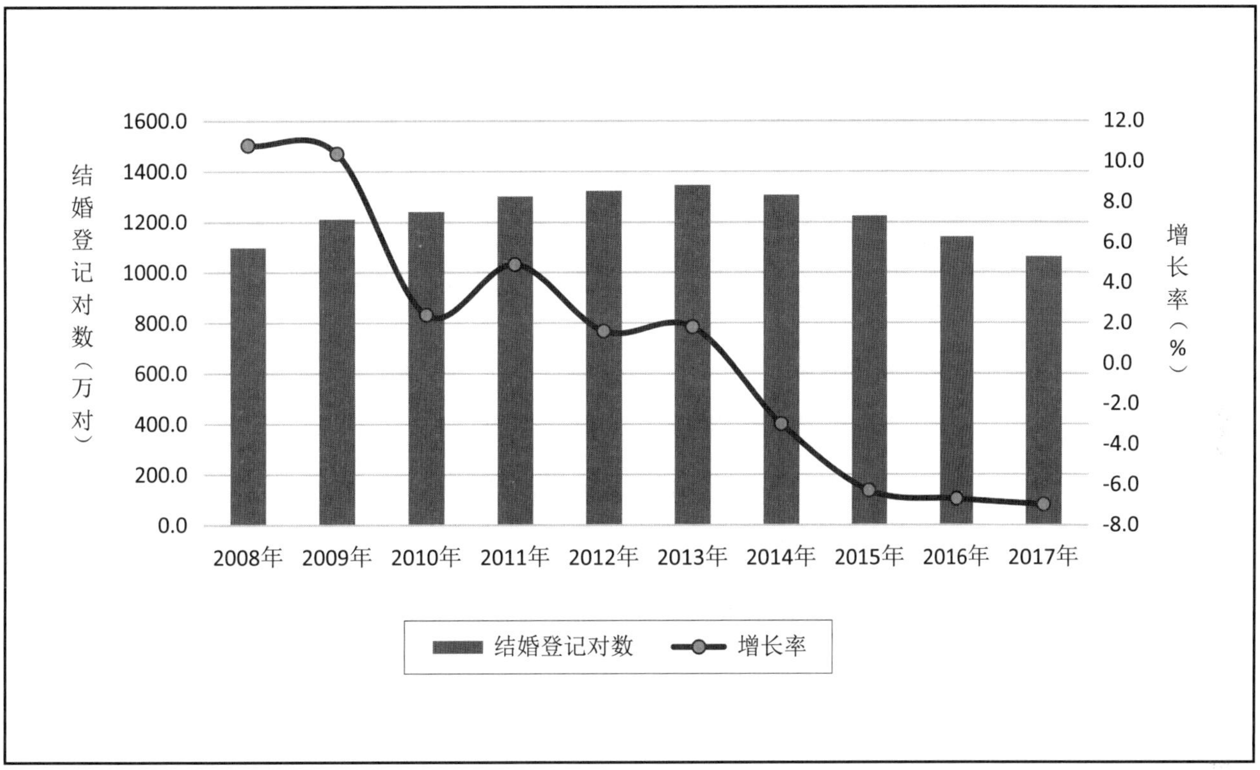

单位：万对、%

指标	2008年	2009年	2010年	2011年	2012年	2013年	2014年	2015年	2016年	2017年
结婚登记对数	1098.3	1212.2	1241.0	1302.4	1323.6	1346.9	1306.7	1224.7	1142.8	1063.1
增长率	10.8	10.4	2.4	4.9	1.6	1.8	-3.0	-6.3	-6.7	-7.0

图3-4 分年龄组结婚登记

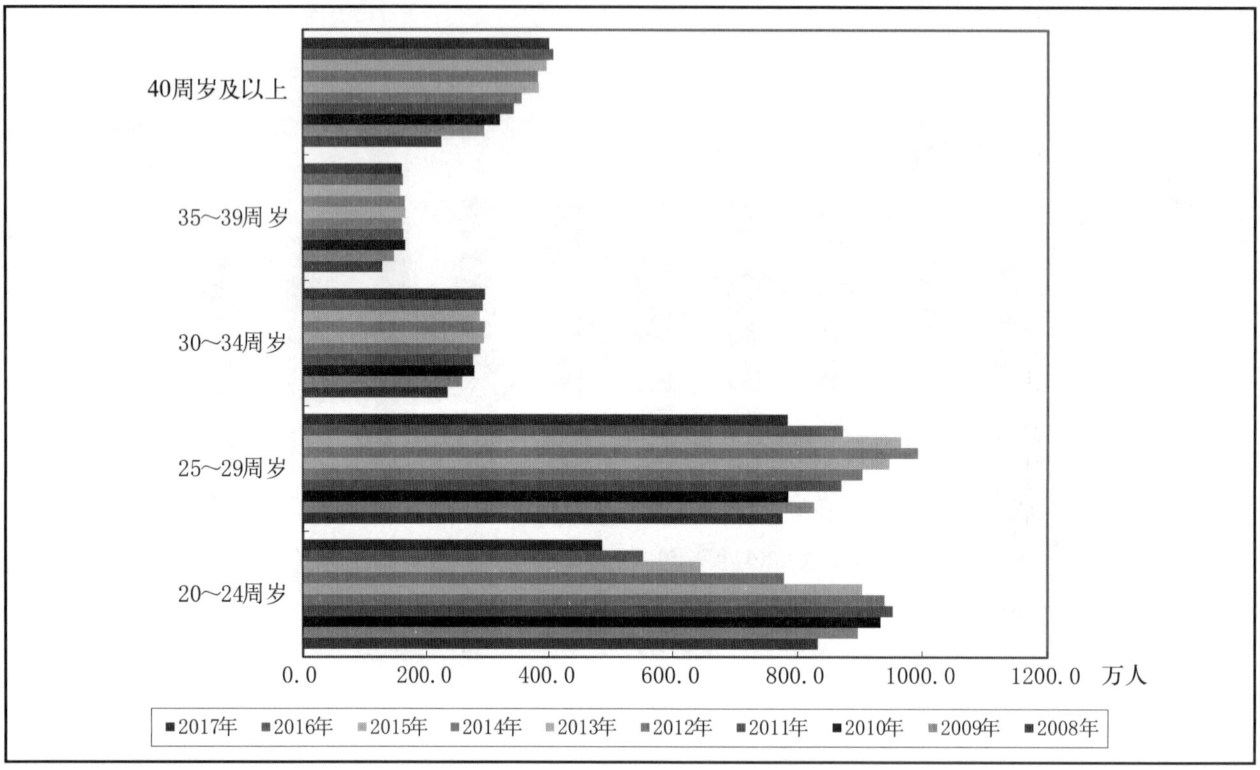

单位：万人

年份	20～24周岁	25～29周岁	30～34周岁	35～39周岁	40周岁及以上
2008	832.3	775.7	236.1	126.5	226.2
2009	896.7	826.4	260.3	145.4	295.5
2010	933.4	784.6	279.9	164.5	319.6
2011	953.0	870.2	277.6	161.5	342.4
2012	939.6	904.1	289.0	158.9	355.6
2013	903.4	947.5	295.1	164.3	383.5
2014	778.2	993.1	296.5	163.5	382.2
2015	643.9	965.7	288.1	155.3	396.4
2016	552.3	872.2	293.0	160.6	407.3
2017	486.6	783.5	296.7	158.7	400.7

图3-5 民政部门和法院办理离婚

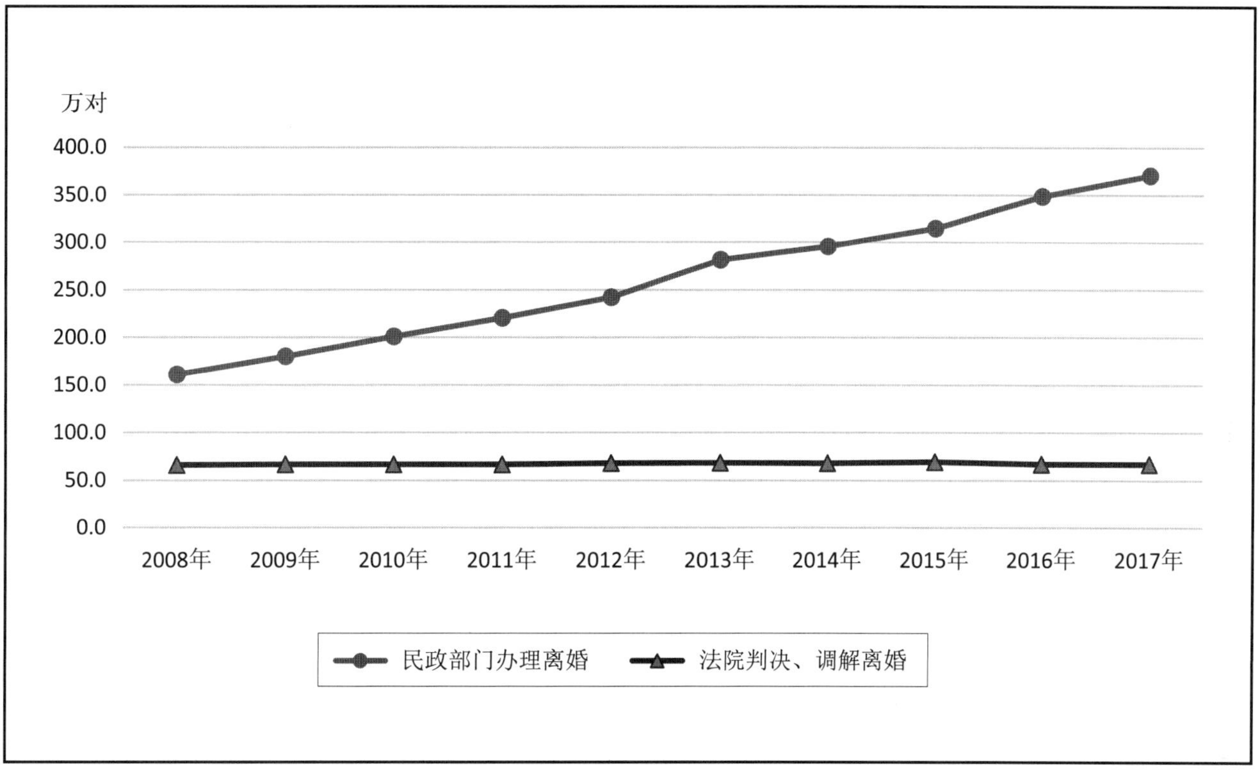

单位：万对

指标	2008年	2009年	2010年	2011年	2012年	2013年	2014年	2015年	2016年	2017年
离婚对数	226.9	246.8	267.8	287.4	310.4	350.0	363.6	384.1	415.8	437.4
民政部门办理离婚	161.0	180.2	201.0	220.7	242.3	281.5	295.7	314.9	348.6	370.4
法院判决、调解离婚	65.9	66.6	66.8	66.7	68.1	68.5	67.9	69.3	67.2	66.9

图3–6 结婚率和离婚率

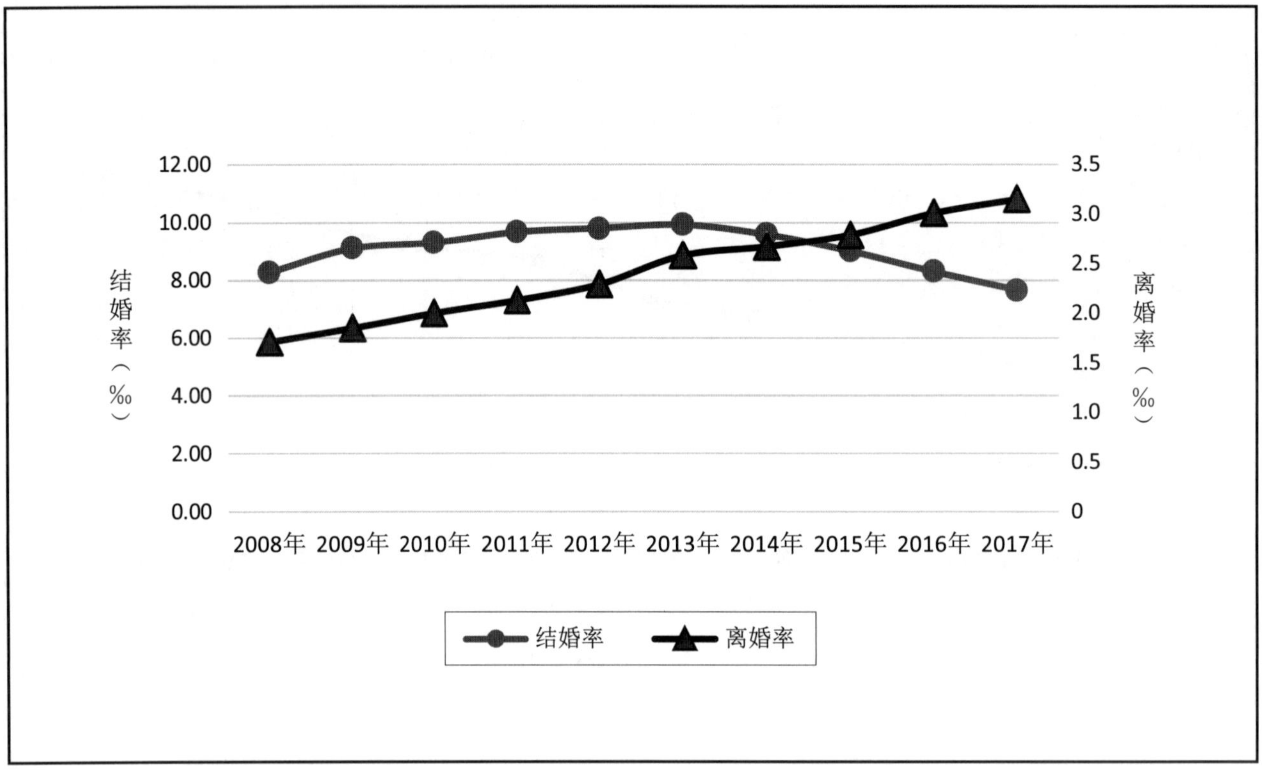

单位：‰

指标	2008年	2009年	2010年	2011年	2012年	2013年	2014年	2015年	2016年	2017年
结婚率	8.27	9.10	9.30	9.67	9.80	9.92	9.58	9.00	8.29	7.66
离婚率	1.71	1.85	2.00	2.13	2.29	2.58	2.67	2.79	3.01	3.15

注：结（离）婚率计算方法是当期结（离）婚对数除以当期人口平均数。

图3-7　火化遗体

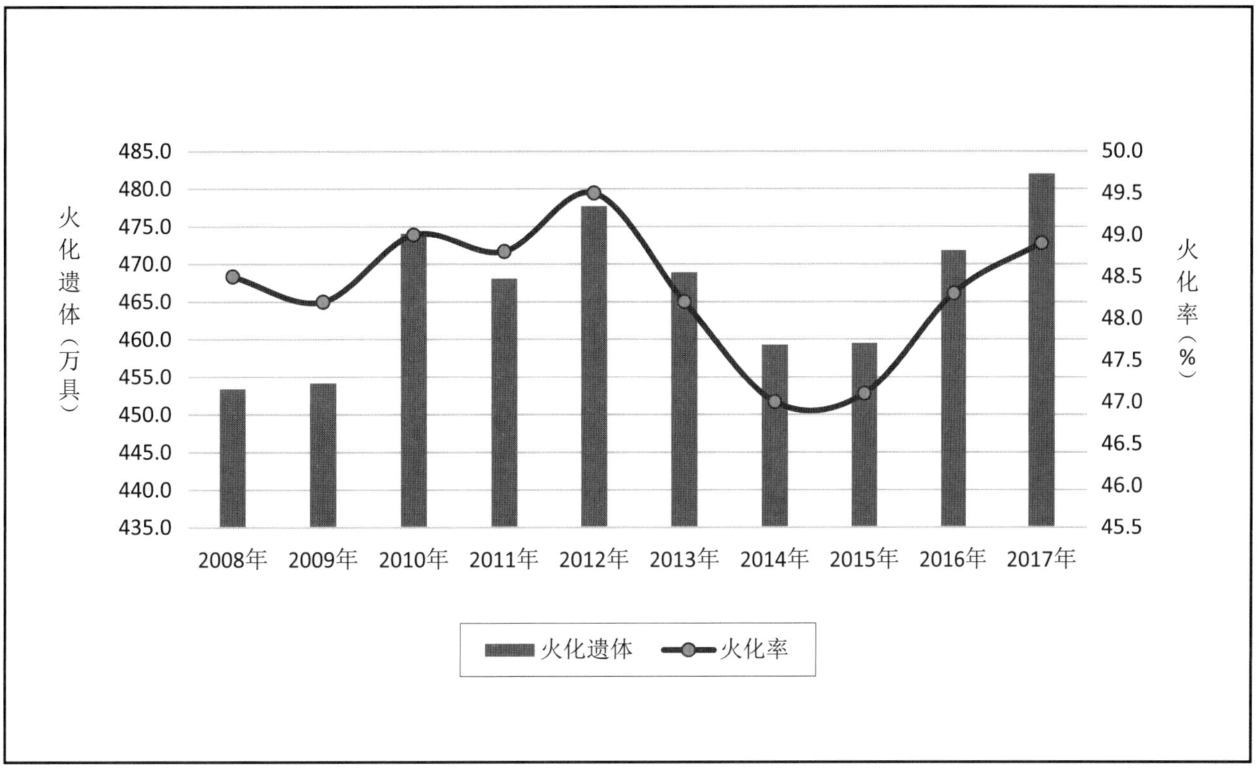

单位：万具、%

指标	2008年	2009年	2010年	2011年	2012年	2013年	2014年	2015年	2016年	2017年
火化遗体	453.4	454.2	474.1	468.1	477.7	468.9	459.3	459.5	471.8	482.0
火化率	48.5	48.2	49.0	48.8	49.5	48.2	47.0	47.1	48.3	48.9

第三部分

社会服务
综合统计资料

A-1-1 “七五”—“十三五”时期社会服务发展速度

单位：%

指 标	“七五”时期平均增长速度	“八五”时期平均增长速度	“九五”时期平均增长速度	“十五”时期平均增长速度	“十一五”时期平均增长速度	“十二五”时期平均增长速度	“十三五”时期前二年平均增长速度
一、综合							
行政区划							
镇	5.7	7.7	3.0	-0.8	-0.1	1.1	1.1
乡	-11.6	-7.8	-4.7	-7.2	-1.8	-4.9	-3.2
60周岁及以上老年人口					4.3	4.6	4.3
事业费支出	11.9	14.8	17.3	25.6	30.3	12.8	9.1
固定资产原价	20.8	22.5	53.1	9.9	16.3	4.4	0.8
二、社会工作							
社会服务床位	9.7	4.6	3.0	7.7	13.8	14.6	1.9
# 养老床位				5.0	15.3	16.3	2.0
智障和精神疾病床位				10.0	8.8	6.7	4.6
儿童床位				11.7	11.5	21.2	3.3
收养登记				-2.0	-7.5	-8.9	0.5
销售福利彩票		54.5	14.6	29.4	18.7	15.8	7.7
城市最低生活保障人数				40.9	0.7	-5.9	-14.8
优抚对象	8.5	1.1	-0.3	0.8	6.3	7.5	-2.0
社区服务中心			8.0	5.6	8.2	13.7	6.5
三、成员组织和其他社会服务							
社会组织		75.5	-3.2	15.8	6.9	8.2	8.5
社会团体				5.6	7.5	6.1	5.6
基金会					17.7	16.8	13.5
民办非企业单位				45.5	6.1	10.7	10.9
自治组织							
村委会	1.1	-6.9	-4.7	-3.0	-1.1	-0.5	-0.9
居委会	4.1	2.5	-0.6	-5.9	1.7	2.8	3.4
婚姻服务							
结婚登记	2.7	-0.4	-0.2	-0.6	8.6	-0.3	-7.0
离婚登记	11.7	5.7	2.8	8.0	8.5	7.5	5.2
殡葬服务							
火化遗体	5.3	5.5	7.3	3.8	1	-0.6	2.2

A-1-2 社会服务发展主要指标预期值

指 标	单 位	2018年 预期值	2020年 预期值	2030年 预期值
一、综合				
行政区划				
镇	万个	2.1	2.2	2.4
乡	万个	1.0	1.0	0.7
人口	百万人	1397.5	1412.4	1489.5
60周岁及以上老年人口	万人	25137.7	27371.7	41896.9
事业费支出	亿元	6470.5	7696.1	18321.1
固定资产原价	亿元	5476.3	5560.3	5999.9
二、社会工作				
社会服务床位	万张	801.5	833.0	1009.9
# 养老床位	万张	759.7	790.4	963.4
智障和精神疾病床位	万张	9.2	10.1	15.8
儿童床位	万张	10.6	11.4	15.7
收养登记	万件	1.8	1.4	0.7
销售福利彩票	亿元	2198.2	2652	4957.2
城市最低生活保障	万人	1374.5	1100.7	524.9
优抚对象	万人	861.5	822.8	706
社区服务中心	万个	2.5	3.1	6.5
三、成员组织和其他社会服务				
社会组织	万个	75.2	92.2	182.6
社会团体	万个	35.1	39.9	61.3
基金会	万个	0.6	0.9	3
民办非企业单位	万个	39.7	52.7	135.6
自治组织				
村委会	万个	55.3	53.7	48.5
居委会	万个	10.6	11.4	14.6
婚姻服务				
结婚登记	万对	1109.7	1016.1	757.5
离婚登记	万对	440.8	525.4	942.7
殡葬服务				
火化遗体	万具	470.6	467.1	455.7

注：发展速度为“十三五”时期平均增长速度。

A-1-3 2013-2017年社会服务发展主要指标数据

指　标	单　位	2013年	2014年	2015年	2016年	2017年
一、综合						
乡镇级行政区划						
镇	个	20117	20401	20515	20883	21116
乡	个	12812	12282	11315	10872	10529
# 民族乡	个	1035	1020	991	989	982
街道办事处	个	7566	7696	7957	8105	8241
区公所	个	2	2	2	2	2
社会服务基本情况						
机构和设施	万个	156.2	166.8	176.5	174.5	182.1
职工人数	万人	1197.6	1251.0	1308.9	1239.3	1355.8
固定资产原价	亿元	6810.2	7213.0	8183.1	5393.6	5434.8
基本建设投资	亿元	292.8	282.2	239.9	245.8	209.2
# 预算内投资	亿元	120.1	104.3	92.8	82.1	77.8
# 公益金投资	亿元	64.7	57.5	61.7	68.4	55.3
预算内基本建设投资占事业费比重	%	2.8	2.4	1.9	1.6	1.3
公益金基本建设投资占公益金支出的比重	%	33.1	24.9	21.4	25.5	20.1
社会服务事业费	亿元	4276.5	4404.1	4926.4	5440.0	5932.7
抚恤	亿元	618.4	636.6	686.8	769.8	827.3
退役安置	亿元	435.3	456.8	582.7	625.6	723.4
社会福利	亿元	397.6	480.9	562.8	753.4	920.5
社会救助	亿元	2172.4	2197.5	2347.4	2492.8	2609.8
自然灾害生活救助	亿元	178.7	124.4	148.5	156.1	128.0
民政管理事务	亿元	296.7	308.3	399.6	441.7	501.0
行政事业单位离退休	亿元	43.6	44.2	50.1	48.4	47.9
其他	亿元	133.9	155.3	148.5	152.2	175.0
# 公益金支出	亿元	195.5	231.3	288.9	268.3	275.2
中央转移支付的事业费占全国总事业费比重	%	50.3	47.8	46.1	45.7	42.0
全国总事业费占财政支出的比重	%	3.1	2.9	2.8	2.9	2.9
二、社会工作						
提供住宿的社会服务						
机构数	万个	4.6	3.7	3.1	3.2	3.2
机构和设施床位数	万张	526.7	613.5	732.9	771.2	786.2
# 养老机构和设施床位数	万张	493.7	577.8	672.7	730.2	744.8
机构和设施收养人数	万人	322.5	336.8	319.9	348.9	334.7
每千人口社会服务床位数	张	3.9	4.5	5.3	5.5	5.7
每千老年人口养老床位数	张	24.4	27.2	30.3	31.6	30.9

A-1-3续表1

指　标	单　位	2013年	2014年	2015年	2016年	2017年
不提供住宿的社会服务						
机构和设施数	万个	27.7	33.4	38.2	39.1	41.2
老龄人口						
60周岁及以上老年人口	万人	20243	21242	22200	23086	24090
占全国总人口	%	14.9	15.5	16.1	16.7	17.3
儿童						
孤儿	万人	54.9	52.5	50.2	46.0	41.0
收养登记	万人	2.4	2.3	2.2	1.9	1.9
流浪儿童救助	万人次	18.4	17.0	16.7	16.7	9.4
社会救助						
最低生活保障						
城市最低生活保障人数	万人	2064.2	1877.0	1701.1	1480.2	1261.0
城市最低生活保障户数	万户	1097.2	1026.1	957.4	855.3	741.5
城市最低生活保障平均标准	元/人·月	373.3	410.5	451.1	494.6	540.6
农村最低生活保障人数	万人	5388.0	5207.2	4903.6	4586.5	4045.2
农村最低生活保障户数	万户	2931.1	2943.6	2846.2	2635.3	2249.3
农村最低生活保障平均标准	元/人·年	2433.9	2776.6	3177.6	3744.0	4300.7
特困人员救助供养						
农村特困人员救助供养	万人	537.3	529.1	516.7	496.9	466.9
城市特困人员救助供养	万人	8.6	7.6	6.8	9.1	25.4
医疗救助						
直接医疗救助	万人次	2126.4	2395.3	2889.1	2696.1	3517.1
资助参加基本医疗保险	万人	6358.8	6723.7	6634.7	5560.4	5621.0
生活无着人员救助						
生活无着人员救助	万人次	348.5	351.7	375.2	333.8	218.9
为弱势群体筹集资金的活动						
民政部门直接接收捐赠款	亿元	107.6	79.6	44.2	40.3	25.0
民政部门直接接收捐赠衣被	亿件	1.0	0.5	0.5	0.7	-
民政部门直接接收捐赠其他物资价值	亿元	8.7	8.0	5.2	7.4	1.1
社会捐赠接收站、点	万个	3.1	3.2	3.0	2.9	2.8
销售福利彩票	亿元	1765.3	2059.7	2015.1	2064.9	2169.8
筹集公益金	亿元	510.7	585.7	563.8	591.5	631.1

A-1-3续表2

指　标	单　位	2013年	2014年	2015年	2016年	2017年
优抚安置						
国家抚恤、补助各类优抚对象	万人	950.5	917.3	897.0	874.8	857.7
接收军队离退休人员	万人	3.9	2.8	1.9	1.1	1.1
社区服务						
社区服务机构和设施	万个	25.2	31.1	36.1	38.6	40.7
#社区服务中心	个	19904	24006	24138	23493	25015
社区服务站	个	108377	120188	128083	137533	142823
社区服务中心（站）覆盖率	%	18.8	21.1	22.5	24.4	25.5
自然灾害情况						
受灾人口	万人次	38818.7	24353.7	18620.3	18911.7	14448.0
因灾死亡（含失踪）人口	人	2284	1818	967	1706	979
直接经济损失	亿元	5808.4	3373.8	2704.1	5032.9	3018.7
三、成员组织和其他社会服务						
社会组织	万个	54.7	60.6	66.2	70.2	76.2
社会团体	万个	28.9	31.0	32.9	33.6	35.5
基金会	个	3549	4117	4784	5559	6307
民办非企业单位	万个	25.5	29.2	32.9	36.1	40.0
社会组织接收捐款	亿元	458.8	524.8	610.3	786.7	729.2
自治组织	万个	68.3	68.2	68.1	66.2	66.1
村委会	万个	58.9	58.5	58.1	55.9	55.4
居委会	万个	9.5	9.7	10.0	10.3	10.6
婚姻服务						
结婚登记	万对	1346.9	1306.7	1224.7	1142.8	1063.1
#涉外及华侨、港澳台	万对	5.5	4.7	4.1	4.2	4.1
结婚率	‰	9.9	9.6	9.0	8.3	7.7
离婚登记	万对	350.0	363.7	384.1	415.8	437.4
离婚率	‰	2.6	2.7	2.8	3.0	3.2
殡葬服务						
火化遗体	万具	468.9	459.3	459.5	471.8	482.0
火化率	%	48.2	47.0	47.1	48.3	48.9

A-1-4 社会服务发展主要数据与上年比较

指　标	单　位	2017年	2016年	比上年增长(%)
一、综合				
行政区划				
镇	个	21116	20883	1.1
乡	个	10529	10872	-3.2
# 民族乡	个	982	989	-0.7
街道办事处	个	8241	8105	1.7
区公所	个	2	2	-
老龄人口				
60周岁及以上老年人口	万人	24090	23086	4.3
占全国总人口	%	17.3	16.7	0.6 (百分点)
65周岁及以上老年人口	万人	15831	15003	5.5
占全国总人口	%	11.4	10.8	0.6 (百分点)
社会服务事业费总支出	亿元	5932.7	5440.2	9.1
抚恤	亿元	827.3	769.8	7.5
退役安置	亿元	723.4	625.6	15.6
社会福利	亿元	920.5	753.4	22.2
社会救助	亿元	2609.8	2492.8	4.7
自然灾害生活救助	亿元	128.0	156.1	-18.0
民政管理事务	亿元	501.0	441.7	13.4
行政事业单位离退休	亿元	47.9	48.4	-1.0
其他	亿元	175.0	152.2	15.0
基本建设支出	亿元	209.2	245.8	-14.9
固定资产原价	亿元	5434.8	5393.6	0.8
二、社会工作				
提供住宿的社会服务				
机构数	万个	3.2	3.2	-
床位数	万张	419.6	414.0	1.4
收养人数	万人	228.8	236.3	-3.2
每千人口社会服务床位数	张	5.7	5.5	3.6

A-1-4续表1

指 标	单 位	2017年	2016年	比上年增长(%)
不提供住宿的社会服务				
机构和设施数	万个	41.2	39.1	5.4
社区服务机构和设施				
社区服务机构和设施	个	407453	386186	5.5
社区服务指导中心	个	619	809	-23.5
社区服务中心	个	25015	23493	6.5
社区服务站	个	142823	137533	3.8
社区养老机构和设施	个	43212	34924	23.7
社区互助型养老设施	个	82648	76374	8.2
其他社区服务机构和设施	个	113136	113053	0.1
社区服务中心（站）覆盖率	%	25.5	24.4	1.1 (百分点)
社会救助				
城市低保				
城市最低生活保障人数	万人	1261.0	1480.2	-14.8
城市最低生活保障户数	万户	741.5	855.3	-13.3
城市最低生活保障平均标准	元/人·月	540.6	494.6	9.3
农村低保				
农村最低生活保障人数	万人	4045.2	4586.5	-11.8
农村最低生活保障户数	万户	2249.3	2635.3	-14.6
农村最低生活保障平均标准	元/人·年	4300.7	3744.0	14.9
特困人员救助供养				
农村特困人员救助供养	万人	466.9	496.9	-6.0
城市特困人员救助供养	万人	25.4	-	-
医疗救助				
直接医疗救助	万人次	3517.1	2696.1	30.5
资助参加基本医疗保险	万人	5621.0	5560.4	1.1
儿童收养				
孤儿	万人	41.0	46.1	-11.1
收养登记	万人	1.9	1.9	-

A-1-4续表2

指　标	单　位	2017年	2016年	比上年增长(%)
福利彩票				
销售福利彩票	亿元	2169.8	2064.9	5.1
筹集公益金	亿元	631.1	591.5	6.7
优抚安置				
国家抚恤、补助各类优抚对象	万人	857.7	874.8	-2.0
接收军队离退休人员	万人	1.1	1.1	-
社会捐赠				
社会捐赠款	亿元	25.0	40.3	-38.0
捐赠其他物资价值	亿元	1.1	7.4	-85.1
社会捐赠接收站点	万个	2.8	2.9	-3.4
三、成员组织和其他社会服务				
社会组织				
社会组织总数	万个	76.2	70.2	8.5
社会团体	万个	35.5	33.6	5.6
基金会	个	6307	5559	13.5
民办非企业单位	万个	40.0	36.1	10.9
自治组织				
村委会	万个	55.4	55.9	-0.9
居委会	万个	10.6	10.3	3.4
婚姻服务				
结婚登记	万对	1063.1	1142.8	-7.0
# 涉外及华侨、港澳台	万对	4.1	4.2	-2.4
结婚率	‰	7.7	8.3	-0.6(千分点)
离婚登记	万对	437.4	415.8	5.2
离婚率	‰	3.2	3.0	0.2(千分点)
殡葬服务				
火化遗体	万具	482.0	471.8	2.2
火化率	%	48.9	48.3	0.6(百分点)

A-1-5 行政区划与上年比较

单位：个

指　标	2017年	2016年	比上年增长(%)
地级行政区划合计	**334**	**334**	-
地级市	294	293	0.3
地区	7	8	-12.5
自治州	30	30	-
盟	3	3	-
县级行政区划合计	**2851**	**2851**	-
市辖区	962	954	0.8
县级市	363	360	0.8
县	1355	1366	-0.8
自治县	117	117	-
旗	49	49	-
自治旗	3	3	-
特区	1	1	-
林区	1	1	-
乡镇、街道级行政区划合计	**39888**	**39862**	**0.1**
镇	21116	20883	1.1
乡	10529	10872	-3.2
苏木	152	152	-
民族乡	982	989	-0.7
民族苏木	1	1	-
街道办事处	8241	8105	1.7
区公所	2	2	-

A-1-6 社会服务机构和设施与上年比较

单位：个

指　标	2017年	2016年	比上年增长(%)
社会服务	**1820781**	**1795777**	**1.4**
一、社会工作	**444131**	**423348**	**4.9**
提供住宿的社会服务机构	**31929**	**31912**	**0.1**
老年人与残疾人服务机构	**28770**	**28592**	**0.6**
城市养老机构	9618	8891	8.2
农村养老机构	15006	15398	-2.5
社会福利院	1578	1604	-1.6
光荣院	948	1040	-8.8
荣誉军人康复医院	43	44	-2.3
复员军人疗养院	37	38	-2.6
军休所	1540	1577	-2.3
智障与精神疾病服务机构	**242**	**244**	**-0.8**
社会福利医院	144	150	-4.0
复退军人精神病院	98	94	4.3
儿童收养救助服务机构	**663**	**705**	**-6.0**
儿童福利机构	469	465	0.9
未成年人救助保护中心	194	240	-19.2
其他提供住宿的服务机构	**2254**	**2371**	**-4.9**
生活无着人员救助管理站	1623	1736	-6.5
军供站	313	315	-0.6
其他提供住宿的机构	318	320	-0.6

A-1-6续表

单位：个

指　标	2017年	2016年	比上年增长(%)
不提供住宿的社会服务机构	**412202**	**391436**	**5.3**
老龄机构	1600	1828	-12.5
民政部门直属康复辅具机构	24	25	-4.0
救助低保服务机构	923	949	-2.7
救灾储备机构	220	258	-14.7
福利彩票发行管理机构	729	788	-7.5
军队离退休人员管理中心	275	269	2.2
军队离退休人员活动中心	21	24	-12.5
烈士纪念设施管理保护单位	957	1109	-13.7
社区服务机构和设施	407453	386186	5.5
二、成员组织和其他社会服务	**1427597**	**1370442**	**4.2**
成员组织	**1422248**	**1364883**	**4.2**
社会组织	**761539**	**702405**	**8.4**
社会团体	354794	335932	5.6
基金会	6307	5559	13.5
民办非企业单位	400438	360914	11.0
自治组织	**660709**	**662478**	**-0.3**
居委会	106491	103292	3.1
村委会	554218	559186	-0.9
其他社会服务	**5349**	**5559**	**-3.8**
婚姻登记机构	**1217**	**1393**	**-12.6**
殡葬服务机构	**4132**	**4166**	**-0.8**
殡仪馆	1760	1775	-0.8
公墓	1420	1386	2.5
殡葬管理机构	952	1005	-5.3
三、其他事业单位	**1876**	**1987**	**-5.6**
行政机关	**3484**	**3490**	**-0.2**

A-1-7 社会服务机构和设施职工与上年比较

单位：万人

指　标	2017年	2016年	比上年增长(%)
社会服务	**1355.8**	**1239.2**	**9.4**
一、社会工作	**199.8**	**185.6**	**7.7**
提供住宿的社会服务机构	**44.1**	**40.9**	**7.8**
老年人与残疾人服务机构	**36.9**	**33.8**	**9.2**
城市养老机构	17.4	15.0	16.0
农村养老机构	11.8	11.2	5.4
社会福利院	4.4	4.3	2.3
光荣院	0.8	0.9	-11.1
荣誉军人康复医院	0.7	0.6	16.7
复员军人疗养院	0.3	0.3	-
军休所	1.5	1.5	-
智障与精神疾病服务机构	**3.0**	**2.8**	**7.1**
社会福利医院	1.6	1.5	6.7
复退军人精神病院	1.4	1.3	7.7
儿童收养救助服务机构	**1.5**	**1.5**	**-**
儿童福利机构	1.3	1.3	-
未成年人救助保护中心	0.1	0.2	-13.1
其他提供住宿的服务机构	**2.8**	**2.8**	-
生活无着人员救助管理站	1.7	1.7	-
军供站	0.5	0.5	-
其他提供住宿的机构	0.6	0.6	-

A-1-7续表

单位：万人

指　标	2017年	2016年	比上年增长(%)
不提供住宿的社会服务机构	**155.7**	**144.7**	**7.7**
老龄机构	0.8	0.8	-
民政部门直属康复辅具机构	0.2	0.1	100.0
救助低保服务机构	0.8	0.8	-
救灾储备机构	0.1	0.1	-
福利彩票发行管理机构	1.3	1.2	8.3
军队离退休人员管理中心	0.4	0.4	-
军队离退休人员活动中心	-	0.1	-
烈士纪念设施管理保护单位	0.8	0.9	-11.1
社区服务机构和设施	150.9	140.3	7.6
二、成员组织和其他社会服务	**1154.6**	**1052.0**	**9.7**
成员组织	**1145.5**	**1043.0**	**9.8**
社会组织	**864.7**	**763.7**	**13.2**
社会团体	436.7	396.0	10.3
基金会	3.1	3.1	-
民办非企业单位	425.0	364.6	16.6
自治组织	**280.8**	**279.3**	**0.5**
居委会	56.5	54.0	4.6
村委会	224.3	225.3	-0.4
其他社会服务	**9.0**	**9.0**	-
婚姻登记机构	**0.8**	**0.9**	**-11.1**
殡葬服务机构	**8.1**	**8.1**	-
殡仪馆	4.7	4.7	-
公墓	2.7	2.6	3.8
殡葬管理机构	0.8	0.8	-
三、其他事业单位	**1.6**	**1.6**	-
行政机关	**9.8**	**9.6**	**2.1**

A-1-8 社会服务机构和设施职工性别情况

指 标	职工总数（人）	女性	女性占比（%）	比上年增长（百分点）
社会服务	**13558164**	**4537812**	**33.5**	**2.0**
一、社会工作	**1998050**	**833429**	**41.7**	**0.5**
提供住宿的社会服务机构	**441302**	**250262**	**56.7**	**-**
老年人与残疾人服务机构	**368946**	**211542**	**57.3**	**-0.4**
城市养老机构	174055	106414	61.1	-3.0
农村养老机构	117516	60070	51.1	1.2
社会福利院	44134	28102	63.7	1.1
光荣院	8442	4130	48.9	1.9
荣誉军人康复医院	6727	4059	60.3	3.0
复员军人疗养院	2799	1662	59.4	4.1
军休所	15273	7105	46.5	0.6
智障与精神疾病服务机构	**29906**	**17787**	**59.5**	**1.6**
社会福利医院	16180	9875	61.0	2.0
复退军人精神病院	13726	7912	57.6	1.1
儿童收养救助服务机构	**14678**	**9848**	**67.1**	**0.2**
儿童福利机构	13204	9265	70.2	-0.1
未成年人救助保护中心	1474	583	39.6	-2.1
其他提供住宿的服务机构	**27772**	**11085**	**39.9**	**0.9**
生活无着人员救助管理站	17098	5985	35.0	0.5
军供站	4894	1947	39.8	0.5
其他提供住宿的机构	5780	3153	54.6	2.9

A-1-8续表

指　标	职工总数（人）	女性	女性占比（%）	比上年增长（百分点）
不提供住宿的社会服务机构	**1556748**	**583167**	**37.5**	**0.6**
老龄机构	7783	3596	46.2	2.1
民政部门直属康复辅具机构	1663	436	26.2	-6.3
救助低保服务机构	7766	3605	46.4	1.6
救灾储备单位	1200	426	35.5	2.6
福利彩票发行管理机构	12632	5777	45.7	1.7
军队离退休人员管理中心	3733	1717	46.0	0.8
军队离退休人员活动中心	325	138	42.5	-1.5
烈士纪念设施管理保护单位	8499	3512	41.3	0.8
社区服务机构和设施	1509147	563960	37.4	0.7
二、成员组织和其他社会服务	**11544045**	**3696862**	**32.0**	**2.3**
成员组织	**11455052**	**3668348**	**32.0**	**2.3**
社会组织	**8647039**	**2869173**	**33.2**	**2.7**
社会团体	4366639	1045068	23.9	1.0
基金会	30600	9526	31.1	1.7
民办非企业单位	4249800	1814579	42.7	4.0
自治组织	**2808013**	**799175**	**28.5**	**0.9**
居委会	565443	280907	49.7	1.0
村委会	2242570	518268	23.1	0.6
其他社会服务	**88993**	**28514**	**32.0**	**-0.8**
婚姻登记机构	**7714**	**5162**	**66.9**	**0.7**
殡葬服务机构	**81279**	**23352**	**28.7**	**-0.6**
殡仪馆	47139	12337	26.2	0.1
公墓	26504	9046	34.1	-1.8
殡葬管理机构	7636	1969	25.8	-0.9
三、其他事业单位	**16069**	**7521**	**46.8**	**0.6**
行政机关	**97577**	**33350**	**34.2**	**0.7**

A-1-9 社会服务机构固定资产原价与上年比较

单位：亿元

指 标	2017年	2016年	比上年增长(%)
社会服务	**5434.8**	**5393.5**	**0.8**
一、社会工作	**1423.1**	**1238.4**	**14.9**
提供住宿的社会服务机构	**1097.5**	**966.4**	**13.6**
老年人与残疾人服务机构	**889.2**	**795.6**	**11.8**
城市养老机构	360.6	309.8	16.4
农村养老机构	282.7	256.9	10.0
社会福利院	150.0	133.5	12.4
光荣院	19.7	19.2	2.6
荣誉军人康复医院	22.7	26.0	-12.7
复员军人疗养院	12.4	12.8	-3.1
军休所	41.4	37.4	10.7
智障与精神疾病服务机构	**87.1**	**59.6**	**46.1**
社会福利医院	54.4	33.0	64.8
复退军人精神病院	32.7	26.6	22.9
儿童收养救助服务机构	**46.2**	**43.9**	**5.0**
儿童福利机构	45.5	42.0	8.3
未成年人救助保护中心	0.6	1.9	-68.4
其他提供住宿的服务机构	**75.0**	**67.3**	**11.4**
生活无着人员救助管理站	36.2	33.1	9.4
军供站	23.0	18.8	22.3
其他提供住宿的机构	15.8	15.4	2.6

A-1-9续表

单位：亿元

指　标	2017年	2016年	比上年增长(%)
不提供住宿的社会服务机构	**325.2**	**272.0**	**19.6**
老龄机构	7.4	8.1	-8.6
民政部门直属康复辅具机构	5.7	4.5	26.7
救助低保服务机构	2.9	2.8	3.6
救灾储备单位	11.7	11.3	3.5
福利彩票发行管理机构	103.9	91.5	13.6
军队离退休人员管理中心	58.8	19.4	203.1
军队离退休人员活动中心	7.3	8.8	-17.0
烈士纪念设施管理保护单位	53.8	53.8	0.0
社区服务机构和设施	73.7	71.8	2.6
二、成员组织和其他社会服务	**3954.2**	**4100.7**	**-3.6**
成员组织	**3635.7**	**3807.3**	**-4.5**
社会组织	**2802.2**	**2740.0**	**2.3**
社会团体	431.3	349.2	23.5
基金会	72.0	72.3	-0.4
民办非企业单位	2299.0	2318.5	-0.8
自治组织	**833.5**	**1067.3**	**-21.9**
居委会	188.6	161.4	16.9
村委会	644.9	905.9	-28.8
其他社会服务	**318.3**	**293.4**	**8.5**
婚姻登记机构	**2.5**	**7.9**	**-68.4**
殡葬服务机构	**315.8**	**285.5**	**10.6**
殡仪馆	212.3	186.9	13.6
公墓	90.0	82.3	9.4
殡葬管理机构	13.6	16.3	-16.6
三、其他事业单位	**57.6**	**54.4**	**5.9**
行政机关	**224.3**	**192.4**	**16.6**

A-1-10 基本建设投资与上年比较

单位：亿元、万平方米

指　标	2017年	2016年	比上年增长(%)
计划总投资	**771.6**	**824.8**	**-6.5**
本年计划投资	**180.3**	**208.9**	**-13.7**
社会工作	143.3	160.7	-10.8
提供住宿的社会服务机构	124.3	133.9	-7.2
老年人与残疾人服务机构	98.7	111.9	-11.8
智障与精神疾病服务机构	13.3	9.4	41.0
儿童收养救助服务机构	9.3	9.3	0.5
其他提供住宿的服务机构	3.0	3.3	-9.6
不提供住宿的社会服务机构	19.0	26.8	-29.0
其他社会服务机构	27.5	33.0	-16.7
其他	9.5	15.3	-37.9
本年实际完成投资	**209.2**	**245.8**	**-14.9**
按项目类别分			
社会工作	165.2	188.4	-12.3
提供住宿的社会服务机构	143.8	158.5	-9.3
老年人与残疾人服务机构	118.2	136.8	-13.6
智障与精神疾病服务机构	11.5	9.0	27.8
儿童收养救助服务机构	11.6	10.5	10.5
其他提供住宿的服务机构	2.4	2.2	9.1
不提供住宿的社会服务机构	21.5	30.0	-28.3
其他社会服务机构	34.5	36.0	-4.2
其他	9.4	21.3	-55.9
按资金性质分			
国家预算内投资	77.8	84.4	-7.8
国内贷款	5.2	2.7	92.6
利用外资	0.1	-	-
彩票公益金	55.3	68.4	-19.1
其他	70.9	90.3	-21.5
开工累计完成投资	**419.1**	**428.7**	**-2.2**
本年完工项目规模	**1153.8**	**1243.2**	**-7.2**

A-1-11 社会服务事业费与上年比较

单位：亿元

指　标	2017年	2016年	比上年增长(%)
社会服务事业费合计	**5932.7**	**5440.2**	**9.1**
占国家财政支出比重（%）	2.9	2.9	-
# 中央转移支付的事业费	2492.3	2484.0	0.3
占社会服务事业费的比重（%）	42.0	45.7	-8.1
# 国家预算内基本建设投资	77.8	84.4	-7.8
# 公益金支出	275.2	268.3	2.6
按支出性质分			
抚恤	827.3	769.8	7.5
退役安置	723.4	625.6	15.6
社会福利	920.5	753.4	22.2
社会救助	2609.8	2492.8	4.7
最低生活保障	1692.3	1702.4	-0.6
临时救助	152.7	131.1	16.5
特困人员救助供养	290.5	237.3	22.4
其他社会救助	98.0	89.6	9.4
医疗救助	376.2	332.3	13.2
自然灾害生活救助	128.0	156.1	-18.0
民政管理事务	501.0	441.7	13.4
行政事业单位离退休	47.9	48.4	-1.1
其他	175.0	152.2	15.0

A-1-12 中央财政转移支付的社会服务事业费与上年比较

单位：亿元

指　标	2017年	2016年	比上年增长(%)
中央财政转移支付的社会服务事业费合计	**2492.3**	**2484.1**	**0.3**
#抚恤	412.7	390.9	5.6
退役安置	449.0	384.7	16.7
优抚医疗	23.7	-	-
城乡医疗救助	154.1	-	-
城乡低保及临时救助	1326.6	-	-
地名普查	6.6	-	-
救灾	83.9	79.1	6.1
部本级公益金补助地方	35.6	34.6	2.9
#预算内基本建设投资	42.0	38.0	10.5
养老服务	30.0	28.0	7.1
社会福利	12.0	10.0	20.0
#公益金支出	53.6	52.6	1.9

A-1-13 社会服务事业费按支出形式分类

单位：亿元

指　标	2017年	2016年	占全部(%)	比上年增加	比上年增长(%)
总计	**5932.7**	**5440.2**	**100.0**	**492.5**	**9.1**
直接发放	**4540.5**	**4298.4**	**76.5**	**242.1**	**5.6**
按标准发放和报销	3372.6	3239.9	56.8	132.7	4.1
发放数	3309.5	3175.5	55.8	134.1	4.2
定期发放	3269.7	3138.6	55.1	131.1	4.2
军队干部离休金	34.1	33.7	0.6	0.4	1.2
军队干部退休金	303.2	277.0	5.1	26.2	9.5
军队无军籍职工退休金	68.7	65.4	1.2	3.3	5.0
地方干部、人员退休金、退职金	9.6	10.7	0.2	-1.0	-9.7
离休、退休、退职金小计	415.7	386.8	7.0	28.9	7.5
烈属和牺牲病故定期抚恤金	40.3	35.9	0.7	4.4	12.2
伤残抚恤金	140.4	135.5	2.4	4.9	3.7
在乡退伍红军老战士生活费	0.0	0.0	0.0	0.0	-51.2
红军失散人员补助费	0.4	0.4	0.0	-0.1	-18.7
“参战”退伍军人补助费	80.8	76.5	1.4	4.3	5.7
“涉核”退伍军人补助费	12.8	12.0	0.2	0.9	7.3
抚恤、补助费小计	459.6	436.4	7.7	23.2	5.3
军队离休干部遗属、退休人员遗属定期定量补助费	5.0	2.9	0.1	2.1	74.5
农村特困救助供养救济费	269.4	228.9	4.5	40.4	17.7
农村最低生活保障金	1023.3	980.2	17.2	43.0	4.4
城市最低生活保障金	640.5	687.9	10.8	-47.5	-6.9
其他社会救助	98.0	89.6	1.7	8.4	9.4
定期定量救济费小计	2036.1	1989.6	34.3	46.5	2.3
分散安置伤残军人护理费	3.3	3.3	0.1	-0.1	-1.8
军队离休、退休人员护理费	6.4	5.0	0.1	1.5	29.3
儿童福利支出	54.6	56.3	0.9	-1.6	-2.9
老年人福利	293.9	261.2	5.0	32.6	12.5
非定期发放	39.9	36.9	0.7	3.0	8.1
烈士和牺牲病故人员一次性抚恤金	34.7	31.9	0.6	2.8	8.8
企事业退休人员一次性抚恤金	0.7	0.8	0.0	-0.1	-7.5
离休、退休干部死亡丧葬补助费	4.4	4.2	0.1	0.2	5.8
城市最低生活保障对象临时补助	23.1	27.7	0.4	-4.6	-16.7
农村最低生活保障对象临时补助	28.6	34.3	0.5	-5.7	-16.6
报销数	63.0	64.4	1.1	-1.4	-2.1
伤残补助费	8.0	7.6	0.1	0.4	4.9
离休、退休干部其他费用	55.1	56.8	0.9	-1.8	-3.1

A-1-13续表

单位：亿元

指　标	2017年	2016年	占全部(%)	比上年增加	比上年增长(%)
临时性发放	1167.9	1058.5	19.7	109.4	10.3
烈军属复员退伍军人临时补助费	318.2	287.6	5.4	30.6	10.7
退伍军人建房补助费	2.6	2.3	-	0.3	13.1
义务兵优待金	161.6	147.0	2.7	14.6	10.0
退役士兵自谋职业金	95.9	87.9	1.6	8.1	9.2
城镇退役士兵生活补助	27.6	16.8	0.5	10.8	64.0
优抚对象临时补助费小计	605.9	541.5	10.2	64.4	11.9
灾民生活救济费	78.2	96.9	1.3	-18.8	-19.4
医疗救助	376.2	332.3	6.3	43.8	13.2
其他对象临时救助	107.7	87.7	1.8	20.0	22.8
单位拨款	**425.1**	**406.8**	**7.2**	**18.3**	**4.5**
民政部门举办事业单位经费	354.8	333.5	6.0	21.3	6.4
优抚事业单位	68.9	67.0	1.2	1.9	2.9
荣誉军人康复医院	12.2	14.1	0.2	-1.9	-13.3
复员军人慢性病疗养院	4.2	4.2	0.1	0.0	0.8
复员退伍军人精神病院	15.8	13.2	0.3	2.6	19.5
光荣院	8.5	8.4	0.1	0.1	1.0
烈士纪念设施管理保护单位	18.6	18.2	0.3	0.4	2.2
其他优抚事业单位	9.6	8.8	0.2	0.7	8.3
社会福利事业单位	136.4	129.8	2.3	6.6	5.1
社会福利院	74.5	73.6	1.3	0.9	1.2
儿童福利院	21.6	17.6	0.4	3.9	22.4
精神病人福利院	24.5	19.9	0.4	4.6	23.1
流浪乞讨人员救助站	15.9	18.7	0.3	-2.8	-14.9
军队离退休干部管理机构	52.2	52.2	0.9	-	0.1
殡葬事业单位	97.3	84.6	1.6	12.7	15.0
火葬场	36.4	34.0	0.6	2.4	7.2
其他殡葬事业单位	60.8	50.6	1.0	10.2	20.2
集体办事业单位补贴	46.8	47.7	0.8	-0.9	-1.8
优抚事业单位	0.8	0.3	-	0.4	143.0
社会福利事业单位	46.1	47.4	0.8	-1.3	-2.8
生产单位拨款	3.7	4.2	0.1	-0.5	-11.9
假肢厂	2.0	3.1	-	-1.0	-33.5
安置农场	1.7	1.2	-	0.5	44.0
灾民紧急抢救、转移、安置费	6.5	8.9	0.1	-2.4	-27.0
救灾储备	13.2	12.4	0.2	0.8	6.7
其他支出	**967.1**	**735.0**	**16.3**	**232.1**	**31.6**

A-1-14 社会服务事业费按支出性质分类

单位：亿元

指 标	2017年	2016年	占全部(%)	比上年增加	比上年增长(%)
总计	**5932.7**	**5440.2**	**100.0**	**492.5**	**9.1**
抚恤	**827.3**	**769.8**	**13.9**	**57.5**	**7.5**
死亡抚恤	81.8	74.1	1.4	7.6	10.3
伤残抚恤	148.4	143.1	2.5	5.3	3.7
在乡复员、退伍军人生活补助	278.9	265.1	4.7	13.9	5.2
优抚事业单位	69.7	67.3	1.2	2.4	3.5
义务兵优待金	161.6	147.0	2.7	14.6	10.0
其他优抚支出	86.9	73.3	1.5	13.6	18.6
退役安置	**723.4**	**625.6**	**12.2**	**97.7**	**15.6**
退伍军人安置	156.5	122.2	2.6	34.3	28.1
军队移交政府的离退休人员安置	461.1	432.9	7.8	28.2	6.5
军队移交政府离退休干部管理机构	52.2	52.2	0.9	0.0	0.1
其他退役安置支出	53.6	18.4	0.9	35.2	191.5
社会福利	**920.5**	**753.4**	**15.5**	**167.0**	**22.2**
儿童福利	54.6	56.3	0.9	-1.6	-2.9
老年人福利	293.9	261.2	5.0	32.6	12.5
假肢矫形	191.7	73.2	3.2	118.5	162.0
殡葬	97.3	84.6	1.6	12.7	15.0
社会福利事业单位	168.3	159.6	2.8	8.6	5.4
其他社会福利支出	114.7	118.5	1.9	-3.8	-3.2
社会救助	**2609.8**	**2492.8**	**44.0**	**117.0**	**4.7**
最低生活保障	1692.3	1702.4	28.5	-10.1	-0.6
城市最低生活保障	640.5	687.9	10.8	-47.5	-6.9
农村最低生活保障	1051.8	1014.5	17.7	37.3	3.7
临时救助	152.7	131.1	2.6	21.6	16.5
特困人员救助供养	290.5	237.3	4.9	53.2	22.4

A-1-14续表

单位：亿元

指　标	2017年	2016年	占全部(%)	比上年增加	比上年增长(%)
其他社会救助	94.5	89.6	1.6	4.9	5.5
医疗救助	376.2	332.3	6.3	43.8	13.2
资助参加基本医疗保险	74.0	63.4	1.2	10.6	16.8
直接医疗救助	266.1	232.7	4.5	33.3	14.3
优抚对象医疗补助	36.1	36.2	0.6	-0.2	-0.5
自然灾害生活救助	**128.0**	**156.1**	**2.2**	**-28.1**	**-18.0**
生活救济费	78.2	96.9	1.3	-18.8	-19.4
紧急抢救、安置、转移灾民支出	6.5	8.9	0.1	-2.4	-27.0
救灾储备	11.4	12.4	0.2	-1.0	-8.1
自然灾害灾后重建补助	18.5	26.9	0.3	-8.4	-31.2
其他救助	11.5	10.9	0.2	0.6	5.9
民政管理事务	**501.0**	**441.7**	**8.4**	**59.2**	**13.4**
行政运行	127.2	112.5	2.1	14.7	13.1
一般行政管理事务	19.7	18.3	0.3	1.4	7.5
机关服务	3.5	3.0	0.1	0.5	18.4
拥军优属	26.9	23.5	0.5	3.4	14.6
老龄事务	29.3	27.0	0.5	2.3	8.4
民间组织管理	9.5	8.9	0.2	0.6	6.5
行政区划和地名管理	15.9	15.2	0.3	0.7	4.5
基层政权和社区建设	137.1	122.6	2.3	14.6	11.9
部队供应	6.3	6.0	0.1	0.3	5.5
其他民政管理事务支出	125.4	104.7	2.1	20.7	19.8
行政事业单位离退休	**47.9**	**48.4**	**0.8**	**-0.6**	**-1.2**
地方离退休人员经费	11.3	12.2	0.2	-0.9	-7.3
行政单位离退休	16.1	19.2	0.3	-3.1	-16.2
事业单位离退休	14.3	13.7	0.2	0.6	4.4
离退休人员管理机构	0.5	0.4	0.0	0.1	16.6
其他行政事业单位离退休支出	5.7	2.9	0.1	2.8	94.3
其他	**175.0**	**152.2**	**2.9**	**22.7**	**14.9**

A-2-1 社会工作类机构财务状况与上年比较

单位：万元

指　标	2017年	2016年	比上年增长(%)
执行企业会计制度单位情况			
存货	4287.4	1976.1	116.96
固定资产原价	584408.0	368776.8	58.47
累计折旧	25616.6	4855.6	427.57
# 本年折旧	6494.2	5462.8	18.88
资产总计	416479.9	33280.6	1151.42
负债合计	178205.7	17285.1	930.98
营业收入	77374.4	50701.7	52.61
营业成本	56591.4	36736.0	54.05
营业税金及附加	5493.7	497.8	1003.60
销售费用	11683.6	5405.0	116.16
管理费用	26752.3	15830.0	69.00
# 税金	613.7	416.0	47.52
差旅费	298.0	440.6	-32.36
财务费用	8507.2	1595.7	433.13
# 利息支出	5410.4	1080.5	400.73
资产减值损失	-60.8	-2.2	2663.64
公允价值变动收益	24.8	5.5	350.91
投资收益	84.0	252.2	-66.69
营业利润	12803.8	-4750.0	-369.55
营业外收入	5322.5	4000.4	33.05
# 政府补助	5806.3	1537.1	277.74
应付职工薪酬	21142.7	11906.8	77.57
本年应交增值税	284.5	19.1	1389.53

A−2−1续表1

单位：万元

指　标	2017年	2016年	比上年增长(%)
执行行政事业单位会计制度填报			
存货	59770.0	46697.9	28.0
固定资产原价	9488858.3	8239795.6	15.2
资产总计	7341671.2	3199632.2	129.5
负债合计	2884470.1	2152103.4	34.0
本年收入合计	9926410.7	8345082.1	18.9
# 事业收入	3625552.9	3428344.0	5.8
经营收入	154845.5	131130.2	18.1
本年支出合计	9727369.6	8042032.0	21.0
# 工资福利支出	1764769.0	1565527.5	12.7
商品和服务支出	1709992.6	1568041.4	9.1
# 取暖费	42589.7	43642.7	-2.4
差旅费	22988.3	21850.6	5.2
因公出国（境）费用	368.1	397.1	-7.3
劳务费	114476.0	120608.7	-5.1
工会经费	14114.1	11332.8	24.5
福利费	21316.3	22632.8	-5.8
对个人和家庭的补助	3579388.6	2822386.9	26.8
# 抚恤金	42098.0	35822.3	17.5
生活补助	529513.4	475931.7	11.3
救济费	239198.5	158816.5	50.6
助学金	3295.6	1993.1	65.4
奖励金	25795.6	17121.6	50.7
生产补贴	1011.9	785.9	28.8
经营支出	97275.0	84112.3	15.6
销售税金	3430.5	7424.5	-53.8

A-2-1续表2

单位：万元

指　标	2017年	2016年	比上年增长(%)
执行民间非营利组织单位会计制度填报			
存货	13414.6	3254.9	312.1
固定资产原价	4145554.4	3773841.2	9.8
资产总计	1150292.9	395981.1	190.5
负债合计	579840.0	199600.4	190.5
本年收入合计	1626607.6	1501377.5	8.3
# 捐赠收入	52461.7	61191.9	-14.3
会费收入	47681.3	57438.3	-17.0
本年费用合计	1504228.4	1309953.5	14.8
# 业务活动成本	807627.5	757183.2	6.7
# 人员费用	304809.1	296386.9	2.8
日常费用	160326.6	127554.5	25.7
固定资产折旧	92376.9	76740.1	20.4
税费	9102.1	7899.3	15.2
管理费用	478235.3	373227.6	28.1
# 人员费用	221995.0	170544.3	30.2
日常费用	87671.1	68631.0	27.7
固定资产折旧	50220.9	36381.0	38.0
税费	2878.0	13470.4	-78.6
净资产变动额	57433.1	48669.7	18.0

A-2-2 提供住宿的社会服务机构

指　标	机构与设施数（个）			职工人数（万人）		
	2017年	2016年	比上年增长(%)	2017年	2016年	比上年增长(%)
机构和设施合计	**438751**	**418098**	**4.9**	**195.0**	**181.2**	**7.6**
机构合计	**31930**	**31912**	**0.1**	**44.1**	**40.9**	**7.8**
养老机构和设施	**436223**	**414778**	**5.2**	**187.8**	**174.1**	**7.9**
机构类	28770	28592	0.6	36.9	33.8	9.2
城市养老机构	9618	8891	8.2	17.4	15.0	16.0
农村养老机构	15006	15398	-2.5	11.8	11.2	5.4
社会福利院	1578	1604	-1.6	4.4	4.3	2.3
光荣院	948	1040	-8.8	0.8	0.9	-11.1
荣誉军人康复医院	43	44	-2.3	0.7	0.6	16.7
复员军人疗养院	37	38	-2.6	0.3	0.3	-
军休所	1540	1577	-2.3	1.5	1.5	-
社区机构和设施类	407453	386186	5.5	150.9	140.3	7.6
社区养老机构和设施	43212	34924	23.7	17.2	15.6	10.1
社区互助型养老设施	82648	76374	8.2	16.4	14.8	11.1
其他	281593	274888	2.4	117.3	109.9	6.7
智障与精神疾病服务机构	**242**	**244**	**-0.8**	**3.0**	**2.8**	**7.1**
社会福利医院	144	150	-4.0	1.6	1.5	6.7
复退军人精神病院	98	94	4.3	1.4	1.3	7.7
儿童收养救助服务机构	**663**	**705**	**-6.0**	**1.5**	**1.5**	-
儿童福利院	469	465	0.9	1.3	1.3	-
流浪儿童救助保护中心	194	240	-19.2	0.1	0.2	-13.1
其他提供住宿的服务机构	**2254**	**2371**	**-4.9**	**2.8**	**2.8**	-
生活无着人员救助管理站	1623	1736	-6.5	1.7	1.7	-
军供站	313	315	-0.6	0.5	0.5	-
其他	318	320	-0.6	0.6	0.6	-

和社区养老情况与上年比较

指 标	床位数（万张）			收留抚养救助人数（万人）		
	2017年	2016年	比上年增长（%）	2017年	2016年	比上年增长（%）
机构和设施（含在建）合计	**786.2**	**770.9**	**2.0**	**334.6**	**344.2**	**-2.8**
机构合计	**419.6**	**413.8**	**1.4**	**228.8**	**236.3**	**-3.2**
养老机构和设施	**744.8**	**730.1**	**2.0**	**317.0**	**327.6**	**-3.2**
机构类	**383.5**	**378.7**	**1.3**	**211.1**	**219.7**	**-3.9**
城市养老机构	143.9	135.9	5.9	71.9	68.1	5.6
农村养老机构	176.7	179.9	-1.8	101.3	113.2	-10.5
社会福利院	37.8	37.1	2.0	19.7	20.0	-1.5
光荣院	6.7	7.5	-10.2	3.6	4.2	-15.0
荣誉军人康复医院	1.2	1.1	6.4	0.7	0.6	24.1
复员军人疗养院	0.7	0.7	4.7	0.4	0.4	0.3
军休所（万户）	16.4	16.5	-0.9	13.5	13.3	1.5
社区机构和设施类	**338.5**	**322.8**	**4.9**	**105.9**	**107.9**	**-1.9**
社区养老机构和设施	158.7	153.5	3.4	56.4	59.2	-4.7
社区互助型养老设施	82.6	77.1	7.1	27.7	26.0	6.5
其他社区机构和设施	97.2	92.2	5.4	21.8	22.7	-4.0
智障与精神疾病服务机构	**8.8**	**8.4**	**4.6**	**7.4**	**6.9**	**7.3**
社会福利医院	5.5	5.3	3.5	4.7	4.4	6.8
复退军人精神病院	3.3	3.1	6.5	2.7	2.5	8.2
儿童收养救助服务机构	**10.3**	**10.0**	**3.3**	**5.9**	**5.5**	**7.0**
儿童福利院	9.5	9.0	5.4	5.8	5.3	9.9
流浪儿童救助保护中心	0.8	1.0	-15.9	0.1	0.2	-69.0
其他提供住宿的服务机构	**17.1**	**16.7**	**2.2**	**4.4**	**4.2**	**3.6**
生活无着人员救助管理站	10.1	10.2	-0.7	2.7	2.7	-0.3
军供站	3.7	3.7	-0.4			
其他	3.3	2.8	16.1	1.7	1.5	10.6
在建机构和设施	**28.1**	**34.3**	**-18.1**			
在建养老机构和设施	22.9	28.6	-19.9			
其他在建机构和设施	5.2	5.7	-8.8			

A-2-3 孤儿、收养登记与上年比较

单位：人、件

指　标	2017年	2016年	比上年增长(%)
孤儿数	**409840**	**460450**	**-11.1**
集中养育孤儿	86025	87502	-2.3
社会散居孤儿	323815	372948	-13.1
收养登记			
收养登记合计(件)	18820	18736	0.4
中国公民收养登记	16592	15965	3.9
# 香港居民	61	77	-20.8
澳门居民	3	3	–
台湾居民	24	26	-7.7
华侨	15	25	-40.0
外国人收养登记	2228	2771	-19.6
被收养人合计（人）	18820	18736	0.4
# 女性	12425	12586	-1.3
残疾儿童	2154	2554	-15.7
社会福利机构抚养的儿童	9115	8884	2.6
# 被外国人收养	1988	2490	-20.2
社会孤儿	4242	4696	-9.7
# 被外国人收养	159	244	-34.8
近亲属抚养人数	1408	1076	30.9
# 被外国人收养	8	7	14.3
生父母有特殊困难无力抚养人数	730	601	21.5
# 被外国人收养	44	8	450.0
继子女收养	3325	3479	-4.4
# 被外国人收养	29	22	31.8

A-2-4 社会救助与上年比较

指　标	单位	2017年	2016年	比上年增长(%)
社会救助总人数	**万人**	**16212.9**	**16083.0**	**0.8**
城市最低生活保障	**万人**	**1261.0**	**1480.2**	**-14.8**
# 老年人	万人	219.0	258.0	-15.1
成年人	万人	836.7	950.9	-12.0
在职人员	万人	18.6	22.7	-18.2
灵活就业	万人	265.0	304.4	-12.9
登记失业	万人	153.5	252.9	-39.3
无就业条件	万人	399.6	370.9	7.7
未成年人	万人	205.4	271.4	-24.3
# 女性	万人	561.4	643.6	-12.8
# 残疾人	万人	159.9	156.5	2.2
# 重度残疾人	万人	40.6	7.6	434.2
城市最低生活保障户数	万户	741.5	855.3	-13.3
城市低保资金支出	亿元	640.5	687.9	-6.9
平均保障标准	元／人·月	540.6	494.6	9.3
农村最低生活保障	**万人**	**4045.2**	**4586.5**	**-11.8**
农村最低生活保障户数	万户	2249.3	2635.3	-14.6
农村低保资金支出	万元	1051.8	1014.5	3.7
平均保障标准	元／人·年	4300.7	3744.0	14.9
特困人员救助供养				
农村特困人员救助供养	万人	466.9	496.9	-6.0
城市特困人员救助供养	万人	25.4	-	-
医疗救助				
资助参加基本医疗保险人数	万人	5621.0	5560.4	1.1
直接医疗救助人次数	万人次	3517.1	2696.1	30.5
生活无着人员救助				
生活无着人员救助	万人次	218.9	333.8	-34.4
在站救助	万人次	166.6	288.7	-42.3
站外救助	万人次	52.3	45.1	16.0
# 未成年人	万人次	9.4	16.7	-43.9
临时救助	**万人次**	**970.3**	**850.7**	**14.1**
本地户籍	万人次	958.4	826.3	16.0
非本地户籍	万人次	11.9	24.4	-51.2

注：社会救助总人数是救助人数和人次数的合计。

A-2-5 分省城市最低生活保障平均标准与上年比较

单位：元/人·月

地 区	2017年	2016年	比上年增长(%)
全 国	**540.6**	**494.6**	**9.3**
北 京	900.0	800.0	12.5
天 津	860.0	780.0	10.3
河 北	544.0	501.2	8.6
山 西	467.5	441.1	6.0
内蒙古	591.6	540.2	9.5
辽 宁	561.6	522.8	7.4
吉 林	483.4	446.9	8.2
黑龙江	550.7	535.9	2.8
上 海	970.0	880.0	10.2
江 苏	645.6	610.8	5.7
浙 江	706.2	673.7	4.8
安 徽	531.2	497.1	6.9
福 建	589.8	514.8	14.6
江 西	531.7	480.8	10.6
山 东	513.6	494.9	3.8
河 南	459.6	425.1	8.1
湖 北	563.6	487.9	15.5
湖 南	444.1	431.3	3.0
广 东	674.8	576.2	17.1
广 西	518.0	457.6	13.2
海 南	484.4	467.0	3.7
重 庆	500.0	459.6	8.8
四 川	485.1	419.5	15.6
贵 州	557.0	507.3	9.8
云 南	516.0	442.2	16.7
西 藏	751.5	693.5	8.4
陕 西	532.2	479.5	11.0
甘 肃	458.6	410.9	11.6
青 海	450.5	400.8	12.4
宁 夏	473.2	416.4	13.6
新 疆	409.0	383.9	6.5

A-2-6 分省农村最低生活保障平均标准与上年比较

单位：元/人·年

地　区	2017年	2016年	比上年增长(%)
全　国	**4300.7**	**3744.0**	**14.9**
北　京	10800.0	9600.0	12.5
天　津	10320.0	9060.0	13.9
河　北	3829.1	3359.0	14.0
山　西	3646.9	3246.6	12.3
内蒙古	4920.2	4212.0	16.8
辽　宁	4350.9	3914.9	11.1
吉　林	3734.9	3444.9	8.4
黑龙江	3857.5	3787.1	1.9
上　海	11640.0	10440.0	11.5
江　苏	7147.1	6480.9	10.3
浙　江	8040.6	7292.4	10.3
安　徽	4427.5	3840.4	15.3
福　建	5054.0	3841.4	31.6
江　西	3743.3	3314.9	12.9
山　东	4162.9	3777.8	10.2
河　南	3356.4	3084.4	8.8
湖　北	4706.4	3828.8	22.9
湖　南	3689.0	3082.0	19.7
广　东	6340.8	5342.7	18.7
广　西	3338.4	2985.3	11.8
海　南	4300.8	4163.5	3.3
重　庆	4287.7	3694.9	16.0
四　川	3767.8	3154.6	19.4
贵　州	3660.0	3201.8	14.3
云　南	3342.0	2710.7	23.3
西　藏	3355.5	2621.5	28.0
陕　西	3733.7	3203.3	16.6
甘　肃	3765.3	2932.9	28.4
青　海	3335.0	2970.0	12.3
宁　夏	3468.9	3388.9	2.4
新　疆	3561.3	2994.2	18.9

A-2-7 分省孤儿平均保障标准与上年比较

单位：元/人·月

地　区	集中养育平均保障标准			社会散居平均保障标准		
	2017年	2016年	比上年增长(%)	2017年	2016年	比上年增长(%)
全　国	**1258.7**	**1143.7**	**10.1**	**858.2**	**792.9**	**8.2**
北　京	1925.0	1700.0	13.2	1725.0	1520.0	13.5
天　津	1440.0	1440.0	-	2420.0	2340.0	3.4
河　北	1153.5	1129.9	2.1	749.4	703.4	6.5
山　西	993.8	978.9	1.5	633.2	688.8	-8.1
内蒙古	1623.8	1558.2	4.2	1305.4	1249.0	4.5
辽　宁	1391.9	1358.9	2.4	935.3	915.9	2.1
吉　林	1000.0	990.3	1.0	700.0	735.4	-4.8
黑龙江	1083.2	957.1	13.2	729.2	729.2	-
上　海	1900.0	1766.7	7.5	1700.0	1700.0	-
江　苏	1903.1	1752.2	8.6	1293.0	1166.8	10.8
浙　江	1534.5	1392.8	10.2	1024.6	904.3	13.3
安　徽	1169.7	1088.4	7.5	727.9	669.1	8.8
福　建	1516.8	1021.0	48.6	962.0	674.8	42.6
江　西	1124.6	1124.4	-	758.4	757.8	0.1
山　东	1275.9	1252.4	1.9	796.8	788.9	1.0
河　南	1128.9	1017.5	10.9	736.0	636.2	15.7
湖　北	1815.2	1150.9	57.7	1131.7	792.0	42.9
湖　南	1063.0	1018.7	4.3	654.4	612.9	6.8
广　东	1553.1	1412.4	10.0	1136.4	1031.7	10.2
广　西	1053.5	1043.5	1.0	631.2	633.5	-0.4
海　南	1242.1	870.6	42.7	872.6	628.3	38.9
重　庆	1200.0	951.2	26.2	1017.5	622.0	63.6
四　川	1294.3	1184.2	9.3	810.6	740.5	9.5
贵　州	1027.4	1015.5	1.2	646.0	661.8	-2.4
云　南	1666.6	1361.6	22.4	1057.3	967.4	9.3
西　藏	1117.7	1117.7	-	840.7	779.2	7.9
陕　西	1000.9	1023.8	-2.2	806.1	831.7	-3.1
甘　肃	951.5	851.8	11.7	682.0	629.3	8.4
青　海	1027.5	1000.0	2.8	655.2	600.6	9.1
宁　夏	802.5	786.1	2.1	617.5	613.2	0.7
新　疆	912.6	896.6	1.8	623.6	636.7	-2.1

A-2-8 社会捐赠与上年比较

指　标	单位	2017年	2016年	比上年增长(%)
社会捐赠合计	**万元**	**7552366.4**	**8343384.9**	**-9.5**
民政部门直接接收捐赠				
捐赠款数额	万元	250012.5	402815.1	-37.9
捐赠衣被合计	万件	227.5	6638.3	-96.6
捐赠其他物资价值	万元	10734.8	73795.0	-85.5
民政部门间接接收捐赠				
捐赠款数额	万元	103428.4	58645.3	76.4
捐赠衣被合计	万件	18.4	488.0	-96.2
捐赠其他物资价值	万元	6522.6	14483.2	-55.0
社会捐赠接收工作站点数	个	28262.0	28904	-2.2
#社会捐赠接收工作站数	个	19293.0	12899	49.6
慈善超市数	个	8969	8966	-
各类社会组织接收捐赠	**万元**	**7291619.1**	**7866774.8**	**-7.3**

注：由于社会组织年检工作滞后于年报汇总工作，社会组织捐赠数据为2016年数据。

A-2-9 自然灾害与上年比较

指　标	单位	2017年	2016年	比上年增长(%)
农作物受灾情况				
受灾	千公顷	18478.1	26220.7	-29.5
绝收	千公顷	1826.6	2902.2	-37.1
旱灾				
受灾	千公顷	9874.8	9872.7	-
绝收	千公顷	752.4	1018.3	-26.1
洪涝（含山体滑坡和泥石流）				
受灾	千公顷	5414.8	8531.4	-36.5
绝收	千公顷	744.6	1297.3	-42.6
风雹				
受灾	千公顷	2268.1	2908.0	-22.0
绝收	千公顷	225.2	268.8	-16.2
台风				
受灾	千公顷	394.0	2023.5	-80.5
绝收	千公顷	21.5	145.1	-85.2
地震				
受灾	千公顷	1.9	0.1	1800.0
绝收	千公顷	-	-	-
雪灾、低温冷冻				
受灾	千公顷	524.5	2885.0	-81.8
绝收	千公顷	83.0	172.7	-51.9
人口受灾情况				
受灾	万人次	14448.0	18911.7	-23.6
死亡人口（含失踪）	人	979	1706.0	-42.6
紧急转移人口	万人次	525.3	910.1	-42.3
损失情况				
倒塌房屋	万间	15.3	52.1	-70.7
损坏房屋	万间	157.9	334.0	-52.7
直接经济损失	亿元	3018.7	5032.9	-40.0

A-2-10 国家优抚、安置对象与上年比较

单位：人

指　标	2017年	2016年	比上年增长(%)
优抚对象人数	**8576757**	**8748016**	**-2.0**
抚恤	887850	934549	-5.0
烈士家属	100468	124950	-19.6
因公牺牲	34555	38725	-10.8
病故军人家属	51478	55899	-7.9
伤残人员	701349	714975	-1.9
补助	7688907	7813467	-1.6
在乡退伍红军老战士	32	55	-41.8
在乡西路军红军老战士	13	50	-74.0
红军失散人员	1371	2060	-33.4
在乡复员军人	516309	636698	-18.9
带病回乡退伍军人	1073801	1127704	-4.8
60岁以上农村籍退伍军人	4198829	4055748	3.5
参战退役人员	1268575	1362905	-6.9
参试退役人员	175549	179705	-2.3
部分60周岁以上烈士（含错杀被平反）人员子女	228756	239617	-4.5
其他补助人数	225672	208925	8.0
本年接收和安置复员干部	**3427**	**4065**	**-15.7**
本年新增享受烈士待遇人数	**184**	**150**	**22.7**
优待			
优待优抚对象（万户）	288.0	304.4	-5.4
# 军属（万户）	79.1	82.6	-4.3
优待金（亿元）	184.9	171.3	7.9
# 军属（亿元）	92.4	84.1	9.8

A-2-11 社区服务与上年比较

单位：个、张、%

指　标	2017年	2016年	比上年增长(%)
社区服务机构和设施合计	**407453**	**386186**	**5.5**
社区服务指导中心	619	809	-23.5
社区服务中心	25015	23493	6.5
社区服务站	142823	137533	3.9
社区养老机构和设施	43212	34924	23.7
社区互助型养老设施	82648	76374	8.2
其他社区服务机构和设施	113136	113053	0.1
社区服务中心（站）覆盖率	**25.5**	**24.4**	**1.1**（百分点）
社区养老床位	**3385029**	**3228448**	**4.9**
日间照料床位	1686363	1415600	19.1
留宿照料床位	1698666	1812848	-6.3
社区服务志愿者组织（万个）	**9.6**	**11.6**	**-17.2**

A-3-1 社会组织分类情况与上年比较

单位：个

指　标	2017年	2016年	比上年增长(%)
社会组织合计	**761539**	**702405**	**8.4**
社会团体	**354794**	**335932**	**5.6**
按活动区域分			
全国性	1989	1985	0.2
省级	31285	30493	2.6
地级	86165	82554	4.4
县级	235355	220900	6.5
基金会	**6307**	**5559**	**13.5**
按性质分类			
公募	1678	1730	-3.0
非公募	4629	3791	22.1
民办非企业	**400438**	**360914**	**11.0**
按性质分类			
法人	331171	291207	13.7
合伙	10298	8679	18.7
个体	58969	61028	-3.4

A-3-2 自治组织主要指标与上年比较

单位：个、人

指　标	2017年	2016年	比上年增长(%)
城市			
社区居委会	106491	103292	3.1
居民小组	1371175	1420344	-3.5
居民委员会成员人数	565443	540226	4.7
#女性	280907	263024	6.8
居委会选举情况			
当年完成选举的居委会数	30505	20263	50.5
当年完成选举的居委会选民登记总数	77533773	50762592	52.7
#本届登记选民数	59840512	30212168	98.1
参加投票人数	50938811	23555010	116.3
农村			
村民委员会	554218	559186	-0.9
村民小组	4396849	4478489	-1.8
村民委员会成员人数	2242570	2253181	-0.5
#女性	518268	507312	2.2
村委会选举情况			
当年完成选举的村委会数	151513	77011	96.7
当年完成选举的村委会选民登记总数	228812125	120575159	89.8
#本届登记选民数	179264045	73754381	143.1
参加投票人数	162363494	64400407	152.1

A-3-3 其他社会服务机构财务状况与上年比较

单位：万元

指　标	2017年	2016年	比上年增长(%)
执行企业会计制度单位填报			
存货	125204.8	67433.9	85.7
固定资产原价	1147532.8	966064.0	18.8
累计折旧	149329.2	69245.7	115.7
其中：本年折旧	78630.2	76941.6	2.2
资产总计	1084595.1	562115.4	92.9
负债合计	599186.3	299123.9	100.3
营业收入	1342929.0	1085109.8	23.8
营业成本	321993.9	237169.8	35.8
营业税金及附加	6068.0	9577.3	-36.6
销售费用	97399.9	88278.0	10.3
管理费用	206414.6	181509.1	13.7
其中：税金	6084.9	6493.5	-6.3
差旅费	2439.5	1717.8	42.0
财务费用	10131.2	6298.7	60.8
其中：利息支出	2692.3	525.5	412.3
资产减值损失	4.9	810.0	-99.4
公允价值变动收益	130.0	360.0	-63.9
投资收益	1870.4	2139.4	-12.6
营业利润	231052.0	215804.0	7.1
营业外收入	74429.9	65772.4	13.2
其中：政府补助	2453.8	2849.5	-13.9
应付职工薪酬	102343.1	90390.2	13.2
本年应交增值税	2291.1	3381.4	-32.2

A-3-3续表1

单位：万元

指　标	2017年	2016年	比上年增长(%)
执行事业单位会计制度填报			
存货	27525.8	21668.9	27.0
固定资产原价	1955755.6	1894378.9	3.2
资产总计	1355139.6	700456.3	93.5
负债合计	234726.8	143940.7	63.1
本年收入合计	1521613.2	1512340.8	0.6
其中：事业收入	815193.0	760368.6	7.2
经营收入	318416.2	297468.2	7.0
本年支出合计	1458231.8	1398034.8	4.3
其中：工资福利支出	422693.4	388071.4	8.9
商品和服务支出	536144.4	515176.1	4.1
其中：取暖费	5804.1	6041.1	-3.9
差旅费	5885.1	4627.3	27.2
因公出国（境）费用	272.4	34.5	689.6
劳务费	42061.0	42211.6	-0.4
工会经费	3208.3	2975.0	7.8
福利费	7541.3	7032.0	7.2
对个人和家庭的补助	72110.8	70208.9	2.7
其中：抚恤金	600.9	537.6	11.8
生活补助	5126.6	4894.2	4.7
救济费	1366.7	755.1	81.0
助学金	61.2	108.1	-43.4
奖励金	1707.1	1386.1	23.2
生产补贴	221.8	427.1	-48.1
经营支出	176188.5	156029.4	12.9
销售税金	2488.6	3581.0	-30.5

A-3-3续表2

单位：万元

指　标	2017年	2016年	比上年增长(%)
执行民间非营利组织单位会计制度填报			
存货	1052.7	495.9	112.3
固定资产原价	80119.9	72605.2	10.4
资产总计	25121.8	15237.8	64.9
负债合计	6778.2	11577.4	-41.5
本年收入合计	22085.8	22245.0	-0.7
其中：捐赠收入	538.0	487.0	10.5
会费收入	889.1	2552.0	-65.2
本年费用合计	19658.8	20400.3	-3.6
其中：业务活动成本	11510.4	13228.6	-13.0
其中：人员费用	3565.9	3047.6	17.0
日常费用	4769.5	4994.2	-4.5
固定资产折旧	1749.5	3175.9	-44.9
税费	268.4	214.1	25.4
管理费用	6048.3	5749.3	5.2
其中：人员费用	2358.5	2923.4	-19.3
日常费用	1403.1	1348.1	4.1
固定资产折旧	1199.9	664.2	80.7
税费	79.7	60.1	32.6
净资产变动额	15737.5	15552.1	1.2

A-3-4 其他社会服务主要指标与上年比较

指 标	单位	2017年	2016年	比上年增长(%)
婚姻服务				
婚姻登记机构	个	1217	1393	-12.6
办理婚姻登记业务的处数	处	4877	4863	0.3
结婚登记	对	10630951	11428216	-7.0
内地居民登记结婚对数	对	10590427	11386050	-7.0
初婚人数	人	17463256	19132566	-8.7
再婚人数	人	3798646	3723866	2.0
# 女性	人	2013529	1950215	3.2
恢复结婚	对	522556	473905	10.3
涉外及华侨、港澳台居民登记结婚	对	40524	42166	-3.9
结婚率	‰	7.7	8.3	-0.6(千分点)
离婚登记	对	4373824	4158211	5.2
民政部门办理离婚对数	对	3704498	3486257	6.3
内地居民办理离婚	对	3698191	3479942	6.3
华侨、港澳台居民登记离婚	对	6307	6315	-0.1
法院判决、调解离婚件数	件	669326	671954	-0.4
离婚率	‰	3.2	3.0	0.2(千分点)
殡葬服务				
殡葬服务机构	个	4132	4166	-0.8
火化炉数	台	6361	6206	2.5
火化遗体	具	4819781	4718141	2.2
火化率	%	48.9	48.3	0.6(百分点)
穴位数	个	16391489	15570132	5.3
安葬数	具	11563000	10907556	6.0

第四部分

社会服务
历年统计资料

B-1-1 县级及以上行政区划

单位：个

年份	省级	地级（不含地级市）	县级（不含县级市、市辖区）	市	#地级	#县级	市辖区	县级合计
1978	30	212	2153	193	98	92	408	2653
1979	30	211	2153	216	104	109	428	2690
1980	30	211	2151	223	107	113	511	2775
1981	30	208	2144	233	108	122	514	2780
1982	30	210	2140	245	112	130	527	2797
1983	30	178	2091	289	144	142	552	2785
1984	30	175	2069	300	147	150	595	2814
1985	30	165	2046	324	162	159	621	2826
1986	30	159	2017	353	166	184	629	2830
1987	30	156	1986	381	170	208	632	2826
1988	31	151	1936	434	183	248	647	2831
1989	31	151	1919	450	185	262	648	2829
1990	31	151	1903	467	185	279	651	2833
1991	31	151	1894	479	187	289	650	2833
1992	31	148	1848	517	191	323	662	2833
1993	31	139	1795	570	196	371	669	2835
1994	31	127	1735	622	206	413	697	2845
1995	31	124	1716	640	210	427	706	2849
1996	31	117	1696	666	218	445	717	2858
1997	33	110	1693	668	222	442	727	2862
1998	33	104	1689	668	227	437	737	2863
1999	34	95	1682	667	236	427	749	2858
2000	34	74	1674	663	259	400	787	2861
2001	34	67	1660	662	265	393	808	2861
2002	34	57	1649	660	275	381	830	2860
2003	34	51	1642	660	282	374	845	2861
2004	34	50	1636	661	283	374	852	2862
2005	34	50	1636	661	283	374	852	2862
2006	34	50	1635	656	283	369	856	2860
2007	34	50	1635	655	283	368	856	2859
2008	34	50	1635	655	283	368	856	2859
2009	34	50	1636	654	283	367	855	2858
2010	34	50	1633	657	283	370	853	2856
2011	34	48	1627	657	284	369	857	2853
2012	34	48	1624	657	285	368	860	2852
2013	34	47	1613	658	286	368	872	2853
2014	34	45	1596	653	288	361	897	2854
2015	34	43	1568	656	291	361	921	2850
2016	34	41	1537	657	293	360	954	2851
2017	34	40	1526	661	294	363	962	2851

B-1-2 乡镇级行政区划

单位：个

年份	乡镇级	镇	乡	#民族乡	街道办事处	区公所
1978	6195	2173				4022
1979	10424	2361			4444	3619
1980						
1981	11434	2678			4965	3791
1982						
1983	49695	2968	35514		5304	5909
1984	106439	7186	85290		5844	8119
1985	104900	9140	82450	3144	5402	7908
1986	83954	10718	61353	2936	5718	6165
1987	81025	11103	58739	3020	5680	5503
1988	65345	11481	45195	1571	5099	3570
1989	65419	11873	44624	1755	5420	3502
1990	65188	12084	44397	1980	5269	3438
1991	63391	12455	42654	1403	5186	3096
1992	54830	14539	33827	1348	5233	1231
1993	54863	15805	32445	1351	5470	1143
1994	54605	16702	31463	1322	5372	1068
1995	53360	17532	29502	1330	5596	730
1996	51336	18171	27056	1383	5565	544
1997	50967	18925	25966	1545	5678	398
1998	50999	19216	25712	1517	5732	339
1999	50750	19756	24745	1222	5904	345
2000	51024	20312	24555	1356	5902	255
2001	46369	20358	20012	1165	5972	27
2002	44822	20600	18640	1162	5516	66
2003	44067	20226	18064	1149	5751	26
2004	43275	19892	17534	1127	5829	20
2005	41636	19522	15951	1093	6152	11
2006	41040	19369	15306	1089	6355	10
2007	40813	19249	15120	1094	6434	10
2008	40828	19234	15067	1097	6524	3
2009	40858	19322	14848	1098	6686	2
2010	40906	19410	14571	1096	6923	2
2011	40466	19683	13587	1086	7194	2
2012	40446	19881	13281	1064	7282	2
2013	40497	20117	12812	1035	7566	2
2014	40381	20401	12282	1020	7696	2
2015	39789	20515	11315	991	7957	2
2016	39862	20883	10872	989	8105	2
2017	39888	21116	10529	982	8241	2

B-1-3 全国人口情况

单位：万人、%

年份	总人口			农村贫困人口	65周岁及以上老年人口	65周岁及以上人口比重	60周岁及以上老年人口	60周岁及以上人口比重	出生人口	死亡人口	当年净增人口
		城镇	乡村								
1978	96259	17245	79014	25000							
1979	97542	18495	79047								1283
1980	98705	19140	79565								1163
1981	100072	20171	79901								1367
1982	101654	21480	80174		4991	4.9					1469
1983	103008	22274	80734								954
1984	104357	24017	80340	12800							
1985	105851	25094	80757	12500							1164
1986	107507	26366	81141	13100							1476
1987	109300	27674	81626	12200	5968	5.4					1500
1988	111026	28661	82365	9600							1541
1989	112704	29540	83164	10200							1577
1990	114333	30195	84138	8500	6368	5.6			2391	762	1629
1991	115823	31203	84260						2258	768	1490
1992	117171	32175	84996	8000					2119	771	1348
1993	118517	33173	85344						2126	780	1346
1994	119850	34169	85681	7000					2104	771	1333
1995	121121	35174	85947	6540	7510	6.2			2063	792	1271
1996	122389	37304	85085		7833	6.4			2067	799	1268
1997	123626	39449	84177	4962	8085	6.5			2038	801	1237
1998	124761	41608	83153	4210	8359	6.7			1942	807	1135
1999	125786	43748	82038	3412	8679	6.9			1834	809	1025
2000	126743	45906	80837	3209	8821	7.0			1771	814	957
2001	127627	48064	79563	2927	9062	7.1			1702	818	884
2002	128453	50212	78241	2820	9377	7.3			1647	821	826
2003	129227	52376	76851	2900	9692	7.5			1599	825	774
2004	129988	54283	75705	2610	9857	7.6			1593	832	761
2005	130756	56212	74544	2365	10055	7.7	14408	11	1617	849	768
2006	131448	57706	73742	2148	10419	7.9	14901	11.3	1584	892	692
2007	132129	59379	72750	4320	10636	8.1	15340	11.6	1594	913	681
2008	132802	60667	72135	4007	10956	8.3	15989	12	1608	935	673
2009	133450	62186	71288	3597	11309	8.5	16714	12.5	1615	943	672
2010	134091	66558	67415	2688	11883	8.9	17765	13.3	1596	953	642
2011	134735	69079	65656	12238	12288	9.1	18499	13.7	1604	960	644
2012	135404	71182	64222	9899	12714	9.4	19390	14.3	1635	966	669
2013	136072	73111	62961	8249	13161	9.7	20243	14.9	1640	972	668
2014	136782	74916	61866	7017	13755	10.1	21242	15.5	1687	977	710
2015	137462	77116	60346	5575	14386	10.5	22200	16.1	1655	975	680
2016	138271	79298	58973	4335	79298	10.8	23086	16.7	1786	977	809
2017	139008	81347	57661	3046	15831	11.4	24090	17.3	1723	986	737

注：本表资料来源于国家统计局。

B-1-4 社会服务机构和设施（按登记类型分类）

单位：万个

年份	合计	事业单位及设施合计	事业单位	企业性质机构	社会组织	社会服务类	自治组织	行政机关
1978	1.1	1.1		0.1				
1979	1.3	1.2		0.1				
1980	1.4	1.3		0.1				
1981	1.5	1.3		0.2				
1982	1.7	1.6		0.2				
1983	40.2	1.9		0.6			37.7	
1984	103.6	2.6		0.7			100.3	
1985	107.7	3.3		1.5			103.0	
1986	101.2	3.9		2.0			95.3	
1987	100.1	4.2		2.8			93.2	
1988	106.7	4.3		4.0	0.4		97.8	
1989	111.8	4.4		4.2	0.5		102.8	
1990	119.8	4.5		4.2	1.1		110.0	
1991	129.2	4.7		4.4	8.3		111.9	
1992	136.1	4.8		5.0	15.5		110.8	
1993	139.7	5.3		5.7	16.8		112.0	
1994	140.3	5.2		6.0	17.4		111.7	
1995	133.7	5.2		6.0	18.1		104.4	
1996	133.9	5.3		5.9	18.5		104.2	
1997	131.4	5.3		5.6	18.1		102.4	
1998	122.2	5.4		5.1	16.6		95.2	
1999	115.7	5.4		4.5	14.3		91.6	
2000	109.5	6.1		4.1	15.3		84.0	
2001	109.8	5.7		3.8	21.1		79.2	0.6
2002	110.5	5.8		3.6	24.5		76.7	0.5
2003	109.9	5.8		3.4	26.7		74.0	0.4
2004	111.1	6.7		3.2	28.9		72.2	0.4
2005	112.6	6.6		3.1	32.0		70.9	0.4
2006	115.7	6.7		3.0	35.4		70.5	0.4
2007	117.7	7.0		2.5	38.7		69.5	0.3
2008	119.2	6.6		2.4	41.4		68.8	0.4
2009	125.9	12.1		2.3	43.1		68.4	0.3
2010	126.6	11.6		2.2	44.6	6.3	68.2	0.3
2011	129.4	13.1		2.2	46.2	6.6	67.9	0.3
2012	146.2	26.3		2	49.9	7.5	68.0	0.3
2013	156.2	31.4	2.6	1.8	54.7	8.0	68.3	0.3
2014	166.5	36.0	2.9	1.7	60.6	8.8	68.2	0.3
2015	176.5	40.7	3.1	1.5	66.2	9.9	68.1	0.3
2016	174.5	37.9	3.1	0.1	70.2	10.4	66.2	0.3
2017	182.1	39.7	2.9	0.1	76.2	11.3	66.1	0.3

B-1-5 社会服务机构和设施（按国民经济行业分类）

单位：万个

年份	合计	社会工作	成员组织	社会组织	自治组织	其他社会服务	其他事业单位	行政机关
1978	1.1	0.8				0.3		
1979	1.3	1.0				0.3		
1980	1.4	1.1				0.3		
1981	1.5	1.2				0.3		
1982	1.7	1.4				0.3		
1983	40.2	2.2	37.7		37.7	0.3		
1984	103.6	3.0	100.3		100.3	0.3		
1985	107.7	4.5	103.0		103.0	0.3		
1986	101.2	5.6	95.3		95.3	0.3		
1987	100.1	6.6	93.2		93.2	0.3		
1988	106.7	8.1	98.3	0.4	97.8	0.3		
1989	111.8	8.3	103.3	0.5	102.8	0.3		
1990	119.8	8.4	111.1	1.1	110.0	0.3		
1991	129.2	8.7	120.2	8.3	111.9	0.3		
1992	136.1	9.5	126.3	15.5	110.8	0.3		
1993	139.7	10.7	128.7	16.8	112.0	0.3		
1994	140.3	10.9	129.1	17.4	111.7	0.3		
1995	133.6	10.9	122.4	18.1	104.4	0.3		
1996	133.9	10.9	122.7	18.5	104.2	0.3		
1997	131.4	10.6	120.5	18.1	102.4	0.3		
1998	122.2	10.2	111.8	16.6	95.2	0.3		
1999	115.7	9.5	105.9	14.3	91.6	0.3		
2000	109.5	9.8	99.3	15.3	84.0	0.3		
2001	109.8	9.2	100.3	21.1	79.2	0.3		0.6
2002	110.5	9.1	101.2	24.5	76.7	0.3		0.5
2003	109.9	8.9	100.7	26.7	74.0	0.3		0.4
2004	111.1	9.6	101.1	28.9	72.2	0.3		0.4
2005	112.6	9.5	102.9	32.0	70.9	0.3		0.4
2006	115.7	9.2	105.9	35.4	70.5	0.5		0.4
2007	117.7	9.0	108.2	38.7	69.5	0.5		0.3
2008	119.2	8.4	110.2	41.4	68.8	0.6		0.4
2009	125.9	13.8	111.5	43.1	68.4	0.6		0.3
2010	126.6	13.2	112.8	44.6	68.2	0.6		0.3
2011	129.4	14.6	114.1	46.2	67.9	0.7		0.3
2012	146.2	27.5	117.9	49.9	68	0.6	0.2	0.3
2013	156.1	32.3	123.0	54.7	68.3	0.6	0.2	0.3
2014	166.8	37.1	128.8	60.6	68.2	0.7	0.2	0.3
2015	176.5	41.3	134.3	66.2	68.1	0.7	0.2	0.3
2016	174.5	42.3	136.4	70.2	66.2	0.6	0.2	0.3
2017	182.1	44.4	142.2	76.2	66.1	0.5	0.2	0.3

注：2012年开始社会工作中包含其他社区服务设施。

B-1-6 社会服务机构和设施职工

单位：万人

年份	合计	社会工作	成员组织	社会组织	自治组织	其他社会服务	其他事业单位	行政机关	乡、镇民政助理员
1978	19.7	19.7							
1979	21.9	21.9							
1980	25.3	25.3							
1981	27.8	27.8							
1982	29.1	29.1							
1983	41.5	41.5							
1984	48.0	48.0							
1985	497.9	83.4	414.5		414.5				
1986	506.2	104.1	402.1		402.1				
1987	529.1	132.2	396.9		396.9				
1988	569.6	166.9	402.7		402.7				
1989	587.5	171.5	416.0		416.0				
1990	631.8	179.3	452.5		452.5				
1991	661.2	192.7	468.5		468.5				
1992	691.3	213.9	477.4		477.4				
1993	733.9	230.0	503.9		503.9				
1994	749.6	243.1	506.5		506.5				
1995	694.2	245.7	448.5		448.5				
1996	676.0	229.2	446.8		446.8				
1997	666.8	238.2	428.6		428.6			14.3	
1998	634.4	225.0	409.4		409.4			14.8	
1999	615.1	213.7	401.4		401.4			14.8	5.9
2000	566.8	203.4	363.4		363.4			13.5	5.7
2001	565.2	202.4	362.8		362.8			12.1	4.6
2002	526.2	192.4	333.8		333.8			11.2	4.1
2003	551.8	193.0	358.8		358.8			10.8	3.7
2004	532.4	197.8	334.6		334.6			11.3	3.9
2005	500.6	189.5	311.1		311.1			8.4	5.5
2006	895.5	183.0	712.5	425.2	287.3			8.3	4.6
2007	930.0	190.4	739.6	456.9	282.7			8.4	4.7
2008	958.7	206.9	751.8	475.8	276.0			8.7	4.5
2009	1029.3	207.5	821.8	544.7	277.1			8.8	4.7
2010	1129.5	234.0	895.5	618.2	277.3			8.9	5.0
2011	1120.8	235.7	876.6	599.3	277.3	8.5		9.0	4.9
2012	1144.7	241.4	892.5	613.3	279.2	8.6	2.2	9.3	5.2
2013	1197.6	269.2	917.3	636.6	280.7	9.1	2.0	9.4	5.2
2014	1250.9	277.3	962.5	682.3	280.2	9.3	1.9	9.5	5.4
2015	1308.9	281.9	1015.7	734.8	280.9	9.5	1.8	9.5	5.3
2016	1239.3	185.7	1043.0	763.7	279.3	9.0	1.6	9.6	5.3
2017	1355.8	199.8	1145.5	864.7	280.8	9.0	1.6	9.8	5.6

注：合计数不含行政机关人员和乡镇助理员。

B-1-7 社会工作师和助理社会工作师

单位：人

年份	社会工作师		助理社会工作师	
	报考人数	考试通过人数	报考人数	考试通过人数
2008	77698	4192	60139	20648
2009	46015	4227	38204	6611
2010	25547	2664	46047	5428
2011	25500	2338	54515	8068
2012	34245	6104	92621	23846
2013	48287	11658	121937	27300
2014	62881	7427	144813	28431
2015	79535	13155	196965	34274
2016	88974	17772	210267	64638
2017	106810	13972	225941	25251

B-1-8 社会服务职业技能人员情况

单位：人

年份	合格总人数	养老护理员	假肢类技能人员	孤残儿童护理员	灾害信息员	殡葬类技能人员
2007	114		21			93
2008	1027		139			888
2009	3575	24	302	23	1397	1829
2010	16809	171	252	196	14554	1636
2011	33240	1538	164	1270	27842	2426
2012	34931	4220	219	2590	25608	2294
2013	17612	4072	193	2216	8989	2142
2014	13246	5934	338	2093	2765	2116
2015	12871	8127	268	1570	791	2115
2016	12144	8528	393	1117		2106
2017	15537	11488	547	1266		2272

说明：1.以上数据为民政部职业技能鉴定指导中心及分布在全国31个省、自治区、直辖市76个鉴定站鉴定人数和竞赛晋级人数（不含地方自行组织的鉴定人数）。

2.殡葬类职业包括：殡仪服务员（初、中、高、技师4个级别）、遗体接运工（初、中、高3个级别）、遗体防腐师（初、中、高、技师、高级技师5个级别）、遗体整容师（初、中、高、技师、高级技师5个级别）、遗体火化师（初、中、高、技师、高级技师5个级别）、墓地管理员（初、中、高、技师4个级别）。

3.假肢类职业包括：假肢师（初、中、高、技师、高级技师5个级别）、矫形器师（初、中、高、技师、高级技师5个级别）。

B-1-9 社会服务对象

年份	城市最低生活保障人数	女	农村最低生活保障人数	女	农村特困人员集中救助供养人数	女	本年在站救助人次数	女
1996	84.9							
1997	87.9							
1998	184.1							
1999	256.9							
2000	402.6							
2001	1170.7		304.6					
2002	2064.7		407.8					
2003	2246.8		367.1				634528	
2004	2205.0		488.0				820254	
2005	2234.2	592.4	825.0	235.1			1196305	209632
2006	2240.1	787.5	1593.1	455.1			1295506	221164
2007	2272.1	922.5	3566.3	1169.2	531.3	137.5	1544492	281987
2008	2334.8	947.7	4305.5	1337.0	548.6	127.5	1573484	269609
2009	2345.6	961.4	4760.0	1502.4	553.4	123.9	1680532	281387
2010	2310.5	943.4	5214.0	1673.4	556.3	120.7	1719008	314866
2011	2276.8	920.2	5305.7	1700.6	551.0	115.6	2409701	373103
2012	2143.5	889.9	5344.5	1814.5	545.6	109.4	2765761	383262
2013	2064.2	867.0	5388.0	1866.5	537.3	102.0	3479536	609333
2014	1877.0	792.4	5207.2	1826.4	529.1	94.1	2953359	568551
2015	1701.1	727.1	4903.6	1795.0	516.7	87.2	3233912	608786
2016	1480.2	643.6	4586.5	1774.2	496.9	76.2	2886925	467503
2017	1261.0	561.4	4045.2	1649.2	466.9	61.5	2188572	252211

及从业人员性别情况

单位：万人、人次

年份	社会团体负责人数	女	基金会负责人数（人）	女	民办非企业单位负责人数	女	居委会主任数	女	村委会主任数	女
1996										
1997										
1998										
1999	47.6	6.0			0.9	0.2				
2000	45.4	6.1			3.2	0.7				
2001	43.3	5.7			10.1	3.6				
2002	45.5	6.1			14.4	5.1				
2003	51.8	6.2			16.6	5.8				
2004	56.0	6.6			19.1	6.5				
2005	64.0	6.9	2940	450	23.1	7.0				
2006	36.4	7.0	3014	738	20.9	6.5				
2007	39.2	7.9	3113	925	25.9	7.4	8.2	3.7	61.1	9.1
2008	49.5	10.2	3231	600	30.6	8.9	7.8	3.4	57.6	5.9
2009	49.4	9.4	3856	637	31.1	9.6	7.8	3.4	56.3	6.2
2010	56.9	9.1	4797	1019	35.7	10.1	8.1	3.5	56.3	5.9
2011	59.4	8.2	6257	1388	33.6	11.0	8.0	3.5	54.5	6.1
2012	61.6	9.1	6896	1167	35.9	11.9	9.1	3.8	58.7	6.9
2013	61.0	10.0	7331	1429	37.7	12.6	9.4	3.9	58.7	7.0
2014	63.9	10.7	8952	1687	41.3	13.9	9.6	3.9	58.4	7.2
2015	66.3	12.2	12491	2852	48.4	16.0	9.9	4.1	57.9	6.7
2016	73.8	12.7	11902	2504	51.6	18.0	10.3	4.1	55.8	5.9
2017	76.3	14.1	13640	3259	56.8	20.2	10.5	4.2	55.2	5.9

B-1-10 社会服务机构固定资产原价

单位：亿元

年份	合计	社会工作	成员组织			其他社会服务	其他事业单位	行政机关
				社会组织	自治组织			
1978								
1979								
1980								
1981								
1982								
1983	13.0	13.0						
1984	14.9	14.9						
1985	20.1	20.1						
1986	24.2	24.2						
1987	28.7	28.7						
1988	40.8	40.8						
1989	44.1	44.1						
1990	51.7	51.7						
1991	63.6	63.6						
1992	75.6	75.6						
1993	100.3	100.3						
1994	119.0	119.0						
1995	142.6	142.6						
1996	168.1	168.1						
1997	211.5	211.5						
1998	962.4	962.4						
1999	1017.3	1017.3						
2000	1199.3	1199.3						
2001	1317.0	1317.0						
2002	1394.9	1394.9						
2003	1644.3	1644.3						
2004	1755.6	1755.6						62.8
2005	3032.9	1858.0	1174.9		1174.9			64.9
2006	3972.4	2103.0	1869.4	423.0	1446.4			94.3
2007	3840.2	1934.3	1905.9	682.0	1223.9			132.8
2008	4592.8	2186.8	2273.1	805.8	1467.3			132.9
2009	5198.0	2326.4	2752.4	1030.0	1722.4			119.2
2010	6589.3	2671.9	3795.6	1864.1	1931.5			121.8
2011	6676.7	2790.4	3684.2	1885.0	1799.2	231.0		284.2
2012	6675.4	2898.9	3477.7	1425.4	2052.3	251.8	47.0	344.1
2013	6810.2	3030.7	3465.7	1496.6	1969.1	267.0	46.8	185.4
2014	7212.9	3273.0	3609.3	1560.6	2048.6	283.8	46.8	169.3
2015	8183.1	2892.2	4950.4	2311.1	2639.3	292.0	48.5	251.5
2016	5393.6	1238.6	3807.3	2740.0	1067.3	293.3	54.4	192.4
2017	5434.8	1422.9	3635.7	2802.2	833.5	318.4	57.6	224.3

B-1-11 国家财政支出和社会服务事业费支出

单位：亿元

年份	国家财政支出	社会服务事业费支出	占国家财政支出%
1950	68.04	1.32	1.94
1951	122.32	1.37	1.12
1952	175.78	2.83	1.61
1953	220.50	3.55	1.61
1954	280.93	6.04	2.15
1955	474.29	4.98	1.05
“一五”时期	**1367.89**	**25.99**	**1.90**
1956	536.79	5.69	1.06
1957	303.43	5.31	1.75
1958	408.75	3.27	0.80
1959	553.09	4.48	0.81
1960	652.25	7.24	1.11
“二五”时期	**3760.99**	**53.03**	**1.41**
1961	367.66	9.89	2.69
1962	305.33	7.45	2.44
1963	339.15	8.75	2.58
1964	398.77	16.15	4.05
1965	467.10	10.79	2.31
“三五”时期	**2523.24**	**35.83**	**1.42**
1966	540.49	8.81	1.63
1967	441.40	8.21	1.86
1968	359.62	5.61	1.56
1969	525.20	6.67	1.27
1970	646.53	6.53	1.01
“四五”时期	**3924.37**	**46.70**	**1.19**
1971	734.41	6.83	0.93
1972	768.87	8.15	1.06
1973	810.57	9.97	1.23
1974	792.98	9.04	1.14
1975	820.00	12.71	1.55
“五五”时期	**5198.77**	**84.22**	**1.62**
1976	804.48	16.17	2.01
1977	842.27	18.53	2.20
1978	1122.09	13.71	1.22
1979	1281.79	18.33	1.43
1980	1228.83	17.48	1.42
“六五”时期	**7483.18**	**113.85**	**1.52**
1981	1138.41	19.23	1.69
1982	1229.98	19.19	1.56
1983	1409.52	21.61	1.53
1984	1701.02	24.24	1.43
1985	2004.25	29.58	1.48
“七五”时期	**12865.67**	**208.49**	**1.62**
1986	2204.91	34.41	1.56
1987	2262.18	35.93	1.59
1988	2491.21	39.56	1.59
1989	2823.78	46.65	1.65
1990	3083.59	51.94	1.68
“八五”时期	**24387.46**	**386.59**	**1.59**
1991	3386.62	62.54	1.85
1992	3742.20	63.71	1.70
1993	4642.30	69.87	1.51
1994	5792.62	87.02	1.50
1995	6823.72	103.45	1.52
“九五”时期	**57043.46**	**840.90**	**1.47**
1996	7937.55	121.15	1.53
1997	9233.56	133.52	1.45
1998	10798.18	161.84	1.50
1999	13187.67	194.70	1.48
2000	15886.50	229.69	1.45
“十五”时期	**127800.69**	**2471.74**	**1.93**
2001	18902.58	284.75	1.51
2002	22053.15	392.27	1.78
2003	24649.95	498.92	2.02
2004	28486.89	577.39	2.03
2005	33708.12	718.41	2.13
“十一五”时期	**317654.99**	**9156.70**	**2.88**
2006	40213.16	915.35	2.28
2007	49565.40	1215.49	2.45
2008	62427.03	2146.45	3.44
2009	75874.00	2181.90	2.88
2010	89575.40	2697.51	3.01
“十二五”时期	**701815.92**	**20529.88**	**2.93**
2011	108929.67	3229.14	2.96
2012	125712.25	3683.74	2.93
2013	139744.00	4276.50	3.06
2014	151662.00	4414.10	2.91
2015	175768.00	4926.40	2.80
“十三五”时期	**391171.00**	**11372.83**	**2.91**
2016	187841.00	5440.15	2.90
2017	203330.00	5932.68	2.92

B-1-12 按用项分

年份	社会服务事业费	抚恤	离休费	社会福利及其他社会救济费	最低生活保障事业费	自然灾害救济费	退休费	其他社会服务事业费
1978	13.7	2.8		4.4		4.2	2.3	
1979	18.4	3.5		5.2		6.8	2.9	
1980	17.5	4.4		5.2		4.5	3.4	
“六五”时期	**114.2**	**27.3**	**0.9**	**32.1**		**35.2**	**16.8**	**1.7**
1981	19.2	4.4		5.1		6.3	3.4	
1982	19.6	4.8		5.1		6.0	3.5	
1983	21.6	5.3		6.5		6.4	3.4	
1984	24.2	6.1	0.2	8.0		6.9	3.0	
1985	29.6	6.7	0.7	7.4		9.6	3.5	1.7
“七五”时期	**208.4**	**59.2**	**11.4**	**46.7**		**56.4**	**22.0**	**12.8**
1986	34.4	8.4	1.2	8.3		10.7	3.8	1.9
1987	35.9	9.6	1.8	8.6		9.9	4.1	2.0
1988	39.6	11.0	2.3	9.0		10.4	4.3	2.5
1989	46.6	14.0	2.9	10.0		12.3	4.6	2.9
1990	51.9	16.2	3.2	10.8		13.1	5.2	3.5
“八五”时期	**386.6**	**107.8**	**23.2**	**75.6**		**94.1**	**45.5**	**40.5**
1991	62.5	16.8	3.6	11.7		20.9	5.4	4.2
1992	63.7	18.0	4.2	12.4		17.1	6.6	5.4
1993	69.9	20.1	3.6	14.5		14.9	8.3	8.4
1994	87.0	24.4	5.5	17.3		17.7	12.1	10.1
1995	103.5	28.5	6.3	19.7		23.5	13.1	12.4

年份	社会服务事业费	抚恤	军队离退休、退职费	社会福利及其他社会救济费	最低生活保障事业费	自然灾害救济费	地方离、退休人员费	其他社会服务事业费
“九五”时期	**840.9**	**220.6**	**76.9**	**201.8**	**48.7**	**171.5**	**58.0**	**112.2**
1996	121.2	31.9	6.2	22.8	3.0	30.8	13.9	15.5
1997	133.5	36.1	12.4	27.1	2.9	28.7	10.3	19.0
1998	161.8	39.4	15.2	34.0	7.1	41.2	10.9	21.3
1999	194.7	49.7	18.4	52.5	13.8	35.6	11.2	27.2
2000	229.7	63.5	24.7	65.4	21.9	35.2	11.7	29.2

社会服务事业费

单位：亿元

年份	社会服务事业费	抚恤	退役安置	社会福利	社会救助				自然灾害生活救助	离退休人员经费	其他
						城市低保及其他城市社会救济	农村低保及其他农村社会救济	医疗救助			
“十五”时期	**2471.8**	**479.8**	**302.7**	**206.8**	**924.3**	**660.0**	**176.5**	**11.0**	**247.6**	**66.9**	**242.6**
2001	284.8	69.5	31.2	30.1	90.6	49.6	10.9		41.0	13.0	8.4
2002	392.3	74.7	49.5	29.2	138.3	108.7	14.2		40.0	13.2	47.3
2003	498.9	87.9	59.0	39.8	192.2	153.1	23.8		52.9	13.1	54.0
2004	577.4	104.1	74.1	52.1	223.6	172.7	47.7	3.2	51.1	13.9	58.5
2005	718.4	143.6	88.9	55.6	279.6	191.9	79.9	7.8	62.6	13.7	74.4
“十一五”时期	**9156.8**	**1316.2**	**956.0**	**490.0**	**3673.6**	**1941.7**	**1710.7**	**436.1**	**1205.0**	**125.7**	**975.4**
2006	915.4	178.8	115.7	65.3	372.0	224.2	126.6	21.2	79.0	14.0	90.6
2007	1215.5	210.8	165.0	87.6	509.7	277.4	189.8	42.5	79.8	24.8	137.8
2008	2146.5	253.6	180.6	103.1	806.7	393.4	326.8	86.5	609.8	26.5	166.2
2009	2181.9	310.3	225.7	124.1	1098.1	482.1	487.9	128.1	199.2	30.0	194.5
2010	2697.5	362.7	269.0	109.9	1302.0	564.6	579.6	157.8	237.2	30.4	386.3

年份	社会服务事业费	抚恤	退役安置	社会福利	社会救助				自然灾害生活救助	民政管理事务	行政事业单位离退休	其他
						城乡低保	其他社会救助	医疗救助				
“十二五”时期	**20520**	**2887.1**	**2149.2**	**1993.1**	**10349.7**	**7586.3**	**1471.4**	**1292.0**	**743.7**	**1496.1**	**212.2**	**688.9**
2011	3229.2	428.3	302.3	232.2	1766.3	1327.6	222.4	216.3	128.7	220.8	35.3	115.3
2012	3683.8	517.0	372.1	319.5	1866.1	1392.3	243.2	230.6	163.4	248.5	39.0	158.2
2013	4276.5	618.4	435.3	397.6	2172.4	1623.6	291.4	257.4	178.7	296.7	43.6	133.8
2014	4404.1	636.6	456.8	481.0	2197.5	1592.0	321.5	284.0	124.4	330.5	44.2	133.1
2015	4926.4	686.8	582.7	562.8	2347.4	1650.8	392.9	303.7	148.5	399.6	50.1	148.5
“十三五”时期	**11372.9**	**1597.1**	**1349.0**	**1673.9**	**5102.6**	**3394.7**	**999.3**	**708.5**	**284.1**	**942.7**	**96.3**	**327.2**
2016	5440.2	769.8	625.6	753.4	2492.8	1702.4	458.0	332.3	156.1	441.7	48.4	152.2
2017	5932.7	827.3	723.4	920.5	2609.8	1692.3	541.3	376.2	128.0	501.0	47.9	175.0

B-1-13 中央转移支付社会服务事业费

单位：万元

年份	合计	中央级社会服务事业费	中央专项转移支付				
				抚恤、退休、救济费	救灾	社会福利救济事业费	其他
1978	11	11					
1979	44	44					
1980	103	103					
“六五”时期	**335594**	**1108**	**334486**	**63306**	**270745**	**220**	**215**
1981	138	138					
1982	74120	78	74042	14247	59795		
1983	74368	163	74205	14205	60000		
1984	78872	286	78586	18586	60000		

年份	合计	中央级社会服务事业费	中央专项转移支付					
				抚恤	安置	救灾	社会福利救济事业费	其他
1985	108096	443	107653	9698	6570	90950	220	215
“七五”时期	**778310**	**9267**	**769043**	**148718**	**105230**	**512500**		
1986	132802	2526	130276	16396	9285	102000		
1987	133877	2742	131135	21726	19409	90000		
1988	158355	1297	157058	24110	21948	111000		
1989	174374	1185	173189	43206	26483	103500		
1990	178902	1517	177385	43280	28105	106000		
“八五”时期	**1488090**	**15897**	**1472193**	**328272**	**315101**	**828820**		
1991	309432	1792	307640	49010	34210	224420		
1992	209360	3217	206143	52156	40587	113400		
1993	238083	3108	234975	60494	53481	121000		
1994	353831	4077	349754	79084	90670	180000		
1995	377384	3703	373681	87528	96153	190000		
“九五”时期	**2943934**	**104302**	**2839632**	**749824**	**773058**	**1122750**	**190000**	**4000**
1996	426354	6371	419983	102394	102589	215000		
1997	455309	5954	449355	110430	114925	220000		4000
1998	568049	50783	517266	120000	149516	247750		

B-1-13续表

单位：亿元

年份	合计	中央级社会服务事业费	中央专项转移支付	抚恤	安置	福利	低保	临时救助	流浪乞讨救助	医疗救助	救灾	其他
1999	62.8	1.2	61.6	18.0	17.6		4.0				22.0	
2000	86.6	2.9	83.7	23.7	23.0		15.0				22.0	
“十五”时期	**1004.3**	**11.9**	**992.4**	**212.1**	**217.3**		**373.1**			**12.0**	**170.1**	**7.9**
2001	109.6	1.4	108.2	26.3	28.7		23.0				30.2	
2002	140.2	1.8	138.4	31.6	37.0		45.5				24.3	
2003	213.6	1.8	211.8	37.1	39.2		92.0			3.0	40.5	0.1
2004	227.7	3.9	223.8	40.7	47.4		100.6			3.0	32.0	0.1
2005	313.2	2.9	310.3	76.4	65.0		112.0			6.0	43.1	7.7
“十一五”时期	**4745.9**	**87.0**	**4658.9**	**767.6**	**699.9**		**1941.6**			**319.6**	**856.1**	**74.2**
2006	406.8	2.8	404.0	111.7	73.9		136.0			14.3	49.4	18.7
2007	507.7	3.3	504.4	110.9	117.4		189.9			36.3	49.9	0.1
2008	1207.7	26.6	1181.1	142.1	142.9		363.1			54.5	478.4	0.1
2009	1232.5	5.5	1227.0	187.3	160.2		620.0			84.5	174.7	0.3
2010	1391.2	48.8	1342.4	215.6	205.5		632.6			130.0	103.7	55.0
“十二五”时期	**10189.2**	**61.5**	**10127.7**	**1668.5**	**1390.9**	**258.0**	**5312.0**	**73.0**		**785.6**	**489.5**	**150.2**
2011	1817.4	9.4	1808.0	277.4	206.4	25.2	1004.7			150.0	84.0	60.3
2012	1804.6	10.0	1794.6	333.3	265.4	42.0	870.5			150.0	112.7	20.7
2013	2163.5	13.7	2149.7	369.8	277.4	54.4	1168.8			156.7	101.9	20.8
2014	2117.8	12.8	2105.0	338.0	288.8	63.4	1101.3	32.0		165.0	96.3	20.2
2015	2285.9	15.6	2270.3	350.0	352.9	73.0	1166.7	41.0		163.9	94.6	28.2
“十三五”时期	**5019.7**	**43.5**	**4976.3**	**803.6**	**833.7**	**79.1**	**2668.1**		**20.0**	**355.8**	**137.9**	**69.5**
2016	2500.6	16.6	2484.0	390.9	384.7	79.1	1341.5		20.0	177.9	54.0	27.3
2017	2519.1	26.9	2492.3	412.7	449.0		1326.6			177.9	83.9	42.2

注：1. 2017年“低保”中包含“城乡低保”“特困人员救助供养”“流浪乞讨救助”“临时救助”以及“孤儿保障”。

2.“其他”中包括“部本级公益金补助地方”和“地名普查”。

B-1-14 彩票公益金支出

单位：亿元

年份	合计	抚恤	退役安置	社会福利	低保及其他社会救济	医疗救助	自然灾害生活救助	其他
2003								
2004								
2005								
“十一五”时期	**485.3**	**17.6**	**6**	**204.9**	**26.2**	**48.8**		**175.6**
2006	52.6	2.6	1	24.1	3.3			21.6
2007	77.6	3	0.9	35.5	4.3			33.9
2008	119.2	3.7	1.3	44.9	7.2	17.5		38.5
2009	113.4	3.4	1.2	49.3	5.9	15.5		38
2010	122.5	4.9	1.6	51.1	5.5	15.8		43.6
“十二五”时期	**1002.6**	**30.5**	**2.6**	**596.4**	**42.7**	**90.4**	**8.8**	**206.7**
2011	127.9	4.8	0.4	61.4	7.4	16.3	0.8	36.6
2012	159.0	5.4	0.5	92.2	7.3	16.8	1.3	35.6
2013	195.5	7.5	0.6	117.1	8.7	17.5	2.6	41.5
2014	231.3	5.9	0.9	143.6	10.0	19.1	2.2	49.4
2015	288.9	6.9	0.2	182.1	9.3	20.7	1.9	43.6
“十三五”时期	**543.5**	**13.3**	**1.4**	**346.5**	**25.3**	**40.1**	**6.2**	**100.6**
2016	268.3	7.1	0.8	172.9	10.4	19.6	2.7	54.7
2017	275.2	6.2	0.6	173.6	14.9	20.5	3.5	55.9

B-1-15 中央彩票公益金支出情况

单位：亿元

年份	合计								
		中央级	转移支付						
				养老	残疾人	儿童	社会公益	医疗救助	居家和社区养老服务改革试点
“十五”时期	**14.9**		**14.9**	**0.7**		**2.1**	**0.2**	**12.0**	
2001									
2002									
2003	3.0		3.0					3.0	
2004	5.9		5.9	0.7		2.1	0.2	3.0	
2005	6.0		6.0					6.0	
“十一五”时期	**112.3**	**2.5**	**109.8**	**21.6**		**16.4**	**1.8**	**70.0**	
2006	14.0	0.1	13.9	1.6		3.2	0.1	9.0	
2007	17.0	0.9	16.1	1.5		1.2	0.3	13.0	
2008	28.1	0.1	28.0	4.8		6.7	0.6	16.0	
2009	26.6	0.1	26.5	7.8		2.1	0.7	16.0	
2010	26.5	1.3	25.2	5.9		3.2	0.1	16.0	
“十二五”时期	**220.8**	**8.2**	**212.6**	**75.8**	**25.3**	**22.9**	**8.6**	**80.0**	
2011	30.0	1.3	28.7	7.9		3.5	1.4	16.0	
2012	36.0	2.3	33.7	10.7	1.0	4.4	1.7	16.0	
2013	48.7	1.8	46.9	22.2	2.0	5.1	1.7	16.0	
2014	36.0	1.1	34.9	10.2	3.0	4.0	1.7	16.0	
2015	70.1	1.7	68.4	24.9	19.4	6.0	2.1	16.0	
“十三五”时期	**108.8**	**2.6**	**106.2**	**26.3**	**7.9**	**10.9**	**5.1**	**36.0**	**20.0**
2016	54.4	1.8	52.6	13.1	3.0	6.0	2.5	18.0	10.0
2017	54.4	0.8	53.6	13.2	4.9	4.9	2.6	18.0	10.0

B-1-16 社会服务事业基本建设投资（按投资来源分）

单位：亿元、万平方米

年份	计划总投资	本年完成投资	国家投资	国内贷款	自筹	彩票公益金	其他	本年完工项目个数
1989	5.8	2.0	0.7	0.1	0.8		0.2	
1990	6.9	2.4	0.8	0.1	1.0		0.3	
“八五”时期	**63.4**	**27.6**	**10.3**	**1.2**	**13.4**		**2.8**	
1991	7.0	3.0	1.0	0.1	1.5		0.3	
1992	7.3	3.2	1.0	0.1	1.9		0.4	
1993	12.8	5.6	1.4	0.2	3.4		0.7	
1994	15.5	6.2	2.3	0.5	2.9		0.6	
1995	20.9	9.6	4.6	0.3	3.8		0.9	
“九五”时期	**237.9**	**89.8**	**21.3**	**5.9**	**54.3**	**6.8**	**8.3**	**2793**
1996	29.8	10.1	2.1	0.4	6.4		1.1	
1997	35.7	13.8	2.7	0.8	8.6		1.6	
1998	41.0	16.6	2.8	0.8	11.1		1.9	
1999	63.2	24.7	6.0	2.3	14.6	3.5	1.8	1456
2000	68.2	24.7	7.7	1.6	13.6	3.3	1.9	1337
“十五”时期	**376.9**	**151.7**	**47.9**	**8.8**	**78.4**	**21.0**	**16.6**	**22117**
2001	77.5	30.8	10.4	2.2	15.1	3.6	3.1	1360
2002	88.7	30.1	9.5	1.4	15.9	3.3	3.3	3659
2003	87.3	30.0	9.9	1.7	15.1	3.5	3.3	3867
2004	89.7	29.2	8.9	2.4	14.4	4.7	3.5	8982
2005	33.8	31.6	9.1	1.0	17.9	5.8	3.5	4249
“十一五”时期	**485.6**	**487.8**	**210.7**	**12.4**	**148.8**	**96.8**	**82.3**	**62453**
2006	34.8	33.5	9.9	0.9	19.9	8.4	2.5	3626
2007	47.6	47.7	14.5	3.0	26.9	13.0	2.9	2446
2008	63.5	66.6	26.6	1.9	34.6	16.5	3.2	3906
2009	166.5	157.0	70.6	3.7	67.4	26.6	15.3	6457

年份	本年计划总投资	本年完成投资	国家投资	国内贷款	利用外资	彩票公益金	其他	本年完工项目个数（规模）
2010	173.2	183.0	89.1	2.9	0.2	32.3	58.5	46018
“十二五”时期	**1234.7**	**1268.1**	**499.9**	**19.6**	**5.8**	**288.3**	**454.5**	**38309**
2011	217.3	218.5	78.5	6.2	0.5	53.4	79.9	4533
2012	222.3	234.7	104.2	3.8	1.1	51	74.6	6095
2013	311.9	292.8	120.1	1.4	1.7	64.7	104.8	15328
2014	266	282.2	104.3	3.5	1.7	57.5	115.3	11355
2015	217.2	239.9	92.8	4.7	0.8	61.7	79.9	1048
“十三五”时期	**317.2**	**455.0**	**162.2**	**7.9**	**0.1**	**123.7**	**161.2**	**2397**
2016	208.9	245.8	84.4	2.7	-	68.4	90.3	1243
2017	180.3	209.2	77.8	5.2	0.1	55.3	70.9	1154

注：2015年后，本年完工项目个数指标更改为本年完工项目规模，单位为万平方米。

B-1-17 国家对社会服务事业基本建设投资(按项目分)

单位：亿元

年份	国家预算内基本建设投资	优抚安置单位	社区服务设施	收养性福利机构	殡仪	救助	其他
1989	0.7						0.7
1990	0.8			0.2	0.1		0.5
“八五”时期	**10.3**	**4.2**		**1.4**	**1.1**	**0.2**	**3.4**
1991	1.0	0.1		0.2	0.1		0.6
1992	1.0			0.2			0.8
1993	1.4			0.2	0.4		0.8
1994	2.3	1.2		0.3	0.3		0.5
1995	4.6	2.9		0.5	0.3	0.2	0.7
“九五”时期	**21.3**	**2.0**	**1.6**	**6.6**	**6.5**		**4.6**
1996	2.1	0.1		0.5	0.5		1.0
1997	2.7			0.7	1.1		0.9
1998	2.8	0.2		1.8	0.8		
1999	6.0	0.9	0.6	1.5	1.7		1.3
2000	7.7	0.8	1.0	2.1	2.4		1.4
“十五”时期	**47.9**	**5.0**	**9.4**	**14.3**	**9.2**		**10.0**
2001	10.4	0.7	1.5	3.1	2.1		3.0
2002	9.5	0.7	2.1	2.8	1.9		2.0
2003	9.9	1.2	2.4	3.3	1.5		1.5
2004	9.0	1.1	2.3	2.5	1.1		2.0
2005	9.1	1.3	1.1	2.6	2.6		1.5
“十一五”时期	**210.8**	**27.8**	**31.5**	**85.2**	**19.2**	**8.1**	**39.0**
2006	9.9	1.8	0.8	3.9	1.4	0.3	1.6
2007	14.5	2.5	0.9	6.5	2.4	0.4	1.8
2008	26.6	8.2	1.9	8.5	3.7	1.1	3.2
2009	70.6	7.4	14.0	30.1	5.7	2.5	11.0
2010	89.2	7.9	13.9	36.2	6.0	3.8	21.4
“十二五”时期	**499.9**	**20.8**	**29.4**	**277.3**	**12.9**	**63.5**	**95.9**
2011	78.5	9.5	11.1	31.1	5.8	3.8	17.2
2012	104.2	11.3	18.3	45.1	7.1	6.1	16.2

年份	国家预算内基本建设投资	提供住宿的社会服务机构	为老年人与残疾人提供服务的机构	为智障与精神疾病提供服务的机构	为儿童提供收养救助服务的机构	不提供住宿的社会服务机构	其他
2013	120.1	76.2	66.5	3.2	4.6	22.2	21.7
2014	104.3	66.4	58.1	2.7	4.5	16.2	21.7
2015	92.8	58.5	51.6	2.2	4.0	15.2	19.1
“十三五”时期	**162.2**	**104.7**	**87.1**	**6.0**	**10.0**	**20.5**	**37.0**
2016	84.4	54.0	46.7	2.3	4.1	10.0	20.4
2017	77.8	50.7	40.4	3.7	5.9	10.5	16.6

B-1-18 中央预算内

年份	项目合计（个）	投资合计	本级情况				养老	
			本级项目数	本级投资	地方项目小计	补助地方投资小计	项目数	资金额
1990		0.1		0.1				
“八五”时期		**0.2**		**0.2**				
1991		0.2		0.2				
“十五”时期	**24**	**0.8**	**24**	**0.8**				
2001	3	0.3	3	0.3				
2002	10	0.2	10	0.2				
2003	6	0.1	6	0.1				
2004	3	0.1	3	0.1				
2005	2	0.1	2	0.1				
“十一五”时期	**2088**	**35.9**	**18**	**5.5**	**2070**	**30.37**	**189**	**5.0**
2006	2	0.2	2	0.2				
2007	218	2.8	5	0.8	213	2.0		
2008	575	6.8	3	2.1	572	4.7		
2009	774	13.0	4	1.3	770	11.7	63	2.0
2010	519	13.1	4	1.1	515	12.0	126	3
“十二五”时期	**1874**	**143.2**	**51**	**6.9**	-	**136.3**	**1364**	**108.0**
2011	433	26.0	4	0.7	429	25.3	338	9
2012	699	33.3	7	0.31	692	33.0	669	31
2013	742	17.2	7	0.21	735	17.0	357	15

年份	建设规模	投资合计	本级情况				养老	
			建设规模	本级投资	建设规模	补助地方投资小计	建设规模	资金额
2014	385.5	30.3	7.6	1.3	377.9	29.0	330.0	25.0
2015	368.4	36.4	25.4	4.4	343.0	32.0	302.0	28.0
“十三五”时期	-	83.5	-	3.5	-	80.0	-	58.0
2016	329.5	39.3	32.2	1.3	297.3	38.0	206.4	28.0

年份	建设规模	投资合计	本级情况				养老	
			建设规模	本级投资	建设规模	补助地方投资小计	建设规模	资金额
2017	-	44.2	-	2.2	-	42.0	-	30.0

基本建设投资

单位：亿元、个、万平方米

地方情况									
精神卫生		儿童		流浪		社区		烈建	
项目数	资金额	项目数	资金额	项目数	资金额	项目数	资金额	项目数	资金额
26	**4.4**	**134**	**5.0**	**254**	**5.0**	**1334**	**6.0**	**133**	**5.0**
		15	0.5	28	0.8	170	0.7		
		32	1.3	65	1.4	475	2.0		
		33	1.3	78	1.4	463	2.0	133	5.0
26	4.37	54	1.9	83	1.4	226	1.3		
131	**20.3**		**0.0**		**4.0**	**401**	**4.0**		
91	16.3								
						23	2		
						378	2		

地方情况					
儿童和精神病人		社会事务		社区	
建设规模	资金额	建设规模	资金额	建设规模	资金额
22.3	2.0			25.6	2.0
17.5	2.0			23.5	2.0
-	-	-	-	-	-
44.7	5.0	46.2	5.0		

地方情况			
社会福利		社区	
建设规模	资金额	建设规模	资金额
-	12.0	-	-

B-2-1 提供住宿的社会服务机构

单位：个

年份	单位数	老年人及残疾人服务机构	智障和精神疾病服务机构	儿童收养救助服务机构	其他提供住宿的服务机构	救助管理站	军供站
1978	8571	8365	139	67			
1979	8988	8801	135	52			
1980	9669	9460	150	59			
1981	10031	9813	155	63			
1982	12275	12046	165	64			
1983	15807	15582	165	60			
1984	22796	22566	167	63			
1985	29100	28852	161	59	28		
1986	35008	34750	166	58	34		
1987	37372	37109	170	60	33		
1988	39030	38767	173	62	28		
1989	39743	39472	180	64	27		
1990	40583	40340	181	62			
1991	42264	42013	188	63			
1992	43319	43063	189	67			
1993	43681	43375	190	67	49		
1994	43240	42911	188	73	68		
1995	43074	42735	190	77	72		
1996	42829	42518	155	84	72		
1997	42385	42027	192	91	75		
1998	42131	41755	195	105	76		
1999	40430	40030	191	110	99		
2000	40491	39321	201	126	843		
2001	38785	38106	200	160	319		
2002	38200	37591	200	178	231		
2003	37294	36224	205	192	1587		
2004	38593	37880	211	208	1320		
2005	42487	40641	226	224	1396		
2006	43187	40964	219	249	1755		
2007	44958	42713	234	269	1742		
2008	41099	38674	244	290	1891		
2009	43944	39671	266	419	3588		
2010	44482	39904	251	480	3847		
2011	45973	42828	251	638	2256	1547	327
2012	48078	44304	257	724	2793	1770	328
2013	45977	42475	261	803	2438	1891	325
2014	36810	33044	254	890	2622	1949	327
2015	31187	27753	242	753	2439	1766	320
2016	31912	28592	244	705	2371	1736	315
2017	31929	28770	242	663	2254	1623	313

B-2-2 提供住宿的社会服务机构床位

单位：万张

年份	床位数合计	老年人及残疾人床位	智障和精神疾病床位	儿童床位	其他床位	救助管理站	军供站	每千人口拥有社会服务床位数	每千名老年人口拥有养老床位数
1978	16.3	15.7	0.6					0.2	
1979	22.6	20.1	2.1	0.4				0.2	
1980	24.2	21.3	2.4	0.5				0.2	
1981	25.3	22.2	2.5	0.6				0.3	
1982	28.2	24.8	2.8	0.6				0.3	
1983	32.4	29.0	2.8	0.6				0.3	
1984	42.5	39.0	2.9	0.6				0.4	
1985	49.1	45.7	2.9	0.5	0.2			0.5	
1986	58.7	55.0	3.1	0.6	0.3			0.5	
1987	64.9	61.0	3.3	0.6	0.3			0.6	
1988	69.5	65.5	3.4	0.6	0.2			0.6	
1989	73.8	69.5	3.6	0.7	0.2			0.7	
1990	78.0	73.5	3.7	0.8				0.7	
1991	82.8	78.3	3.8	0.7				0.7	
1992	89.8	85.2	3.8	0.8				0.8	
1993	92.7	87.8	4.0	0.9	0.4			0.8	
1994	95.5	90.6	4.0	0.9	0.5			0.8	
1995	97.6	92.5	4.0	1.1	0.6			0.8	
1996	100.8	95.6	4.0	1.2	0.6			0.8	
1997	103.1	97.8	4.0	1.3	0.6			0.8	
1998	105.8	100.2	4.1	1.5	0.6			0.8	
1999	108.9	102.4	4.1	1.6	0.8			0.9	
2000	113.0	104.5	4.1	1.8	2.6			0.9	
2001	140.7	114.6	4.2	2.3	19.6			1.1	
2002	141.5	114.9	4.3	2.5	19.8			1.1	
2003	142.9	120.6	4.5	2.7	15.1			1.1	
2004	157.2	139.5	4.5	3.0	10.2			1.2	
2005	180.7	158.1	4.4	3.2	15.0			1.4	11.0
2006	204.5	179.6	4.4	3.2	17.3			1.6	12.1
2007	269.6	242.9	4.7	3.4	18.6			2.0	15.8
2008	300.3	267.4	5.4	4.3	23.2			2.3	16.7
2009	326.5	293.5	5.9	4.8	22.3			2.5	17.6
2010	349.6	316.1	6.1	5.5	21.9			2.6	17.8
2011	396.4	369.2	6.5	6.8	13.9	7.1	3.8	2.9	20.0
2012	449.3	416.5	6.7	8.7	17.4	9.0	3.8	3.3	21.5
2013	462.4	429.5	7.4	9.8	15.7	9.7	3.7	3.9	24.4
2014	426.0	390.2	8.0	10.8	17.0	9.9	3.7	4.5	27.2
2015	393.2	358.2	7.9	10.0	17.1	10.3	3.8	5.3	30.3
2016	414.0	378.8	8.4	10.0	16.7	10.2	3.7	5.5	31.6
2017	419.6	383.5	8.8	10.3	17.1	10.1	3.7	5.7	30.9

B-2-3 提供住宿的社会服务机构收留抚养人员情况

单位：万人

年份	收留抚养总人数	老年及残疾人服务机构收养人数	智障和精神疾病服务机构收养人数	儿童福利救助机构收留抚养人数	其他提供住宿的机构收留抚养人数
1978	16.3	14.0	1.9	0.4	
1979	18.6	16.3	1.9	0.4	
1980	19.1	16.7	2.0	0.4	
1981	19.7	17.0	2.2	0.5	
1982	22.5	19.7	2.3	0.5	
1983	25.9	23.0	2.4	0.5	
1984	34.1	31.0	2.6	0.5	
1985	40.8	37.5	2.6	0.5	0.2
1986	47.4	43.9	2.8	0.5	0.2
1987	51.8	48.2	2.9	0.5	0.2
1988	54.8	51.1	3.0	0.6	0.1
1989	56.9	53.0	3.1	0.6	0.2
1990	59.9	56.1	3.2	0.6	
1991	64.6	60.8	3.2	0.6	
1992	69.6	65.6	3.3	0.7	
1993	72.4	68.0	3.4	0.7	0.3
1994	73.6	69.2	3.3	0.8	0.3
1995	74.7	70.1	3.2	1.0	0.4
1996	76.9	72.3	3.1	1.1	0.4
1997	78.5	73.7	3.2	1.2	0.4
1998	80.0	74.9	3.2	1.4	0.5
1999	82.7	77.6	3.2	1.4	0.5
2000	85.4	78.6	3.2	1.8	1.8
2001	88.5	82.0	3.3	2.1	1.1
2002	91.6	85.0	3.4	2.2	1.0
2003	96.5	89.1	3.5	2.5	1.4
2004	110.9	103.9	3.6	2.8	0.6
2005	123.6	116.2	3.7	2.9	0.8
2006	147.0	138.5	3.8	3.2	1.5
2007	200.0	191.3	4.1	3.0	1.6
2008	240.0	211.5	4.5	3.4	20.6
2009	256.0	227.5	5.0	3.7	19.8
2010	278.2	247.0	5.3	4.2	21.7
2011	293.4	279.7	5.5	4.6	3.6
2012	309.5	293.6	5.8	5.4	4.7
2013	322.5	307.4	6.0	5.6	3.5
2014	337.0	320.4	6.5	5.9	4.2
2015	231.7	214.8	6.4	5.6	4.9
2016	236.3	219.8	6.9	5.5	4.2
2017	228.8	211.1	7.4	5.9	4.4

B-2-4 按城乡分类的提供住宿的社会服务机构情况

年份	单位数（个）	城市	农村	床位数（万张）	城市	农村	收养人数（万人）	城市	农村
1978	8571	728	7843	16.3	0.1	16.2	16.3	5.7	10.6
1979	8988	1518	7470	22.6	6.4	16.2	18.6	8.0	10.6
1980	9669	1407	8262	24.2	7.1	17.1	19.1	7.9	11.2
1981	10031	1487	8544	25.3	7.4	17.9	19.7	8.2	11.5
1982	12275	1689	10586	28.2	7.6	20.6	22.5	8.7	13.8
1983	15807	1760	14047	32.4	7.7	24.7	25.9	9.0	16.9
1984	22796	1925	20871	42.5	8.5	34.0	34.1	10.0	24.1
1985	29100	5478	23622	49.1	18.2	30.9	40.8	14.6	26.2
1986	35008	8330	26678	58.7	23.6	35.1	47.4	18.9	28.5
1987	37372	9358	28014	64.9	25.8	39.1	51.8	20.5	31.3
1988	39030	10498	28532	69.5	28.4	41.1	54.8	22.3	32.5
1989	39743	10118	29625	73.8	28.7	45.1	56.9	22.3	34.6
1990	40583	12697	27886	78.0	34.5	43.5	59.9	26.8	33.1
1991	42264	13197	29067	82.8	36.7	46.1	64.6	28.5	36.1
1992	43319	16847	26472	89.8	44.6	45.2	69.6	34.5	35.1
1993	43681	17400	26281	92.7	47.0	45.7	72.4	37.2	35.2
1994	43240	18035	25205	95.5	50.0	45.5	73.6	39.1	34.5

年份	单位数（个）	国有社会福利院	社会办敬老院	床位数（万张）	国有社会福利院	社会办敬老院	收养人数（万人）	国有社会福利院	社会办敬老院
1995	43074	11184	31890	97.6	18.6	79.0	74.7	14.4	60.3
1996	42829	11216	31613	100.8	19.2	81.6	76.9	14.8	62.1
1997	42385	10417	31968	103.1	19.9	83.2	78.5	15.4	63.1
1998	42131	9895	32236	105.8	21.0	84.8	80.0	16.1	63.9
1999	40430	3086	37344	108.9	23.6	85.3	82.7	17.9	64.8

年份	单位数（个）	城市	农村	床位数（万张）	城市	农村	收养人数（万人）	城市	农村
2000	40491	14915	25576	113.0	57.4	55.6	85.4	42.6	42.8
2001	38785	12135	26650	140.7	72.3	68.4	88.5	39.6	48.9
2002	38200	12503	25697	141.5	75.3	66.2	91.6	42.2	49.4
2003	37294	12951	24343	142.9	75.3	67.6	96.5	46.1	50.4
2004	38593	12151	26442	157.2	79.7	77.5	110.9	51.5	59.4
2005	42487	12806	29681	180.7	91.2	89.5	123.6	55.7	67.9
2006	43187	11814	31373	204.5	90.9	113.6	147.0	55.0	92.0
2007	44958	10274	34684	269.6	89.8	179.8	200.0	50.7	149.3
2008	41099	10731	30368	300.3	107.2	193.1	240.0	79.5	160.5
2009	43944	12658	31286	326.5	117.7	208.8	256.0	83.0	173.0
2010	44482	13010	31472	349.6	124.7	224.9	278.2	95.7	182.5
2011	45973	13833	32140	396.4	154.5	241.9	293.4	100.9	192.5
2012	48078	15291	32787	449.3	188.3	261	309.5	109.5	200.0
2013	45977	15730	30247	462.4	189.6	272.8	322.5	121.3	201.2
2014	36810	16549	20261	426.0	206.4	219.6	334.0	127.6	155.7
2015	31187	15600	15587	393.2	216.1	177.1	236.3	121.1	115.2
2016	31912	16514	15398	414.0	234.1	179.9	236.3	123.1	113.2
2017	31929	16923	15006	419.6	242.9	176.7	228.8	127.3	101.3

注：“收养人数”中的“城市”与“农村”分类是指城市和农村机构的收留抚养人数。

B-2-5 老年人和残疾人福利

单位：万人

年份	老年福利			残疾人补贴	
	享受高龄补贴的老年人数	享受护理补贴的老年人数	享受养老服务补贴的老年人数	困难残疾人生活补贴人数	重度残疾人护理补贴人数
2004					
2005					
2006	233.5				
2007	247.1				
2008	349.3				
2009	430.9				
2010	576.4				
2011	883.1				
2012	1257.7				
2013	1557.9	11.7	101.9		
2014	1719.6	20.0	154.7		
2015	2155.1	26.5	257.9		
2016	2355.4	40.5	282.9	521.3	500.0
2017	2682.2	61.3	354.4	1019.2	1053.7

B-2-6 孤儿和收养

单位：件、人

年份	孤儿数	收养登记总数	中国公民收养登记	外国公民收养登记	被收养人合计	#福利机构抚养的儿童	被中国公民收养	被外国人收养
1996		18896	14804	4092	20389	2201		
1997		21548	17193	4355	21548	975		
1998		26498	20611	5887	26498	677		
1999		38074	31916	6158	38019	1670	31882	6137
2000		55802	49037	6765	56191	1847	49500	6691
2001		44706	36089	8617	45844	1908	37200	8644
2002		45336	35372	9964	47860	2404	37642	10218
2003		54159	44884	9275	54159	3427	44884	9275
2004		52603	40084	12519	55572	3189	44708	10864
2005		49506	35470	14036	50921	3564	38057	12864
2006		48178	38393	9785	49148	2867	39424	9724
2007		45192	36893	8299	46047	1146	37790	8257
2008	67921	42550	37009	5541	44115	1846	38617	5498
2009	127599	44260	39801	4459	44359	1605	39964	4395
2010	252110	34529	29618	4911	34473	1878	29978	4495
2011	509695	31424	27579	3845	31329	1679	28117	3212
2012	570075	27278	23157	4121	27310	1760	23189	4121
2013	548845	24460	21230	3230	24491	9657	21261	3230
2014	525179	22772	19885	2887	22876	10336	20055	2821
2015	502105	22348	19406	2942	22363	10704	19430	2933
2016	460450	18736	15965	2771	18736	8884	15965	2771
2017	409840	18820	16592	2228	18820	9115	16592	2228

注：2012年以前福利机构抚养的儿童是孤儿，2013年以后含弃婴。

B-2-7 城市社会救济和城市最低生活保障

单位：万人

年份	城市传统救济总人数	城市传统定救人数	城市精减退职老职工人数	享受40%人数	定量救济人数
1979	33.6	23.7	9.9		
1980	32.9	22.9	10		
1981	31.5	21.5	10		
1982	34.7	21.4	13.3		
1983	47.1	22.6	24.5		
1984	207.4	160.6	46.8	25.3	
1985	30.0	18.2	11.8	6.4	5.4
1986	49.0	35.6	13.4	7.1	6.3
1987	29.8	16.2	13.6	7.2	6.4
1988	32.9	17.6	15.3	7.7	7.6
1989	30.5	16.2	14.3	7.1	7.2
1990	41.8	16.4	25.4	16.4	9.0
1991	33.7	16.1	17.6	8.5	9.0
1992	39.5	19.2	20.3	9.7	10.6
1993	24.6	13.8	10.8	5	5.8
1994	23.0	12.4	10.6	4.9	5.7
1995	109.0	55.2	53.8	23.9	29.9
1996	120.1	66.5	53.6	23.6	30.0

年份	城市最低生活保障人数	在职人员	下岗人员	退休人员	失业人员	“三无”人员	其他人员
1996	84.9						
1997	87.9						
1998	184.1						
1999	256.9						
2000	402.6						
2001	1170.7						
2002	2064.7	186.8	554.5	90.8	358.3	91.9	783.1
2003	2246.8	179.3	518.4	90.7	409	99.9	949.3
2004	2205	141	468.9	73.1	423.1	95.4	1003.5
2005	2234.2	114.1	430.7	61.3	410.1	95.8	1122.1
2006	2240.1	97.6	350	53.2	420.8	93.1	1225.3

年份	城市最低生活保障人数	残疾人	三无人员	老年人	成年人				未成年人	城市特困人员救助供养
					在职人员	灵活就业	登记失业	未登记失业		
2007	2272.1	161.0	125.8	298.4	93.9	343.8	627.2	364.3	544.6	
2008	2334.8	169.1	106.9	316.7	82.2	381.7	564.3	402.2	587.7	
2009	2345.6	181.0	94.1	333.5	79.0	432.2	510.2	410.9	579.8	
2010	2310.5	180.7	89.3	338.6	68.2	432.4	492.8	420.0	558.5	
2011	2276.8	184.1	80.3	346.9	61.5	429.7	472.5	426.7	539.5	
2012	2143.5	174.5	64.9	339.3	49.6	459.3	400.4	422.1	472.8	
2013	2064.2	169.2	58.0	330.3	45.1	462.1	365.5	416.8	444.5	
2014	1877.0	161.1	50.0	315.8	37.5	425.8	312.5	398.7	386.7	
2015	1701.1	165.7	43.8	293.5	31.1	377.3	264.1	394.0	341.0	
2016	1480.2	156.5		258.0	22.7	304.4	252.9	370.9	271.4	9.1
2017	1261.0	159.9		219.0	18.6	265.0	153.5	399.6	205.4	25.4

注：1984年的精减退职老职工人数含农村的数据。

B-2-8 农村社会救济和农村最低生活保障

单位：万人、万户

年份	农村社会救济总人数	农村定期定量救济人数	农村精减退职老职工人数	享受40%人数	定量救济人数
1979	6847.6	6837.7	9.9		
1980	4651.8	4641.8	10.0		
1981	4265.1	4255.1	10.0		
1982	4270.7	4257.4	13.3		
1983	3526.7	3502.2	24.5		
1984	3842.7	3795.9	46.8	25.3	
1985	116.7	75.1	41.6	18.1	23.5
1986	103.0	63.1	39.9	18.1	21.7
1987	92.2	53.2	39.0	17.7	21.3
1988	93.0	54.1	38.9	17.6	21.4
1989	75.7	35.0	40.7	18.3	22.3
1990	100.2	46.7	53.5	23.6	29.9
1991	97.0	43.8	53.2	23.5	29.8
1992	97.5	45.6	51.9	23.3	28.6
1993	80.1	36.3	43.8	19.5	24.3
1994	82.1	38.5	43.6	19.2	24.3
1995	98.3	55.2	43.1	19.0	24.1
1996	109.2	66.5	42.7	18.6	24.1
1997	104.5	51.4	53.1	23.2	29.8
1998	120.5	65.6	54.9	24.9	30.0
1999	107.1	55.6	51.5	22.5	28.7
2000	112.2	62.5	49.7	22.1	27.6
2001	130.5	80.7	49.8	21.3	27.8
2002	138.7	90.0	48.7	20.9	27.8

年份	农村困难群众救助总人数	农村最低生活保障人数	农村特困户救助人数	农村困难群众救助总户数	农村最低生活保障户数	困难户	其他	农村特困户救助户数	困难户	其他	农村特困供养户数	农村传统救济人数
2001	385.3	304.6	80.7									
2002	497.8	407.8	90.0	156.7	156.7							
2003	1160.5	367.1	793.4	632.8	146.5	114.5	32.0	282.1	192.7	89.3	204.2	
2004	1402.1	488.0	914.1	780.8	197.9	165.2	33.6	317.1	260.4	56.6	265.8	
2005	1891.8	825.0	1066.8	1061.0	356.5	298.8	57.7	354.8	290.4	64.4	349.7	
2006	2987.8	1593.1	775.8	1606.3	777.2			325.8			503.3	115.6

年份	农村救助总人数	农村最低生活保障人数	农村特困人员集中供养人数	农村特困人员分散供养人数	传统救济人数
2007	4172.6	3566.3	138.0	393.3	75.0
2008	4926.3	4305.5	155.6	393.0	72.2
2009	5375.6	4760.0	171.8	381.6	62.2
2010	5829.8	5214.0	177.4	378.9	59.5
2011	5925.4	5305.7	184.5	366.5	68.7
2012	5969.7	5344.5	185.3	360.3	79.6
2013	5998.3	5388.0	183.5	353.8	73.0
2014	5810.8	5207.2	174.3	354.8	74.5
2015	5484.1	4903.6	162.3	354.4	63.8
2016	5143.6	4586.5	139.7	357.2	60.2
2017	4573.8	4045.2	99.6	367.2	61.8

注：1984年以前含应保未保的农村救济人数。

B-2-9 最低生活保障平均标准和医疗救助

单位：元/人·月、元/人·年、万人、万人次

年份	城市最低生活保障平均标准	农村最低生活保障平均标准	民政部门资助参加城市医疗保险人数	民政部门资助参加农村合作医疗人数	民政部门直接医疗救助人次数	住院救助	门诊救助
2004	152.0			552.6	121.1		
2005	156.0			654.9	199.6		
2006	169.6	850.8		1317.1	201.3		
2007	182.4	840.0		2517.3	819.1		
2008	205.3	987.6	642.6	3432.4	1203.1		
2009	227.8	1210.1	1095.9	4059.1	1140.4		
2010	251.2	1404.0	1461.2	4615.4	1479.3		
2011	287.6	1718.4	1549.8	4825.3	2144		
2012	330.1	2067.8	1387.1	4490.4	2173.7	1141.4	1032.3
2013	373.3	2433.9	1490.1	4868.7	2126.4	1074.0	1052.4
2014	410.5	2776.6	1702.0	5021.7	2395.3	1106.6	1288.7

年份	城市最低生活保障平均标准	农村最低生活保障平均标准	民政部门资助参加基本医疗保险人数	民政部门直接医疗救助人次数	住院救助	门诊救助
2015	451.1	3177.6	6213.0	2515.9	1204.3	1311.6
2016	494.6	3744	5560.4	2696.1	1194.9	1501.2
2017	540.6	4300.7	5621.0	3517.1	1577.5	1939.5

B-2-10 生活无着人员救助

年份	救助站（个）	未成年人救助保护中心（个）	生活无着人员救助总数（人次）	未成年人救助总数	救助类单位床位总数（张）	未成年人救助保护中心床位
1978	783					
1979	845					
1980	665					
1981	598					
1982	610					
1983	615					
1984	628					
1985	636					
1986	647					
1987	639					
1988	644					
1989	669					
1990	666					
1991	691					
1992	692					
1993	719					
1994	712					
1995	722					
1996	720					
1997	728					
1998	742					
1999	800					
2000	857					
2001	838					
2002	861					
2003	864		634528	60257		
2004	977		820254	104455	47086	
2005	1079	40	1196305	120487	45603	1849
2006	1189	50	1295506	129337	45661	1133
2007	1261	90	1544492	159989	46800	3621
2008	1334	88	1573484	155794	50642	3543
2009	1372	116	1680532	167283	51049	3670
2010	1448	145	1719008	146329	55562	5221
2011	1547	241	2409701	178705	71109	8165
2012	1770	261	2765761	152070	99901	10038
2013	1891	274	3484727	183802	108360	11499
2014	1949	345	3474544	128033	110806	11584
2015	1766	275	3752106	166723	113402	10682
2016	1736	240	3338221	167029	112944	10473
2017	1623	194	2188572	93783	109683	8411

B-2-11 社会捐赠

单位：亿元、亿件

年份	社会捐赠款物合计	社会捐赠款	民政部门接收	各类社会组织接收	社会捐赠其他物资折款	民政部门接收社会捐赠衣被数量
1997	14.0	4.2			9.9	0.9
1998	113.2	50.2	50.2		63.0	2.9
1999	17.8	6.9	5.0	2.0	10.8	0.6
2000	16.3	9.3	5.4	3.9	7.0	0.8
2001	20.0	11.7	7.6	4.1	8.3	1.3
2002	20.8	19.0	11.1	7.9	1.8	2.3
2003	43.4	41.0	29.2	11.9	2.4	2.0
2004	35.1	34.0	17.1	16.9	1.2	0.9
2005	61.9	60.3	31.3	29.0	1.6	1.0
2006	89.5	83.1	43.0	40.1	6.4	0.7
2007	148.3	132.8	50.9	81.9	15.6	0.9
2008	764.1	744.5	479.3	265.2	19.6	11.6
2009	485.9	483.7	66.5	417.2	2.2	1.2
2010	601.7	596.8	179.8	417.0	4.9	0.3
2011	494.9	490.1	96.6	393.5	4.8	0.3
2012	578.8	572.5	101.7	470.8	6.3	1.3
2013	575.1	566.4	107.6	458.8	8.7	1. 0
2014	612.4	604.4	79.6	524.9	8.0	0.5
2015	659.7	654.5	44.2	610.3	5.2	0.5
2016	834.4	827.0	40.3	786.7	7.4	0.7
2017	755.3	754.2	25.0	729.2	1.1	-

B-2-12 福利彩票

年份	福利彩票发行管理单位（个）	福利彩票销售额（亿元）	提取公益金（亿元）	公益金支出（亿元）
“六五”时期				
1981				
1982				
1983				
1984				
1985				
“七五”时期		**14.2**	**4.6**	
1986				
1987		0.2	0.1	
1988		3.8	1.2	
1989		3.8	1.3	
1990		6.5	2.0	
“八五”时期		**115.2**	**34.3**	
1991		7.7	2.5	
1992		13.8	4.1	
1993		18.4	5.5	
1994		18.0	5.3	
1995		57.3	16.9	
“九五”时期		**358.7**	**103.5**	**72.7**
1996		64.8	19.1	
1997		36.4	10.1	
1998		63.2	19.6	14.1
1999	1169	104.4	30.5	19.9
2000	1253	89.9	24.2	38.7
“十五”时期		**1145.2**	**377.1**	**161.9**
2001	1185	139.6	41.9	19.7
2002	1121	168.0	52.3	25.5
2003	1145	200.1	67.2	30.6
2004	1128	226.4	79.4	33.8
2005	1113	411.2	136.3	52.3
“十一五”时期		**3455.3**	**1127.4**	**484.0**
2006	989	495.7	168.8	52.6
2007	985	631.6	211.0	77.6
2008	999	604.0	205.4	119.2
2009	988	756.0	243.4	113.4
2010	993	968.0	298.8	121.2
“十二五”时期		**8628.7**	**2491.6**	**1002.6**
2011	974	1278.0	382.0	127.9
2012	955	1510.3	449.4	159
2013	940	1765.3	510.7	195.5
2014	893	2060.0	585.7	231.3
2015	861	2015.1	563.8	288.9
“十三五”时期		**4234.7**	**1222.6**	**543.5**
2016	788	2064.9	591.5	268.3
2017	729	2169.8	631.1	275.2

B-2-13 定期抚恤优抚对象

年份	抚恤补助总人数（万人）	定期抚恤人数（人）	烈属（人）	牺牲、病故军人家属（人）	伤残人员（万人）
1978	205.9				73.4
1979	173.6				75.6
1980	222.4				78.6
1981	233.6				79.6
1982	240.8	590104	541516	48588	81.6
1983	251.2	577791	526826	50965	83.0
1984	267.3	585403	536523	48880	84.4
1985	283.3	518566	440000	78566	85.3
1986	339.8	533245	446209	87036	86.5
1987	366.3	548063	453480	94583	88.0
1988	378.5	537472	429271	108201	88.7
1989	411.7	525134	422656	102478	89.1
1990	425.7	516638	407276	109362	87.4
1991	434.8	614945	504462	110483	87.5
1992	433.7	602163	492457	109706	87.6
1993	441.2	495994	383924	112070	88.3
1994	442.0	487256	372850	114406	88.5
1995	448.8	486250	370685	115565	88.8
1996	447.0	484270	366216	118054	89.3
1997	448.3	480464	362086	118378	89.5
1998	447.0	473901	357492	116409	89.2
1999	445.1	458079	336587	121492	88.7
2000	442.4	448276	325116	123160	88.1

年份	抚恤补助总人数（万人）	定期抚恤人数（人）	烈属（人）	牺牲军人家属（人）	病故军人家属（人）	伤残人员（万人）
2001	450.7	480852	348521	60081	72250	85.5
2002	459.0	480466	341109	63953	75404	85.8
2003	464.9	488820	345141	65303	78376	86.0
2004	462.0	485733	339817	65695	80221	85.6
2005	460.3	492517	349253	63603	79661	84.5
2006	462.6	491320	346089	64248	80983	86.0
2007	622.4	488675	342101	64478	82096	86.5
2008	633.2	478880	332390	65001	81489	87.2
2009	630.7	458578	317675	62304	78599	87.2
2010	625.0	447824	307587	62338	77899	86.7
2011	852.5	422439	286449	60534	75456	85.9
2012	944.4	411711	277712	59478	74521	84.9
2013	950.5	366400	240375	55734	70291	81.2
2014	917.3	311210	197955	48179	65076	76.6
2015	897.0	264975	160948	43711	60316	73.7
2016	874.8	219574	124950	38725	55899	71.5
2017	857.7	186501	100468	34555	51478	70.1

B-2-14 定期补助优抚对象

单位：人

年份	定期补助总人数	红军老战士合计	在乡红军老战士	西路军	红军失散人员	在乡复员军人	带病回乡退伍军人	60周岁及以上农村籍退伍军人	其他
1978	9251	9251	9251						
1979	7872	7872	7872						
1980	6922	6922	6922						
1981	6567	6567	6567						
1982	1002181	6383	6383			859055	136743		
1983	1104586	6142	6142			952993	145451		
1984	1243633	6159	6159			1081350	156124		
1985	1461180	6329	6329			1185502	183129		86220
1986	1999872	6315	6315			1673990	210445		109122
1987	2230873	7466	7466			1833402	241290		148715
1988	2360462	7415	7415			1950641	247009		155397
1989	2715258	6628	6628			2272639	283075		152916
1990	2866579	7514	7514			2373873	305045		180147
1991	2939074	7015	7015			2419453	346021		166585
1992	2975175	6599	6599			2402869	373989		191718
1993	2947209	113728	5531	2997	105200	2424984	408497		
1994	2963965	112054	5058	2430	104566	2424435	427476		
1995	2987751	108484	4659	2318	101507	2423191	456076		
1996	3018047	115317	4480	2303	108534	2421517	481213		
1997	3037367	122115	4195	2214	115706	2396017	519235		
1998	3033826	118245	3996	2157	112092	2367266	548315		
1999	3056727	111096	3687	2106	105303	2363466	582165		
2000	3057257	105632	3326	1997	100309	2320739	630886		
2001	3170877	98345	3325	1889	93131	2246954	782802		42776
2002	3251971	94848	3136	1691	90021	2274657	882090		376
2003	3300232	90767	2893	1610	86264	2262264	919349		27852
2004	3277914	87521	2701	1454	83366	2214467	950428		25498
2005	3265797	79639	2681	1370	75588	2145421	977424		63313
2006	3274059	71707	2417	1220	68070	2064713	1072684		64955
2007	4870800	66220	2049	966	63205	1988977	1134414		1681189
2008	4981893	49198	1622	440	47136	1920235	1193622		1818838
2009	4976839	42945	1351	322	41272	1809019	1219752		1905123
2010	4935399	38630	1226	273	37131	1703396	1265664		1927709
2011	7243706	30309	911	190	29208	1587006	1321786	2373772	1930833
2012	8183693	26882	757	164	25961	1474790	1324325	3210986	2146710
2013	8326336	19740	647	117	18976	1260945	1306479	3566766	2172406
2014	8095950	11697	341	87	11269	993204	1242020	3748039	2100990
2015	7968445	3949	177	64	3708	792440	1183750	3924604	2063702
2016	7813467	2165	55	50	2060	636698	1127704	4055748	1991152
2017	7688907	1416	32	13	1371	516309	1073801	4198829	1898552

B-2-15 接收军队离退休、退职人员

单位：人

年份	合计	军队离退休干部	地方（含军队职工）人员
1982	21993	801	21192
1983	20038	1507	18531

年份	合计	军队离退休干部	离休	地方人员	军队职工
1984	9916	1873	117	6228	1815
1985	12429	6137	3327	4472	1820
1986	29260	21564	15598	4236	3460
1987	14146	10035	6224	1719	2392
1988	6050	4242	2329	1287	521
1989	4858	3441	1530	994	423
1990	6214	4988	2573	1008	218
1991	6558	5568	2703	806	184
1992	4420	3551	1516	693	176
1993	5578	916	283	543	4318
1994	5773	1016	447	566	4190
1995	3531	1056	323	476	1999
1996	9346	3210	371	282	5854
1997	6311	3246	401	230	2835
1998	8156	5868	785	691	1597

年份	合计	军队离退休干部	地方离退休干部	军队无军籍职工
1999	12380	9464	305	2611
2000	15238	10197	219	4822
2001	13738	6236	373	7129

年份	合计	军队离退休干部（含地方）	离休	军队退休士官	军队无军籍职工
2002	14428	3640		161	10627
2003	11057	5055	143	140	6312
2004	10794	8884	200	90	1820

年份	合计	军队离退休干部	离休	地方离退休干部	离休	军队退休士官	军队无军籍职工
2005	18512	17280	223	136	14	192	904
2006	31968	20794	259	673	85	365	10136
2007	28058	18534	258	303	23	160	9061
2008	21378	15829	78	205	15	297	5047
2009	18904	13836	143	348	5	1308	3412
2010	13451	11775	148	183	4	1112	381
2011	14530	12355	140	141	8	1405	629
2012	18570	14341	416	335	45	1047	2847
2013	38762	10927	108	500	29	570	26709
2014	27699	10067	246	221	9	503	16908
2015	19429	9102	600	409	81	410	9508
2016	11053	8080	209	549	49	465	1959
2017	10531	6708	189			434	3389

B-2-16 烈士褒扬和优待

年份	烈士纪念设施管理保护单位（个）	本年新增享受烈士待遇的人数（人）	零散烈士纪念设施（个）	优待优抚对象户数（户）	优待军属户数（户）	优待总金额（万元）	固定优待军属总额（万元）
1978			5347				
1979			3779			20393	
1980			2825			31459	
1981			2915			47255	
1982	965	8601	3592	4730756		58750	
1983	928	11024	3826	4387292		59588	
1984	786	8478	3953	4102419		62263	
1985	579	5887	3716	3567165	2884906	71655	577018
1986	582	11758	3871	3355694	2710272	75243	62205
1987	587	10644	4121	3223550	2562036	80915	66321
1988	632	9035	4236	3225253	2477699	87160	71735
1989	637	3960	4466	3086285	2423418	92169	77764
1990	632	3067	6065	2941486	2522476	99535	86739
1991	630	1556	6474	2967881	2540714	106354	93069
1992	684	1338	6957	2967002	2535037	116573	102008
1993	696	1467	6956	3009163	2470099	131555	113330
1994	718	1215	7279	3027420	2462671	155627	133070
1995	715	1277	7067	3051322	2476261	194379	166414
1996	740	1187	7020	3040439	2449077	251798	217527
1997	737	888	7048	3334000	2427586	321741	261865
1998	752	749	7322	3250395	2415838	356413	292305
1999	774	616	7252	3818210	2380675	402998	305386
2000	795	468	7427	3855797	2282584	469054	363675
2001	845	460	7802	3973085	2086464	385859	275456
2002	873	403	8051	4130817	1929011	374819	251854
2003	918	461	7781	3962425	1672205	391581	239410
2004	938	316	7425	3632630	1430630	418499	267458
2005	989	314	7483	3393218	1224036	379631	213968
2006	1072	265	7414	3220933	1183674	421010	224354
2007	1056	168	7186	3277318	1145223	454090	233479
2008	1133	297	7569	3301682	1108878	666011	267750
2009	1137	213	7622	3280522	1190816	751065	297448
2010	1195	173	9729	3308766	1169833	671536	340382
2011	1227	233	12378	3330859	1050918	968175	555402
2012	1306	172	13151	3471611	1008477	1121135	520520
2013	1463	200	13601	3402629	958255	1351368	646023
2014	1516	267	11365	3354536	883066	1510252	693201
2015	1464	341	11838	3170333	858330	1929548	766241
2016	1109	150	11815	3043916	826332	1713322	841350
2017	957	184	-	2879584	791138	1849202	923732

B-2-17 自然灾害情况

年份	受灾人口（万人次）	因灾死亡人口（含失踪）（人）	紧急转移人口（万人）	直接经济损失（亿元）	倒塌房屋（万间）	农作物受灾面积（万公顷）
1978		4965			73.1	4844
1979		6962			152.1	3937
1980		6821			137.3	5003
1981	26710.0	7422			261.5	3979
1982	22900.7	7935			320.3	3313
1983	22439.0	10952		260.9	345.4	3471
1984	20894.0	6927			274.7	3189
1985	26446.0	4394	290.5	410.4	224.9	4437
1986	29928.0	5410	345.8		209.7	4714
1987	23512.0	5495	348.0	326.3	180.0	4207
1988	36169.0	7306	582.9		258.0	5087
1989	34569.0	5952	365.3	525.0	194.1	4699
1990	29348.0	7338	579.2	616.0	247.4	3847
1991	41941.0	7315	1308.5	1215.1	581.5	5547
1992	37174.0	5741	303.6	853.9	196.6	5133
1993	37541.0	6125	307.7	933.2	271.6	4867
1994	43799.0	8549	1054.0	1876.0	512.1	5504
1995	24215.0	5561	1064.0	1863.0	439.3	4587
1996	32305.0	7273	1216.0	2882.0	809.0	5975
1997	47886.0	3212	511.3	1975.0	288.0	5343
1998	35216.0	5511	2082.4	3007.4	821.4	2229
1999	35319.0	2966	664.8	1962.4	174.5	4998
2000	45652.3	3014	467.1	2045.3	147.3	5469
2001	37255.9	2583	211.1	1942.0	92.2	5215
2002	37841.8	2840	471.8	1717.4	175.7	4711.9
2003	49745.9	2259	707.3	1884.2	343.0	5438.6
2004	33920.6	2250	563.2	1602.3	155.0	3710.6
2005	40653.7	2475	1570.3	2042.1	226.4	3881.8
2006	43453.3	3186	1384.5	2528.1	193.3	4109.1
2007	39777.9	2325	1499.1	2363.0	146.7	4899.3
2008	47795.0	88928	2682.2	11752.4	1097.7	3999.0
2009	47933.5	1528	709.9	2523.7	83.8	4721.4
2010	42610.2	7844	1858.4	5339.9	273.3	3742.6
2011	43290.0	1126	939.4	3096.4	93.5	3247.1
2012	29421.7	1530	1109.6	4185.5	90.6	2496.2
2013	38818.7	2284	1215.0	5808.4	87.5	3135.0
2014	24353.7	1818	601.7	3373.8	45.0	2489.1
2015	18620.3	967	644.4	2704.1	24.8	2176.9
2016	18911.7	1706	910.1	5032.9	52.1	2622.1
2017	14448.0	979	525.3	3018.7	15.3	1847.8

B-2-18 社区服务机构和设施

单位：个

年份	社区服务机构和设施合计	社区服务中心	其他社区服务机构	便民利民网点
1988	69699		69699	
1989	71357		71357	
1990	84757		84757	
1991	89918		89918	
1992	112171		112171	
1993	92946	3711	89235	169503
1994	98679	4034	94645	204229
1995	115175	4380	110795	234024
1996	132309	5055	127254	259201
1997	138366	5113	133253	307226
1998	154196	6154	148042	345075
1999	164962	7623	157339	405740
2000	187888	6444	181444	451567
2001	201758	6179	195579	539544
2002	206743	7898	198845	622986
2003	203945	7520	196425	668418
2004	205926	7804	198122	703760
2005	203275	8479	194796	664764
2006	160007	8565	151442	457896

年份	社区服务机构和设施合计	社区指导中心	社区服务中心	社区服务站	其他社区服务机构	便民利民网点
2007	134852		9319	50116	75417	892656
2008	146322		9873	30021	106428	748684
2009	146341		10003	53170	83168	692625
2010	152941		12720	44237	95984	539136
2011	160352		14391	56156	89805	452868
2012	200162	809	15497	87931	95925	397222
2013	251939	890	19014	108377	123658	358518

年份	社区服务机构和设施合计	社区指导中心	社区服务中心	社区服务站	社区养老机构和设施	互助型养老设施
2014	310652	918	23088	120188	18927	40357
2015	360956	863	24138	128083	26067	62027
2016	386186	809	23493	137533	34924	76374
2017	407453	619	25015	142823	43212	82648

B-3-1 社会组织

单位：个

年份	社会组织合计	社会团体	基金会	民办非企业
1978				
1979				
1980				
1981				
1982				
1983				
1984				
1985				
1986				
1987				
1988	4446	4446		
1989	4544	4544		
1990	10855	10855		
1991	82814	82814		
1992	154502	154502		
1993	167506	167506		
1994	174060	174060		
1995	180583	180583		
1996	184821	184821		
1997	181318	181318		
1998	165600	165600		
1999	142665	136764		5901
2000	153322	130668		22654
2001	210939	128805		82134
2002	244509	133297		111212
2003	266612	141167	954	124491
2004	289432	153359	892	135181
2005	319762	171150	975	147637
2006	354393	191946	1144	161303
2007	386916	211661	1340	173915
2008	413660	229681	1597	182382
2009	431069	238747	1843	190479
2010	445631	245256	2200	198175
2011	461971	254969	2614	204388
2012	499268	271131	3029	225108
2013	547245	289026	3549	254670
2014	606048	309736	4117	292195
2015	662425	328500	4784	329141
2016	702405	335932	5559	360914
2017	761539	354794	6307	400438

注：2001年以前的基金会含在社会团体内。

B-3-2 自治组织

年份	自治组织合计（万个）	居民委员会（个）	居民小组（万个）	居民委员会成员（万人）	村民委员会（万个）	村民小组（万个）	村民委员会成员（万人）
1978							
1979		46810					
1980							
1981		57169					
1982							
1983	37.7	65519			31.2		
1984	100.3	75609			92.7		
1985	103.0	80943		34.9	94.9		379.6
1986	95.3	86824		36.2	86.6		365.9
1987	93.2	86799		37.0	84.5		359.9
1988	97.8	95684		36.1	88.3		366.6
1989	102.8	93691		36.6	93.4		379.4
1990	110.0	98814		43.1	100.1		409.4
1991	111.9	100347		44.1	101.9		424.4
1992	110.8	104136		46.5	100.4		430.9
1993	112.0	107173		47.9	101.3		456.0
1994	111.7	110112		48.0	100.7		458.5
1995	104.4	111860		48.0	93.2		400.5
1996	104.2	113690		49.3	92.8		397.5
1997	102.4	117915	108.3	49.8	90.6	535.8	378.8
1998	95.2	119042	117.2	50.8	83.3	537.1	358.6
1999	91.6	114815	124.7	50.1	80.1	555.7	351.3
2000	84.0	108424	127.2	48.4	73.2	553.4	315.0
2001	79.2	91893	125.9	46.4	70.0	541.9	316.4
2002	76.7	86087	124.4	39.6	68.1	528.6	294.2
2003	74.1	77431	122.2	39.7	66.3	519.2	319.1
2004	72.2	77884	129.6	42.5	64.4	507.9	292.1
2005	70.9	79947	123.3	45.4	62.9	490.5	265.7
2006	70.4	80717	123.5	44.3	62.4	453.3	243.0
2007	69.5	82006	122.3	41.6	61.3	466.9	241.1
2008	68.8	83413	128.7	42.2	60.4	480.9	233.9
2009	68.4	84689	129.5	43.1	59.9	480.5	234.0
2010	68.2	87057	130.7	43.9	59.5	479.1	233.4
2011	67.9	89480	134.0	45.4	59.0	476.4	231.9
2012	68.0	91153	133.5	46.9	58.8	469.4	232.3
2013	68.3	94620	135.7	48.4	58.9	466.4	232.3
2014	68.2	96693	135.8	49.7	58.5	470.4	230.5
2015	68.1	96679	134.7	51.2	58.1	469.2	229.7
2016	66.2	103292	142.0	54.0	55.9	447.8	225.3
2017	66.1	106491	137.1	56.5	55.4	439.7	224.3

B-3-3 结婚登记

年份	结婚登记总数（万对）	内地居民登记结婚数（万对）	涉外华侨港澳台登记结婚数（万对）	结婚登记人数（万人）	初婚人数（万人）	再婚人数（万人）	#女（万人）	#恢复结婚（对）	结婚率（‰）
1978	597.8	597.8							6.2
1979	637.1	636.3	0.8						6.7
1980	720.9	719.8	1.1						7.3
1981	1041.7	1040.3	1.4						10.4
1982	836.9	835.5	1.4						8.3
1983	765.4	764.2	1.3						7.5
1984	784.8	783.4	1.4						7.5
1985	831.3	829.1	2.2						7.9
1986	884.0	882.3	1.7						8.2
1987	926.7	924.7	2.0						8.6
1988	899.2	897.2	2.0						8.3
1989	937.2	935.2	2.0						8.4
1990	951.1	948.7	2.4						8.2
1991	953.6	951.0	2.6						8.3
1992	957.5	954.5	3.0						8.3
1993	915.4	912.2	3.3						7.8
1994	932.4	929.0	3.4						7.8
1995	934.1	929.7	4.4						7.7
1996	938.7	934.0	4.7	1877.4	1781.7	86.2	41.1	48044	7.7
1997	914.1	909.1	5.1	1828.3	1726.0	92.2	46.3	62752	7.4
1998	891.7	886.7	5.0	1783.4	1675.4	97.9	49.8	69160	7.2
1999	885.3	879.9	5.4	1770.6	1659.4	100.5	50.0	57815	7.1
2000	848.5	842.0	6.5	1697.0	1581.4	102.6	50.8	56324	6.7
2001	805.0	797.1	7.9	1610.0	1481.7	112.5	58.0	63442	6.3
2002	786	778.8	7.3	1572.0	1440.3	117.2	60.2	68081	6.1
2003	811.4	803.5	7.8	1622.8	1483.9	123.3	60.7	68204	6.3
2004	867.2	860.8	6.4	1734.4	1569.6	152.0	77.1	84799	6.7
2005	823.1	816.6	6.4	1646.2	1483.0	163.1	74.3	115003	6.3
2006	945	938.2	6.8	1890.0	1705.6	184.4	86.7	107113	7.2
2007	991.4	986.3	5.1	1982.8	1779.7	203.1	97.3	138967	7.5
2008	1098.3	1093.2	5.1	2196.6	1972.5	224.1	108.0	162244	8.3
2009	1212.4	1207.5	4.9	2424.8	2168.8	256.0	124.7	181162	9.1
2010	1241	1236.1	4.9	2482.0	2200.9	281.1	138.8	190356	9.3
2011	1302.4	1297.5	4.9	2604.8	2309.9	294.9	146.5	209781	9.7
2012	1323.6	1318.3	5.3	2647.2	2361.2	286.0	145.8	229607	9.8
2013	1346.9	1341.4	5.5	2693.8	2386.0	307.9	156.5	298766	9.9
2014	1306.7	1302.0	4.7	2613.5	2286.8	326.7	168.7	348285	9.6
2015	1224.7	1220.6	4.1	2449.4	2109.0	340.4	177.2	398527	9.0
2016	1142.8	1138.6	4.2	2285.6	1913.3	372.4	195.0	473905	8.3
2017	1063.1	1059.0	4.1	2126.2	1746.3	379.9	201.4	522556	7.7

注：结婚率 $=\frac{\text{登记结婚对数}}{\text{（当年期初人口数+当年期末人口数）/2}}\times 1000‰$

B-3-4 离婚登记

年份	离婚总数（万对）	民政部门登记离婚数（万对）			法院部门判决、调解离婚数（万件）	离婚率（‰）
			内地居民登记离婚数（万对）	涉外华侨港澳台登记离婚数（对）		
1978	28.5	17.0	17		11.5	0.2
1979	31.9	19.3	19.3	82	12.6	0.3
1980	34.1	18.0	18	330	16.1	0.4
1981	38.9	18.7	18.7	46	20.2	0.4
1982	42.8	21.1	21.1	116	21.7	0.4
1983	41.8	19.7	19.7	126	22.1	0.4
1984	45.4	19.9	19.9	110	25.5	0.4
1985	45.8	19.6	19.6	108	26.2	0.4
1986	50.6	21.4	21.4	205	29.2	0.5
1987	58.1	23.6	23.6	220	34.5	0.6
1988	65.5	26.4	26.4	310	39.1	0.6
1989	75.3	28.8	28.7	518	46.5	0.7
1990	80.0	30.1	30	602	49.9	0.7
1991	83.1	30.1	30	588	53	0.7
1992	85.0	31.6	31.5	833	53.4	0.7
1993	91.0	33.6	33.5	968	57.4	0.8
1994	98.2	35.5	35.4	737	62.7	0.8
1995	105.6	36.8	36.7	813	68.8	0.9
1996	113.4	39.4	39.3	1175	74	0.9
1997	119.9	44.0	43.9	1385	75.9	1.0
1998	119.2	46.6	46.5	948	72.6	1.0
1999	120.2	47.8	47.7	975	72.4	1.0
2000	121.3	48.9	48.8	1075	72.4	1.0
2001	125.0	52.8	52.5	2856	72.2	1.0
2002	117.7	57.3	56.8	5221	60.4	0.9
2003	133.0	69	68.7	3333	64	1.1
2004	166.5	104.6	104.0	5830	61.9	1.3
2005	178.5	118.4	117.5	8267	60.1	1.4
2006	191.3	129.1	128.3	8414	62.2	1.5
2007	209.8	145.7	144.8	8852	64.1	1.6
2008	226.9	161.0	160.0	9470	65.9	1.7
2009	246.8	180.2	179.6	5608	66.6	1.9
2010	267.8	201.0	200.4	5783	66.8	2.0
2011	287.4	220.7	220.2	5761	66.7	2.1
2012	310.4	242.3	241.7	6161	68.1	2.3
2013	350.0	281.5	280.9	6538	68.5	2.6
2014	363.9	295.7	295.1	6714	67.9	2.7
2015	384.3	314.9	314.3	6237	69.3	2.8
2016	415.8	348.6	348.0	6315	67.2	3.0
2017	437.4	370.4	369.8	6307	66.9	3.2

注：$离婚率=\frac{离婚对数}{（当年期初人口数+当年期末人口数）/2}\times 1000‰$

B-3-5 殡葬服务

年份	殡仪馆（个）	公墓（个）	殡葬管理机构（个）	火化炉（台）	火化遗体（万具）	火化率（%）
1978				*1712*	*117.5*	
1979				*2300*	*102.1*	
1980				*2510*	*98.7*	
1981				*2586*	*85.4*	
1982				*2622*	*96.2*	
1983				*2622*	*108.0*	
1984				*2686*	*128.2*	
1985	*9*	*24*	*122*	*2729*	*155.2*	
1986	*5*	*25*	*143*	*2745*	*155.5*	*26.2*
1987	*6*	*29*	*195*	*2752*	*162.0*	*27.0*
1988	*14*	*37*	*219*	*2729*	*180.9*	*29.5*
1989	*17*	*50*	*217*	*2768*	*182.3*	*30.1*
1990	1260	73	211	2795	201.3	31.5
1991	1283	84	234	2714	215.6	34.0
1992	1288	88	228	2852	242.6	31.2
1993	1264	136	296	2891	247.6	31.6
1994	1272	163	284	2882	257.1	33.4
1995	1281	209	302	2927	262.7	33.2
1996	1283	256	313	3005	282.7	35.2
1997	1289	359	340	2959	295.0	36.8
1998	1310	425	374	3157	319.7	39.6
1999	1318	624	402	3340	336.4	41.5
2000	1363	692	466	3565	373.7	46.0
2001	1415	757	540	4299	386.7	47.3
2002	1486	854	542	3945	415.2	50.6
2003	1515	855	599	4159	434.9	52.7
2004	1549	937	633	4792	436.9	52.5
2005	1594	1009	681	5037	450.2	53.0
2006	1635	1109	805	5649	430.2	48.2
2007	1708	1162	799	4838	442.1	48.4
2008	1692	1209	853	4789	453.4	48.5
2009	1729	1266	901	5123	454.2	48.2
2010	1724	1308	919	5229	474.1	49.0
2011	1745	1406	952	5209	468.1	48.8
2012	1782	1597	978	5539	477.7	49.5
2013	1784	1535	1063	5743	468.9	48.2
2014	1801	1617	1141	5908	459.3	47.0
2015	1821	1582	1127	6063	459.5	47.1
2016	1775	1386	1005	6206	471.8	48.3
2017	1760	1420	952	6361	482.0	48.9

注：1．斜体数据经过修正。1989年以前部分数据统计不完全。

2．$火化率 = \frac{当年火化遗体数}{当年死亡人数} \times 100\%$

第五部分

社会服务当年分省统计资料

C-1-1 省级行政区划

地 区	省级合计（个）	直辖市	省	自治区	特别行政区
全 国	**34**	**4**	**23**	**5**	**2**
北 京	1	1			
天 津	1	1			
河 北	1		1		
山 西	1		1		
内蒙古	1			1	
辽 宁	1		1		
吉 林	1		1		
黑龙江	1		1		
上 海	1	1			
江 苏	1		1		
浙 江	1		1		
安 徽	1		1		
福 建	1		1		
江 西	1		1		
山 东	1		1		
河 南	1		1		
湖 北	1		1		
湖 南	1		1		
广 东	1		1		
广 西	1			1	
海 南	1		1		
重 庆	1	1			
四 川	1		1		
贵 州	1		1		
云 南	1		1		
西 藏	1			1	
陕 西	1		1		
甘 肃	1		1		
青 海	1		1		
宁 夏	1			1	
新 疆	1			1	
香 港	1				1
澳 门	1				1
台 湾	1		1		

C-1-2 地级与县级行政区划

单位：个

地区	地级合计	地级市	地区	自治州	盟	县级合计	市辖区	县级市	县	自治县	旗	自治旗	特区	林区
全国	**334**	**294**	**7**	**30**	**3**	**2851**	**962**	**363**	**1355**	**117**	**49**	**3**	**1**	**1**
北京						16	16							
天津						16	16							
河北	11	11				168	47	20	95	6				
山西	11	11				119	23	11	85					
内蒙古	12	9			3	103	23	11	17		49	3		
辽宁	14	14				100	59	16	17	8				
吉林	9	8		1		60	21	20	16	3				
黑龙江	13	12	1			128	65	19	43	1				
上海						16	16							
江苏	13	13				96	55	21	20					
浙江	11	11				89	37	19	32	1				
安徽	16	16				105	44	6	55					
福建	9	9				85	29	12	44					
江西	11	11				100	25	11	64					
山东	17	17				137	55	26	56					
河南	17	17				158	52	21	85					
湖北	13	12		1		103	39	24	37	2				1
湖南	14	13		1		122	35	17	63	7				
广东	21	21				121	64	20	34	3				
广西	14	14				111	40	7	52	12				
海南	4	4				23	8	5	4	6				
重庆						38	26		8	4				
四川	21	18		3		183	53	17	109	4				
贵州	9	6		3		88	15	8	53	11			1	
云南	16	8		8		129	16	15	69	29				
西藏	7	6	1			74	8		66					
陕西	10	10				107	30	4	73					
甘肃	14	12		2		86	17	4	58	7				
青海	8	2		6		43	6	3	27	7				
宁夏	5	5				22	9	2	11					
新疆	14	4	5	5		105	13	24	62	6				

C-1-3 乡镇级行政区划

单位：个

地区	乡镇级合计	镇	乡	民族乡	街道办事处	区公所
全国	**39888**	**21116**	**10529**	**982**	**8241**	**2**
北京	331	143	38	5	150	
天津	248	124	3	1	121	
河北	2255	1128	818	47	308	1
山西	1398	564	632		202	
内蒙古	1020	505	272	17	243	
辽宁	1531	641	202	54	688	
吉林	919	426	182	28	311	
黑龙江	1192	532	353	52	307	
上海	214	107	2		105	
江苏	1284	758	68	1	458	
浙江	1378	641	274	14	463	
安徽	1486	965	275	9	246	
福建	1105	642	284	19	179	
江西	1561	825	579	8	157	
山东	1824	1094	70		660	
河南	2441	1151	640	12	650	
湖北	1234	761	165	10	308	
湖南	1927	1134	398	83	395	
广东	1601	1124	11	7	466	
广西	1251	799	319	59	133	
海南	218	175	21		22	
重庆	1030	626	182	14	222	
四川	4610	2196	2064	98	350	
贵州	1379	839	317	193	223	
云南	1398	682	543	140	173	
西藏	697	140	545	9	12	
陕西	1295	983	23		289	
甘肃	1355	816	413	32	126	
青海	400	143	223	28	34	
宁夏	240	103	90		47	
新疆	1066	349	523	42	193	1

C-1-4 民政部门

地　区	单位数	年末职工人数	女性	受教育程度	
				大学专科	大学本科及以上
全　国	**3484**	**97577**	**33350**	**36341**	**44661**
中央级	1	365	108	5	360
北　京	18	1097	506	122	888
天　津	18	576	180	130	383
河　北	194	6793	2646	2365	2441
山　西	131	2595	863	1094	1073
内蒙古	118	3287	1120	1331	1527
辽　宁	121	2882	1003	872	1790
吉　林	70	1255	292	338	599
黑龙江	146	2598	943	1079	1264
上　海	18	661	271	94	546
江　苏	118	3479	1017	892	2281
浙　江	102	2630	777	845	1602
安　徽	122	2803	859	1033	1395
福　建	96	1782	464	634	802
江　西	116	3297	952	1169	1096
山　东	175	6543	2171	2272	3379
河　南	183	8129	3002	3429	2739
湖　北	120	4162	1363	1822	1671
湖　南	145	6697	2374	2500	2550
广　东	149	4389	1455	1387	2417
广　西	127	2173	715	851	1077
海　南	23	721	208	307	284
重　庆	41	1164	418	370	758
四　川	209	5633	1946	2368	2507
贵　州	100	3924	1315	1786	1693
云　南	147	4438	1502	1768	1995
西　藏	82	1221	588	507	530
陕　西	118	3831	1144	1561	1505
甘　肃	101	3230	998	1160	1298
青　海	55	983	362	364	430
宁　夏	28	752	278	255	417
新　疆	292	3487	1510	1631	1364

行政机构

单位：个、人

职业资格水平		年龄结构			
助理社会工作师	社会工作师	35岁及以下	36岁至45岁	46岁至55岁	56岁及以上
1858	**2036**	**24999**	**35226**	**30261**	**7091**
	5	122	144	71	28
6	24	274	348	395	80
		115	158	235	68
148	138	1894	2526	1969	404
23	29	694	896	842	163
8	32	873	1179	996	239
18	30	565	985	1052	280
6	24	158	566	430	101
57	50	601	971	862	164
67	83	136	185	234	106
293	289	570	1181	1352	376
42	80	481	769	1067	313
135	130	573	1029	973	228
20	68	323	502	778	179
41	33	622	1298	1065	312
192	258	2051	2333	1795	364
128	124	2762	2982	1916	469
49	41	780	1281	1488	613
111	106	1951	2580	1723	443
126	144	1069	1576	1454	290
7	20	299	614	1053	207
21	9	213	233	220	55
8	34	259	334	475	96
80	69	1376	2180	1727	350
17	12	1203	1465	1051	205
42	28	848	1700	1606	284
32	2	712	372	127	10
48	58	1047	1325	1155	304
93	74	1034	1222	821	153
20	10	225	447	265	46
5	13	155	302	259	36
15	19	1014	1543	805	125

C-1-4续表

地区	职工按行政级别分				乡、镇、街道民政助理员
	中央级	省级	地级	县级	
全国	**365**	**4001**	**13693**	**79518**	**55845**
中央级	365				
北京		235		862	693
天津		126		450	287
河北		111	666	6016	3414
山西		98	376	2121	1351
内蒙古		73	458	2756	1804
辽宁		94	736	2052	1528
吉林		119	273	863	176
黑龙江		131	614	1853	1236
上海		170		491	187
江苏		171	657	2651	1734
浙江		139	410	2081	1553
安徽		120	528	2155	1806
福建		114	297	1371	1760
江西		80	378	2839	1763
山东		145	829	5569	5544
河南		156	782	7191	2537
湖北		96	597	3469	1606
湖南		185	774	5738	4486
广东		146	1024	3219	984
广西		110	410	1653	3075
海南		78	111	532	273
重庆		193		971	2988
四川		128	751	4754	5166
贵州		153	481	3290	1985
云南		142	580	3716	1682
西藏		116	283	822	116
陕西		126	431	3274	3460
甘肃		146	512	2572	1767
青海		105	152	726	368
宁夏		74	120	558	136
新疆		121	463	2903	380

单位：人、人次、时、万元

志愿服务		行政单位会计制度财务指标		
志愿者服务人次数	志愿服务时间	固定资产原价	本年收入合计	本年支出合计
149763	**385465**	**2242560.1**	**11268016.3**	**11031626.6**
		84149.2	150890.8	153813.0
96	236	94039.9	981632.5	698537.2
300	800	16233.2	249499.9	245566.2
3289	7569	80596.7	781106.4	754918.1
1267	3765	57647.2	216365.3	226329.9
		79783.7	145046.1	139891.6
542	998	85105.3	238932.6	216934.0
		31319.8	87908.6	73364.2
2762	8676	32880.1	135227.2	137787.9
432	905	35671.7	721312.7	721837.8
45934	93858	80356.4	593797.8	584420.5
17452	66358	74184.4	887803.0	1015629.5
10996	27637	71780.0	326839.5	318551.6
504	1771	42407.0	299486.7	305006.7
6565	28408	41472.6	122002.4	119569.2
		138908.4	371253.7	376310.2
1877	5906	44984.5	219361.4	215978.4
3024	9700	104490.8	230493.0	222042.4
3002	10612	70850.7	510480.8	508202.9
18526	37022	149196.6	1023994.8	1010701.2
1855	4300	101385.0	533051.1	530894.9
		10406.9	141361.4	136923.6
3736	12910	51720.3	158390.3	377800.0
5542	13912	87950.6	413465.8	402463.3
10074	22980	66439.0	317044.0	324545.6
1426	2573	124511.1	412688.3	408353.2
		94088.3	54739.5	45039.0
7803	17878	66329.7	231980.7	222922.0
200	380	30927.6	84834.5	83667.2
143	395	53007.9	141933.9	118493.5
54	106	33818.9	255181.2	118516.2
2362	5811	105916.6	229910.4	216615.6

C-1-5 社会服务

地 区	机构和设施数	按登记类型分				
		工商登记	编制登记	民政登记	自治组织	设施和多牌子机构
全 国	**1820781**	**1368**	**29461**	**761539**	**660709**	**367704**
中央级	2342		30	2312		
北 京	30665	36	774	12164	7060	10631
天 津	13272	6	145	5048	5337	2736
河 北	112601	8	904	21928	53086	36675
山 西	50601	23	727	13652	30258	5941
内蒙古	33578	28	658	15116	13428	4348
辽 宁	46990	59	962	22946	15957	7066
吉 林	25087	60	1118	11112	11202	1595
黑龙江	31965	21	584	15839	12707	2814
上 海	24165	62	293	14929	5949	2932
江 苏	128996	93	1781	87024	21663	18435
浙 江	115346	105	1223	51368	31924	30726
安 徽	54170	39	559	28067	17998	7507
福 建	53833	34	592	27959	16803	8445
江 西	48881	8	1954	22610	20602	3707
山 东	154146	53	1104	48727	80995	23267
河 南	92453	34	1456	33378	51664	5921
湖 北	75252	47	1995	29469	29371	14370
湖 南	80288	43	2060	33611	29183	15391
广 东	160048	122	1895	63784	26532	67715
广 西	55387	32	634	24567	16227	13927
海 南	12594	9	74	6873	3161	2477
重 庆	36258	100	681	16824	11145	7508
四 川	120691	156	3007	42282	53093	22153
贵 州	54413	67	1135	12700	17488	23023
云 南	41551	22	661	23184	14378	3306
西 藏	6182		43	604	5474	61
陕 西	55355	39	874	24725	20887	8830
甘 肃	55006	25	475	27079	17382	10045
青 海	11626	6	66	5291	4624	1639
宁 夏	12045	19	168	6548	2801	2509
新 疆	24994	12	829	9819	12330	2004

总表

单位：个、人

按行业分类分				年末职工人数	女性	按登记类型分	
*社会工作	*成员组织	*其他社会服务	其他事业单位			工商登记	编制登记
444131	**1422248**	**5349**	**1876**	**13558164**	**4537812**	**37319**	**368662**
2	2312		28	43675	19383		1643
12514	19224	63	63	331300	181014	1640	13986
3119	10385	31	20	90756	45382	327	3209
38234	75014	213	34	613891	189610	259	16305
6900	43910	91	71	306876	97234	564	9418
5364	28544	153	26	209560	76759	522	7708
9202	38903	589	112	359290	155162	1068	14900
3357	22314	187	10	136549	43586	1881	14011
4473	28546	172	25	238416	79993	339	11811
6970	20878	90	39	315203	93553	3303	8653
44430	108687	323	67	967106	273001	2282	24709
35416	83292	260	145	704144	222278	1977	15261
9532	46065	173	23	430894	132376	932	8823
9179	44762	161	49	387169	102537	1309	6041
5391	43212	142	364	417934	107607	89	11990
27305	129722	269	50	1394482	528716	1273	18450
7531	85042	276	131	657636	212036	831	24863
16784	58840	239	68	495694	164934	1061	23326
17598	62794	226	103	489112	169345	1024	18677
70796	90316	301	33	1101924	420180	4755	27650
14665	40794	142	63	458365	125070	794	10102
2886	10034	18	8	93887	27930	454	1151
8889	27969	153	22	278013	126718	2148	6591
26787	95375	339	137	876522	308581	2815	24827
24285	30188	139	47	402968	110178	2751	10820
4055	37562	173	36	485095	175132	644	6168
122	6078	2		39961	10515		629
9877	45612	168	40	493319	132805	1255	11085
10632	44461	92	24	338325	57752	543	5545
1723	9915	13	3	60148	16288	98	902
2703	9349	54	10	83271	29034	256	2006
3410	22149	97	25	256679	103123	125	7402

*注：为了便于各行业统计需要，在“成员组织”登记中的52823个机构，也隶属于行业分类中的“社会工作”类和“其他社会服务”类行业中，故合计数会有重复。

C−1−5续表1

地区	按登记类型分		受教育程度		职业资格水平	
	民政登记	设施	大学专科人数	大学本科及以上人数	助理社会工作师人数	社会工作师人数
全国	**9057123**	**4094216**	**2281338**	**1680906**	**144379**	**162639**
中央级	42032		190	33206	189	7008
北京	237604	78070	142036	120320	7547	41312
天津	51135	36085	22492	25602	2406	850
河北	330549	266778	77304	49023	4889	3918
山西	163901	132993	45168	18017	8224	12963
内蒙古	131613	69717	51881	28761	857	549
辽宁	223171	120151	85301	63576	5310	2885
吉林	73383	46770	23523	12238	1775	2288
黑龙江	150744	75522	39777	18088	2346	3004
上海	259911	43336	84194	33410	2696	5254
江苏	738154	201961	161115	113185	12268	5366
浙江	475615	211291	123633	89214	6471	5102
安徽	305929	115210	82615	53312	4719	2351
福建	285597	94222	37740	32207	2231	1268
江西	309431	96424	38499	17538	2839	6284
山东	941275	433484	254222	250723	27941	33975
河南	381632	250310	94336	50617	2537	2917
湖北	304229	167078	73057	36109	2431	1163
湖南	309485	159926	98907	57419	3263	2283
广东	701167	368352	223658	194335	21566	9379
广西	339034	108435	53791	33691	1680	1289
海南	63473	28809	10678	8673	1504	162
重庆	186250	83024	65821	56366	4220	3112
四川	573031	275535	119055	106721	4763	2165
贵州	208440	180948	59332	48554	1934	666
云南	390987	87296	60168	39196	556	617
西藏	12579	26753	2322	1649	37	9
陕西	363217	117762	63834	39668	3086	2312
甘肃	239740	92480	34624	17447	2290	1173
青海	33601	25547	6998	2236	144	133
宁夏	58772	22237	10130	7696	253	151
新疆	171442	77710	34937	22109	1407	731

单位：人、人次、时

年龄结构				志愿服务	
35岁及以下人数	36岁至45岁人数	46岁至55岁人数	56岁及以上人数	志愿者服务人次数	志愿服务时间
4349124	**4925451**	**3091238**	**1191818**	**17164017**	**53955616**
11774	11216	10601	10084		
116570	84478	105880	24372	12516943	42743347
25851	29729	27145	8031	25952	55511
178446	229876	156352	49217	75421	242062
95019	104871	73502	33190	6175	15813
65945	79297	46948	17306	31472	80998
111533	134105	80251	33401	159052	259076
28254	77356	23555	7384	5217	10148
60790	101901	56149	19576	20840	47585
99371	105478	75364	34990	58244	166196
296978	351108	239396	79624	637264	1409807
201774	253986	158612	89772	409544	895000
129236	165506	103522	32622	169054	448433
96149	133920	99875	57074	62484	178029
124250	212575	61252	19857	65103	139740
515398	441112	306359	131613	929277	2257310
220423	229502	123012	84699	37343	71464
161534	174394	129003	30763	34408	79769
169158	182253	102570	35131	160073	443119
471626	334273	218414	77611	260897	707823
118435	161893	124173	53863	10463	20319
31120	38632	18763	5372	5734	10818
104843	89524	61291	22355	565008	1269672
292681	338847	161093	83901	212418	771781
119914	162519	89747	30788	476546	994173
155937	191986	106063	31098	38969	110357
11256	14897	9755	4053	6	203
137795	164509	141428	49587	119033	273211
89854	154345	75067	19059	2341	3969
19036	25955	11618	3535	3353	3900
29441	33156	16340	4334	3916	7664
58733	112252	78138	7556	61467	238321

C−1−5续表2

地　区	企业会计制度财务指标			
	固定资产原价	营业收入	费用合计	营业利润
全　国	**2292071.3**	**1548417.1**	**390167.1**	**205470.1**
中央级	28728.2	19349.2	10763.8	2479.1
北　京	493897.5	189915.9	54009.4	-30370.1
天　津	17766.2	10855.4	5346.3	3653.8
河　北	7309.2	6171.0	3085.8	76.1
山　西	29549.9	6307.5	9041.4	-359.6
内蒙古	15827.4	8306.2	4751.3	510.5
辽　宁	63207.1	28874.7	25235.2	490.2
吉　林	24067.3	3131.1	887.3	88.1
黑龙江	20379.3	7280.8	4255.8	1140.5
上　海	298367.3	617945.0	73124.7	104567.2
江　苏	199356.5	65226.0	14588.6	34152.5
浙　江	97658.9	51907.0	16015.1	13117.1
安　徽	36990.2	15646.7	5364.4	2238.0
福　建	103562.9	24214.4	12002.7	1715.4
江　西	10808.5	6001.1	1591.0	638.4
山　东	124396.8	52624.8	6376.5	6905.2
河　南	35527.5	9452.4	4000.5	1629.6
湖　北	45684.8	22366.9	8233.5	3571.0
湖　南	51815.8	8368.6	4410.2	853.1
广　东	120934.7	81761.6	34418.7	37781.0
广　西	38467.0	106422.2	15773.9	5700.9
海　南	12304.8	6689.1	4924.0	-1556.5
重　庆	78988.5	36179.0	13567.1	2702.9
四　川	127892.6	65592.9	20641.7	4911.8
贵　州	97674.6	56458.9	23842.5	5148.1
云　南	19246.4	5812.8	2137.4	969.9
西　藏	9531.5			
陕　西	30698.5	25223.2	9995.0	2034.7
甘　肃	10249.7	8487.4	1205.7	641.8
青　海	1591.0	30.0	30.0	0.0
宁　夏	13473.3	1300.6	248.3	39.4
新　疆	26117.4	514.7	299.3	0.0

单位：万元

事业单位会计制度财务指标			民间非营利组织会计制度财务指标		
固定资产原价	本年收入合计	本年支出合计	固定资产原价	本年收入合计	本年费用合计
14552494.8	**12191438.4**	**12039257.4**	**37503142.5**	**39313452.3**	**38311213.1**
147512.6	227811.6	284122.0	1159506.8	4668739.4	3985895.6
1497514.9	1508539.3	1584669.2	3223673.6	3358653.0	2886606.5
211645.0	192791.4	313978.9	186741.5	271278.2	332755.0
532385.0	459537.1	452665.1	1882018.6	819360.5	848264.6
321944.4	211343.8	208482.7	378513.6	151769.9	151616.2
254892.9	176812.9	171870.4	214897.2	66863.4	71766.5
509486.8	542114.8	523801.8	1498489.5	1026786.3	726020.5
271746.0	159358.3	154819.8	44220.1	22764.0	23059.9
357499.8	176633.4	173597.7	390492.1	159293.2	169120.7
455722.0	623705.1	580080.6	1106751.6	3236644.1	2981520.7
1298982.0	857225.9	752091.5	3320660.1	2005471.6	2002850.7
551056.1	504649.0	484387.6	1513041.1	1292401.3	1231866.3
281009.5	229784.1	219172.3	1653967.5	555439.0	546031.7
155053.7	199340.1	194776.1	370456.6	241456.3	273215.7
248985.9	129063.6	131524.5	407789.2	289846.6	298228.1
664247.0	755377.2	763006.6	3270870.0	763668.2	1887585.4
338821.9	272906.3	279366.8	901256.1	255017.6	257005.4
978420.7	529538.1	525607.5	618666.2	213134.9	221869.1
501095.8	322471.9	318527.6	675328.5	3023912.0	12881226.7
1790695.7	1276371.4	1240301.8	7264480.4	4451496.6	3387547.3
251030.2	209977.9	208953.2	341332.3	88824.0	85905.9
41399.0	65249.1	52672.6	126054.2	22209.2	26695.0
221368.6	265638.0	260627.4	836516.4	681958.4	588310.9
899278.8	1152644.2	1065556.4	3191780.5	10542941.3	1610899.4
267256.3	140647.5	137063.0	303848.9	114909.4	106956.5
359777.6	155619.6	165564.5	693448.4	661168.7	303363.7
16003.4	13787.1	14085.1	16457.7	4930.7	2668.9
406202.5	405010.0	389567.8	1362507.7	191216.9	243216.8
377487.0	134135.9	122163.3	250865.8	33144.2	38851.8
32233.1	27370.0	28456.2	47569.9	13171.0	15498.9
64402.8	77340.0	52557.6	80294.1	41029.2	45660.0
247337.8	188643.8	185139.8	170646.3	43953.2	79132.7

C-1-6 社会服务发展

地　区	社会服务发展综合指数(%)	每万人口社会服务机构和设施数(个/万人)	每万人口社会服务职工人数(人/万人)	每十万人口社工助工师(人/十万人)	每千人口固定资产原价(万元/千人)
全　国	**100.0**	**13.1**	**97.5**	**23.5**	**39.1**
北　京	216.3	14.1	152.6	123.7	240.2
天　津	112.2	8.5	58.3	46.5	26.7
河　北	80.2	15.0	81.6	6.7	32.2
山　西	65.1	13.7	82.9	10.1	19.7
内蒙古	98.7	13.3	82.9	10.0	19.2
辽　宁	106.9	10.8	82.2	28.5	47.4
吉　林	82.9	9.2	50.3	23.4	12.5
黑龙江	88.1	8.4	62.9	13.3	20.3
上　海	147.5	10.0	130.4	69.9	77.0
江　苏	154.8	16.1	120.4	53.1	60.0
浙　江	149.5	20.4	124.5	46.7	38.2
安　徽	102.6	8.7	68.9	13.5	31.5
福　建	98.5	13.8	99.0	26.5	16.1
江　西	74.0	10.6	90.4	7.6	14.4
山　东	107.5	15.4	139.4	15.4	40.6
河　南	71.3	9.7	68.8	6.8	13.3
湖　北	101.6	12.8	84.0	15.9	27.8
湖　南	84.8	11.7	71.3	10.3	17.9
广　东	128.2	14.3	98.7	58.0	82.2
广　西	84.3	11.3	93.8	8.0	12.9
海　南	86.3	13.6	101.4	5.1	19.4
重　庆	107.1	11.8	90.4	21.0	37.0
四　川	99.6	14.5	105.6	14.3	50.8
贵　州	105.5	15.2	112.6	3.7	18.7
云　南	83.1	8.7	101.0	6.5	22.3
西　藏	47.7	18.3	118.6	0.9	12.5
陕　西	104.1	14.4	128.6	33.3	46.9
甘　肃	87.5	20.9	128.8	6.8	24.3
青　海	55.1	19.4	100.6	6.7	13.6
宁　夏	85.1	17.7	122.1	16.9	23.2
新　疆	61.0	10.2	105.0	11.0	18.2

综合指数

社会服务事业费占财政支出的比重 (‰)	每千人口社会服务事业费 (万元/千人)	每百万人口乡镇街道数 (个/百万人)	每万人口社会服务床位 (张/万人)	每千老年人口养老床位 (张/千人)	每十万人口孤儿数 (人/十万人)	每百万人口家庭收养数 (件/百万人)
29.2	**42.7**	**28.7**	**54.5**	**30.9**	**29.3**	**13.5**
41.5	130.4	15.2	76.2	39.6	9.9	9.9
29.7	62.7	15.9	42.0	22.4	5.2	2.8
37.5	33.1	30.0	60.4	32.6	22.2	3.7
38.0	38.6	37.8	34.6	23.0	33.0	6.2
33.8	60.5	40.3	90.8	52.2	19.1	9.7
41.0	45.8	35.0	51.5	21.4	15.5	4.1
33.0	45.2	33.8	49.9	22.9	18.3	0.9
34.9	42.8	31.5	56.5	27.4	17.7	2.8
23.5	73.4	8.9	63.2	27.8	6.9	8.8
30.6	40.5	16.0	84.3	40.2	19.0	20.4
27.9	37.1	24.4	106.7	57.1	6.8	56.1
35.6	35.3	23.8	60.0	32.0	42.8	9.5
22.2	26.6	28.3	40.3	26.7	11.9	15.7
36.6	40.4	33.8	42.9	29.2	49.1	4.0
36.7	33.9	18.2	66.1	33.8	15.9	16.6
31.7	27.3	25.5	38.4	22.4	25.3	6.6
37.7	43.4	20.9	60.3	31.8	17.7	12.5
40.2	40.2	28.1	43.6	23.6	49.5	8.6
24.8	33.3	14.3	40.1	33.6	25.9	11.3
36.4	36.5	25.6	36.4	25.1	41.1	49.1
20.8	32.4	23.5	21.8	18.3	14.6	11.6
36.1	50.8	33.5	54.8	25.5	13.8	8.4
42.1	44.1	55.5	67.1	31.5	32.1	12.4
37.6	48.4	38.5	52.2	36.7	50.0	6.0
42.1	50.1	29.1	23.6	19.1	48.7	31.1
16.3	81.1	206.8	47.8	17.3	164.3	8.9
43.4	54.7	33.8	44.7	25.5	25.4	9.6
45.1	56.7	51.6	50.6	32.4	56.6	3.5
37.7	96.6	66.9	40.9	32.6	230.0	7.5
31.1	62.5	35.2	35.0	29.0	91.9	3.7
29.0	55.0	43.6	30.4	23.7	84.7	6.5

C−1−6续表

地　区	每万人口流浪救助人次数（人次/万人）	城市低保平均标准（十元/人·月）	农村低保平均标准（十元/人·月）	每万人口优抚对象人数（人/万人）	每千人口福利彩票销售额（万元/千人）
全　国	**11.7**	**54.1**	**35.8**	**61.7**	**15.6**
北　京	80.6	94.5	92.5	20.8	21.5
天　津	5.9	86.0	86.0	30.4	24.5
河　北	6.9	54.4	31.9	79.0	7.4
山　西	18.5	46.7	30.4	49.1	11.9
内蒙古	8.6	59.2	41.0	20.4	24.8
辽　宁	10.1	56.2	36.3	44.2	24.1
吉　林	12.9	48.3	31.1	44.5	12.7
黑龙江	6.5	55.1	32.1	30.5	12.6
上　海	7.2	102.8	97.0	16.1	20.1
江　苏	6.8	64.6	59.6	57.6	19.2
浙　江	8.2	70.6	67.0	56.1	27.7
安　徽	8.0	53.1	36.9	73.0	11.8
福　建	7.9	59.0	42.1	47.1	13.0
江　西	8.5	53.2	31.2	63.9	9.2
山　东	4.9	51.3	34.7	81.8	15.1
河　南	9.4	46.0	28.0	77.1	7.2
湖　北	11.4	56.4	39.2	70.3	17.4
湖　南	35.7	44.4	30.7	107.5	13.0
广　东	12.5	67.5	52.8	37.5	20.5
广　西	4.6	51.8	27.8	58.8	11.3
海　南	8.0	48.4	35.8	29.1	16.6
重　庆	11.1	50.0	35.7	72.2	18.1
四　川	15.2	48.5	31.4	102.5	10.7
贵　州	6.7	55.7	30.5	63.5	7.9
云　南	8.1	51.6	27.9	59.0	15.8
西　藏	3.1	75.2	28.0	12.0	79.6
陕　西	15.1	53.2	31.1	65.9	23.9
甘　肃	9.8	45.9	31.4	49.3	18.8
青　海	15.5	45.1	27.8	24.5	28.1
宁　夏	13.0	47.3	28.9	18.9	26.0
新　疆	6.0	40.9	29.6	13.8	18.9

社区服务中心（站）覆盖率(%)	每十万人口社会组织(个/十万人)	每十万人口村居委会个数(个/十万人)	每万人口结婚对数(对/万人)	每万人口离婚对数(对/万人)	火化率(%)
25.5	**54.8**	**47.5**	**76.5**	**31.5**	**48.9**
94.5	56.0	32.5	69.8	37.1	84.7
39.7	32.4	34.3	61.1	37.8	88.9
4.9	29.2	70.6	67.1	30.9	35.8
8.1	36.9	81.7	77.7	22.2	13.4
15.5	59.8	53.1	73.9	39.9	49.2
31.0	52.5	36.5	66.8	38.2	100.0
15.4	40.9	41.2	75.9	49.2	60.2
15.8	41.8	33.5	75.7	52.0	71.0
49.4	61.7	24.6	45.0	24.3	100.0
84.7	108.4	27.0	84.1	35.8	93.4
50.2	90.8	56.4	60.9	27.9	100.0
23.3	44.9	28.8	107.7	38.7	77.3
22.5	71.5	43.0	74.5	27.1	83.8
7.2	48.9	44.6	62.6	24.0	31.1
13.1	48.7	80.9	62.5	27.2	85.0
4.7	34.9	54.0	91.0	33.1	19.2
17.1	49.9	49.8	80.0	33.8	55.9
15.3	49.0	42.5	66.7	30.3	18.7
90.2	57.1	23.8	67.9	19.7	94.2
14.2	50.3	33.2	77.7	24.6	29.2
78.5	74.2	34.1	81.9	19.2	6.5
27.9	54.7	36.2	86.5	49.1	34.0
21.7	50.9	64.0	83.1	37.5	37.3
108.1	35.5	48.8	112.7	37.6	39.9
11.7	48.3	29.9	83.9	26.5	26.6
0.3	17.9	162.4	101.1	11.9	6.2
14.9	64.5	54.5	78.4	28.4	24.9
16.1	103.1	66.2	75.4	20.6	11.7
10.2	88.5	77.3	99.9	27.5	16.8
74.4	96.0	41.1	88.4	32.5	11.4
17.5	40.2	50.4	75.2	30.4	20.5

C-1-7 社会工作师、

地 区	社会工作师和助理社会工作师累计合格人数	社会工作师		
		累计合格人数	当年考试通过人数	当年报考人数
全 国	**326610**	**83189**	**13972**	**106810**
北 京	26841	6997	809	5792
天 津	7240	1711	284	1797
河 北	5044	1890	218	1578
山 西	3734	1423	266	1907
内蒙古	2533	963	307	3625
辽 宁	12433	3345	680	4234
吉 林	6370	1491	218	2112
黑龙江	5026	1373	175	2108
上 海	16912	4613	824	8673
江 苏	42656	10076	1657	11572
浙 江	26414	8422	1536	11257
安 徽	8463	2235	343	2753
福 建	10358	3149	547	3623
江 西	3491	866	108	952
山 东	15393	5735	1233	7455
河 南	6459	1932	247	2066
湖 北	9384	1858	408	3201
湖 南	7056	1865	325	2835
广 东	64836	12857	1657	13626
广 西	3889	849	103	984
海 南	468	101	10	120
重 庆	6459	1767	334	2230
四 川	11850	2470	412	3321
贵 州	1337	248	45	594
云 南	3139	766	118	1257
西 藏	32	7	1	8
陕 西	12780	2562	832	3535
甘 肃	1783	422	84	1082
青 海	401	86	15	154
宁 夏	1150	282	66	764
新 疆	2679	828	110	1595

助理社会工作师

单位：人

	助理社会工作师			
当年实考人数	累计合格人数	当年考试通过人数	当年报考人数	当年实考人数
83557	**243421**	**25251**	**225941**	**179533**
4728	19844	950	10705	8882
1569	5529	399	3333	2808
1298	3154	263	1813	1557
1507	2311	348	2760	2200
2954	1570	214	2824	2314
3706	9088	930	9416	8058
1743	4879	360	5277	4521
1583	3653	356	4103	3222
6035	12299	1519	18075	13169
9156	32580	3409	28542	22969
8829	17992	2422	18991	15456
2003	6228	603	5429	4084
2841	7209	702	5336	4182
710	2625	232	2048	1637
5549	9658	1217	9380	7457
1682	4527	478	2882	2344
2690	7526	1022	10148	8471
1965	5191	559	6403	4668
10748	51979	4521	37354	29304
803	3040	241	2374	1947
91	367	48	525	445
1776	4692	547	5848	4641
2665	9380	1026	9392	7595
398	1089	147	1864	1380
930	2373	255	2819	2186
4	25	6	56	32
2917	10218	1934	8642	6723
756	1361	215	2177	1625
109	315	26	501	395
670	868	164	2807	2483
1142	1851	138	4117	2778

C-1-8 社会服务

地区	累计鉴定合格人数	2017年鉴定合格人数	养老护理员		假肢类技能人员	
			累计鉴定合格人数	2017年鉴定合格人数	累计鉴定合格人数	2017年鉴定合格人数
全　国	**161142**	**15573**	**44102**	**11488**	**2836**	**547**
中央级	11559	1170	5164	359	1057	272
北　京	12845	60	238		58	
天　津	751		144		2	
河　北	1423	32	929	32	10	
山　西	4023	828	2093	769		
内蒙古	3558	1125	1404	1025	35	14
辽　宁	2921	196	498	152	128	
吉　林	3452	38	613	38	5	
黑龙江	3881	456	981	416	4	
上　海	2914	91	85		272	61
江　苏	3804	253	217	70	270	48
浙　江	32038	313	331	209	115	11
安　徽	2501	247	182		24	
福　建	3097	494	1572	494	9	
江　西	2750	69	69		42	9
山　东	10942	3801	5917	3698	158	31
河　南	7316	472	3688	140	86	13
湖　北	2725	89	360		23	
湖　南	6090	619	124		28	
广　东	11800	2277	7621	1798	227	59
广　西	4024	777	2384	531	123	
海　南	495	57	360	57		
重　庆	5204	592	810	463	39	
四　川	7265	629	5236	613	2	
贵　州	2673	60	383		8	
云　南	3137	108	297	108	23	
西　藏	276	71	199	71		
陕　西	671		73			
甘　肃	1186	112	201		74	29
青　海	495	74	361	51		
宁　夏	3880	189	840	166		
新　疆	1446	274	728	228	14	

说明：1.以上数据为民政部职业技能鉴定指导中心及分布在全国31个省、自治区、直辖市76个鉴定站鉴定人数和竞赛晋级人数（不含地方自行组织的鉴定人数）。

2.假肢类职业包括：假肢师（初、中、高、技师、高级技师5个级别）、矫形器师（初、中、高、技师、高级技师5个级别）。

职业技能人员

单位：人

孤残儿童护理员		灾害信息员		殡葬类技能人员	
累计鉴定合格人数	2017年鉴定合格人数	累计鉴定合格人数	2017年鉴定合格人数	累计鉴定合格人数	2017年鉴定合格人数
12341	**1266**	**81946**		**19917**	**2272**
1613	263	1005		2720	276
290	60	10651		1608	
129		246		230	
346		11		127	
437	59	1493			
548	86	1145		426	
219		1573		503	44
168		2666			
237	23	2440		219	17
126	30	2420		11	
499		1869		949	135
363		30671		558	93
176		1498		621	247
116		1396		4	
511	44	1840		288	16
454		3052		1361	72
1288	278	2041		213	41
395	48	1691		256	41
396	28	2157		3385	591
948	99	1238		1766	321
502	115	177		838	131
97		30		8	
174		3058		1123	129
413	16	1245		369	
359	60	1603		320	
296		1517		1004	
49				28	
591		7			
162	34	479		270	49
129	23	5			
128		2611		301	23
182		111		411	46

3.殡葬类职业包括：殡仪服务员（初、中、高、技师4个级别）、遗体接运工（初、中、高3个级别）、遗体防腐师（初、中、高、技师、高级技师5个级别）、遗体整容师（初、中、高、技师、高级技师5个级别）、遗体火化师（初、中、高、技师、高级技师5个级别）、墓地管理员（初、中、高、技师4个级别）。

C-1-9 1952-2017年社会服务

地区	1952年	1953年	1954年	1955年	1956年	1957年
全国	**28265**	**35484**	**60390**	**49842**	**56906**	**53119**
中央级	6	443	20619	8736	270	85
北京	198	237	276	247	584	302
天津	208	315	131	157	217	240
河北	2849	4558	4764	4526	9681	6640
山西	1253	1398	1531	1373	2096	1953
内蒙古	912	370	306	364	625	417
辽宁	611	1434	1392	1298	1638	1339
吉林	346	595	880	856	1331	1610
黑龙江	640	831	912	952	1442	1336
上海	550	306	411	729	1121	1073
江苏	1980	1993	2051	3003	4052	5051
浙江	398	426	505	757	1430	988
安徽	2051	4061	3382	3453	4748	4306
福建	828	732	789	933	1473	866
江西	1519	1040	1368	2253	1889	1802
山东	2624	3993	5082	3975	3664	5261
河南	1440	2745	2307	2494	4360	5539
湖北	2719	1058	2765	2664	1306	1505
湖南	1255	1089	3381	2205	2259	2177
广东	1762	1454	1270	1407	2725	2729
广西	516	645	735	700	1414	1589
海南						
重庆						
四川	1583	2035	2052	2646	3570	2606
贵州	368	686	633	567	618	494
云南	630	695	875	740	908	599
西藏			43	207	91	
陕西	519	1023	984	1135	1794	1250
甘肃	390	1074	675	1171	1083	871
青海	52	134	140	154	281	237
宁夏						
新疆	58	114	131	140	236	254

事业费支出情况

单位：万元

1958年	1959年	1960年	1961年	1962年	1963年	1964年
32693	**44786**	**72444**	**98912**	**74475**	**87533**	**161510**
82	192	262	39			31
376	751	824	658	542	638	816
194						
2494	4148	5070	10807	5780	15681	31433
2279	1656	2659	2896	2556	2640	2361
505	873	525	785	1468	1124	1360
1098	1249	4475	4392	3933	3467	3382
1126	764	1055	1271	1660	2138	2235
948	782	991	1485	2151	2362	2796
464	475	471	422	539	874	1074
2617	2956	4843	4107	4873	7282	11070
672	874	857	1414	1597	1166	1152
1642	3169	3161	4704	3530	5431	10567
823	4141	2823	2798	1493	1687	1394
1717	1691	2179	3224	3168	2273	3081
3795	4494	8141	11332	6963	7201	11079
2990	2672	10271	11417	8107	10099	48554
1210	2466	4428	4569	3767	3468	3319
1344	967	1690	4299	2697	2834	4522
1223	2982	4608	3475	2830	3146	3056
582	903	997	2687	1505	2125	4006
1982	2583	6315	9758	5918	4227	4495
331	613	750	2390	1429	1792	1808
514	675	880	1692	773	1250	1494
2	1	25	48	117		133
588	1109	1113	1530	1422	1640	1918
539	681	1778	4522	2464	2988	2310
164	447	576	1028	1005		465
92	239	428	303	365		378
300	233	249	860	1823		1212

C-1-9续表1

地区	1965年	1966年	1967年	1968年	1969年	1970年
全国	**107869**	**88112**	**81887**	**56154**	**66683**	**65349**
中央级	2325	454	534	308	11	
北京	1047	914	939	868	820	895
天津			473	439	572	405
河北	18545	12395	6983	4443	5333	2054
山西	2899	4447	2692	2478	2579	4777
内蒙古	1440	2182	2401	1194	842	891
辽宁	2942	2572	2781	2473	3542	2867
吉林	1798	1704	1745	1579	1890	1837
黑龙江	2611	2548	2169	1775	2355	2247
上海	1220	1472	1654	1410	1359	1442
江苏	5506	7298	5400	3756	3839	4191
浙江	1351	1142	1366	1486	1481	1496
安徽	3347	4119	6861	4025	4246	5547
福建	1463	1673	1738	1727	1922	1463
江西	1989	2145	2318	1637	1924	2047
山东	15807	9458	9844	5878	7622	6442
河南	17841	9303	8611	4105	6983	4947
湖北	2790	2579	3177	2651	3509	4197
湖南	2482	2141	2562	1848	2019	1668
广东	2664	2454	2644	2046	2639	2734
广西	1983	1997	2541	1641	1607	1555
海南						
重庆						
四川	5179	4774	4067	3374	3439	3678
贵州	1726	1730	1926	1224	1314	1646
云南	1596	1772	1412	807	1018	2460
西藏	192	374			96	100
陕西	3137	3623	1874	1477	1733	1778
甘肃	1611	1161	1963	671	989	952
青海	695	409	185	190	246	207
宁夏	284	272	287	200	238	242
新疆	1399	1000	740	444	516	584

单位：万元

1971年	1972年	1973年	1974年	1975年	1976年	1977年
68269	**81549**	**99675**	**90406**	**127082**	**161690**	**185288**
		8	10			
974	1192	1506	1284	1461	1742	3068
407	546	762	937	881	933	13670
3591	5482	8727	5925	5960	7041	36568
4563	4025	4696	3587	3420	4111	4813
649	1020	1914	1575	1559	2502	1873
3922	4574	5590	3902	18731	14705	7427
1968	1753	2174	2500	2448	2834	3677
2317	2768	3701	3884	3701	4176	5463
1554	1676	1885	2088	2263	2469	2581
4969	7368	6988	7258	8001	7719	8031
1517	2399	2103	1973	1984	2424	2641
3365	4639	4625	3981	5828	15690	6300
1481	1721	2142	2150	1991	2432	2826
2357	2357	4039	3220	2964	3606	3981
9034	8801	8110	8601	10417	9746	10599
4699	4799	5474	4190	24152	40056	21437
3116	3462	4747	3487	4471	5463	5160
1602	2272	3321	2580	2942	3442	3550
2410	2800	4041	5051	3836	4884	5546
1827	1713	1597	1669	1653	1963	2355
4518	5615	6780	5936	6061	9037	12602
1535	2116	3574	1955	2352	2748	3296
1454	1746	1509	2245	2242	3428	3783
104	173	228	195	206	289	270
2099	2415	3435	2986	2579	3174	4575
968	2206	3421	4183	2603	2240	5485
291	366	311	342	521	407	514
354	810	1369	1813	600	1150	1780
651	727	896	909	1255	1279	1417

C-1-9续表2

地区	1978年	1979年	1980年	1981年	1982年	1983年
全国	**137135**	**183279**	**174769**	**192267**	**191874**	**216116**
中央级	11	44	103	138	78	163
北京	1990	2238	2802	3167	3416	4063
天津	1061	1482	1474	1670	1669	2194
河北	11605	9140	11165	13597	10179	9692
山西	5437	8154	6749	7893	7854	7015
内蒙古	2040	5922	5714	6218	5135	7379
辽宁	6103	5607	6671	8073	10591	11727
吉林	3869	3477	4482	4970	4951	6300
黑龙江	5545	5149	5370	6562	8005	9546
上海	2777	3290	3375	3381	3215	3170
江苏	9208	10019	11269	12914	11991	14750
浙江	2853	3475	3703	3897	4070	4808
安徽	6756	13263	9385	9550	7521	12093
福建	2730	3272	3625	4268	4773	5506
江西	3953	8610	6289	5309	6183	7093
山东	12292	15169	16327	14126	18998	17811
河南	14140	19495	12007	10921	12862	15216
湖北	6149	9597	9265	12458	7956	10798
湖南	4380	6747	7026	8924	7546	10428
广东	5435	8146	8337	7767	9550	9035
广西	2073	4019	3213	3674	3897	4779
海南						
重庆						
四川	8511	12722	12063	15429	14542	13943
贵州	2740	4767	4123	4718	4354	5211
云南	2948	3478	4172	4599	4231	5251
西藏	379	1366	1704	1208	1151	1357
陕西	4834	5780	5390	8198	6271	5820
甘肃	4030	5204	4801	4338	5778	4902
青海	696	853	862	915	1068	1270
宁夏	1090	1040	1385	1118	1819	2329
新疆	1500	1754	1918	2267	2220	2467

单位：万元

1984年	1985年	1986年	1987年	1988年	1989年	1990年
242371	**295841**	**344064**	**359278**	**395646**	**466492**	**519383**
286	443	2526	2742	1297	1185	1517
4904	5719	7287	8906	11355	12805	14738
3101	3583	4113	4531	5209	5861	6585
12427	16654	16581	20578	24272	26484	32162
7924	10683	10193	11833	13977	15845	15976
7909	9030	11684	10867	11254	10975	13510
11741	18341	22112	18104	19595	22233	26318
5952	8391	13570	14016	10692	11439	14155
8782	10119	13791	13686	14205	15127	15982
3540	4467	5503	5603	3965	4741	5364
16403	16254	20586	21208	23816	27647	33150
6480	8174	10211	12353	16113	18710	21111
14059	14340	13524	12942	14854	16444	19755
5601	8298	7657	9238	10332	11213	13935
8360	8364	9768	11546	13240	15076	15791
17413	22757	22496	29017	31890	39382	44965
13710	18456	20939	2260	21784	26566	24275
10760	11860	14581	14846	17804	20704	21092
10373	12357	15013	15167	19110	22384	24981
12337	14516	15526	17076	16675	20206	21863
6382	9438	9634	9054	9757	11955	11313
				2338	3659	3366
17823	20667	24973	25524	28123	32186	36228
5833	9182	8657	9092	9408	11568	12079
7025	10137	13752	12712	14934	31640	33901
1821	1391	1789	1828	1795	2116	2909
6313	7545	8586	9299	10602	12277	13688
8983	6541	7655	7238	8346	7681	8813
1674	1918	2134	1837	1750	1802	2086
1497	1826	1990	1780	2609	1805	2000
2958	4395	4768	4896	4549	4776	5775

C-1-9续表3

地　区	1991年	1992年	1993年	1994年	1995年	1996年
全　国	**625359**	**637097**	**698708**	**870194**	**1034502**	**1211500**
中央级	1792	3217	3108	4077	3703	6371
北　京	16249	19073	26105	36146	44073	54012
天　津	7176	8173	9218	11970	15023	17254
河　北	30785	33344	38161	48303	58804	74364
山　西	17378	19264	19515	22995	31008	37882
内蒙古	13449	14250	15314	18378	20470	26012
辽　宁	26380	29561	32903	44239	60067	59580
吉　林	14619	16553	18461	24648	30876	31416
黑龙江	18411	19734	19377	26195	28798	30459
上　海	6270	7742	10368	15557	19773	23984
江　苏	50604	48290	47590	59349	69907	80163
浙　江	22094	22124	26924	40044	43610	50852
安　徽	80611	39002	26982	26883	37348	43979
福　建	15070	18423	20141	25502	31904	34498
江　西	16915	21249	21410	23815	30354	33883
山　东	46744	52525	62616	71995	76826	88009
河　南	27675	31304	34498	44163	52458	59353
湖　北	23318	23677	28918	39148	40291	50385
湖　南	23436	24712	29096	35093	42680	53778
广　东	25022	29602	43983	53653	64806	75354
广　西	12728	14317	16760	30480	28730	36280
海　南	3843	4270	4630	6163	7210	8828
重　庆						
四　川	39004	42563	49037	59629	70257	77059
贵　州	11043	11761	15154	15641	20528	26419
云　南	38725	41026	30502	31529	36916	46048
西　藏	3499	2647	2598	5304	4466	5228
陕　西	13412	16805	20107	20404	26336	32108
甘　肃	9124	11256	12186	13897	17748	21484
青　海	2036	2387	2965	3454	4342	6473
宁　夏	2206	2456	2464	3244	3458	4279
新　疆	5741	5790	7617	8297	11732	15706

单位：万元

1997年	1998年	1999年	2000年	2001年	2002年	2003年
1335202	**1618445**	**1946843**	**2296954**	**2847548**	**3922695**	**4989171.8**
5954	50783	11856	29338	13965	18467	18027.2
61184	74406	97748	150746	196540	233429	303795.3
19738	20952	20611	30547	41580	58202	62682.2
71151	79064	88202	113381	125698	153525	185640.8
37150	39519	45466	56815	71776	105897	124002.5
26773	35484	35659	44674	55328	70606	99367.7
65370	74946	85394	131675	180547	227704	279736.9
33928	52337	53311	51153	76026	118392	166702.2
33020	55977	60566	61753	80658	177852	167487.2
30860	37336	54151	87021	121538	167719	222539.6
93383	108862	121349	159691	170800	205763	256062.6
60657	65733	88269	97755	124023	159432	189645.4
50559	56473	72895	72568	89476	138918	208605.9
46134	49421	50996	67797	68897	85353	94060.8
35962	47177	45334	49521	57966	92013	149217.2
101613	112960	131746	159315	180470	233918	283989.3
64155	68311	80338	102698	117574	159157	221712.8
58511	85285	75622	113381	122382	167653	229233.85
48234	54533	73272	80343	104818	158443	210815.4
88748	96993	112133	144461	198362	278022	341821.0
28944	30995	31950	35135	49819	82929	109901.0
8274	9472	10818	13568	15372	18032	24304.1
25048	35054	51123	55934	70571	117114	125112.4
63016	72283	89492	105249	139493	194774	244374.4
27866	27126	30834	36085	51264	67973	82093.5
52043	53384	63169	78944	98782	115945	150814.0
6987	11749	6824	9920	14979	15358	17912.7
31702	25791	43230	54365	72136	103474	147038.8
20366	20554	26371	35251	42851	58315	75346.0
8088	8669	23784	16159	19790	24812	36616.0
4397	5442	8651	13775	21289	28724	30448.1
25387	22690	55676	56940	52768	104762	130065.0

C-1-9续表4

地 区	2004年	2005年	2006年	2007年	2008年	2009年	2010年
全 国	**5773906.5**	**7184146**	**9153527**	**12154874**	**21464484**	**21819430.2**	**26975149.0**
中央级	39289.8	37423	27907	32841	263213	55240.2	488035.9
北 京	327957	370918	450229	575756	575302	745435.4	982144.3
天 津	71091.4	92462	121917	149046	196893	244982.6	313824.7
河 北	216769.6	283480	356510	488387	678036	843485.2	969269.1
山 西	147569.6	192257	236469	339210	457567	562518.4	634004.6
内蒙古	126236.7	141727	187147	283105	420111	575897.9	768526.2
辽 宁	304551.2	368476	437608	575209	724799	887386.5	1066504.6
吉 林	182133.4	218688	284676	341920	470519	642777.6	750632.3
黑龙江	193823.3	222865	376619	478896	643011	800947.6	854398.8
上 海	228764.3	282196	316864	406118	515828	557187.9	572521.7
江 苏	309196.0	419996	502744	632560	811832	996449.2	1265312.3
浙 江	294720.4	354320	415110	508925	610800	704117.9	884859.5
安 徽	195411.9	250782	312519	490974	659432	804010.6	971558.4
福 建	139539.3	157015	226313	247500	282403	322487.9	422187.8
江 西	176371.5	225667	340990	434664	596019	693704.1	847650.9
山 东	311522.3	408419	526836	715079	885720	1122739	1437374.8
河 南	251438.9	337872	425038	598726	785189	1035342.8	1230796.6
湖 北	270653.4	345556	440298	514067	748412	897367.7	1082788.8
湖 南	252891.5	326694	422998	521304	771404	997685.9	1165255.4
广 东	386221.4	483430	635940	720130	834465	1021108.9	1154286.9
广 西	113722.5	156841	175928	247212	410162	492763.3	731162.4
海 南	27949.8	38103	49003	65929	96527	142315.6	190264.1
重 庆	145713.0	174682	216847	307697	435014	514479.6	674873.3
四 川	302566.3	376043	500440	734868	4848630	2289514.1	2408738.2
贵 州	102696.6	151257	181266	264299	443051	560108.4	728242.8
云 南	183854.7	202346	228950	420914	687354	930167.6	1224026.2
西 藏	23199.7	22574	30224	38363	69982	82169.4	85017.8
陕 西	149120.1	186935	244342	365358	849627	867024.3	1139380.6
甘 肃	91876.1	111530	149598	226791	1063855	577204.8	740624.8
青 海	39139.1	47402	51844	81455	123508	189659.7	330701.5
宁 夏	34071.3	35346	57593	79705	110375	143479.2	161335.6
新 疆	133844.4	160847	222762	267867	395446	519670.9	698848.1

单位：万元

2011年	2012年	2013年	2014年	2015年	2016年	2017年
32291356.0	**36837379.4**	**42765370.8**	**44041244.2**	**49264448.4**	**54401503.4**	**59326813.1**
93505.4	100110.8	137419.9	128646.0	155949.2	165749.1	269330.6
1031493.0	1260515.9	1555734.8	1600353.6	2220633.5	2558934.6	2830370.7
375011.5	444250.9	552118.0	591814.0	769084.9	895069.9	976094.3
1244217.3	1438698.1	1672465.7	1653297.9	1805161.2	2115331.3	2491031.8
876097.5	936468.5	1130400.3	1144649.5	1201392.7	1291517.7	1427974.2
968084.5	1127395.6	1236610.0	1409253.2	1410121.9	1400524.5	1530138.7
1347428.2	1567755.2	1672890.8	1694087.8	1844543.3	1845473.1	2000385.4
801698.3	765275.0	986245.5	942015.8	1057440.4	1041251.7	1229440.2
1050480.9	1152380.1	1589618.1	1373441.2	1504605.0	1526756.7	1621673.2
662862.5	727872.8	832211.6	857287.8	966471.0	1532275.2	1774025.0
1711513.8	1970955.5	2335259.9	2460508.3	2605552.1	2872252.8	3252262.8
1061597.3	1253870.2	1428845.7	1502557.1	1674651.1	1899440.0	2100207.6
1263090.4	1421837.3	1601142.2	1699609.2	1812233.9	1970515.8	2205766.4
503195.6	614533.8	729824.6	775607.4	903162.9	1041706.7	1038592.5
986614.7	1075144.7	1224409.1	1472214.2	1571857.7	1717261.4	1868755.5
1691804.7	2183629.3	2502270.9	2706751.9	2871388.9	3048812.9	3394553.1
1586875.1	1740800.2	2097496.0	2054924.0	2292633.2	2469598.6	2606924.3
1408483.1	1531263.7	1849392.5	1852790.6	2269799.1	2423266.1	2564107.9
1545645.5	2003252.4	1996276.3	2085354.4	2305544.2	2716411.4	2759086.8
1480652.6	1668953.2	1981669.0	2237116.3	2595187.3	3056715.3	3723480.8
971372.9	1173997.1	1292515.6	1391271.4	1492923.0	1577969.5	1785362.3
223849.3	240254.6	254400.4	287775.5	296623.7	300733.3	299638.3
783120.4	907587.4	999446.7	1027739.5	1146517.8	1299701.7	1563300.9
2168767.6	2375722.4	2880631.2	2917857.6	3152459.5	3486433.8	3663630.9
1116447.6	1248670.9	1341494.8	1391678.3	1472311.4	1602657.5	1734040.9
1432131.1	1730472.3	1845730.7	1979476.0	2310934.8	2348845.7	2404442.3
130279.7	155073.7	156074.8	136789.5	175034.3	235821.1	273337.7
1356364.3	1424205.1	1838401.7	1679000.3	1847868.8	2020674.1	2099088.3
1000902.5	1051754.7	1299304.5	1214834.5	1367615.6	1631306.1	1490098.4
359785.5	341516.9	377594.3	381598.0	462567.9	492304.9	577580.9
195226.4	220055.6	266258.2	264662.5	409809.1	420877.6	426405.6
862756.8	983105.5	1101217.0	1126280.9	1292369.0	1395313.3	1345684.8

C-1-10 社会服务事业费

地区	合计	救灾	抚恤	安置
全 国	**24922569**	**838553**	**4127157**	**4490093**
北 京	991251	48	31719	929747
天 津	203974	384	24059	104564
河 北	1173400	28920	255629	229618
山 西	760347	29230	105637	73876
内蒙古	689931	36800	42191	50643
辽 宁	1023074	12383	90171	419823
吉 林	777846	70200	76150	89974
黑龙江	826373	16072	64657	74287
上 海	207295		18601	157271
江 苏	641931	1520	189466	244434
浙 江	302499	8840	98005	91019
安 徽	1016287	27527	200355	65393
福 建	307867	2182	62953	72008
江 西	959642	59830	164675	39819
山 东	1246945	7280	379465	351012
河 南	1397859	16088	331738	137955
湖 北	1130437	43973	221254	162388
湖 南	1486474	84479	372507	106378
广 东	560850	4470	138297	178042
广 西	919399	27986	118353	43209
海 南	200633	1310	18640	23726
重 庆	633594	10780	132631	74568
四 川	1751672	57492	447724	196942
贵 州	1004417	45920	122143	29069
云 南	1172520	28698	150522	113943
西 藏	160597	7113	5696	22300
陕 西	979658	38977	142236	198250
甘 肃	978583	52119	60305	75942
青 海	332098	27446	11598	22848
宁 夏	235456	11000	9646	13916
新 疆	829910	64516	39695	97129
兵 团	19750	14970	439	

中央专项拨款对账单简表

单位：万元

优抚医疗	城乡医疗救助	城乡困难群众救助资金	民政部彩票公益金补助地方	地名普查
237244	**1541323**	**13266289**	**356248**	**65662**
2080	2401	17857	6788	611
3212	3572	60717	6967	499
11096	62733	573272	9031	3101
5292	52289	484158	7333	2532
2851	53416	494993	6263	2774
5360	32443	446379	14749	1766
5208	54042	473827	6851	1594
4498	75623	579351	9107	2778
1396	2309	18524	8613	581
11158	16226	160815	16774	1538
6130	7879	77187	12059	1380
11863	71183	617933	19912	2121
4754	12803	139181	12441	1545
7821	75601	593447	16114	2335
19888	33861	435729	17774	1936
16120	86623	784036	22553	2746
12380	69882	609585	8799	2176
21178	85946	794655	18658	2673
11797	16020	201908	8672	1644
6622	68848	641928	9666	2787
2062	25194	120110	8653	938
8713	51482	342274	11813	1333
22252	123578	879570	20400	3714
7402	72866	716360	8102	2555
9194	86293	771625	9011	3234
913	24277	91105	6386	2807
7182	64935	515269	10336	2473
3020	75889	700831	7544	2933
1705	38476	217334	10336	2355
1355	30951	157234	10028	1326
2644	63682	549095	10272	2877
98			4243	

C-1-11 社会服务事业费

地区	合计	救灾合计	财社〔2017〕80号 下达2017年中央自然灾害生活补助资金	财社〔2017〕87号 下达2017年中央自然灾害生活补助资金	财社〔2017〕111号 下达2017年中央自然灾害生活补助资金	财社〔2017〕112号 下达2017年中央自然灾害生活补助资金
全国	**24922569**	**838553**	**8000**	**70000**	**20000**	**7000**
北京	991251	48				
天津	203974	384				
河北	1173400	28920				
山西	760347	29230				
内蒙古	689931	36800				7000
辽宁	1023074	12383				
吉林	777846	70200			20000	
黑龙江	826373	16072				
上海	207295					
江苏	641931	1520				
浙江	302499	8840		8000		
安徽	1016287	27527				
福建	307867	2182				
江西	959642	59830		21000		
山东	1246945	7280				
河南	1397859	16088				
湖北	1130437	43973				
湖南	1486474	84479		31000		
广东	560850	4470				
广西	919399	27986	8000			
海南	200633	1310				
重庆	633594	10780				
四川	1751672	57492				
贵州	1004417	45920		10000		
云南	1172520	28698				
西藏	160597	7113				
陕西	979658	38977				
甘肃	978583	52119				
青海	332098	27446				
宁夏	235456	11000				
新疆	829910	64516				
兵团	19750	14970				

中央专项拨款对账单明细表

单位：万元

财社〔2017〕121号	财社〔2017〕122号	发改投资〔2017〕1446号	财社〔2017〕126号	财社〔2017〕146号	财社〔2017〕154号
下达2017年中央自然灾害生活补助资金	下达2017年中央自然灾害生活补助资金	吉林暴雨灾害应急救灾补助	下达2017年中央自然灾害生活补助资金	下达2017年中央自然灾害生活补助资金	下达2017年中央自然灾害生活补助资金
29000	**6000**	**32000**	**10000**	**1600**	**6000**
	6000				
7000		32000			
15000					
7000					
			10000		6000
				1600	

C-1-11续表1

地区	财社〔2017〕155号 下达2017年中央自然灾害生活补助资金	财社〔2017〕156号 下达2017年中央自然灾害生活补助资金	财社〔2017〕157号 下达2017年中央自然灾害生活补助资金	财社〔2017〕170号 下达2017年中央自然灾害生活补助资金	财社〔2017〕133号 下达2017年中央自然灾害生活补助资金
全国	**8000**	**3000**	**5000**	**13000**	**5000**
北京					
天津					
河北					
山西					
内蒙古					
辽宁					
吉林					
黑龙江					
上海					
江苏					
浙江					
安徽					
福建					
江西					
山东					
河南					
湖北				13000	
湖南					
广东					
广西					
海南					
重庆					
四川					
贵州					
云南					
西藏					
陕西					
甘肃			5000		
青海					
宁夏					
新疆	8000				5000
兵团		3000			

单位：万元

财社〔2017〕134号	财社〔2017〕18号	财社〔2017〕53号	财社〔2017〕78号	财社〔2017〕125号	财社〔2017〕135号
下达2017年中央自然灾害生活补助资金	下达2017年中央自然灾害生活补助资金	下达2017年中央自然灾害生活补助资金	下达2017年中央自然灾害生活补助资金	下达2017年中央自然灾害生活补助资金	下达2017年中央自然灾害生活补助资金
7000	**5937**	**12266**	**2000**	**10000**	**3000**
	48				
	384				
	453				
	462				
	247				
	242				
	518				
	403				
	389				
	196				
	592		2000		
	438				
	143				
	427			10000	
7000	379				
	326				
	290	12266			
					3000

C−1−11续表2

地　区	财社〔2017〕235号 下达2017年中央自然灾害生活补助资金	财社〔2017〕241号 下达2017年中央自然灾害生活补助资金	财社〔2017〕242号 下达新疆生产建设兵团2017年中央自然灾害生活补助资金	抚恤合计	财社〔2017〕98号 下达2017年优抚对象补助经费的通知	财社〔2017〕26号 财政部关于下达2017年优抚事业单位补助资金的通知
全　国	**2000**	**563780**	**8970**	**4127157**	**9934**	**84285**
北　京				31719	94	744
天　津				24059	700	726
河　北		28920		255629	315	5020
山　西		23230		105637	87	3207
内蒙古		29800		42191	81	1957
辽　宁		11930		90171	188	2172
吉　林		11200		76150	261	2785
黑龙江		15610		64657	333	3064
上　海				18601		270
江　苏		1520		189466	694	2200
浙　江		840		98005	368	1907
安　徽		27280		200355	368	3326
福　建		1940		62953	254	2331
江　西		38830		164675		4926
山　东		7280		379465	355	5550
河　南		15570		331738	694	3896
湖　北		30570		221254	269	4186
湖　南		38090		372507	677	4939
广　东		4470		138297	362	3394
广　西		12790		118353	94	3418
海　南		1310		18640	94	846
重　庆		10780		132631	87	1923
四　川		38900		447724	911	4213
贵　州		34320		122143	902	3427
云　南		28260		150522	588	3120
西　藏	2000	4970		5696		753
陕　西		28550		142236	462	3685
甘　肃		39740		60305	161	1708
青　海		27120		11598		1214
宁　夏		11000		9646		1062
新　疆		38960		39695	535	2316
兵　团			8970	439		

单位：万元

财社〔2017〕56号			财社〔2017〕152号		
下达2017年优抚对象补助经费的通知			下达2017年优抚对象补助经费的通知		
合计	优抚对象抚恤补助资金	老党员生活补贴补助资金	合计	优抚对象抚恤补助资金	老党员生活补贴补助资金
1702633	**1699756**	**3241**	**117619**	**117246**	**373**
13654	13608	46	819	815	4
9782	9762	20	604	602	2
114119	113077	1042	8031	7921	110
40259	40124	135	3016	2988	28
17738	17708	30	1105	1101	4
38217	38172	45	2461	2456	5
32128	32093	35	2139	2136	3
24744	24688	56	1841	1835	6
7844	7843	1	500	500	
78751	78763	-12	5304	5273	31
43929	43833	96	2879	2870	9
86868	86830	38	5956	5952	4
24042	24037	5	1793	1793	
73498	73497	1	4704	4704	
151808	150451	1357	10543	10413	130
145057	144833	224	10078	10055	23
87033	87034	-1	6292	6291	1
127919	127913	6	10697	10696	1
57165	57159	6	3732	3731	1
50190	50187	3	3296	3296	
8086	8073	13	486	485	1
54887	54885	2	3690	3690	
199255	199244	11	12780	12779	1
52608	52606	2	3352	3352	
49133	49122	11	4082	4081	1
2393	2393		128	128	
59796	59747	49	4013	4006	7
26492	26480	12	1791	1790	1
4471	4470	1	283	283	
3909	3907	2	244	244	
16858	16853	5	980	980	
	364				

C-1-11续表3

地区	财社〔2017〕153号	财社〔2016〕171号		
	财政部关于新疆生产建设兵团2017年优抚对象补助经费的通知	提前下达2017年优抚对象补助经费的通知		
		合计	优抚对象抚恤补助资金	老党员生活补贴补助资金
全　国	**75**	**2212247**	**2202906**	**9341**
北　京		16408	16320	88
天　津		12247	12196	51
河　北		128144	125460	2684
山　西		59068	58264	804
内蒙古		21310	21191	119
辽　宁		47133	46991	142
吉　林		38837	38750	87
黑龙江		34675	34535	140
上　海		9987	9985	2
江　苏		102517	101489	1028
浙　江		48922	48737	185
安　徽		103837	103746	91
福　建		34533	34522	11
江　西		81547	81541	6
山　东		211209	208217	2992
河　南		172013	171469	544
湖　北		123474	123436	38
湖　南		228275	228256	19
广　东		73644	73630	14
广　西		61355	61353	2
海　南		9128	9104	24
重　庆		72044	72033	11
四　川		230565	230539	26
贵　州		61854	61850	4
云　南		93599	93579	20
西　藏		2422	2422	
陕　西		74280	74107	173
甘　肃		30153	30128	25
青　海		5630	5629	1
宁　夏		4431	4429	2
新　疆		19006	18998	8
兵　团	75			

单位：万元

安置合计	财社〔2017〕96号	财社〔2017〕97号		
	下达2017年退役安置补助经费（第二批）	下达2017年退役安置补助经费（第三批）		
		合计	离退休人员经费补助	管理机构经费补助
4490093	**145106**	**2042975**	**1940623**	**102352**
929747	79929	420289	400574	19715
104564	2565	48551	46272	2279
229618	2874	102999	96702	6297
73876	973	33346	31586	1760
50643	485	23564	21939	1625
419823	5745	200354	191039	9315
89974	1030	41763	39457	2306
74287	889	32491	30429	2062
157271	7551	75953	72430	3523
244434	4081	111685	105845	5840
91019	1413	41379	39142	2237
65393	1039	27323	25531	1792
72008	2161	32658	30764	1894
39819	561	13884	12995	889
351012	5006	159984	152253	7731
137955	2178	59745	56355	3390
162388	2347	71646	68135	3511
106378	1690	46192	43777	2415
178042	6614	78823	75116	3707
43209	884	18475	17280	1195
23726	784	10577	10034	543
74568	994	34537	32965	1572
196942	2646	92339	88045	4294
29069	198	12168	11379	789
113943	2058	51172	48176	2996
22300	692	11191	10992	199
198250	3989	92052	87744	4308
75942	1323	33342	31612	1730
22848	501	10719	10329	390
13916	266	6049	5703	346
97129	1640	47725	46023	1702

C-1-11续表4

地区	财社〔2017〕94号			
	下达2017年退役安置补助经费（第一批）			
	合计	用于退役士兵职业教育和技能培训	用于转业士官待分配期间管理教育补助	用于1级至4级分散供养残疾退役士兵购建房补助
全国	**113131**	**109958**	**1233**	**1940**
北京	213	160	13	40
天津	244	235	9	
河北	5707	5537	100	70
山西	2188	2078	30	80
内蒙古	1734	1662	32	40
辽宁	2531	2396	55	80
吉林	1967	1834	23	110
黑龙江	3799	3645	14	140
上海	1021	995	6	20
江苏	7645	7543	32	70
浙江	3131	3030	41	60
安徽	6077	5935	22	120
福建	2297	2240	27	30
江西	7310	7214	56	40
山东	7568	7298	90	180
河南	10145	9869	86	190
湖北	8719	8625	54	40
湖南	7944	7696	128	120
广东	3808	3767	31	10
广西	3706	3609	27	70
海南	790	773	7	10
重庆	2267	2176	21	70
四川	7348	7062	106	180
贵州	3422	3350	42	30
云南	3148	3033	65	50
西藏	55	53	2	
陕西	3169	3049	70	50
甘肃	3160	3095	35	30
青海	216	214	2	
宁夏	956	952	4	
新疆	846	833	3	10
兵团				

单位：万元

财社〔2016〕170号 提前下达退役安置补助经费预算指标			优抚医疗合计	财社〔2017〕54号 财政部关于下达2017年优抚对象医疗保障经费的通知	财社〔2017〕55号 财政部关于新疆生产建设兵团2017年优抚对象医疗保障经费的通知	财社〔2016〕191号 财政部关于下达2017年优抚对象医疗保障经费的通知
合计	离退休人员经费补助	管理机构经费补助资金				
2188881	**2116538**	**72343**	**237244**	**94864**	**98**	**142282**
429316	415309	14007	2080	908		1172
53204	51638	1566	3212	1324		1888
118038	113778	4260	11096	4582		6514
37369	36098	1271	5292	1795		3497
24860	23759	1101	2851	817		2034
211193	204532	6661	5360	1837		3523
45214	43516	1698	5208	2111		3097
37108	35645	1463	4498	1505		2993
72746	70325	2421	1396	652		744
121023	116995	4028	11158	4272		6886
45096	43561	1535	6130	2534		3596
30954	29743	1211	11863	4994		6869
34892	33630	1262	4754	1722		3032
18064	17417	647	7821	3258		4563
178454	173197	5257	19888	6806		13082
65887	63538	2349	16120	6833		9287
79676	77133	2543	12380	4660		7720
50552	48808	1744	21178	8646		12532
88797	86038	2759	11797	5421		6376
20144	19315	829	6622	2907		3715
11575	11120	455	2062	786		1276
36770	35678	1092	8713	3734		4979
94609	91601	3008	22252	9969		12283
13281	12751	530	7402	3336		4066
57565	55462	2103	9194	3303		5891
10362	10144	218	913	289		624
99040	95948	3092	7182	2480		4702
38117	36785	1332	3020	1202		1818
11412	11089	323	1705	541		1164
6645	6400	245	1355	510		845
46918	45585	1333	2644	1130		1514
			98		98	

C-1-11续表5

地　区	民政部彩票公益金补助地方合计	财社〔2017〕91号			
		老年人福利	残疾人福利	儿童福利	社会公益
全　国	**356248**	**129613**	**48035**	**48395**	**25962**
北　京	6788	2951	602	600	265
天　津	6967	3224	588	375	203
河　北	9031	4773	1954	1280	1024
山　西	7333	3636	1457	1342	898
内蒙古	6263	3156	1352	784	971
辽　宁	14749	3903	1471	1141	679
吉　林	6851	3741	1467	930	713
黑龙江	9107	5865	1519	900	823
上　海	8613	1331	606	574	218
江　苏	16774	6014	1485	1883	683
浙　江	12059	2742	1345	1115	310
安　徽	19912	7317	2153	1383	1030
福　建	12441	2847	1362	894	526
江　西	16114	4220	1623	1491	933
山　东	17774	5546	2191	1736	683
河　南	22553	6133	2467	5572	1056
湖　北	8799	4660	1889	1254	996
湖　南	18658	5381	2238	2070	1142
广　东	8672	4029	1697	2293	453
广　西	9666	4533	1834	2023	1276
海　南	8653	2707	1016	710	689
重　庆	11813	5601	1265	851	685
四　川	20400	6583	2770	2112	1248
贵　州	8102	3640	1664	1546	1252
云　南	9011	3773	1756	1850	1632
西　藏	6386	2866	1100	1484	936
陕　西	10336	5552	1954	1899	931
甘　肃	7544	3678	1440	1427	999
青　海	10336	3109	1228	1058	796
宁　夏	10028	3030	1235	1028	809
新　疆	10272	3072	1307	4790	1103
兵　团	4243				

单位：万元

财社〔2017〕92号				财社〔2017〕254号	财社〔2017〕255号
老年人福利	残疾人福利	儿童福利	社会公益	社区养老	社区养老
2000	**1229**	**869**	**145**	**1000**	**99000**
					2370
					2577
					7555
					5884
				400	6309
				200	6347
				200	7829
					6812
					7847
					7618
					7325
					7827
				200	
					3531
					3411
					7687
					4145
					3926
2000	1229	869	145		

C－1－11续表6

地 区	城乡医疗救助合计	财社〔2016〕175号	财社〔2017〕68号		
		已下达	小计	一般公共预算资金	彩票公益金
全 国	**1541323**	**816792**	**724531**	**544531**	**180000**
北 京	2401	1273	1128	848	280
天 津	3572	1893	1679	1262	417
河 北	62733	30782	31951	24013	7938
山 西	52289	25657	26632	20016	6616
内蒙古	53416	26970	26446	19876	6570
辽 宁	32443	17192	15251	11462	3789
吉 林	54042	30765	23277	17494	5783
黑龙江	75623	39440	36183	27194	8989
上 海	2309	1223	1086	816	270
江 苏	16226	8599	7627	5732	1895
浙 江	7879	4175	3704	2784	920
安 徽	71183	35908	35275	26511	8764
福 建	12803	6785	6018	4523	1495
江 西	75601	39112	36489	27424	9065
山 东	33861	17944	15917	11963	3954
河 南	86623	45261	41362	31086	10276
湖 北	69882	34485	35397	26603	8794
湖 南	85946	49184	36762	27629	9133
广 东	16020	8489	7531	5660	1871
广 西	68848	36268	32580	24486	8094
海 南	25194	12362	12832	9644	3188
重 庆	51482	25943	25539	19194	6345
四 川	123578	71181	52397	39380	13017
贵 州	72866	41010	31856	23942	7914
云 南	86293	45638	40655	30555	10100
西 藏	24277	11912	12365	9293	3072
陕 西	64935	37403	27532	20691	6841
甘 肃	75889	43713	32176	24182	7994
青 海	38476	18879	19597	14728	4869
宁 夏	30951	15187	15764	11848	3916
新 疆	63682	32159	31523	23692	7831
兵 团					

单位：万元

城乡困难群众救助资金合计			地名普查合计
	已下达	财社〔2017〕70号	财社〔2017〕25号第二次地名普查
13266289	**8496518**	**4769771**	**65662**
17857	12605	5252	611
60717	38897	21820	499
573272	328540	244732	3101
484158	277685	206473	2532
494993	283451	211542	2774
446379	285685	160694	1766
473827	276556	197271	1594
579351	400051	179300	2778
18524	12078	6446	581
160815	103946	56869	1538
77187	49936	27251	1380
617933	373527	244406	2121
139181	89460	49721	1545
593447	351972	241475	2335
435729	279617	156112	1936
784036	537191	246845	2746
609585	432425	177160	2176
794655	503636	291019	2673
201908	131540	70368	1644
641928	401333	240595	2787
120110	68939	51171	938
342274	196572	145702	1333
879570	623944	255626	3714
716360	507350	209010	2555
771625	540282	231343	3234
91105	52384	38721	2807
515269	342707	172562	2473
700831	460790	240041	2933
217334	125111	92223	2355
157234	90251	66983	1326
549095	318057	231038	2877

C-1-12 社会服务事业费

地　区	本年预算指标合计	上年结转预算指标	本级财政安排预算指标	本年上级下达预算指标	本年下达所属地方预算指标	本年抚恤预算指标
全　国	**61561817.0**	**2764765.2**	**58797051.8**	**83050845.4**	**83050845.4**	**8615852.1**
中央级	172167.6		25094736.6		24922569.0	10245.0
北　京	2549161.6	13828.2	1544082.4	2205963.4	1214712.4	156776.7
天　津	961971.9	13148.0	744849.9	395490.2	191516.2	99956.9
河　北	2617696.4	134519.5	1309776.9	4105658.5	2932258.5	485626.9
山　西	1624340.8	151316.7	712677.1	2688175.6	1927828.6	263363.0
内蒙古	1650381.5	132454.2	827996.3	2673342.3	1983411.3	114037.4
辽　宁	2216527.7	111321.7	1082132.0	3335754.8	2312680.8	351321.5
吉　林	1377504.1		599658.1	1553906.6	776060.6	262987.8
黑龙江	1640295.0	15382.2	798539.8	3245921.8	2419548.8	212792.5
上　海	1721423.0	17457.5	1496670.5	386859.4	179564.4	130919.0
江　苏	3429150.3	222682.6	2564536.7	2861602.9	2219671.9	528948.6
浙　江	2107492.0	83002.5	1721990.5	913320.8	610821.8	326269.2
安　徽	2243807.9	42208.7	1185312.2	2298856.4	1282569.4	342157.6
福　建	1095288.3	75963.9	711457.4	1240077.8	932210.8	169954.9
江　西	1883642.7		924000.7	3457430.3	2497788.3	271248.4
山　东	3479145.8	57003.0	2175197.8	4960631.6	3713686.6	790247.4
河　南	2655636.9	50641.2	1207136.7	4691720.9	3293861.9	550638.9
湖　北	2881135.8	204903.4	1545795.4	3016903.3	1886466.3	416377.8
湖　南	2657408.8	21378.9	1149555.9	5392937.7	3906463.7	516602.2
广　东	3705302.8	86818.8	3057634.0	3885429.7	3324579.7	453610.1
广　西	2016128.0	250551.0	846178.0	2441301.2	1521902.2	253198.7
海　南	490464.3	97315.0	192516.3	419562.0	218929.0	66025.9
重　庆	1812041.9	364662.5	813785.4	1715675.0	1082081.0	221691.6
四　川	3683595.8	81679.6	1850244.2	6116008.6	4364336.6	633080.2
贵　州	1826158.5	217231.3	604510.2	3299654.0	2295237.0	191950.4
云　南	2392167.4	37688.3	1181959.1	4515764.5	3343244.5	249758.6
西　藏	276161.7	3495.4	112069.3	474631.3	314034.3	13717.2
陕　西	2329822.6	187178.8	1162985.8	4009121.3	3029463.3	338944.1
甘　肃	1546581.9	18608.2	549390.7	2277331.3	1298748.3	79317.0
青　海	592637.9	17410.2	243129.7	1145196.0	813098.0	19974.2
宁　夏	516660.2	50879.9	230324.3	577625.5	342169.5	17941.6
新　疆	1409915.9	4034.0	556221.9	2748990.7	1899330.7	76170.8

预算指标来源情况表

单位：万元

上年结转预算指标	本级财政安排预算指标	本年上级下达预算指标	本年下达所属地方预算指标	本年退役安置预算指标	上年结转预算指标	本级财政安排预算指标
147392.4	**8401640.6**	**13317963.5**	**13251144.4**	**7464737.1**	**224345.5**	**7482886.8**
	4374646.0		4364401.0			4490093.0
620.6	124475.1	62607.4	30926.4	1239408.9	1732.8	307929.1
1801.5	74096.5	47529.9	23471.0	139064.9	125.5	34375.4
6137.2	223641.9	902541.1	646693.3	575754.3	14373.6	309984.4
9389.1	148336.9	334185.9	228548.9	146557.3	3961.7	68719.6
4013.2	66965.2	146778.2	103719.2	106439.5	3827.4	54298.4
1059.2	106510.1	479188.4	235436.2	490450.9	21969.9	240392.2
	81290.4	181697.4		111459.9		77687.8
997.1	147001.2	366666.0	301871.8	137753.1	1023.2	62442.8
	112521.0	36999.0	18601.0	255635.3	7886.0	88830.3
12272.1	309553.1	669041.3	461917.9	483763.6	33600.1	202936.1
8865.7	219398.6	226639.9	128635.0	178621.9	2304.0	85298.6
7046.2	134761.6	428662.4	228312.6	179149.1	1372.3	111888.9
5696.9	101305.0	237845.9	174892.9	123538.9	11491.1	40039.8
	106372.3	561618.0	396741.9	67155.7		27325.6
1512.1	409270.3	1258558.2	879093.2	800963.9	5140.4	444811.5
666.5	217248.0	1067130.6	734406.2	254341.4	440.2	115789.1
-2335.5	197289.9	524068.8	302645.4	220515.8	-2403.2	64174.6
3067.0	138494.8	1202145.0	827104.6	161723.7	1797.3	53914.0
5749.7	309563.4	588111.2	449814.2	364515.4	34550.0	151923.4
21690.7	113158.5	318843.5	200494.0	76235.2	8589.4	24437.0
6473.0	21107.1	56077.1	17631.3	53508.6	10747.4	18404.3
3120.2	85940.4	324516.9	191885.9	125625.1	4002.1	47055.0
4594.1	180762.4	1405943.3	958219.6	325631.5	15469.5	112992.7
10635.2	59172.2	387473.3	265330.3	54659.6	2877.5	22713.1
6811.9	92424.7	523243.8	372721.8	153397.5	1966.6	37487.9
985.0	5791.0	14013.1	7071.9	19957.6	66.2	13520.2
24107.9	172329.1	649632.0	507124.9	296958.5	22250.7	76457.7
843.3	17815.8	125494.3	64836.4	126307.8	3240.9	47309.3
33.1	8260.2	38770.4	27089.5	37736.1	590.6	14590.5
1323.7	6971.9	20296.4	10650.4	34644.3	11248.4	9399.8
215.7	35166.0	131644.8	90855.7	123261.8	103.9	25664.7

C-1-12续表1

地　区	本年上级下达预算指标	本年下达所属地方预算指标	本年社会福利预算指标	上年结转预算指标	本级财政安排预算指标	本年上级下达预算指标
全　国	**11228837.3**	**11471332.5**	**9174830.6**	**423798.2**	**8599345.9**	**5303217.7**
中央级		4490093.0	8952.0		365200.0	
北　京	1937712.3	1007965.3	448762.1	9293.5	432820.3	166881.6
天　津	208029.9	103465.9	144810.9	2946.8	134897.0	12768.1
河　北	654555.4	403159.1	304804.3	18252.5	262992.1	165171.5
山　西	191945.7	118069.7	174684.0	19735.0	122791.2	160781.0
内蒙古	109596.3	61282.6	269110.4	27226.9	258440.2	279587.5
辽　宁	890727.1	662638.3	217966.6	3335.3	199935.9	112946.3
吉　林	129261.7	95489.6	155411.1		114644.0	59518.1
黑龙江	167718.0	93430.9	166802.6	46.8	154994.4	60599.7
上　海	298178.0	139259.0	733169.5	9571.5	715011.4	9027.3
江　苏	788603.5	541376.1	826536.8	13258.1	826952.9	414773.0
浙　江	189501.1	98481.8	501926.8	45061.4	443994.4	107418.1
安　徽	144128.1	78240.2	288176.0	10433.2	254342.3	88388.0
福　建	171795.5	99787.5	223466.6	26122.1	184102.2	153814.0
江　西	104246.2	64416.1	138264.3		105521.8	96749.9
山　东	1283298.7	932286.7	461637.4	12001.0	426896.4	374365.1
河　南	340906.5	202794.4	350188.9	5225.9	328176.7	231460.0
湖　北	368375.5	209631.1	291430.1	1839.3	254132.0	114752.5
湖　南	289921.6	183909.2	328961.7	5864.8	335967.4	390094.6
广　东	546398.8	368356.8	751592.0	9097.0	727499.0	474825.3
广　西	101794.0	58585.2	299454.7	70954.1	214736.0	146662.9
海　南	52127.7	27770.8	68067.5	12197.7	50544.2	20383.5
重　庆	170162.0	95594.0	188848.5	16513.2	156752.3	67779.0
四　川	608575.1	411405.8	543665.7	37051.1	450198.8	433568.7
贵　州	83933.6	54864.6	192614.4	23327.8	150897.4	99668.1
云　南	325108.4	211165.4	203082.5	4642.8	181470.7	160074.7
西　藏	124207.7	117836.5	20436.9	74.8	17240.9	11150.4
陕　西	534771.7	336521.6	408462.5	29031.3	371607.0	418809.0
甘　肃	157917.5	82159.9	128928.2	1529.0	87775.2	84264.2
青　海	67513.3	44958.3	159103.1	8303.4	107963.1	188464.3
宁　夏	32691.8	18695.7	36169.3	-34.2	40819.9	24146.2
新　疆	155134.6	57641.4	139343.2	896.1	120028.8	174325.1

单位：万元

本年下达所属地方预算指标	本年社会救助预算指标	上年结转预算指标	本级财政安排预算指标	本年上级下达预算指标	本年下达所属地方预算指标
5151531.2	**27800024.2**	**1661409.6**	**26255725.9**	**48871876.5**	**48988987.8**
356248.0			14807612.0		14807612.0
160233.3	234313.9	2178.8	209778.2	37944.3	15587.4
5801.0	314613.8	4836.7	242276.1	126279.3	58778.3
141611.8	996206.9	73862.2	312315.9	2256584.9	1646556.1
128623.2	868518.4	101185.5	251303.6	1879357.7	1363328.4
296144.2	910334.4	44743.5	313354.1	1982422.0	1430185.2
98250.9	831223.0	81905.6	233607.8	1676352.9	1160643.3
18751.0	627616.3		173242.0	1043774.3	589400.0
48838.3	1013020.4	11954.8	344645.0	2590270.3	1933849.7
440.7	401451.3		380059.9	42074.1	20682.7
428447.2	1130884.5	153904.6	796404.6	883192.8	702617.5
94547.1	713950.1	16752.1	606814.0	335046.3	244662.3
64987.5	1248620.1	17292.5	537573.0	1557893.9	864139.3
140571.7	372303.1	19008.3	197577.8	602388.3	446671.3
64007.4	1198520.0		528057.6	2377405.4	1706943.0
351625.1	1067533.3	26015.9	557005.4	1977541.0	1493029.0
214673.7	1245172.4	33057.5	340045.7	2952967.0	2080897.8
79293.7	1572663.3	233059.7	654536.3	1811227.2	1126159.9
402965.1	1328100.7	8857.3	425560.8	3130400.8	2236718.2
459829.3	1394176.5	33383.9	1137391.6	2066013.9	1842612.9
132898.3	1082719.8	116338.1	254231.4	1753721.1	1041570.8
15057.9	245424.7	48040.5	51955.2	275652.7	130223.7
52196.0	1089729.8	328759.6	362271.2	1107478.3	708779.3
377152.9	1773513.6	11463.9	749674.5	3394240.0	2381864.8
81278.9	1139854.0	158775.3	194737.9	2515521.6	1729180.8
143105.7	1369907.9	12662.8	498091.1	3155724.4	2296570.4
8029.2	88087.3	967.3	41855.2	220763.1	175498.3
410984.8	981816.5	86548.5	305982.0	2079719.5	1490433.5
44640.2	1079739.6	11007.3	323309.8	1795096.3	1049673.8
145627.7	300092.7	7667.5	52688.2	767483.0	527746.0
28762.6	288632.3	16509.8	88227.2	442978.0	259082.7
155906.8	891283.6	670.1	283540.8	2034362.1	1427289.4

C-1-12续表2

地　区	本年城市最低生活保障预算指标	上年结转预算指标	本级财政安排预算指标	本年上级下达预算指标	本年下达所属地方预算指标	本年农村最低生活保障预算指标	上年结转预算指标
全　国	**7917434.9**	**578554.2**	**17903055.7**	**17354063.4**	**27918238.4**	**10374398.0**	**656748.8**
中央级			14807612.0		14807612.0		
北　京	87555.6		87419.2	136.4		39540.8	
天　津	131842.3	4224.0	87559.0	40059.3		80429.5	537.7
河　北	441009.3	28597.1	157348.5	1463163.2	1208099.5	231211.1	13009.5
山　西	329805.1	57406.5	30018.0	707459.5	465078.9	276643.9	18803.2
内蒙古	256337.5	25291.0	144272.5	992386.2	905612.2	374827.1	3112.9
辽　宁	401266.6	62725.4	119168.2	1056502.8	837129.8	211103.8	7688.1
吉　林	351579.3		113084.5	760601.8	522107.0	152001.7	
黑龙江	483948.8	626.2	193588.0	1432645.9	1142911.3	243515.2	3.6
上　海	140428.5		132787.5	15282.0	7641.0	25208.2	
江　苏	136898.4	1273.9	108296.8	109536.4	82208.7	532160.9	149536.8
浙　江	124761.4	2596.4	110518.0	37753.3	26106.3	299599.8	5520.2
安　徽	260871.8	5624.3	61849.0	221535.7	28137.2	464907.8	8462.9
福　建	43460.6	2399.5	20045.1	66416.7	45400.7	129498.6	2312.0
江　西	411999.3		138425.7	904087.4	630513.8	429907.1	
山　东	133320.8	3639.9	74135.1	234820.2	179274.4	541412.0	8257.0
河　南	258998.4	11215.2	15361.9	463603.0	231181.7	587923.7	16979.0
湖　北	438734.9	90781.4	188709.9	733766.4	574522.8	554554.3	100707.9
湖　南	411743.1	7924.6	249864.0	1809866.7	1655912.2	404299.5	9.0
广　东	294890.2	5215.4	260520.6	639251.7	610097.5	411350.9	4953.5
广　西	123027.1	23004.9	14286.1	120164.2	34428.1	650515.4	61373.4
海　南	143412.5	14323.7	15933.2	174853.3	61697.7	43684.7	20684.8
重　庆	271424.9	169559.0	1865.9	201096.8	101096.8	190863.3	81329.3
四　川	604654.8	1740.7	142889.0	1451596.6	991571.5	552406.7	7277.0
贵　州	182937.3	28422.4	36933.5	390064.4	272483.0	689799.7	96037.6
云　南	398982.3	867.8	102860.1	813000.2	517745.8	656368.9	6879.3
西　藏	22740.6	312.3	11273.5	108696.3	97541.5	28496.7	62.1
陕　西	256893.9	22303.0	44843.6	633252.9	443505.6	347516.5	31247.2
甘　肃	285416.6	3801.0	282703.9	966612.7	967701.0	577529.9	2183.7
青　海	97459.0	435.7	19227.7	300773.9	222978.3	108245.5	2555.0
宁　夏	73123.2	4054.4	32207.7	65359.1	28498.0	156938.4	6889.8
新　疆	317910.8	188.5	97448.0	439718.4	219444.1	381936.4	336.3

单位：万元

本级财政安排预算指标	本年上级下达预算指标	本年下达所属地方预算指标	本年其他社会救济预算指标	上年结转预算指标	本级财政安排预算指标	本年上级下达预算指标	本年下达所属地方预算指标
3047584.1	**17229128.8**	**10559063.7**	**5595186.6**	**253417.2**	**3347982.7**	**8102967.2**	**6109180.5**
38506.3	1034.5		73254.0	1986.3	54243.5	25701.2	8677.0
65781.0	14110.8		50247.9	75.0	43626.0	65325.2	58778.3
21767.5	303942.0	107507.9	178464.2	28075.0	86143.5	224171.0	159925.3
23152.6	673578.7	438890.6	164739.0	16252.3	173555.2	280998.1	306066.6
50183.4	498540.8	177010.0	176068.5	11419.5	79348.6	292132.1	206831.7
25098.0	309577.4	131259.7	133258.8	4006.3	43220.1	173167.1	87134.7
17039.3	134962.4		48686.2		25457.2	31180.0	7951.0
33992.3	491558.2	282038.9	115847.0	948.5	37148.4	280305.8	202555.7
22912.0	4592.4	2296.2	198994.7		191245.5	14789.7	7040.5
293282.3	543641.1	454299.3	265363.3	2016.7	229485.5	101479.6	67618.5
244375.6	173789.1	124085.1	140083.2	5203.7	119855.5	60312.2	45288.2
112852.2	348830.8	5238.1	297886.9	1437.8	219471.5	816313.2	739335.6
55775.0	220587.5	149175.9	116904.0	7784.8	63386.8	188853.7	143121.3
126642.2	514913.1	211648.2	208334.2		195900.2	659081.5	646647.5
209209.2	1183604.6	859658.8	220064.2	6445.8	147486.1	337000.1	270867.8
193987.7	1860835.7	1483878.7	259422.3	4400.0	96208.2	308251.7	149437.6
274738.8	580412.7	401305.1	400210.1	24979.5	128465.2	287477.0	40711.6
27825.5	528775.6	152310.6	346283.2	671.8	89558.0	442403.7	186350.3
337437.1	457225.7	388265.4	323499.9	2801.5	223118.0	419397.1	321816.7
18463.2	657607.1	86928.3	200699.8	27017.8	193345.6	791467.2	811130.8
15929.1	40199.6	33128.8	20104.3	10150.9	9973.4	7828.6	7848.6
10534.0	198468.2	99468.2	461372.8	38000.4	283868.4	550210.3	410706.3
195051.3	1204843.6	854765.2	344772.1	2766.0	283906.5	211404.9	153305.3
81850.4	1598212.8	1086301.1	150039.9	23087.2	50373.0	263222.0	186642.3
300091.5	1707952.0	1358553.9	171394.6	1039.5	52013.1	322810.2	204468.2
14409.3	51429.9	37404.6	13723.4	61.0	4218.5	16315.9	6872.0
70074.1	776264.4	530069.2	223126.7	23525.4	126102.8	359467.0	285968.5
11044.3	564301.9		122310.0	2961.0	18351.5	100997.5	
16737.1	285584.8	196631.4	50771.2	2937.2	14578.3	61165.1	27909.4
28252.1	297784.5	175988.0	25290.1	3221.0	23833.9	19056.9	20821.7
110589.7	1001966.9	730956.5	93970.1	145.3	40494.7	390681.6	337351.5

C-1-12续表3

地 区	本年医疗救助预算指标	上年结转预算指标	本级财政安排预算指标	本年上级下达预算指标	本年下达所属地方预算指标
全 国	**3913004.7**	**172689.4**	**1957103.4**	**6185717.1**	**4402505.2**
中央级					
北 京	33963.5	192.5	29609.2	11072.2	6910.4
天 津	52094.1		45310.1	6784.0	
河 北	145522.3	4180.6	47056.4	265308.7	171023.4
山 西	97330.4	8723.5	24577.8	217321.4	153292.3
内蒙古	103101.3	4920.1	39549.6	199362.9	140731.3
辽 宁	85593.8	7485.8	46121.5	137105.6	105119.1
吉 林	75349.1		17661.0	117030.1	59342.0
黑龙江	169709.4	10376.5	79916.3	385760.4	306343.8
上 海	36819.9		33114.9	7410.0	3705.0
江 苏	196461.9	1077.2	165340.0	128535.7	98491.0
浙 江	149505.7	3431.8	132064.9	63191.7	49182.7
安 徽	224953.6	1767.5	143400.3	171214.2	91428.4
福 建	82439.9	6512.0	58370.9	126530.4	108973.4
江 西	148279.4		67089.5	299323.4	218133.5
山 东	172736.3	7673.2	126175.0	222116.1	183228.0
河 南	138828.0	463.3	34487.9	320276.6	216399.8
湖 北	179164.0	16590.9	62622.4	209571.1	109620.4
湖 南	165774.9	251.9	58313.3	349354.8	242145.1
广 东	364435.5	20413.5	316315.9	550139.4	522433.3
广 西	108477.5	4942.0	28136.5	184482.6	109083.6
海 南	38223.2	2881.1	10119.5	52771.2	27548.6
重 庆	166068.8	39870.9	66002.9	157703.0	97508.0
四 川	271680.0	-319.8	127827.7	526394.9	382222.8
贵 州	117077.1	11228.1	25581.0	264022.4	183754.4
云 南	143162.1	3876.2	43126.4	311962.0	215802.5
西 藏	23126.6	531.9	11953.9	44321.0	33680.2
陕 西	154279.4	9472.9	64961.5	310735.2	230890.2
甘 肃	94483.1	2061.6	11210.1	163184.2	81972.8
青 海	43617.0	1739.6	2145.1	119959.2	80226.9
宁 夏	33280.6	2344.6	3933.5	60777.5	33775.0
新 疆	97466.3		35008.4	201995.2	139537.3

单位：万元

本年自然灾害生活救助预算指标	上年结转预算指标	本级财政安排预算指标	本年上级下达预算指标	本年下达所属地方预算指标
1488633.8	**149163.8**	**1408357.3**	**2557839.8**	**2626727.1**
13500.0		852053.0		838553.0
1399.6		1351.6	48.0	
1971.9	306.9	1281.0	384.0	
61918.5	20318.5	12347.0	95817.0	66564.0
47963.0	10224.3	8508.7	95799.5	66569.5
65967.7	15991.4	12419.9	106317.0	68760.6
25119.6	2152.2	11593.8	43407.8	32034.2
42476.4		42016.0	72880.4	72420.0
19945.1	1232.0	2641.0	47789.5	31717.4
900.0		900.0		
15948.6	1018.0	13075.4	9603.2	7748.0
44825.4	4591.0	31394.4	28950.2	20110.2
39010.2	3110.1	8347.2	57511.8	29958.9
33207.8	9557.8	21468.0	26509.0	24327.0
112635.3		52725.3	259581.0	199671.0
15823.1	1470.0	7073.1	24180.0	16900.0
24124.9	1389.2	6602.7	50256.5	34123.5
77878.2	2853.5	30846.7	100010.0	55832.0
115287.0	1589.0	30300.1	271978.9	188581.0
26146.3	2267.3	19409.0	34235.5	29765.5
67136.0	13562.5	25637.8	79673.1	51737.4
12659.0	7591.0	3631.0	2758.0	1321.0
30195.2	8762.7	10652.5	29692.0	18912.0
89858.6	5880.6	26166.6	193322.6	135511.2
95896.4	16984.2	32992.2	165198.1	119278.1
83523.0	7478.7	47346.3	159464.2	130766.2
37383.5	1263.0	11316.2	28808.1	4003.8
75716.6	3266.0	33473.9	156487.3	117510.6
61686.0	1403.5	7863.5	107424.0	55005.0
24581.0	362.4	13997.5	61829.1	51608.0
15702.8	2389.8	2313.0	22868.0	11868.0
108247.1	2148.2	26612.9	225056.0	145570.0

C-1-12续表4

地　区	本年民政管理事务预算指标	上年结转预算指标	本级财政安排预算指标	本年上级下达预算指标	本年下达所属地方预算指标	本年行政事业单位离退休预算指标	上年结转预算指标
全　国	**4892746.9**	**67462.6**	**4703779.6**	**1078149.2**	**956644.5**	**483459.3**	**-4192.2**
中央级	58873.2		124535.2		65662.0	8096.9	
北　京	308831.2	2.1	308059.8	769.3		61914.0	0.4
天　津	241937.3	3127.6	238809.7			8208.9	
河　北	140359.8	1514.4	136256.6	30263.0	27674.2	27916.2	
山　西	87952.3	941.5	84294.8	23755.3	21039.3	11438.0	100.4
内蒙古	84410.9	5786.7	63928.9	26397.2	11701.9	18407.7	-74.1
辽　宁	230211.4	869.6	192408.3	97106.5	60173.0	21253.7	0.6
吉　林	96332.6		75004.5	21328.1		11390.5	
黑龙江	65505.8	128.3	62599.5	12618.7	9840.7	14340.9	
上　海	161768.7		161768.7	581.0	581.0	6043.6	
江　苏	277391.6	457.9	267926.6	51063.3	42056.2	33526.6	263.6
浙　江	284952.8	4440.3	279132.7	21263.4	19883.6	17931.1	95.0
安　徽	94738.6	1473.4	89699.2	20056.2	16490.2	18073.2	10.9
福　建	108843.2	1830.9	105467.3	27834.6	26289.6	14312.9	18.3
江　西	66504.9		63638.7	11845.2	8979.0	4521.4	
山　东	277239.2	116.0	275187.2	40988.3	39052.3	15921.2	
河　南	151542.5	323.5	146412.7	22221.3	17415.0	18394.0	
湖　北	215946.5	-11549.2	226107.7	72446.2	71058.2	18157.6	-4925.6
湖　南	161478.5	203.5	138020.5	61911.8	38657.3	7075.6	
广　东	445919.6	719.3	443556.3	95754.8	94110.8	65674.6	
广　西	169399.3	13107.7	158517.5	31869.4	34095.3	19900.6	-7.4
海　南	37683.5	6336.1	30342.0	3714.9	2709.5	-20507.0	200.9
重　庆	132844.4	2774.1	128737.3	15644.0	14311.0	9895.8	
四　川	258713.1	5944.8	248294.2	50863.2	46389.1	20349.0	51.0
贵　州	138194.7	4197.3	131442.4	47659.3	45104.3	1595.2	22.4
云　南	197242.5	1614.5	192394.0	91084.4	87850.4	14090.2	
西　藏	43294.5	139.1	17682.5	26386.8	913.9	16393.4	
陕　西	179711.9	17455.0	159671.9	128709.8	126124.8	4975.7	18.5
甘　肃	41965.9	351.4	37537.5	6510.0	2433.0	5787.5	
青　海	31916.0	453.2	26747.8	18721.7	14006.7	647.9	
宁　夏	40347.9	4703.6	33276.8	9700.5	7333.0	2081.5	32.9
新　疆	60692.6		56320.8	9081.0	4709.2	5650.9	

单位：万元

本级财政安排预算指标	本年上级下达预算指标	本年下达所属地方预算指标	本年其他款项用于民政支出预算指标	上年结转预算指标	本级财政安排预算指标	本年上级下达预算指标	本年下达所属地方预算指标
490969.1	**18761.3**	**22078.9**	**1641533.0**	**95385.3**	**1454346.6**	**674200.1**	**582399.0**
8096.9			72500.5		72500.5		
61913.6			97755.2		97754.7	0.5	
8208.9			11407.3	3.0	10905.3	499.0	
27916.2			25109.5	61.1	24322.8	725.6	
11337.6			23864.8	5779.2	17384.7	2350.5	1649.6
18452.4	29.4		81673.5	30939.2	40137.2	22214.7	11617.6
20476.9	1100.2	324.0	48981.0	29.3	77207.0	34925.6	63180.9
9861.1	1529.4		69829.5		25912.3	43917.2	
14340.9			10134.6		9875.0	259.6	
6043.6			31535.6		31535.6		
32826.8	436.2		132150.0	7908.2	114861.2	44889.6	35509.0
17836.1			39014.7	893.0	38121.7	4501.8	4501.8
18062.3			33883.1	1470.1	30637.7	2216.0	440.7
14294.6			49660.9	2238.5	47202.7	19890.5	19670.8
4437.8	87.0	3.4	24792.7		35921.6	45897.6	57026.5
15921.2			49780.3	10747.6	39032.7	1700.3	1700.3
18394.0			61233.9	9538.4	34467.8	26779.0	9551.3
23083.2			68166.5	-11635.6	95625.0	26023.1	41846.0
7040.2	35.4		38179.4		20258.1	46449.6	28528.3
65674.6			203668.3	1051.6	202616.7	80090.2	80090.2
19908.0			48083.7	6315.9	35551.8	8737.2	2521.2
1042.9		21750.8	27602.1	5728.4	15489.6	8848.1	2464.0
9895.8			13211.5	730.6	12480.9	402.8	402.8
20298.0			38784.1	1224.6	61857.0	29495.7	53793.2
1572.8			11393.8	411.6	10982.2	200.0	200.0
14090.2			121165.2	2511.0	118654.2	101064.6	101064.6
870.9	15523.2	0.7	36891.3		3792.4	33778.9	680.0
4957.2			43236.8	4500.9	38507.0	40992.0	40763.1
5787.5			22849.9	232.8	21992.1	625.0	
628.1	19.8		18586.9		18254.3	2394.4	2061.8
2048.6			81140.5	14705.9	47267.1	24944.6	5777.1
5650.2	0.7		5265.9		3237.7	19386.4	17358.2

C-1-12续表5

地区	本年财政拨款	抚恤	退役安置	社会福利
全国	**58425924.5**	**8276738.6**	**7191447.9**	**8740913.5**
中央级	172167.6	10245.0		8952.0
北京	2535606.0	156500.6	1236207.9	439127.1
天津	949332.5	96773.5	137056.6	139212.2
河北	2490783.6	473091.3	555985.4	288590.0
山西	1470387.6	256589.4	138672.7	148368.0
内蒙古	1489008.9	109415.4	102228.2	229098.2
辽宁	2005091.8	212260.0	493396.8	210308.4
吉林	1344349.1	262987.8	111459.9	155411.1
黑龙江	1616750.1	211840.3	136322.3	165726.0
上海	1695780.0	130919.0	239737.3	724556.5
江苏	3183455.2	512917.0	452880.9	796751.5
浙江	2027596.0	317433.0	176453.3	462532.7
安徽	2203070.5	339983.6	176529.5	280150.0
福建	1039713.1	167089.1	118927.9	202589.5
江西	1882231.8	271048.5	67055.7	138249.3
山东	3418416.9	789773.7	792807.7	453529.8
河南	2602932.8	549627.8	253598.4	345351.3
湖北	2554198.5	415061.7	219158.3	290429.1
湖南	2618390.6	512533.6	154973.3	320323.5
广东	3589510.3	451509.3	335302.9	740461.8
广西	1758949.0	228887.1	65944.1	237703.4
海南	309301.1	31678.1	24883.0	42282.1
重庆	1507523.7	215479.9	122829.7	174782.3
四川	3589775.7	628123.0	301023.8	508901.7
贵州	1623309.1	176675.1	48557.6	147078.4
云南	2356595.9	244229.3	151169.5	196099.1
西藏	284163.3	7245.8	22354.2	26700.1
陕西	2101545.4	305606.3	259794.0	371830.3
甘肃	1515720.6	78079.8	121528.1	126351.0
青海	589673.6	19731.7	37672.3	157843.6
宁夏	457017.2	17387.4	13752.2	36393.5
新疆	1443577.0	76015.5	123184.4	175230.0

单位：万元

社会救助	自然灾害生活救助	民政管理事务	行政事业单位离退休	其他款项用于民政支出
26120219.1	**1323974.2**	**4799137.8**	**489941.2**	**1483552.2**
	13500.0	58873.2	8096.9	72500.5
233822.4	1399.6	308101.2	61913.8	98533.4
313656.4	1971.9	241045.7	8208.9	11407.3
931961.9	49397.9	138554.8	27916.2	25286.1
768268.3	37951.2	86420.0	11436.5	22681.5
850448.9	41065.3	78013.1	18380.2	60359.6
772848.9	22859.0	227193.3	21553.6	44671.8
627616.3	42476.4	96332.6	11390.5	36674.5
993225.2	19742.1	65201.8	14340.9	10351.5
400319.3	900.0	161768.7	6043.6	31535.6
971340.1	13072.0	274391.6	33526.6	128575.5
703149.8	35425.4	278048.6	17849.6	36703.6
1233370.3	34789.6	93265.9	18071.1	26910.5
354927.6	27204.4	107542.4	14305.8	47126.4
1198003.6	112087.3	66504.9	4489.8	24792.7
1036029.1	14558.1	276887.3	15921.2	38910.0
1215983.6	20770.1	151539.5	18394.0	47668.1
1264391.7	72189.4	213735.2	18100.1	61133.0
1314002.0	111492.7	161408.7	7075.6	36581.2
1329285.9	24370.5	445451.1	65610.2	197518.6
963967.4	48304.1	153184.7	19940.9	41017.3
147147.3	4339.8	27604.6	1676.6	29689.6
821062.1	23286.5	127952.9	9891.2	12239.1
1759845.2	85317.4	252850.0	20272.9	33441.7
1030780.3	77131.3	131302.9	1572.8	10210.7
1358978.3	79336.9	194350.9	13955.3	118476.6
124386.2	32812.8	42254.4	899.0	27510.8
887349.4	69913.3	163590.1	4975.7	38486.3
1057974.7	61393.5	41773.2	5787.5	22832.8
299195.8	24082.1	31913.3	647.9	18586.9
265924.1	13979.7	41702.4	2045.4	65832.5
890957.0	106853.9	60378.8	5650.9	5306.5

C−1−12续表6

地　区	本年预算指标结余	抚恤	退役安置	社会福利
全　国	**3135892.5**	**339113.5**	**273289.2**	**433917.1**
中央级				
北　京	13555.6	276.1	3201.0	9635.0
天　津	12639.4	3183.4	2008.3	5598.7
河　北	126912.8	12535.6	19768.9	16214.3
山　西	153953.2	6773.6	7884.6	26316.0
内蒙古	161372.6	4622.0	4211.3	40012.2
辽　宁	211435.9	139061.5	-2945.9	7658.2
吉　林	33155.0			
黑龙江	23544.9	952.2	1430.8	1076.6
上　海	25643.0		15898.0	8613.0
江　苏	245695.1	16031.6	30882.7	29785.3
浙　江	79896.0	8836.2	2168.6	39394.1
安　徽	40737.4	2174.0	2619.6	8026.0
福　建	55575.2	2865.8	4611.0	20877.1
江　西	1410.9	199.9	100.0	15.0
山　东	60728.9	473.7	8156.2	8107.6
河　南	52704.1	1011.1	743.0	4837.6
湖　北	326937.3	1316.1	1357.5	1001.0
湖　南	39018.2	4068.6	6750.4	8638.2
广　东	115792.5	2100.8	29212.5	11130.2
广　西	257179.0	24311.6	10291.1	61751.3
海　南	181163.2	34347.8	28625.6	25785.4
重　庆	304518.2	6211.7	2795.4	14066.2
四　川	93820.1	4957.2	24607.7	34764.0
贵　州	202849.4	15275.3	6102.0	45536.0
云　南	35571.5	5529.3	2228.0	6983.4
西　藏	-8001.6	6471.4	-2396.6	-6263.2
陕　西	228277.2	33337.8	37164.5	36632.2
甘　肃	30861.3	1237.2	4779.7	2577.2
青　海	2964.3	242.5	63.8	1259.5
宁　夏	59643.0	554.2	20892.1	-224.2
新　疆	-33661.1	155.3	77.4	-35886.8

单位：万元

社会救助	自然灾害生活救助	民政管理事务	行政事业单位离退休	其他款项用于民政支出
1679805.1	**164659.6**	**93609.1**	**-6481.9**	**157980.8**
491.5		730.0	0.2	-778.2
957.4		891.6		
64245.0	12520.6	1805.0		-176.6
100250.1	10011.8	1532.3	1.5	1183.3
59885.5	24902.4	6397.8	27.5	21313.9
58374.1	2260.6	3018.1	-299.9	4309.2
				33155.0
19795.2	203.0	304.0		-216.9
1132.0				
159544.4	2876.6	3000.0		3574.5
10800.3	9400.0	6904.2	81.5	2311.1
15249.8	4220.6	1472.7	2.1	6972.6
17375.5	6003.4	1300.8	7.1	2534.5
516.4	548.0		31.6	
31504.2	1265.0	351.9		10870.3
29188.8	3354.8	3.0		13565.8
308271.6	5688.8	2211.3	57.5	7033.5
14098.7	3794.3	69.8		1598.2
64890.6	1775.8	468.5	64.4	6149.7
118752.4	18831.9	16214.6	-40.3	7066.4
98277.4	8319.2	10078.9	-22183.6	-2087.5
268667.7	6908.7	4891.5	4.6	972.4
13668.4	4541.2	5863.1	76.1	5342.4
109073.7	18765.1	6891.8	22.4	1183.1
10929.6	4186.1	2891.6	134.9	2688.6
-36298.9	4570.7	1040.1	15494.4	9380.5
94467.1	5803.3	16121.8		4750.5
21764.9	292.5	192.7		17.1
896.9	498.9	2.7		
22708.2	1723.1	-1354.5	36.1	15308.0
326.6	1393.2	313.8		-40.6

C-1-13 社会服务事业费预算

地 区	预算指标合计			中央
	2017年	2016年	增长 (%)	2017年
全 国	**58797051.8**	**54227752.3**	**8.4**	**25094736.6**
中央级	172167.6	225508.0	-23.7	172167.6
北 京	2535333.4	2302953.1	10.1	991251.0
天 津	948823.9	867424.2	9.4	203974.0
河 北	2483176.9	2155865.3	15.2	1173400.0
山 西	1473024.1	1374236.3	7.2	760347.0
内蒙古	1517927.3	1428900.8	6.2	689931.0
辽 宁	2105206.0	1953631.3	7.8	1023074.0
吉 林	1377504.1	1192802.9	15.5	777846.0
黑龙江	1624912.8	1531901.1	6.1	826373.0
上 海	1703965.5	1385697.7	23.0	207295.0
江 苏	3206467.7	2879429.9	11.4	641931.0
浙 江	2024489.5	1847983.0	9.6	302499.0
安 徽	2201599.2	1977183.7	11.4	1016287.0
福 建	1019324.4	1047510.8	-2.7	307867.0
江 西	1883642.7	1722219.0	9.4	959642.0
山 东	3422142.8	3046273.1	12.3	1246945.0
河 南	2604995.7	2488786.5	4.7	1397859.0
湖 北	2676232.4	2546205.7	5.1	1130437.0
湖 南	2636029.9	2530834.7	4.2	1486474.0
广 东	3618484.0	2939661.9	23.1	560850.0
广 西	1765577.0	1673906.7	5.5	919399.0
海 南	393149.3	395931.8	-0.7	200633.0
重 庆	1447379.4	1267556.0	14.2	633594.0
四 川	3601916.2	3403427.4	5.8	1751672.0
贵 州	1608927.2	1701048.0	-5.4	1004417.0
云 南	2354479.1	2332690.9	0.9	1172520.0
西 藏	272666.3	255469.5	6.7	160597.0
陕 西	2142643.8	2036485.8	5.2	979658.0
甘 肃	1527973.7	1615413.3	-5.4	978583.0
青 海	575227.7	507496.1	13.3	332098.0
宁 夏	465780.3	421114.2	10.6	235456.0
新 疆	1405881.9	1172203.6	19.9	849660.0

指标安排与上年比较

单位：万元

安排预算指标		地方安排预算指标		
2016年	增长(%)	2017年	2016年	增长(%)
25083687.0	-	**33702315.2**	**29302151.4**	**15.0**
225508.0	-23.7			
844939.0	17.3	1544082.4	1458014.1	5.9
198544.0	2.7	744849.9	668880.2	11.4
1110045.0	5.7	1309776.9	1045820.3	25.2
731938.0	3.9	712677.1	642298.3	11.0
654149.0	5.5	827996.3	774751.8	6.9
978915.0	4.5	1082132.0	974716.3	11.0
695198.0	11.9	599658.1	497604.9	20.5
907266.0	-8.9	798539.8	624635.1	27.8
179323.0	15.6	1496670.5	1364460.8	9.7
624278.0	2.8	2564536.7	2255151.9	13.7
283335.0	6.8	1721990.5	1564648.0	10.1
1000620.0	1.6	1185312.2	976563.7	21.4
330103.0	-6.7	711457.4	717407.8	-0.8
909581.0	5.5	924000.7	812638.0	13.7
1225791.0	1.7	2175197.8	1820482.1	19.5
1451856.0	-3.7	1207136.7	1036930.5	16.4
1240647.0	-8.9	1545795.4	1305558.7	18.4
1517625.0	-2.1	1149555.9	1013209.7	13.5
546927.0	2.5	3057634.0	2392734.9	27.8
909081.0	1.1	846178.0	764825.7	10.6
191247.0	4.9	192516.3	204684.8	-5.9
593059.0	6.8	813785.4	674497.0	20.7
1815207.0	-3.5	1850244.2	1588220.4	16.5
1124294.0	-10.7	604510.2	576754.0	4.8
1306158.0	-10.2	1181959.1	1026532.9	15.1
148655.0	8.0	112069.3	106814.5	4.9
1003400.0	-2.4	1162985.8	1033085.8	12.6
1028623.0	-4.9	549390.7	586790.3	-6.4
305300.0	8.8	243129.7	202196.1	20.2
217999.0	8.0	230324.3	203115.2	13.4
784076.0	8.4	556221.9	388127.6	43.3

C-1-14 社会服务事业费预算

地区	全国预算安排合计	中央安排合计	全省安排合计				抚恤	
				省级	市级	县级及以下		中央安排
全国	**58797051.8**	**25094736.6**	**33702315.2**	**10536771.1**	**5395537.8**	**17770006.3**	**8183547.6**	**4156553.0**
中央级	172167.6	172167.6					10245.0	10245.0
北京	2535333.4	991251.0	1544082.4	565876.1		978206.3	156056.1	31581.0
天津	948823.9	203974.0	744849.9	121332.8		623517.1	98155.5	24059.0
河北	2483176.9	1173400.0	1309776.9	403005.2	218668.4	688103.3	479270.9	255629.0
山西	1473024.1	760347.0	712677.1	210609.5	216808.6	285259.0	253973.9	105637.0
内蒙古	1517927.3	689931.0	827996.3	310605.0	172963.2	344428.1	109156.2	42191.0
辽宁	2105206.0	1023074.0	1082132.0	182483.2	454999.7	444649.1	196681.1	90171.0
吉林	1377504.1	777846.0	599658.1	181218.0	156724.8	261715.3	162059.4	80769.0
黑龙江	1624912.8	826373.0	798539.8	308946.4	164167.7	325425.7	211658.2	64657.0
上海	1703965.5	207295.0	1496670.5	150734.4		1345936.1	131122.0	18601.0
江苏	3206467.7	641931.0	2564536.7	538546.0	325900.8	1700089.9	499019.1	189466.0
浙江	2024489.5	302499.0	1721990.5	303261.3	185859.3	1232869.9	317403.6	98005.0
安徽	2201599.2	1016287.0	1185312.2	182215.9	178592.6	824503.7	346979.6	212218.0
福建	1019324.4	307867.0	711457.4	171384.0	138841.5	401231.9	164258.0	62953.0
江西	1883642.7	959642.0	924000.7	343459.5	66322.0	514219.2	271047.3	164675.0
山东	3422142.8	1246945.0	2175197.8	661342.8	486179.9	1027675.1	788735.3	379465.0
河南	2604995.7	1397859.0	1207136.7	341987.7	236843.0	628306.0	548986.0	331738.0
湖北	2676232.4	1130437.0	1545795.4	659924.3	241605.6	644265.5	418543.9	221254.0
湖南	2636029.9	1486474.0	1149555.9	513355.8	172526.7	463673.4	511001.8	372507.0
广东	3618484.0	560850.0	3057634.0	1085758.3	644001.8	1327873.9	447860.4	138297.0
广西	1765577.0	919399.0	846178.0	335023.9	162760.1	348394.0	231511.5	118353.0
海南	393149.3	200633.0	192516.3	24264.4	34466.5	133785.4	41809.1	20702.0
重庆	1447379.4	633594.0	813785.4	496225.8		317559.6	218571.4	132631.0
四川	3601916.2	1751672.0	1850244.2	417337.8	275409.9	1157496.5	628486.4	447724.0
贵州	1608927.2	1004417.0	604510.2	168269.2	126975.3	309265.7	181315.2	122143.0
云南	2354479.1	1172520.0	1181959.1	469926.2	233080.2	478952.7	242946.7	150522.0
西藏	272666.3	160597.0	112069.3	11043.4	58567.9	42458.0	12400.0	6609.0
陕西	2142643.8	979658.0	1162985.8	555476.2	318114.5	289395.1	314836.1	142507.0
甘肃	1527973.7	978583.0	549390.7	368889.9	46662.5	133838.3	78120.8	60305.0
青海	575227.7	332098.0	243129.7	129182.3	7734.5	106212.9	19858.2	11598.0
宁夏	465780.3	235456.0	230324.3	154666.6	15598.2	60059.5	16617.9	9646.0
新疆	1405881.9	849660.0	556221.9	170419.2	55162.6	330640.1	74861.0	39695.0

指标各级安排情况表

单位：万元

全省安排	省级	市级	县级及以下	退役安置	中央安排	全省安排	省级
4026994.6	**1054015.1**	**423800.6**	**2549178.9**	**7482320.8**	**4489527.0**	**2992793.8**	**855947.2**
124475.1	225.4		124249.7	1237676.1	929747.0	307929.1	211686.1
74096.5	5942.1		68154.4	138939.4	104564.0	34375.4	191.2
223641.9	90656.4	23390.0	109595.5	539602.4	229618.0	309984.4	59427.1
148336.9	14749.8	29002.4	104584.7	142595.6	73876.0	68719.6	11779.9
66965.2	10923.0	5977.1	50065.1	104941.4	50643.0	54298.4	5827.0
106510.1	16152.2	14473.5	75884.4	660215.2	419823.0	240392.2	10836.2
81290.4	35759.6	2615.9	42914.9	167095.8	89408.0	77687.8	11266.5
147001.2	83060.4	5644.1	58296.7	136729.8	74287.0	62442.8	2318.7
112521.0	21358.6		91162.4	246101.3	157271.0	88830.3	200.3
309553.1	47756.0	19643.5	242153.6	447370.1	244434.0	202936.1	52208.0
219398.6	23875.9	6021.9	189500.8	176317.6	91019.0	85298.6	1800.0
134761.6	15789.0	10767.6	108205.0	177281.9	65393.0	111888.9	6995.4
101305.0	22151.1	12336.1	66817.8	112047.8	72008.0	40039.8	1565.5
106372.3	41504.2	4286.2	60581.9	67144.6	39819.0	27325.6	9149.1
409270.3	73606.6	73372.5	262291.2	795823.5	351012.0	444811.5	216882.9
217248.0	39779.0	26812.8	150656.2	253744.1	137955.0	115789.1	12516.4
197289.9	55201.5	26401.3	115687.1	226562.6	162388.0	64174.6	24637.0
138494.8	45657.6	28326.9	64510.3	160292.0	106378.0	53914.0	14931.3
309563.4	77155.5	57126.5	175281.4	329965.4	178042.0	151923.4	30002.5
113158.5	48977.0	7500.6	56680.9	67646.0	43209.0	24437.0	11183.7
21107.1	4800.3	3280.4	13026.4	42130.3	23726.0	18404.3	541.0
85940.4	59737.1		26203.3	121623.0	74568.0	47055.0	21189.5
180762.4	36196.0	16587.8	127978.6	309934.7	196942.0	112992.7	29409.0
59172.2	11547.1	9299.3	38325.8	51782.1	29069.0	22713.1	2571.3
92424.7	34980.0	8594.2	48850.5	151430.9	113943.0	37487.9	5035.1
5791.0	447.7	3724.9	1618.4	35820.2	22300.0	13520.2	
172329.1	116976.4	22857.4	32495.3	274707.7	198250.0	76457.7	48587.4
17815.8	5386.0	2370.1	10059.7	123251.3	75942.0	47309.3	29043.9
8260.2	2786.5	537.1	4936.6	37438.5	22848.0	14590.5	12774.6
6971.9	1104.4	1641.3	4226.2	23315.8	13916.0	9399.8	5172.9
35166.0	9772.7	1209.2	24184.1	122793.7	97129.0	25664.7	6217.7

C-1-14续表1

地区	市级	县级及以下	社会福利	中央安排	全省安排	省级	市级	县级及以下
全国	**666779.7**	**1470066.9**	**8777469.3**	**543323.4**	**8234145.9**	**2442059.1**	**1642363.6**	**4149723.2**
中央级			8952.0	8952.0				
北京		96243.0	439608.3	6788.0	432820.3	230346.8		202473.5
天津		34184.2	141864.0	6967.0	134897.0	39684.6		95212.4
河北	58940.1	191617.2	275982.1	12990.0	262992.1	49116.1	61886.3	151989.7
山西	20806.8	36132.9	154940.3	32149.1	122791.2	30411.9	66594.0	25785.3
内蒙古	4850.5	43620.9	267193.2	8753.0	258440.2	145393.9	51951.4	61094.9
辽宁	176295.3	53260.7	216206.7	16270.8	199935.9	36493.7	93885.4	69556.8
吉林	53911.6	12509.7	121495.0	6851.0	114644.0	17316.3	53829.8	43497.9
黑龙江	47475.5	12648.6	164101.4	9107.0	154994.4	40168.7	60372.4	54453.3
上海		88630.0	724038.7	9027.3	715011.4	68075.5		646935.9
江苏	26745.7	123982.4	919681.9	92729.0	826952.9	194545.8	128211.5	504195.6
浙江	10698.5	72800.1	456865.4	12871.0	443994.4	85626.5	73352.3	285015.6
安徽	35081.9	69811.6	274254.3	19912.0	254342.3	24888.6	48061.6	181392.1
福建	3039.9	35434.4	197564.2	13462.0	184102.2	52803.5	44698.1	86600.6
江西	4870.1	13306.4	127472.8	21951.0	105521.8	26868.5	18414.0	60239.3
山东	67021.6	160907.0	449636.4	22740.0	426896.4	124779.9	123439.8	178676.7
河南	44232.7	59040.0	350729.7	22553.0	328176.7	102026.3	82626.5	143523.9
湖北	12459.2	27078.4	262931.0	8799.0	254132.0	40405.9	62847.1	150879.0
湖南	16701.6	22281.1	365023.4	29056.0	335967.4	215671.1	38161.4	82134.9
广东	9525.8	112395.1	742495.0	14996.0	727499.0	193298.9	184740.6	349459.5
广西	6026.0	7227.3	234393.0	19657.0	214736.0	77500.7	70589.1	66646.2
海南	12765.6	5097.7	59197.2	8653.0	50544.2	10342.1	8450.4	31751.7
重庆		25865.5	172335.3	15583.0	156752.3	58832.6		97919.7
四川	9797.4	73786.3	463482.8	13284.0	450198.8	128224.6	114281.7	207692.5
贵州	7692.2	12449.6	169286.6	18389.2	150897.4	55839.4	32309.8	62748.2
云南	9281.9	23170.9	198439.7	16969.0	181470.7	44605.2	49134.1	87731.4
西藏	12827.6	692.6	17240.9		17240.9	530.2	11514.0	5196.7
陕西	12317.0	15553.3	379431.0	7824.0	371607.0	182476.2	99337.1	89793.7
甘肃	474.2	17791.2	95319.2	7544.0	87775.2	37387.3	21258.2	29129.7
青海	7.7	1808.2	125883.1	17920.0	107963.1	71888.2	2923.6	33151.3
宁夏	929.2	3297.7	53163.9	12344.0	40819.9	25542.3	1805.5	13472.1
新疆	2004.1	17442.9	148260.8	28232.0	120028.8	30967.8	37687.9	51373.1

单位：万元

社会救助	中央安排合计	全省安排合计	省级	市级	县级及以下	城市最低生活保障	中央安排	全省安排
26262571.6	**14814457.7**	**11448113.9**	**4758608.9**	**997199.9**	**5692305.1**	**9346715.1**	**6251271.4**	**3095443.7**
232116.2	22338.0	209778.2	14082.9		195695.3	87419.2		87419.2
309777.1	67501.0	242276.1	43761.2		198514.9	87559.0		87559.0
955457.9	643142.0	312315.9	174297.0	32631.5	105387.4	684990.5	527642.0	157348.5
767341.6	516038.0	251303.6	140298.2	56772.1	54233.3	255779.7	225761.7	30018.0
862124.1	548770.0	313354.1	129748.0	72088.9	111517.2	552891.5	408619.0	144272.5
716268.0	482660.2	233607.8	76559.0	51369.7	105679.1	560043.4	440875.2	119168.2
701111.0	527869.0	173242.0	61531.0	13349.8	98361.2	580104.5	467020.0	113084.5
1004117.0	659472.0	344645.0	157663.7	23208.6	163772.7	690191.1	496603.1	193588.0
401874.6	21814.7	380059.9	16509.4		363550.5	140428.5	7641.0	132787.5
908648.6	112244.0	796404.6	213500.0	28381.9	554522.7	122373.8	14077.0	108296.8
697198.0	90384.0	606814.0	144818.2	20022.7	441973.1	120795.0	10277.0	110518.0
1226689.0	689116.0	537573.0	111513.4	46603.4	379456.2	61849.0		61849.0
353294.8	155717.0	197577.8	61901.0	18626.3	117050.5	41061.1	21016.0	20045.1
1199089.6	671032.0	528057.6	180867.6	21214.2	325975.8	506665.7	368240.0	138425.7
1041517.4	484512.0	557005.4	223201.5	99855.0	233948.9	129705.7	55570.6	74135.1
1226824.7	886779.0	340045.7	166345.3	21052.2	152648.2	15361.9		15361.9
1346383.3	691847.0	654536.3	384931.0	50160.5	219444.8	606226.9	417517.0	188709.9
1316941.8	891381.0	425560.8	218697.0	35465.2	171398.6	1019810.0	769946.0	249864.0
1360792.6	223401.0	1137391.6	698506.0	71999.6	366886.0	373016.6	112496.0	260520.6
960790.4	706559.0	254231.4	157417.0	14013.7	82800.7	14286.1		14286.1
197259.2	145304.0	51955.2	1641.2	2819.1	47494.9	136043.2	120110.0	15933.2
760970.2	398699.0	362271.2	316408.7		45862.5	101865.9	100000.0	1865.9
1761790.5	1012116.0	749674.5	159285.9	60008.0	530380.6	483899.0	341010.0	142889.0
981078.7	786340.8	194737.9	64702.0	35621.5	94414.4	154514.9	117581.4	36933.5
1357245.1	859154.0	498091.1	256426.2	77517.0	164147.9	224989.3	122129.2	102860.1
157237.2	115382.0	41855.2	86.2	11766.6	30002.4	102378.5	91105.0	11273.5
895268.0	589286.0	305982.0	107749.6	123931.9	74300.5	253518.9	208675.3	44843.6
1103049.8	779740.0	323309.8	271437.0	3367.7	48505.1	983534.9	700831.0	282703.9
302619.2	249931.0	52688.2	18592.6	981.2	33114.4	125755.6	106527.9	19227.7
274096.2	185869.0	88227.2	73518.5	700.4	14008.3	32207.7		32207.7
883599.8	600059.0	283540.8	112612.6	3671.2	167257.0	97448.0		97448.0

C−1−14续表2

地区	省级	市级	县级及以下	农村最低生活保障	中央安排	全省安排	省级	市级
全国	**1392997.1**	**268835.2**	**1433611.4**	**7225383.5**	**4177799.4**	**3047584.1**	**1243001.2**	**257664.7**
中央级								
北京			87419.2	38506.3		38506.3		
天津			87559.0	65781.0		65781.0		
河北	130464.0	7327.4	19557.1	21767.5		21767.5		3831.4
山西		13555.5	16462.5	234969.0	211816.4	23152.6		15257.8
内蒙古	102971.0	22094.7	19206.8	50183.4		50183.4		17626.5
辽宁	65516.0	13858.1	39794.1	25098.0		25098.0		960.1
吉林	55087.0	9065.7	48931.8	17039.3		17039.3		1087.5
黑龙江	94197.0	16039.4	83351.6	33992.3		33992.3		574.2
上海			132787.5	25208.2	2296.2	22912.0		
江苏	23183.0	1327.5	83786.3	354065.3	60783.0	293282.3	136914.0	658.4
浙江	13213.3	1893.7	95411.0	294079.6	49704.0	244375.6	74381.1	772.7
安徽		9547.2	52301.8	112852.2		112852.2		2238.1
福建	94.4	3093.9	16856.8	127105.0	71330.0	55775.0	503.1	5393.7
江西	797.2	4701.2	132927.3	126642.2		126642.2		
山东	24945.4	19177.3	30012.4	532155.0	322945.8	209209.2	89732.5	33292.1
河南		1930.4	13431.5	978023.7	784036.0	193987.7	160513.0	10157.6
湖北	82916.0	38245.1	67548.8	451898.8	177160.0	274738.8	220000.0	231.3
湖南	196921.0	21791.3	31151.7	27825.5		27825.5		1070.8
广东	192143.2	9964.4	58413.0	337437.1		337437.1	186111.6	16049.7
广西		3880.7	10405.4	18463.2		18463.2		238.0
海南	500.0	160.0	15273.2	15929.1		15929.1		1027.5
重庆	1096.8		769.1	109534.0	99000.0	10534.0	468.2	
四川	27424.0	11185.2	104279.8	706565.3	511514.0	195051.3	41136.0	26283.4
贵州	15000.0	7670.2	14263.3	593762.1	511911.7	81850.4	22500.0	18027.7
云南	44331.1	14740.0	43789.0	868701.3	568609.8	300091.5	197623.2	45666.4
西藏	86.2	4636.5	6550.8	14409.3		14409.3		4528.4
陕西		31290.7	13552.9	311843.5	241769.4	70074.1		50885.6
甘肃	266870.0	831.7	15002.2	11044.3		11044.3		44.9
青海	9574.5	348.0	9305.2	118438.2	101701.1	16737.1	9007.1	133.0
宁夏	28666.0	12.0	3529.7	183170.1	154918.0	28252.1	21070.0	
新疆	17000.0	467.4	79980.6	418893.7	308304.0	110589.7	83041.4	1627.9

单位：万元

县级及以下	其他社会救助	中央安排	全省安排	省级	市级	县级及以下	医疗救助	中央安排
1546918.2	**5999339.9**	**2651357.2**	**3347982.7**	**1357175.8**	**306284.5**	**1684522.4**	**3691133.1**	**1734029.7**
38506.3	72100.5	17857.0	54243.5	11082.9		43160.6	34090.2	4481.0
65781.0	104343.0	60717.0	43626.0	688.5		42937.5	52094.1	6784.0
17936.1	127814.5	41671.0	86143.5	36800.0	16998.5	32345.0	120885.4	73829.0
7894.8	187986.0	14430.8	173555.2	133050.3	16557.9	23947.0	88606.9	64029.1
32556.9	163232.6	83884.0	79348.6	21777.0	17954.7	39616.9	95816.6	56267.0
24137.9	47202.1	3982.0	43220.1	2986.0	14499.7	25734.4	83924.5	37803.0
15951.8	32264.2	6807.0	25457.2	1144.0	3153.9	21159.3	71703.0	54042.0
33418.1	119896.3	82747.9	37148.4	9115.7	4235.5	23797.2	160037.3	80121.0
22912.0	199418.0	8172.5	191245.5	16509.4		174736.1	36819.9	3705.0
155709.9	239485.5	10000.0	229485.5	31403.0	16276.3	181806.2	192724.0	27384.0
169221.8	136249.5	16394.0	119855.5	25115.9	11604.5	83135.1	146073.9	14009.0
110614.1	837404.5	617933.0	219471.5	99513.4	29077.8	90880.3	214583.3	71183.0
49878.2	109200.8	45814.0	63386.8	25667.6	6871.0	30848.2	75927.9	17557.0
126642.2	415270.2	219370.0	195900.2	150561.4	15595.0	29743.8	150511.5	83422.0
86184.6	212594.1	65108.0	147486.1	63566.5	30373.9	53545.7	167062.6	40887.6
23317.1	96208.2		96208.2	1222.3	6115.1	88870.8	137230.9	102743.0
54507.5	152167.2	23702.0	128465.2	57336.0	5377.5	65751.7	136090.4	73468.0
26754.7	103869.0	14311.0	89558.0	8784.0	6910.0	73864.0	165437.3	107124.0
135275.8	306206.0	83088.0	223118.0	87633.9	39201.4	96282.7	344132.9	27817.0
18225.2	824434.6	631089.0	193345.6	143917.0	5924.0	43504.6	103606.5	75470.0
14901.6	9973.4		9973.4		190.0	9783.4	35313.5	25194.0
10065.8	423372.4	139504.0	283868.4	271184.7		12683.7	126197.9	60195.0
127631.9	297668.5	13762.0	283906.5	45772.9	10947.6	227186.0	273657.7	145830.0
41322.7	126952.7	76579.7	50373.0	16202.0	7342.7	26828.3	105849.0	80268.0
56801.9	124941.1	72928.0	52013.1	3014.4	7165.2	41833.5	138613.4	95487.0
9880.9	4218.5		4218.5		1051.4	3167.1	36230.9	24277.0
19188.5	192827.1	66724.3	126102.8	69086.3	28197.2	28819.3	137078.5	72117.0
10999.4	18351.5		18351.5		2285.7	16065.8	90119.1	78909.0
7597.0	16099.3	1521.0	14578.3	11.0	482.3	14085.0	42326.1	40181.0
7182.1	23833.9		23833.9	20958.5	551.4	2324.0	34884.5	30951.0
25920.4	273754.7	233260.0	40494.7	3071.2	1344.3	36079.2	93503.4	58495.0

C-1-14续表3

地　区	全省安排	省级	市级	县级及以下	自然灾害生活救助	中央安排	全省安排	省级
全　国	**1957103.4**	**765434.8**	**164415.5**	**1027253.1**	**1361387.3**	**805083.0**	**556304.3**	**306201.8**
中央级					**13500.0**	**13500.0**		
北　京	29609.2	3000.0		26609.2	1399.6	48.0	1351.6	948.0
天　津	45310.1	43072.7		2237.4	1665.0	384.0	1281.0	1234.0
河　北	47056.4	7033.0	4474.2	35549.2	41267.0	28920.0	12347.0	3918.7
山　西	24577.8	7247.9	11400.9	5929.0	37738.7	29230.0	8508.7	4000.0
内蒙古	39549.6	5000.0	14413.0	20136.6	49219.9	36800.0	12419.9	7923.0
辽　宁	46121.5	8057.0	22051.8	16012.7	23976.8	12383.0	11593.8	3542.2
吉　林	17661.0	5300.0	42.7	12318.3	80216.0	38200.0	42016.0	34255.5
黑龙江	79916.3	54351.0	2359.5	23205.8	18713.0	16072.0	2641.0	588.4
上　海	33114.9			33114.9	900.0		900.0	900.0
江　苏	165340.0	22000.0	10119.7	133220.3	14595.4	1520.0	13075.4	5000.0
浙　江	132064.9	32107.9	5751.8	94205.2	40234.4	8840.0	31394.4	11120.2
安　徽	143400.3	12000.0	5740.3	125660.0	35874.2	27527.0	8347.2	2701.6
福　建	58370.9	35635.9	3267.7	19467.3	23650.0	2182.0	21468.0	7470.0
江　西	67089.5	29509.0	918.0	36662.5	112555.3	59830.0	52725.3	44680.0
山　东	126175.0	44957.1	17011.7	64206.2	14353.1	7280.0	7073.1	1500.0
河　南	34487.9	4610.0	2849.1	27028.8	22690.7	16088.0	6602.7	2200.0
湖　北	62622.4	24679.0	6306.6	31636.8	74819.7	43973.0	30846.7	12770.8
湖　南	58313.3	12992.0	5693.1	39628.2	114779.1	84479.0	30300.1	8999.6
广　东	316315.9	232617.3	6784.1	76914.5	23879.0	4470.0	19409.0	12051.4
广　西	28136.5	13500.0	3971.0	10665.5	53623.8	27986.0	25637.8	18095.0
海　南	10119.5	1141.2	1441.6	7536.7	4941.0	1310.0	3631.0	1869.4
重　庆	66002.9	43659.0		22343.9	21432.5	10780.0	10652.5	8414.9
四　川	127827.7	44953.0	11591.8	71282.9	83658.6	57492.0	26166.6	13100.0
贵　州	25581.0	11000.0	2580.9	12000.1	78912.2	45920.0	32992.2	13194.4
云　南	43126.4	11457.5	9945.4	21723.5	76044.3	28698.0	47346.3	35649.1
西　藏	11953.9		1550.3	10403.6	18429.2	7113.0	11316.2	9451.2
陕　西	64961.5	38663.3	13558.4	12739.8	72450.9	38977.0	33473.9	21200.8
甘　肃	11210.1	4567.0	205.4	6437.7	59982.5	52119.0	7863.5	3120.0
青　海	2145.1		17.9	2127.2	41443.5	27446.0	13997.5	12305.6
宁　夏	3933.5	2824.0	137.0	972.5	13313.0	11000.0	2313.0	1998.0
新　疆	35008.4	9500.0	231.6	25276.8	91128.9	64516.0	26612.9	2000.0

单位：万元

市级	县级及以下	民政管理事务	中央安排	全省安排	省级	市级	县级及以下
65909.6	**184192.9**	**4701755.6**	**122511.2**	**4579244.4**	**638130.7**	**1038850.2**	**2902263.5**
		58873.2	58873.2				
	403.6	308808.8	749.0	308059.8	98235.0		209824.8
	47.0	238809.7		238809.7	24263.7		214546.0
2841.0	5587.3	139357.6	3101.0	136256.6	16491.0	26256.5	93509.1
1708.2	2800.5	87010.8	2716.0	84294.8	4572.0	30223.5	49499.3
819.9	3677.0	66702.9	2774.0	63928.9	5183.0	16100.6	42645.3
3310.1	4741.5	194174.3	1766.0	192408.3	22295.9	59645.1	110467.3
198.3	7562.2	76598.5	1594.0	75004.5	6616.7	22430.4	45957.4
622.6	1430.0	65377.5	2778.0	62599.5	17773.3	14557.9	30268.3
		162349.7	581.0	161768.7	36204.5		125564.2
1031.5	7043.9	269464.6	1538.0	267926.6	20384.9	51223.1	196318.6
7831.3	12442.9	280512.7	1380.0	279132.7	29294.6	51830.5	198007.6
231.3	5414.3	91820.2	2121.0	89699.2	13329.9	25957.6	50411.7
5133.1	8864.9	107012.3	1545.0	105467.3	17605.8	28006.6	59854.9
1008.8	7036.5	65973.7	2335.0	63638.7	6677.0	15897.9	41063.8
3010.4	2562.7	277123.2	1936.0	275187.2	13970.7	94111.9	167104.6
1371.9	3030.8	149158.7	2746.0	146412.7	7588.6	40820.8	98003.3
2267.2	15808.7	228283.7	2176.0	226107.7	52920.1	77700.7	95486.9
5746.0	15554.5	140693.5	2673.0	138020.5	8156.8	38436.4	91427.3
2214.4	5143.2	445200.3	1644.0	443556.3	30244.2	174023.5	239288.6
2958.5	4584.3	162152.5	3635.0	158517.5	20566.6	41732.5	96218.4
308.5	1453.1	31280.0	938.0	30342.0	5070.4	4580.9	20690.7
	2237.6	130070.3	1333.0	128737.3	24514.6		104222.7
3672.2	9394.4	252008.2	3714.0	248294.2	14051.3	59701.9	174541.0
4873.5	14924.3	133997.4	2555.0	131442.4	19628.9	33462.5	78351.0
5706.8	5990.4	195628.0	3234.0	192394.0	41465.8	43141.6	107786.6
975.0	890.0	17682.5		17682.5	528.1	13489.5	3664.9
6867.7	5405.4	162256.9	2585.0	159671.9	49140.4	46850.3	63681.2
951.4	3792.1	40470.5	2933.0	37537.5	6228.6	12328.4	18980.5
140.0	1551.9	29102.8	2355.0	26747.8	7679.8	1829.8	17238.2
110.0	205.0	34602.8	1326.0	33276.8	10100.9	5748.7	17427.2
	24612.9	59197.8	2877.0	56320.8	7347.6	8761.1	40212.1

C-1-14续表4

地　区	行政事业单位离退休	中央安排	全省安排	省级	市级	县级及以下
全　国	**490969.1**	**8096.9**	**482872.2**	**69880.0**	**108503.4**	**304488.8**
中央级	8096.9	8096.9				
北　京	61913.6		61913.6	2603.9		59309.7
天　津	8208.9		8208.9	3838.3		4370.6
河　北	27916.2		27916.2	5663.4	3740.6	18512.2
山　西	11337.6		11337.6	1923.9	5001.9	4411.8
内蒙古	18452.4		18452.4	1162.1	6986.5	10303.8
辽　宁	20476.9		20476.9	2441.0	7657.7	10378.2
吉　林	9861.1		9861.1	826.1	2494.9	6540.1
黑龙江	14340.9		14340.9	7373.2	3670.3	3297.4
上　海	6043.6		6043.6	1797.5		4246.1
江　苏	32826.8		32826.8	1452.2	6112.3	25262.3
浙　江	17836.1		17836.1	1039.3	4984.4	11812.4
安　徽	18062.3		18062.3	3018.6	4245.9	10797.8
福　建	14294.6		14294.6	246.6	3412.4	10635.6
江　西	4437.8		4437.8	853.1	254.5	3330.2
山　东	15921.2		15921.2	5366.1	4573.0	5982.1
河　南	18394.0		18394.0	3381.3	5930.7	9082.0
湖　北	23083.2		23083.2	7111.1	5317.8	10654.3
湖　南	7040.2		7040.2	488.9	1587.5	4963.8
广　东	65674.6		65674.6	7891.5	28683.2	29099.9
广　西	19908.0		19908.0	453.5	1780.3	17674.2
海　南	1042.9		1042.9		167.6	875.3
重　庆	9895.8		9895.8	3562.4		6333.4
四　川	20298.0		20298.0	817.0	3644.2	15836.8
贵　州	1572.8		1572.8	389.1		1183.7
云　南	14090.2		14090.2	871.0	1830.0	11389.2
西　藏	870.9		870.9		870.9	
陕　西	4957.2		4957.2	1602.0	1178.5	2176.7
甘　肃	5787.5		5787.5	1142.8	1816.3	2828.4
青　海	628.1		628.1		319.5	308.6
宁　夏	2048.6		2048.6	1084.1	448.6	515.9
新　疆	5650.2		5650.2	1480.0	1793.9	2376.3

单位：万元

其他款项用于民政支出	中央安排	全省安排			
			省级	市级	县级及以下
1537030.5	**155184.4**	**1381846.1**	**411928.3**	**452130.8**	**517787.0**
72500.5	72500.5				
97754.7		97754.7	7748.0		90006.7
11404.3	499.0	10905.3	2417.7		8487.6
24322.8		24322.8	3435.5	8982.4	11904.9
18085.6	700.9	17384.7	2873.8	6699.7	7811.2
40137.2		40137.2	4445.0	14188.3	21503.9
77207.0		77207.0	14163.0	48362.9	14681.1
59067.3	33155.0	25912.3	13646.3	7894.1	4371.9
9875.0		9875.0		8616.3	1258.7
31535.6		31535.6	5688.6		25847.0
114861.2		114861.2	3699.1	64551.3	46610.8
38121.7		38121.7	5686.6	11117.7	21317.4
30637.7		30637.7	3979.4	7643.3	19015.0
47202.7		47202.7	7640.5	23589.0	15973.2
35921.6		35921.6	32860.0	376.3	2685.3
39032.7		39032.7	2035.1	20795.7	16201.9
34467.8		34467.8	8150.8	13995.4	12321.6
95625.0		95625.0	81946.9	4451.8	9226.3
20258.1		20258.1	753.5	8101.7	11402.9
202616.7		202616.7	36608.3	115688.2	50320.2
35551.8		35551.8	830.4	18159.4	16562.0
15489.6		15489.6		2094.0	13395.6
12480.9		12480.9	3566.0		8914.9
82257.0	20400.0	61857.0	36254.0	7716.7	17886.3
10982.2		10982.2	397.0	3716.5	6868.7
118654.2		118654.2	50893.8	37874.6	29885.8
12985.4	9193.0	3792.4		3399.4	393.0
38736.0	229.0	38507.0	27743.4	4774.6	5989.0
21992.1		21992.1	15144.3	4096.2	2751.6
18254.3		18254.3	3155.0	995.6	14103.7
48622.1	1355.0	47267.1	36145.5	4214.5	6907.1
20389.7	17152.0	3237.7	20.8	35.2	3181.7

C-1-15 社会服务事业

地区	社会服务事业费总支出	抚恤	死亡抚恤				伤残抚恤
				一次性抚恤金	定期抚恤金	其他	
全　国	**59326813.1**	**8273108.2**	**817916.5**	**346791.8**	**403009.0**	**68115.7**	**1483775.3**
中央级	269330.6	3667.2					
北　京	2830370.7	153100.1	63733.8	59607.6	3941.8	184.4	21660.8
天　津	976094.3	95881.8	9245.1	6314.5	2815.0	115.6	17562.5
河　北	2491031.8	482729.6	38540.6	16898.8	19632.1	2009.7	87408.3
山　西	1427974.2	262184.8	17621.7	6331.8	10715.7	574.2	40711.6
内蒙古	1530138.7	110574.1	8374.6	4885.0	3288.9	200.7	22200.5
辽　宁	2000385.4	216006.3	28803.5	16079.1	11851.6	872.8	47553.4
吉　林	1229440.2	151292.9	13248.3	5422.3	7143.9	682.1	37448.7
黑龙江	1621673.2	212603.4	10903.4	3636.8	7019.4	247.2	25158.3
上　海	1774025.0	131394.3	21992.2	12406.8	7731.2	1854.2	20037.1
江　苏	3252262.8	516102.2	53922.9	23005.2	26035.0	4882.7	109284.9
浙　江	2100207.6	347350.8	19717.3	6617.3	12536.0	564.0	50292.8
安　徽	2205766.4	345124.3	18985.6	5686.3	12795.8	503.5	57418.7
福　建	1038592.5	166234.9	16375.7	6050.1	9818.4	507.2	24924.8
江　西	1868755.5	268644.5	55928.0	11875.3	34609.0	9443.7	36993.5
山　东	3394553.1	790715.5	68169.9	29277.8	35710.2	3181.9	207359.3
河　南	2606924.3	549225.4	35429.4	12259.5	21250.6	1919.3	116840.9
湖　北	2564107.9	424950.0	48536.1	12811.5	33526.2	2198.4	63049.4
湖　南	2759086.8	536198.6	63907.3	12613.5	28289.2	23004.6	106252.8
广　东	3723480.8	455696.0	38272.7	21486.1	13955.4	2831.2	53511.4
广　西	1785362.3	245649.4	12262.0	3176.5	8300.4	785.1	21378.1
海　南	299638.3	33444.2	5199.2	605.9	4515.1	78.2	4654.0
重　庆	1563300.9	219127.7	22388.2	7306.6	11593.8	3487.8	42787.2
四　川	3663630.9	637082.0	59146.6	17811.4	38279.1	3056.1	119345.4
贵　州	1734040.9	174510.7	12904.3	7139.7	5025.2	739.4	25630.4
云　南	2404442.3	251923.8	21534.8	10613.1	10570.4	351.3	35076.7
西　藏	273337.7	6137.2	1018.6	405.9	549.0	63.7	2748.3
陕　西	2099088.3	305200.3	28018.6	14835.7	11866.7	1316.2	41977.8
甘　肃	1490098.4	77454.0	8524.0	3690.5	4479.5	354.0	18402.6
青　海	577580.9	19645.9	4664.8	2907.7	1437.4	319.7	4546.1
宁　夏	426405.6	15979.2	2435.3	202.4	836.5	1396.4	4752.3
新　疆	1345684.8	67277.1	8112.0	4831.1	2890.5	390.4	16806.7

费支出情况

单位：万元

伤残抚恤金	在乡伤残抚恤金	在职保健金	伤残补助费	分散安置残疾军人护理费	在乡复员、退伍军人生活补助	在乡复退军人定期定量补助费	在乡红军老战士定期定量补助费	红军失散人员定期定量补助费
1403968.8	1082051.4	321917.4	79806.5	32736.9	2789323.3	1848711.2	242.0	3548.2
20427.8	13815.4	6612.4	1233.0	861.0	12746.9	8396.1	6.3	
16783.0	7778.0	9005.0	779.5	622.2	33035.5	23496.7		
86275.9	81542.7	4733.2	1132.4	814.7	173718.5	124561.9		
38626.5	25108.5	13518.0	2085.1	649.0	51711.8	40602.4	15.6	
21533.4	12464.9	9068.5	667.1	89.9	18858.0	17530.5	17.1	
45924.2	34699.4	11224.8	1629.2	672.8	51601.8	47280.7		
36615.5	29250.7	7364.8	833.2	545.7	26334.7	22915.1		
24575.6	17956.2	6619.4	582.7	237.0	40022.8	37280.7	4.6	4.7
18089.2		18089.2	1947.9	348.0	13011.9	9115.0		
102374.1	77628.1	24746.0	6910.8	3536.7	141045.1	108352.7		7.0
48117.6	31459.5	16658.1	2175.2	519.1	95467.4	75564.0		56.4
55715.4	41746.2	13969.2	1703.3	1093.6	138254.9	111511.2		171.9
23780.4	20192.4	3588.0	1144.4	511.5	52229.5	27339.1		140.3
35377.8	33036.3	2341.5	1615.7	257.5	113616.5	80493.2	32.0	1946.3
192288.1	139492.5	52795.6	15071.2	10454.4	216519.6	165031.5		
111636.3	82719.5	28916.8	5204.6	2030.3	199070.2	132405.7	9.8	287.3
60450.3	54050.6	6399.7	2599.1	720.9	130650.9	88021.8		64.9
94449.6	78440.7	16008.9	11803.2	1652.6	215508.5	130953.4	5.1	94.6
50741.4	40385.1	10356.3	2770.0	688.4	232970.7	101717.5		10.6
20348.2	18082.9	2265.3	1029.9	225.8	93929.4	40636.3		301.7
4272.4	4129.4	143.0	381.6	7.1	8842.9	4876.3		22.8
40333.1	31111.4	9221.7	2454.1	1636.1	105534.7	69805.4		
114612.3	93884.9	20727.4	4733.1	2617.3	303652.9	210877.6	26.0	305.8
24305.0	19922.8	4382.2	1325.4	636.8	89264.1	41642.0	7.4	14.9
32450.9	26685.4	5765.5	2625.8	303.0	89450.1	35689.8		5.8
2527.2	2525.6	1.6	221.1		932.5	915.7		
39681.2	32773.3	6907.9	2296.6	411.1	89668.0	53985.0	86.1	104.3
17611.8	13268.8	4343.0	790.8	395.7	27275.4	18861.4	18.2	2.3
4329.0	3729.6	599.4	217.1	30.0	2597.6	1523.3		
4421.9	4114.0	307.9	330.4	10.3	3696.6	3001.4	5.1	2.1
15293.7	10056.6	5237.1	1513.0	158.4	18103.9	14327.8	8.7	4.5

C−1−15续表1

地　区	"参战"退伍军人生活补助	"涉核"退伍军人生活补助	优抚事业单位	烈士纪念设施管理保护单位经费	荣誉军人康复医院经费	复员军人疗养院经费
全　国	**808398.2**	**128423.7**	**696665.3**	**185798.9**	**122368.0**	**42250.2**
中央级			3667.2	3667.2		
北　京	3233.4	1111.1	5771.3	968.2		
天　津	9285.7	253.1	12033.5	2516.1		851.8
河　北	34002.6	15154.0	62436.7	14185.2	3669.4	13154.7
山　西	6544.2	4549.6	41885.4	8146.1	2252.7	4139.3
内蒙古	1147.0	163.4	14006.5	5802.2	802.9	42.6
辽　宁	2442.5	1878.6	16828.0	4194.6	2256.5	
吉　林	2191.0	1228.6	14531.2	2570.1	12.0	549.7
黑龙江	2396.7	336.1	9349.7	2087.5	3338.0	
上　海	3127.2	769.7	25155.8	21125.3	1467.3	
江　苏	27479.9	5205.5	27482.9	14129.8	2139.4	2142.8
浙　江	18107.9	1739.1	48681.6	7384.7	36584.5	
安　徽	18781.6	7790.2	26499.7	8910.2	6407.8	
福　建	24387.4	362.7	10536.9	2753.7	105.7	
江　西	28628.0	2517.0	13700.4	2486.1	3783.3	110.2
山　东	41897.0	9591.1				
			78634.1	23224.6	16100.5	11332.2
河　南	51068.5	15298.9	26194.5	10710.0	5379.0	1645.1
湖　北	37615.5	4948.7	45810.8	6482.5	4851.8	4.0
湖　南	74936.0	9519.4	56952.1	9772.2	2184.3	80.0
广　东	123708.6	7534.0	27791.8	9489.3	122.7	2611.1
广　西	49795.9	3195.5	31514.0	3539.9	2370.9	1637.6
海　南	3427.1	516.7	1836.9	638.4		
重　庆	31271.2	4458.1	9449.3	1918.6	4494.1	
四　川	80145.5	12298.0	34300.1	5039.6	14095.0	183.6
贵　州	47479.2	120.6	5629.5	1301.1	1372.3	2.0
云　南	53728.1	26.4	6907.7	1826.2	2596.4	
西　藏	16.8		5.0	5.0		
陕　西	24071.6	11421.0	21444.0	3982.4	4259.6	3759.9
甘　肃	5239.5	3154.0	4817.2	2143.3	779.3	
青　海	546.5	527.8	2582.1	716.5		3.6
宁　夏	523.9	164.1	636.3	501.7		
新　疆	1172.2	2590.7	9593.1	3580.6	942.6	

单位：万元

复退军人精神病院经费	光荣院经费	其他优抚事业单位经费	集体办优抚事业单位补助费	义务兵优待金	其他优抚支出	临时补助
157824.8	**85309.0**	**95599.7**	**7514.7**	**1615938.5**	**869489.3**	**110440.7**
	4133.6	669.5		24561.2	24626.1	2336.6
2724.9	3488.5	2452.2		12946.7	11058.5	3744.0
8470.6	11324.5	10739.2	893.1	103931.3	16694.2	1591.6
13342.5	9714.6	2581.3	1708.9	86019.7	24234.6	1427.3
2434.6	3322.3	1476.5	125.4	36737.2	10397.3	1565.7
4515.2	4670.1	1191.6		45170.3	26049.3	6384.9
245.0	1483.8	9670.6		47306.8	12423.2	1053.5
786.3	1431.9	1706.0		119666.3	7502.9	871.8
135.8		2427.4		41077.1	10120.2	2594.4
3877.4	1108.7	3937.3	147.5	86427.0	97939.4	11372.8
2815.9	753.3	1143.2		99148.8	34042.9	6301.3
6656.9	2883.7	1421.9	219.2	69222.9	34742.5	5141.9
2975.1	1535.4	3167.0		40160.2	22007.8	1498.9
38.0	3186.0	3704.8	392.0	30758.3	17647.8	991.3
22787.4	1454.7	3055.2	679.5	129798.5	90234.1	3579.3
3367.6	2633.7	2459.1		133500.9	38189.5	1942.8
24344.0	7909.9	1838.6	380.0	95230.0	41672.8	6336.5
11257.1	9085.3	23828.4	744.8	48016.5	45561.4	8197.1
10897.5	2561.7	2094.5	15.0	55058.5	48090.9	11534.7
19876.2	1824.7	1939.2	325.5	48963.0	37602.9	3984.8
	417.1	781.4		5771.1	7140.1	701.5
	1853.4	1183.2		20686.3	18282.0	3930.8
9517.8	2827.3	2013.8	623.0	78123.5	42513.5	5135.9
	1036.1	1806.0	112.0	19462.7	21619.7	2270.2
80.3	750.0	1526.2	128.6	20383.5	78571.0	9925.2
				1246.2	186.6	23.0
4162.5	2267.9	2872.7	139.0	94206.6	29885.3	4282.4
573.8	35.0	745.3	540.5	6965.8	11469.0	784.1
750.0	119.0	655.0	338.0	3434.7	1820.6	141.4
	5.0	126.9	2.7	3561.3	897.4	52.3
1192.4	1491.8	2385.7		8395.6	6265.8	742.7

C-1-15续表2

地　区	退役安置	退伍军人安置	一次性建房补助费	退役士兵自谋职业金	城镇退役士兵生活补助	军队移交政府的离退休人员安置	军队离休干部离休金	军队退休干部退休金
全　国	**7233673.0**	**1564734.1**	**25720.8**	**959198.0**	**276249.8**	**4611054.4**	**341121.8**	**3032218.9**
中央级								
北　京	1306664.7	30936.5	10.0	26290.9	2141.7	1094556.5	23771.8	763629.7
天　津	139180.0	15927.6		15275.0	652.6	105757.4	7561.7	71295.2
河　北	555245.8	187263.3	254.9	65438.8	60856.3	252122.8	20604.5	154293.7
山　西	137350.5	33024.5	119.3	10625.2	18245.4	70189.3	5504.7	43049.0
内蒙古	102844.6	46322.4	870.3	26417.4	12443.9	39065.0	8922.9	21864.4
辽　宁	487958.5	47446.2	701.3	31135.5	9252.0	413846.8	25726.1	315256.7
吉　林	109988.6	18271.6	197.0	9025.4	3996.9	81341.2	4667.5	62281.0
黑龙江	137168.8	42791.0	12608.4	25641.2	2863.0	69133.0	6335.6	46517.0
上　海	240361.7	36764.9	52.1	20756.7	6290.2	185442.0	7328.6	113032.1
江　苏	456807.9	141288.0	456.9	115017.1	14429.1	259803.5	17826.2	169982.0
浙　江	175673.0	63545.0	341.9	45823.0	10805.0	89166.1	11113.5	52399.6
安　徽	154455.8	81019.5	185.0	62228.5	9292.5	58949.2	9719.8	37419.6
福　建	118817.2	39034.8	438.8	28121.9	4030.6	67422.9	7429.0	49652.1
江　西	63715.5	22044.5	360.5	15306.4	4781.7	31472.2	7693.7	11816.7
山　东	786363.8	218843.8	2705.9	74767.2	32999.8	334411.0	34594.0	214130.1
河　南	252998.4	63943.6	280.8	34389.0	17720.7	133322.9	13050.6	91834.2
湖　北	226883.1	37351.4	377.6	28196.2	3708.9	166100.1	17415.9	102428.0
湖　南	152983.1	29189.1	1012.1	14965.3	9589.0	94582.0	6201.0	47239.5
广　东	341271.8	108431.9	1221.5	86379.2	15363.4	195301.9	10938.2	116789.6
广　西	64109.1	15516.4	86.8	10236.9	2058.4	39440.2	2463.3	28425.8
海　南	22953.1	6297.0	233.6	2760.5	888.1	14582.4	570.0	6559.1
重　庆	123278.9	39154.1	181.5	37172.2	1460.4	74042.1	2421.3	45185.6
四　川	306438.3	94228.3	504.6	75140.9	7045.4	188957.2	11953.7	136240.5
贵　州	46262.4	14438.1	772.2	10463.4	2345.6	27520.7	2631.7	15815.9
云　南	146818.3	19667.1	398.4	13738.7	2775.7	109520.5	10638.1	69941.2
西　藏	21230.0	2985.5	85.0	1747.5	873.4	17404.6	200.0	11764.7
陕　西	267500.2	39561.9	718.5	24020.4	9811.4	206685.2	11214.9	143301.9
甘　肃	116121.4	32309.4	361.4	21570.8	5502.0	68807.1	24757.7	26598.8
青　海	37360.5	9011.6	98.5	4613.4	2216.2	25183.1	219.0	14518.6
宁　夏	13808.7	10541.3	25.2	6848.9	1018.1	1470.6	112.0	785.4
新　疆	121059.3	17583.8	60.8	15084.5	792.4	95454.9	27534.8	48171.2

单位：万元

军队无军籍职工退休金	军队离退休人员其他费用	死亡丧葬费	护理费	遗属生活困难补助费	定期定量补助费	其他费用	军队移交政府离退休干部管理机构	其他退役安置支出
687140.6	**550573.1**	**44432.8**	**64342.5**	**50246.7**	**12610.5**	**391551.1**	**521776.2**	**529928.4**
123556.4	183598.6	4476.8	25144.6	24416.7	177.8	129560.5	178614.9	2537.2
12828.0	14072.5	1202.5	1467.0	247.7	175.3	11155.3	16993.9	510.5
30345.5	46879.1	2896.3	2367.4	2666.5	1704.2	38948.9	19240.4	96096.6
12052.7	9582.9	834.4	1568.0	1249.4	797.4	5931.1	7282.2	23420.7
5752.7	2525.0	217.6	238.7	722.9	432.4	1345.8	5082.7	12374.5
58766.1	14097.9	2255.0	1928.9	2075.2	419.2	7838.8	23221.1	3444.4
12556.1	1836.6	405.0	159.5	330.6	34.4	941.5	7431.5	2948.2
14424.7	1855.7	435.0	361.4	297.4	185.4	761.9	22497.0	3369.2
28142.3	36939.0	1669.7	2467.9	70.6	61.9	32730.8	14498.0	3661.8
38304.0	33691.3	4807.8	1859.1	1720.8	823.0	25303.6	36403.9	16561.6
16267.6	9385.4	1174.8	1647.2	626.3	276.9	5937.1	14409.0	8457.0
5946.4	5863.4	1517.8	901.6	870.0	362.9	2574.0	5132.5	9354.6
4874.2	5467.6	1136.1	478.0	534.2	214.7	3319.3	7693.1	4771.3
5851.2	6110.6	230.8	2704.3	190.4	33.0	2985.1	4489.2	5715.2
39074.8	46612.1	4895.1	7903.1	4205.8	2660.3	29608.1	26403.4	206705.6
16452.9	11985.2	2185.3	1289.0	1096.8	475.3	7414.1	13996.8	41725.7
35509.4	10746.8	2265.8	789.4	1022.2	665.9	6669.4	15554.6	7429.3
28942.5	12199.0	1577.5	1920.7	1393.1	357.2	7307.7	20265.0	8957.0
47799.2	19774.9	1399.4	1168.3	535.6	155.6	16671.6	17384.9	20349.7
5595.5	2955.6	523.2	589.4	332.4	197.8	1510.6	4950.4	4046.2
6823.6	629.7		12.4	44.3	23.9	573.0	329.6	1832.4
10759.9	15675.3	1620.0	729.3	256.2	101.0	13069.8	8056.5	2151.8
26576.5	14186.5	2307.6	1881.5	1430.9	572.5	8566.5	14288.0	8960.9
5537.3	3535.8	378.0	486.5	230.3	125.7	2441.0	2112.8	2333.1
19878.9	9062.3	667.9	629.9	634.5	266.8	7130.0	9263.8	8381.8
5297.1	142.8	107.0		31.0	31.0	4.8	293.2	546.7
28870.5	23297.9	2705.2	2695.0	2251.6	1045.4	15646.1	10600.9	10585.5
14431.5	3019.1	112.6	851.3	270.6	28.2	1784.6	5423.1	9581.8
9891.4	554.1	11.9	4.2	13.5	5.0	524.5	2419.3	746.5
202.1	371.1	46.3		37.6	20.2	287.2	1634.4	161.1
15829.6	3919.3	370.4	98.9	441.6	180.2	3008.4	5810.1	2210.5

C-1-15续表3

地区	社会福利	儿童福利	孤儿生活补助	老年人福利	高龄补贴	护理补贴	养老服务补贴
全国	**9204569.0**	**546190.1**	**375547.3**	**2938929.3**	**1722723.4**	**69183.1**	**610184.0**
中央级	7807.7						
北京	507047.5	28353.8	3249.3	167323.7	17826.1	1826.9	99244.6
天津	178056.6	12409.5	1818.3	61439.8	4810.7	3824.3	14598.7
河北	280178.7	17502.8	15419.0	95231.2	57650.7	706.5	29867.5
山西	142566.7	9791.5	7757.5	41979.7	5752.2	479.3	20256.4
内蒙古	226017.6	9785.2	6904.4	77290.6	55522.8	807.2	8989.6
辽宁	216171.1	14391.2	7988.5	43445.1	20803.2	2651.8	9873.6
吉林	155691.1	4722.4	4423.7	23448.8	3042.1	1075.1	11655.8
黑龙江	168373.0	6242.9	5398.0	27246.0	11167.2	4340.1	11734.0
上海	736804.9	5634.5	4080.6	573496.3	509018.2	83.2	36678.9
江苏	832523.7	24565.8	17088.9	224562.6	140297.2	7801.0	44992.1
浙江	493664.7	19982.4	6972.5	146880.8	31271.0	882.2	43784.8
安徽	284625.5	23586.7	21782.2	76980.5	54994.0	6137.8	19174.4
福建	210215.7	5632.8	5623.5	33882.4	10800.9	1260.6	12917.5
江西	150377.6	24749.3	16083.3	39776.1	33224.0	836.2	1934.4
山东	451926.4	21927.1	15178.8	153570.8	64231.2	3993.4	53648.6
河南	337807.7	24563.9	21755.9	59109.5	36453.8	374.0	13577.0
湖北	309646.0	17588.4	13906.2	96724.0	66629.4	3284.2	15596.2
湖南	376103.4	28845.7	23488.9	65266.4	18222.9	2073.1	14279.0
广东	806359.6	51459.3	46277.2	189299.1	145806.6	2197.7	24967.0
广西	247487.1	19250.2	14349.6	72160.2	48971.3	863.6	5655.7
海南	55897.2	2515.4	1307.4	25033.8	17103.9	13.3	75.3
重庆	224240.8	9352.1	6339.4	49589.0	15394.5	4920.5	11443.9
四川	543117.0	33093.0	24864.2	176225.1	84784.5	4954.6	44895.2
贵州	170952.5	25685.1	14704.7	56352.0	30104.9	1589.3	10109.9
云南	208546.7	30463.7	19268.1	47402.6	23697.2	213.1	7315.6
西藏	23805.1	7105.6	4413.6	758.3	1228.0	78.8	
陕西	371662.4	11231.0	8511.3	178229.5	162715.1	3079.2	7400.1
甘肃	136617.0	13645.0	11932.1	23346.8	1669.8	1057.6	15772.9
青海	153530.1	19288.7	9638.9	66917.2	28317.9	175.1	12888.9
宁夏	35852.7	5375.6	3870.8	9716.2	2838.9		4064.3
新疆	160895.2	17449.5	11150.5	36245.2	18373.2	7603.4	2792.1

单位：万元

残疾人福利	假肢厂(站)专项拨款	其他经费	困难残疾人生活补贴	重度残疾人护理补贴	殡葬	补贴火化场经费	补贴殡葬类单位经费
1916972.8	**20323.3**	**72666.7**	**1039855.3**	**784127.5**	**972530.1**	**364221.7**	**608308.4**
124155.2	50.0	14178.3	77328.7	32598.2	30172.0	18069.7	12102.3
28581.4		1513.9	13930.5	13137.0	50349.9	2848.9	47501.0
61923.7	455.0	384.2	30707.6	30376.9	39324.3	18216.9	21107.4
13737.7	1091.3	241.2	12276.3	128.9	20720.2	8093.6	12626.6
42496.2		68.9	20015.7	22411.6	14307.3	6241.8	8065.5
50360.4		4316.9	26504.7	19538.8	43024.6	27330.3	15694.3
42117.6	227.6	159.1	20633.7	21097.2	28321.8	16356.6	11965.2
36991.0	1109.5	336.2	16072.0	19473.3	27934.7	2912.4	25022.3
					640.0		640.0
340605.5		6611.6	281762.0	52231.9	74676.3	36819.5	37856.8
24395.4	40.0	21299.9	3006.8	48.7	103433.6	32736.0	70697.6
90844.6	426.4	1195.2	47182.9	42040.1	34396.8	18421.5	15975.3
57330.8		699.6	26406.3	30224.9	25375.2	16833.9	8541.3
30383.3	1022.7	833.4	17455.8	11071.4	7968.1	4814.4	3153.7
120687.5	9.7	1418.3	51436.1	67823.4	27129.3	13269.8	13859.5
125392.7	2197.6	1956.7	60682.0	60556.4	27488.5	15735.5	11753.0
63645.6	2577.7	776.0	21274.6	39017.3	45392.6	5533.3	39859.3
82355.3		5256.6	39075.8	38022.9	40525.8	8744.7	31781.1
229684.6	895.0	3568.5	82424.1	142797.0	92611.4	28190.3	64421.1
40644.7	2503.1	2208.5	14756.4	21176.7	29215.1	13305.6	15909.5
13658.5		215.7	4540.2	8902.6	3406.9	127.4	3279.5
27526.0	3021.9	600.0	9112.1	14792.0	38393.4	22050.4	16343.0
57640.5	2365.5	691.3	44548.6	10035.1	51059.1	7351.2	43707.9
14044.5	1237.5	278.7	1828.7	10699.6	19640.1	13842.3	5797.8
41315.4		1480.9	23114.5	16720.0	38141.9	16405.9	21736.0
7811.0	16.5	405.3	4471.4	2917.8	187.7	187.7	
65212.2	251.8	850.5	42067.7	22042.2	27036.9	4011.4	23025.5
30782.4	254.5	566.3	16649.6	13312.0	11766.7	1155.7	10611.0
17343.1	390.0	248.5	9085.1	7619.5	1064.4	171.1	893.3
8996.4			4791.7	4204.7	658.6	509.8	148.8
26309.6	180.0	306.5	16713.7	9109.4	18166.9	3934.1	14232.8

C-1-15续表4

地区	社会福利事业单位	社会福利院经费	儿童福利院经费	精神病人福利院经费	补贴安置农场经费	其他社会福利单位	其他社会福利支出
全国	**1682577.8**	**744610.5**	**215605.3**	**244691.5**	**17012.2**	**460658.3**	**1147368.9**
中央级							7807.7
北京	30617.6	17432.0	2052.2	300.0		10833.4	126425.2
天津	17515.1	2205.6	1360.5	4435.5		9513.5	7760.9
河北	44214.3	13208.1	475.0	2160.0	219.3	28151.9	21982.4
山西	31045.6	18750.5	1788.8			10506.3	25292.0
内蒙古	43511.8	17141.3	5420.1	9045.9		11904.5	38626.5
辽宁	51092.0	35115.3	1551.8			14424.9	13857.8
吉林	41672.0	15399.8	2577.0	7782.6		15912.6	15408.5
黑龙江	56450.9	18505.5	4916.7	20012.2	3862.7	9153.8	13507.5
上海	94765.6	52725.2	9547.2	21016.5		11476.7	62268.5
江苏	119680.4	58357.8	15752.3	34599.1	1075.9	9895.3	48433.1
浙江	144253.0	54232.5	22766.4	8854.8		58399.3	54719.5
安徽	31548.1	11155.0	9429.1	64.0	287.2	10612.8	27268.8
福建	54560.2	21681.7	3508.0	16280.8		13089.7	33434.3
江西	32496.5	25635.8	1204.7	2087.7	35.0	3533.3	15004.3
山东	45069.2	18322.2	11928.8	69.8		14748.4	83542.5
河南	62610.7	17149.5	9186.7	8780.4	379.3	27114.8	38642.4
湖北	59333.4	40547.1	6127.9	614.1	39.1	12005.2	26962.0
湖南	91101.1	56267.3	4446.8	533.9	96.9	29756.2	68009.1
广东	165132.0	87036.6	24768.3	26811.5	6478.4	20037.2	78173.2
广西	51994.2	13417.6	3878.9	21768.9	256.9	12671.9	34222.7
海南	4507.3	3923.0	336.5			247.8	6775.3
重庆	67333.5	24778.1	20081.3	16724.8		5749.3	32046.8
四川	141566.0	47431.5	9280.7	12099.2	290.0	72464.6	83533.3
贵州	31291.0	5199.5	4010.0	6929.1	2492.1	12660.3	23939.8
云南	24777.9	7965.5	1601.9	6089.2	1278.3	7843.0	26445.2
西藏	6149.9	3816.5	2138.2			195.2	1792.6
陕西	41851.7	24319.8	7086.3	2082.6		8363.0	48101.1
甘肃	28191.5	14704.7	4093.1	5165.9	112.1	4115.7	28884.6
青海	14702.3	2311.6	11044.5	85.0		1261.2	34214.4
宁夏	8609.1	589.6	8.4	360.0		7651.1	2496.8
新疆	44933.9	15284.3	13237.2	9938.0	109.0	6365.4	17790.1

单位：万元

社会救助	最低生活保障	城市最低生活保障	城市最低生活保障金	城市最低生活保障对象临时补助	农村最低生活保障	农村最低生活保障金	农村最低生活保障对象临时补助
26097526.9	**16923002.1**	**6404538.4**	**6173721.2**	**230817.2**	**10518463.7**	**10232749.9**	**285713.8**
234544.0	128940.6	88520.3	88134.1	386.2	40420.3	40406.2	14.1
310651.3	206607.7	126970.7	105809.4	21161.3	79637.0	71071.2	8565.8
939792.8	583993.3	171349.5	167190.8	4158.7	412643.8	404333.8	8310.0
722952.8	518059.9	203014.5	199417.2	3597.3	315045.4	306744.0	8301.4
855369.7	614729.7	251416.9	247514.4	3902.5	363312.8	355995.6	7317.2
759374.0	566211.3	342754.7	322847.2	19907.5	223456.6	209814.8	13641.8
629364.4	500338.7	339292.7	322204.1	17088.6	161046.0	150872.7	10173.3
994600.6	729913.8	485476.1	464153.0	21323.1	244437.7	240886.0	3551.7
444009.4	183325.0	159680.3	154136.5	5543.8	23644.7	22940.6	704.1
982561.7	520495.8	122774.5	114433.1	8341.4	397721.3	381803.6	15917.7
708538.4	421303.9	134855.9	129602.8	5253.1	286448.0	279554.7	6893.3
1231373.6	717691.0	257672.9	254441.8	3231.1	460018.1	455379.4	4638.7
346964.4	176348.6	40577.6	38559.5	2018.1	135771.0	130101.7	5669.3
1191276.3	841915.4	364404.8	361222.3	3182.5	477510.6	474461.4	3049.2
1021206.3	647530.9	126638.6	115219.0	11419.6	520892.3	498497.3	22395.0
1226201.7	804805.0	241844.5	236629.3	5215.2	562960.5	555265.5	7695.0
1241213.3	651763.3	238050.6	218124.2	19926.4	413712.7	378369.7	35343.0
1355793.2	769688.7	371527.5	362576.4	8951.1	398161.2	387774.8	10386.4
1310900.9	643067.7	166329.0	158284.9	8044.1	476738.7	466353.8	10384.9
981362.2	663605.1	87166.2	86799.5	366.7	576438.9	574850.9	1588.0
131106.4	70211.9	24738.5	24362.9	375.6	45473.4	44631.7	841.7
814105.8	395030.8	179951.8	172746.0	7205.8	215079.0	204718.9	10360.1
1769239.1	1160579.1	431683.4	428240.3	3443.1	728895.7	720163.2	8732.5
1111880.5	868537.0	159150.8	152743.4	6407.4	709386.2	686186.2	23200.0
1368945.5	1061512.0	326215.0	325541.9	673.1	735297.0	733997.5	1299.5
119325.5	73577.6	26492.2	26484.3	7.9	47085.4	47028.4	57.0
874375.8	518412.1	211390.9	191014.6	20376.3	307021.2	282054.0	24967.2
1023808.3	821940.0	288599.1	288474.8	124.3	533340.9	533304.0	36.9
294558.7	184283.6	76577.2	70774.6	5802.6	107706.4	96832.1	10874.3
249030.3	199388.4	69690.9	66270.1	3420.8	129697.5	118137.7	11559.8
853100.0	679194.2	289730.8	279768.8	9962.0	389463.4	380218.5	9244.9

C-1-15续表5

地 区	临时救助合计	临时救助	流浪乞讨人员救助	特困人员供养	城市特困人员救助供养	临时补助
全 国	**1527481.8**	**1076960.4**	**450521.4**	**2905319.2**	**211694.8**	**7474.3**
中央级						
北 京	35524.3	9036.3	26488.0	10399.3	2598.0	140.6
天 津	20986.4	17583.6	3402.8	22494.9	2742.6	317.7
河 北	56510.2	40646.0	15864.2	128097.8	1225.2	36.1
山 西	46475.1	36853.5	9621.6	68082.0	389.1	42.9
内蒙古	46101.7	40183.4	5918.3	75214.9	18409.5	369.3
辽 宁	33137.8	21805.9	11331.9	62898.4	3413.4	814.4
吉 林	17959.5	10537.4	7422.1	24542.2	1742.1	49.0
黑龙江	34807.2	26380.5	8426.7	76735.6	11046.9	112.8
上 海	47753.7	25824.3	21929.4	4156.3	643.7	
江 苏	59680.1	36122.3	23557.8	149434.0	5177.2	46.2
浙 江	60900.5	38362.6	22537.9	30199.8	3411.6	143.4
安 徽	48563.2	30191.4	18371.8	198550.2	405.9	
福 建	32280.4	20722.0	11558.4	62213.6	3463.2	65.3
江 西	37357.1	26963.2	10393.9	112548.9	8345.3	419.2
山 东	57820.8	36287.0	21533.8	112724.6	1863.2	65.6
河 南	45924.4	26488.9	19435.5	209950.6	1833.0	65.5
湖 北	82115.8	61905.8	20210.0	239385.5	8985.7	543.1
湖 南	123939.0	99163.8	24775.2	222916.0	17653.7	807.4
广 东	108910.5	39335.4	69575.1	214616.3	6212.7	87.5
广 西	35773.0	21458.1	14314.9	122920.7	7931.2	169.1
海 南	10181.4	7618.8	2562.6	20804.3	1738.8	
重 庆	65528.7	53351.2	12177.5	149301.2	51784.0	803.8
四 川	68469.0	40512.5	27956.5	221033.0	21349.1	268.1
贵 州	69548.6	59826.7	9721.9	56078.0	2896.2	180.6
云 南	50682.9	43902.0	6780.9	88399.9	11286.2	589.7
西 藏	5393.8	4948.1	445.7	12504.2		
陕 西	90565.5	79219.6	11345.9	100166.2	3098.8	333.8
甘 肃	45836.5	40696.7	5139.8	55620.2	1528.5	218.9
青 海	40061.0	38340.8	1720.2	26653.4	4641.7	177.9
宁 夏	15040.3	14151.3	889.0	7196.1	1265.0	5.1
新 疆	33653.4	28541.3	5112.1	19481.1	4613.3	601.3

单位：万元

农村特困人员救助供养	临时补助	其他社会救助	其他城市生活救助（含传统救济）	其他农村生活救助（含传统救济）
2693624.4	**103233.6**	**980223.7**	**492344.9**	**487878.8**
7801.3	50.0	27491.1	25250.3	2240.8
19752.3	1097.8	10346.1	5172.0	5174.1
126872.6	5052.4	24146.7	16953.0	7193.7
67692.9	1118.3	8492.7	2268.8	6223.9
56805.4	2261.9	27936.3	8918.9	19017.4
59485.0	1611.9	13258.8	8125.0	5133.8
22800.1	1648.4	10436.9	8229.5	2207.4
65688.7	1282.3	11265.2	7260.1	4005.1
3512.6		161237.3	153780.6	7456.7
144256.8	7215.3	50756.4	21446.8	29309.6
26788.2	1488.3	44101.4	9261.0	34840.4
198144.3	3094.4	42198.8	28530.6	13668.2
58750.4	1964.0	13116.7	2601.0	10515.7
104203.6	693.9	46741.2	25839.9	20901.3
110861.4	3197.0	21760.9	5879.0	15881.9
208117.6	2239.2	25440.7	9219.1	16221.6
230399.8	21967.1	79501.8	26693.5	52808.3
205262.3	5284.7	62630.0	46610.2	16019.8
208403.6	8475.0	41434.9	14060.6	27374.3
114989.5	5523.2	61003.0	2346.8	58656.2
19065.5	504.2	700.5	154.3	546.2
97517.2	2551.7	39050.1	23226.4	15823.7
199683.9	1520.4	48812.4	5799.3	43013.1
53181.8	782.4	11862.8	2507.7	9355.1
77113.7	4866.0	37202.4	10423.9	26778.5
12504.2	5290.0	1922.3		1922.3
97067.4	7962.1	15334.3	6133.5	9200.8
54091.7	1857.4	7070.7	3851.3	3219.4
22011.7	2290.9	2373.2	1147.1	1226.1
5931.1	70.7	1415.7	1412.8	2.9
14867.8	272.7	31182.4	9241.9	21940.5

C-1-15续表6

地区	医疗救助	资助参加基本医疗保险	直接医疗救助	门诊救助	住院救助	优抚对象医疗补助
全国	**3761500.1**	**739969.1**	**2660889.7**	**297043.0**	**2363846.7**	**360641.3**
中央级						
北京	32188.7	1111.1	26218.0	13044.0	13174.0	4859.6
天津	50216.2	10966.1	27200.2	11010.3	16189.9	12049.9
河北	147044.8	43648.7	77629.4	6577.2	71052.2	25766.7
山西	81843.1	14980.3	59061.5	4169.0	54892.5	7801.3
内蒙古	91387.1	17888.1	66779.6	6535.0	60244.6	6719.4
辽宁	83867.7	21757.7	52324.7	4364.0	47960.7	9785.3
吉林	76087.1	16097.2	55407.4	4246.6	51160.8	4582.5
黑龙江	141878.8	36112.2	100104.1	6894.0	93210.1	5662.5
上海	47537.1	4682.8	40360.7	6446.2	33914.5	2493.6
江苏	202195.4	34046.0	152168.7	30042.4	122126.3	15980.7
浙江	152032.8	18139.8	120726.1	23276.0	97450.1	13166.9
安徽	224370.4	71897.3	141786.3	16942.5	124843.8	10686.8
福建	63005.1	13095.6	44176.1	11781.1	32395.0	5733.4
江西	152713.7	15536.7	128182.3	20201.4	107980.9	8994.7
山东	181369.1	29557.6	100752.9	8062.0	92690.9	51058.6
河南	140081.0	30121.0	91481.5	5207.2	86274.3	18478.5
湖北	188446.9	35100.8	138676.7	5530.9	133145.8	14669.4
湖南	176619.5	33601.1	118341.0	23322.1	95018.9	24677.4
广东	302871.5	50032.7	232427.0	18192.9	214234.1	20411.8
广西	98060.4	27789.7	62200.4	2888.5	59311.9	8070.3
海南	29208.3	5380.0	22650.1	1581.6	21068.5	1178.2
重庆	165195.0	23408.0	116474.9	28769.6	87705.3	25312.1
四川	270345.6	58278.1	187490.1	15869.6	171620.5	24577.4
贵州	105854.1	17155.1	78571.7	2540.9	76030.8	10127.3
云南	131148.3	36520.1	86501.2	5991.4	80509.8	8127.0
西藏	25927.6	782.7	24876.5	937.3	23939.2	268.4
陕西	149897.7	15407.8	123791.7	3442.3	120349.4	10698.2
甘肃	93340.9	22695.8	67814.1	2767.9	65046.2	2831.0
青海	41187.5	10532.8	29619.1	2176.0	27443.1	1035.6
宁夏	25989.8	4021.6	21093.2	217.8	20875.4	875.0
新疆	89588.9	19624.6	66002.5	4015.3	61987.2	3961.8

单位：万元

自然灾害生活救助	生活救济费	紧急抢救、安置、转移灾民支出	救灾储备	自然灾害灾后重建补助	其他救助
1279777.8	**781746.2**	**65044.6**	**132470.3**	**185398.6**	**115118.1**
14643.3			14643.3		
1163.2	205.2	36.4	152.8	33.0	735.8
2513.1			2486.1		27.0
48701.1	39292.2	977.3	1029.3	5323.5	2078.8
36939.1	30778.8	306.6	4255.7	300.0	1298.0
43767.2	41621.8	409.2	976.6	110.7	648.9
18203.6	12331.4	231.0	2226.6	2694.3	720.3
42346.0	18442.7	1553.7	1117.6	20414.6	817.4
19577.3	15329.3	514.5	1895.7	31.1	1806.7
600.0					600.0
14023.7	7752.3	31.7	1968.6	1473.8	2797.3
33399.6	9322.1	1666.5	8103.7	2533.0	11774.3
34643.1	27600.0	1567.1	1335.0	1627.3	2513.7
29657.2	11544.3	194.0	2494.8	6409.2	9014.9
107717.6	76228.0	12165.8	2962.4	9605.8	6755.6
13787.1	8143.5	0.9	2280.8	95.2	3266.7
20738.5	17388.0	194.5	928.9	846.7	1380.4
71903.8	50469.4	2237.7	5264.2	10591.2	3341.3
116905.0	61444.4	12924.0	8677.5	22005.3	11853.8
27057.1	11994.5	701.2	5514.3	3443.7	5403.4
38647.2	15793.2	2049.1	3570.0	15279.9	1955.0
7757.5	4539.2	381.9	430.6	1114.3	1291.5
24743.0	17403.4	1044.7	2668.2	2772.2	854.5
80644.0	46396.4	4220.3	13041.2	14994.7	1991.4
85874.0	51843.3	7140.7	6546.1	13827.4	6516.5
73635.8	46288.1	1880.9	11005.1	8872.1	5589.6
29725.3	13718.3		7587.4	7657.3	762.3
69195.0	33377.4	8389.3	1923.2	13015.6	12489.5
60050.1	41879.5	1189.9	2949.9	12401.8	1629.0
23245.0	9440.2	411.3	10939.0	6.3	2448.2
14643.2	11707.6	172.0	601.0	116.6	2046.0
73331.1	49471.7	2452.4	2894.7	7802.0	10710.3

C−1−15续表7

地　区	民政管理事务	行政运行	一般行政管理事务	机关服务	拥军优属
全　国	**5009860.6**	**1272031.3**	**197008.2**	**35203.5**	**269168.4**
中央级	133228.2	9889.1	10399.7	3253.9	392.2
北　京	311395.9	52715.1	7654.1	2999.2	14738.2
天　津	237887.8	23753.1	2404.8	638.2	5106.5
河　北	138493.2	65751.0	6597.7	378.6	6349.6
山　西	87428.9	23874.1	4195.0	365.7	9629.2
内蒙古	82312.5	35657.7	1910.4	1427.0	3757.7
辽　宁	235960.2	34700.5	6328.5	550.9	7971.3
吉　林	97021.6	22772.4	2789.3	1235.3	2967.5
黑龙江	65056.4	19132.5	3061.3	117.1	1711.9
上　海	165254.1	24116.5			21219.0
江　苏	285485.0	82344.4	8742.5	579.6	23629.0
浙　江	283454.8	74920.5	9634.4	948.9	16746.4
安　徽	109945.2	29198.4	6343.8	1462.2	9325.8
福　建	105869.6	30028.8	3682.0	357.3	8910.3
江　西	68616.0	18549.0	4420.3	474.6	1443.7
山　东	275121.7	76705.6	10087.2	1833.5	22244.8
河　南	154935.4	49987.4	11000.3	4932.3	11967.2
湖　北	215120.5	48753.7	13188.4	1153.9	6461.2
湖　南	168841.0	54974.3	10752.5	1884.0	5120.5
广　东	479271.0	105760.7	22567.5	2961.4	35081.5
广　西	150190.1	36760.8	7004.2	794.2	12012.6
海　南	33099.7	5530.3	1168.8		3918.6
重　庆	134572.1	29795.9	3723.9	867.2	3706.0
四　川	266021.8	92462.8	7925.0	1285.9	9900.4
贵　州	129974.0	55112.8	5161.6	64.4	6773.9
云　南	200585.0	64757.6	6122.9	1307.9	6118.2
西　藏	44945.2	10248.5	1670.0	12.8	629.0
陕　西	166272.1	33863.3	4317.0	406.9	1763.4
甘　肃	45327.0	20345.4	3017.3	805.0	1794.2
青　海	30699.0	5313.8	1294.2		1252.1
宁　夏	44701.7	10596.0	2556.7		681.7
新　疆	62773.9	23659.3	7286.9	2105.6	5844.8

单位：万元

老龄事务	民间组织管理	行政区划和地名管理	基层政权和社区建设	部队供应	其他民政管理事务支出
293194.5	**95294.4**	**159300.5**	**1371361.4**	**63238.7**	**1254059.7**
	19788.7	4829.5	408.0		84267.1
10108.9	3753.7	2658.4	115383.2	110.3	101274.8
1051.8	1101.9	24.6	168458.7	117.4	35230.8
2380.6	685.9	6565.7	19852.0	2937.3	26994.8
2319.0	253.6	4635.7	24320.3	1066.7	16769.6
1869.3	685.9	3209.8	6473.8	1441.0	25879.9
4607.5	500.8	3672.1	144323.5	1908.6	31396.5
2113.5	114.8	4249.7	27428.9	4107.8	29242.4
1274.2	632.3	2644.6	14303.2	2461.5	19717.8
34399.0	8905.0	688.4	11032.1	1218.5	63675.6
24099.7	9019.2	4341.3	82383.1	1698.5	48647.7
26560.6	9937.9	6768.7	54811.1	6563.1	76563.2
6963.9	3377.6	4684.8	20449.6	1395.5	26743.6
7805.6	1008.3	6408.8	15501.7	1610.9	30555.9
6189.7	883.9	4055.4	11833.8	1636.7	19128.9
5994.7	5210.4	5656.2	92524.3	3283.0	51582.0
8116.8	1242.9	10022.9	25564.6	5511.0	26590.0
4666.1	1980.4	8028.1	76646.0	3697.4	50545.3
8708.8	5807.1	7411.7	41133.8	1622.0	31426.3
24631.2	11902.4	9255.7	118933.9	6282.6	141894.1
10561.2	821.6	7694.8	34317.5	3461.8	36761.4
4951.4	764.2	1532.6	1767.5	102.3	13364.0
4435.8	828.1	3007.6	52085.7	1457.1	34664.8
20187.2	3342.2	14524.1	60216.3	1469.7	54708.2
8867.5	259.4	4932.8	19865.5	2575.2	26360.9
41394.4	617.2	5869.2	17027.3	2323.2	55047.1
510.8	15.0	1749.5	116.0	198.3	29795.3
5607.7	1015.0	6127.6	90353.3	1491.4	21326.5
2277.1	434.3	3059.9	1110.6	804.8	11678.4
4885.5	125.6	3755.2	8973.1	86.3	5013.2
4113.8	64.6	2215.2	8059.1	5.0	16409.6
1541.2	214.5	5019.9	5703.9	593.8	10804.0

C−1−15续表8

地　区	行政事业单位离退休	地方离退休人员经费	离休人员离休金	退休人员退休金	退职人员退职金	离退休人员其他费用
全　国	**478517.7**	**112928.3**	**7731.2**	**86518.4**	**2132.5**	**16546.2**
中央级	8351.8					
北　京	59590.1	35436.5	404.8	30031.7	166.3	4833.7
天　津	8132.2	618.3	21.8	449.3	4.2	143.0
河　北	28043.2	6740.7	644.3	5009.7	28.4	1058.3
山　西	11100.6	1227.9	126.7	972.3	59.7	69.2
内蒙古	19622.1	3695.2	165.7	3357.9	123.1	48.5
辽　宁	21060.4	3288.0	298.9	2777.8	3.0	208.3
吉　林	10995.0	2026.1	80.8	1708.2		237.1
黑龙江	14263.2	1148.3	9.7	1018.6		120.0
上　海	6394.4	1086.1	98.6	789.5		198.0
江　苏	27915.9	8718.2	1019.0	6003.0	96.7	1599.5
浙　江	17704.3	5481.0	253.0	4390.6	641.1	196.3
安　徽	18040.9	3750.2	750.0	2351.2	231.7	417.3
福　建	14242.5	6088.8	55.1	5305.4	139.7	588.6
江　西	4926.2	2633.7	276.1	2273.8	34.7	49.1
山　东	15921.2	3232.1	327.6	2178.4	50.1	676.0
河　南	18474.6	3312.1	587.9	2360.0	36.0	328.2
湖　北	18159.5	3721.8	129.8	3163.0		429.0
湖　南	7371.3	2833.6	114.5	2537.7	55.5	125.9
广　东	64431.5	1844.2	113.7	1315.9	248.2	166.4
广　西	14833.2	1330.2	1132.7	180.7		16.8
海　南	1196.8	188.2	95.2	93.0		
重　庆	9487.1	617.7	14.0	479.6		124.1
四　川	22725.9	4747.6	136.8	2254.1	8.1	2348.6
贵　州	1497.4	1118.4	71.8	812.6	2.0	232.0
云　南	14127.9	2768.5	144.7	1827.4	81.8	714.6
西　藏	898.9					
陕　西	4986.7	1932.6	291.3	1499.1	24.0	118.2
甘　肃	5985.8	1083.0	49.5	974.3	15.3	43.9
青　海	647.9	177.0		163.1	13.9	
宁　夏	2052.5	154.0	28.6	80.6	44.8	
新　疆	5336.7	1928.3	288.6	159.9	24.2	1455.6

单位：万元

一次性抚恤金	行政单位离退休	事业单位离退休	离退休人员管理机构	其他行政事业单位离退休支出	其他
7443.8	**160677.9**	**143211.6**	**4873.2**	**56826.7**	**1749779.9**
	5869.3	1829.6	652.9		101632.4
2088.5	6534.5	8093.4	528.8	8996.9	256865.2
86.6	1254.5	3680.0	4.7	2574.7	3791.5
778.1	9849.1	10536.9	37.6	878.9	17847.4
52.9	3197.1	4551.9	53.2	2070.5	27450.8
28.2	8459.1	6086.0		1381.8	89630.9
155.6	8268.9	8495.6	1.0	1006.9	45651.3
	4729.3	4094.6		145.0	32740.6
31.0	4115.6	7411.6		1587.7	10030.5
174.5	1767.7	3000.9	496.2	43.5	49206.2
1110.4	10309.6	6223.9	34.8	2629.4	136842.7
97.8	4219.8	4758.1	72.4	3173.0	40422.0
259.1	8955.7	4806.4	379.5	149.1	27558.0
314.5	2374.4	1695.4	3.0	4080.9	46591.0
13.5	1371.2	845.3	3.9	72.1	13481.8
538.2	3348.1	7239.8		2101.2	39511.1
218.6	7217.2	4208.0	119.4	3617.9	46542.6
232.9	7403.7	4079.3	286.0	2668.7	56231.7
99.3	3197.1	620.9	44.4	675.3	44891.2
68.3	26561.7	32275.8	1927.1	1822.7	238492.9
16.8	4951.5	7785.9		765.6	43084.0
	714.8	69.3		224.5	14183.4
81.1	4007.9	2875.0		1986.5	13745.5
135.1	7140.3	2619.4	100.2	8118.4	38362.8
72.1	379.0				13089.4
696.6	7421.1	1636.6		2301.7	139859.3
	550.4	320.4		28.1	27270.5
42.3	1126.8	1338.1		589.2	39895.8
34.4	3299.6	1600.8		2.4	24734.8
	198.1	78.2		194.6	17893.8
	689.1	275.0	88.9	845.5	50337.3
17.4	1195.7	79.5	39.2	2094.0	1911.5

C-1-16 社会服务事业

地区	优抚对象整体抚恤水平	定期抚恤水平	伤残抚恤水平	定期补助水平	在乡复退军人定期定量补助水平
全国	**8833.7**	**21609.0**	**21156.0**	**3627.7**	**3193.5**
中央级					
北京	32576.1	27430.8	17880.8	4024.3	3288.3
天津	17718.7	33672.3	23060.0	8499.0	8044.6
河北	7076.6	20911.9	21263.6	3196.7	2805.8
山西	12111.6	19633.0	19761.0	3318.5	3264.9
内蒙古	18735.7	21766.4	19293.0	4895.1	5082.6
辽宁	10309.2	29740.5	18852.4	3146.5	3326.5
吉林	11312.1	19988.5	21757.3	2630.5	2448.0
黑龙江	17592.9	21976.8	19833.1	4016.2	4152.5
上海	27320.5	14639.7	28478.0	4897.4	3885.7
江苏	10568.3	21190.8	23124.2	3501.6	3458.6
浙江	9410.4	29092.6	22508.4	3283.7	2915.2
安徽	6976.6	19129.6	18134.9	3304.7	3087.2
福建	8452.8	24919.8	21630.5	3095.4	2109.9
江西	8625.6	20393.0	18576.6	4392.1	5213.8
山东	8695.9	22133.5	24109.9	3020.9	2750.2
河南	7099.6	18390.8	19767.0	2988.9	2501.9
湖北	9137.9	24902.5	20082.6	3530.6	2977.2
湖南	6495.8	20231.1	24720.9	3165.4	2640.2
广东	10226.3	23585.3	21367.8	6012.5	4742.3
广西	7449.9	22598.4	20340.7	3437.5	3322.0
海南	11740.3	21971.3	21486.6	3895.4	3404.8
重庆	9442.0	30176.5	21851.4	5312.7	4939.5
四川	7083.5	19758.0	20677.0	3923.8	3480.9
贵州	7433.6	17826.2	17899.6	4249.7	3377.9
云南	8655.0	25155.6	20407.7	3418.0	2693.2
西藏	15186.2	13390.2	12001.3	6969.4	7432.6
陕西	11220.6	20862.7	19312.6	3977.0	3383.8
甘肃	5606.9	22055.6	17638.8	2329.6	1993.5
青海	11639.7	33119.8	14022.5	2364.9	1701.1
宁夏	11918.7	23365.9	24623.3	3492.3	3698.6
新疆	17090.0	16963.0	21287.8	7495.2	8286.8

费支出水平

单位：元/人·年、元/个·年

在乡红军老战士定期定量补助水平	红军失散人员定期定量补助水平	“参战”退伍军人生活补贴水平	“涉核”退伍军人生活补助水平	烈士纪念设施管理保护单位补助水平
53777.8	**25880.4**	**6372.5**	**7315.6**	**1941472.3**
63000.0		11024.2	12949.9	3227333.3
		12585.7	15432.9	2795666.7
		6928.1	7588.8	1866473.7
52000.0		7347.3	6749.2	2143710.5
57000.0		8060.4	11115.7	7252750.0
		5905.5	6633.5	1133675.7
		6451.7	8800.9	886241.4
46000.0	23500.0	6104.7	6845.2	1227941.2
		13217.2	11751.2	21125300.0
	70000.0	8414.7	9627.3	1935589.0
	24521.7	7733.5	8832.4	3210739.1
	24557.1	6451.7	6759.4	2408162.2
	27509.8	8790.2	11477.9	1311285.7
53333.3	26698.2	8215.3	11839.1	671918.9
		6338.9	6377.5	2669494.3
49000.0	22622.1	6189.0	6081.9	1203370.8
	30904.8	6705.6	6873.2	1271078.4
51000.0	30516.1	4779.4	12675.6	2124391.3
	26500.0	8262.3	8298.3	4125782.6
	21397.2	5923.4	8620.2	2212437.5
	32571.4	4627.5	39143.9	6384000.0
		6308.0	8762.0	1598833.3
52000.0	27800.0	6194.5	6470.9	599952.4
74000.0	29800.0	5543.1	5383.9	867400.0
	29000.0	4293.5	7542.9	961157.9
		3000.0		
57400.0	23704.6	6772.0	5907.8	1106222.2
45500.0	23000.0	7944.7	7314.5	564026.3
		11385.4	4828.9	2388333.3
51000.0	21000.0	6573.4	6983.0	456090.9
43500.0	45000.0	8734.7	6805.1	4475750.0

C-1-16续表1

地　区	荣誉军人康复医院补助水平	荣誉军人康复医院在院人员补助水平	复员军人疗养院补助水平	复员军人疗养院在院人员补助水平	复退军人精神病院补助水平
全　国	**28457674.4**	**29707.0**	**11418973.0**	**26115.9**	**18567623.5**
中央级					
北　京					
天　津			8518000.0	27124.7	27249000.0
河　北	36694000.0		16443375.0	14398.3	42353000.0
山　西	11263500.0	34426.1	20696500.0	137759.6	19060714.3
内蒙古	8029000.0		426000.0		12173000.0
辽　宁	22565000.0	69796.3			15050666.7
吉　林	60000.0				2450000.0
黑龙江	33380000.0	1099.5			7863000.0
上　海	14673000.0	22571.4			
江　苏	21394000.0	103464.3	7142666.7	27839.5	38774000.0
浙　江	365845000.0	14848.9			28159000.0
安　徽	64078000.0	292524.1			66569000.0
福　建	1057000.0				9917000.0
江　西	37833000.0	179466.4	551000.0	1816.7	380000.0
山　东	80502500.0		16188857.1	8753.3	18989500.0
河　南	13447500.0	12293.8	8225500.0	19362.6	33676000.0
湖　北	48518000.0		40000.0		24344000.0
湖　南	7281000.0	8884.5	800000.0		14071375.0
广　东	613500.0	8012.6	13055500.0	16634.6	12108333.3
广　西	23709000.0	19525.1	16376000.0	175924.6	49690500.0
海　南					
重　庆	14980333.3	97402.7			
四　川	28190000.0	23640.9	918000.0	2497.1	19035600.0
贵　州	4574333.3	8477.4	20000.0	3509.6	
云　南	25964000.0	21787.8			401500.0
西　藏					
陕　西	42596000.0	253280.2	12533000.0	51917.8	13875000.0
甘　肃	3896500.0				2869000.0
青　海					
宁　夏					
新　疆	9426000.0	69625.0			2384800.0

单位：元/个·年、元/人·年

复退军人精神病院在院人员补助水平	光荣院补助水平	光荣院在院人员补助水平	军队离休干部支出水平	军队退休干部支出水平	军队无军籍职工支出水平	孤儿补助水平
17601.2	**899884.0**	**11949.5**	**213294.4**	**142115.5**	**57204.5**	**9152.8**
	4133600.0	96561.2	150454.4	163974.6	53832.5	15396.5
8149.7	5814166.7	2136.3	191921.3	143508.9	70329.0	22310.4
1945.7	1002168.1	11712.2	264499.4	147170.6	56805.5	9198.5
16630.9	1229696.2	32502.9	163830.4	133402.5	48501.8	6315.4
8367.2	1186535.7	14722.2	394818.6	84386.0	49635.0	14241.8
20630.6	2030478.3	21303.6	187644.8	147640.5	55184.6	11696.2
	706571.4	11966.8	226577.7	132287.6	48535.4	8913.4
10656.0	2386500.0	8835.2	166726.3	135302.5	77178.7	8026.8
			146572.0	141078.5	66342.1	24434.7
39311.6	1231888.9	24365.4	165671.0	135153.1	60925.7	11172.6
7547.6	684818.2	19725.0	212495.2	137135.8	68036.8	18105.7
39903.4	1201541.7	8149.6	184436.4	126332.2	42293.0	8111.0
13872.5	639750.0	10669.5	199168.9	143130.9	33499.7	12073.2
4608.6	236000.0	3699.4	272826.2	111478.3	42960.4	7088.9
26881.3	1119000.0	13435.0	222756.0	131578.0	66206.0	9209.8
6931.5	612488.4	6095.7	180506.2	132078.5	47332.9	8884.3
8844.6	1340661.0	9762.3	232522.0	141906.4	64976.0	13303.3
5996.4	873586.5	15427.4	86125.0	94877.5	66534.5	6909.9
18724.9	595744.2	9728.2	206381.1	148852.4	77963.1	15736.3
51469.5	320122.8	17722.3	197064.0	147820.1	42390.2	7117.4
	595857.1	32810.6	259090.9	105962.8	53060.7	9648.7
	2647714.3	48005.9	193704.0	118597.4	56305.1	14930.3
7916.0	657511.6	12269.0	195962.3	140483.1	49070.4	9340.3
	211449.0	8389.3	162450.6	131361.3	77880.5	8211.3
1710.1	7500000.0	3379.6	172977.2	125500.1	51930.3	8054.8
			5347.6	326797.2	55409.0	7971.1
34710.2	1511933.3	23730.5	173336.9	143646.7	51480.9	8665.6
18329.3	350000.0	350961.5	1058021.4	90472.1	43429.1	8019.4
	1190000.0		52142.9	183315.7	91927.5	7008.1
	25000.0	5041.4	124444.4	126677.4	22965.9	6050.6
1149.5	1065571.4	18099.1	1376740.0	123642.7	48512.4	5425.3

C-1-16续表2

地 区	康复辅具机构(站)专项拨款支出水平	补贴火化场人员水平	补贴殡葬类单位补助水平	社会福利院补助水平	社会福利院在院人员生活费补助水平
全 国	**8468041.7**	**755.7**	**1472188.8**	**4718697.7**	**10844.1**
中央级					
北 京	500000.0	1852.6	2327365.4	15847272.7	7980.4
天 津		406.8	15833666.7	7352000.0	6241.7
河 北	4550000.0	1028.7	1220080.9	4402700.0	7833.0
山 西	10913000.0	3008.8	1972906.3	8928809.5	24321.4
内蒙古		876.2	645240.0	3571104.2	12208.3
辽 宁		877.5	326964.6	7023060.0	12378.5
吉 林		1533.6	972780.5	3019568.6	13291.9
黑龙江	11095000.0	163.1	1813210.1	4513536.6	12970.8
上 海			87671.2	26362600.0	17167.2
江 苏		700.0	1551508.2	9412548.4	15109.2
浙 江		1012.8	3257953.9	5649218.8	6355.4
安 徽	4264000.0	649.2	1141092.9	2104717.0	14996.6
福 建		831.9	632688.9	3335646.2	21689.0
江 西	10227000.0	552.9	297518.9	2727212.8	4793.9
山 东	97000.0	211.4	778623.6	7047000.0	7601.3
河 南	21976000.0	1229.4	491757.3	3362647.1	9659.6
湖 北	8592333.3	239.6	2657286.7	3378925.0	9157.5
湖 南		965.7	2132959.7	6946580.3	7743.3
广 东	4475000.0	597.4	2651074.1	6353036.5	11411.6
广 西	25031000.0	1507.9	1787584.3	1474461.5	13192.9
海 南		353.3	2342500.0	9807500.0	23847.5
重 庆		2911.1	1541792.5	9177074.1	9236.4
四 川		338.6	1649354.7	3734763.8	11165.8
贵 州	12375000.0	1415.1	471365.9	881271.2	5238.2
云 南		1932.2	1458792.0	1942804.9	8251.8
西 藏		1834.8		4240555.6	122565.0
陕 西	2518000.0	674.4	1871991.9	7152882.4	8218.0
甘 肃		577.1	1560441.2	3770435.9	18801.5
青 海	3900000.0	276.8	687153.9	3302285.7	31351.4
宁 夏		1382.0	36292.7	842285.7	3134.0
新 疆	1800000.0	1770.8	1779100.0	2093739.7	6988.0

单位：元/个·年、元/人·年、元/人次

儿童福利院补助水平	儿童福利院在院人员生活费补助水平	精神病人福利院补助水平	精神病人福利院在院人员生活费补助水平	城市最低生活保障补助水平(不含春节补助)	农村最低生活保障补助水平(不含春节补助)	城市特困人员救助供养补助水平
4597127.9	**11717.6**	**16992465.3**	**11580.4**	**4895.8**	**2529.6**	**8344.5**
2565250.0	9.8	3000000.0	568535.8	11250.1	9176.6	26564.4
6802500.0	9000.0	44355000.0	5268.8	9881.8	7785.0	16029.2
950000.0	243.0			4709.3	2524.4	5180.6
2236000.0	4458.4			4337.2	2758.8	4441.8
6022333.3	9776.7	18091800.0	29638.0	5751.2	2969.8	15528.9
1410727.3	1646.5			5995.8	2873.3	8403.3
2577000.0	2287.6	11118000.0	9912.8	5444.8	2145.4	7739.2
3511928.6	12132.3	28588857.1	10327.3	4867.3	2290.3	12402.5
31824000.0	42.1	70055000.0	2549.0	9814.4	6585.3	8617.1
12117153.9	11049.8	31453727.3	6016.6	5575.5	3927.8	6083.7
13392000.0	9790.4	44274000.0	22135.5	5848.6	4720.0	9650.9
3143033.3	16819.3	213333.3	605.2	5308.7	2929.0	4485.1
3189090.9	12597.4	11629142.9	6702.4	5649.8	3329.1	7979.7
2007833.3	1859.1	10438500.0	39831.3	4338.3	2700.4	8887.4
8520571.4	4430.4			4845.5	2745.7	9214.6
4835105.3	7026.1	17560800.0	4165.6	3491.1	1927.7	4891.9
3063950.0	20451.6	3070500.0	4155.3	4756.1	2743.8	10436.4
2021272.7	7759.2	667375.0	3522.3	4727.3	3105.2	12949.2
5760069.8	18869.7	89371666.7	20171.8	6927.6	3177.5	10452.1
2424312.5	15022.0	54422250.0	41179.7	4551.8	2263.9	16482.1
1682500.0	146.3			3857.8	2460.5	19086.7
33468833.3	20505.1	18583111.1	22908.7	5084.7	3399.6	7180.3
1933479.2	14697.3	5761523.8	5648.4	3616.6	1966.0	4312.6
2358823.5	8729.4	3849500.0	5142.1	4849.1	2639.0	6308.4
667458.3	5788.6	15223000.0	23147.2	4593.6	2224.6	10668.5
2375777.8	5220.3			7993.8	2073.9	
5061642.9	10274.2	20826000.0	8034.3	6241.1	3218.8	10281.4
3410916.7	14305.0	25829500.0	37414.9	4434.5	1781.8	4775.1
18407500.0	152008.5	850000.0		5286.6	2270.4	27978.9
21000.0		3600000.0	9797.7	6110.9	3100.3	18685.4
2877652.2	7259.5	12422500.0	9848.6	3839.3	1867.2	5600.7

C-1-16续表3

地　区	农村特困人员救助供养补助水平	流浪乞讨人员救助单位补助水平	救助流浪乞讨人员每次补助水平	临时救助户次补助水平	资助参加基本医疗保险补助水平
全　国	**5769.3**	**877723.2**	**1393.8**	**1109.9**	**131.6**
中央级					
北　京	17324.7	3790631.6	1084.9	3500.3	700.4
天　津	17799.7	844307.7	1457.6	1440.9	444.4
河　北	5470.3	1666657.9	866.8	872.6	191.3
山　西	4620.7	461350.9	1009.1	1180.9	123.8
内蒙古	6777.9	689763.2	1048.8	1158.2	107.8
辽　宁	4549.9	584507.5	1640.8	870.7	210.0
吉　林	2116.5	494840.0	1424.2	559.9	201.6
黑龙江	5832.3	677348.5	1013.8	1050.4	157.1
上　海	15325.5	8501105.3	2644.9	687.7	626.6
江　苏	7206.1	1398258.4	1711.7	939.1	220.6
浙　江	9648.5	1858902.0	2466.8	1199.4	386.2
安　徽	4982.1	710960.8	1211.7	2471.4	184.0
福　建	8753.8	997046.5	1457.0	1410.8	180.1
江　西	4941.6	178392.9	1729.7	1656.3	91.0
山　东	5267.6	996245.6	1517.2	1665.5	160.0
河　南	4259.0	759478.3	1087.2	881.3	86.8
湖　北	9376.0	734831.8	1950.7	1535.5	172.1
湖　南	5420.1	542605.8	665.2	874.3	97.5
广　东	9219.4	3774424.7	2322.8	2122.8	189.0
广　西	4591.9	265652.2	2816.9	1203.5	112.3
海　南	7251.7	341428.6	1878.1	1416.8	236.5
重　庆	8748.5	970702.7	2304.8	2197.8	134.8
四　川	4349.6	349802.0	1327.9	866.0	136.9
贵　州	6346.8	509392.2	1532.5	1407.8	64.7
云　南	5587.6	256402.8	1129.4	760.7	85.3
西　藏	8528.3	351000.0	2125.1	2243.6	115.0
陕　西	8109.2	445525.8	1071.8	1318.5	198.1
甘　肃	4866.0	390422.2	1280.3	691.9	41.3
青　海	10697.8	92333.3	1641.3	3903.4	176.8
宁　夏	5945.4	98666.7	761.8	659.5	79.6
新　疆	3784.2	399150.0	1481.6	550.0	115.1

单位：元/个·年、元/人·年、元/人次

直接医疗救助补助水平	门诊救助人次补助水平	住院救助人次补助水平	优抚对象医疗补助支出水平	救灾物资储备中心补助水平	老龄机构补助水平	军供站补助水平
756.6	**153.2**	**1498.4**	**982.3**	**6021377.3**	**1832465.6**	**1075488.1**
2018.0	1322.9	4206.7	4503.8		7776076.9	39392.9
135.1	56.3	2724.5	4781.0	12430500.0	956181.8	1174000.0
1720.8	651.4	2029.1	1422.5	2573250.0	1082090.9	947516.1
2375.8	795.1	2798.4	923.8	3546416.7	393050.9	969727.3
2139.6	1736.1	2194.9	2125.8	3255333.3	1168312.5	2401666.7
528.4	80.6	1069.1	2347.6	1171894.7	837727.3	706888.9
1019.9	297.7	1277.1	1190.5		640454.6	978047.6
1649.1	487.8	2001.7	1348.8	2708142.9	227535.7	1893461.5
1362.2	335.6	3254.9	2121.3		19110555.6	553863.6
309.8	78.7	1117.3	663.4	19686000.0	4725431.4	943611.1
376.2	93.4	1357.3	1982.6		5902355.6	2853521.7
730.8	516.0	774.5	530.0	6675000.0	3165409.1	332261.9
351.0	118.1	1242.5	918.7	24948000.0	1472754.7	947588.2
637.2	158.1	1470.5	884.5	9874666.7	937833.3	962764.7
882.4	132.4	1740.2	1183.2	4561600.0	560252.3	1427391.3
1274.1	792.6	1322.6	743.7	1548166.7	1503111.1	1670000.0
1171.6	347.6	1299.5	721.0	1815241.4	914921.6	3081166.7
1025.9	827.2	1090.1	659.9	43387500.0	1979272.7	675833.3
1379.9	168.9	3528.5	1147.3	3063500.0	6842000.0	3490333.3
2198.8	1273.4	2279.5	777.3	4462500.0	3106235.3	1923222.2
1669.1	280.9	2653.2	1000.8	2153000.0	2912588.2	511500.0
245.5	73.9	1029.3	1226.9	26682000.0	2609294.1	346928.6
898.9	334.1	1065.4	706.7	2898044.4	1230926.8	506793.1
1501.8	244.5	1813.6	835.7	13092200.0	1166776.3	2575200.0
806.1	366.9	884.9	452.2	18341833.3	6899066.7	829714.3
4172.9	898.7	4867.3	1818.4	25291333.3	5108000.0	991500.0
2412.5	816.3	2555.5	1637.8	2404000.0	572214.3	932125.0
2494.2	323.5	3491.2	783.3	2681727.3	281123.5	894222.2
1725.2	992.1	1832.6	2944.6	36463333.3	12213750.0	172600.0
1763.0	744.1	1788.6	1770.5	667777.8	1788608.7	16666.7
1717.6	267.3	2648.5	2831.3	7236750.0	72356.8	371125.0

C-1-17 社会服务事业

地区	收入合计	上年结余	本年收入合计	本年实际支出
全国	**63762028.6**	**4011502.3**	**59750526.3**	**59326813.1**
中央级	337858.7	144404.3	193454.4	269330.6
北京	3253061.0	337296.2	2915764.8	2830370.7
天津	1126839.7	128444.5	998395.2	976094.3
河北	2674868.0	143938.0	2530930.0	2491031.8
山西	1718688.5	228571.4	1490117.1	1427974.2
内蒙古	1642139.6	152921.8	1489217.8	1530138.7
辽宁	2057011.7	42375.0	2014636.7	2000385.4
吉林	1344854.1		1344854.1	1229440.2
黑龙江	1640400.2	19799.5	1620600.7	1621673.2
上海	1960300.0	158135.7	1802164.3	1774025.0
江苏	3302755.0	47445.0	3255310.0	3252262.8
浙江	2220941.1	97975.2	2122965.9	2100207.6
安徽	2214408.7	6522.3	2207886.4	2205766.4
福建	1181194.0	121444.9	1059749.1	1038592.5
江西	1882939.8	708.0	1882231.8	1868755.5
山东	3428379.3	7243.1	3421136.2	3394553.1
河南	2710484.0	104811.1	2605672.9	2606924.3
湖北	2895829.6	304137.0	2591692.6	2564107.9
湖南	2798667.6	108194.1	2690473.5	2759086.8
广东	3846216.9	106453.1	3739763.8	3723480.8
广西	2055500.9	259072.2	1796428.7	1785362.3
海南	435358.0	113583.7	321774.3	299638.3
重庆	1656130.2	103956.1	1552174.1	1563300.9
四川	3851429.7	202182.1	3649247.6	3663630.9
贵州	2186070.2	546384.1	1639686.1	1734040.9
云南	2556547.1	168141.9	2388405.2	2404442.3
西藏	304900.0	20736.7	284163.3	273337.7
陕西	2209540.9	88031.6	2121509.3	2099088.3
甘肃	1605753.7	87239.3	1518514.4	1490098.4
青海	601676.8	11844.5	589832.3	577580.9
宁夏	580614.2	112997.3	467616.9	426405.6
新疆	1480669.4	36512.6	1444156.8	1345684.8

费收支简表

单位：万元

收支结余	用事业基金弥补收支差额	结余分配	年末净结余
4435215.5	**170137.9**	**266474.8**	**4338878.6**
68528.1	54.9	1536.8	67046.2
422690.3	4693.8	5035.1	422349.0
150745.4	12871.5	14983.3	148633.6
183836.2	11753.1	13291.5	182297.8
290714.3	38.7	2063.9	288689.1
112000.9	1212.3	2869.2	110344.0
56626.3	1246.0	466.0	57406.3
115413.9		629.8	114784.1
18727.0	-0.1	-0.1	18727.0
186275.0	215.3	7368.7	179121.6
50492.2	3401.6	6226.8	47667.0
120733.5	12.7	8797.3	111948.9
8642.3	825.6	929.3	8538.6
142601.5	1248.9	2931.9	140918.5
14184.3	178.9	178.9	14184.3
33826.2	4457.9	4457.9	33826.2
103559.7	310.7	20.0	103850.4
331721.7	4418.6	25696.3	310444.0
39580.8	4650.8	5103.6	39128.0
122736.1	1778.0	9223.9	115290.2
270138.6	11014.0	24587.4	256565.2
135719.7	13679.4	13679.4	135719.7
92829.3	72.7	9081.7	83820.3
187798.8	419.4	3315.9	184902.3
452029.3	337.9	141.5	452225.7
152104.8	5983.2	10539.5	147548.5
31562.3	5064.3	5064.3	31562.3
110452.6	2223.4	8260.5	104415.5
115655.3		220.3	115435.0
24095.9			24095.9
154208.6	1691.7	3491.5	152408.8
134984.6	76282.7	76282.7	134984.6

C-1-18 社会服务事业费

地区	收入合计	上年结余合计			
			抚恤	退役安置	社会福利
全国	**63762028.6**	**4011502.3**	**278677.8**	**499660.4**	**747861.9**
中央级	337858.7	144404.3	222.0		2372.0
北京	3253061.0	337296.2	15061.4	224449.1	43005.8
天津	1126839.7	128444.5	6899.2	20973.0	41176.0
河北	2674868.0	143938.0	15791.4	28505.3	23922.2
山西	1718688.5	228571.4	24224.7	18946.4	28960.7
内蒙古	1642139.6	152921.8	6494.9	8262.3	18407.3
辽宁	2057011.7	42375.0	1126.3	17887.7	1834.3
吉林	1344854.1				
黑龙江	1640400.2	19799.5	2399.8	1186.1	2853.6
上海	1960300.0	158135.7	9004.1	27578.2	41775.1
江苏	3302755.0	47445.0	1269.1	2457.1	31375.0
浙江	2220941.1	97975.2	16819.6	6259.3	27719.3
安徽	2214408.7	6522.3	415.7	568.6	462.5
福建	1181194.0	121444.9	10422.6	17919.3	27750.6
江西	1882939.8	708.0			270.2
山东	3428379.3	7243.1	1902.1	39.0	545.8
河南	2710484.0	104811.1	3450.5	5159.9	18284.1
湖北	2895829.6	304137.0	1705.9	18238.3	10343.5
湖南	2798667.6	108194.1	4899.3	1983.4	76367.5
广东	3846216.9	106453.1	8059.8	8159.2	24318.2
广西	2055500.9	259072.2	32482.1	16243.0	61536.1
海南	435358.0	113583.7	9655.0	4802.1	25215.1
重庆	1656130.2	103956.1	4548.1	893.7	27975.2
四川	3851429.7	202182.1	12785.3	18007.7	58733.0
贵州	2186070.2	546384.1	38440.3	16974.9	84236.9
云南	2556547.1	168141.9	34661.8	14215.6	14788.2
西藏	304900.0	20736.7	983.3	131.4	475.7
陕西	2209540.9	88031.6	3415.1	3439.6	7560.5
甘肃	1605753.7	87239.3	2046.1	5703.1	24761.6
青海	601676.8	11844.5	142.7	1.4	1512.4
宁夏	580614.2	112997.3	1409.4	3906.2	10468.2
新疆	1480669.4	36512.6	7940.2	6769.5	8855.3

收支明细表

单位：万元

社会救助	自然灾害生活救助	民政管理事务	行政事业单位离退休	其他款项用于民政支出
1533206.6	**198148.8**	**380523.7**	**7710.9**	**365712.2**
	1540.9	89633.2	53.7	50582.5
12176.1	87.8	17503.0	893.4	24119.6
15425.5	1803.1	39859.3	281.6	2026.8
53126.3	10818.0	8484.0	254.2	3036.6
136652.4	8786.7	6259.7	3.7	4737.1
42005.7	9195.3	7634.1	397.4	60524.8
8533.5	2120.3	5631.0	101.9	5140.0
11666.5	485.9	913.5	12.0	282.1
29463.8	1601.2	23347.6	169.0	25196.7
2942.4	2363.2	4506.8	28.8	2502.6
21748.6	5883.9	16249.6	889.6	2405.3
2007.3	310.9	2583.1	3.9	170.3
32512.9	9777.9	14403.7	1454.9	7203.0
437.8				
3008.1		1746.7		1.4
70925.3	2218.5	996.6	179.4	3596.8
267539.0	2060.2	2662.4	4.0	1583.7
10895.5	706.8	1614.2		11727.4
37149.6	1728.0	12030.9	632.3	14375.1
111007.2	13403.9	16267.3	72.1	8060.5
48405.8	6369.4	7707.8	61.0	11367.5
45435.1	6497.6	15846.1	4.8	2755.5
66735.6	7968.5	21418.4	91.1	16442.5
319989.7	53523.9	22222.9	37.1	10958.4
46039.0	10565.3	16304.6	880.2	30687.2
963.4	14338.2	929.8		2914.9
55945.3	6073.9	4121.8	11.0	7464.4
28928.4	6338.4	4134.7	16.8	15310.2
9860.7	170.3	111.1		45.9
35253.1	9325.6	13563.6	1083.8	37987.4
6427.0	2085.2	1836.2	93.2	2506.0

C-1-18续表1

地区	本年收入合计	抚恤	退役安置	社会福利
全国	**59750526.3**	**8400840.2**	**7413816.3**	**9269727.5**
中央级	193454.4	10245.0		8952.0
北京	2915764.8	157012.1	1349464.4	593112.5
天津	998395.2	98121.1	151778.7	170806.6
河北	2530930.0	485062.7	574638.0	288814.8
山西	1490117.1	260603.6	141990.5	153294.5
内蒙古	1489217.8	109415.4	102228.2	229098.2
辽宁	2014636.7	214674.7	493397.9	216605.3
吉林	1344854.1	262987.8	111557.1	155554.5
黑龙江	1620600.7	212235.1	136681.4	167870.4
上海	1802164.3	131478.0	243283.6	763970.4
江苏	3255310.0	515565.3	456971.9	826590.8
浙江	2122965.9	351656.6	177674.8	508755.9
安徽	2207886.4	344279.6	176529.5	280448.0
福建	1059749.1	167135.7	123589.7	215501.0
江西	1882231.8	271048.5	67055.7	138249.3
山东	3421136.2	789773.7	792807.7	453529.8
河南	2605672.9	549803.7	254240.5	345935.0
湖北	2591692.6	425383.8	227678.8	306636.8
湖南	2690473.5	515084.1	157349.0	361633.6
广东	3739763.8	457218.9	339500.7	798813.1
广西	1796428.7	250762.1	67525.0	247308.3
海南	321774.3	31678.5	35030.8	42282.1
重庆	1552174.1	217543.5	125763.0	207409.3
四川	3649247.6	644957.7	311426.4	522034.3
贵州	1639686.1	176930.6	48891.7	157448.5
云南	2388405.2	245292.4	152361.0	206569.2
西藏	284163.3	7245.8	22354.2	26700.1
陕西	2121509.3	306221.1	273946.4	375253.7
甘肃	1518514.4	78163.8	121560.6	126854.4
青海	589832.3	19731.7	37672.3	157843.6
宁夏	467616.9	17512.1	15682.4	40521.5
新疆	1444156.8	76015.5	123184.4	175330.0

单位：万元

社会救助	自然灾害生活救助	民政管理事务	行政事业单位离退休	其他款项用于民政支出
26216219.3	**1326933.8**	**4886966.7**	**493181.5**	**1742841.0**
	13500.0	65318.2	8395.0	87044.2
242317.0	1439.3	317646.5	61981.4	192791.6
313765.5	1971.9	242335.2	8208.9	11407.3
932198.4	49514.9	138626.9	28247.1	33827.2
768676.5	38005.8	87126.1	11436.5	28983.6
850448.9	41065.3	78013.1	18380.2	60568.5
772848.9	22859.0	227974.4	21554.3	44722.2
627620.2	42476.4	96332.9	11390.5	36934.7
993846.6	19742.1	65488.9	14340.9	10395.3
438638.4	900.0	167056.4	6043.6	50793.9
983378.0	13129.5	277831.4	33597.4	148245.7
707048.6	35427.4	284013.0	17849.6	40540.0
1233370.3	34789.6	93267.8	18071.1	27130.5
355435.5	27298.1	109177.0	14305.8	47306.3
1198003.6	112087.3	66504.9	4489.8	24792.7
1038115.7	14558.1	276887.3	15921.2	39542.7
1216119.7	20772.1	151773.2	18394.3	48634.4
1264430.8	72189.4	216031.6	18149.5	61191.9
1320270.2	112520.4	161736.9	7075.6	54803.7
1329548.6	24370.5	470559.2	67467.0	252285.8
967139.0	48373.9	153876.1	19970.6	41473.7
149379.1	4339.8	27626.0	1676.6	29761.4
821847.0	23286.5	134194.5	9891.2	12239.1
1762273.3	85317.4	261458.0	20672.6	41107.9
1033625.3	78045.5	132547.6	1572.8	10624.1
1366378.8	79622.6	197852.7	14091.6	126236.9
124386.2	32812.8	42254.4	899.0	27510.8
887901.6	69991.3	164108.9	4975.7	39110.6
1058052.9	61489.9	43582.6	5787.5	23022.7
299354.5	24082.1	31913.3	647.9	18586.9
268745.2	14101.0	43091.1	2045.4	65918.2
891055.0	106853.9	60760.6	5650.9	5306.5

C-1-18续表2

地 区	本年实际支出	抚恤	退役安置	社会福利
全 国	**59326813.1**	**8273108.2**	**7233673.0**	**9204569.0**
中央级	269330.6	3667.2		7807.7
北 京	2830370.7	153100.1	1306664.7	507047.5
天 津	976094.3	95881.8	139180.0	178056.6
河 北	2491031.8	482729.6	555245.8	280178.7
山 西	1427974.2	262184.8	137350.5	142566.7
内蒙古	1530138.7	110574.1	102844.6	226017.6
辽 宁	2000385.4	216006.3	487958.5	216171.1
吉 林	1229440.2	151292.9	109988.6	155691.1
黑龙江	1621673.2	212603.4	137168.8	168373.0
上 海	1774025.0	131394.3	240361.7	736804.9
江 苏	3252262.8	516102.2	456807.9	832523.7
浙 江	2100207.6	347350.8	175673.0	493664.7
安 徽	2205766.4	345124.3	154455.8	284625.5
福 建	1038592.5	166234.9	118817.2	210215.7
江 西	1868755.5	268644.5	63715.5	150377.6
山 东	3394553.1	790715.5	786363.8	451926.4
河 南	2606924.3	549225.4	252998.4	337807.7
湖 北	2564107.9	424950.0	226883.1	309646.0
湖 南	2759086.8	536198.6	152983.1	376103.4
广 东	3723480.8	455696.0	341271.8	806359.6
广 西	1785362.3	245649.4	64109.1	247487.1
海 南	299638.3	33444.2	22953.1	55897.2
重 庆	1563300.9	219127.7	123278.9	224240.8
四 川	3663630.9	637082.0	306438.3	543117.0
贵 州	1734040.9	174510.7	46262.4	170952.5
云 南	2404442.3	251923.8	146818.3	208546.7
西 藏	273337.7	6137.2	21230.0	23805.1
陕 西	2099088.3	305200.3	267500.2	371662.4
甘 肃	1490098.4	77454.0	116121.4	136617.0
青 海	577580.9	19645.9	37360.5	153530.1
宁 夏	426405.6	15979.2	13808.7	35852.7
新 疆	1345684.8	67277.1	121059.3	160895.2

单位：万元

社会救助	自然灾害生活救助	民政管理事务	行政事业单位离退休	其他款项用于民政支出
26097526.9	**1279777.8**	**5009860.6**	**478517.7**	**1749779.9**
	14643.3	133228.2	8351.8	101632.4
234544.0	1163.2	311395.9	59590.1	256865.2
310651.3	2513.1	237887.8	8132.2	3791.5
939792.8	48701.1	138493.2	28043.2	17847.4
722952.8	36939.1	87428.9	11100.6	27450.8
855369.7	43767.2	82312.5	19622.1	89630.9
759374.0	18203.6	235960.2	21060.4	45651.3
629364.4	42346.0	97021.6	10995.0	32740.6
994600.6	19577.3	65056.4	14263.2	10030.5
444009.4	600.0	165254.1	6394.4	49206.2
982561.7	14023.7	285485.0	27915.9	136842.7
708538.4	33399.6	283454.8	17704.3	40422.0
1231373.6	34643.1	109945.2	18040.9	27558.0
346964.4	29657.2	105869.6	14242.5	46591.0
1191276.3	107717.6	68616.0	4926.2	13481.8
1021206.3	13787.1	275121.7	15921.2	39511.1
1226201.7	20738.5	154935.4	18474.6	46542.6
1241213.3	71903.8	215120.5	18159.5	56231.7
1355793.2	116905.0	168841.0	7371.3	44891.2
1310900.9	27057.1	479271.0	64431.5	238492.9
981362.2	38647.2	150190.1	14833.2	43084.0
131106.4	7757.5	33099.7	1196.8	14183.4
814105.8	24743.0	134572.1	9487.1	13745.5
1769239.1	80644.0	266021.8	22725.9	38362.8
1111880.5	85874.0	129974.0	1497.4	13089.4
1368945.5	73635.8	200585.0	14127.9	139859.3
119325.5	29725.3	44945.2	898.9	27270.5
874375.8	69195.0	166272.1	4986.7	39895.8
1023808.3	60050.1	45327.0	5985.8	24734.8
294558.7	23245.0	30699.0	647.9	17893.8
249030.3	14643.2	44701.7	2052.5	50337.3
853100.0	73331.1	62773.9	5336.7	1911.5

C-1-18续表3

地　区	收支结余	事业结余	经营结余	用事业基金弥补收支差额	结余分配
全　国	**4435215.5**	**4257442.1**	**177773.4**	**170137.9**	**266474.8**
中央级	68528.1	68332.2	195.9	54.9	1536.8
北　京	422690.3	277208.7	145481.6	4693.8	5035.1
天　津	150745.4	148825.7	1919.7	12871.5	14983.3
河　北	183836.2	183836.2		11753.1	13291.5
山　西	290714.3	290606.6	107.7	38.7	2063.9
内蒙古	112000.9	110982.7	1018.2	1212.3	2869.2
辽　宁	56626.3	57104.1	-477.8	1246.0	466.0
吉　林	115413.9	115413.9			629.8
黑龙江	18727.0	18727.0		-0.1	-0.1
上　海	186275.0	185959.7	315.3	215.3	7368.7
江　苏	50492.2	50492.2		3401.6	6226.8
浙　江	120733.5	120775.3	-41.8	12.7	8797.3
安　徽	8642.3	8642.3		825.6	929.3
福　建	142601.5	140383.0	2218.5	1248.9	2931.9
江　西	14184.3	14184.3		178.9	178.9
山　东	33826.2	33826.2		4457.9	4457.9
河　南	103559.7	103180.5	379.2	310.7	20.0
湖　北	331721.7	326325.8	5395.9	4418.6	25696.3
湖　南	39580.8	38009.7	1571.1	4650.8	5103.6
广　东	122736.1	118606.4	4129.7	1778.0	9223.9
广　西	270138.6	268583.1	1555.5	11014.0	24587.4
海　南	135719.7	135719.7		13679.4	13679.4
重　庆	92829.3	92829.3		72.7	9081.7
四　川	187798.8	186398.9	1399.9	419.4	3315.9
贵　州	452029.3	438888.3	13141.0	337.9	141.5
云　南	152104.8	152831.2	-726.4	5983.2	10539.5
西　藏	31562.3	31562.3		5064.3	5064.3
陕　西	110452.6	110262.4	190.2	2223.4	8260.5
甘　肃	115655.3	115655.3			220.3
青　海	24095.9	24095.9			
宁　夏	154208.6	154208.6		1691.7	3491.5
新　疆	134984.6	134984.6		76282.7	76282.7

单位：万元

转入事业基金	其他	年末结转及结余	抚恤	退役安置	社会福利
114368.7	**152106.1**	**4338878.6**	**308587.8**	**651558.3**	**746198.0**
1302.8	234.0	67046.2	6799.8		3516.2
4196.2	838.9	422349.0	18771.1	268349.4	72720.7
13710.9	1272.4	148633.6	9412.5	33126.9	36019.3
13157.5	134.0	182297.8	15984.8	47676.4	33606.2
2063.4	0.5	288689.1	22369.4	22661.2	39626.9
166.1	2703.1	110344.0	5492.3	8301.0	24523.2
276.6	189.4	57406.3	2409.7	17710.2	4125.3
629.8		114784.1		693.4	1026.5
	-0.1	18727.0	1969.1	727.9	3708.0
4450.3	2918.4	179121.6	9194.9	30122.7	60485.2
6112.8	114.0	47667.0	919.4	4414.6	30358.0
5564.5	3232.8	111948.9	20843.9	8477.9	37165.7
649.3	280.0	8538.6	2069.1	534.2	482.6
2130.3	801.6	140918.5	13263.8	22736.2	29471.4
178.9		14184.3	2141.1	3301.3	792.9
1556.7	2901.2	33826.2	970.3	6109.9	2776.9
20.0		103850.4	4627.9	8369.8	16916.4
18735.7	6960.6	310444.0	2463.4	21307.8	15369.9
540.4	4563.2	39128.0	4918.4	1379.4	6130.3
6414.9	2809.0	115290.2	9372.7	10507.7	29381.0
4164.3	20423.1	256565.2	33028.5	19798.6	59541.5
	13679.4	135719.7	7021.1	16410.6	16199.6
7242.2	1839.5	83820.3	4198.1	1282.8	7502.2
2915.1	400.8	184902.3	9171.7	22826.7	52360.5
141.5		452225.7	40860.2	19811.1	70722.4
8052.7	2486.8	147548.5	28293.0	19168.4	13161.3
426.8	4637.5	31562.3	1458.7	624.0	4675.5
8260.5		104415.5	6063.8	5268.4	12333.6
	220.3	115435.0	4744.7	14204.9	14408.2
		24095.9	227.6	443.6	6595.8
	3491.5	152408.8	3146.7	5923.6	15894.1
1308.5	74974.2	134984.6	16380.1	9287.7	24600.7

C-1-18续表4

地　区	社会救助	自然灾害生活救助	民政管理事务	行政事业单位离退休	其他款项用于民政支出
全　国	**1625112.9**	**229443.3**	**327136.2**	**9375.5**	**441466.6**
中央级		397.7	21429.8	96.9	34805.8
北　京	17912.9	15.9	28333.8	1092.4	15152.8
天　津	16712.5	557.9	50804.7	223.2	1776.6
河　北	47228.0	11568.0	8382.4	373.7	17478.3
山　西	182406.8	9853.4	5957.3	353.8	5460.3
内蒙古	37991.7	4511.3	10581.5	213.2	18729.8
辽　宁	17669.8	3225.1	6584.4	268.3	5413.5
吉　林	1028.0	130.4	283.2		111622.6
黑龙江	11176.1	643.0	454.2		48.7
上　海	30061.7	1000.0	26305.9	205.3	21745.9
江　苏	3488.8	2131.4	651.6	23.7	5679.5
浙　江	19781.0	7941.8	14834.2	1094.2	1810.2
安　徽	3261.0	352.7	1613.5	1.0	224.5
福　建	41216.8	7163.9	17810.0	1532.8	7723.6
江　西	2779.2	4006.4	952.7	5.8	204.9
山　东	16811.3	5150.2	2007.6		
河　南	67589.2	2321.8	1367.4	70.0	2587.9
湖　北	265102.9	1469.7	2606.9	4.0	2119.4
湖　南	11298.9	484.9	3307.8	1369.4	10238.9
广　东	42621.1	1096.7	12479.0	267.9	9564.1
广　西	95223.5	20101.4	18840.2	205.0	9826.5
海　南	68858.7	3020.0	4180.1	523.3	19506.3
重　庆	52440.2	6611.8	9252.1	408.8	2124.3
四　川	53729.3	14326.1	11910.6	23.8	20553.6
贵　州	241734.5	45695.4	24796.5	112.5	8493.1
云　南	28789.9	15473.1	13045.9	36.9	29580.0
西　藏	6490.3	3884.4	3043.8	0.1	11385.5
陕　西	72595.6	3100.1	3080.3		1973.7
甘　肃	54584.1	7691.1	5575.6	17.0	14209.4
青　海	13986.0	944.4	1175.6		722.9
宁　夏	56318.9	9705.4	12620.3	490.8	48309.0
新　疆	44224.2	34867.9	2867.3	361.7	2395.0

单位：万元

本年收入来源情况补充表	财政拨款	上级补助收入	事业收入	经营收入	附属单位上缴收入	其他收入
59750526.3	**58425924.5**	**64007.2**	**520145.3**	**104458.8**	**2614.9**	**633375.6**
193454.4	172167.6	12763.9	4600.7			3922.2
2915764.8	2535606.0	13978.2	138449.5	10514.6	2367.0	214849.5
998395.2	949332.5	4029.9	11261.2	19518.1		14253.5
2530930.0	2490783.6	856.4	8235.5	269.5		30785.0
1490117.1	1470387.6	963.6	6682.9	5549.0		6534.0
1489217.8	1489008.9					208.9
2014636.7	2005091.8		6215.4	2962.6		366.9
1344854.1	1344349.1	97.2				407.8
1620600.7	1616750.1		2339.3			1511.3
1802164.3	1695780.0	866.8	27338.1	2105.3		76074.1
3255310.0	3183455.2	2012.7	27447.9	12487.9	240.0	29666.3
2122965.9	2027596.0	1674.3	48471.6	9771.3		35452.7
2207886.4	2203070.5			298.0	1.9	4516.0
1059749.1	1039713.1	6296.5	6555.6	2642.4		4541.5
1882231.8	1882231.8					
3421136.2	3418416.9					2719.3
2605672.9	2602932.8	177.7	339.2			2223.2
2591692.6	2554198.5	91.0	13187.6	13809.2		10406.3
2690473.5	2618390.6	13140.1	39687.3			19255.5
3739763.8	3589510.3	1098.3	78871.1	6947.5		63336.6
1796428.7	1758949.0	158.0	18328.3	1729.0	6.0	17258.4
321774.3	309301.1					12473.2
1552174.1	1507523.7		34746.3	258.5		9645.6
3649247.6	3589775.7	2647.5	31564.7	4731.2		20528.5
1639686.1	1623309.1		1613.3	7679.2		7084.5
2388405.2	2356595.9	1965.8	8594.8	2545.0		18703.7
284163.3	284163.3					
2121509.3	2101545.4	1184.9	169.5	640.5		17969.0
1518514.4	1515720.6	4.4	401.5			2387.9
589832.3	589673.6					158.7
467616.9	457017.2		5044.0			5555.7
1444156.8	1443577.0					579.8

C−1−18续表5

地　区	本年支出情况补充表	基本支出	项目支出	上缴上级支出
全　国	**26627121.1**	**5485299.1**	**21020697.7**	**26535.6**
中央级	269400.0	42766.0	222334.6	
北　京	2830370.7	454901.7	2359643.0	
天　津	634852.5	243592.6	375459.4	
河　北	1178744.2	197754.3	979584.1	1197.0
山　西	1381320.6	217029.5	1159683.8	
内蒙古	629431.4	150745.0	478394.4	120.0
辽　宁	1537650.3	412635.0	1125015.3	
吉　林	88241.8	3625.3	84616.5	
黑龙江	173954.8	47687.8	125942.5	324.5
上　海	750900.0	90273.9	657710.4	1125.7
江　苏	700461.7	197337.1	490550.9	
浙　江	1259301.2	197453.8	1056548.3	304.6
安　徽	2205766.4	465939.7	1739526.8	
福　建	1038592.5	191359.0	845389.6	
江　西	153961.5	67234.0	86727.5	
山　东	392670.3	98502.5	293480.4	
河　南	218189.4	64516.2	153673.2	
湖　北	761437.1	108832.1	643288.7	
湖　南	890966.1	214251.4	676372.7	9.0
广　东	1592544.2	399546.7	1177073.7	10427.2
广　西	849422.5	143714.9	703183.1	
海　南	158453.1	17179.3	141273.8	
重　庆	1563314.7	159405.5	1403634.9	15.8
四　川	1835132.3	193834.3	1637283.4	
贵　州	1733975.9	361017.4	1366750.7	
云　南	700478.9	365639.7	332203.6	
西　藏	15266.4	3467.5	11798.9	
陕　西	541418.2	206306.1	334661.8	
甘　肃	238745.7	113876.7	111609.1	13011.8
青　海	47176.5	18389.0	28787.5	
宁　夏	145976.0	6621.9	139354.1	
新　疆	109004.2	29863.2	79141.0	

单位：万元

经营支出	对附属单位补助支出	行政事业性收费	婚姻登记收费	收养登记收费	殡葬收费
92167.9	**2420.8**	**327371.0**	**2492.0**	**63.7**	**324815.3**
4299.4					
14513.3	1312.7	18461.9		1.8	18460.1
15800.5		7504.4	41.7		7462.7
208.8		27582.1		0.6	27581.5
4607.3		13151.8	77.3	2.1	13072.4
172.0		8405.6	22.5		8383.1
		9553.5			9553.5
		1222.1	8.4		1213.7
		10165.3	18.1		10147.2
1790.0					
12487.9	85.8	25343.1		5.0	25338.1
4994.5		9.9		1.6	8.3
298.0	1.9	13321.0	326.2	1.9	12992.9
1843.9		15769.1	65.0	7.8	15696.3
		50.0			50.0
	687.4	10945.2	118.3	9.5	10817.4
		3242.5	122.4		3120.1
9316.3		40145.8			40145.8
	333.0	24893.8	451.0	4.6	24438.2
5496.6		12709.2	108.2	3.5	12597.5
2524.5		27310.2	294.9	9.4	27005.9
		0.5			0.5
258.5		253.4	251.5	1.9	
4014.6		34500.2	232.3	6.2	34261.7
6207.8		808.6	128.3	1.3	679.0
2635.6		1356.3	63.9	3.8	1288.6
450.3		2160.6	38.6	0.6	2121.4
248.1		1078.0	75.5	0.7	1001.8
		15.7			15.7
		55.8	3.8		52.0
		17355.4	44.1	1.4	17309.9

C-1-19 中央专项基本

地区	中央投资合计	养老 发改投资〔2017〕712号		
		小计	中央投资	地方投资
全国	**420000**	**476239**	**300000**	**193625**
北京				
天津				
河北	22657	27990	16487	11503
山西	11523	23285	9931	13354
内蒙古	14178	16462	9544	6918
辽宁	13459	10742	9332	1410
吉林	13491	17202	9373	7829
黑龙江	17213	19362	12673	6689
上海				
江苏	7977	20044	5584	14460
浙江	6127	19164	4277	14887
安徽	22756	40463	17346	23117
福建	8790	9849	6478	3371
江西	23550	20071	17262	2809
山东	6183	9599	4443	5156
河南	21009	28047	15089	12958
湖北	21238	16572	15416	1156
湖南	20732	30816	15482	15334
广东	4038	2294	1403	891
广西	20756	27538	15224	12314
海南	4539	9299	4539	4760
重庆	15273	14656	10673	3983
四川	22853	20463	16517	3946
贵州	19954	19377	13628	5749
云南	18870	14598	12512	2086
西藏	3299			
陕西	20200		14794	2592
甘肃	17518	13398	12750	648
青海	8445	8680	5691	2989
宁夏	8500	14425	5860	8565
新疆	17152	12228	11542	686
兵团	7720	9615	6150	3465

建设投资对账单

单位：万元

社会福利 发改投资〔2017〕712号		
小计	中央投资	地方投资
132155	**120000**	**8923**
6170	6170	
1592	1592	
8140	4634	1774
4127	4127	
5854	4118	1736
7492	4540	1952
2393	2393	
1850	1850	
6840	5410	1430
2312	2312	
6288	6288	
1740	1740	
5920	5920	
8202	5822	1880
5250	5250	
2635	2635	
5532	5532	
4600	4600	
6336	6336	
6326	6326	
6358	6358	
3450	3299	151
5406	5406	
4768	4768	
2754	2754	
2640	2640	
5610	5610	
1570	1570	

C-1-20 社会服务事业

地　区	在建项目规模	使用彩票公益金项目规模	在建项目总投资	开工累计完成投资	本年计划投资
全　国	**25940242**	**6793590**	**7715632.6**	**4190951.8**	**1803278.8**
中央级	348421	141888	242196.2	100656.0	22469.0
北　京	456328	28479	341847.1	217027.1	85637.1
天　津	141327	141327	125050.7	69090.6	21963.2
河　北	759278	188972	107037.9	52148.7	31489.7
山　西	452095	125091	204684.6	56872.4	82619.0
内蒙古	566765	190359	199064.1	109808.6	37318.0
辽　宁	326288	139614	105961.5	75920.1	18782.8
吉　林	67130	30082	7305.1	5563.1	2297.7
黑龙江	54639	29964	19653.4	15244.2	13151.2
上　海	70792		68480.3	40517.2	8709.1
江　苏	2709015	250315	496800.2	275732.4	92553.2
浙　江	1013125	448938	458912.1	239633.6	78927.5
安　徽	551821	27577	143327.0	74872.4	60400.8
福　建	482114	25662	209254.7	88113.2	36373.8
江　西	1186774	198522	151260.4	97717.5	76011.0
山　东	1232490	451073	450883.8	248617.1	59881.6
河　南	560988	138305	216368.4	84096.7	30795.1
湖　北	1012151	363526	438001.4	262559.8	128214.9
湖　南	966265	216318	337361.2	203765.4	72970.0
广　东	1708971	949581	1008340.6	383491.0	111062.8
广　西	1346977	575647	331617.0	180291.9	80184.1
海　南	417598	24758	39497.8	25544.5	10547.9
重　庆	1197640	476788	328428.1	216263.9	108523.7
四　川	890391	139573	257597.8	163275.5	82985.1
贵　州	2687639	199580	289962.1	208387.0	130312.3
云　南	1932182	351158	210563.9	152296.2	67647.0
西　藏	14134	11505	8622.3	8622.3	1000.0
陕　西	1210444	310639	334657.6	221277.0	70682.0
甘　肃	413127	144192	206266.0	89598.9	59293.8
青　海	174564	89080	58203.9	47912.9	24913.7
宁　夏	344615	169880	134684.8	63552.9	40572.8
新　疆	644154	215197	183740.6	112481.7	54988.9

基本建设投资情况总表

单位：平方米、万元、张

本年实际完成投资	国家预算内投资	国内贷款	彩票公益金	其他	本年完工项目规模	未投入使用项目建设床位数
2092017.8	**777561.6**	**51739.3**	**553206.2**	**708510.7**	**11538001**	**281121**
12194.8	12194.8					
74222.1	11648.6		343.1	62230.4	1491	4024
22256.2			22256.2		6117	675
37569.6	20894.4		11202.1	5473.1	197945	7324
31231.1	9729.0		16368.7	5133.4	117509	7793
45509.8	14674.3	228.7	19745.5	10861.3	120947	8517
20951.7	3277.0	8959.0	5057.6	3658.1	133750	3891
5563.1	1354.0		4201.1	8.0	52230	1270
15244.2	4457.8		7173.4	3613.0	53639	1474
20757.8	19990.9		479.5	287.4	29346	2142
94513.6	24083.9	7000.0	25079.4	38350.3	2100564	13196
87459.4	48187.1	2603.6	28044.0	8624.7	217128	9665
52132.0	24033.2		3323.0	24775.8	145518	7837
38859.4	16434.2	1319.0	14473.9	6632.3	103150	6380
84749.0	25067.5		11711.2	47970.3	800207	13155
66799.8	33597.0		15290.3	17912.5	352669	19291
40195.8	18612.4		12740.9	8842.5	131677	8079
161437.2	57091.5	6890.0	41993.1	55462.6	514884	13366
128537.2	17573.0	3600.0	32598.5	74765.7	370042	11743
111009.6	56352.7		34152.5	20504.4	217926	31819
100252.0	43104.1	1295.0	33871.8	21981.1	410371	17258
13984.9	1880.0		2628.9	9476.0	40656	1317
130177.5	60812.8		27553.3	41811.4	565205	9503
113853.7	64280.8		8561.8	41011.1	329683	17183
162309.8	57267.2	1700.0	22407.8	79934.8	2161723	13389
113022.0	20317.6	15000.0	44652.4	33052.0	1072873	16058
8622.3	7622.3		1000.0		14134	6
84311.4	28923.9		20440.5	34947.0	633715	10900
60936.9	9181.5		27666.4	24089.0	147664	5402
44939.9	20391.7		21924.2	2624.0	124248	2712
46984.3	11285.0	3144.0	21156.1	11399.2	150652	5054
61429.7	33241.4		15109.0	13079.3	220338	10698

C-1-21 提供住宿的机构

地　区	在建项目规模	使用彩票公益金项目规模	在建项目总投资	开工累计完成投资	本年计划投资
全　国	**12962185**	**4950343**	**5185248.3**	**2782168.0**	**1243278.9**
中央级					
北　京	223115	28479	230537.6	147618.3	77318.8
天　津	27485	27485	22679.6	18117.7	2635.2
河　北	263356	76857	58025.7	26794.9	15465.4
山　西	399768	113868	178246.2	49023.1	82370.5
内蒙古	379840	132732	119703.5	70860.0	31124.1
辽　宁	177630	128365	65325.5	47077.4	2821.0
吉　林	44707	11059	5289.4	3239.4	519.0
黑龙江	52039	28964	19053.4	14644.2	12551.2
上　海	65806		65943.5	38257.9	8529.6
江　苏	697833	151435	347291.5	184778.8	44615.9
浙　江	667997	295618	366038.7	186288.1	57342.0
安　徽	324223	22036	97417.0	47462.7	43107.2
福　建	368915	17600	178461.3	72210.8	31830.0
江　西	590995	162146	125864.4	80865.9	62224.9
山　东	893642	399046	348486.1	198046.1	43897.7
河　南	407834	86240	124573.8	60311.9	17276.8
湖　北	643132	311261	323959.1	204988.7	93587.9
湖　南	595354	180149	269329.2	173211.3	55855.8
广　东	1572575	941193	768385.5	253046.2	89106.9
广　西	712404	293530	217913.4	110060.6	52400.5
海　南	55576	19955	16020.6	10894.7	8124.9
重　庆	670699	351874	190568.5	139303.9	67443.7
四　川	592292	129554	226544.8	143559.8	73416.5
贵　州	500059	160507	130720.2	84040.8	44702.6
云　南	498799	177244	119151.6	75458.7	45397.6
西　藏	11505	11505	5311.3	5311.3	1000.0
陕　西	463959	156033	179699.3	105608.9	33606.1
甘　肃	305350	142584	113634.4	71973.8	54895.4
青　海	90860	53460	36807.2	29067.2	12600.0
宁　夏	284272	154850	105709.5	54010.0	36742.0
新　疆	380164	184714	128556.5	76034.9	40769.7

基本建设投资情况

单位：平方米、万元、张

本年实际完成投资	国家预算内投资	国内贷款	彩票公益金	其他	本年完工项目规模	未投入使用项目建设床位数
1437614.9	**506895.6**	**18592.6**	**427961.3**	**484165.4**	**4639897**	**275608**
67301.4	10588.1		343.1	56370.2	1491	4024
2638.1			2638.1		6117	675
20134.3	11344.3		7071.9	1718.1	97038	7312
27093.2	7678.6		15051.2	4363.4	116709	7783
27573.8	8742.2	80.0	16417.0	2334.6	81961	8419
5866.1	2062.0		1593.8	2210.3	80216	3887
3239.4	666.0		2573.4		29807	1270
14644.2	4297.8		7093.4	3253.0	52039	1414
20225.8	19638.4		300.0	287.4	24360	2142
47862.5	11616.5		21207.4	15038.6	233334	12636
66803.8	34410.3	2603.6	23493.1	6296.8	156806	9665
37091.7	16106.2		3149.0	17836.5	102358	7837
33858.0	14913.5	400.0	13235.5	5309.0	78953	6205
69058.4	20112.5		9212.7	39733.2	386798	12755
48842.0	24258.4		11752.9	12830.7	244332	19141
28095.9	8142.7		12072.5	7880.7	85523	8012
124251.1	48801.2	5770.0	37009.0	32670.9	328574	12451
108510.2	9796.0	3600.0	26921.8	68192.4	265336	11571
88877.1	39296.4		31140.4	18440.3	197243	31759
65184.0	36015.9	1295.0	17440.3	10432.8	232416	16821
8101.7	1470.0		2298.1	4333.6	36786	1306
78791.6	34730.6		19915.3	24145.7	366297	9305
101033.5	54366.5		8481.8	38185.2	277577	17039
61790.8	10873.5	1700.0	19506.0	29711.3	304412	13225
63980.7	11256.4		30326.9	22397.4	255373	15590
5311.3	4311.3		1000.0		11505	6
41992.9	15497.4		12485.5	14010.0	147462	10785
55748.5	6130.2		25529.3	24089.0	129580	5377
27079.2	10496.0		15752.2	831.0	53463	2297
41936.7	7850.3	3144.0	19651.3	11291.1	125410	4801
44697.0	21426.4		13298.4	9972.2	130621	10098

C-1-22 不提供住宿的机构

地　区	在建项目规模	使用彩票公益金项目规模	在建项目总投资	开工累计完成投资	本年计划投资
全　国	**2145451**	**595039**	**501593.7**	**316817.5**	**189540.1**
中央级					
北　京	1300		1052.6	318.3	318.3
天　津					
河　北	195165	27635	15795.6	7632.8	4157.5
山　西	16617	4556	6328.0	4157.1	
内蒙古	32705	15847	7086.4	5488.7	2275.6
辽　宁	90802	6189	17478.0	16069.8	2188.9
吉　林	800		237.0	175.0	
黑龙江	1600		520.0	520.0	520.0
上　海			630.0	352.5	
江　苏	201906	87080	48869.0	24157.7	19029.6
浙　江	94405	90795	4867.0	3197.4	510.2
安　徽	5490	108	4083.0	1865.0	2860.0
福　建	22993	8062	5398.6	4434.2	1736.1
江　西	49621	20250	11570.0	6562.6	5652.1
山　东	181298	42327	64379.8	18011.7	9393.6
河　南	37863	7508	21642.6	12331.3	9466.1
湖　北	102637	8533	24793.6	17926.7	11333.8
湖　南	152418	4614	13248.0	6700.3	2986.0
广　东	11862	3410	8365.8	4752.4	2768.8
广　西	245438	79344	40102.9	20437.9	11185.0
海　南	13196	4803	4102.2	2442.2	513.0
重　庆	104894	37555	28110.2	23790.1	18627.1
四　川	43299	1872	15500.5	8387.7	5295.0
贵　州	118435	38073	67510.7	61289.0	42119.5
云　南	93913	39515	15708.5	11047.9	7605.1
西　藏	2629		1491.0	1491.0	
陕　西	84513	16936	19354.2	16855.5	8655.9
甘　肃	12438	1308	2509.1	2319.1	1106.4
青　海	73713	27669	17455.0	14904.0	8482.0
宁　夏	32293	12550	12232.8	6185.8	2775.0
新　疆	121208	8500	21171.6	13013.8	7979.5

基本建设投资情况

单位：平方米、万元、张

本年实际完成投资					本年完工项目规模	未投入使用项目建设床位数
	国家预算内投资	国内贷款	彩票公益金	其他		
215404.6	**104670.6**	**148.7**	**45351.9**	**65233.4**	**1060451**	**5513**
318.3				318.3		
3894.1	2524.6		981.5	388.0	49882	12
3623.4	1850.4		1003.0	770.0	800	10
3815.2	1497.3	148.7	1401.9	767.3	3816	98
2312.7	1215.0		403.8	693.9	7534	4
175.0	167.0			8.0	800	
520.0	160.0			360.0	1600	60
352.5	352.5					
13404.3	7999.6		2440.0	2964.7	143394	560
491.7	327.7		164.0		2150	
1865.0	1052.0		134.0	679.0	6520	
2484.5	714.0		1088.4	682.1	16791	175
6313.6	2254.0		1081.5	2978.1	38921	400
10725.5	3722.6		3040.5	3962.4	47460	150
7684.8	6620.7		359.3	704.8	27245	67
13858.5	6006.8		2411.7	5440.0	73504	915
4639.1	957.0		1255.0	2427.1	23888	172
2945.4	870.0		1458.4	617.0	4307	60
13313.6	2542.9		6853.1	3917.6	140081	437
873.2			330.8	542.4	1350	11
20313.0	11634.5		3597.7	5080.8	89124	198
5806.9	4665.0		50.0	1091.9	19577	144
44660.8	21504.5		2781.8	20374.5	70520	164
9315.0	3343.4		3611.6	2360.0	80575	468
1491.0	1491.0				2629	
13377.5	3729.5		4725.0	4923.0	65433	115
1106.4	855.3		251.1		9538	25
13919.0	7748.0		4378.0	1793.0	61394	415
3671.8	2667.0		1004.8		22042	253
8132.8	6198.3		545.0	1389.5	49576	600

C-1-23 其他社会服务机构

地　区	在建项目规模	使用彩票公益金项目规模	在建项目总投资	开工累计完成投资	本年计划投资
全　国	**9376198**	**712947**	**1324336.9**	**761104.8**	**275166.4**
中央级					
北　京	11200		18272.5	14422.2	2000.0
天　津	113842	113842	102371.1	50972.9	19328.0
河　北	227080	18503	27654.9	13793.9	10132.3
山　西	24708		16064.4	832.1	
内蒙古	117648	24780	57646.1	21937.3	1373.1
辽　宁	57656	5000	23098.0	12712.9	13712.9
吉　林	2600		615.0	985.0	615.0
黑龙江	1000	1000	80.0	80.0	80.0
上　海					
江　苏	1791246	8800	91332.7	62610.9	27272.7
浙　江	192892	5983	62456.1	32872.9	16141.4
安　徽	210558	5433	36132.0	21870.7	11049.6
福　建	69068		15152.8	7511.2	2007.7
江　西	527978	10311	10615.0	8238.0	6098.0
山　东	119499	1200	22950.9	17499.9	5725.9
河　南	93013	42057	30997.3	8383.6	3802.1
湖　北	105384	6200	42414.3	20766.7	10972.0
湖　南	215775	28955	53180.0	22695.5	12558.2
广　东	110478	750	213974.4	108124.5	14394.5
广　西	191382	43357	29828.4	18831.5	6547.3
海　南	345676		18303.0	11350.0	1600.0
重　庆	404364	86501	100827.6	48864.9	18687.9
四　川	233780	8147	11765.5	7916.3	3023.6
贵　州	2064280		90452.0	61929.0	42681.0
云　南	1338570	134299	75518.8	65634.6	14619.3
西　藏					
陕　西	634552	135440	121825.0	90260.0	20470.0
甘　肃	12428	300	3922.5	2506.0	1716.0
青　海	9991	7951	3341.7	3341.7	3231.7
宁　夏	13628	2480	11100.0	2039.4	58.1
新　疆	135922	21658	32444.9	22121.2	5268.1

基本建设投资情况

单位：平方米、万元

本年实际完成投资	国家预算内投资	国内贷款	彩票公益金	其他	本年完工项目规模
344892.8	**126993.7**	**31878.0**	**54679.1**	**130342.0**	**5538683**
934.1	934.1				
19618.1			19618.1		
11806.7	5594.1		2845.6	3367.0	30906
127.4			127.4		
10045.4	1540.0		746.0	7759.4	21778
12712.9		8959.0	3000.0	753.9	46000
985.0	521.0		464.0		2600
80.0			80.0		
29411.8	4117.8	7000.0	350.0	17944.0	1722036
15606.2	13278.3			2327.9	53885
9501.3	5757.0		25.0	3719.3	33340
1716.9	606.7	919.0		191.2	5278
7326.0	2341.0		625.0	4360.0	360408
6295.9	4921.0		424.9	950.0	23075
3765.1	3675.9		89.2		9061
12896.4	1292.4		836.7	10767.3	19373
14229.6	6820.0		3301.4	4108.2	78100
14394.5	13588.6		172.7	633.2	7939
9242.8	2164.6		2869.9	4208.3	15475
4600.0				4600.0	
27307.9	12844.6		3956.3	10507.0	105526
3601.6	2517.6		30.0	1054.0	21484
54929.0	24080.0			29849.0	1784911
39573.3	5717.8	15000.0	10688.9	8166.6	736025
20991.0	5661.0		2030.0	13300.0	407290
2506.0	2196.0		310.0		8066
3341.7	2147.7		1194.0		9391
58.1				58.1	
7288.1	4676.5		894.0	1717.6	36736

C-1-24 其他基本

地 区	在建项目规模	使用彩票公益金项目规模	在建项目总投资	开工累计完成投资	本年计划投资
全 国	**1456408**	**535261**	**704453.7**	**330861.5**	**95293.4**
中央级	348421	141888	242196.2	100656.0	22469.0
北 京	220713		91984.4	54668.3	6000.0
天 津					
河 北	73677	65977	5561.7	3927.1	1734.5
山 西	11002	6667	4046.0	2860.1	248.5
内蒙古	36572	17000	14628.1	11522.6	2545.2
辽 宁	200	60	60.0	60.0	60.0
吉 林	19023	19023	1163.7	1163.7	1163.7
黑龙江					
上 海	4986		1906.8	1906.8	179.5
江 苏	18030	3000	9307.0	4185.0	1635.0
浙 江	57831	56542	25550.3	17275.2	4933.9
安 徽	11550		5695.0	3674.0	3384.0
福 建	21138		10242.0	3957.0	800.0
江 西	18180	5815	3211.0	2051.0	2036.0
山 东	38051	8500	15067.0	15059.4	864.4
河 南	22278	2500	39154.7	3069.9	250.1
湖 北	160998	37532	46834.4	18877.7	12321.2
湖 南	2718	2600	1604.0	1158.3	1570.0
广 东	14056	4228	17614.9	17567.9	4792.6
广 西	197753	159416	43772.3	30961.9	10051.3
海 南	3150		1072.0	857.6	310.0
重 庆	17683	858	8921.8	4305.0	3765.0
四 川	21020		3787.0	3411.7	1250.0
贵 州	4865	1000	1279.2	1128.2	809.2
云 南	900	100	185.0	155.0	25.0
西 藏			1820.0	1820.0	
陕 西	27420	2230	13779.1	8552.6	7950.0
甘 肃	82911		86200.0	12800.0	1576.0
青 海			600.0	600.0	600.0
宁 夏	14422		5642.5	1317.7	997.7
新 疆	6860	325	1567.6	1311.8	971.6

建设投资情况

单位：平方米、万元

本年实际完成投资	国家预算内投资	国内贷款	彩票公益金	其他	本年完工项目规模
94105.5	**39001.7**	**1120.0**	**25213.9**	**28769.9**	**298970**
12194.8	12194.8				
5668.3	126.4			5541.9	
1734.5	1431.4		303.1		20119
387.1	200.0		187.1		
4075.4	2894.8		1180.6		13392
60.0			60.0		
1163.7			1163.7		19023
179.5			179.5		4986
3835.0	350.0		1082.0	2403.0	1800
4557.7	170.8		4386.9		4287
3674.0	1118.0		15.0	2541.0	3300
800.0	200.0		150.0	450.0	2128
2051.0	360.0		792.0	899.0	14080
936.4	695.0		72.0	169.4	37802
650.0	173.1		219.9	257.0	9848
10431.2	991.1	1120.0	1735.7	6584.4	93433
1158.3			1120.3	38.0	2718
4792.6	2597.7		1381.0	813.9	8437
12511.6	2380.7		6708.5	3422.4	22399
410.0	410.0				2520
3765.0	1603.1		84.0	2077.9	4258
3411.7	2731.7			680.0	11045
929.2	809.2		120.0		1880
153.0			25.0	128.0	900
1820.0	1820.0				
7950.0	4036.0		1200.0	2714.0	13530
1576.0			1576.0		480
600.0			600.0		
1317.7	767.7		500.0	50.0	3200
1311.8	940.2		371.6		3405

C-2-1 社会

地　区	机构和设施数	工商登记	编制登记	民政登记	设施
全　国	**444131**	**503**	**23617**	**52307**	**367704**
中央级	2		2		
北　京	12514	31	654	1198	10631
天　津	3119	3	97	283	2736
河　北	38234	3	664	892	36675
山　西	6900	1	591	367	5941
内蒙古	5364	3	508	505	4348
辽　宁	9202	8	592	1536	7066
吉　林	3357	19	963	780	1595
黑龙江	4473	3	411	1245	2814
上　海	6970	7	219	3812	2932
江　苏	44430	33	1484	24478	18435
浙　江	35416	42	893	3755	30726
安　徽	9532	13	403	1609	7507
福　建	9179	3	416	315	8445
江　西	5391	1	1463	220	3707
山　东	27305	28	821	3189	23267
河　南	7531	1	1083	526	5921
湖　北	16784	26	1719	669	14370
湖　南	17598	8	1768	431	15391
广　东	70796	68	1631	1382	67715
广　西	14665	5	456	277	13927
海　南	2886	3	57	349	2477
重　庆	8889	62	566	753	7508
四　川	26787	110	2593	1931	22153
贵　州	24285	5	1015	242	23023
云　南	4055	11	470	268	3306
西　藏	122		41	20	61
陕　西	9877	1	711	335	8830
甘　肃	10632	2	395	190	10045
青　海	1723		56	28	1639
宁　夏	2703	2	133	59	2509
新　疆	3410	1	742	663	2004

工作总表

单位：个、人

年末职工人数	#女性	按登记类型分			
		工商登记	编制登记	民政登记	设施
1998050	**833429**	**13860**	**290813**	**406330**	**1284332**
320	185		320		
66884	37081	1409	11438	13689	40348
21057	12774	213	2350	5489	13001
100267	41523	103	12378	16117	71562
32547	12588	12	8184	3863	20472
28498	14070	56	5980	5021	17439
66145	37658	47	10220	12029	43783
35461	14587	171	11257	13508	10514
35805	17189	32	8753	9270	17596
75184	37973	415	7441	52637	14691
240257	82171	1436	20294	129366	88988
117937	50155	909	11852	19832	85320
54950	23668	526	6066	13501	34404
31753	13900	68	4256	3857	23571
24562	9665	8	9121	2065	13237
147897	65789	908	14028	28381	103622
59654	24831	7	18319	6603	34652
73043	32925	687	19123	6588	46613
69839	28146	252	15654	3671	50106
276895	108216	3295	21341	13673	238559
38040	16821	69	7926	5119	24920
12434	3731	253	963	1652	9566
37809	18184	1087	5437	6138	25142
102070	40557	1370	20569	14050	65951
107367	28848	105	9098	2294	95799
21914	9099	340	4777	2861	13935
1665	952		601	137	927
46355	20238	21	9020	5367	31875
29228	10128	24	4710	1169	23291
6509	2885		836	227	5446
11401	5519	27	1791	591	8992
24303	11373	10	6710	7565	10010

C-2-1续表1

地　区	受教育程度		职业资格水平	
	大学专科人数	大学本科及以上人数	助理社会工作师人数	社会工作师人数
全　国	**407407**	**242015**	**44064**	**24878**
中央级	80	240		2
北　京	16108	16468	3426	1867
天　津	5431	4681	1133	373
河　北	9448	5723	948	514
山　西	5330	3601	569	340
内蒙古	7326	4894	657	392
辽　宁	18036	12538	1486	979
吉　林	7146	5003	500	437
黑龙江	8872	4205	710	483
上　海	12842	6243	920	1998
江　苏	41301	22758	3692	1913
浙　江	22755	15067	2135	1341
安　徽	12318	4710	979	501
福　建	3695	2344	671	533
江　西	3156	1658	504	204
山　东	38349	22772	2560	1432
河　南	10266	5985	706	557
湖　北	14418	7334	675	468
湖　南	15179	8119	1028	618
广　东	59988	39794	14273	5953
广　西	6232	4096	454	335
海　南	1336	636	51	38
重　庆	9735	5805	1230	774
四　川	25586	10305	1835	940
贵　州	20423	8228	429	223
云　南	4352	2861	204	213
西　藏	346	188	34	3
陕　西	9868	5565	1446	745
甘　肃	5766	4070	282	194
青　海	2168	874	45	26
宁　夏	2286	991	87	68
新　疆	7265	4259	395	414

单位：人、人次、时

年龄结构				志愿服务	
35岁及以下人数	36岁至45岁人数	46岁至55岁人数	56岁及以上人数	志愿者服务人次数	志愿服务时间
578109	**741069**	**509504**	**168835**	**15232652**	**49082006**
215	50	38	17		
18524	21787	20823	5750	12465337	42587998
7520	6763	5252	1522	15873	28852
23895	36234	30801	9337	29356	83031
8006	10999	8190	5058	5952	15361
8678	11079	6643	2034	17147	40072
17578	24629	17468	6470	78841	146701
7666	13664	12817	1314	5184	10085
9590	14745	8073	3397	20206	44929
20025	24992	22249	7918	36452	112647
65647	90840	63961	19809	397434	870617
31221	44416	30553	11747	290741	657957
14816	21993	14469	3664	78711	179839
8314	11548	8465	3275	54442	162773
5876	9446	6958	2282	60624	124609
49104	52935	33676	12182	609323	1416179
15544	21940	13219	8951	30925	63178
19540	28442	17384	7677	32332	73949
18484	26579	18340	6436	60878	189785
93593	101268	62159	19875	191909	396237
10996	13282	10719	3042	9676	18369
3210	5006	3524	694	5298	9847
10893	13600	10268	3048	253415	610766
29892	39604	24495	8079	139400	443924
34063	40635	26102	6567	241463	530402
6389	9333	4899	1282	16628	52977
1141	441	71	12	5	203
12778	16542	13203	3832	57189	145555
11016	10527	6283	1402	865	2063
2241	2791	928	545	1204	3900
3235	4815	2645	706	3911	7664
8419	10144	4829	911	21931	51541

C-2-1续表2

地 区	企业会计制度财务指标			
	固定资产原价	营业收入	费用合计	营业利润
全 国	**583879.6**	**76828.2**	**38678.1**	**12800.3**
中央级				
北 京	84513.6	18520.8	12661.6	-9342.3
天 津	626.0	1900.2	1334.1	117.0
河 北	254.9	632.5	290.8	-6.9
山 西	1830.0	30.0	16.0	
内蒙古	483.5	901.0	56.0	186.0
辽 宁	1051.0	130.0		25.0
吉 林	770.0	20.0		
黑龙江	230.0	12.0	3.0	
上 海	3984.2	3268.9	35.8	-40.3
江 苏	61483.7	2071.2	2348.6	-1197.4
浙 江	73223.6	3014.9	598.1	36.0
安 徽	19492.4	668.0	373.9	230.5
福 建	1681.9	94.4	65.4	-50.0
江 西	145.0	5.0	15.0	5.0
山 东	101992.8	4861.3	2538.4	-2653.2
河 南	10309.0	6.0	6.0	
湖 北	23253.5	1338.1	542.5	22.3
湖 南	18065.0	666.0	664.0	1.0
广 东	46311.0	29980.3	13262.0	28345.3
广 西	3879.1	1228.0	144.0	-265.5
海 南	1512.2	1219.5	1668.0	-1860.7
重 庆	40216.6	3291.5	882.7	0.9
四 川	60875.3	1552.4	1032.2	-696.7
贵 州	5814.1	6.0		35.0
云 南	5942.7	27.9	129.6	-118.6
西 藏	4500.0			
陕 西	2657.5	1382.0		27.9
甘 肃	637.0		1.0	
青 海				
宁 夏	7713.0		3.0	
新 疆	431.0	0.3	6.4	

单位：万元

事业单位会计制度财务指标			民间非营利组织会计制度财务指标		
固定资产原价	本年收入合计	本年支出合计	固定资产原价	本年收入合计	本年费用合计
9488858.3	**9926410.7**	**9727369.6**	**4158953.1**	**1645096.8**	**1526562.5**
30229.4	119533.4	98606.4			
567548.2	1170264.6	1148797.9	164940.5	106950.6	111187.1
155052.0	136980.8	253694.6	26668.7	31345.3	20116.7
422420.7	418621.1	408445.4	297267.5	39776.0	46696.3
198600.1	181974.7	177668.9	60015.9	10722.0	19870.7
208516.0	167468.5	159245.0	85902.4	17167.3	15419.5
361246.9	435530.7	419825.9	110493.3	37599.0	59233.0
196971.5	149719.4	148562.3	26267.3	8016.0	8551.9
274367.4	148651.8	153353.5	171647.9	132865.1	12829.2
251885.6	489103.0	452730.1	225735.8	463588.2	490215.8
729831.8	596451.8	576354.6	921113.3	269690.1	242113.9
407108.4	359198.1	346924.8	194094.4	92431.6	76090.0
178266.4	167348.1	158693.3	235744.5	41161.7	43595.1
106304.0	197647.3	182004.4	34279.2	7324.0	8626.5
214284.6	95732.0	99338.5	37865.2	5307.2	5388.4
552417.4	707361.3	711529.4	533362.6	133210.7	140865.2
273321.1	252587.9	261279.7	87215.2	13676.9	12031.0
761929.8	456795.2	459094.9	61715.2	16730.1	15961.6
408078.9	299291.1	295484.1	31445.7	39286.1	13304.3
633495.7	677853.7	686748.0	114343.1	47024.3	41489.7
166059.9	207340.3	204255.6	26119.8	13134.3	12469.3
27215.8	49395.9	36472.6	63622.1	2207.5	2079.6
157767.5	222195.9	225521.7	90069.3	33825.8	30422.5
720169.5	1138717.3	1033206.6	152136.2	27986.3	53614.6
201727.2	127080.5	118711.0	56828.5	5856.4	5273.7
261450.1	142250.0	156426.2	47303.6	2395.6	4335.3
13042.4	12828.5	13119.5	1775.5	324.0	
367245.4	375310.8	361244.4	124845.0	20525.3	17628.1
344206.3	127629.2	111905.0	72267.4	1271.2	859.0
30588.5	28426.3	30308.3	2189.0	545.5	45.5
62452.6	77196.3	52390.3	18504.5	3836.9	684.2
205057.2	189925.2	185426.7	83174.5	19315.8	15564.8

C-2-2 提供住宿的社会

地区	单位数	按登记类型分				按床位	
		工商登记	编制登记	民政登记	一个机构多块牌子	0～99张	100～299张
全　国	**31929**	**474**	**17604**	**13005**	**846**	**17021**	**12053**
中央级	1		1				1
北　京	685	29	375	281		239	295
天　津	297	2	59	236		120	135
河　北	1250	2	509	730	9	641	459
山　西	641	1	347	285	8	421	191
内蒙古	801	2	401	385	13	454	286
辽　宁	1665	8	400	1222	35	1107	439
吉　林	1314	17	715	564	18	917	334
黑龙江	1114		268	844	2	671	337
上　海	696	6	52	635	3	220	352
江　苏	2384	30	1248	1071	35	833	1178
浙　江	1502	41	725	726	10	611	652
安　徽	1531	12	235	1268	16	673	750
福　建	440	3	297	129	11	253	129
江　西	1467	1	1268	160	38	877	533
山　东	1909	24	554	1322	9	764	891
河　南	1268	1	805	455	7	761	446
湖　北	1798	24	1428	283	63	717	965
湖　南	1789	6	1503	191	89	1345	383
广　东	1734	67	1366	256	45	1119	455
广　西	555	5	260	208	82	366	151
海　南	48	3	31	12	2	25	15
重　庆	745	62	399	281	3	406	292
四　川	2955	109	2196	472	178	1546	1221
贵　州	980	4	749	145	82	664	297
云　南	570	10	335	221	4	329	209
西　藏	29		24	5		5	14
陕　西	736	1	482	221	32	381	252
甘　肃	325	2	187	114	22	220	89
青　海	64		38	25	1	35	21
宁　夏	122	2	69	43	8	59	47
新　疆	514		278	215	21	242	234

服务机构总表

单位：个、人

数分		年末职工人数	#女性	按登记类型分			
300～499张	500张以上			工商登记	编办登记	民政登记	一个机构多块牌子
1845	**1010**	**441302**	**250262**	**13421**	**224379**	**195814**	**7688**
		185	130		185		
78	73	19003	12324	1400	8009	9594	
15	27	7138	4840	208	2003	4927	
97	53	23451	14263	93	10683	12587	88
23	6	9252	4136	12	5988	3134	118
44	17	8903	4729	12	4360	4482	49
78	41	18958	11192	47	8318	10201	392
36	27	18726	5323	159	7585	10214	768
68	38	14576	7273		7623	6949	4
85	39	26341	19645	344	3222	22747	28
268	105	38001	21619	1419	18022	18189	371
143	96	21372	12817	905	10374	10066	27
81	27	16276	8243	520	3917	11670	169
44	14	6866	3569	68	3620	3134	44
39	18	9786	4242	8	7985	1503	290
177	77	30596	17913	786	10634	18997	179
36	25	17112	9509	7	10999	5983	123
66	50	21195	12153	676	16559	3522	438
37	24	17500	9306	247	13559	2590	1104
98	62	29645	18610	3267	18078	7494	806
22	16	11172	7833	69	5983	4711	409
3	5	1142	611	253	668	218	3
23	24	8926	4908	1087	4110	3684	45
120	68	26356	13678	1363	18019	5670	1304
14	5	6473	3170	69	4325	1796	283
20	12	6602	3619	330	3846	2414	12
5	5	500	330		402	98	
77	26	11213	6216	21	6418	4501	273
11	5	4097	2093	24	3082	891	100
1	7	846	418		653	189	4
12	4	1738	1096	27	1179	460	72
24	14	7355	4454		3971	3199	185

C-2-2续表1

地区	受教育程度		职业资格水平		
	大学专科人数	大学本科及以上人数	助理社会工作师人数	社会工作师人数	35岁及以下人数
全国	**83773**	**61398**	**7457**	**6523**	**115308**
中央级	71	114		2	138
北京	3171	2993	287	276	4620
天津	1504	1133	199	101	1815
河北	3570	2923	323	251	6477
山西	1901	1537	104	119	3292
内蒙古	1953	1266	73	146	2001
辽宁	3493	2865	153	256	3480
吉林	1269	1182	114	156	2525
黑龙江	3369	1752	325	242	3727
上海	2377	1403	283	276	4390
江苏	6424	5229	637	605	9524
浙江	2963	2414	314	382	5113
安徽	2350	1437	303	202	3845
福建	1069	1166	138	195	1920
江西	1293	758	128	64	1976
山东	7359	6201	893	683	9500
河南	3253	2214	172	231	5124
湖北	4455	3127	187	144	5462
湖南	4329	2749	298	242	5159
广东	5034	4382	826	535	7175
广西	3159	2156	228	209	3864
海南	261	154	22	22	488
重庆	1660	1224	130	173	1849
四川	7249	4165	475	377	8741
贵州	1842	1157	167	137	2157
云南	1748	1427	72	140	2081
西藏	117	83	21		326
陕西	2752	1700	169	116	3826
甘肃	1042	914	154	101	1462
青海	232	177	8	3	279
宁夏	519	416	30	49	599
新疆	1985	980	224	88	2373

单位：人、人次、时

年龄结构			人员性质		志愿服务	
36岁至45岁人数	46岁至55岁人数	56岁及以上人数	管理人员	专业技术技能人员	志愿者服务人次数	志愿服务时间
153307	**134720**	**37967**	**141783**	**299519**	**771466**	**1799941.7**
29	13	5	28	157		
5672	7022	1689	4730	14273	15292	47198.0
2254	2242	827	2394	4744	8963	18429.0
8311	6855	1808	5571	17880	7140	23029.0
3195	2152	613	3304	5948	4334	11115.0
3058	2764	1080	2922	5981	6742	18554.0
6822	6791	1865	7795	11163	15042	45037.0
4868	10330	1003	6577	12149	2620	4940.0
5664	4098	1087	4781	9795	10984	26491.0
8950	9036	3965	9381	16960	7422	19558.0
12127	12022	4328	8507	29494	125542	286038.5
6714	6729	2816	5982	15390	87322	175458.0
5755	5002	1674	6442	9834	18884	58904.7
2769	1600	577	2268	4598	30356	59594.5
3919	3300	591	3600	6186	42696	94915.0
10891	8040	2165	7022	23574	116405	284918.0
5826	4670	1492	6824	10288	16680	36122.0
8071	6235	1427	6439	14756	26212	60708.0
7131	4356	854	5830	11670	40891	130439.5
11060	9499	1911	9289	20356	90948	171570.5
3851	2670	787	2948	8224	6463	11784.0
353	245	56	324	818	2663	4145.5
2618	3268	1191	4287	4639	20958	57202.0
8867	6740	2008	12242	14114	10497	19716.0
2356	1507	453	3744	2729	20113	48485.0
2619	1534	368	1180	5422	2930	10927.0
140	31	3	147	353		203.0
3754	2870	763	3537	7676	19006	43380.5
1438	1005	192	1479	2618	349	761.0
367	163	37	272	574	1203	3900.0
737	349	53	460	1278	2994	5882.0
3121	1582	279	1477	5878	9815	20536.0

C-2-2续表2

地区	年末床位数					年末收养人数	
		工商登记	编制登记	民政登记	一个机构多块牌子		工商登记
全　国	**4196251**	**118217**	**2281390**	**1737638**	**59006**	**2287748**	**44917**
中央级	150		150			149	
北　京	156394	6504	87999	61768	123	91855	3054
天　津	53950	2724	13006	38220		29751	762
河　北	176313	437	77651	97731	494	80627	277
山　西	56522	400	29051	26438	633	29589	26
内蒙古	95085	174	43751	50359	801	47679	51
辽　宁	174478	961	72739	96834	3944	103892	320
吉　林	131363	1316	67288	59392	3367	74006	671
黑龙江	146540		65838	80669	33	89936	
上　海	134468	1812	15250	116544	862	85855	528
江　苏	432979	9984	242957	176028	4010	216553	3387
浙　江	280449	11403	133386	135137	523	120960	3539
安　徽	197820	3075	28213	164548	1984	98195	1670
福　建	57765	854	31316	24814	781	26009	208
江　西	153504	54	141596	10012	1842	123013	54
山　东	304577	6915	95051	201267	1344	150359	1509
河　南	133475	60	83328	49862	225	76566	51
湖　北	254015	12536	201934	35128	4417	141754	2489
湖　南	150264	1648	117767	25690	5159	94732	648
广　东	225942	24347	144214	53025	4356	96139	12074
广　西	55478	1769	22519	27795	3395	29335	324
海　南	9707	4392	2792	2481	42	5877	3648
重　庆	89068	6268	48106	33954	740	47857	3803
四　川	352244	17460	264818	59332	10634	223611	5034
贵　州	79668	510	59210	16207	3741	42469	299
云　南	60888	1790	39381	19331	386	31463	365
西　藏	13864		12986	878		6247	
陕　西	99190	436	61087	35055	2612	53507	1
甘　肃	31004	93	22173	8272	466	15135	31
青　海	9450		5507	3942	1	4861	
宁　夏	17605	295	10011	6396	903	8268	94
新　疆	62032		40315	20529	1188	41499	

单位：张、人天、人、人次

按登记类型分			按在院人员年龄分			年在院（站）人天数
编制登记	民政登记	一个机构多块牌子	老年人	青壮年	少年儿童	
1400994	**867765**	**24049**	**1915871**	**115615**	**93516**	**572872837**
149			57	28	64	47998
65721	25229		39515	2420	1307	12100127
10365	20090		23807	1028	609	6535007
40221	47113	127	72211	2420	1556	22836919
18518	12633	399	22186	2475	2612	7325741
21702	26905	183	41048	3794	1609	13673777
48102	53631	2080	77887	4599	3429	19858176
40318	31600	1417	66055	5567	2294	21130010
41860	49717	7	81739	4553	1487	20959267
10247	74679	401	78856	4233	1883	25124492
140254	74945	1232	192730	7862	4745	58406232
57786	59646	133	112247	4249	2270	30790306
13265	83740	465	89311	1848	3634	27108646
15464	12141	193	18826	3604	1713	7228062
115383	6377	1234	112309	3798	3822	28078520
61676	92817	328	130622	3350	2930	40421280
51978	26561	92	61539	3278	5471	16522663
122962	17497	2524	122839	8985	3297	39422880
82091	10789	2352	75964	7171	5995	24527569
62779	23244	1974	76035	5601	8423	27333132
13030	15853	840	22025	3564	2600	7733374
1840	623	1	4854	98	342	354087
25085	18665	304	43901	2536	1164	14902164
187978	27983	3353	199344	14354	4665	56295783
34064	6749	1929	35771	2964	2703	10486968
21824	9778	36	22593	2581	2004	6992134
5789	458		1667	13	4265	1140850
41748	16040	934	43209	3330	2588	13139267
12488	4477	290	11197	918	2049	2651097
2643	2365		2259	152	1280	779620
5729	2196	276	6307	796	448	1828571
27935	13224	945	26961	3446	10258	7138118

C−2−2续表3

地　区	企业会计制度财务指标			
	固定资产原价	营业收入	费用合计	营业利润
全　国	**550782.8**	**61410.7**	**38541.3**	**14645.4**
中央级				
北　京	80841.6	15730.4	12661.6	-8039.1
天　津	540.0	1875.2	1334.1	133.0
河　北	253.9	632.5	290.8	-6.9
山　西	1830.0	30.0	16.0	
内蒙古	61.0	160.0	56.0	6.0
辽　宁	1051.0	130.0		25.0
吉　林	210.0			
黑龙江	200.0			
上　海	1394.0	665.0	35.8	
江　苏	61449.2	2026.4	2309.9	-1198.2
浙　江	72468.5	2601.9	597.1	36.0
安　徽	19018.4	668.0	373.9	105.5
福　建	1680.9	94.4	65.4	-50.0
江　西	140.0			
山　东	97205.8	2051.3	2513.9	-1977.2
河　南	915.5	6.0	6.0	
湖　北	23180.0	1279.2	535.0	12.0
湖　南	18025.0	664.0	664.0	
广　东	44822.5	26605.6	13261.7	28238.2
广　西	145.0	146.0	144.0	2.0
海　南	1512.2	1219.5	1668.0	-1860.7
重　庆	40216.6	3291.5	882.7	0.9
四　川	60875.3	1502.9	991.8	-697.5
贵　州	4016.0	3.0		35.0
云　南	5832.2	27.9	129.6	-118.6
西　藏	4500.0			
陕　西	28.2			
甘　肃	637.0		1.0	
青　海				
宁　夏	7713.0		3.0	
新　疆	20.0			

单位：万元

事业单位会计制度财务指标			民间非营利组织会计制度财务指标		
固定资产原价	本年收入合计	本年支出合计	固定资产原价	本年收入合计	本年费用合计
6901892.5	**6386668.2**	**6356788.3**	**3522024.7**	**908679.1**	**863061.6**
12600.6	1497.3	9283.3			
238006.0	715970.4	710552.3	158379.5	82865.8	92271.2
94542.7	105561.5	223060.7	25647.2	30062.9	19272.3
331732.6	290324.2	287622.7	290140.8	38093.1	44101.3
149697.2	123974.0	128350.2	57563.3	3929.1	12943.7
155617.0	111292.5	107865.6	84123.4	16463.7	14518.3
259841.0	308476.2	305249.2	106387.0	35874.3	55688.0
160632.4	54231.6	52921.4	26144.3	7520.0	8054.5
234498.2	115861.5	119390.4	168048.5	91961.7	11078.2
142025.6	102926.6	95124.7	148328.5	192417.9	189539.0
575067.7	456538.6	442878.3	642140.9	67601.7	63172.2
295465.3	205203.9	200233.5	172430.1	51062.1	43867.1
101273.1	95100.2	91712.5	222198.8	34968.8	39764.0
92931.3	150621.8	139355.0	32637.2	4866.3	7481.5
177861.7	63240.1	65131.2	36423.2	3534.2	3697.4
320907.9	499418.1	504984.1	488328.7	97493.7	104022.5
182449.5	169850.6	177946.1	85993.5	12078.6	10460.6
447052.8	360620.6	352769.7	51863.0	10903.5	9262.1
333376.3	219815.8	217735.8	28471.5	6595.5	10832.3
518077.1	410433.5	420503.0	89031.8	23212.7	25662.4
121551.0	121856.0	119243.5	25332.7	12847.6	12042.2
22181.6	12816.4	17978.6	61760.1	1178.4	1064.5
119144.2	95842.6	100857.0	86460.7	29326.2	26082.0
615493.1	951696.5	860096.1	75746.4	14423.1	23769.3
168058.8	59812.4	59151.7	49660.1	5672.8	4954.1
196199.5	89854.8	93196.7	44267.6	2065.4	3889.7
10667.3	4921.3	5166.7	1319.0	324.0	
291012.5	228702.6	223339.0	120175.9	19263.4	16083.8
309296.5	94165.0	85697.9	66666.4	886.0	646.4
21429.4	15633.0	15129.5	2072.0	505.9	35.2
47535.6	62087.0	35858.4	17221.5	910.0	675.1
155667.0	88321.6	88403.5	57061.1	9770.7	8130.7

C-2-3 养老

地区	单位数	按登记类型分				按床位	
		工商登记	编制登记	民政登记	一个机构多块牌子	0～99张	100～299张
全国	**28770**	**474**	**15144**	**12712**	**440**	**15085**	**11121**
中央级							
北京	656	29	347	280		224	287
天津	278	2	40	236		108	132
河北	1169	2	452	709	6	590	432
山西	551	1	274	274	2	358	169
内蒙古	728	2	344	372	10	408	266
辽宁	1543	8	308	1195	32	1025	405
吉林	1232	17	640	564	11	871	312
黑龙江	1008		169	838	1	605	308
上海	669	6	26	634	3	202	349
江苏	2251	30	1146	1069	6	758	1138
浙江	1416	41	649	720	6	558	625
安徽	1396	12	126	1255	3	613	685
福建	354	3	218	126	7	206	100
江西	1352	1	1187	150	14	797	502
山东	1810	24	462	1322	2	717	857
河南	1106	1	662	439	4	664	394
湖北	1632	24	1315	265	28	605	928
湖南	1586	6	1358	177	45	1203	335
广东	1579	67	1242	233	37	1046	390
广西	421	5	171	203	42	270	122
海南	35	3	22	10		19	8
重庆	688	62	343	280	3	367	280
四川	2588	109	2002	411	66	1301	1134
贵州	877	4	668	143	62	604	262
云南	440	10	213	216	1	249	163
西藏	15		10	5		4	10
陕西	609	1	370	217	21	284	229
甘肃	248	2	125	108	13	171	65
青海	45		24	21		27	13
宁夏	94	2	52	37	3	39	42
新疆	394		179	203	12	192	179

机构总表

单位：个、人

数量分		年末职工人数	#女性	按登记类型分			
300～499张	500张以上			工商登记	编制登记	民政登记	一个机构多块牌子
1683	**881**	**368946**	**211542**	**13421**	**159902**	**191712**	**3911**
76	69	17776	11586	1400	6818	9558	
14	24	6384	4486	208	1249	4927	
96	51	21899	13498	93	9386	12360	60
19	5	6339	3127	12	3285	3037	5
39	15	7464	4046	12	2997	4424	31
78	35	16784	10187	47	6374	10052	311
32	17	16071	4104	159	5493	10214	205
63	32	11145	6001		4232	6911	2
84	34	24775	18601	344	1703	22700	28
257	98	34616	19609	1419	14824	18172	201
139	94	19932	12000	905	8967	10046	14
73	25	13938	6905	520	1839	11556	23
35	13	5001	2561	68	1799	3113	21
35	18	8659	3719	8	7061	1395	195
162	74	27645	16248	786	7755	18997	107
28	20	12935	7163	7	7111	5739	78
57	42	16523	9482	676	12350	3341	156
29	19	13616	7202	247	10124	2462	783
85	58	23849	15603	3267	13241	6733	608
17	12	7465	5406	69	2619	4662	115
3	5	967	537	253	514	200	
22	19	7716	4273	1087	2916	3668	45
99	54	18085	8742	1363	12009	4356	357
10	1	4954	2412	69	2958	1786	141
19	9	4901	2750	330	2237	2330	4
1		290	202		192	98	
74	22	9339	5410	21	4619	4474	225
9	3	2859	1451	24	1959	836	40
1	4	409	222		268	141	
9	4	1222	727	27	740	433	22
18	5	5388	3282		2263	2991	134

C-2-3续表1

地区	受教育程度		职业资格水平		
	大学专科人数	大学本科及以上人数	助理社会工作师人数	社会工作师人数	35岁及以下人数
全　国	**61071**	**38316**	**5655**	**4622**	**86782**
中央级					
北　京	2857	2326	241	245	4203
天　津	1355	809	193	74	1540
河　北	3245	2357	305	222	6001
山　西	1244	928	90	83	1687
内蒙古	1497	706	55	90	1511
辽　宁	2836	1982	121	216	2871
吉　林	725	534	95	140	1822
黑龙江	1854	888	208	167	2310
上　海	1876	827	191	184	3725
江　苏	5576	3760	500	443	8314
浙　江	2587	1812	262	319	4593
安　徽	1735	917	255	148	3118
福　建	511	587	89	115	1111
江　西	966	557	109	54	1669
山　东	6500	4642	753	519	8343
河　南	2088	1107	114	111	3540
湖　北	3114	1231	119	90	3459
湖　南	2928	1907	212	182	3752
广　东	3254	2693	520	346	5091
广　西	1982	1004	176	141	2143
海　南	208	94	11	18	429
重　庆	1284	594	83	82	1338
四　川	4099	1864	350	212	4675
贵　州	1179	683	137	120	1567
云　南	1237	817	44	69	1527
西　藏	52	29			176
陕　西	2042	1224	109	84	3122
甘　肃	712	645	120	77	1068
青　海	62	58	6	3	92
宁　夏	339	246	12	21	390
新　疆	1127	488	175	47	1595

单位：人、人次、时

年龄结构			人员性质		志愿服务	
36岁至45岁人数	46岁至55岁人数	56岁及以上人数	管理人员	专业技术技能人员	志愿者服务人次数	志愿服务时间
130255	**117777**	**34132**	**118646**	**250300**	**661151**	**1529442.7**
5273	6676	1624	4199	13577	14885	45118.0
2050	2049	745	2067	4317	8443	17579.0
7770	6446	1682	5244	16655	6846	21944.0
2524	1609	519	2786	3553	4327	11073.0
2684	2313	956	2429	5035	4981	13254.0
6134	6048	1731	6731	10053	10357	29126.0
3657	9709	883	5611	10460	2420	4520.0
4717	3221	897	3717	7428	8992	22419.0
8511	8712	3827	8873	15902	7412	19528.0
11044	11139	4119	7809	26807	117293	265667.5
6239	6370	2730	5447	14485	74271	153142.0
4936	4375	1509	5453	8485	15945	46531.7
2209	1200	481	1644	3357	28276	53143.5
3506	2958	526	3036	5623	34422	77872.0
10071	7224	2007	6281	21364	96079	232536.0
4310	3771	1314	5439	7496	11607	22973.0
6570	5301	1193	5472	11051	22200	52822.0
5637	3499	728	4536	9080	36876	118096.5
9062	8057	1639	6956	16893	86180	162368.5
2809	1898	615	2046	5419	3211	7272.0
295	197	46	270	697	1972	3992.0
2247	2989	1142	3737	3979	10370	28870.0
6758	5138	1514	9676	8409	10023	18712.0
1929	1120	338	3032	1922	13517	32984.0
1965	1148	261	801	4100	2416	8012.0
100	12	2	93	197		
3111	2434	672	2683	6656	15965	36369.0
1016	633	142	1043	1816	271	584.0
219	83	15	156	253		
532	257	43	364	858	2205	3405.0
2370	1191	232	1015	4373	9389	19529.0

C-2-3续表2

地　区	年末床位数	工商登记	编制登记	民政登记	一个机构两块牌子
全　国	**3834502**	**118217**	**1971045**	**1708561**	**36679**
中央级					
北　京	148765	6504	80693	61568	
天　津	50776	2724	9832	38220	
河　北	169193	437	72986	95298	472
山　西	50243	400	23996	25768	79
内蒙古	87987	174	37269	49799	745
辽　宁	160811	961	61424	94682	3744
吉　林	117885	1316	56394	59392	783
黑龙江	133458		53361	80076	21
上　海	127539	1812	8391	116474	862
江　苏	415143	9984	227130	175878	2151
浙　江	271328	11403	124738	135005	182
安　徽	183752	3075	16385	164048	244
福　建	48759	854	22726	24659	520
江　西	145661	54	134972	9268	1367
山　东	290868	6915	82126	201267	560
河　南	116123	60	67172	48796	95
湖　北	235671	12536	186646	33722	2767
湖　南	133110	1648	103082	24612	3768
广　东	202205	24347	124275	50770	2813
广　西	44292	1769	13699	27519	1305
海　南	8879	4392	2291	2196	
重　庆	82005	6268	41093	33904	740
四　川	309524	17460	235814	49208	7042
贵　州	69097	510	50438	15797	2352
云　南	50067	1790	29310	18891	76
西　藏	2776		1898	878	
陕　西	90212	436	52462	34997	2317
甘　肃	23506	93	15335	7814	264
青　海	6223		3933	2290	
宁　夏	14905	295	8269	5849	492
新　疆	43739		22905	19916	918

单位：张、人天、人

年在院总人天数	年末在院人数	#女性	按登记类型分			
			工商登记	编制登记	民政登记	一个机构多块牌子
530283425	**2111343**	**563905**	**44917**	**1195519**	**852514**	**18393**
11777498	87699	21153	3054	59507	25138	
6032389	27910	11719	762	7058	20090	
21947057	77316	15864	277	31110	45802	127
6445054	26271	3165	26	14004	12202	39
12449823	43881	9210	51	17117	26535	178
18286950	98861	20764	320	43501	52989	2051
19114753	68419	17277	671	35715	31600	433
19183757	83468	19155		34201	49260	7
23831995	80766	49251	528	5228	74609	401
56146165	206997	53808	3387	127930	74915	765
29968450	117548	41094	3539	54312	59621	76
25790677	93009	21129	1670	7822	83451	66
5776110	20786	5834	208	8441	11998	139
27758480	120382	34345	54	113064	6032	1232
38910552	143930	40760	1509	49428	92817	176
14716215	68494	16048	51	42324	26038	81
37456239	132841	36323	2489	111370	16949	2033
22705086	86024	21911	648	73132	10241	2003
24929680	85032	36554	12074	49423	21768	1767
6051781	23690	8112	324	7288	15689	389
340102	5712	2660	3648	1493	571	
13811917	44448	12907	3803	21726	18615	304
50472427	201819	28962	5034	170924	23332	2529
9260292	37785	6809	299	29453	6610	1423
5975956	27428	5690	365	17453	9575	35
203795	1680	528		1222	458	
12139071	49656	10324	1	32728	15993	934
2090648	12507	2342	31	7972	4274	230
447223	2409	412		1540	869	
1576476	7048	1287	94	4961	1818	175
4686807	27527	8508		14072	12655	800

C-2-3续表3

地区	按在院人员性质分			按在院人员年龄分	
	优抚对象	特困人员	自费人员	老人	青壮年
全　国	**62041**	**882370**	**888213**	**1874845**	**68135**
中央级					
北　京	98	1	42084	39505	2419
天　津	277	553	22334	23528	500
河　北	3289	23591	41926	70098	1893
山　西	1538	12328	7415	21274	1408
内蒙古	1064	11739	26749	40421	2058
辽　宁	2158	20309	54116	76896	3897
吉　林	3954	26402	35963	64403	3413
黑龙江	2619	23833	39542	77025	4447
上　海	245	2141	77650	78263	2346
江　苏	6321	80082	88675	190131	4521
浙　江	650	23717	82087	111743	3656
安　徽	1454	62203	24257	88643	1443
福　建	446	3775	14241	17505	642
江　西	9723	86931	15040	111774	3566
山　东	3569	43873	73598	128694	2320
河　南	4952	31631	21477	60255	1983
湖　北	5460	81594	33434	121387	5558
湖　南	4539	51916	17901	73882	4831
广　东	1135	22099	49361	74322	2841
广　西	571	3392	16525	20830	973
海　南	56	409	4543	4854	98
重　庆	347	16580	26656	42949	1289
四　川	4318	154932	30293	190144	6093
贵　州	645	28784	5178	35157	613
云　南	216	15630	3995	22231	704
西　藏	2	797		1667	13
陕　西	1562	28140	15329	42781	2738
甘　肃	199	7928	2803	10897	457
青　海	36	1898	261	2108	102
宁　夏	134	3989	1975	5779	544
新　疆	464	11173	12805	25699	769

单位：张、人、人次、平方米

	按在院人员类型分			康复和医疗门诊人次数	机构建筑面积
少年儿童	自理（完全自理）	介助（半自理）	介护（不能自理）		
33028	**1232877**	**442196**	**300935**	**7452503**	**86807537**
253	13196	14078	14903	710551	3016162
1	8762	5909	9358	175914	1145787
1358	40388	16769	16192	289025	4332310
1864	17971	3713	2862	47502	1489693
425	26252	10697	5955	54528	2153146
543	51556	16808	12972	72546	2878880
603	45535	11762	11122	72676	2400578
111	62839	11112	7632	26178	2297992
157	18859	30155	31752	255390	3521643
2613	116596	48832	31837	750576	9732712
851	69699	27225	19326	850784	4850068
701	64669	19825	6293	88074	3758604
929	7775	5562	5739	130210	1520698
3276	92153	22270	4193	12150	3549560
600	86921	26899	17794	371321	7996655
2142	44980	12172	7228	161284	2924920
1303	84559	29667	14022	484631	5494945
3484	51622	20603	9972	266764	3340063
4855	31309	22266	28443	1161515	4552145
1271	8102	6060	8912	212355	1092168
250	4342	230	630	4327	157103
210	30990	7414	6044	266889	2012964
1730	153022	34149	10796	490368	5202610
1512	29511	5944	1827	62126	1300400
431	12938	7370	3058	74860	1222354
	1078	541	61	45	56333
619	26718	12484	6936	182872	2194463
381	7630	3023	1082	123965	723062
25	906	1147	182	1548	185787
59	3265	2383	734	11515	510716
471	18734	5127	3078	40014	1193016

C-2-3续表4

地　区	企业会计制度财务指标			
	固定资产原价	营业收入	费用合计	营业利润
全　国	**550782.8**	**61410.7**	**38541.3**	**14645.4**
中央级				
北　京	80841.6	15730.4	12661.6	-8039.1
天　津	540.0	1875.2	1334.1	133.0
河　北	253.9	632.5	290.8	-6.9
山　西	1830.0	30.0	16.0	
内蒙古	61.0	160.0	56.0	6.0
辽　宁	1051.0	130.0		25.0
吉　林	210.0			
黑龙江	200.0			
上　海	1394.0	665.0	35.8	
江　苏	61449.2	2026.4	2309.9	-1198.2
浙　江	72468.5	2601.9	597.1	36.0
安　徽	19018.4	668.0	373.9	105.5
福　建	1680.9	94.4	65.4	-50.0
江　西	140.0			
山　东	97205.8	2051.3	2513.9	-1977.2
河　南	915.5	6.0	6.0	
湖　北	23180.0	1279.2	535.0	12.0
湖　南	18025.0	664.0	664.0	
广　东	44822.5	26605.6	13261.7	28238.2
广　西	145.0	146.0	144.0	2.0
海　南	1512.2	1219.5	1668.0	-1860.7
重　庆	40216.6	3291.5	882.7	0.9
四　川	60875.3	1502.9	991.8	-697.5
贵　州	4016.0	3.0		35.0
云　南	5832.2	27.9	129.6	-118.6
西　藏	4500.0			
陕　西	28.2			
甘　肃	637.0		1.0	
青　海				
宁　夏	7713.0		3.0	
新　疆	20.0			

单位：万元

事业单位会计制度财务指标			民间非营利组织会计制度财务指标		
固定资产原价	本年收入合计	本年支出合计	固定资产原价	本年收入合计	本年费用合计
4933181.7	**5129025.0**	**5141566.2**	**3407686.3**	**898483.7**	**848024.7**
176838.2	675523.2	673903.0	158279.5	82865.8	92271.2
68511.6	86522.6	202316.5	25647.2	30062.9	19272.3
283848.5	267547.2	265146.8	286635.1	37573.2	43403.7
113476.2	99151.8	102613.3	56662.3	3922.9	12718.6
116711.2	70904.5	71350.2	82475.4	16384.7	14436.8
167747.9	283864.4	280944.9	105760.7	35424.4	55307.6
121176.4	34138.8	34225.6	26144.3	7520.0	8054.5
148728.3	79108.4	78448.1	167134.5	91951.7	10927.1
77175.7	51794.3	48819.0	148282.7	192417.9	189539.0
455149.2	360510.1	353700.3	642110.9	67595.7	63166.2
247744.4	154360.2	152456.2	172305.1	50982.1	43817.1
50030.4	72861.2	72109.2	220662.8	34968.8	39367.5
58411.6	103948.5	101895.2	32626.0	4866.3	7481.5
157600.2	54355.0	58494.1	36328.0	3529.2	3646.9
238203.9	430205.0	435024.1	488328.7	97493.7	104022.5
90988.8	120485.7	125363.9	76543.7	11010.4	9441.8
345300.8	268873.0	265335.9	50413.0	10451.3	9003.0
259703.4	161207.4	159805.9	27138.5	6356.5	10693.3
389859.4	312392.1	325481.9	80347.4	21480.6	23649.2
60676.1	59655.8	59463.3	24899.7	12834.3	12020.7
19609.7	12291.6	17458.4	2075.0	1178.4	1064.5
90459.0	62119.4	61223.1	86440.7	29326.2	26082.0
455287.6	821474.6	740372.1	55413.7	9110.4	14377.2
141486.9	36364.5	36290.9	49260.1	5625.5	4910.8
111796.7	62984.7	66085.8	43835.6	2051.2	3865.0
6315.6	525.3	370.3	1319.0	324.0	
233319.4	202811.8	196513.0	120039.9	19255.4	16082.6
113829.3	74955.5	71009.4	65918.2	853.6	603.1
12360.1	9087.5	9482.8	1955.0	505.9	34.2
31030.7	53727.4	29008.9	17011.5	815.0	669.1
89804.5	45273.5	46854.1	55692.1	9745.7	8095.7

C-2-4 城市

地　区	单位数					年末职工人数	
		0～99张	100～299张	300～499张	500张以上		女性
全　国	**9618**	**4734**	**3725**	**741**	**418**	**174055**	**106414**
中央级							
北　京	225	93	97	20	15	8052	5490
天　津	198	71	100	9	18	5161	3767
河　北	415	177	177	34	27	10073	6712
山　西	119	60	51	7	1	1999	1159
内蒙古	322	149	141	25	7	4114	2514
辽　宁	1069	774	234	47	14	9848	6228
吉　林	579	414	135	19	11	10339	1863
黑龙江	779	504	231	36	8	6936	3918
上　海	446	159	220	53	14	15853	12089
江　苏	794	249	388	96	61	17784	10246
浙　江	428	129	189	57	53	8349	5136
安　徽	435	227	169	26	13	5524	3246
福　建	117	28	59	21	9	2975	1466
江　西	212	140	63	5	4	1792	889
山　东	757	286	334	93	44	15047	9771
河　南	334	183	122	19	10	5354	3337
湖　北	264	113	127	11	13	3718	2545
湖　南	165	80	64	12	9	3097	1790
广　东	335	104	155	48	28	11050	7453
广　西	193	95	75	13	10	4499	3325
海　南	15	3	7		5	574	292
重　庆	336	171	142	14	9	4978	2980
四　川	418	233	137	32	16	4588	2579
贵　州	133	68	61	4		1760	1070
云　南	117	53	52	9	3	2436	1355
西　藏	3	1	2			99	58
陕　西	140	47	65	19	9	3572	2352
甘　肃	57	28	24	4	1	1108	594
青　海	8	3	3		2	136	103
宁　夏	20	3	11	4	2	280	167
新　疆	185	89	90	4	2	2960	1920

养老机构

单位：个、人

受教育程度		职业资格水平		按人员性质分		年龄结构	
大学专科人数	大学本科及以上人数	助理社会工作师人数	社会工作师人数	管理人员	专业技术技能人员	35岁及以下人数	36岁至45岁人数
27486	**12865**	**2318**	**1449**	**49357**	**124698**	**39326**	**58522**
1269	601	34	29	1245	6807	1753	2195
1026	550	165	35	1685	3476	1292	1619
1417	608	187	75	2497	7576	2612	3281
332	132	18	25	742	1257	646	813
691	217	20	26	1286	2828	723	1521
1418	686	44	63	3817	6031	1425	3544
151	73	37	2	2532	7807	99	1280
1109	365	157	119	1934	5002	1370	2874
1026	334	98	114	7138	8715	2237	5500
3165	1740	209	145	3761	14023	4837	5352
1239	683	96	147	2184	6165	2147	2627
1023	337	122	35	1675	3849	1481	1814
204	84	14	17	819	2156	646	1453
179	95	41	27	594	1198	428	836
3975	2244	280	154	2989	12058	4872	5403
799	270	62	52	2028	3326	1086	1757
634	197	11	5	1250	2468	596	1287
712	439	16	21	773	2324	822	1341
1454	793	183	103	2464	8586	2580	4125
1128	474	47	67	957	3542	1522	1558
92	40	5	11	139	435	299	162
788	316	33	33	2165	2813	861	1433
993	410	147	42	1794	2794	1389	1594
354	176	114	37	813	947	545	620
661	354	16	14	346	2090	727	1031
22	10			19	80	63	36
807	312	42	31	855	2717	1280	1184
275	65	19	17	304	804	395	423
13	14			20	116	21	96
52	40		1	77	203	60	148
478	206	101	2	455	2505	512	1615

C-2-4续表1

地区	年龄结构		志愿服务		年末床位数	光荣间床位	年在院总人天数
	46岁至55岁人数	56岁及以上人数	志愿者服务人次数	志愿服务时间			
全　国	**58897**	**17310**	**218659**	**511982**	**1439131**	**19926**	**183419779**
中央级							
北　京	3272	832	9947	25230	40609	157	5300129
天　津	1655	595	7292	15323	35796	114	4717971
河　北	3282	898	4066	13632	69642	1250	9271743
山　西	382	158	2634	7395	14205	335	1768319
内蒙古	1315	555	1016	3192	44395	186	6494316
辽　宁	3748	1131	6208	21488	92690	994	10377275
吉　林	8303	657	1320	2260	60456		9301401
黑龙江	2057	635	4741	11287	80840	1455	10656788
上　海	5599	2517			76578	130	15810565
江　苏	5364	2231	41228	91520	164988	3298	20489457
浙　江	2466	1109	10535	27447	113954	1241	10936762
安　徽	1665	564	6736	22886	57665	1843	6688568
福　建	629	247	2343	4142	25963	73	3520859
江　西	457	71	5244	12268	20430	1168	3140223
山　东	3909	863	51411	119962	134387	1692	16904598
河　南	1854	657	4885	6392	41198	710	4957031
湖　北	1476	359	215	670	43281	2149	5180870
湖　南	729	205	2789	7621	26468	223	3010189
广　东	3578	767	34251	69576	75920	463	10550075
广　西	1016	403	1584	3270	27222	642	3646003
海　南	90	23	1236	2470	7190	11	190002
重　庆	1936	748	3598	11885	41177	251	7414612
四　川	1212	393	1311	1799	52599	471	5044817
贵　州	405	190	2203	5737	15033	312	1331742
云　南	529	149	963	4630	16073	167	1690516
西　藏					903		57025
陕　西	913	195	3628	8677	26927	269	2035649
甘　肃	243	47	171	384	6503	21	441598
青　海	18	1			1644	2	41530
宁　夏	50	22			5870	186	438729
新　疆	745	88	7104	10840	18525	113	2010417

单位：人、人次、时、张、人天

年末在院人数	女性	按在院人员性质分			按在院人员年龄分		
		优抚对象	特困人员	自费人员	老人	青壮年	少年儿童
719089	**266306**	**6818**	**58457**	**590893**	**703490**	**13173**	**2426**
18320	9534			18320	17444	860	16
20535	10241	48	349	19532	20251	283	1
32902	8760	852	5605	25242	32429	298	175
7513	1139	112	885	5349	7466	24	23
24487	6913	87	1103	22020	24005	432	50
51662	13733	332	3036	44794	51043	608	11
32027	10912		59	31395	31787	239	1
49768	12382	868	3076	32964	46995	2730	43
51233	32661	87	568	50276	50457	776	
73563	23326	1462	6454	55845	72598	589	376
45284	16360	186	4298	33561	43796	1347	141
24588	8546	159	4099	18647	24393	125	70
11890	3340	34	284	11311	11793	65	32
13371	5805	241	2239	9442	13182	85	104
63325	25054	664	3214	56349	62765	379	181
21910	7729	646	1910	17767	21203	562	145
19266	7486	244	2151	16052	18259	973	34
12658	4955	99	1562	9211	11816	790	52
36305	18947	22	2357	30857	35453	654	198
14677	4740	156	615	12060	14279	316	82
4519	2385	11	14	4320	4511	8	
23321	9224	41	897	21968	23075	213	33
22894	7027	67	6896	12498	22521	113	260
6064	2282	77	1475	4243	5841	85	138
6613	2100	96	1674	2548	6373	134	106
399	148		83		399		
12145	5083	161	609	11233	11930	213	2
3634	899	15	1257	2250	3570	24	40
381	106	2	213	168	344	35	2
2095	599	21	638	1207	2008	87	
11740	3890	28	837	9464	11504	126	110

C-2-4续表2

地　区	按在院人员类型分			康复和医疗门诊人次数	机构建筑面积	企业会计	
	自理（完全自理）	介助（半自理）	介护（不能自理）			固定资产原价	营业收入
全　国	**372499**	**179088**	**167502**	**1763125**	**34828489**	**504443.7**	**52559.7**
中央级							
北　京	3783	6202	8335	231413	1264103	68287.9	8336.4
天　津	6985	4954	8596	157826	859679	540.0	1875.2
河　北	16216	7740	8946	38485	1984764	253.9	632.5
山　西	5583	1133	797	2104	366987	1830.0	30.0
内蒙古	14343	6598	3546	40941	1064524	61.0	160.0
辽　宁	32493	10629	8540	19515	1657290	530.0	130.0
吉　林	20390	4921	6716	594	976546	210.0	
黑龙江	39619	5149	5000	1159	1323134	200.0	
上　海	10154	17056	24023	14770	2041444	244.0	17.0
江　苏	32208	22215	19140	263201	4548938	60869.2	1976.4
浙　江	23615	13064	8605	128518	2225770	65586.6	2520.8
安　徽	11733	9255	3600	16879	1098446	19018.4	633.0
福　建	4072	3895	3923	21038	857227	1110.9	94.4
江　西	10407	1933	1031	733	529555	140.0	
山　东	38027	13296	12002	136071	4188787	95904.6	2034.3
河　南	12205	6125	3580	36069	978932	155.5	6.0
湖　北	9915	6094	3257	23984	1093897	16647.5	1216.8
湖　南	6406	3616	2636	36986	653711	16860.0	664.0
广　东	11288	9754	15263	278411	1803728	44693.9	26488.3
广　西	5029	4023	5625	41264	533550	145.0	146.0
海　南	4012	130	377		106257	1512.2	1219.5
重　庆	15447	4681	3193	123084	1042013	40166.6	3241.5
四　川	14823	5807	2264	14890	1014651	50156.1	1109.7
贵　州	3117	1789	1158	9856	279973	2703.0	
云　南	3744	1694	1175	15522	469901	5632.2	27.9
西　藏	344	48	7		11700	4500.0	
陕　西	4531	3754	3860	92652	658833	28.2	
甘　肃	2192	811	631	3938	264394	637.0	
青　海	254	74	53	80	48686		
宁　夏	1006	800	289	1264	246884	5800.0	
新　疆	8558	1848	1334	11878	634185	20.0	

单位：人、人次、平方米、万元

制度财务指标		事业单位会计制度财务指标			民间非营利组织会计制度财务指标		
费用合计	营业利润	固定资产原价	本年收入合计	本年支出合计	固定资产原价	本年收入合计	本年支出合计
37001.0	**15640.9**	**662220.0**	**228699.6**	**213462.3**	**2438882.2**	**670298.3**	**617869.4**
11602.4	-7414.9	28345.2	16428.8	17107.3	57445.9	51658.7	60934.2
1334.1	133.0	28248.5	15413.5	17413.3	14795.1	28991.4	14996.9
290.8	-6.9	51163.7	11064.2	10835.1	225592.7	26211.1	30898.0
16.0		14397.6	3897.4	8097.0	27864.9	1852.3	7967.8
56.0	6.0	7191.7	1551.7	1527.0	74024.3	14601.0	13010.0
	25.0	21728.8	8172.0	9489.3	89505.3	33042.3	52736.4
					25459.3	7364.0	8044.5
		21705.1	3135.1	2919.5	143021.7	91286.3	9910.3
4.2		24569.8	6104.6	5563.2	70570.0	133285.3	134479.1
2309.9	-1198.2	93683.8	31338.5	29659.2	539397.7	48720.3	47235.0
528.2	36.0	67214.5	17220.2	15712.2	111075.7	31601.1	27294.7
338.9	105.5	121.0	128.6	107.4	92968.7	16557.3	17271.1
65.4	-50.0	7779.4	904.9	708.7	27047.4	4009.6	5971.8
		8090.0	907.4	549.3	25401.8	2656.8	2183.6
2500.6	-1977.5	43321.2	10141.4	9566.6	336103.9	60890.7	67325.9
6.0		15869.4	3095.6	3267.8	62248.5	9319.2	7697.4
535.0	12.0	16092.0	3427.0	3400.0	43320.0	9614.9	8411.6
664.0		27689.2	8475.4	8264.0	16027.8	5419.8	9588.5
13255.7	28287.3	49137.6	50008.3	46560.6	67462.8	15599.8	17573.9
144.0	2.0	217.0	85.0	81.4	22998.3	12629.8	11637.8
1668.0	-1860.7	1821.6	1140.9	1940.6	2075.0	1178.4	1064.5
882.7	0.9	10268.9	2923.1	2907.2	86063.1	29009.6	25780.1
665.5	-375.0	13219.8	721.1	1319.5	25159.6	5679.5	10686.3
	35.0	7189.0	498.8	343.1	43578.9	5223.8	4498.8
129.6	-118.6	20629.2	3249.5	2603.5	21689.6	1454.4	2461.9
		1758.5		338.3		162.0	
		2270.3	713.5	662.8	102228.2	11652.2	10869.4
1.0		65793.4	1744.6	1628.9	32441.4	359.2	421.8
		1853.1	697.1	681.0	75.0	3.0	0.3
3.0		6932.9	24275.6	8932.5	10214.5	589.8	433.2
		3917.8	1235.8	1276.0	43025.1	9674.7	6484.6

C-2-5 农村

地区	单位数	0～99张	100～299张	300～499张	500张以上
全国	**15006**	**7885**	**6314**	**605**	**202**
中央级					
北京	270	92	138	25	15
天津	53	23	23	4	3
河北	494	207	213	53	21
山西	268	159	100	7	2
内蒙古	307	204	90	9	4
辽宁	353	208	132	10	3
吉林	579	438	139	2	
黑龙江	144	61	55	13	15
上海	202	42	117	28	15
江苏	1252	388	702	144	18
浙江	840	367	399	55	19
安徽	846	325	471	43	7
福建	97	88	8	1	
江西	893	515	357	14	7
山东	855	299	486	50	20
河南	570	333	232	2	3
湖北	1103	367	710	20	6
湖南	1132	919	209	3	1
广东	985	803	162	16	4
广西	44	34	9	1	
海南	1			1	
重庆	315	188	127		
四川	1877	900	911	45	21
贵州	618	448	166	4	
云南	235	140	88	4	3
西藏	3		3		
陕西	349	142	156	41	10
甘肃	126	101	21	2	2
青海	27	19	7	1	
宁夏	60	26	28	4	2
新疆	108	49	55	3	1

养老机构

单位：个、人

年末职工人数	女性	受教育程度		职业资格水平	
		大学专科人数	大学本科及以上人数	助理社会工作师人数	社会工作师人数
117516	**60070**	**13299**	**4259**	**1166**	**834**
6360	4071	560	263	19	23
659	419	156	29	4	6
7181	4258	690	346	39	55
2349	990	356	149	53	15
1858	835	269	55	6	2
3433	2035	376	117	2	18
3335	1456	351	172	25	104
2219	1111	320	70	36	17
7425	5403	571	173	47	27
12285	6435	1296	353	69	37
7545	4217	663	158	106	80
6667	2621	299	106	78	27
484	225	27	19	1	2
4142	1442	250	45	26	4
8479	4304	1343	436	274	136
4473	2194	435	107	4	20
7637	3743	777	84	22	18
5137	2180	497	93	47	33
5105	2670	402	183	72	35
313	173	45	21		
36	26	12	4		
1479	557	116	31	4	
9572	3865	1823	498	84	47
2100	804	451	209	9	64
1369	809	230	82	11	12
35	31	2	6		
3680	2018	558	257	34	10
609	274	163	80	49	24
136	71	26	8	2	
524	326	68	64	4	9
890	507	167	41	39	9

C-2-5续表1

地区	按人员性质分		年龄结构			
	管理人员	专业技术技能人员	35岁及以下人数	36岁至45岁人数	46岁至55岁人数	56岁及以上人数
全　国	**42391**	**75125**	**24423**	**43862**	**37232**	**11999**
中央级						
北　京	1109	5251	1330	1954	2402	674
天　津	176	483	82	245	217	115
河　北	1625	5556	1799	2811	2032	539
山　西	1222	1127	510	881	726	232
内蒙古	632	1226	373	647	529	309
辽　宁	1502	1931	536	1351	1218	328
吉　林	2008	1327	985	1409	852	89
黑龙江	836	1383	479	1004	585	151
上　海	1452	5973	1170	2552	2628	1075
江　苏	2829	9456	2017	4223	4448	1597
浙　江	2311	5234	1325	2379	2624	1217
安　徽	3030	3637	1207	2455	2146	859
福　建	182	302	53	192	191	48
江　西	1430	2712	525	1621	1663	333
山　东	1963	6516	2410	3298	2081	690
河　南	2205	2268	1238	1535	1186	514
湖　北	2626	5011	1433	3281	2385	538
湖　南	2179	2958	895	2448	1474	320
广　东	1962	3143	805	1753	1981	566
广　西	158	155	43	165	89	16
海　南	6	30	33	1	2	
重　庆	1105	374	110	479	607	283
四　川	6058	3514	1940	3714	3006	912
贵　州	1647	453	700	883	409	108
云　南	241	1128	437	544	327	61
西　藏	13	22	27	8		
陕　西	1055	2625	1096	1279	1001	304
甘　肃	376	233	164	220	175	50
青　海	75	61	32	69	25	10
宁　夏	163	361	139	248	126	11
新　疆	215	675	530	213	97	50

单位：人、人次、时、人天、张

志愿服务		年末床位数		年在院总人天数	年末在院人数	
志愿者服务人次数	志愿服务时间		光荣间床位			女性
235115	**538892**	**1767452**	**50684**	**274494175**	**1013356**	**216438**
3439	13532	54663	141	5231026	20372	9876
400	800	9255	7	1009150	2610	1227
1644	5779	77077	2910	10222148	33502	5761
634	724	24487	365	3400649	12748	1187
2975	7410	30051	538	4201167	13346	1138
1425	2357	35369	1235	5149234	20855	4160
100	200	41621	2960	7211066	27695	4472
2898	6289	35377	1592	5681618	22392	4077
7292	19168	43682	43	6621439	25285	13797
31718	80885	210898	7601	32266538	112620	26499
47834	98385	120728	529	13650613	53978	17175
3470	10462	112323	971	17462800	61295	11016
1158	1645	6009	136	738177	2641	784
11316	28163	92673	8208	19243969	81291	22887
22575	55866	128100	4937	20154466	62316	13947
862	1854	55790	3172	7687899	35506	6782
14849	26086	143453	4656	26301762	86281	21083
24031	76265	75023	2407	14775442	53236	11141
30456	48677	72712	1396	6616644	23472	6900
		3259	366	443969	1953	519
		323		16260	221	95
3292	7032	26886	38	4586997	14909	882
7350	13679	218398	4426	40303581	157827	16822
3158	7565	44831	292	6656611	27211	3517
		23107	422	3456788	13472	2493
		518		73365	312	107
10069	23455	50537	712	8050798	28516	4118
100	200	8436	290	1092229	5276	816
		2299	1	250980	1043	179
1965	1965	7630	113	906187	3515	482
105	450	11937	220	1030603	7660	2499

C-2-5续表2

地区	按在院人员性质分			按在院人员年龄分		
	优抚对象	特困人员	自费人员	老人	青壮年	少年儿童
全　国	**23102**	**727291**	**201592**	**979145**	**29176**	**5035**
中央级						
北　京			20372	19625	745	2
天　津	7	59	2549	2609	1	
河　北	171	15545	15532	32480	956	66
山　西	150	9814	1483	11481	876	391
内蒙古	246	8244	2911	12103	1197	46
辽　宁	819	13623	5700	19304	1502	49
吉　林	2907	23503	977	24964	2483	248
黑龙江	844	16981	3040	21209	1153	30
上　海	35	1454	23380	23704	1424	157
江　苏	4035	69525	27768	110136	2002	482
浙　江	250	16871	34835	52834	1066	78
安　徽	300	56008	4202	60500	658	137
福　建	51	957	1592	2588	37	16
江　西	2307	71890	2081	78863	2167	261
山　东	1362	38182	16189	61455	764	97
河　南	2753	25195	2944	34938	391	177
湖　北	2180	70250	8100	82323	3107	851
湖　南	1104	44282	4051	51287	1478	471
广　东	404	14294	4875	23023	308	141
广　西	7	568	1306	1901	34	18
海　南		8	213	221		
重　庆	31	14019	578	14501	405	3
四　川	2503	139422	11406	152946	4313	568
贵　州	102	24578	650	26719	107	385
云　南	61	11791	585	12916	457	99
西　藏		238		309	3	
陕　西	166	24640	3182	27408	1022	86
甘　肃	72	4664	158	5021	202	53
青　海	1	997		1014	27	2
宁　夏	78	2950	438	3301	205	9
新　疆	156	6739	495	7462	86	112

单位：人、人次、平方米

按在院人员类型分			康复和医疗门诊人次数	机构建筑面积
自理（完全自理）	介助（半自理）	介护（不能自理）		
737975	**203859**	**71522**	**1880491**	**36354126**
8133	6805	5434	361001	1412351
1440	734	436	14370	219382
20553	7432	5517	7451	1689504
10309	1616	823	4441	712515
9178	2764	1404	768	745970
14611	4109	2135	7725	678233
18983	5403	3309	32119	918738
16541	4425	1426	7508	554536
7825	12052	5408	103495	1234609
80680	24351	7589	226146	4124543
38766	9442	5770	429873	1840445
50101	9575	1619	18378	2181274
1758	556	327	233	153158
64229	15606	1456	461	1946871
45747	11943	4626	36300	3337073
29393	4248	1865	38511	1161646
62518	17388	6375	193671	3151239
38262	12479	2495	36481	1727840
13096	7572	2804	90364	1402326
1322	428	203	128	58011
221				19000
12998	1328	583	19980	584966
128526	23594	5707	113824	3310815
23327	3588	296	8864	796252
7735	4802	935	53630	470443
194	99	19		8434
19815	6645	2056	21041	1179865
3999	1166	111	41421	165230
481	462	100	1236	103474
2030	1220	265	2595	219506
5204	2027	429	8476	245878

C-2-5续表3

地 区	企业会计制度财务指标			
	固定资产原价	营业收入	费用合计	营业利润
全 国	**46339.1**	**8851.0**	**1540.3**	**-995.5**
中央级				
北 京	12553.7	7394.0	1059.2	-624.2
天 津				
河 北				
山 西				
内蒙古				
辽 宁	521.0			
吉 林				
黑龙江				
上 海	1150.0	648.0	31.6	
江 苏	580.0	50.0		
浙 江	6881.9	81.1	68.9	
安 徽		35.0	35.0	
福 建	570.0			
江 西				
山 东	1301.2	17.0	13.3	0.3
河 南	760.0			
湖 北	6532.5	62.4		
湖 南	1165.0			
广 东	128.6	117.3	6.0	-49.1
广 西				
海 南				
重 庆	50.0	50.0		
四 川	10719.2	393.2	326.3	-322.5
贵 州	1313.0	3.0		
云 南	200.0			
西 藏				
陕 西				
甘 肃				
青 海				
宁 夏	1913.0			
新 疆				

单位：万元

事业单位会计制度财务指标			民间非营利组织会计制度财务指标		
固定资产原价	本年收入合计	本年支出合计	固定资产原价	本年收入合计	本年支出合计
1857280.8	**997311.0**	**900833.2**	**923228.8**	**218381.0**	**218523.4**
52686.2	14482.8	13846.9	95347.7	30540.5	27425.0
			10852.1	1071.5	4275.4
76163.9	19235.4	19152.8	61042.4	11362.1	12505.7
14422.7	1884.8	2185.5	25794.4	2067.6	4231.4
35946.3	8678.2	8066.7	8451.1	1783.7	1426.8
29257.8	10551.6	10006.0	16255.4	2382.1	2571.2
68355.4	10501.1	10185.1	380.0	90.0	5.0
43059.5	7424.7	5997.6	22103.8	665.4	938.5
			77701.7	59080.4	55036.9
201984.8	47605.6	45237.5	101884.2	17904.6	15401.4
71761.1	20423.5	20520.9	59981.5	17156.1	15430.5
2779.3	495.8	479.7	127694.1	18411.5	22096.4
4540.7	522.7	519.6	5577.6	839.7	1492.7
80761.9	11915.1	10020.4	10551.2	525.4	1112.2
68050.2	12640.6	12647.2	151614.8	36525.0	36618.6
28999.9	6159.5	5546.2	14272.2	1690.0	1743.4
160327.6	30963.4	29184.1	1933.0	505.2	438.4
94029.6	17759.7	17238.2	7610.7	768.7	1096.8
136647.9	20275.6	20576.6	2236.5	1270.4	1317.3
1071.2	83.3	207.3	1901.4	204.5	382.9
8500.0					
42296.4	21525.8	21391.8	377.6	316.6	301.9
288859.4	707191.7	621134.7	30254.1	3430.9	3690.9
93052.1	3699.7	3793.4	5681.2	401.7	412.0
38869.3	2734.0	2544.5	22004.0	594.8	1387.7
3723.1					
138204.9	16913.5	16351.2	17755.3	7563.1	5193.5
17421.8	1638.1	1685.0	33476.8	494.4	181.3
6277.7	172.0	213.5	1880.0	502.9	33.9
12935.8	1601.5	1407.8	4897.0	205.2	229.9
36294.3	231.3	693.0	3717.0	27.0	1545.8

C-2-6 社会

地区	单位数					年末职工人数	女性	受教育程度	
		0～99张	100～299张	300～499张	500张以上			大学专科人数	大学本科及以上人数
全　国	**1578**	**474**	**679**	**244**	**181**	**44134**	**28102**	**10248**	**9208**
中央级									
北　京	11		3	3	5	1277	912	376	414
天　津	3		3			143	80	53	56
河　北	30	10	15	4	1	991	599	256	212
山　西	21	9	7	3	2	432	262	114	86
内蒙古	48	12	27	5	4	882	458	303	217
辽　宁	50	9	24	14	3	2031	1215	508	556
吉　林	51	7	28	10	6	1567	491	193	263
黑龙江	41	7	14	11	9	1416	779	290	288
上　海	20		12	3	5	1459	1090	260	302
江　苏	62	12	17	15	18	3033	2079	640	982
浙　江	96	18	31	26	21	3059	2027	463	481
安　徽	53	22	25	1	5	1111	742	223	245
福　建	65	24	26	12	3	950	583	152	217
江　西	94	32	48	9	5	1455	833	302	156
山　东	26	5	7	10	4	885	529	226	310
河　南	51	22	19	5	5	1134	654	275	218
湖　北	120	16	68	18	18	2908	1897	829	380
湖　南	81	30	33	12	6	2872	1923	811	648
广　东	137	34	57	20	26	6241	4670	963	1179
广　西	91	51	35	3	2	2108	1627	631	348
海　南	4	2	1	1		200	145	52	28
重　庆	27		10	7	10	1055	619	277	209
四　川	127	30	63	19	15	2305	1367	603	395
贵　州	59	26	30	2	1	733	371	227	167
云　南	41	18	17	5	1	597	351	175	188
西　藏	9	3	5	1		156	113	28	13
陕　西	34	14	6	11	3	911	457	245	238
甘　肃	39	19	18	2		561	282	149	115
青　海	7	4	2		1	92	30	13	12
宁　夏	7	4	2	1		369	208	211	109
新　疆	73	34	26	11	2	1201	709	400	176

福利院

单位：个、人

职业资格水平		按人员性质分		年龄结构			
助理社会工作师人数	社会工作师人数	管理人员	专业技术技能人员	35岁及以下人数	36岁至45岁人数	46岁至55岁人数	56岁及以上人数
1448	**1421**	**13034**	**31100**	**12560**	**16323**	**12644**	**2607**
82	69	223	1054	501	389	346	41
8	3	27	116	59	39	32	13
25	43	191	800	364	333	248	46
7	6	182	250	110	210	91	21
12	43	245	637	236	330	274	42
44	108	776	1255	473	767	673	118
13	9	740	827	464	715	340	48
10	22	660	756	289	633	405	89
46	39	277	1182	297	447	481	234
175	171	473	2560	983	975	888	187
56	84	782	2277	619	1045	1090	305
42	49	440	671	281	439	350	41
57	60	277	673	225	324	241	160
15	9	546	909	368	609	439	39
74	83	221	664	256	304	242	83
37	26	402	732	537	350	200	47
58	43	657	2251	789	1158	819	142
106	77	670	2202	1089	904	763	116
226	157	1646	4595	1348	2584	2078	231
120	65	611	1497	448	869	626	165
5	1	27	173	51	74	65	10
39	46	382	673	270	292	396	97
82	90	1107	1198	772	851	573	109
11	12	384	349	233	292	188	20
9	31	127	470	229	221	131	16
		61	95	86	56	12	2
23	30	285	626	306	288	214	103
32	20	215	346	182	236	116	27
4	3	43	49	28	36	27	1
8	10	103	266	181	117	64	7
22	12	254	947	486	436	232	47

C-2-6续表1

地区	志愿服务		年末床位数		年在院总人天数	年末在院人数
	志愿者服务人次数	志愿服务时间		光荣间床位		
全国	**163897**	**352055**	**378379**	**17304**	**59210561**	**196998**
中央级						
北京	110	440	5645	68	1144019	3342
天津	51	306	700		164265	409
河北	22	88	5602		1018626	3026
山西	266	748	3990	1	679819	2382
内蒙古	773	1851	9906	177	1461372	4222
辽宁	1834	4195	12502	693	2382875	7618
吉林	580	1160	13269	291	2183405	7146
黑龙江	1334	4776	13823	612	2632565	8751
上海	120	360	7229	110	1394881	4234
江苏	41964	87652	26759	949	3178414	10487
浙江	12963	22853	33813	556	5088710	16243
安徽	5073	11355	7727	503	1302498	3944
福建	23047	36191	12244	765	1334944	4049
江西	14906	28204	16944	1269	2849885	12302
山东	10192	24927	8467	225	1310512	4278
河南	4451	8299	9589	1683	1529822	4708
湖北	5997	22495	32909	3108	4833811	18235
湖南	4295	14640	17725	1295	3399048	11109
广东	18966	37797	45345	1132	7348484	20847
广西	1042	2761	10390	601	1696555	5597
海南	686	1372	530		106940	376
重庆	2739	8041	13027	330	1720670	5847
四川	1269	3037	28967	498	4479563	14934
贵州	6479	16109	7068	367	1073087	3446
云南	1200	2000	6265	85	779205	3214
西藏			1355	2	73405	969
陕西	1398	2279	7464	1065	1690512	4410
甘肃			5173	132	522160	2712
青海			1531	98	153945	513
宁夏			1115	50	227220	761
新疆	2140	8119	11306	639	1449344	6887

单位：人、人次、时、张、人天

女性	按在院人员性质分			按在院人员年龄分		
	优抚对象	特困人员	自费人员	老人	青壮年	少年儿童
71849	**5725**	**86810**	**87475**	**149833**	**22178**	**24987**
1705			3342	2295	812	235
113		142	110	194	215	
682		1809	193	1537	398	1091
676	1	1354	296	698	262	1422
1056	55	2343	1696	3478	417	327
2633	222	3572	3316	5429	1736	453
1594	229	2596	3199	6101	691	354
2684	235	3776	3538	8149	564	38
2793	109	119	3994	4088	146	
3903	397	3950	5040	6816	1918	1753
7209	126	2543	13058	14636	975	632
1501	95	2053	1385	2802	653	489
1611	163	2386	1204	2632	540	877
3144	407	8949	2663	9188	441	2673
1484	190	2329	1005	3020	941	317
1293	352	3950	291	2014	905	1789
6781	951	7772	8497	16492	1357	386
4511	629	5018	3817	6427	1792	2890
10188	119	5327	13120	14654	1696	4497
2592	39	2204	2895	3815	613	1169
157		376		46	90	240
2742	4	1660	4014	5012	661	174
4709	279	8293	5818	12650	1410	874
926	216	2566	254	2173	322	951
1086	1	2165	862	2880	113	221
273	2	476		959	10	
993	652	2811	606	2426	1455	529
602	74	1941	385	2194	231	287
127	33	390	93	452	40	21
204	30	401	330	459	252	50
1877	115	3539	2454	6117	522	248

C-2-6续表2

地区	按在院人员类型分			康复和医疗门诊人次数	家庭寄养儿童数量	机构建筑面积
	自理(完全自理)	介助(半自理)	介护(不能自理)			
全国	**90287**	**48998**	**57713**	**1849659**	**5426**	**11843463**
中央级						
北京	1190	1043	1109	113424	3	300723
天津	76	114	219	1842		12445
河北	974	822	1230	11363	311	229099
山西	758	482	1142	1721	982	181069
内蒙古	2092	1170	960	5475	22	260762
辽宁	3634	1872	2112	27660	90	416383
吉林	4937	1246	963	28687	1	396678
黑龙江	6066	1492	1193	17511	1	388500
上海	880	1047	2307	137125		242034
江苏	3355	2192	4940	123935	205	961840
浙江	7072	4221	4950	96360	247	747752
安徽	2064	840	1040	13949	190	377166
福建	1643	956	1450	106035	323	388119
江西	7981	2828	1493	1645	431	537773
山东	1703	1454	1121	54125	7	303960
河南	1776	1376	1556	27274	148	484044
湖北	9014	5209	4012	108386	128	951702
湖南	4135	2809	4165	63818	897	610234
广东	6230	4727	9890	477543	327	1177115
广西	1381	1453	2763	160218	446	428818
海南	58	91	227	4077	10	20050
重庆	2315	1367	2165	91594	63	336856
四川	8202	4030	2702	89365	125	735830
贵州	2560	513	373	38391	67	201736
云南	1436	862	916	2192	21	236667
西藏	540	394	35	45		36199
陕西	1817	1697	896	15762	85	236082
甘肃	1426	958	328	2632	51	282415
青海	171	313	29	232		33427
宁夏	227	357	177	7656		43826
新疆	4574	1063	1250	19617	245	284159

单位：人、人次、平方米、万元

事业单位会计制度财务指标			民间非营利组织会计制度财务指标		
固定资产原价	本年收入合计	本年支出合计	固定资产原价	本年收入合计	本年费用合计
1453936.5	**781683.5**	**773038.1**	**45575.3**	**9804.4**	**11631.9**
65739.4	41883.6	41711.4	5485.9	666.6	3912.0
3538.8	3910.5	3998.3			
57326.5	13950.2	14052.3			
38888.4	17093.3	13947.9	3003.0	3.0	519.4
50241.3	19496.0	19761.0			
58491.4	39211.4	40069.3			
42242.3	16530.3	17560.8	305.0	66.0	5.0
63723.4	23032.2	23621.5	2009.0		78.3
51559.2	44130.6	41655.1	11.0	52.2	23.0
114150.3	74601.4	72734.6	829.0	970.8	529.8
88546.5	60582.7	56988.1	1247.9	2224.9	1091.9
23238.5	13797.0	13497.5			
33326.2	25738.6	23744.2	1.0	17.0	17.0
41483.0	9293.9	10218.9	375.0	347.0	351.1
24818.3	23145.7	22822.2	610.0	78.0	78.0
17029.8	12959.7	13939.0	23.0	1.2	1.0
94886.7	48370.3	48897.3	5160.0	331.2	153.0
78782.4	33101.8	32766.2	3500.0	168.0	8.0
148969.8	102837.1	106326.6	10648.1	4610.4	4758.0
41699.8	24076.7	23721.3			
296.6	2611.2	2811.7			
32419.7	29478.2	29793.8			
105726.9	30762.4	34181.3			
34975.9	9757.3	9930.7			
26993.4	6654.6	6903.8	142.0	2.0	15.4
834.0	525.3	32.0	1319.0	162.0	0.0
42737.6	17179.1	18098.8	56.4	40.1	19.7
17768.0	12108.0	10833.3			
3737.8	1712.8	1313.7			
10213.9	13201.2	6754.2	1900.0	20.0	6.0
39550.7	9950.4	10351.3	8950.0	44.0	65.3

C-2-7 光荣

地区	单位数	0～99张	100～299张	300～499张	500张以上	年末职工人数	女性	受教育程度 大学专科人数	大学本科及以上人数
全 国	**948**	**747**	**171**	**24**	**6**	**8442**	**4130**	**2100**	**987**
中央级									
北 京	10	8	2			168	75	41	65
天 津	6	3	3			158	107	52	31
河 北	113	93	16	3	1	1336	719	282	88
山 西	79	73	5	1		687	290	219	103
内蒙古	28	25	3			279	108	119	69
辽 宁	23	11	12			394	190	151	137
吉 林	21	12	9			405	87	30	26
黑龙江	6	4	2			118	36	16	7
上 海									
江 苏	9	8	1			86	57	12	14
浙 江	11	9	1	1		42	20	17	9
安 徽	24	8	14	2		224	131	54	41
福 建	24	20	2	1	1	141	75	32	22
江 西	135	98	30	6	1	743	263	58	11
山 东	13	6	7			89	53	32	17
河 南	43	35	7		1	459	216	97	16
湖 北	59	33	19	7		875	510	290	84
湖 南	104	83	20	1		902	455	212	96
广 东	43	40	3			407	259	81	31
广 西	57	55	2			234	134	57	29
海 南	7	7				40	18	9	2
重 庆	7	6	1			41	25	18	21
四 川	43	36	5	1	1	246	118	97	31
贵 州	49	47	2			95	41	56	12
云 南	1	1				6	1	3	1
西 藏									
陕 西	15	13	1	1		125	72	42	12
甘 肃	1	1				8	3	2	
青 海	1				1	6	2		
宁 夏	2	2				4	4		
新 疆	14	10	4			124	61	21	12

院

单位：个、人

职业资格水平		按人员性质分		年龄结构			
助理社会工作师人数	社会工作师人数	管理人员	专业技术技能人员	35岁及以下人数	36岁至45岁人数	46岁至55岁人数	56岁及以上人数
167	**143**	**3215**	**5227**	**2217**	**3612**	**2227**	**386**
5	2	90	78	33	64	58	13
4	16	68	90	32	80	43	3
10	2	291	1045	392	601	287	56
2	19	246	441	179	333	142	33
9	4	103	176	79	99	87	14
15	12	169	225	118	150	106	20
20	25	205	200	99	163	134	9
2		50	68	53	49	16	
4	1	24	62	14	34	21	17
1	2	14	28	4	18	17	3
6	11	68	156	39	100	74	11
3	7	58	83	34	67	38	2
25	1	333	410	118	335	250	40
6	3	24	65	37	37	12	3
3		212	247	166	175	102	16
13	6	226	649	217	391	237	30
19	14	352	550	255	368	235	44
13	8	174	233	118	137	126	26
3	1	113	121	52	101	69	12
		31	9	6	15	17	2
2		32	9	13	14	13	1
1	6	152	94	70	119	42	15
	2	62	33	17	60	18	
	1	1	5	2	2	2	
1		77	48	42	40	34	9
		8			1	7	
		1	5		6		
		2	2	1		2	1
		29	95	27	53	38	6

C-2-7续表1

地区	志愿服务		年末床位数		年在院总人天数	年末在院人数
	志愿者服务人次数	志愿服务时间		光荣间床位		
全国	**20137**	**56445**	**67324**	**36907**	**9557172**	**35694**
中央级						
北京	78	292	702	516	52504	143
天津	400	700	626	422	122160	355
河北	1032	2295	8337	3785	910926	2773
山西	614	1488	3579	2042	452863	1482
内蒙古	140	347	1572	1118	273214	813
辽宁	872	1063	2179	1415	299404	1061
吉林	340	740	1939	598	323981	1291
黑龙江	9	27	441	441	111005	350
上海						
江苏	160	690	440	298	83590	267
浙江	329	404	774	463	45780	72
安徽	476	997	2846	1955	310691	943
福建	150	962	1573	672	142210	416
江西	2174	7170	12825	9035	2423120	10659
山东	3776	10575	1224	303	98130	303
河南	1161	5773	2969	1384	404420	1847
湖北	688	2354	7117	3667	1026958	4253
湖南	3661	11740	6858	3762	1031165	3772
广东	905	1827	1774	891	271232	777
广西	85	241	2046	1015	181961	600
海南	50	150	241	121	25920	86
重庆	741	1912	401	165	40548	140
四川	70	129	3417	1731	402247	1362
贵州	1596	3290	927	369	141140	400
云南	25	121	80	80	10800	30
西藏						
陕西	565	1038	905	438	175298	532
甘肃			20	14	260	14
青海			530		300	298
宁夏			25	15	3620	11
新疆	40	120	957	192	191725	644

单位：人、人次、人天、张、时

女性	按在院人员性质分			按在院人员年龄分		
	优抚对象	特困人员	自费人员	老人	青壮年	少年儿童
6367	**21624**	**8648**	**4542**	**34788**	**444**	**462**
38	98	1	50	141	2	
132	102	3	143	354	1	
361	1720	552	412	2746	11	16
88	1068	267	81	1445	9	28
103	657	49	105	808	3	2
203	713	78	238	1031		30
299	558	244	392	1291		
9	350			350		
80	250	2	22	263	2	2
	53			72		
66	883	43	21	937	1	5
65	184	148	84	412		4
2253	6381	3698	403	10197	245	217
49	303			303		
124	964	524	326	1821	3	23
902	2040	1421	617	4137	87	29
735	2609	696	483	3733	8	31
222	373	121	272	734	24	19
143	323	5	201	598		2
23	45	11	10	76		10
13	131	2	7	138	2	
159	982	225	189	1342	14	6
23	227	165	11	369		31
11	21			25		5
22	413	36	83	531	1	
	14	1		13		1
		298		298		
2	5			11		
242	157	58	392	612	31	1

C-2-7续表2

地　区	按在院人员类型分			康复和医疗门诊人次数	机构建筑面积
	自理（完全自理）	介助（半自理）	介护（不能自理）		
全　国	**26788**	**6642**	**2264**	**122947**	**2526253**
中央级					
北　京	90	28	25	4713	38985
天　津	141	107	107	1876	39281
河　北	1920	636	217	12828	310089
山　西	1124	292	66	4641	159222
内蒙古	622	156	35	114	65658
辽　宁	818	156	87	16758	84526
吉　林	965	192	134	11276	48616
黑龙江	291	46	13		20821
上　海					
江　苏	198	64	5	1086	42590
浙　江	31	40	1	777	10746
安　徽	771	152	20	4504	87641
福　建	289	108	19	561	54514
江　西	9256	1255	148	260	489918
山　东	220	70	13	175	40172
河　南	1378	318	151	12859	204924
湖　北	2937	954	362	26829	212065
湖　南	2713	783	276	6395	272003
广　东	354	161	262	2673	108171
广　西	331	146	123	1453	53504
海　南	51	9	26	250	11796
重　庆	101	32	7	5700	17635
四　川	1006	295	61	3939	68954
贵　州	381	19		2881	1590
云　南	21	3	6		500
西　藏					
陕　西	367	126	39	364	53138
甘　肃	12	1	1		500
青　海		298			200
宁　夏	2	6	3		500
新　疆	398	189	57	35	27994

单位：人、人次、平方米、万元

事业单位会计制度财务指标			民间非营利组织会计制度财务指标		
固定资产原价	本年收入合计	本年支出合计	固定资产原价	本年收入合计	本年费用合计
195354.2	**73964.3**	**76398.6**	**1963.6**	**389.3**	**448.3**
8046.7	4090.6	4028.6			
4200.7	2933.0	3192.4			
30449.0	9442.4	9676.0			
13727.2	7228.3	7704.8			
8764.3	3851.7	3926.9	9.8	21.0	20.4
12091.6	5851.3	5453.5	3.0	0.1	0.2
3646.1	1143.5	1410.6			
2659.0	1278.3	1301.0			
0.0	0.0	0.0			
3875.3	818.2	818.2			
210.4	883.7	820.7			
9209.1	2756.1	2972.4			
2215.6	1800.9	1768.1			
19280.3	3023.3	2984.9	1.0	2.0	1.0
2610.6	1261.1	1261.1	554.8	147.7	156.7
5502.9	2059.8	1999.5	150.0	15.5	4.0
23431.8	7619.4	7703.7			
19666.5	6142.6	5850.8	10.0	30.0	30.0
8983.0	3505.7	3563.0			
2833.2	774.6	797.3			
1584.4	305.6	308.3			
1892.5	1671.2	1663.4			
4795.0	2133.7	2021.7	80.0	1.0	12.0
163.0	32.6	28.6			
100.0					
2804.2	2369.6	2496.5			
107.2	90.0	90.0			
			100.0	10.0	10.0
3.0					
2501.6	897.1	2556.6	1055.0	162.0	214.0

C-2-8 荣誉军人

地　区	单位数	按登记类型分		按床位数量分			
		编制登记	一个机构多块牌子	0～99张	100～299张	300～499张	500张以上
全　国	**43**	**40**	**3**	**10**	**17**	**9**	**7**
中央级							
北　京							
天　津							
河　北	1	1			1		
山　西	2	2			2		
内蒙古	1	1			1		
辽　宁	1	1					1
吉　林	2	2			1	1	
黑龙江	1	1				1	
上　海	1	1		1			
江　苏	1	1			1		
浙　江	1	1					1
安　徽	1	1			1		
福　建	1	1			1		
江　西	1	1					1
山　东	2	2				2	
河　南	4	4		2	1	1	
湖　北	1	1					1
湖　南	3	2	1		1		2
广　东	2	2			2		
广　西	1	1			1		
海　南							
重　庆	3	3		2		1	
四　川	5	3	2	1	2	1	1
贵　州	3	3		2	1		
云　南	1	1			1		
西　藏							
陕　西	1	1				1	
甘　肃	2	2		1		1	
青　海							
宁　夏							
新　疆	1	1		1			

康复医院

单位：个、张、人

年末职工人数	女性	受教育程度		职业资格水平	
		大学专科人数	大学本科及以上人数	助理社会工作师人数	社会工作师人数
6727	**4059**	**1973**	**2863**	**47**	**79**
217	121	26	162	13	
99	41	22	44	1	3
68	36	17	35	1	4
156	86	39	61		3
425	207				
126	28				
38	19	19	18		4
271	203	76	127	1	3
722	512	137	390		1
125	55	37	59		1
45	26	16	23	1	1
365	226	110	198	2	9
544	306	63	399	5	15
465	281	137	148		2
587	402	250	193	2	5
672	438	320	272	2	3
217	120	97	101	5	12
48	23	22	23	4	2
163	92	85	17	5	3
702	476	281	279	3	3
151	80	40	65	2	3
95	56	33	43		2
190	92	92	48		
212	118	40	149		
24	15	14	9		

C-2-8续表1

地区	按人员性质分		年龄结构			
	管理人员	专业技术技能人员	35岁及以下人数	36岁至45岁人数	46岁至55岁人数	56岁及以上人数
全 国	**1119**	**5608**	**2830**	**1796**	**1622**	**479**
中央级						
北 京						
天 津						
河 北	3	214	68	75	43	31
山 西	21	78	28	29	30	12
内蒙古	16	52	21	19	23	5
辽 宁	21	135	32	57	57	10
吉 林	126	299	175	90	80	80
黑龙江	28	98	43	47	36	
上 海	6	32	21	12	4	1
江 苏	29	242	167	44	48	12
浙 江	11	711	454	102	91	75
安 徽	24	101	42	24	49	10
福 建	7	38	12	16	16	1
江 西	17	348	183	39	114	29
山 东	96	448	164	190	150	40
河 南	37	428	103	148	197	17
湖 北	231	356	250	169	130	38
湖 南	71	601	351	197	117	7
广 东	93	124	48	101	53	15
广 西	8	40	7	21	17	3
海 南						
重 庆	53	110	84	29	37	13
四 川	101	601	301	220	123	58
贵 州	45	106	35	39	68	9
云 南	18	77	34	29	30	2
西 藏						
陕 西	16	174	50	65	67	8
甘 肃	36	176	155	30	26	1
青 海						
宁 夏						
新 疆	5	19	2	4	16	2

单位：人、人次、时、张、人天

志愿服务		年末床位数		年在院总人天数
志愿者服务人次数	志愿服务时间		光荣间床位	
1527	**5700**	**11705**	**3499**	**2210579**
		200	69	73000
		440	105	73337
		100	23	7060
		523	82	60155
80	160	600	260	94900
		380	380	96600
		50	50	5110
50	400	295	25	73004
		690	100	244999
		130	50	22008
		250	100	34216
235	358	838	387	76945
200	650	800	272	152760
		685	161	95482
117	234	528	200	99109
620	2643	1618	98	472906
		487	30	37445
		241	17	78533
		514	268	49090
		1110	510	207659
		299	15	55025
225	1255	100	58	33505
		300	200	35484
		487	29	29327
		40	10	2920

C-2-8续表2

地区	年末在院人数	女性	按在院人员性质分			按在院人员年龄分		
			优抚对象	特困人员	自费人员	老人	青壮年	少年儿童
全　国	**7159**	**2168**	**2693**	**726**	**2794**	**4631**	**2441**	**87**
中央级								
北　京								
天　津								
河　北	102	102	69	1	102	86	10	6
山　西	239	47	97	8	134	63	176	
内蒙古	19		19			10	9	
辽　宁	140	35	72		68	89	51	
吉　林	260		260			260		
黑龙江	322	3	322			322		
上　海	14		14			14		
江　苏	173		22	151		163	10	
浙　江	673	350	35	5	633	405	268	
安　徽	17		17		2	11	6	
福　建	80	34	14		50	80		
江　西	838	135	387		451	219	608	11
山　东	384	89	272		24	354	30	
河　南	318	87	146	52	149	208	102	8
湖　北	178	67	35		143	146	29	3
湖　南	1334	537	98	320	289	561	743	30
广　东	300	134	30		214	275	25	
广　西	218	118	17		63	208	10	
海　南								
重　庆	231	46	140	2	89	223	8	
四　川	861	245	463	96	317	596	243	22
贵　州	153	61	15		20	53	93	7
云　南	37		37			37		
西　藏								
陕　西	161	53	80	26	36	145	16	
甘　肃	99	25	24	65	10	99		
青　海								
宁　夏								
新　疆	8		8			4	4	

单位：人、人次、平方米、万元

按在院人员类型分			康复和医疗门诊人次数	机构建筑面积	事业单位会计制度财务指标		
自理（完全自理）	介助（半自理）	介护（不能自理）			固定资产原价	本年收入合计	本年支出合计
2618	**3037**	**1504**	**1392662**	**873852**	**226529.4**	**211315.4**	**227614.3**
22	76	4	94360	5000	6152.0	4979.0	4934.0
101	138		16235	38131	2122.6	2774.1	2540.1
	9	10	7230	11363	3855.2	1860.1	1416.5
	42	98	888	42448	7653.4	3239.2	3456.7
260				60000	6932.6	5963.9	5069.1
322				11001	560.0	575.0	575.0
		14		3556	1046.7	1559.1	1600.7
	10	163	125334	46400	11047.0	6773.3	7331.9
215	458		195256	25355	14381.0	27668.0	31467.0
	3	14	34364	14077	6724.0	6670.0	7245.0
13	47	20	2343	67680	2498.3	1584.7	1638.1
220	553	65	9051	40043	4880.3	8073.8	12451.4
291	69	24	60866	44275	34158.9	18992.6	20286.4
188	85	45	46535	64223	10674.0	4016.9	9789.5
140	22	16	131761	72042	30625.7	31554.2	32745.3
61	878	395	120432	68275	16361.7	17110.9	17433.7
64	32	204	127694	34000	14080.4	15821.6	15979.7
10	10	198	9020	15239	6477.0	5004.1	6110.1
129	6	96	26531	31494	3581.5	6521.1	5466.9
446	354	61	259302	70510	20913.8	23388.9	23507.2
118	35		2134	20849	2930.4	3467.0	3841.8
2	9	26	3516	44844	3430.4	3108.4	3148.5
15	114	32	43828	31724	9315.6	4753.7	5304.0
1	87	11	75974	10523	4420.4	4559.5	3354.7
		8	8	800	1706.5	1296.3	921.0

C-2-9 复员军人

地区	单位数	按登记类型分		按床位数量分			
		编制登记	一个机构多块牌子	0～99张	100～299张	300～499张	500张以上
全　国	**37**	**34**	**3**	**14**	**15**	**5**	**3**
中央级							
北　京							
天　津	1	1			1		
河　北	8	8		2	4	1	1
山　西	2	2		1		1	
内蒙古	1	1			1		
辽　宁							
吉　林							
黑龙江							
上　海							
江　苏	3	3		2	1		
浙　江							
安　徽							
福　建							
江　西	2	2		1	1		
山　东	7	7		3	2	1	1
河　南	2	2			1		1
湖　北	1	1			1		
湖　南	1	1			1		
广　东	2	2			2		
广　西	1	1		1			
海　南							
重　庆							
四　川	2	1	1	1		1	
贵　州	1		1	1			
云　南							
西　藏							
陕　西	3	2	1	2		1	
甘　肃							
青　海							
宁　夏							
新　疆							

疗养院

单位：个、张、人

年末职工人数	女性	受教育程度		职业资格水平	
		大学专科人数	大学本科及以上人数	助理社会工作师人数	社会工作师人数
2799	**1662**	**762**	**1453**	**49**	**77**
31	18	7	15		
893	553	211	503	16	15
285	162	38	183	3	3
5	2				
65	33	35	22		11
11	5	3	3		
920	569	258	439	21	38
68	34	13	20		
8	3	3			
117	45	60	55		
145	78	60	70	5	8
19	10	4	9	1	
42	28	29	6		
190	122	41	128	3	2

C-2-9续表1

地区	按人员性质分		年龄结构			
	管理人员	专业技术技能人员	35岁及以下人数	36岁至45岁人数	46岁至55岁人数	56岁及以上人数
全国	**453**	**2346**	**907**	**807**	**762**	**323**
中央级						
北京						
天津	16	15	15	2	9	5
河北	67	826	275	279	275	64
山西	76	209	89	97	79	20
内蒙古	3	2			5	
辽宁						
吉林						
黑龙江						
上海						
江苏	13	52	16	27	20	2
浙江						
安徽						
福建						
江西	4	7	3	4	2	2
山东	142	778	232	228	256	204
河南	35	33	37	12	13	6
湖北	8		5	1	2	
湖南	17	100	70	42	5	
广东	44	101	25	61	55	4
广西	8	11	7	3	6	3
海南						
重庆						
四川	6	36	18	15	9	
贵州						
云南						
西藏						
陕西	14	176	115	36	26	13
甘肃						
青海						
宁夏						
新疆						

单位：人、人次、时、张、人天

志愿服务		年末床位数		年在院总人天数
志愿者服务人次数	志愿服务时间		光荣间床位	
4180	**11690**	**6977**	**2794**	**1155870**
		208	208	12030
		1874	646	432425
		450	110	64368
35	280	210		9393
492	1372	230	188	38900
40	50	180		22502
1820	5211	1500	778	265828
38	76	710	113	33215
		150	45	1700
45	142	100		10213
1135	3295	405	280	94922
500	1000	56	29	2720
		330	74	29234
35	156	8	8	1040
40	108	566	315	137380

C-2-9续表2

地区	年末在院人数	女性	按在院人员性质分			按在院人员年龄分		
			优抚对象	特困人员	自费人员	老人	青壮年	少年儿童
全　国	**3712**	**777**	**2079**	**438**	**917**	**2958**	**723**	**31**
中央级								
北　京								
天　津	120	6	120			120		
河　北	1044	198	477	79	445	820	220	4
山　西	182	28	110		72	121	61	
内蒙古	17				17	17		
辽　宁								
吉　林								
黑龙江								
上　海								
江　苏	155		155			155		
浙　江								
安　徽								
福　建								
江　西	155	121		155		125	20	10
山　东	1008	137	778	148	31	797	206	5
河　南	91	33	91			71	20	
湖　北	35	4	10		25	30	5	
湖　南	88	32		38	50	58	20	10
广　东	317	163	187		23	183	134	
广　西	29		29			29		
海　南								
重　庆								
四　川	89		24		65	89		
贵　州	8		8			2	6	
云　南								
西　藏								
陕　西	374	55	90	18	189	341	31	2
甘　肃								
青　海								
宁　夏								
新　疆								

单位：人、人次、平方米、万元

按在院人员类型分			康复和医疗门诊人次数	机构建筑面积	事业单位会计制度财务指标		
自理（完全自理）	介助（半自理）	介护（不能自理）			固定资产原价	本年收入合计	本年支出合计
2710	**572**	**430**	**443619**	**381354**	**123687.1**	**80171.1**	**83906.1**
120				15000	10948.0	768.0	933.0
703	63	278	124538	113854	37834.9	22137.5	22818.3
96	52	34	18360	31769	18165.3	9790.6	9130.3
17				4869	1724.7	263.5	348.6
155			10874	8401	1871.2	2461.2	2461.2
60	95			5400	396.5	175.4	195.2
933	67	8	83784	82388	20570.5	25351.9	29475.0
40	20	31	36	31151	1401.8	1240.8	1267.0
35				14000	286.2	207.1	132.0
45	38	5	2652	8000	900.0	760.0	760.0
277	20	20	184830	26805	9415.8	9288.2	9034.2
29			272	3046	835.9	1756.5	1658.6
19	69	1	9048	1850	126.0	77.0	77.0
8							
173	148	53	9225	34821	19210.3	5893.4	5615.7

C-2-10 军休

地 区	机构数	0～99张	100～299张	300～499张	500张以上	年末职工人数	女性
全 国	**1540**	**1221**	**200**	**55**	**64**	**15273**	**7105**
中央级							
北 京	140	31	47	28	34	1919	1038
天 津	17	11	2	1	3	232	95
河 北	108	101	6	1		1208	536
山 西	60	56	4			488	223
内蒙古	21	18	3			258	93
辽 宁	47	23	3	7	14	922	433
吉 林							
黑龙江	37	29	6	2		330	129
上 海							
江 苏	130	99	28	2	1	1092	556
浙 江	40	35	5			215	88
安 徽	37	31	5	1		287	110
福 建	50	46	4			406	186
江 西	15	11	3	1		151	61
山 东	150	118	21	6	5	1681	716
河 南	102	89	12	1		982	447
湖 北	84	76	3	1	4	790	382
湖 南	100	91	7	1	1	819	371
广 东	75	65	9	1		684	353
广 西	34	34				244	114
海 南	8	7		1		117	56
重 庆							
四 川	116	100	16			630	309
贵 州	14	12	2			115	46
云 南	45	37	5	1	2	398	178
西 藏							
陕 西	67	66	1			671	297
甘 肃	23	21	2			361	180
青 海	2	1	1			39	16
宁 夏	5	4	1			45	22
新 疆	13	9	4			189	70

所

单位：个、人

受教育程度		职业资格水平		按人员性质分	
大学专科人数	大学本科及以上人数	助理社会工作师人数	社会工作师人数	管理人员	专业技术技能人员
5203	**6681**	**460**	**619**	**9077**	**6196**
611	983	101	122	1532	387
61	128	12	14	95	137
363	438	15	32	570	638
163	231	6	12	297	191
98	113	7	11	144	114
344	425	16	12	446	476
119	158	3	9	209	121
352	522	42	75	680	412
68	91	3	5	145	70
99	129	7	25	216	71
80	222	13	28	301	105
64	49		4	112	39
603	797	93	90	846	835
332	328	8	11	520	462
331	293	13	13	474	316
316	304	22	34	474	345
197	336	16	23	573	111
95	100	1	6	191	53
43	20	1	6	67	50
273	245	33	24	458	172
51	54	1	2	81	34
135	149	8	9	68	330
257	229	6	11	381	290
83	236	20	16	104	257
10	24			17	22
8	33		1	19	26
47	44	13	24	57	132

C-2-10续表1

地区	年龄结构				志愿服务	
	35岁及以下人数	36岁至45岁人数	46岁至55岁人数	56岁及以上人数	志愿者服务人次数	志愿服务时间
全国	**4519**	**5333**	**4393**	**1028**	**17636**	**52680**
中央级						
北京	586	671	598	64	1311	5624
天津	60	65	93	14	300	450
河北	491	390	279	48	82	150
山西	125	161	159	43	179	718
内蒙古	79	68	80	31	42	174
辽宁	287	265	246	124	18	23
吉林						
黑龙江	76	110	122	22	10	40
上海						
江苏	280	389	350	73	1681	3149
浙江	44	68	82	21	2610	4053
安徽	68	104	91	24	190	832
福建	141	157	85	23	1578	10204
江西	44	62	33	12	507	1659
山东	372	611	574	124	6105	15346
河南	373	333	219	57	210	579
湖北	169	283	252	86	334	983
湖南	270	337	176	36	1435	5046
广东	167	301	186	30	467	1197
广西	64	92	75	13		
海南	40	43	23	11		
重庆						
四川	185	245	173	27	23	68
贵州	37	35	32	11	46	127
云南	98	138	129	33	3	6
西藏						
陕西	233	219	179	40	265	812
甘肃	172	106	66	17		
青海	11	12	13	3		
宁夏	9	19	15	2	240	1440
新疆	38	49	63	39		

单位：人、人次、时、户、万元

机构内的户数	分散安置户数	年末机构管理军休干部人数		本年发放离退休金	事业单位会计制度财务指标		
			分散安置人数		固定资产原价	本年收入合计	本年支出合计
163534	52746	185312	49977	1757907.3	**414173.7**	**2755880.1**	**2866313.6**
47146	2149	47671	2149	168460.5	22020.7	598637.4	597208.8
4191	1466	5347	1466	40865.2	21575.6	63497.6	176779.5
6461	7378	11078	7111	131551.0	24758.5	186738.5	183678.3
3092	2139	3712	1987	38409.6	11752.4	56483.3	59007.7
1753	1193	2139	1162	28141.3	8987.7	35203.3	36303.5
17548	241	17766	241	136149.2	38524.9	216838.9	212470.1
2597	1648	3533	1648	43359.2	17021.3	43663.1	44033.5
11533	3290	12997	3265	159100.6	28536.8	196911.9	195457.7
1369	144	1442	144	17218.2	5630.9	27582.1	26947.3
3061	945	3167	945	37737.0	7958.5	49013.7	47807.2
2720	2056	3707	1997	52006.1	8051.4	73396.7	73516.5
1771	54	1801	35	18903.1	2708.2	20966.1	22074.0
16390	6333	18287	5971	224016.7	44674.2	338671.7	338965.6
5182	2169	6230	2116	74204.2	11511.0	90953.4	89554.9
8233	3766	8311	3718	92618.5	19650.8	146731.6	143273.5
5318	1174	4975	1148	41485.3	22274.0	77857.0	77493.0
5562	3991	6946	3932	90649.1	22624.9	110655.6	123441.2
1078	716	1328	712	18844.6	7542.0	27875.6	26887.3
595	394	745	235	8744.8	7407.1	8233.9	12397.8
4703	817	4589	737	43657.2	21646.7	57199.8	58130.7
931	572	1075	572	14630.8	3176.5	18909.1	18353.3
4442	1566	4602	540	82517.9	21774.4	47238.2	50885.5
3513	5277	8734	5216	116500.8	18776.5	154989.0	147984.0
2887	2480	2923	2151	43552.4	8318.5	54815.3	53417.5
219	147	321	147	5003.2	491.5	6505.6	7274.6
265	27	693	27	10387.1	945.1	14649.1	11914.4
974	614	1193	605	19193.7	5833.6	31662.6	31056.2

C-2-11 智障与精神疾病

地　区	单位数	按登记类型分			按床位数量分			
		编制登记	民政登记	一个机构多块牌子	0～99张	100～299张	300～499张	500张以上
全　国	**242**	**220**	**4**	**18**	**38**	**79**	**56**	**69**
中央级								
北　京	1	1			1			
天　津	2	2					1	1
河　北	2	2						2
山　西	8	8				5	2	1
内蒙古	7	7				4	2	1
辽　宁	3	3			1	1		1
吉　林	13	8		5		1	3	9
黑龙江	8	8				1	2	5
上　海	3	3					1	2
江　苏	12	11		1		4	3	5
浙　江	3	3				1	1	1
安　徽	4	4			2	1		1
福　建	17	17			1	7	8	1
江　西	3	3			2		1	
山　东	12	12				4	8	
河　南	6	6			1	1	3	1
湖　北	12	12				2	4	6
湖　南	16	15		1	3	5	3	5
广　东	12	12			1	6	3	2
广　西	8	8				1	3	4
海　南								
重　庆	9	9			4	2		3
四　川	28	24		4	7	7	4	10
贵　州	23	17		6	13	7	1	2
云　南	6	6				4		2
西　藏								
陕　西	4	4				2	1	1
甘　肃	5	4		1	1	4		
青　海	1	1				1		
宁　夏	1	1					1	
新　疆	13	9	4		1	8	1	3

服务机构总表

单位：个、人

年末职工人数	女性	按登记类型分		受教育程度		职业资格水平	
		编制登记	民政登记	大学专科人数	大学本科及以上人数	助理社会工作师人数	社会工作师人数
29906	**17787**	**28893**	**169**	**9565**	**10676**	**462**	**358**
153	126	153		66	54	1	
368	188	368		80	99		
555	316	555		97	314	4	13
2095	652	2095		387	400	2	6
510	253	510		148	232	5	14
319	156	319		80	96	6	3
1304	752	800		227	306	2	
1368	563	1368		335	458	61	17
529	368	529		170	186	18	11
1780	1142	1780		419	817	27	26
157	107	157		23	78	4	7
459	321	459		183	145	2	1
1230	716	1230		418	310	21	23
135	86	135		54	46		1
1742	1105	1742		472	1004	48	57
1043	627	1043		354	507	4	23
2776	1769	2776		705	1468	19	17
1891	1271	1891		705	480	26	12
1596	914	1596		583	637	73	37
2040	1446	2040		739	575	7	10
495	257	495		163	214	17	18
4367	2811	4053		1878	1406	29	18
733	396	724		383	197	3	3
512	317	512		199	208	1	15
371	172	371		139	107	47	4
247	165	230		66	40	1	5
226	161	226		123	68		
120	75	120		48	27	6	9
785	555	616	169	321	197	28	8

C-2-11续表1

地区							志愿服务	
	按人员性质分		年龄结构				志愿者服务人次数	志愿服务时间
	管理人员	专业技术技能人员	35岁及以下人数	36岁至45岁人数	46岁至55岁人数	56岁及以上人数		
全　国	**4186**	**25720**	**14034**	**8194**	**6378**	**1300**	**30594**	**65677**
中央级								
北　京	10	143	65	49	36	3	150	688
天　津	110	258	125	92	112	39		
河　北	51	504	190	185	134	46		
山　西	119	1976	1377	391	290	37		
内蒙古	91	419	189	115	166	40	560	1100
辽　宁	100	219	64	125	113	17		
吉　林	278	1026	351	629	296	28	160	340
黑龙江	269	1099	443	387	437	101	890	1780
上　海	113	416	265	112	106	46		
江　苏	126	1654	651	536	481	112	1690	4515
浙　江	19	138	54	34	65	4	7166	11729
安　徽	111	348	235	116	60	48	197	820
福　建	189	1041	611	337	227	55	1413	3855
江　西	27	108	52	36	41	6	1476	3205
山　东	255	1487	722	435	490	95	3680	8786
河　南	149	894	406	334	257	46	1920	2785
湖　北	266	2510	1407	744	515	110	158	475
湖　南	295	1596	777	666	409	39	685	1955
广　东	255	1341	614	590	335	57	612	1098
广　西	200	1840	1181	443	338	78	60	350
海　南								
重　庆	88	407	185	180	108	22	8282	17593
四　川	520	3847	2813	761	675	118	50	100
贵　州	211	522	273	192	204	64	106	275
云　南	103	409	259	157	70	26	275	1311
西　藏								
陕　西	63	308	137	87	122	25	90	165
甘　肃	28	219	43	95	106	3		
青　海	54	172	133	57	19	17		
宁　夏	9	111	53	56	11		689	2067
新　疆	77	708	359	253	155	18	285	685

单位：人、人次、时、张

年末床位数	光荣间床位	按登记类型分		年在院总人天数	年末在院人数	女性	按登记类型分	
		编制登记	民政登记				编制登记	民政登记
87860	**10653**	**85007**	**333**	**22993357**	**74044**	**20579**	**72772**	**325**
52		52		642	11	5	11	
920	157	920		287511	807	220	807	
1270	460	1270		347043	892	160	892	
1960	601	1960		536044	1660	205	1660	
2434	289	2434		714580	1983	561	1983	
855	286	855		301015	833	156	833	
7268	646	5001		1412605	3806	668	3072	
4451	403	4451		1298187	4280	1098	4280	
1780	50	1780		589089	1634	485	1634	
6501	274	6501		1556972	5764	1614	5764	
1204	98	1204		272995	864	292	864	
865	334	865		247000	682	111	682	
4515	410	4515		1168988	4148	1175	4148	
430	18	430		65935	372	35	372	
3617	1311	3617		765431	2958	468	2958	
2041	469	2041		645023	1933	630	1933	
6056	1103	6056		1312428	4510	1496	4510	
5246	587	5246		1236497	4207	1370	4207	
4602	670	4602		1271482	4142	1197	4142	
3932	256	3932		1348890	3767	1159	3767	
2450	72	2450		741002	2215	723	2215	
13802	952	13600		3812740	12511	3803	12324	
2980	100	2929		764974	2589	695	2563	
2210	163	2210		603907	1890	499	1890	
1320	470	1320		355002	1012	273	1012	
725	127	725		159515	541	170	541	
260	175	260		68985	189	72	189	
450	30	450		124800	416	151	416	
3664	142	3331	333	984075	3428	1088	3103	325

C-2-11续表2

地 区	按在院人员性质分			按在院人员年龄分			
	优抚对象	特困人员	自费人员	老人	青壮年	少年儿童	自理（完全自理）
全 国	**9861**	**22456**	**26567**	**27566**	**45540**	**938**	**38458**
中央级							
北 京			11	10	1		4
天 津	157	200	450	279	528		140
河 北	460		271	476	411	5	409
山 西	546	296	773	555	1064	41	1108
内蒙古	256	387	879	274	1705	4	1089
辽 宁	286	229	318	202	631		599
吉 林	496	2779	316	1652	2154		910
黑龙江	403	2445	687	4157	106	17	1774
上 海	42	113	877	542	1092		701
江 苏	274	3236	2128	2409	3341	14	3049
浙 江	98	151	615	282	581	1	448
安 徽	334	43	189	273	405	4	538
福 建	352	1084	2064	1149	2962	37	2235
江 西	18	152	202	140	232		210
山 东	1308	216	875	1928	1030		2255
河 南	469	163	1196	555	1277	101	935
湖 北	1024	968	1908	927	3419	164	2418
湖 南	534	898	1735	1744	2306	157	1761
广 东	667	1056	957	1385	2633	124	2460
广 西	224	748	2310	1146	2582	39	1902
海 南							
重 庆	72	726	1261	952	1247	16	1039
四 川	937	3067	4079	4315	8120	76	6131
贵 州	52	742	558	500	2080	9	1832
云 南	104	595	205	277	1603	10	977
西 藏							
陕 西	268	160	295	415	590	7	664
甘 肃	80	265	35	78	461	2	208
青 海	175	16	154	131	50	8	170
宁 夏	30	239	147	150	252	14	73
新 疆	195	1482	1072	663	2677	88	2419

单位：人次、人、平方米、万元

按在院人员类型分		康复和医疗门诊人次数	机构建筑面积	事业单位会计制度财务指标		
介助 （半自理）	介护 （不能自理）			固定资产原价	本年收入合计	本年支出合计
26260	**9326**	**3965133**	**3560358**	**871385.3**	**812182.3**	**767595.9**
3	4	15557	7993	6586.5	13782.0	13112.2
620	47	89439	23128	8460.8	10821.1	12375.6
456	27	92257	32318	22915.8	14983.6	14089.6
518	34	69155	156406	29096.2	22684.6	23781.8
795	99	122972	106438	14010.4	30892.5	26683.7
177	57	22420	44568	14123.2	6180.1	6871.5
2184	712	90987	148401	20690.2	14254.5	12942.3
1417	1089	515330	186211	43768.3	24110.0	28104.8
933		8400	83562	19615.2	25687.6	21187.2
1851	864	270536	271931	69207.9	74535.9	68155.3
294	122		64085	8748.3	12752.4	12639.2
113	31	60993	37380	5317.5	3045.7	3090.8
1358	555	209142	180842	20019.5	39014.7	30472.4
150	12		20816	2883.2	3617.8	3367.7
549	154	80972	181636	37960.2	47682.9	48103.9
842	156	293815	96266	16494.4	29019.2	29082.9
1730	362	599620	247230	56575.6	75857.5	70732.2
1548	898	264321	182016	32339.4	47815.5	45919.8
1273	409	135242	348182	29683.2	53970.7	51552.2
1111	754	250472	169842	39031.0	46801.1	44869.0
				0.0	0.0	0.0
842	334	52241	93490	10338.3	21352.9	24137.5
4426	1954	440997	333180	93495.6	110648.5	98996.8
602	155	44506	120525	11032.6	16650.3	16214.7
764	149	64659	148198	46029.7	12562.2	12974.3
				0.0	0.0	0.0
278	70	34872	66573	14213.4	9366.6	9963.4
314	19	4239	28797	164495.9	11675.5	6673.4
6	13	38602	16830	4718.3	4998.0	4584.9
250	93	7600	6200	1029.0	3054.0	2429.6
856	153	85787	157314	28505.7	24364.9	24487.2

C-2-12 福利类

地区	单位数	按登记类型分		按床位数量分			
		编制登记	一个机构多块牌子	0～99张	100～299张	300～499张	500张以上
全国	**144**	**139**	**5**	**28**	**43**	**27**	**46**
中央级							
北京	1	1		1			
天津	1	1					1
河北							
山西	1	1			1		
内蒙古	5	5			3	2	
辽宁							
吉林	7	7					7
黑龙江	7	7				2	5
上海	3	3				1	2
江苏	11	10	1		4	3	4
浙江	2	2				1	1
安徽	3	3		2	1		
福建	14	14		1	5	7	1
江西	2	2		1		1	
山东							
河南	5	5		1	1	3	
湖北	2	2			1		1
湖南	8	7	1	3	3		2
广东	3	3		1	1		1
广西	4	4			1	1	2
海南							
重庆	9	9		4	2		3
四川	21	19	2	6	4	3	8
贵州	18	17	1	8	7	1	2
云南	4	4			2		2
西藏							
陕西	1	1					1
甘肃	2	2			2		
青海	1	1			1		
宁夏	1	1				1	
新疆	8	8			4	1	3

精神病院和医院

单位：个、人

年末职工人数	女性	受教育程度		职业资格水平		按人员性质分	
		大学专科人数	大学本科及以上人数	助理社会工作师人数	社会工作师人数	管理人员	专业技术技能人员
16180	**9875**	**5673**	**5487**	**211**	**185**	**2352**	**13828**
153	126	66	54	1		10	143
251	131	80	99			20	231
89	48	33	33	1	1	23	66
308	133	103	86	4	8	74	234
743	425	178	199	1		160	583
1308	531	311	447	61	17	260	1048
529	368	170	186	18	11	113	416
1513	978	384	637	27	23	110	1403
75	51	8	36	1	1	11	64
238	174	118	53	1	1	75	163
1020	575	352	290	18	21	166	854
131	85	51	46		1	26	105
737	447	291	325	3	10	124	613
352	184	131	72			56	296
928	622	288	231	1	5	155	773
688	451	193	409	19	14	43	645
1150	828	360	372	5	4	91	1059
495	257	163	214	17	18	88	407
3134	2027	1363	992	16	11	310	2824
724	393	382	197	3	3	209	515
377	239	157	163		14	79	298
147	56	36	75	5	3	25	122
170	119	30	28	1	2	10	160
226	161	123	68			54	172
120	75	48	27	6	9	9	111
574	391	254	148	2	8	51	523

C-2-12续表1

地　区	年龄结构				志愿服务	
	35岁及以下人数	36岁至45岁人数	46岁至55岁人数	56岁及以上人数	志愿者服务人次数	志愿服务时间
全　国	**7321**	**4605**	**3455**	**799**	**19071**	**42594**
中央级						
北　京	65	49	36	3	150	688
天　津	86	85	58	22		
河　北						
山　西	22	29	38			
内蒙古	100	72	109	27	560	1100
辽　宁						
吉　林	200	320	198	25	160	340
黑龙江	429	371	411	97	890	1780
上　海	265	112	106	46		
江　苏	590	442	394	87	1670	4415
浙　江	27	27	18	3	1364	2609
安　徽	142	40	24	32	197	820
福　建	471	302	201	46	597	1817
江　西	50	34	41	6	1476	3205
山　东						
河　南	344	221	143	29	1920	2785
湖　北	52	124	105	71	50	100
湖　南	345	354	206	23	461	1347
广　东	252	293	133	10	185	316
广　西	664	252	195	39	60	350
海　南						
重　庆	185	180	108	22	8282	17593
四　川	2016	588	451	79		
贵　州	272	186	202	64	106	275
云　南	189	116	48	24	194	867
西　藏						
陕　西	75	33	29	10	60	120
甘　肃	33	79	56	2		
青　海	133	57	19	17		
宁　夏	53	56	11		689	2067
新　疆	261	183	115	15		

单位：张、人天、人、人次、时

年末床位数		年在院总人天数	年末在院人数		按在院人员性质分		
	光荣间床位			女性	优抚对象	特困人员	自费人员
54852	**2809**	**14435725**	**46992**	**14013**	**2434**	**17291**	**15214**
52		642	11	5			11
620		219256	620	210		200	420
150	2	12190	145	55	2	143	
1532	247	391465	1081	345	223	220	346
4781	312	1142960	2962	639	312	2119	316
4165	332	1263660	4004	1018	332	2399	687
1780	50	589089	1634	485	42	113	877
5451	1	1210891	4821	1251	1	3172	1522
910	60	165685	570	232	60	57	453
265	6	54280	154	56	6	43	104
3719	372	897747	3413	943	314	918	1893
380		58015	347	30		145	202
1441	198	456508	1333	457	198	163	744
880		139665	395	41		20	301
2071	110	537708	1808	641	73	431	795
1984	84	591456	1791	589	84	202	236
2182	10	776947	2117	662	10	358	1306
2450	72	741002	2215	723	72	726	1261
10424	233	2697571	9191	3142	233	2588	2052
2929	100	756387	2563	688	52	716	557
1740	83	452797	1472	395	35	482	32
650	200	139652	422	156	48	87	88
375	1	83585	327	110	1	258	13
260	175	68985	189	72	175	16	154
450	30	124800	416	151	30	239	147
3211	131	862782	2991	917	131	1476	697

C−2−12续表2

地区	按在院人员年龄分			按在院人员类型分		
	老人	青壮年	少年儿童	自理（完全自理）	介助（半自理）	介护（不能自理）
全　国	**16630**	**29749**	**613**	**23590**	**17208**	**6194**
中央级						
北　京	10	1		4	3	4
天　津	223	397			573	47
河　北						
山　西	59	56	30	89	39	17
内蒙古	189	889	3	198	786	97
辽　宁						
吉　林	930	2032		800	1634	528
黑龙江	3971	16	17	1552	1372	1080
上　海	542	1092		701	933	
江　苏	1894	2916	11	2557	1484	780
浙　江	222	348		209	244	117
安　徽	92	58	4	70	63	21
福　建	763	2613	37	1953	1206	254
江　西	136	211		185	150	12
山　东						
河　南	265	967	101	613	626	94
湖　北	369	26			329	66
湖　南	477	1174	157	921	594	293
广　东	641	1122	28	1562	104	125
广　西	583	1525	9	1108	697	312
海　南						
重　庆	952	1247	16	1039	842	334
四　川	2742	6377	72	4531	3196	1464
贵　州	495	2059	9	1826	582	155
云　南	195	1269	8	827	516	129
西　藏						
陕　西	71	344	7	336	58	28
甘　肃	24	303		45	279	3
青　海	131	50	8	170	6	13
宁　夏	150	252	14	73	250	93
新　疆	504	2405	82	2221	642	128

单位：人、人次、平方米、万元

康复和医疗门诊人次数	机构建筑面积	事业单位会计制度财务指标		
		固定资产原价	本年收入合计	本年支出合计
2120192	**2175173**	**543996.1**	**491816.7**	**469890.0**
15557	7993	6586.5	13782.0	13112.2
56055	13451	2648.0	7774.2	9437.1
445	8262	1054.7	4808.7	4808.7
29142	69751	4640.3	18502.2	15192.4
90299	144234	20489.6	14254.5	12942.3
505180	167711	37445.3	22806.9	26801.7
8400	83562	19615.2	25687.6	21187.2
141344	229639	46490.5	58314.3	57013.8
	42585	6259.3	9208.6	9156.1
1234	19700	1060.2	3045.7	3090.8
189141	141471	18166.5	35656.6	27262.0
	19616	2863.2	3617.8	3367.7
246161	69530	9889.3	19707.0	20271.1
19230	34035	714.6	1479.0	1503.0
75647	60920	12075.3	21801.4	22401.8
33182	250522	5489.4	28814.7	29023.5
99177	84605	16855.5	23122.2	23112.7
52241	93490	10338.3	21352.9	24137.5
335928	252714	69359.6	88153.9	79724.5
44506	120525	11032.6	16650.3	16214.7
61044	76018	43279.7	9777.2	11088.3
1913	28154	3909.0	2772.3	2980.4
65	13575	159780.5	8469.8	4718.8
38602	16830	4718.3	4998.0	4584.9
7600	6200	1029.0	3054.0	2429.6
68099	120080	28205.7	24204.9	24327.2

C-2-13 复退军人

地区	单位数					年末职工人数	女性	受教育程度	
		0～99张	100～299张	300～499张	500张以上			大学专科人数	大学本科及以上人数
全　国	**98**	**10**	**36**	**29**	**23**	**13726**	**7912**	**3892**	**5189**
中央级									
北　京									
天　津	1			1		117	57		
河　北	2				2	555	316	97	314
山　西	7		4	2	1	2006	604	354	367
内蒙古	2		1		1	202	120	45	146
辽　宁	3	1	1		1	319	156	80	96
吉　林	6		1	3	2	561	327	49	107
黑龙江	1		1			60	32	24	11
上　海									
江　苏	1				1	267	164	35	180
浙　江	1		1			82	56	15	42
安　徽	1				1	221	147	65	92
福　建	3		2	1		210	141	66	20
江　西	1	1				4	1	3	
山　东	12		4	8		1742	1105	472	1004
河　南	1				1	306	180	63	182
湖　北	10		1	4	5	2424	1585	574	1396
湖　南	8		2	3	3	963	649	417	249
广　东	9		5	3	1	908	463	390	228
广　西	4			2	2	890	618	379	203
海　南									
重　庆									
四　川	7	1	3	1	2	1233	784	515	414
贵　州	5	5				9	3	1	
云　南	2		2			135	78	42	45
西　藏									
陕　西	3		2	1		224	116	103	32
甘　肃	3	1	2			77	46	36	12
青　海									
宁　夏									
新　疆	5	1	4			211	164	67	49

精神病院

单位：个、人、人次、时

职业资格水平		按人员性质分		年龄结构				志愿服务	
助理社会工作师人数	社会工作师人数	管理人员	专业技术技能人员	35岁及以下人数	36岁至45岁人数	46岁至55岁人数	56岁及以上人数	志愿者服务人次数	志愿服务时间
251	**173**	**1834**	**11892**	**6713**	**3589**	**2923**	**501**	**11523**	**23084**
		90	27	39	7	54	17		
4	13	51	504	190	185	134	46		
1	5	96	1910	1355	362	252	37		
1	6	17	185	89	43	57	13		
6	3	100	219	64	125	113	17		
1		118	443	151	309	98	3		
		9	51	14	16	26	4		
	3	16	251	61	94	87	25	20	100
3	6	8	74	27	7	47	1	5802	9120
1		36	185	93	76	36	16		
3	2	23	187	140	35	26	9	816	2038
		1	3	2	2				
48	57	255	1487	722	435	490	95	3680	8786
1	13	25	281	62	113	114	17		
19	17	210	2214	1355	620	410	39	108	375
25	7	140	823	432	312	203	16	224	608
54	23	212	696	362	297	202	47	427	783
2	6	109	781	517	191	143	39		
13	7	210	1023	797	173	224	39	50	100
		2	7	1	6	2			
1	1	24	111	70	41	22	2	81	444
42	1	38	186	62	54	93	15	30	45
	3	18	59	10	16	50	1		
26		26	185	98	70	40	3	285	685

C–2–13续表1

地　区	年末床位数	光荣间床位	年在院总人天数	年末在院人数	女性	按性质分			按年龄分		
						优抚对象	特困人员	自费人员	老人	青壮年	少年儿童
全　国	**33008**	**7844**	**8557632**	**27052**	**6566**	**7427**	**5165**	**11353**	**10936**	**15791**	**325**
中央级											
北　京											
天　津	300	157	68255	187	10	157		30	56	131	
河　北	1270	460	347043	892	160	460		271	476	411	5
山　西	1810	599	523854	1515	150	544	153	773	496	1008	11
内蒙古	902	42	323115	902	216	33	167	533	85	816	1
辽　宁	855	286	301015	833	156	286	229	318	202	631	
吉　林	2487	334	269645	844	29	184	660		722	122	
黑龙江	286	71	34527	276	80	71	46		186	90	
上　海											
江　苏	1050	273	346081	943	363	273	64	606	515	425	3
浙　江	294	38	107310	294	60	38	94	162	60	233	1
安　徽	600	328	192720	528	55	328		85	181	347	
福　建	796	38	271241	735	232	38	166	171	386	349	
江　西	50	18	7920	25	5	18	7		4	21	
山　东	3617	1311	765431	2958	468	1308	216	875	1928	1030	
河　南	600	271	188515	600	173	271		452	290	310	
湖　北	5176	1103	1172763	4115	1455	1024	948	1607	558	3393	164
湖　南	3175	477	698789	2399	729	461	467	940	1267	1132	
广　东	2618	586	680026	2351	608	583	854	721	744	1511	96
广　西	1750	246	571943	1650	497	214	390	1004	563	1057	30
海　南											
重　庆											
四　川	3378	719	1115169	3320	661	704	479	2027	1573	1743	4
贵　州	51		8587	26	7		26	1	5	21	
云　南	470	80	151110	418	104	69	113	173	82	334	2
西　藏											
陕　西	670	270	215350	590	117	220	73	207	344	246	
甘　肃	350	126	75930	214	60	79	7	22	54	158	2
青　海											
宁　夏											
新　疆	453	11	121293	437	171	64	6	375	159	272	6

单位：张、人、人次、平方米、万元

			康复和医疗门诊人次数	机构建筑面积	事业单位会计制度财务指标		
按类型分					固定资产原价	本年收入合计	本年支出合计
自理（完全自理）	介助（半自理）	介护（不能自理）					
14868	**9052**	**3132**	**1844941**	**1385185**	**327389.2**	**320365.6**	**297705.9**
140	47		33384	9677	5812.8	3046.9	2938.5
409	456	27	92257	32318	22915.8	14983.6	14089.6
1019	479	17	68710	148144	28041.5	17875.9	18973.1
891	9	2	93830	36687	9370.1	12390.3	11491.3
599	177	57	22420	44568	14123.2	6180.1	6871.5
110	550	184	688	4167	200.6		
222	45	9	10150	18500	6323	1303.1	1303.1
492	367	84	129192	42292	22717.4	16221.6	11141.5
239	50	5		21500	2489	3543.8	3483.1
468	50	10	59759	17680	4257.3		
282	152	301	20001	39371	1853	3358.1	3210.4
25				1200	20		
2255	549	154	80972	181636	37960.2	47682.9	48103.9
322	216	62	47654	26736	6605.1	9312.2	8811.8
2418	1401	296	580390	213195		74378.5	69229.2
840	954	605	188674	121096	20264.1	26014.1	23518
898	1169	284	102060	97660	24193.8	25156	22528.7
794	414	442	151295	85237	22175.5	23678.9	21756.3
1600	1230	490	105069	80466	24136	22494.6	19272.3
6	20						
150	248	20	3615	72180	2750	2785	1886
328	220	42	32959	38419	10304.4	6594.3	6983
163	35	16	4174	15222	4715.4	3205.7	1954.6
198	214	25	17688	37234	300	160	160

C-2-14 儿童收养和

地区	单位数	按登记类型分			按床位数量分			
		编制登记	民政登记	一个机构多块牌子	0～99张	100～299张	300～499张	500张以上
全国	**663**	**374**	**44**	**245**	**352**	**209**	**62**	**40**
中央级								
北京	10	9	1		3	4	2	1
天津	2	2				1		1
河北	5	3	2		3	2		
山西	11	4	2	5	8	3		
内蒙古	9	8	1		1	5	2	1
辽宁	13	10	1	2	9	2		2
吉林	10	8		2	3	5	1	1
黑龙江	15	15			2	11	1	1
上海	4	3	1		3			1
江苏	32	10		22	19	8	4	1
浙江	17	12	2	3	6	8	2	1
安徽	36	25		11	13	17	5	1
福建	11	6	3	2	6	4	1	
江西	11	5	2	4	8	2	1	
山东	18	13		5	4	5	6	3
河南	24	21	1	2	11	9	2	2
湖北	46	14		32	35	6	4	1
湖南	52	19	3	30	36	11	5	
广东	46	28	13	5	24	17	4	1
广西	41	7	1	33	29	10	2	
海南	2	1	1		1	1		
重庆	6	5	1		1	3		2
四川	83	26	1	56	61	14	6	2
贵州	25	12		13	13	9	2	1
云南	28	25	1	2	14	13		1
西藏	9	9					4	5
陕西	18	11	3	4	10	5	1	2
甘肃	17	12	1	4	8	6	2	1
青海	6	4	2		2	2		2
宁夏	9	5		4	6	2	1	
新疆	47	42	1	4	13	24	4	6

救助机构总表

单位：个、人

年末职工人数	女性	按登记类型分			受教育程度	
		编制登记	民政登记	一个机构多块牌子	大学专科人数	大学本科及以上人数
14678	**9848**	**11820**	**891**	**1967**	**3901**	**4631**
489	360	453	36		134	239
122	75	122			28	77
38	15	22	16		1	
185	97	64	11	110	41	81
350	240	347	3		101	117
576	365	482	14	80	138	383
408	169	349		59	41	65
441	275	441			147	123
377	309	330	47		114	179
637	460	487		150	165	274
550	420	532	7	11	137	263
837	565	705		132	159	177
157	111	117	21	19	31	66
160	95	100	25	35	26	13
456	313	390		66	134	223
1056	897	1021	5	30	188	143
637	427	371		266	213	207
668	350	341	53	274	218	111
1777	1198	1219	504	54	406	302
901	673	634	14	253	227	281
38	26	30	8		22	16
301	232	285	16		66	204
918	598	685	4	229	317	281
256	149	193		63	80	119
294	168	268	21	5	62	133
173	119	173			56	48
323	186	292	19	12	101	132
452	289	408	16	28	98	93
127	12	81	46		15	32
281	233	233		48	94	101
693	422	645	5	43	341	148

C-2-14续表1

地 区	职业资格水平		按人员性质分		年龄	
	助理社会工作师人数	社会工作师人数	管理人员	专业技术技能人员	35岁及以下人数	36岁至45岁人数
全 国	**558**	**723**	**4311**	**10367**	**5921**	**5184**
中央级						
北 京	14	17	89	400	157	158
天 津	5	17	44	78	55	41
河 北			15	23	10	12
山 西	5	12	69	116	45	79
内蒙古	9	27	91	259	158	99
辽 宁	11	8	145	431	235	149
吉 林	12	12	99	309	140	136
黑龙江	8	23	203	238	156	159
上 海	29	47	62	315	182	111
江 苏	57	63	100	537	260	183
浙 江	22	28	118	432	249	162
安 徽	14	28	360	477	243	357
福 建	4	18	80	77	59	61
江 西	3	1	58	102	48	68
山 东	37	58	157	299	209	145
河 南	12	33	170	886	427	479
湖 北	25	19	166	471	230	232
湖 南	25	16	260	408	237	268
广 东	82	48	581	1196	745	627
广 西	23	28	204	697	335	335
海 南	5		15	23	22	10
重 庆	16	52	95	206	189	62
四 川	35	62	408	510	351	318
贵 州	13	6	152	104	138	65
云 南	8	25	63	231	113	142
西 藏	21		42	131	135	24
陕 西	7	15	118	205	133	110
甘 肃	27	12	124	328	206	156
青 海			23	104	30	55
宁 夏	12	19	35	246	131	98
新 疆	17	29	165	528	293	283

单位：人、人次、时、张

结构		志愿服务		床位数	按登记类型分		
46岁至55岁人数	56岁及以上人数	志愿者服务人次数	志愿服务时间		编制登记	民政登记	一个机构多块牌子
3095	**478**	**49498**	**116841**	**103261**	**84199**	**3712**	**15350**
158	16	62	347	1740	1540	200	
18	8	220	400	792	792		
10	6			534	284	250	
47	14			1100	410	140	550
71	22	407	835	2003	1971	32	
171	21	1672	1733	3934	3764	50	120
88	44	40	80	3127	2810		317
99	27	1087	2207	3365	3365		
63	21	10	30	2091	2021	70	
168	26	4735	10936	4171	2414		1757
121	18	1418	3179	2794	2501	2	291
211	26	1999	8385	6283	4719		1564
35	2	463	1589	1273	899	155	219
43	1	2647	5484	1149	934	60	155
83	19	12209	32276	5176	4462		714
143	7	2669	9239	4419	4302	7	110
144	31	2739	3862	4173	2596		1577
142	21	1647	4536	4706	3073	546	1087
367	38	3537	6128	6396	4593	1073	730
201	30	3160	4073	3442	1385	160	1897
6		686	144	140	40	100	
44	6	15	15	2579	2529	50	
219	30	66	157	7242	4863	20	2359
42	11	4851	11600	3066	2228		838
34	5	238	1602	3434	3044	100	290
13	1		203	4920	4920		
74	6	1493	3211	3050	2901	52	97
80	10	3	12	2807	2635	100	72
40	2	1200	3900	1375	850	525	
50	2	100	410	1012	616		396
110	7	125	268	10968	10738	20	210

C-2-14续表2

地　区	年末收养人数	女性	儿童	按登记类型分		
				编制登记	民政登记	一个机构多块牌子
全　国	**58857**	**20652**	**58857**	**52487**	**2540**	**3830**
中央级						
北　京	1054	366	1054	963	91	
天　津	608	210	608	608		
河　北	186	34	186	93	93	
山　西	707	280	707	256	91	360
内蒙古	1180	253	1180	1157	23	
辽　宁	2874	1101	2874	2826	19	29
吉　林	1691	130	1691	1441		250
黑龙江	1359	485	1359	1359		
上　海	1726	696	1726	1656	70	
江　苏	2118	936	2118	1658		460
浙　江	1418	593	1418	1363	2	53
安　徽	2929	1203	2929	2530		399
福　建	745	344	745	548	143	54
江　西	546	68	546	494	50	2
山　东	2330	909	2330	2200		130
河　南	3129	1490	3129	3120	7	2
湖　北	1800	755	1800	1326		474
湖　南	2328	997	2328	1866	286	176
广　东	3139	1331	3139	2183	779	177
广　西	1289	507	1289	764	109	416
海　南	92	54	92	40	52	
重　庆	938	373	938	888	50	
四　川	2839	932	2839	2451	7	381
贵　州	1175	470	1175	943		232
云　南	1518	223	1518	1432	85	1
西　藏	4265	1257	4265	4265		
陕　西	1962	729	1962	1920	42	
甘　肃	1591	412	1591	1547	41	3
青　海	1247	74	1247	767	480	
宁　夏	375	140	375	282		93
新　疆	9699	3300	9699	9541	20	138

单位：人、万元

事业单位会计制度财务指标			民间非营利组织会计制度财务指标		
固定资产原价	本年收入合计	本年支出合计	固定资产原价	本年收入合计	本年费用合计
453609.4	**317660.8**	**313926.2**	**8070.7**	**5393.4**	**4822.9**
17580.4	24709.0	21583.4	100.0	351.0	425.0
7938.1	6353.8	6190.8			
240.6	299.1	295.1	286.8	53.6	21.0
408.5	632.4	632.4	5.0		3.5
16092.1	7205.7	7539.7	200.0	30.0	30.0
52569.2	12845.1	12745.2	130.0	87.0	87.0
9390.4	4252.8	4177.3			
24176.6	10331.4	10465.5			
18298.2	16473.9	16245.5	45.8		226.6
12388.4	18633.8	18153.0			
15976.9	27203.2	26625.9	25.0	30.0	10.0
21813.0	15529.4	12739.2			
3817.3	4270.8	4131.1	11.2	1612.7	127.1
4591.7	1345.6	886.7	35.0	12.0	72.5
20421.3	16361.1	16720.0			
16479.2	9734.9	9633.5	5.0	1.6	1.6
10935.3	11021.2	11441.5			
18841.9	7050.3	8254.0	838.0	330.0	575.6
27488.4	32693.9	33038.0	4770.3	2624.2	3012.4
7539.0	9670.2	9271.3	326.0	133.4	133.3
10.0			682.1		
9724.5	10366.6	13492.7	20.0	20.0	20.0
31482.4	15181.6	16101.2	0.5		11.0
8327.9	3383.8	3469.1			
17315.6	7185.9	6276.8	350.0	16.3	15.0
3979.3	4144.0	4594.4			
20880.2	14091.8	14172.1	126.0	44.0	43.0
17556.6	4927.9	6044.5			
2990.0	123.8	123.8	104.0	37.6	7.3
12750.6	5069.2	4029.1			
21605.8	16568.6	14853.4	10.0		1.0

C-2-15 儿童

地区	机构数	0~99张	100~299张	300~499张	500张以上	年末职工人数	女性
全国	**469**	**172**	**196**	**61**	**40**	**13204**	**9265**
中央级							
北京	8	3	3	1	1	447	343
天津	2		1		1	122	75
河北	5	3	2			38	15
山西	8	5	3			146	86
内蒙古	9	1	5	2	1	350	240
辽宁	11	7	2		2	556	360
吉林	10	3	5	1	1	408	169
黑龙江	14	2	10	1	1	433	269
上海	3	2			1	322	260
江苏	13	2	6	4	1	563	428
浙江	17	6	8	2	1	550	420
安徽	30	9	15	5	1	804	558
福建	11	6	4	1		157	111
江西	6	3	2	1		120	87
山东	14		5	6	3	429	304
河南	19	7	8	2	2	981	864
湖北	20	10	5	4	1	463	358
湖南	22	7	10	5		395	251
广东	43	22	16	4	1	1662	1152
广西	16	6	8	2		719	588
海南	2	1	1			38	26
重庆	6	1	3		2	301	232
四川	48	26	14	6	2	790	555
贵州	17	5	9	2	1	192	127
云南	24	10	13		1	251	158
西藏	9			4	5	173	119
陕西	14	6	5	1	2	311	182
甘肃	12	3	6	2	1	415	277
青海	6	2	2		2	127	12
宁夏	4	1	2	1		253	217
新疆	46	13	23	4	6	688	422

福利机构

单位：个、人

受教育程度		职业资格水平		按人员性质分		年龄结构	
大学专科人数	大学本科及以上人数	助理社会工作师人数	社会工作师人数	管理人员	专业技术技能人员	35岁及以下人数	36岁至45岁人数
3400	**4160**	**487**	**659**	**3560**	**9644**	**5414**	**4603**
128	203	11	13	69	378	143	143
28	77	5	17	44	78	55	41
1				15	23	10	12
31	68	5	11	61	85	35	64
101	117	9	27	91	259	158	99
126	375	11	8	130	426	231	144
41	65	12	12	99	309	140	136
147	115	8	23	200	233	153	154
88	161	26	42	52	270	161	83
125	253	51	60	77	486	225	155
137	263	22	28	118	432	249	162
144	167	14	27	346	458	231	346
31	66	4	18	80	77	59	61
11	12	1	1	35	85	30	52
131	216	36	55	144	285	203	135
146	124	10	29	144	837	392	449
156	161	21	18	88	375	178	170
105	53	16	7	115	280	151	150
385	264	58	35	523	1139	684	591
177	190	15	18	83	636	286	265
22	16	5		15	23	22	10
66	204	16	52	95	206	189	62
278	239	34	58	316	474	312	263
55	98	13	4	102	90	109	55
58	127	5	22	58	193	108	107
56	48	21		42	131	135	24
98	126	7	15	114	197	127	104
87	86	22	12	102	313	191	146
15	32			23	104	30	55
89	87	12	18	15	238	125	83
337	147	17	29	164	524	292	282

C-2-15续表1

地区	年龄结构		志愿服务		年末床位数	年在院总人天数	年末在院人数	
	46岁至55岁人数	56岁及以上人数	志愿者服务人次数	志愿服务时间				女性
全　国	**2802**	**385**	**43975**	**106975**	**94850**	**16238726**	**58237**	**20515**
中央级								
北　京	148	13	57	317	1290	371807	1021	364
天　津	18	8	220	400	792	221920	608	210
河　北	10	6			534	45060	186	34
山　西	41	6			998	237580	707	280
内蒙古	71	22	407	835	2003	395065	1180	253
辽　宁	160	21	1672	1733	3854	1054111	2874	1101
吉　林	88	44	40	80	3127	602652	1691	130
黑龙江	99	27	967	1997	3345	313004	1359	485
上　海	58	20			1991	398580	1676	680
江　苏	160	23	4356	10023	3264	637757	2076	933
浙　江	121	18	1418	3179	2794	542407	1418	593
安　徽	201	26	1993	8366	5689	976685	2928	1203
福　建	35	2	463	1589	1273	272243	745	344
江　西	38		2177	4544	859	110341	544	68
山　东	75	16	11829	31156	4902	769555	2324	908
河　南	133	7	2669	9239	3919	996329	3057	1490
湖　北	105	10	2371	3251	3393	574762	1741	738
湖　南	86	8	1148	3092	3439	494589	2226	990
广　东	353	34	3537	6128	6138	1052349	3000	1275
广　西	155	13			2445	311593	1243	492
海　南	6		686	144	140	14965	92	54
重　庆	44	6	15	15	2579	349245	938	373
四　川	195	20	53	123	6456	902563	2818	924
贵　州	23	5	4851	11600	2790	357414	1158	470
云　南	31	5	238	1602	3263	414398	1518	223
西　藏	13	1		203	4920	937055	4265	1257
陕　西	74	6	1483	3191	2953	658899	1962	729
甘　肃	71	7			2587	367628	1561	400
青　海	40	2	1200	3900	1375	262706	1247	74
宁　夏	43	2			780	127575	375	140
新　疆	107	7	125	268.0	10958	1467889	9699	3300

单位：人、人次、时、张、人天、平方米、万元

家庭寄养儿童数量	机构建筑面积	事业单位会计制度财务指标			民间非营利组织会计制度财务指标		
		固定资产原价	本年收入合计	本年支出合计	固定资产原价	本年收入合计	本年费用合计
7681	**2823718**	**447188.9**	**308693.5**	**305079.9**	**8070.7**	**5393.4**	**4822.9**
365	92968	16910.6	22286.0	19423.3	100.0	351.0	425.0
152	20839	7938.1	6353.8	6190.8			
96	7881	240.6	299.1	295.1	286.8	53.6	21.0
580	23849	408.5	632.4	632.4	5.0		3.5
11	57198	16092.1	7205.7	7539.7	200.0	30.0	30.0
199	104743	52566.2	12829.1	12729.2	130.0	87.0	87.0
20	228979	9390.4	4252.8	4177.3			
79	121497	22926.6	10038.0	10168.7			
256	35036	17773.6	14753.1	14527.6	45.8		226.6
314	93461	12388.4	18633.8	18153.0			
407	67420	15976.9	27203.2	26625.9	25.0	30.0	10.0
189	183553	21813.0	15529.4	12739.2			
529	27618	3817.3	4270.8	4131.1	11.2	1612.7	127.1
	20480	4590.7	1345.6	886.7	35.0	12.0	72.5
389	159699	20241.3	16341.8	16700.7			
445	239411	16406.2	9679.9	9578.5	5.0	1.6	1.6
354	65701	10897.3	11001.2	11421.5			
889	80635	18783.7	6806.2	8011.9	838.0	330.0	575.6
174	180018	24793.2	29701.2	29744.2	4770.3	2624.2	3012.4
341	69011	7529.0	9670.2	9271.3	326.0	133.4	133.3
	2450	10.0	0.0	0.0	682.1		
1	125400	9724.5	10366.6	13492.7	20.0	20.0	20.0
451	149327	31452.4	15126.6	16046.2	0.5		11.0
212	52289	8277.9	3373.8	3459.1			0.0
764	117557	17183.4	7087.0	6200.2	350.0	16.3	15.0
71	86845	3979.3	4144.0	4594.4			
167	93147	20880.2	14091.8	14172.1	126.0	44.0	43.0
45	121878	17539.6	4922.9	6041.5		10.0	
	15198	2990.0	123.8	123.8	104.0	37.6	7.3
3	29159	12079.4	4137.1	3228.1			
178	150471	21588.5	16486.6	14773.7	10.0		1.0

C-2-16 未成年人

地区	单位数					年末职工人数	女性	受教育程度	
		0～99张	100～299张	300～499张	500张以上			大学专科人数	大学本科及以上人数
全　国	**194**	**180**	**13**	**1**		**1474**	**583**	**501**	**471**
中央级									
北　京	2		1	1		42	17	6	36
天　津									
河　北									
山　西	3	3				39	11	10	13
内蒙古									
辽　宁	2	2				20	5	12	8
吉　林									
黑龙江	1		1			8	6		8
上　海	1	1				55	49	26	18
江　苏	19	17	2			74	32	40	21
浙　江									
安　徽	6	4	2			33	7	15	10
福　建									
江　西	5	5				40	8	15	1
山　东	4	4				27	9	3	7
河　南	5	4	1			75	33	42	19
湖　北	26	25	1			174	69	57	46
湖　南	30	29	1			273	99	113	58
广　东	3	2	1			115	46	21	38
广　西	25	23	2			182	85	50	91
海　南									
重　庆									
四　川	35	35				128	43	39	42
贵　州	8	8				64	22	25	21
云　南	4	4				43	10	4	6
西　藏									
陕　西	4	4				12	4	3	6
甘　肃	5	5				37	12	11	7
青　海									
宁　夏	5	5				28	16	5	14
新　疆	1		1			5		4	1

救助保护中心

单位：个、人、人次、时

职业资格水平		按人员性质分		年龄结构				志愿服务	
助理社会工作师人数	社会工作师人数	管理人员	专业技术技能人员	35岁及以下人数	36岁至45岁人数	46岁至55岁人数	56岁及以上人数	志愿者服务人次数	志愿服务时间
71	**64**	**751**	**723**	**507**	**581**	**293**	**93**	**5523**	**9866**
3	4	20	22	14	15	10	3	5	30
	1	8	31	10	15	6	8		
		15	5	4	5	11			
		3	5	3	5			120	210
3	5	10	45	21	28	5	1	10	30
6	3	23	51	35	28	8	3	379	913
	1	14	19	12	11	10		6	19
2		23	17	18	16	5	1	470	940
1	3	13	14	6	10	8	3	380	1120
2	4	26	49	35	30	10			
4	1	78	96	52	62	39	21	368	611
9	9	145	128	86	118	56	13	499	1444
24	13	58	57	61	36	14	4		
8	10	121	61	49	70	46	17	3160	4073
1	4	92	36	39	55	24	10	13	34
	2	50	14	29	10	19	6		
3	3	5	38	5	35	3			
		4	8	6	6			10	20
5		22	15	15	10	9	3	3	12
	1	20	8	6	15	7		100	410
		1	4	1	1	3			

C-2-16续表1

地 区	在站救助人次数	有身份信息的救助人次数								无身份信息的救助人次数
			从其他站转入的	女性	肢体残疾人	智障及精神病人	救治的危重病人	跨省接送	家暴庇护	
全 国	**34929**	**20745**	**1761**	**4829**	**959**	**5287**	**163**	**1011**	**20**	**14184**
中央级										
北 京	381	381		66	1	2		123		
天 津										
河 北										
山 西	113	113								
内蒙古										
辽 宁	15	15		1		1				
吉 林										
黑龙江	20	20								
上 海	50	50		9						
江 苏	1540	1533	74	513	159	54	2	395		7
浙 江										
安 徽	174	174	45	29	2	13		27		
福 建										
江 西	432	432	26		346			21		
山 东	11314	4630	3	1726	11	4595		1		6684
河 南	377	169		4	1					208
湖 北	946	894	64	126	22	37	5	70		52
湖 南	9491	2759	311	835	136	237	85	13	15	6732
广 东	563	347	169	105	18	11		111		216
广 西	2768	2512	76	145	132	51	9	60		256
海 南										
重 庆										
四 川	5284	5274	972	1197	108	262	62	58	5	10
贵 州	137	137	5	39	3	7		5		
云 南	16	10			1					6
西 藏										
陕 西	117	113		3		1				4
甘 肃	192	183	2	3	19	2		123		9
青 海										
宁 夏	794	794	14	28		14		4		
新 疆	205	205								

单位：人次、人、张、人天、万元

床位数	年末在站人数		本年在站人天数	在站滞留三个月以上人数		事业单位会计制度财务指标		
		女性			残疾人人数	固定资产原价	本年收入合计	本年支出合计
8411	**620**	**137**	**190926**	**498**	**110**	**6420.5**	**8967.3**	**8846.3**
450	33	2	8625	1		669.8	2423.0	2160.1
102								
80						3.0	16.0	16.0
20						1250.0	293.4	296.8
100	50	16	17210			524.6	1720.8	1717.9
907	42	3	39127	227	3			
594	1		2542					
290	2		20			1.0		
274	6	1	11636	6	2	180.0	19.3	19.3
500	72		858			73.0	55.0	55.0
780	59	17	12217	29	3	38.0	20.0	20.0
1267	102	7	15075	27	6	58.2	244.1	242.1
258	139	56	56451	158	78	2695.2	2992.7	3293.8
997	46	15	10441	22	13	10.0		
786	21	8	13578	22	2	30.0	55.0	55.0
276	17		1957	4	1	50.0	10.0	10.0
171			13			132.2	98.9	76.6
97								
220	30	12	565	2	2	17.0	5.0	3.0
232			611			671.2	932.1	801.0
10						17.3	82.0	79.7

C-2-17 其他提供住宿的

地 区	单位数	按登记类型分			按床位	
		编制登记	民政登记	一个机构多块牌子	0～99张	100～299张
全 国	**2254**	**1869**	**245**	**140**	**1736**	**428**
中央级	1	1				1
北 京	18	18			11	3
天 津	15	15			12	2
河 北	74	52	19	3	55	18
山 西	71	61	9	1	59	10
内蒙古	57	42	12	3	49	7
辽 宁	106	79	26	1	81	22
吉 林	59	59			48	11
黑龙江	83	76	6	1	67	13
上 海	20	20			15	3
江 苏	89	81	2	6	65	19
浙 江	66	61	4	1	52	11
安 徽	95	80	13	2	70	21
福 建	58	56		2	48	10
江 西	101	73	8	20	79	18
山 东	69	67		2	53	14
河 南	132	116	15	1	98	27
湖 北	108	87	18	3	81	23
湖 南	135	112	11	12	112	22
广 东	97	84	10	3	54	33
广 西	85	74	4	7	75	9
海 南	11	8	1	2	7	4
重 庆	42	42			38	2
四 川	256	146	60	50	184	54
贵 州	55	52	2	1	38	13
云 南	96	91	4	1	77	18
西 藏	5	5			3	2
陕 西	105	97	1	7	95	8
甘 肃	55	46	5	4	47	7
青 海	12	9	2	1	8	3
宁 夏	18	11	6	1	14	3
新 疆	60	48	7	5	41	17

社会服务机构总表

单位：个、人

数量分		年末职工人数	女性	按登记类型分		
300～499张	500张以上			编制登记	民政登记	一个机构多块牌子
63	**20**	**27772**	**11085**	**23764**	**3042**	**966**
		185	130	185		
1	3	585	252	585		
	1	264	91	264		
1		959	434	720	211	28
2		633	260	544	86	3
1		579	190	506	55	18
	3	1279	484	1143	135	1
		943	298	943		
2		1622	434	1582	38	2
	2	660	367	660		
5	1	968	408	931	17	20
3		733	290	718	13	2
4		1042	452	914	114	14
		478	181	474		4
4		832	342	689	83	60
2		753	247	747		6
3	2	2078	822	1824	239	15
2	1	1259	475	1062	181	16
1		1325	483	1203	75	47
7	1	2423	895	2022	257	144
1		766	308	690	35	41
		137	48	124	10	3
2		414	146	414		
15	2	2986	1527	1272	1310	404
3	1	530	213	450	10	70
1		895	384	829	63	3
		37	9	37		
1	1	1180	448	1136	8	36
	1	539	188	485	39	15
	1	84	23	78	2	4
1		115	61	86	27	2
1		489	195	447	34	8

C-2-17续表1

地区	受教育程度		职业资格水平		按人员性质分	
	大学专科人数	大学本科及以上人数	助理社会工作师人数	社会工作师人数	管理人员	专业技术技能人员
全国	**9236**	**7775**	**782**	**820**	**14640**	**13132**
中央级	71	114		2	28	157
北京	114	374	31	14	432	153
天津	41	148	1	10	173	91
河北	227	252	14	16	261	698
山西	229	128	7	18	330	303
内蒙古	207	211	4	15	311	268
辽宁	439	404	15	29	819	460
吉林	276	277	5	4	589	354
黑龙江	1033	283	48	35	592	1030
上海	217	211	45	34	333	327
江苏	264	378	53	73	472	496
浙江	216	261	26	28	398	335
安徽	273	198	32	25	518	524
福建	109	203	24	39	355	123
江西	247	142	16	8	479	353
山东	253	332	55	49	329	424
河南	623	457	42	64	1066	1012
湖北	423	221	24	18	535	724
湖南	478	251	35	32	739	586
广东	791	750	151	104	1497	926
广西	211	296	22	30	498	268
海南	31	44	6	4	39	98
重庆	147	212	14	21	367	47
四川	955	614	61	85	1638	1348
贵州	200	158	14	8	349	181
云南	250	269	19	31	213	682
西藏	9	6			12	25
陕西	470	237	6	13	673	507
甘肃	166	136	6	7	284	255
青海	32	19	2		39	45
宁夏	38	42			52	63
新疆	196	147	4	4	220	269

单位：人、人次、时

年龄结构				志愿服务	
35岁及以下人数	36岁至45岁人数	46岁至55岁人数	56岁及以上人数	志愿者服务人次数	志愿服务时间
8571	**9674**	**7470**	**2057**	**30223**	**87982**
138	29	13	5		
195	192	152	46	195	1045
95	71	63	35	300	450
276	344	265	74	294	1085
183	201	206	43	7	42
143	160	214	62	794	3365
310	414	459	96	3013	14178
212	446	237	48		
818	401	341	62	15	85
218	216	155	71		
299	364	234	71	1824	4920
217	279	173	64	4467	7408
249	346	356	91	743	3168
139	162	138	39	204	1007
207	309	258	58	4151	8354
226	240	243	44	4437	11320
751	703	499	125	484	1125
366	525	275	93	1115	3549
393	560	306	66	1683	5852
725	781	740	177	619	1976
205	264	233	64	32	89
37	48	42	10	5	10
137	129	127	21	2291	10724
902	1030	708	346	358	747
179	170	141	40	1639	3626
182	355	282	76	1	2
15	16	6			
434	446	240	60	1458	3636
145	171	186	37	75	165
24	36	21	3	3	
25	51	31	8		
126	215	126	22	16	54

C－2－17续表2

地　区	年末床位数	编制登记	民政登记	一个机构多块牌子	年在院（站）总人天数	年末在院（站）人数	女性
全　国	**170628**	**141139**	**25032**	**4457**	**9158715**	**43504**	**6340**
中央级	150	150				149	
北　京	5837	5714		123	1080529	3091	213
天　津	1462	1462			138731	426	176
河　北	5316	3111	2183	22	232343	2233	118
山　西	3219	2685	530	4	216181	951	158
内蒙古	2661	2077	528	56	117197	635	53
辽　宁	8878	6696	2102	80	166110	1324	79
吉　林	3083	3083			28736	90	26
黑龙江	5266	4661	593	12	114862	829	20
上　海	3058	3058			328231	1729	352
江　苏	7164	6912	150	102	582659	1674	530
浙　江	5123	4943	130	50	335408	1130	237
安　徽	6920	6244	500	176	458378	1575	241
福　建	3218	3176		42	149598	330	31
江　西	6264	5260	684	320	287671	1713	98
山　东	4916	4846		70	503160	1141	242
河　南	10892	9813	1059	20	504494	3010	1035
湖　北	8115	6636	1406	73	745567	2603	411
湖　南	7202	6366	532	304	544893	2173	284
广　东	12739	10744	1182	813	895437	3826	1009
广　西	3812	3503	116	193	237534	589	267
海　南	688	461	185	42	31717	73	5
重　庆	2034	2034			170097	256	60
四　川	21676	10541	10104	1031	509985	6442	324
贵　州	4525	3615	410	500	110092	920	101
云　南	5177	4817	340	20	225829	627	33
西　藏	6168	6168			1464	302	
陕　西	4608	4404	6	198	205319	877	72
甘　肃	3966	3478	358	130	57273	496	93
青　海	1592	464	1127	1	12222	1016	
宁　夏	1238	676	547	15	13945	429	17
新　疆	3661	3341	260	60	153053	845	55

单位：张、人天、万元

事业单位会计制度财务指标			民间非营利组织会计制度财务指标		
固定资产原价	本年收入合计	本年支出合计	固定资产原价	本年收入合计	本年费用合计
643716.1	**580761.1**	**574532.8**	**106267.7**	**10195.4**	**15036.9**
12600.6	1497.3	9283.3			
37000.9	39033.3	38486.3			
9632.2	9834.2	10038.9			
24727.7	20278.2	19324.3	3218.9	519.9	697.6
6716.3	11283.7	10048.6	896.0	6.2	225.1
8803.3	9462.6	9368.6	1448.0	79.0	81.5
25400.7	21909.2	20235.2	496.3	449.9	380.4
9375.4	8503.5	8316.4			
17825.0	8219.0	8997.7	914.0	10.0	151.1
26936.5	39400.4	28419.3			
38322.2	29545.2	27499.3	30.0	6.0	6.0
22995.7	30417.0	29356.4	100.0	80.0	50.0
24112.2	16456.2	16068.7	1536.0		396.5
10682.9	13686.8	12118.3			
12786.6	10647.8	8691.3	60.2	5.0	50.5
24322.5	20659.8	21001.4			
58487.1	26130.9	29415.5	9444.8	1068.2	1018.8
34241.1	21549.0	23179.2	1450.0	452.2	259.1
22491.6	21435.8	22711.7	495.0	239.0	139.0
71046.1	97762.5	96385.2	3914.1	1732.1	2013.2
14304.9	18288.0	18156.9	107.0	13.3	21.5
2561.9	4133.1	4591.8	59003.0		
8622.4	13641.9	13559.5			
35227.5	24984.7	26035.3	20332.2	5312.7	9392.1
7211.4	9949.4	10052.7	400.0	47.3	43.3
21057.5	14784.9	16043.4	82.0	14.2	24.7
372.4	292.2	486.8			
22599.5	17175.3	17073.8	10.0	8.0	1.2
13414.7	7556.5	6301.4	748.2	32.4	43.3
1361.0	2337.3	1864.8	13.0		1.0
2725.3	2046.8	2207.7	210.0	95.0	6.0
15751.0	7858.6	9213.1	1359.0	25.0	35.0

C-2-18 生活无着人员

地区	单位数	0～99张	100～299张	300～499张	500张以上	年末职工人数	女性	受教育程度	
								大学专科人数	大学本科及以上人数
全　国	**1623**	**1349**	**236**	**26**	**12**	**17098**	**5985**	**5944**	**5562**
中央级									
北　京	17	11	3		3	542	237	110	343
天　津	13	11	1		1	206	72	36	104
河　北	38	34	4			376	126	108	116
山　西	54	46	6	2		441	155	172	104
内蒙古	38	33	4	1		392	103	148	153
辽　宁	65	49	15		1	824	257	321	282
吉　林	50	43	7			719	236	193	231
黑龙江	65	60	4	1		623	195	274	132
上　海	18	15	2		1	325	112	123	161
江　苏	70	54	13	3		746	297	225	320
浙　江	51	43	8			525	173	170	213
安　徽	45	29	13	3		438	153	147	151
福　建	43	36	7			332	116	75	171
江　西	79	66	11	2		524	182	173	109
山　东	53	43	9	1		517	167	173	239
河　南	87	67	16	3	1	1142	390	371	273
湖　北	81	65	14	1	1	872	307	314	167
湖　南	107	90	17			964	321	395	188
广　东	70	43	21	5	1	1785	565	623	582
广　西	67	63	4			502	199	124	204
海　南	7	4	3			84	28	23	28
重　庆	37	34	2	1		355	123	129	181
四　川	167	146	20		1	1188	453	494	342
贵　州	43	33	10			329	135	130	123
云　南	68	64	4			452	161	145	165
西　藏	2	1	1			24	3	6	4
陕　西	93	85	6	1	1	1032	396	415	206
甘　肃	40	37	2		1	376	145	140	99
青　海	6	5	1			44	12	22	7
宁　夏	10	9		1		75	36	22	36
新　疆	39	30	8	1		344	130	143	128

救助管理站

单位：个、人

职业资格水平		按人员性质分		年龄结构			
助理社会工作师人数	社会工作师人数	管理人员	专业技术技能人员	35岁及以下人数	36岁至45岁人数	46岁至55岁人数	56岁及以上人数
591	**666**	**10244**	**6854**	**5373**	**6237**	**4325**	**1163**
31	14	404	138	185	177	137	43
1	10	120	86	72	57	52	25
9	15	155	221	121	134	85	36
5	17	266	175	153	136	123	29
4	14	208	184	87	109	156	40
12	25	573	251	246	266	254	58
2	2	453	266	173	343	171	32
16	8	426	197	192	207	171	53
25	32	276	49	107	88	85	45
47	66	397	349	256	276	166	48
23	26	305	220	151	216	108	50
18	19	242	196	138	137	136	27
23	38	241	91	120	126	61	25
16	7	312	212	154	222	108	40
38	39	186	331	179	178	128	32
21	42	622	520	461	376	252	53
22	16	378	494	255	370	173	74
30	30	561	403	321	418	179	46
129	92	1244	541	483	594	561	147
19	27	328	174	136	190	139	37
6	4	25	59	23	28	25	8
12	21	312	43	115	104	117	19
45	62	809	379	400	453	286	49
11	6	243	86	117	101	88	23
10	11	122	330	101	195	127	29
		3	21	5	13	6	
6	13	592	440	403	384	199	46
4	7	202	174	105	133	109	29
2		19	25	9	18	14	3
		43	32	15	33	21	6
4	3	177	167	90	155	88	11

C-2-18续表1

地　区	志愿服务		在站救助人次数				
	志愿者服务人次数	志愿服务时间		有身份信息的救助人次数	从其他站转入的	女性	未成年人
全　国	**28185**	**82341**	**1630704**	**1409562**	**95200**	**252211**	**58854**
中央级							
北　京	70	420	174997	173950	7554	63410	3497
天　津	300	450	9142	8640	90	1463	297
河　北	130	372	51645	46740	1382	8908	1764
山　西	7	42	68654	49569	1016	2305	2883
内蒙古	754	3245	21627	18725	8990	7372	520
辽　宁	2948	14078	44239	39948	989	4593	1956
吉　林			34929	32431	1802	3628	962
黑龙江	15	85	24462	23725	1506	2971	1091
上　海			17514	17497	18	3197	954
江　苏	1771	4815	54859	49714	9422	12316	2021
浙　江	4467	7408	46288	39728	639	6661	1708
安　徽	614	2800	49963	40724	2990	8848	1265
福　建	204	1007	30791	28836	327	2265	732
江　西	3633	6919	39442	37553	2014	2545	1351
山　东	4437	11320	49246	26250	1945	3567	1362
河　南	284	746	89398	47744	3487	11014	2719
湖　北	1023	3155	67391	57691	3450	9615	1472
湖　南	1474	5433	244854	200091	7160	25896	6770
广　东	619	1976	140072	125956	9032	13409	4215
广　西	32	89	22555	18830	1205	4874	1133
海　南	5	10	7379	7258	390	582	627
重　庆	2161	10324	34106	32160	2075	5926	1094
四　川	335	689	126552	121672	10740	25502	7869
贵　州	1383	3187	24110	22519	2512	4572	2529
云　南	1	2	38922	33607	1672	1494	1756
西　藏			1049	1049		209	79
陕　西	1440	3604	57808	54457	2500	5870	2182
甘　肃	75	165	25824	21658	1888	3713	986
青　海	3		9284	9277	7404	1421	
宁　夏			8865	7869	278	168	1975
新　疆			14737	13694	723	3897	1085

单位：人、人次、时

老年人	肢体残疾人	智障及精神病人	救治的危重病人	自主返乡	跨省接送	家暴庇护	无身份信息的救助人次数
170641	**66605**	**142622**	**16012**	**554784**	**57607**	**251**	**221142**
11073	2265	4378	497	12895	3478	2	1047
976	272	706	21	6612	434		502
6984	2014	5642	706	26024	2757	13	4905
2715	885	3616	120	13973	329	2	19085
2542	4866	4445	231	7264	842	3	2902
6878	1266	2602	563	12507	838		4291
4383	921	1125	204	9500	1843		2498
4001	1459	1699	1885	7555	687		737
2179	458	1359	338	9520	717	3	17
8796	2627	7063	432	28454	7571	19	5145
3442	1038	9401	640	19286	2082	27	6560
8149	3318	5995	158	14658	1899	13	9239
2205	964	1013	134	21455	653	1	1955
3961	1590	1481	9	7856	1426	2	1889
3110	2194	3979	1069	15225	3969	2	22996
9408	2126	9311	738	11429	1503		41654
7795	2280	7891	324	24861	5934	16	9700
20310	10693	23998	604	61058	3091	50	44763
13163	6428	7430	4469	100407	3184	19	14116
3776	733	3504	145	11679	1331	9	3725
436	158	400	25	4233	80		121
5788	1035	2923	271	21576	921	1	1946
20532	7067	17231	1038	53736	5237	16	4880
2997	901	2544	222	7850	765	5	1591
1227	1428	1214	59	5013	371	30	5315
7528	2677	3342	837	24679	2499	14	3351
3592	1307	2470	159	10612	2166		4166
218	3287	5223		332			7
61	60	135	7	1185	161	4	996
2416	288	502	107	3350	839		1043

C-2-18续表2

地 区	床位数	成年人床位数	儿童床位数	年末在站人数	女性	儿童	本年在站人天数
全 国	**101272**	**83092**	**18180**	**26917**	**6340**	**2703**	**8361947**
中央级							
北 京	5488	4777	711	3091	213	703	1080529
天 津	1262	1059	203	426	176	41	138731
河 北	1889	1358	531	519	118	74	232343
山 西	2181	1677	504	591	158	31	216181
内蒙古	1696	1272	424	251	53	8	92233
辽 宁	4700	3517	1183	452	79	39	136950
吉 林	2153	1553	600	90	26	7	28736
黑龙江	2450	1889	561	272	20	3	103912
上 海	2079	1869	210	883	352	30	328231
江 苏	4832	3903	929	1484	530	126	552864
浙 江	2978	2400	578	896	237	100	283722
安 徽	4059	3385	674	1210	241	148	381610
福 建	2051	1327	724	156	31	31	137426
江 西	4215	3647	568	1418	98	63	240217
山 东	3301	2499	802	1141	242	77	386443
河 南	6286	4588	1698	2192	1035	268	504129
湖 北	4928	3964	964	2055	411	284	736584
湖 南	5314	4594	720	1779	284	143	501633
广 东	7262	6034	1228	3099	1009	225	816475
广 西	2408	1960	448	534	267	58	236731
海 南	379	249	130	73	5		31717
重 庆	1662	1173	489	256	60	8	158127
四 川	7347	6147	1200	1570	324	128	506335
贵 州	2476	1921	555	528	101	45	90792
云 南	2063	1785	278	216	33	12	105946
西 藏	6167	6167		302			1464
陕 西	4075	3436	639	862	72	14	163973
甘 肃	2949	2720	229	274	93	21	56908
青 海	209	191	18				10007
宁 夏	551	494	57	51	17		13945
新 疆	1862	1537	325	246	55	16	87053

单位：张、人、人天、人次、万元

本年不在站救助人次数	在站滞留三个月以上人数			事业单位会计制度财务指标		
		残疾人	未成年人	固定资产原价	本年收入合计	本年支出合计
522939	**18355**	**8045**	**1002**	**361934.7**	**452961.0**	**440832.8**
1755	75	11	5	5363.8	37077.1	36532.6
7175	341	50	3	1783.2	7970.2	7861.1
30681	712	178	69	17832.7	12783.9	11233.1
19547	657	469	26	5248.2	9778.5	8725.9
11023	430	94	3	5407.7	7172.8	7076.6
4843	221	107	1	14035.7	16322.6	15547.6
1128	106	92	11	6313.2	6918.0	6740.2
9351	598	144	101	6230.5	5907.3	6625.7
1616	842	794	27	17578.8	30429.6	19546.3
8955	1671	968	232	25236.9	26686.4	24629.6
6791	856	414	33	9951.6	19528.9	20844.2
72995	877	487	11	11479.1	12792.3	12295.4
10923	169	77	19	5964.3	10299.0	9262.0
13038	135	66	6	6388.8	6726.1	6308.6
49800	651	439	20	14298.8	15490.7	15865.3
63062	1317	801	63	12366.2	15520.1	15549.7
4239	1094	553	28	30778.3	16680.1	17919.1
51025	1246	416	34	17728.8	17693.2	18955.6
43227	3146	720	182	54852.0	86385.7	85954.3
19156	900	224	46	8318.7	12559.1	12517.0
5114	41	41		1702.8	3608.3	4071.6
2303	375	216	14	7384.8	11638.2	11555.8
28442	704	258	14	21739.3	20592.9	21409.3
23144	208	86	4	5226.2	6535.6	6875.7
7519	170	36	4	9527.2	7662.9	8183.6
718				85.4	40.2	284.8
9932	577	188	36	18629.5	14742.9	14383.3
4090	51	44	2	9945.4	4950.4	4330.8
866	55			259.1	913.6	926.8
1021	40	36		1908.4	1810.4	1816.9
9460	90	36	8	8369.3	5744.0	7004.3

C-2-19 军

地区	单位数	0～99张	100～299张	300～499张	500张以上	年末职工人数	女性
全国	**313**	**190**	**96**	**19**	**8**	**4894**	**1947**
中央级							
北京	1			1		43	15
天津	1		1			24	6
河北	9	7	2			101	29
山西	6	4	2			98	38
内蒙古	5	4	1			106	31
辽宁	11	9	2			215	77
吉林	9	5	4			224	62
黑龙江	11	3	7		1	161	69
上海	1		1			39	13
江苏	14	9	4	1		177	81
浙江	10	5	3	2		121	52
安徽	33	25	7	1		449	247
福建	11	8	3			97	49
江西	14	9	3	2		225	94
山东	16	10	5	1		236	80
河南	24	13	9		2	585	213
湖北	9	4	3	1	1	206	67
湖南	13	9	3	1		241	114
广东	13	6	4	1	2	236	115
广西	14	8	5	1		229	88
海南	2	2				38	14
重庆	5	4		1		59	23
四川	14	7	2	4	1	183	59
贵州	8	4	2	2		119	44
云南	23	11	12			295	146
西藏	2	2				11	6
陕西	10	8	2			111	41
甘肃	9	7	2			118	29
青海	4	2	2			38	11
宁夏	1		1			10	2
新疆	10	5	4		1	99	32

供站

单位：个、人

受教育程度		职业资格水平		按人员性质分	
大学专科人数	大学本科及以上人数	助理社会工作师人数	社会工作师人数	管理人员	专业技术技能人员
1531	**1317**	**76**	**63**	**2607**	**2287**
4	31			28	15
1	18			19	5
20	59		1	51	50
49	24	2	1	46	52
35	43		1	80	26
75	74	3	3	127	88
83	46	3	2	136	88
59	51	2	4	90	71
13	11	1		37	2
33	49	3	7	62	115
42	48	3	2	73	48
102	25	7	1	211	238
30	21	1	1	65	32
66	31		1	116	109
80	93	17	10	143	93
200	145	7	10	300	285
73	51	2	2	83	123
65	56	1	2	137	104
74	98	10	6	151	85
86	90	3	3	155	74
4	6			6	32
18	31	2		55	4
72	51	3	3	134	49
39	29	3	2	92	27
78	53	1		53	242
3	2			9	2
51	17			50	61
24	29	2		55	63
10	12			18	20
6	4			2	8
36	19		1	23	76

C-2-19续表

地　区	年龄结构				志愿服务	
	35岁及以下人数	36岁至45岁人数	46岁至55岁人数	56岁及以上人数	志愿者服务人次数	志愿服务时间
全　国	**1063**	**1739**	**1695**	**397**	**1228**	**3489**
中央级						
北　京	10	15	15	3	125	625
天　津	12	2	3	7		
河　北	37	27	26	11		
山　西	15	49	27	7		
内蒙古	34	37	33	2		
辽　宁	38	80	80	17		
吉　林	39	103	66	16		
黑龙江	21	74	57	9		
上　海	11	7	7	14		
江　苏	21	74	60	22	53	105
浙　江	18	35	55	13		
安　徽	52	161	183	53	129	368
福　建	13	27	48	9		
江　西	53	77	81	14	290	915
山　东	47	62	115	12		
河　南	183	202	158	42	200	379
湖　北	55	72	62	17	45	258
湖　南	51	90	83	17	2	2
广　东	54	81	89	12		
广　西	50	68	84	27		
海　南	7	16	14	1		
重　庆	22	25	10	2	130	400
四　川	29	60	76	18		
贵　州	35	46	28	10	240	409
云　南	35	125	120	15		
西　藏	8	3				
陕　西	30	49	25	7	14	28
甘　肃	31	27	53	7		
青　海	15	16	7			
宁　夏	1	2	5	2		
新　疆	36	27	25	11		

单位：人、人次、时、张、人天、万元

床位数	接待人次数		本年在站人天数	事业单位会计制度财务指标		
		接待军队人次数		固定资产原价	本年收入合计	本年支出合计
36835	**3487143**	**2733035**	**796768**	**230081.4**	**104347.7**	**99109.7**
349	121300	121300		31637.1	1956.2	1953.7
200	7854	7854		7722.0	912.0	971.8
425	62541	59822		4492.2	5514.5	4352.7
445	45535	33556		868.1	1505.2	1316.7
313	35660	35660	24964	3286.0	2006.4	2007.1
1421	20511	16634	29160	3283.1	2442.1	2383.4
930	78890	46024		3062.2	1585.5	1576.2
1923	35700	27367	10950	7508.1	2311.7	2372.0
179	52719	16286		2455.1	1841.4	1835.8
1682	124474	73374	29795	11275.3	2567.8	2583.7
1530	150840	87711	51686	12894.1	10666.1	8303.2
2257	178155	126097	76768	11583.4	3263.2	3378.7
956	83214	77539	12172	3242.7	1574.4	1732.6
1365	97189	76111	47454	6397.8	3921.7	2382.7
1615	145498	145498	116717	10023.7	5169.1	5136.1
3144	399353	217942	365	41624.4	8079.3	8300.0
1781	74115	66590	8983	3462.8	4868.9	5260.1
1208	248686	191035	43260	4708.0	3616.7	3676.9
3460	178365	173361	78962	16144.1	11376.8	10430.9
1288	113512	107512	803	5986.2	5728.9	5639.9
119	48156	48156		854.1	524.8	520.2
372	92507	91327	11970	1237.6	2003.7	2003.7
3713	313022	311012	3650	11872.0	4131.4	4046.9
1129	104876	87158	19300	1485.2	3413.8	3177.0
2474	303166	165936	119883	9340.2	4826.2	5861.5
1	30000	30000		0.0	252.0	202.0
477	78077	77811	41346	3070.0	2057.0	2345.5
559	115150	115150	365	2865.7	2456.2	1821.1
256	69851	62349	2215	1101.9	1423.7	938.0
100				816.6	236.4	390.8
1164	78227	36863	66000	5781.7	2114.6	2208.8

C-2-20 其他提供住宿的

地区	单位数	0～99张	100～299张	300～499张	500张以上	年末职工人数	#女性
全国	**318**	**197**	**96**	**18**	**7**	**5780**	**3153**
中央级	1		1			185	130
北京							
天津	1	1				34	13
河北	27	14	12	1		482	279
山西	11	9	2			94	67
内蒙古	14	12	2			81	56
辽宁	30	23	5		2	240	150
吉林							
黑龙江	7	4	2	1		838	170
上海	1				1	296	242
江苏	5	2	2	1		45	30
浙江	5	4		1		87	65
安徽	17	16	1			155	52
福建	4	4				49	16
江西	8	4	4			83	66
山东							
河南	21	18	2		1	351	219
湖北	18	12	6			181	101
湖南	15	13	2			120	48
广东	14	5	8	1		402	215
广西	4	4				35	21
海南	2	1	1			15	6
重庆							
四川	75	31	32	11	1	1615	1015
贵州	4	1	1	1	1	82	34
云南	5	2	2	1		148	77
西藏	1		1			2	
陕西	2	2				37	11
甘肃	6	3	3			45	14
青海	2	1			1	2	
宁夏	7	5	2			30	23
新疆	11	6	5			46	33

社会服务机构

单位：个、人

受教育程度		职业资格水平		按人员性质分	
大学专科人数	大学本科及以上人数	助理社会工作师人数	社会工作师人数	管理人员	专业技术技能人员
1761	**896**	**115**	**91**	**1789**	**3991**
71	114		2	28	157
4	26			34	
99	77	5		55	427
8				18	76
24	15			23	58
43	48		1	119	121
700	100	30	23	76	762
81	39	19	2	20	276
6	9	3		13	32
4				20	67
24	22	7	5	65	90
4	11			49	
8	2			51	32
52	39	14	12	144	207
36	3			74	107
18	7	4		41	79
94	70	12	6	102	300
1	2			15	20
4	10			8	7
389	221	13	20	695	920
31	6			14	68
27	51	8	20	38	110
					2
4	14			31	6
2	8			27	18
				2	
10	2			7	23
17				20	26

C-2-20续表1

地 区	年龄结构				志愿服务	
	35岁及以下人数	36岁至45岁人数	46岁至55岁人数	56岁及以上人数	志愿者服务人次数	志愿服务时间
全 国	**2135**	**1698**	**1450**	**497**	**810**	**2152**
中央级	138	29	13	5		
北 京						
天 津	11	12	8	3		
河 北	118	183	154	27	164	713
山 西	15	16	56	7		
内蒙古	22	14	25	20	40	120
辽 宁	26	68	125	21	65	100
吉 林						
黑龙江	605	120	113			
上 海	100	121	63	12		
江 苏	22	14	8	1		
浙 江	48	28	10	1		
安 徽	59	48	37	11		
福 建	6	9	29	5		
江 西		10	69	4	228	520
山 东						
河 南	107	125	89	30		
湖 北	56	83	40	2	47	136
湖 南	21	52	44	3	207	417
广 东	188	106	90	18		
广 西	19	6	10			
海 南	7	4	3	1		
重 庆						
四 川	473	517	346	279	23	58
贵 州	27	23	25	7	16	30
云 南	46	35	35	32		
西 藏	2					
陕 西	1	13	16	7	4	4
甘 肃	9	11	24	1		
青 海		2				
宁 夏	9	16	5			
新 疆		33	13		16	54

单位：人、人次、时、张、人天

年末床位数		年在院总人天数	年末在院人数		按在院人员性质分		
	光荣间床位			女性	优抚对象	特困人员	自费人员
32521	**395**	**3592618**	**16587**	**4306**	**211**	**4313**	**8666**
150		47998	149	78			149
3002	57	515948	1714	541	12	155	1406
593		112762	360	61		20	295
652		117610	384			33	347
2757		234107	872	126	14	133	435
893	100	169500	557	88			60
800		304828	846	331		691	155
650		81600	190	89		80	90
615		8040	234	5	8	7	206
604		98396	365	13	4	82	166
211		16425	174	68		114	60
684		145600	295	135		60	100
1462	23	173442	818	153	98	284	315
1406		91480	548	146		270	116
680	5	97520	394	66	2	236	132
2017	64	90499	727	171	7	167	286
116		23150	55	37		55	4
190							
10616	146	1113379	4872	1816	64	1037	3646
920		105935	392	71	2	11	
640		3015	411	135		293	66
56		245	15				5
458		38380	222	30		10	287
1127		1174	1016				
587		440	378	138			316
635		1145	599	8		575	24

C-2-20续表2

地　区	按在院人员年龄分			按在院人员类型分			康复和医疗门诊人次数
	老人	青壮年	少年儿童	自理（完全自理）	介助（半自理）	介护（不能自理）	
全　国	**13460**	**1940**	**693**	**8267**	**4589**	**3253**	**91534**
中央级	57	28	64	32	106	11	4135
北　京							
天　津							
河　北	1637	116	7	849	559	352	2393
山　西	357	3		236	21	103	
内蒙古	353	31		316	55	13	186
辽　宁	789	71	12	327	522	23	260
吉　林							
黑龙江	557			462	58	37	11474
上　海	51	795		50	237	559	846
江　苏	190			110	68	12	750
浙　江	222	12		205	24	5	435
安　徽	395			225	157	13	
福　建	172		2	157	15	2	96
江　西	395			360	20	15	
山　东							
河　南	729	18	99	521	137	188	895
湖　北	525	8	30	436	80	47	805
湖　南	338	34	26	204	116	78	53
广　东	328	127	305	351	96	313	63900
广　西	49	9	1	36	22	1	
海　南							
重　庆							
四　川	4885	141	20	2548	1352	1146	5306
贵　州	114	271	7	308	45	39	
云　南	85	274	45	97	95	219	
西　藏							
陕　西	13	2		12	2	1	
甘　肃	222		75	205	55	37	
青　海	20				20		
宁　夏	378			189	150	39	
新　疆	599			31	577		

单位：人、人次、平方米、万元

机构建筑面积	事业单位会计制度财务指标			民间非营利组织会计制度财务指标		
	固定资产原价	本年收入合计	本年支出合计	固定资产原价	本年收入合计	本年费用合计
1090071	**51700.0**	**23452.4**	**34590.3**	**106267.7**	**10195.4**	**15036.9**
30000	12600.6	1497.3	9283.3			
691	127.0	952.0	1206.0			
81888	2402.8	1979.8	3738.5	3218.9	519.9	697.6
15210	600.0		6.0	896.0	6.2	225.1
12615	109.6	283.4	284.9	1448.0	79.0	81.5
42346	8081.9	3144.5	2304.2	496.3	449.9	380.4
15381	4086.4			914.0	10.0	151.1
29903	6902.6	7129.4	7037.2			
19300	1810.0	291.0	286.0	30.0	6.0	6.0
2439	150.0	222.0	209.0	100.0	80.0	50.0
29474	1049.7	400.7	394.6	1536.0		396.5
39406	1475.9	1813.4	1123.7			
35200			60.2	5.0	50.5	
131986	4496.5	2531.5	5565.8	9444.8	1068.2	1018.8
10815				1450.0	452.2	259.1
117369	54.8	125.9	79.2	495.0	239.0	139.0
21648	50.0			3914.1	1732.1	2013.2
15920				107.0	13.3	21.5
100200	5.0			59003.0		
260128	1616.2	260.4	579.1	20332.2	5312.7	9392.1
3500	500.0			400.0	47.3	43.3
31722	2190.1	2295.8	1998.3	82.0	14.2	24.7
6407	287.0					
1500	900.0	375.4	345.0	10.0	8.0	1.2
14213	603.6	149.9	149.5	748.2	32.4	43.3
1500				13.0		1.0
12460	0.3			210.0	95.0	6.0
6850	1600.0			1359.0	25.0	35.0

C-2-21 不提供住宿的社会

地 区	机构和设施数	工商登记	编制登记	民政登记	设施
全 国	**412202**	**29**	**6013**	**39302**	**366858**
中央级	1		1		
北 京	11829	2	279	917	10631
天 津	2822	1	38	47	2736
河 北	36984	1	155	162	36666
山 西	6259		244	82	5933
内蒙古	4563	1	107	120	4335
辽 宁	7537		192	314	7031
吉 林	2043	2	248	216	1577
黑龙江	3359	3	143	401	2812
上 海	6274	1	167	3177	2929
江 苏	42046	3	236	23407	18400
浙 江	33914	1	168	3029	30716
安 徽	8001	1	168	341	7491
福 建	8739		119	186	8434
江 西	3924		195	60	3669
山 东	25396	4	267	1867	23258
河 南	6263		278	71	5914
湖 北	14986	2	291	386	14307
湖 南	15809	2	265	240	15302
广 东	69062	1	265	1126	67670
广 西	14110		196	69	13845
海 南	2838		26	337	2475
重 庆	8144		167	472	7505
四 川	23832	1	397	1459	21975
贵 州	23305	1	266	97	22941
云 南	3485	1	135	47	3302
西 藏	93		17	15	61
陕 西	9141		229	114	8798
甘 肃	10307		208	76	10023
青 海	1659		18	3	1638
宁 夏	2581		64	16	2501
新 疆	2896	1	464	448	1983

服务机构和设施总表

单位：个、人

年末职工人数	#女性	按登记类型分			
		工商登记	编制登记	民政登记	设施
1556748	**583167**	**439**	**66434**	**210516**	**1276644**
135	55		135		
47881	24757	9	3429	4095	40348
13919	7934	5	347	562	13001
76816	27260	10	1695	3530	71474
23295	8452		2196	729	20354
19595	9341	44	1620	539	17390
47187	26466		1902	1828	43391
16735	9264	12	3672	3294	9746
21229	9916	32	1130	2321	17592
48843	18328	71	4219	29890	14663
202256	60552	17	2272	111177	88617
96565	37338	4	1478	9766	85293
38674	15425	6	2149	1831	34235
24887	10331		636	723	23527
14776	5423		1136	562	12947
117301	47876	122	3394	9384	103443
42542	15322		7320	620	34529
51848	20772	11	2564	3066	46175
52339	18840	5	2095	1081	49002
247250	89606	28	3263	6179	237753
26868	8988		1943	408	24511
11292	3120		295	1434	9563
28883	13276		1327	2454	25097
75714	26879	7	2550	8380	64647
100894	25678	36	4773	498	95516
15312	5480	10	931	447	13923
1165	622		199	39	927
35142	14022		2602	866	31602
25131	8035		1628	278	23191
5663	2467		183	38	5442
9663	4423		612	131	8920
16948	6919	10	2739	4366	9825

C−2−21续表1

地区	受教育程度		职业资格水平	
	大学专科人数	大学本科及以上人数	助理社会工作师人数	社会工作师人数
全　国	**323634**	**180617**	**36607**	**18355**
中央级	9	126		
北　京	12937	13475	3139	1591
天　津	3927	3548	934	272
河　北	5878	2800	625	263
山　西	3429	2064	465	221
内蒙古	5373	3628	584	246
辽　宁	14543	9673	1333	723
吉　林	5877	3821	386	281
黑龙江	5503	2453	385	241
上　海	10465	4840	637	1722
江　苏	34877	17529	3055	1308
浙　江	19792	12653	1821	959
安　徽	9968	3273	676	299
福　建	2626	1178	533	338
江　西	1863	900	376	140
山　东	30990	16571	1667	749
河　南	7013	3771	534	326
湖　北	9963	4207	488	324
湖　南	10850	5370	730	376
广　东	54954	35412	13447	5418
广　西	3073	1940	226	126
海　南	1075	482	29	16
重　庆	8075	4581	1100	601
四　川	18337	6140	1360	563
贵　州	18581	7071	262	86
云　南	2604	1434	132	73
西　藏	229	105	13	3
陕　西	7116	3865	1277	629
甘　肃	4724	3156	128	93
青　海	1936	697	37	23
宁　夏	1767	575	57	19
新　疆	5280	3279	171	326

单位：人、人次、时

年龄结构				志愿服务	
35岁及以下人数	36岁至45岁人数	46岁至55岁人数	56岁及以上人数	志愿者服务人次数	志愿服务时间
462801	**587762**	**374784**	**130868**	**14461186**	**47282064**
77	21	25	12		
13904	16115	13801	4061	12450045	42540800
5705	4509	3010	695	6910	10423
17418	27923	23946	7529	22216	60002
4714	7804	6038	4445	1618	4246
6677	8021	3879	954	10405	21518
14098	17807	10677	4605	63799	101664
5141	8796	2487	311	2564	5145
5863	9081	3975	2310	9222	18438
15635	16042	13213	3953	29030	93089
56123	78713	51939	15481	271892	584579
26108	37702	23824	8931	203419	482499
10971	16238	9467	1990	59827	120934
6394	8779	6865	2698	24086	103179
3900	5527	3658	1691	17928	29694
39604	42044	25636	10017	492918	1131261
10420	16114	8549	7459	14245	27056
14078	20371	11149	6250	6120	13241
13325	19448	13984	5582	19987	59345
86418	90208	52660	17964	100961	224667
7132	9431	8049	2255	3213	6585
2722	4653	3279	638	2635	5701
9044	10982	7000	1857	232457	553564
21151	30737	17755	6071	128903	424208
31906	38279	24595	6114	221350	481917
4308	6714	3365	914	13698	42050
815	301	40	9	5	
8952	12788	10333	3069	38183	102174
9554	9089	5278	1210	516	1302
1962	2424	765	508	1	
2636	4078	2296	653	917	1782
6046	7023	3247	632	12116	31005

C-2-21续表2

地 区	企业会计制度财务指标			
	固定资产原价	营业收入	费用合计	营业利润
全 国	**33096.8**	**6800.1**	**136.8**	**-534.4**
中央级				
北 京	3672.0	11.7		
天 津	86.0	25.0		-16.0
河 北	1.0			
山 西				
内蒙古	422.5	741.0		180.0
辽 宁				
吉 林	560.0	20.0		
黑龙江	30.0	12.0	3.0	
上 海	2590.2	2603.9		-40.3
江 苏	34.5	44.8	38.7	0.8
浙 江	755.1	413.0	1.0	
安 徽	474.0			
福 建	1.0			
江 西	5.0	5.0	15.0	5.0
山 东	4787.0	2810.0	24.5	-676.0
河 南	9393.5			
湖 北	73.5	58.9	7.5	10.3
湖 南	40.0	2.0		1.0
广 东	1488.5		0.3	
广 西	3734.1			
海 南				
重 庆				
四 川		49.5	40.4	0.8
贵 州	1798.1	3.0		
云 南	110.5			
西 藏				
陕 西	2629.3			
甘 肃				
青 海				
宁 夏				
新 疆	411.0	0.3	6.4	

单位：万元

事业单位会计制度财务指标			民间非营利组织会计制度财务指标		
固定资产原价	本年收入合计	本年支出合计	固定资产原价	本年收入合计	本年费用合计
2586965.8	**3086781.5**	**2929748.5**	**631600.4**	**717928.5**	**641166.8**
17628.8	118036.1	89323.1			
329542.2	417217.1	401713.0	6561.0	23733.8	18490.9
60509.3	23449.1	22772.8	1021.5	1282.4	844.4
90688.1	115513.0	109589.6	7126.7	1109.4	1876.4
48902.9	48222.2	40592.8	2452.6	6786.7	6698.4
52899.0	49003.2	44302.8	1769.2	594.6	789.7
101405.9	110731.9	99029.1	4103.3	1187.8	3077.6
36339.1	88569.8	88900.7	123.0	496.0	497.4
39869.2	26883.0	27337.4	3599.4	40893.4	1599.9
109860.0	355746.8	338059.1	77403.9	270969.9	300274.9
154764.1	113226.8	108846.7	278972.4	202082.4	178935.7
111643.1	134465.3	125847.1	21664.3	41259.5	32162.9
76993.3	59455.6	54685.4	13545.7	6192.9	3434.6
13372.7	36726.5	33387.4	1642.0	845.0	1017.9
36422.9	25765.8	27898.7	1441.0	1756.0	1568.0
231509.5	192452.5	190680.0	44474.1	35697.0	36822.7
90871.6	67217.2	67783.9	1071.7	528.5	550.0
314877.0	79494.5	88406.1	9852.2	5374.4	6440.4
74702.6	61782.1	58792.7	2964.2	32121.6	1757.4
115418.6	181034.5	180290.7	25311.3	19455.3	10801.7
44508.9	72925.2	72495.1	787.1	140.0	272.3
5034.2	32971.2	14422.4	1862.0	1029.1	1015.1
38623.3	114715.1	113108.9	3608.6	4479.6	4320.5
104676.4	166427.9	151701.2	76309.8	8250.5	20442.2
33668.4	60732.5	52683.6	7168.4	136.3	276.3
65250.6	44732.3	55045.9	3036.0	299.7	405.9
2375.1	7867.0	7668.0	456.5		
76232.9	131865.3	123522.1	4669.1	1209.9	1500.1
34909.8	28513.8	21876.3	5601.0	342.8	169.3
9159.1	11879.7	14252.0	17.0	2.0	2.0
14917.0	13298.9	14715.0	1283.0	2831.9	3.1
49390.2	95859.6	90018.9	21702.4	6840.1	5119.1

C-2-22 社区服务

地　区	机构和设施数	按登记类型分				农村
		工商登记	编制登记	民政登记	设施	
全　国	**407453**	**25**	**1342**	**39228**	**366858**	**226760**
中央级						
北　京	11749	2	199	917	10631	5132
天　津	2786		3	47	2736	1052
河　北	36833	1	11	155	36666	32892
山　西	6067		52	82	5933	4059
内蒙古	4495		40	120	4335	1381
辽　宁	7375		30	314	7031	1851
吉　林	1840	2	45	216	1577	586
黑龙江	3231	3	15	401	2812	566
上　海	6197		106	3162	2929	397
江　苏	41826	3	18	23405	18400	17120
浙　江	33763	1	33	3013	30716	23352
安　徽	7860	1	50	318	7491	3048
福　建	8630		10	186	8434	4508
江　西	3745		16	60	3669	529
山　东	25156	4	29	1865	23258	14475
河　南	6015		30	71	5914	2373
湖　北	14738	1	44	386	14307	6498
湖　南	15565	2	21	240	15302	9317
广　东	68919	1	122	1126	67670	33352
广　西	13916		2	69	13845	11499
海　南	2812			337	2475	2289
重　庆	8040		63	472	7505	3893
四　川	23457	1	22	1459	21975	11093
贵　州	23139	1	100	97	22941	17645
云　南	3359	1	9	47	3302	1508
西　藏	76			15	61	67
陕　西	8926		15	113	8798	5778
甘　肃	10142		45	74	10023	7509
青　海	1640			2	1638	1036
宁　夏	2514		1	12	2501	1830
新　疆	2642	1	211	447	1983	125

机构和设施总表

单位：个、人

年末职工人数	女性	受教育程度		职业资格水平	
		大学专科人数	大学本科及以上人数	助理社会工作师人数	社会工作师人数
1509147	**563960**	**309424**	**164533**	**35909**	**17377**
46817	24275	12672	12797	3120	1550
13587	7789	3846	3358	933	269
75267	26569	5450	2340	608	221
21652	7693	2874	1471	435	187
18721	8931	5077	3226	560	205
45632	25793	14098	8858	1328	699
13898	8383	5059	2996	341	272
20261	9483	5190	2096	379	228
47620	17690	10127	4216	600	1661
200165	59649	34234	16749	2976	1209
95344	36723	19411	12120	1806	931
37263	14773	9476	2859	655	269
24299	10078	2464	900	524	320
13788	5036	1498	662	369	123
114466	46726	30006	15327	1583	642
35513	14154	6114	3074	488	225
49649	19765	9103	3570	470	307
50398	18024	10209	4870	713	334
245671	88886	54511	34741	13363	5368
24935	8014	2366	1280	192	99
10997	2945	1028	446	24	10
27952	12842	7799	3958	1077	587
73326	25671	17317	5340	1333	517
99550	25050	18048	6461	259	76
14437	5111	2358	1075	122	55
966	501	120	40	13	3
32788	12999	6374	3116	1259	609
23879	7511	4389	2817	125	83
5480	2374	1884	628	36	21
9079	4177	1530	364	55	8
15747	6345	4792	2778	163	289

C-2-22续表1

地 区	年龄结构				志愿
	35岁及以下人数	36岁至45岁人数	46岁至55岁人数	56岁及以上人数	志愿者服务人次数
全 国	**446255**	**572147**	**365181**	**125031**	**7501292**
中央级					
北 京	13584	15750	13483	4000	5888481
天 津	5589	4404	2929	665	6310
河 北	16848	27348	23634	7437	20365
山 西	4128	7201	5644	4385	1010
内蒙古	6282	7726	3721	928	10239
辽 宁	13604	17270	10263	4495	63314
吉 林	4079	7530	2065	224	2124
黑龙江	5562	8692	3739	2268	19
上 海	15210	15689	12904	3817	29030
江 苏	55319	77994	51457	15395	240888
浙 江	25563	37300	23591	8890	188195
安 徽	10336	15767	9207	1945	26585
福 建	6233	8562	6694	2659	1897
江 西	3628	5101	3410	1649	4367
山 东	38536	41104	24946	9880	478519
河 南	9272	15177	7674	3390	1947
湖 北	13376	19467	10698	6108	3091
湖 南	12560	18726	13581	5531	9874
广 东	85775	89670	52313	17913	18498
广 西	6331	8713	7685	2205	2315
海 南	2653	4517	3198	629	2204
重 庆	8707	10630	6787	1828	227836
四 川	20024	30006	17326	5970	7612
贵 州	31316	37782	24360	6092	212825
云 南	4003	6396	3156	871	13327
西 藏	680	246	31	9	5
陕 西	8020	11951	9843	2974	31317
甘 肃	9033	8691	4997	1158	321
青 海	1877	2370	727	502	1
宁 夏	2393	3860	2189	637	915
新 疆	5734	6507	2929	577	7861

单位：人、人次、时、张

服务					
志愿服务时间	床位数合计	日间照料床位数	农村	留宿照料床位数	农村
22474106.7	**3385029**	**1686363**	**1065262**	**1698666**	**1126335**
18748178.0	8946	5587	2369	3359	636
9223.0	11431	5619	3343	5812	5264
52873.0	278217	186199	166438	92018	76833
2910.0	71419	49807	39516	21612	16421
21118.0	134475	22096	5232	112379	104891
101084.5	50343	22147	7775	28196	15330
4265.0	4271	3471	90	800	
32.0	67657	21531	4956	46126	12723
93089.0	18445	2520	45	15925	1085
510381.5	243704	165872	77786	77832	23014
444291.0	323183	198950	151105	124233	62119
79979.0	177347	22672	8814	154675	128421
3785.0	99835	40477	22992	59358	34004
10705.0	44967	17336	9134	27631	17490
1093388.3	357009	190255	135294	166754	116594
4226.5	233961	65473	38389	168488	122966
7785.0	101920	64943	30712	36977	12648
28806.0	148769	66355	42417	82414	55200
80186.5	222407	169406	88239	53001	18003
4558.0	122320	22254	19901	100066	92752
4500.0	10516	3862	1742	6654	4257
538528.8	79472	27789	12983	51683	44674
21711.0	204585	74253	31766	130332	75056
463733.6	107173	63520	41468	43653	33232
41048.0	52480	18641	7462	33839	18861
	2232	1782	1668	450	220
83596.0	72297	46510	37660	25787	19132
712.0	101994	89289	65663	12705	8857
	14992	7808	4755	7184	1884
1774.0	6255	3359	1687	2896	1983
17639.0	12407	6580	3861	5827	1785

C−2−22续表2

地 区	年末收养照料人数合计	社区日间照料人数	农村	社区留宿收养人数	农村
全 国	**1059385**	**408287**	**276324**	**651098**	**476727**
中央级					
北 京	3293	1885	1083	1408	233
天 津	1754	886	686	868	857
河 北	50934	33711	31132	17223	13000
山 西	28800	21512	17959	7288	6366
内蒙古	72405	7726	2373	64679	62299
辽 宁	12020	3433	957	8587	5154
吉 林	528	515	54	13	
黑龙江	30491	6854	2814	23637	6834
上 海	1084	1066	12	18	
江 苏	46431	28361	16657	18070	5171
浙 江	58116	20899	16074	37217	14159
安 徽	51869	1526	9	50343	46745
福 建	14556	3909	1171	10647	5086
江 西	14737	6830	6402	7907	7395
山 东	173251	90418	62646	82833	61654
河 南	127936	30915	20736	97021	70499
湖 北	27878	14240	6188	13638	5080
湖 南	73696	32845	23941	40851	29414
广 东	36218	23866	11790	12352	4350
广 西	42289	8946	8338	33343	41316
海 南	2757	673	289	2084	1723
重 庆	50974	18595	8841	32379	28421
四 川	56265	10706	6281	45559	29764
贵 州	17752	5438	4089	12314	9966
云 南	12289	1942	737	10347	6236
西 藏	1155	1151	979	4	4
陕 西	29793	16847	14690	12946	10729
甘 肃	9918	7927	6021	1991	1497
青 海	2740	477	275	2263	789
宁 夏	1272	567	312	705	570
新 疆	6184	3621	2788	2563	1416

单位：人、人次、人天、个、平方米

本年收养照料人天数	老年人活动人次数	社区服务志愿者组织数	注册社区志愿者人数	机构建筑面积
60161878	**19436992**	**95892**	**3668049**	**129018666**
266811	1648630	15704	1162175	2144248
		20		1132720
5108825	728996	214	1219	7337795
1802590	156496	412	10920	2155729
9635716	445741	538	13178	3346982
494021	128313	1118	51466	3047440
5475	48	47		828540
18250	11502	17	50	1419746
229223	8404	2107	124075	1671682
1202943	3492294	4952	148720	12000731
124197	1271988	22555	7275	9528670
3444895	41676	713	41083	4518106
254789	328849	395	283	2635179
29393	63162	136	1960	1313378
17987080	5377611	5963	40276	16536223
983647	93506	189	21810	5593798
24024	302287	725	187080	4235447
4983903	86212	988	8363	5563968
222605	692102	502	60618	13361900
2121330	232053	205		3188453
26765	15000			747348
6280349	2585537	7209	980977	3127929
2041188	827100	685	37823	7934111
492458	70267	27575	14724	6573707
412520	33666			1943648
365	62780	1		347143
1935229	673932	2071	752497	2632953
365	1441	1	20	1857852
2737	276	50		481536
29820	860			759038
365	56263	800	1457	1052666

C-2-22续表3

地　区	企业会计制度财务指标			
	固定资产原价	营业收入	费用合计	营业利润
全　国	**2607.6**	**634.3**	**136.8**	**17.3**
中央级				
北　京	11.5	11.7		
天　津				
河　北	1.0			
山　西				
内蒙古				
辽　宁				
吉　林	560.0	20.0		
黑龙江	30.0	12.0	3.0	
上　海				
江　苏	34.5	44.8	38.7	0.8
浙　江	755.1	413.0	1.0	
安　徽	0.0			
福　建	1.0			
江　西	5.0	5.0	15.0	5.0
山　东	297.0	53.0	24.5	
河　南				
湖　北	50.0	20.0	7.5	9.7
湖　南	40.0	2.0		1.0
广　东	1.0		0.3	
广　西				
海　南				
重　庆				
四　川	0.0	49.5	40.4	0.8
贵　州	300.0	3.0		
云　南	110.5			
西　藏				
陕　西				
甘　肃				
青　海				
宁　夏				
新　疆	411.0	0.3	6.4	

单位：万元

事业单位会计制度财务指标			民间非营利组织会计制度财务指标		
固定资产原价	本年收入合计	本年支出合计	固定资产原价	本年收入合计	本年费用合计
108021.3	**180940.2**	**165590.2**	**626043.8**	**704532.8**	**636724.3**
40743.3	50279.3	51425.0	6561.0	23733.8	18490.9
202.6	513.0	435.0	1021.5	1282.4	844.4
2346.1	803.2	800.4	7103.7	1109.4	1876.4
3166.1	844.3	868.1	2452.6	6786.7	6698.4
659.0	615.0	615.0	1769.2	594.6	789.7
2085.4	400.1	399.7	4103.3	1187.8	3077.6
946.0	1852.6	1852.6	123.0	496.0	497.4
595.0	286.1	263.2	3599.4	40893.4	1599.9
12067.3	65470.1	55230.5	76848.5	266810.7	297631.9
1131.8	4552.2	4462.1	278960.7	201811.8	178934.5
3063.5	2524.9	2856.4	20411.1	38109.2	31799.6
1310.3	928.8	780.1	12858.4	3610.9	2036.6
32.0	472.5	447.6	1642.0	845.0	1017.9
345.0	84.4	74.4	1441.0	1756.0	1568.0
5076.9	2165.9	2165.9	44474.1	35697.0	36822.7
1790.8	413.3	389.4	1071.7	528.5	550.0
6859.6	2414.2	2388.5	9852.2	5374.4	6440.4
3882.6	394.1	367.1	2856.2	32023.3	1757.4
7589.7	10777.4	10572.2	25311.3	19455.3	10801.7
22.6	5.0	5.0	787.1	140.0	272.3
			1862.0	1029.1	1015.1
2432.5	709.9	652.8	3608.6	4479.6	4320.5
263.6	117.7	154.0	76309.8	8250.5	20442.2
6326.9	25383.0	18943.2	7168.4	136.3	276.3
53.0	3.0		3036.0	299.7	405.9
			456.5		
1095.0	7625.6	7871.5	4659.1	1196.9	1463.1
56.0	800.0	800.0	2835.0	42.6	169.3
			10.0	2.0	2.0
	96.5	85.4	1148.0	9.8	3.1
3878.7	408.1	685.1	21702.4	6840.1	5119.1

C-2-23 社区服务

地区	机构和设施数	按登记类型分				农村	年末职工人数	女性
		工商登记	编制登记	民政登记	设施			
全国	**619**	**5**	**163**	**88**	**363**	**16**	**6206**	**2825**
中央级								
北京	17		17				386	227
天津	9		3	4	2		57	29
河北	13		2	4	7	1	209	113
山西	18		8		10		73	35
内蒙古	2		1		1		9	5
辽宁	16		3	2	11		116	47
吉林	6		3		3		42	21
黑龙江	24		4	1	19	1	280	108
上海	7		5	2			97	69
江苏	56	2	14	18	22		497	245
浙江	21		8	8	5		177	132
安徽	37		15	2	20	1	666	129
福建	2		1		1		18	10
江西	38		2	2	34	2	196	135
山东	88	2	11	14	61		1649	782
河南	24		8	1	15		189	79
湖北	21		10		11	1	168	108
湖南	34		9	1	24	4	266	74
广东	18		11		7		149	73
广西	5		2		3		19	13
海南	2			2			4	1
重庆	6		2	1	3		17	10
四川	57	1	7	8	41		275	110
贵州	16				16	1	87	29
云南	8			7	1		40	9
西藏	2				2		2	2
陕西	34		12	2	20		296	149
甘肃	19			2	17	5	59	19
青海								
宁夏	2		1	1			60	11
新疆	17		4	6	7		103	51

指导中心

单位：个、人

受教育程度		职业资格水平		年龄结构			
大学专科人数	大学本科及以上人数	助理社会工作师人数	社会工作师人数	35岁及以下人数	36岁至45岁人数	46岁至55岁人数	56岁及以上人数
1781	**1679**	**287**	**142**	**2307**	**2194**	**1449**	**256**
83	150	64	19	107	132	140	7
13	30	1		12	15	27	3
49	25	1		92	87	26	4
9	22	2	2	29	20	19	5
6	1			1	6	2	
47	45		1	36	62	13	5
16	10			11	20	11	
104	63	8	3	57	83	113	27
20	73	3	8	49	29	16	3
125	105	31	10	172	205	89	31
69	68	7	7	111	46	11	9
53	42	54	10	143	139	369	15
2	12			3	14	1	
60	25	2	3	47	102	29	18
585	599	25	29	859	550	188	52
59	23	22	11	75	85	27	2
54	46	15	5	35	69	56	8
54	41	16	4	66	116	64	20
25	78	6	16	58	52	28	11
12	3		1	5	11	3	
3			1		3	1	
1	10			2	9	6	
97	65	9	3	78	98	84	15
26	8	2		42	28	17	
16	21			28	10	1	1
				2			
148	63	18	6	113	94	73	16
9	11			25	25	9	
				14	40	6	
36	40	1	3	35	44	20	4

C-2-23续表1

地区	志愿服务		床位数合计	社区日间照料床位数		社区留宿收养床位数	
	志愿者服务人次数	志愿服务时间			农村		农村
全国	**1332198**	**7905572**	**10767**	**7436**	**473**	**3331**	**294**
中央级							
北京	1299306	7830822	1248			1248	
天津			124	124			
河北	704	3072	332	81		251	200
山西			169	119		50	
内蒙古	265	1590	60	60			
辽宁			122	120		2	
吉林			134	134			
黑龙江			232	181		51	
上海	9723	19446					
江苏	661	1300	311	309		2	
浙江	401	1535	99	98		1	
安徽	4305	7407	436	368		68	20
福建	50	200	10	10			
江西	521	1682	507	397	120	110	52
山东	14291	32949	880	850		30	
河南	62	100	655	330		325	
湖北	33	198	260	190		70	
湖南	143	726	346	303	26	43	
广东			1141	1094		47	
广西							
海南			20	20			
重庆	14	47	255	55		200	
四川	8	46	1475	1221		254	
贵州	260	465	497	252		245	
云南	2	16	60			60	
西藏							
陕西	1168	3309	620	390		230	
甘肃	271	612	746	704	327	42	22
青海							
宁夏							
新疆	10	50	28	26		2	

单位：人次、时、张、人、人天

年末收养人数合计	社区日间照料人数	农村	社区留宿收养人数	农村	本年收养照料人天数	老年人活动人次数
2295	**1369**	**268**	**926**	**54**	**238915**	**170923**
552			552		201480	91940
30	30					
40	16	10	24		1420	211
12	12					
54	22		32			
24	24				240	820
10	8		2	2		5842
160	100	70	60	52		122
518	506		12		21380	9174
261	125		136			20
						20
223	193	15	30		13487	28
6	3		3			43154
15	9		6		314	4823
30	24		6			240
120	60		60			
47	44		3		594	13944
193	193	173				585

C-2-23续表2

地区	社区服务志愿者组织数	注册社区志愿者人数	机构建筑面积	企业会计制度财务指标			
				固定资产原价	营业收入	费用合计	营业利润
全国	**7981**	**797166**	**767844**	**289.5**	**135.3**	**96.1**	**1.6**
中央级							
北京	5358	484125	102687				
天津	20		7012				
河北			21674				
山西	378	920	9146				
内蒙古			5241				
辽宁			91865				
吉林			3954				
黑龙江			30974				
上海	1088	78108	6035				
江苏	196	140	99243	32.5	44.8	38.7	0.8
浙江			16141				
安徽	6	20189	19501				
福建			1320				
江西	1	10	23095				
山东	203	1013	121351	257	41	17	
河南			12920				
湖北	333	185463	42181				
湖南	1	29	33060				
广东	265	21577	15530				
广西			3708				
海南			600				
重庆	1	10	6610				
四川	7	77	23570		49.5	40.4	0.8
贵州			11250				
云南			3068				
西藏			1200				
陕西	122	5485	37318				
甘肃	1	20	12860				
青海							
宁夏			200				
新疆	1		4530				

单位：个、人、平方米、万元

事业单位会计制度财务指标			民间非营利组织会计制度财务指标		
固定资产原价	本年收入合计	本年支出合计	固定资产原价	本年收入合计	本年支出合计
54882.6	**48320.6**	**46872.7**	**7956.1**	**2406.1**	**2570.5**
28082.8	22710.4	21579			
202.6	513	435	152.5	196.8	124.9
72.1	15.5	15.1	236.6	95	277.2
51.5	119.1	141.9			
25	154	154			
59	331.9	331.5	104	10.2	10.4
	147.6	147.6			
235	156.5	156.5	1		14
5203	3464.5	3467.4	39.4	195	195
567.9	4384.9	4301.6	367.3	466	434.7
1451.7	1370.6	1411.1	301.1	404.1	83.9
598.4	446.5	352.8	53		4.8
	143	143			
	61	61	4		12.2
4809.9	1169.6	1169.6	4309.5	835.3	1238.5
26	142.6	142.6	46	11	11
6002.7	2133.5	2168.5			
978	347.1	320.1	3	2	2
4899	2562.8	2462.8			
22.6	5	5			
			90		
262	35.2	35.2	2	5.5	5.5
206	109.7	123	219.8	121.2	53.8
			64.9	36.5	4.6
892.4	7615.1	7542	240	27.5	85
			1605		0.7
	96.5	85.4	10		0.3
235	85	121	107		12

C-2-24 社区服务

地区	机构和设施数	按登记类型分			
		工商登记	编制登记	民政登记	设施
全国	**25015**	**8**	**841**	**2281**	**21885**
中央级					
北京	203	2	182		19
天津	274			30	244
河北	511		3	1	507
山西	648		21	38	589
内蒙古	984		38	3	943
辽宁	901		20	12	869
吉林	492	2	5		485
黑龙江	608		3	10	595
上海	245		88	70	87
江苏	3133	1	1	1308	1823
浙江	2981		20	252	2709
安徽	1138		3	13	1122
福建	216		7	3	206
江西	397		14		383
山东	1548	1	18	41	1488
河南	980		11	1	968
湖北	679	1	10	124	544
湖南	633		9	7	617
广东	2108		97	39	1972
广西	321				321
海南	33				33
重庆	446		8	2	436
四川	1758		15	29	1714
贵州	1462		99	1	1362
云南	141	1		1	139
西藏	3			3	
陕西	573		3	1	569
甘肃	876		45	2	829
青海	30				30
宁夏	59				59
新疆	634		121	290	223

中心

单位：个

农村	按服务功能类型分 为居民提供便民办事服务	为居民提供活动场所服务	为居民提供养老等服务	农村	为居民提供便民信息服务
9582	**17475**	**4976**	**3849**	**2101**	**2916**
21	164	59	13		76
100	184	85	4		8
113	199	140	172	72	19
265	293	241	105	38	10
171	828	198	18	2	119
249	640	97	140	49	61
390	464	28	35		21
131	465	179	33		50
13	201	21	2		21
1328	1600	685	929	411	181
2236	1552	627	774	705	50
596	757	134	163	94	173
52	136	36	43	5	8
69	273	76	22		36
699	1197	646	438	203	698
342	565	82	329	243	33
80	451	190	24	1	59
155	576	111	38	4	465
463	1757	195	77	49	139
30	238	34	1		49
	29		4		
92	381	142	3		81
231	1506	203	134	18	284
805	1339	292	200	130	170
31	100	10	34	16	8
3	3				
278	391	176	3		7
610	565	181	104	59	49
16	15	9	3	1	4
11	57	3	2		9
2	549	96	2	1	28

C–2–24续表1

地　区	年末职工人数	女性	受教育程度		职业资格水平	
			大学专科人数	大学本科及以上人数	助理社会工作师人数	社会工作师人数
全　国	**162447**	**61445**	**42383**	**25286**	**5842**	**4036**
中央级						
北　京	2054	1212	495	850	30	23
天　津	1422	851	448	234	168	34
河　北	2201	1192	513	367	50	24
山　西	2770	1224	463	230	24	8
内蒙古	6142	3142	1926	1188	192	62
辽　宁	8365	3195	2072	1719	106	39
吉　林	1949	639	451	73	1	62
黑龙江	4657	1907	1760	593	46	20
上　海	5241	2734	1792	1445	218	172
江　苏	27574	5652	6921	1373	648	269
浙　江	11376	4655	2849	1763	225	179
安　徽	6331	2594	1546	744	73	27
福　建	801	426	134	45	28	21
江　西	1600	697	288	75	128	59
山　东	10207	4568	3210	2332	157	51
河　南	5765	2051	1190	568	65	34
湖　北	4035	1651	888	225	30	22
湖　南	4094	1533	951	490	100	48
广　东	19673	8032	5138	5850	3138	2551
广　西	1180	450	171	99	13	
海　南	399	91	36	16		
重　庆	2878	1456	1031	556	95	84
四　川	6965	2487	2068	513	85	66
贵　州	11274	3683	2894	2251	8	9
云　南	1438	518	303	172	16	7
西　藏	6	4	2	2		
陕　西	3259	896	624	209	109	91
甘　肃	2663	1306	789	580	48	23
青　海	185	82	57	50	1	
宁　夏	576	404	34	22	1	2
新　疆	5367	2113	1339	652	39	49

单位：人、人次、时

年龄结构				志愿服务	
35岁及以下人数	36岁至45岁人数	46岁至55岁人数	56岁及以上人数	志愿者服务人次数	志愿服务时间
55559	**61541**	**33179**	**12168**	**1925640**	**4705716.0**
481	766	670	137	1770125	4365015.0
505	555	256	106	4310	5223.0
763	930	455	53	1365	3735.0
696	1265	649	160	360	960.0
2072	2603	1233	234	4080	8445.0
2356	3063	2294	652	558	1311.0
487	1397	65		4	5.0
1391	1772	1301	193		
2213	1516	1045	467	4768	10626.0
10172	10788	4423	2191	11046	19032.0
2941	4216	2881	1338	13347	21549.0
1882	2797	1429	223	3610	8764.0
177	410	181	33	35	70.0
483	652	410	55	973	2502.0
4433	3728	1702	344	28345	69764.5
1881	2073	1058	753	22	23.5
1317	1417	1024	277	221	506.0
1069	1465	638	922	696	1451.0
7909	5722	3746	2296	2159	3309.0
444	471	234	31		
90	196	74	39		
925	1117	722	114	36488	83644.0
2340	3191	1065	369	1487	3099.0
4113	4027	2597	537	32153	72772.0
406	573	381	78		
6					
1019	985	837	418	2075	7166.0
1173	1088	370	32		
70	65	48	2		
132	194	246	4	218	335.0
1613	2499	1145	110	7195	16409.0

C−2−24续表2

地区	床位数合计	社区日间照料床位数	农村	社区留宿收养床位数	农村	年末收养人数合计	社区日间照料人数
全国	**138449**	**99452**	**37403**	**38997**	**16703**	**29228**	**18914**
中央级							
北京	687	638	39	49		217	212
天津	1667	1592	706	75			
河北	4281	3943	2602	338	125	237	219
山西	4634	3192	777	1442	435	724	691
内蒙古	2123	1850	48	273	192	491	347
辽宁	5174	2116	561	3058	2171	1047	303
吉林	246	245		1		130	130
黑龙江	6160	3758	514	2402	2	4966	2787
上海	1971	1971				869	869
江苏	15406	11501	3881	3905	2212	3284	1714
浙江	26333	22836	13990	3497	1291	1363	1232
安徽	14809	5060	2285	9749	6026	1210	978
福建	402	325	96	77	46		
江西	1117	1080	223	37		198	198
山东	7998	5891	3080	2107	1596	5488	3755
河南	10276	6210	1515	4066	865	4186	1938
湖北	1855	1292	189	563	128	248	148
湖南	3729	2715	558	1014	504	1048	665
广东	8856	8267	1045	589	76	1008	1006
广西	44	36	4	8	1	19	19
海南	252	58		194			
重庆	1524	1029	58	495	22	952	734
四川	6939	4040	218	2899	334	376	208
贵州	4383	3652	2572	731	403	616	353
云南	1601	1151	185	450	25		
西藏							
陕西	644	358	140	286	140	187	62
甘肃	4297	3961	1954	336	109	147	140
青海	207	207	143			16	16
宁夏	39	39					
新疆	795	439	20	356		201	190

单位：张、人、人次、人天、个、平方米

农村	社区留宿收养人数	农村	本年收养照料人天数	老年人活动人次数	社区服务志愿者组织数	注册社区志愿者人数	机构建筑面积
5028	**10314**	**4377**	**972791**	**1940406**	**19797**	**822718**	**10114933**
14	5		24625	823318	5326	382100	137202
							154753
177	18		6656	8027	25	20	154797
133	33	32	144175		11	10000	188618
	144	122	52588	244140	233	8002	709649
93	744	710		9141	227	341	509117
			5475	48	47		96179
378	2179			11300	2	50	240130
			228755	8084	938	42659	127528
584	1570	1040	10322	104678	256	24509	1163850
150	131	63	23280	54880	262	927	966074
	232	88	12000		33	8173	414798
					31		54626
152			12605	25300	130	1935	116580
2682	1733	1349	278548	445799	1246	11682	1199462
142	2248	360	1810	476	27		532480
44	100	100		24651	123	200	228006
186	383	175	28848		52		264503
23	2	2			38	1165	621212
1			730				69178
							4700
46	218	20	129892	107739	1544	292275	254096
32	168	18		8348	96	21223	449081
171	263	196	8219	7628	8598	6241	511637
				478			74954
							1200
	125	100	2256	4573	262	9819	209674
10	7	2		35			258595
10			2007				8612
							34198
	11			51763	290	1397	359444

C−2−24续表3

地　区	企业会计制度财务指标			
	固定资产原价	营业收入	费用合计	营业利润
全　国	**756.0**	**51.7**	**15.0**	**9.7**
中央级				
北　京	11.5	11.7		
天　津				
河　北				
山　西				
内蒙古				
辽　宁				
吉　林	560.0	20.0		
黑龙江				
上　海				
江　苏	2.0			
浙　江				
安　徽				
福　建				
江　西				
山　东	22.0		7.5	
河　南				
湖　北	50.0	20.0	7.5	9.7
湖　南				
广　东				
广　西				
海　南				
重　庆				
四　川				
贵　州				
云　南	110.5			
西　藏				
陕　西				
甘　肃				
青　海				
宁　夏				
新　疆				

单位：万元

事业单位会计制度财务指标			民间非营利组织会计制度财务指标		
固定资产原价	本年收入合计	本年支出合计	固定资产原价	本年收入合计	本年支出合计
36714.2	**122405.5**	**109066.4**	**45386.0**	**24817.3**	**24481.0**
12660.5	27568.9	29846.0			
			431.9	239.8	137.9
214.0	120.0	120.0	2.0	2.0	0.2
980.0	329.2	331.2	108.0	228.0	180.0
633.0	460.0	460.0	60.0	27.8	28.0
35.9	25.0	25.0	52.0	65.0	92.2
15.0	158.0	158.0			
	4.6	32.7	32.0	3.0	48.0
6559.3	58026.8	48505.8	637.4	2126.6	1802.5
458.9	57.3	50.5	19903.4	8895.2	11508.6
21.8	936.1	950.1	2449.7	3908.3	2871.5
60.0	60.8	60.8	1575.0	133.0	216.5
32.0	82.0	77.0	11.0	15.0	17.6
340.0	18.4	8.4			
267.0	996.3	996.3	319.1	1564.6	1575.5
1100.3	159.0	159.0	190.0		87.0
758.7	202.0	157.0	622.0	779.2	866.0
2904.6	30.0	30.0	87.2	114.0	117.5
618.7	6728.2	6671.9	1227.0	1126.0	1003.5
243.5	193.0	193.6	6.0	10.0	12.0
57.6	8.0	8.0	184.3	133.4	154.0
6296.9	25358.4	18918.6	2.0	0.5	0.5
			5.0	2.0	1.0
			152.0		
202.6	10.5	329.5	10.0		5.0
56.0	800.0	800.0	20.0	2.0	0.4
2197.9	73.0	177.0	17299.0	5441.9	3755.6

C-2-25 社区

地区	机构和设施数	按登记类型分			农村	按服务	
		编制登记	民政登记	设施		为居民提供便民办事服务	为居民提供活动场所服务
全国	**142823**	**203**	**7621**	**134999**	**75128**	**101915**	**31568**
中央级							
北京	6451			6451	3677	5299	3203
天津	1836			1836	553	1076	680
河北	2102	1	4	2097	218	1190	129
山西	1774	21	9	1744	975	835	607
内蒙古	1090		7	1083	66	755	262
辽宁	4023		1	4022	757	3022	249
吉林	1231	37	146	1048	184	1184	23
黑龙江	1370	4	2	1364	109	775	347
上海	2688	3	125	2560	344	1304	993
江苏	15151		6069	9082	8345	7855	1904
浙江	13028		352	12676	10028	9502	2130
安徽	3023	21	4	2998	895	2377	348
福建	3564		35	3529	1460	2089	822
江西	1043			1043	100	653	256
山东	8992		141	8851	5015	5899	4423
河南	1419		1	1418	154	1011	266
湖北	4319	21	34	4264	1089	3167	802
湖南	3786	1	10	3775	1056	2993	1031
广东	21793		187	21606	15138	16437	4479
广西	1984			1984	680	1103	348
海南	2447		250	2197	2133	1950	395
重庆	2660			2660	700	2071	1130
四川	9697		157	9540	4685	7548	1056
贵州	17427		1	17426	13415	14853	4075
云南	1529	8		1521	448	1290	102
西藏	9		9		9	9	
陕西	2512		2	2510	624	1843	590
甘肃	1903		4	1899	735	1084	488
青海	441			441	49	348	46
宁夏	2023			2023	1475	1485	161
新疆	1508	86	71	1351	12	908	223

服务站

单位：个、人

功能类型分			年末职工人数		受教育程度	
为居民提供养老等服务	农村	为居民提供便民信息服务		女性	大学专科人数	大学本科及以上人数
15998	**8872**	**24576**	**592509**	**237258**	**140119**	**65290**
356	63	2747	31514	16841	8853	7781
27	7	80	9704	6035	2977	2795
794		22	8215	4731	2137	977
241	209	139	6140	2445	1251	749
3	1	143	5832	3035	1792	1385
513	146	426	26351	17197	10197	6177
9		21	10535	7052	4523	1770
49	28	206	6388	3725	2090	777
17	3	376	12490	6647	1660	863
5925	3708	1764	68950	22549	13173	6091
786	615	938	35741	12749	8413	2746
31	5	400	14087	6226	4146	1019
692	130	253	12264	5676	1699	617
12		122	3594	1313	415	51
2224	1509	4551	41399	17540	12436	5578
43	26	100	7255	3705	1584	475
195	85	474	16489	6444	3805	1232
471	148	2628	16489	7271	4245	1714
344	247	953	77530	25477	14061	8407
31	1	565	10233	3908	1597	792
52	31	261	9074	2485	847	321
164	44	249	12592	6719	4611	1999
558	361	3061	31071	10650	8592	2042
2134	1388	2842	75095	17890	12998	3331
39	17	128	8440	3000	1574	511
			18	9	6	
9	1	221	12260	5825	3602	1874
200	82	144	5424	2521	1661	878
		55	2052	1190	963	365
79	17	319	7318	3239	1329	325
		388	7965	3164	2882	1648

C-2-25续表1

地区	职业资格水平		年龄结构			
	助理社会工作师人数	社会工作师人数	35岁及以下人数	36岁至45岁人数	46岁至55岁人数	56岁及以上人数
全　国	**12527**	**5746**	**180347**	**227642**	**143755**	**40765**
中央级						
北　京	2605	1204	7955	11324	9292	2943
天　津	754	227	4650	2821	1991	242
河　北	184	115	2965	2968	1889	393
山　西	197	100	1584	2641	1517	398
内蒙古	200	104	2345	2232	1010	245
辽　宁	918	447	8539	9811	4817	3184
吉　林	340	210	2710	5722	1901	202
黑龙江	136	66	2631	2803	776	178
上　海	256	128	1311	5565	4349	1265
江　苏	1282	484	17466	25326	21036	5122
浙　江	489	325	12090	12648	8254	2749
安　徽	147	75	4113	6748	2930	296
福　建	387	199	4439	4688	2692	445
江　西	32	15	1055	1737	683	119
山　东	335	211	14053	15658	8776	2912
河　南	107	20	2858	2795	1243	359
湖　北	117	46	4900	7235	3180	1174
湖　南	264	110	4950	5356	4850	1333
广　东	1571	512	21818	29235	20318	6159
广　西	92	22	4106	3541	2138	448
海　南	16	6	2344	3950	2232	548
重　庆	690	351	4738	4883	2548	423
四　川	449	183	8518	11987	7443	3123
贵　州	37	24	23395	28736	18543	4421
云　南	48	27	2700	3652	1696	392
西　藏			15	3		
陕　西	744	303	3916	4440	3242	662
甘　肃	13	11	2262	2075	947	140
青　海	17	7	890	878	272	12
宁　夏	54	6	1838	3063	1811	606
新　疆	46	208	3193	3121	1379	272

单位：人、人次、时、张

志愿服务		床位数合计	社区日间照料床位数		社区留宿收养床位数	
志愿者服务人次数	志愿服务时间			农村		农村
3813005	**8714501**	**336681**	**282619**	**150682**	**54062**	**21809**
2814897	6538947	3018	2668	836	350	
		2838	2491	1576	347	
1786	5706	7015	6422	61	593	1
650	1950	7242	7187	6154	55	40
1941	2855	766	609	30	157	45
59985	94354	7321	5458	1066	1863	525
		3829	3030	90	799	
		4825	3834	491	991	471
6842	50195	338	338	42		
96175	220306	78961	73870	41192	5091	2410
130605	260438	52173	44982	35514	7191	1715
8305	15947	5945	3182	700	2763	1260
76	194	13519	12701	7751	818	318
1360	2341	943	893	23	50	
324397	708185	16537	15459	7428	1078	840
82	153	2084	1539	183	545	22
419	1282	17322	12289	3388	5033	822
4080	11907	7751	4637	887	3114	319
1917	2889	40704	30852	18154	9852	5892
117	325	289	229	11	60	35
1804	4500	972	579	411	393	222
176769	398004	4408	3504	303	904	141
1272	4932	16320	11655	3633	4665	2392
164744	352245	27347	22748	16869	4599	3514
820	2282	1854	1327	379	527	246
12709	32346	2525	1320	330	1205	117
		6091	5572	2655	519	376
		1262	1262	199		
697	1439	1391	1296	319	95	78
556	780	1091	686	7	405	8

C-2-25续表2

地　区	年末收养人数合计	社区日间照料人数	农村	社区留宿收养人数	农村	本年收养照料人天数	老年人活动人次数
全　国	**60506**	**48680**	**29038**	**11826**	**2987**	**2362991**	**5354285**
中央级							
北　京	585	475	158	110		7575	733372
天　津	17	17	17				
河　北	677	578		99		28093	61538
山　西	3377	3377	3102			399675	120430
内蒙古	207	124		83		2070	29674
辽　宁	333	233	2	100	2	1660	63442
吉　林	390	377	54	13			
黑龙江	654	348	84	306	160		
上　海	193	193	12			468	320
江　苏	15868	15184	10977	684	493	507261	2455881
浙　江	8894	4968	3924	3926		43635	45367
安　徽	705	85		620	330	6276	33770
福　建	526	364	142	162	18	47381	311420
江　西	105	105				9923	37618
山　东	5432	4978	1927	454	350	723768	606269
河　南	709	398	18	311		6050	2704
湖　北	4518	3630	1860	888	440	15242	24000
湖　南	2524	1678	292	846	88	168579	23185
广　东	6217	5330	4684	887	323	71560	1500
广　西	45	45	3			11680	786
海　南	123	70	44	53	51		
重　庆	2788	2265	274	523	53	299839	700669
四　川	1891	1417	419	474	129		54590
贵　州	2515	1472	871	1043	494	5000	19614
云　南							
西　藏							
陕　西	387	197	2	190	8	7256	28136
甘　肃	485	431	166	54	48		
青　海	26	26					
宁　夏	197	197	6				
新　疆	118	118					

单位：人、个、人天、人次、张、平方米

社区服务志愿者组织数	注册社区志愿者人数	机构建筑面积	事业单位会计制度财务指标			民间非营利组织会计制度财务指标		
			固定资产原价	本年收入合计	本年支出合计	固定资产原价	本年收入合计	本年支出合计
33315	**1901869**	**38876405**	**4680.0**	**2450.2**	**2534.7**	**144698.6**	**101373.4**	**81121.0**
3370	279450	1211705						
		655158						
92	150	1321053	26.0		4.1	51.0	1.0	6.7
		341683	2100.0	378.0	378.0	90.0		
212	1089	323592				0.1		0.7
718	49822	1262672				4.0	39.0	36.6
		659970	931.0	1547.0	1547.0	94.5	269.0	269.0
15		360295		20.0	20.0	3.0		0.4
34	1884	609302	1.0	87.6	54.0	11982.9	10596.5	7362.0
2417	112639	4850451				120894.7	72292.7	56854.3
204	4277	3457179				641.2	11818.6	9285.9
516	9726	901235	85.0	96.5	76.5	85.0	75.0	76.3
236	52	714322				74.5	7.3	126.1
5	15	170804						
2232	15487	4057336				3739.8	4370.2	4230.8
19		856070				30.0	2.2	2.2
196	303	1799049	73.2	63.0	63.0	125.0	41.0	78.0
924	1548	817398		5.0	5.0	215.0	218.7	221.7
68	7521	3312722				2755.9	178.5	677.0
5		414699						
		376601				508.0	281.0	281.0
4345	679128	977101						
527	15895	2468701				1264.5	120.7	522.7
15774	4965	4182915				28.0		7.0
		552791	23.0	3.0				
		1980				4.5		
1297	717858	775964				3.0		0.2
		339391				4.0		80.4
		132592						
		541436						
109	60	430238	1440.8	250.1	387.1	2100.0	1062.0	1002.0

C-2-26 社区养老

地区	机构和设施数	按登记类型分		农村	年末职工人数	女性
		民政登记	设施			
全国	**43212**	**5298**	**37913**	**27005**	**172015**	**63401**
中央级						
北京	21	14	7	16	158	105
天津	121		121	117	474	171
河北	1041	53	988	305	4716	2300
山西	1836	21	1815	1635	5877	1134
内蒙古	902	13	889	141	3228	1452
辽宁	343	60	283	141	2373	1163
吉林	3	3			21	13
黑龙江	640	307	333	187	4545	1943
上海	65	10	55	6	270	177
江苏	5124	2854	2270	3303	26153	9503
浙江	7747	316	7431	5663	21231	8550
安徽	1281	57	1224	976	6908	2073
福建	1068	18	1050	650	4144	1535
江西	508	27	481	233	2637	714
山东	2115	915	1199	1030	16082	6305
河南	1713	16	1697	1212	12374	3985
湖北	1646	127	1519	766	5260	2766
湖南	2529	9	2520	1807	7184	2136
广东	2732	9	2723	1939	10409	3634
广西	1247	21	1226	960	2642	1021
海南	70		70	31	238	97
重庆	927	27	900	603	3270	1437
四川	4818	275	4543	2220	14326	5530
贵州	1399	58	1341	984	4398	1213
云南	1328	13	1315	831	3359	1218
西藏	59		59	54	925	486
陕西	450	50	400	293	2078	857
甘肃	978	7	971	656	4060	715
青海	218	2	216	74	1695	756
宁夏	101	1	100	83	231	117
新疆	182	15	167	89	749	295

单位：个、人

受教育程度		职业资格水平		年龄结构	
大学专科人数	大学本科及以上人数	助理社会工作师人数	社会工作师人数	35岁及以下人数	36岁至45岁人数
23463	**12145**	**3639**	**1188**	**37701**	**63670**
21	26	6	7	19	46
101	60	6	3	20	295
560	195	118	36	936	1917
364	216	77	9	632	1403
667	164	18	13	875	1483
269	136	131	81	292	797
4	2			6	8
644	326	140	59	819	2160
37	4	10	1	133	43
3842	1785	327	129	7079	9769
2485	1073	502	133	3960	7366
868	345	200	63	1131	2468
227	76	54	49	685	1231
250	345	123	36	676	728
3339	1857	633	145	3136	5253
1188	883	200	43	2049	6101
824	433	55	47	923	1918
1177	1055	157	32	1605	2866
1177	743	244	31	2365	3254
167	67	22	37	326	1001
8	3	8	3	58	140
251	111	20	13	598	1030
2412	828	295	107	3966	5671
807	501	132	29	1206	1770
340	227	40	15	582	1604
112	38	13	3	647	239
370	111	41	34	417	800
260	243	29	11	1618	1372
478	131	11	5	624	474
13				46	139
201	161	27	14	272	324

C-2-26续表1

地　区	年龄结构		志愿服务	
	46岁至55岁人数	56岁及以上人数	志愿者服务人次数	志愿服务时间
全　国	**48459**	**22185**	**151299**	**368489**
中央级				
北　京	65	28	1933	4514
天　津	107	52	1000	2000
河　北	1432	431	3757	10727
山　西	2077	1765		
内蒙古	630	240	3208	5798
辽　宁	937	347	60	60
吉　林	7			
黑龙江	922	644	19	32
上　海	62	32	599	696
江　苏	7250	2055	62926	127395
浙　江	7627	2278	22801	73595
安　徽	2541	768	2042	4924
福　建	1561	667	1500	2664
江　西	986	247	886	2206
山　东	3777	3916	28989	76521
河　南	2815	1409	1197	3276
湖　北	1884	535	602	1498
湖　南	1979	734	1914	5097
广　东	2494	2296	180	270
广　西	908	407	78	193
海　南	34	6	400	
重　庆	1306	336	1736	11855
四　川	3559	1130	2455	5635
贵　州	908	514	9525	21834
云　南	833	340	470	1700
西　藏	30	9	5	
陕　西	690	171	3016	5999
甘　肃	712	358		
青　海	168	429	1	
宁　夏	33	13		
新　疆	125	28		

单位：人、人次、时、张

床位数合计	社区日间照料床位数	农村	社区留宿收养床位数	农村
1587456	**521038**	**298514**	**1066418**	**684204**
682	2		680	566
6651	1261	1061	5390	5264
46244	15433	7252	30811	21194
37793	21237	18028	16556	13793
24536	14041	1353	10495	6813
25356	8280	3517	17076	9261
30	30			
45008	11443	3654	33565	6837
15606	1		15605	1085
89455	46775	23958	42680	11196
175795	76833	56173	98962	54157
127325	11384	5059	115941	103004
49108	4907	3506	44201	24215
41670	14322	8628	27348	17408
136868	35738	18772	101130	65465
200420	45972	34035	154448	116345
35333	16620	5708	18713	4770
81564	19165	9750	62399	41572
83960	70431	47325	13529	5641
33887	2882	1280	31005	24679
3346	1216	22	2130	1235
34533	3626	2314	30907	27737
142556	33683	15162	108873	66693
49006	20006	7245	29000	23144
39475	13602	6112	25873	14870
2232	1782	1668	450	220
18892	4335	1602	14557	10968
22422	19362	11541	3060	2080
9337	2300	514	7037	1803
941	479	240	462	440
7425	3890	3035	3535	1749

C-2-26续表2

地　区	年末收养人数合计	社区日间照料人数	农村	社区留宿收养人数	农村
全　国	**564405**	**128054**	**82843**	**436351**	**298910**
中央级					
北　京	324			324	222
天　津	1737	869	669	868	857
河　北	12784	2017	444	10767	7680
山　西	16213	10055	9081	6158	5593
内蒙古	8516	5263	947	3253	2575
辽　宁	6274	1530	710	4744	2903
吉　林					
黑龙江	20136	3185	2163	16951	3440
上　海	18			18	
江　苏	19166	6956	3557	12210	2237
浙　江	34167	6549	5000	27618	13001
安　徽	43489	48		43441	41221
福　建	10097	648	637	9449	4296
江　西	14114	6292	6085	7822	7323
山　东	72527	20348	11554	52179	37117
河　南	113748	22652	20399	91096	68041
湖　北	12672	3374	509	9298	2010
湖　南	40196	9258	5771	30938	21691
广　东	13615	8348	2327	5267	2364
广　西	12715	959	473	11756	9438
海　南	1079	346	87	733	516
重　庆	21208	1970	1127	19238	16951
四　川	47620	6350	3905	41270	27035
贵　州	11113	1706	1290	9407	7937
云　南	10570	1806	670	8764	4946
西　藏	1155	1151	979	4	4
陕　西	9847	1831	906	8016	6800
甘　肃	2055	1294	681	761	451
青　海	2483	238	89	2245	789
宁　夏	192	136	92	56	56
新　疆	4575	2875	2691	1700	1416

单位：人天、人次、人、平方米

本年收养照料人天数	老年人活动人次数	社区服务志愿者组织数	注册社区志愿者人数	机构建筑面积
25083346	**5884337**	**27698**	**59623**	**30386895**
33131				11212
				128212
1003160	323627	31	900	1062590
394363	2050			1125587
586802	153078	93	4087	346808
400726	1459			682196
				600
18250	202			492007
		1	18	299519
603861	644167	993	1776	1826552
50082	1032294	22074	1350	2718714
3151569	219	138	2485	2179390
118589	16982	31	15	768964
6865	122			726523
7767150	1637605	1028	7187	3527501
959767	87638	143	21810	2641978
5522	15320	30	310	590990
2436287	5947	5	6729	1808950
56553	644176	22	452	1287224
423180	11443			717045
26765	15000			66249
3201316	579573	315	5311	836114
1562179	560068	48	526	2938016
450409	31977	2546	2622	1086935
393540	33188			1050034
365	62780	1		341763
1432185	25146	149	4045	397628
365	200			284422
365	76	50		233944
				32272
				176956

C−2−26续表3

地 区	企业会计制度财务指标			
	固定资产原价	营业收入	费用合计	营业利润
全 国	**775.0**	**430.0**	**16.0**	**5.0**
中央级				
北 京				
天 津				
河 北				
山 西				
内蒙古				
辽 宁				
吉 林				
黑龙江				
上 海				
江 苏				
浙 江	750.0	413.0	1.0	
安 徽				
福 建	1.0			
江 西	5.0	5.0	15.0	5.0
山 东	18.0	12.0		
河 南				
湖 北				
湖 南				
广 东	1.0			
广 西				
海 南				
重 庆				
四 川				
贵 州				
云 南				
西 藏				
陕 西				
甘 肃				
青 海				
宁 夏				
新 疆				

单位：万元

事业单位会计制度财务指标			民间非营利组织会计制度财务指标		
固定资产原价	本年收入合计	本年支出合计	固定资产原价	本年收入合计	本年支出合计
1360.0	**212.0**	**215.1**	**148772.2**	**128828.6**	**58302.4**
			1239.1	446.0	439.2
			4801.3	134.7	357.0
			1830.6	6271.5	6263.8
			331.3	1.0	70.3
			732.5	190.0	464.4
				3.0	3.0
			2716.9	40642.8	1329.1
			7.4	3.0	384.2
			40485.4	17648.7	15998.8
1350.0			1266.7	5815.5	4883.0
			6361.3	1536.7	408.1
	207.0	187.1	543.0	94.0	35.7
5.0	5.0	5.0	373.0	525.0	233.6
			21910.8	15900.9	15942.0
			465.0	408.0	286.2
			8141.6	3740.0	4507.7
			340.0	30340.4	351.4
			35.1	32.8	43.7
			390.2	22.5	124.6
			880.5	531.9	577.4
		23.0	41507.8	3457.0	4161.5
			6176.4	119.0	189.3
			2777.1	238.9	342.5
			3973.4	716.0	873.6
			840.0	5.1	3.1
			10.0	2.0	2.0
			130.0		0.2
5.0			505.8	2.2	27.0

C-2-27 社区互助型

地 区	单位数	农村	年末职工人数	女性	受教育程度	
					大学专科人数	大学本科及以上人数
全 国	**82648**	**75395**	**164020**	**51661**	**15573**	**6235**
中央级						
北 京	226	170	680	292	206	76
天 津						
河 北	32122	31678	54862	16624	1138	334
山 西	613	574	1327	452	148	14
内蒙古	1109	1001	1464	289	102	26
辽 宁	301	289	600	252	73	12
吉 林						
黑龙江	57	57	264	44	19	99
上 海						
江 苏	324	190	1732	710	171	43
浙 江	399	179	785	372	19	4
安 徽	135	78	546	273	129	38
福 建	3409	2217	5011	1535	229	40
江 西						
山 东	6665	5760	25214	9320	4505	2481
河 南	397	365	536	131	25	22
湖 北	4820	3679	10987	4417	1245	334
湖 南	6529	5827	15882	4547	2409	1129
广 东	307	199	768	219	2	
广 西	9922	9772	9145	1809	108	95
海 南	3	3	5	1	1	
重 庆	1594	1251	2708	1009	669	209
四 川	2347	1822	5016	1478	795	217
贵 州	2469	2262	7000	1674	1074	223
云 南	52	37	83	27	1	4
西 藏		1				
陕 西	4866	4346	12706	4400	1421	626
甘 肃	2870	2571	4803	1319	634	121
青 海	895	856	1457	308	364	82
宁 夏	197	196	400	144	76	3
新 疆	20	15	39	15	10	3

养老设施

单位：个、人、人次、时

职业资格水平		年龄结构				志愿服务	
助理社会工作师人数	社会工作师人数	35岁及以下人数	36岁至45岁人数	46岁至55岁人数	56岁及以上人数	志愿者服务人次数	志愿服务时间
896	**514**	**37113**	**59870**	**49538**	**16966**	**68977**	**175839**
		163	280	198	39	200	800
207	9	10719	19012	18743	6388	11540	24625
4		238	324	353	118		
		207	553	463	177	20	120
4	8	97	240	236	27		
		30	165	60	9		
7	5	249	703	647	133	562	1808
2	1	298	170	216	101	187	914
12	12	184	174	145	35	28	90
4	10	651	1801	1687	721	24	47
175	37	9266	8043	6370	1535	33048	83731
		32	248	191	65	269	269
107	136	2747	4431	2663	1146	954	2008
87	109	3130	6359	4235	2158	2309	7288
		175	257	181	155	126	189
1	6	845	3032	3974	1293	2120	4040
		1	2	2			
18	10	700	1082	774	152	536	1712
22	6	1118	2001	1282	615	1161	3235
11	1	1755	2767	1907	571	5139	13952
1		11	40	13	8		
229	137	2121	4950	4350	1285	10754	31011
3	19	1887	2133	613	170		
2	8	266	923	206	58		
		196	169	28	7		
		27	11	1			

C-2-27续表1

地区	床位数合计	社区日间照料床位数		社区留宿收养床位数		年末收养人数合计	社区日间照料人数	
			农村		农村			农村
全国	**825894**	**499263**	**441943**	**326631**	**300858**	**277340**	**150574**	**133050**
中央级								
北京	1821	1821	1349			1178	1178	900
天津								
河北	203009	152839	151515	50170	49027	35300	30665	30504
山西	9922	9809	9548	113	113	4154	4154	4102
内蒙古	106239	4826	3689	101413	97841	62812	1613	1325
辽宁	1329	1188	1149	141	111	127	127	127
吉林								
黑龙江	2069	155	155	1914	1914	1263	52	52
上海								
江苏	3613	1895	1182	1718	1053	530	156	102
浙江	4535	3947	3509	588	5	217		
安徽	2884	1122	311	1762	1634	1138	67	3
福建	30228	18934	10801	11294	8317	1310	568	387
江西								
山东	156702	110017	96858	46685	39131	67384	49214	42645
河南	2741	2434	2133	307	191	186	111	36
湖北	31563	26689	17840	4874	3811	6740	6352	3441
湖南	43637	33044	28588	10593	9470	25513	18964	16999
广东	5731	3869	2837	1862		4202	2340	1468
广西	87306	18771	18583	68535	67658	29411	7849	7843
海南	9			9	9			
重庆	11362	6799	4297	4563	4213	8283	5138	3298
四川	16015	11876	8985	4139	3424	4416	2300	1648
贵州	20349	14948	13692	5401	4832	1999	1208	1180
云南	642	533	270	109	5	57	5	57
西藏								
陕西	42652	36986	33320	5666	4851	16187	14544	13622
甘肃	35391	31572	26367	3819	2292	4182	3732	3107
青海	4012	3931	3803	81	81	189	189	176
宁夏	1757	882	862	875	875	562	48	28
新疆	376	376	300					

单位：张、人 、人天、人次、个、平方米

社区留宿收养人数		本年收养照料人天数	老年人活动人次数	社区服务志愿者组织数	注册社区志愿者人数	机构建筑面积
	农村					
126766	**128525**	**25512329**	**3873788**	**2222**	**19911**	**19412245**
						70498
4635	4633	4051485	329404	51	149	4336014
						172913
61199	59602	8994256	15047			1819409
		20910				42935
1211	1211					22286
374	204	8584	1930			75600
217						100059
1071	1070	223764	245			58414
742	742	9490				835699
18170	14571	6312416	1674465	750	3817	4091325
75						93445
388	237	1800	235250			898121
6549	6258	1946347	57033	6	57	1691976
1862						71902
21562	31874	1679815	201078			1903352
						300
3145	3029	1245637	559951	548	52	386100
2116	1862	477572	190235			556345
791	743	28830	10960	651	852	516099
52		18980				21089
1643	1550	492443	597569	216	14984	1063452
450	425		621			448969
						95887
514	514					35858
						4198

C-2-28 其他社区服务

地　区	机构和设施数	按登记类型分				农村	年末职工人数	女性
		工商登记	编制登记	民政登记	设施			
全　国	**113136**	**11**	**135**	**23940**	**89050**	**39634**	**411950**	**147370**
中央级								
北　京	4831			903	3928	1248	12025	5598
天　津	546			13	533	282	1930	703
河　北	1044	1	5	93	945	577	5064	1609
山　西	1178		2	14	1162	610	5465	2403
内蒙古	408		1	97	310	2	2046	1008
辽　宁	1791		7	239	1545	415	7827	3939
吉　林	108			67	41	12	1351	658
黑龙江	532	3	4	81	444	81	4127	1756
上　海	3192		10	2955	227	34	29522	8063
江　苏	18038		3	13156	4879	3954	75259	20990
浙　江	9587	1	5	2085	7496	5246	26034	10265
安　徽	2246	1	11	242	1992	502	8725	3478
福　建	371		2	130	239	129	2061	896
江　西	1759			31	1728	125	5761	2177
山　东	5748			754	4994	1971	19915	8211
河　南	1482		11	52	1419	300	9394	4203
湖　北	3253		3	101	3149	883	12710	4379
湖　南	2054	2	2	213	1837	468	6483	2463
广　东	41961	1	14	891	41055	15613	137142	51451
广　西	437			48	389	57	1716	813
海　南	257			85	172	122	1277	270
重　庆	2407		53	442	1912	1247	6487	2211
四　川	4780			990	3790	2135	15673	5416
贵　州	366	1	1	37	327	178	1696	561
云　南	301		1	26	274	161	1077	339
西　藏	3			3			15	
陕　西	491			58	433	237	2189	872
甘　肃	3496			59	3437	2932	6870	1631
青　海	56				56	41	91	38
宁　夏	132			10	122	65	494	262
新　疆	281	1		65	215	7	1524	707

机构和设施

单位：个、人

受教育程度		职业资格水平		年龄结构			
大学专科人数	大学本科及以上人数	助理社会工作师人数	社会工作师人数	35岁及以下人数	36岁至45岁人数	46岁至55岁人数	56岁及以上人数
86105	**53898**	**12718**	**5751**	**133228**	**157230**	**88801**	**32691**
3014	3914	415	297	4859	3202	3118	846
307	239	4	5	402	718	548	262
1053	442	48	37	1373	2434	1089	168
639	240	131	68	949	1548	1029	1939
584	462	150	26	782	849	383	32
1440	769	169	123	2284	3297	1966	280
65	1141			865	383	81	22
573	238	49	80	634	1709	567	1217
6618	1831	113	1352	11504	8536	7432	2050
10002	7352	681	312	20181	31203	18012	5863
5576	6466	581	286	6163	12854	4602	2415
2734	671	169	82	2883	3441	1793	608
173	110	51	41	278	418	572	793
485	166	84	10	1367	1882	1302	1210
5931	2480	258	169	6789	7872	4133	1121
2068	1103	94	117	2377	3875	2340	802
2287	1300	146	51	3454	4397	1891	2968
1373	441	89	31	1740	2564	1815	364
34108	19663	8404	2258	53450	51150	25546	6996
311	224	64	33	605	657	428	26
133	106			160	226	855	36
1236	1073	254	129	1744	2509	1431	803
3353	1675	473	152	4004	7058	3893	718
249	147	69	13	805	454	388	49
124	140	17	6	276	517	232	52
				10	4	1	
209	233	118	38	434	682	651	422
1036	984	32	19	2068	1998	2346	458
22		5	1	27	30	33	1
78	14			167	255	65	7
324	274	50	15	594	508	259	163

C-2-28续表1

地区	志愿服务		床位数合计	日间照料床位数		留宿照料床位数
	志愿者服务人次数	志愿服务时间			农村	
全国	**210173**	**603990**	**485782**	**276555**	**136247**	**209227**
中央级						
北京	2020	8080	1490	458	145	1032
天津	1000	2000	151	151		
河北	1213	5008	17336	7481	5008	9855
山西			11659	8263	5009	3396
内蒙古	725	2310	751	710	112	41
辽宁	2711	5360	11041	4985	1482	6056
吉林	2120	4260	32	32		
黑龙江			9363	2160	142	7203
上海	7098	12126	530	210	3	320
江苏	69518	140541	55958	31522	7573	24436
浙江	20854	86260	64248	50254	41919	13994
安徽	8295	42847	25948	1556	459	24392
福建	212	610	6568	3600	838	2968
江西	627	1974	730	644	140	86
山东	49449	122238	38024	22300	9156	15724
河南	315	405	17785	8988	523	8797
湖北	862	2293	15587	7863	3587	7724
湖南	732	2337	11742	6491	2608	5251
广东	14116	73530	82015	54893	18878	27122
广西			794	336	23	458
海南			5917	1989	1309	3928
重庆	12293	43267	27390	12776	6011	14614
四川	1229	4764	21280	11778	3768	9502
贵州	1004	2466	5591	1914	1090	3677
云南	12035	37050	8848	2028	516	6820
西藏						
陕西	1595	3765	6964	3121	2268	3843
甘肃	50	100	33047	28118	22819	4929
青海			174	108	96	66
宁夏			2127	663	266	1464
新疆	100	400	2692	1163	499	1529

单位：人、人次、时、张、人天

农村	年末收养人数合计	日间照料人数	农村	留宿照料人数	农村	本年收养照料人天数	老年人活动人次数
102467	**125611**	**60696**	**26097**	**64915**	**41874**	**5991506**	**2213253**
70	437	20	11	417	11		
6286	1906	202	7	1704	687	19431	6400
2040	4292	3219	1531	1073	741	862957	33805
	379	379	101				3802
3262	4227	1228	25	2999	1539	70725	54271
	8	8					
3499	3418	460	137	2958	2023		
	4	4					
6143	7559	4327	1437	3232	1197	72675	284818
4951	13475	8150	7000	5325	1095	7200	139447
16477	5317	340	6	4977	4034	51286	1600
1108	2623	2329	5	294	30	79329	447
30	160	135	95	25	20		
9562	21902	11617	3838	10285	8267	2883818	1004299
5543	8846	5691	141	3155	2098	16020	2668
3117	3700	736	334	2964	2293	1460	3046
3335	4192	2087	678	2105	1202	390355	19
6394	11170	6839	3288	4331	1661	94492	3272
379	99	74	18	25	4	5925	18746
2791	1555	257	158	1298	1156		
12561	17728	8479	4096	9249	8368	1403351	632782
2213	1932	407	277	1525	720	1437	13619
1339	1389	639	577	750	596		88
3715	1662	131	10	1531	1290		
3056	3138	169	160	2969	2271	495	4564
3978	2856	2137	1884	719	571		
	26	8		18		365	200
590	321	186	186	135		29820	860
28	1290	438	97	852		365	4500

C-2-28续表2

地 区	社区服务志愿者组织数	注册社区志愿者人数	机构建筑面积	企业会计制度财务指标			
				固定资产原价	营业收入	费用合计	营业利润
全 国	**4879**	**66762**	**29460344**	**376.1**	**17.0**	**3.3**	**1.0**
中央级							
北 京	1650	16500	610944				
天 津			187585				
河 北	15		441667	1.0			
山 西	23		317782				
内蒙古			142283				
辽 宁	173	1303	458655				
吉 林			67837				
黑龙江			274054	30.0	12.0	3.0	
上 海	46	1406	629298				
江 苏	1090	9656	3985035				
浙 江	15	721	2270503	5.1			
安 徽	20	510	944768				
福 建	97	216	260248				
江 西			276376				
山 东	504	1090	3539248				
河 南			1456905				
湖 北	43	804	677100				
湖 南			948081	40.0	2.0		1.0
广 东	109	29903	8053310			0.3	
广 西	200		80471				
海 南			298898				
重 庆	456	4201	667908				
四 川	7	102	1498398				
贵 州	6	44	264871	300.0	3.0		
云 南			241712				
西 藏			1000				
陕 西	25	306	148917				
甘 肃			513615				
青 海			10501				
宁 夏			115074				
新 疆	400		77300				

单位：个、人、平方米、万元

事业单位会计制度财务指标			民间非营利组织会计制度财务指标		
固定资产原价	本年收入合计	本年支出合计	固定资产原价	本年收入合计	本年费用合计
10384.5	**7551.9**	**6901.3**	**279230.9**	**447107.4**	**470249.4**
			5321.9	23287.8	18051.7
			437.1	845.8	581.6
2034.0	667.7	661.2	2012.8	876.7	1235.3
34.6	18.0	17.0	424.0	287.2	254.6
1.0	1.0	1.0	1377.8	565.8	690.7
1990.5	43.2	43.2	3210.8	883.6	2474.0
			28.5	224.0	225.4
360.0	105.0	54.0	846.5	247.6	208.4
304.0	3891.2	3203.3	64181.4	253889.6	287888.2
105.0	110.0	110.0	97309.9	102509.2	94138.1
240.0	218.2	495.2	15752.4	16162.7	14675.3
566.9	325.0	290.0	4784.1	1866.2	1330.9
	40.5	40.5	1013.5	728.7	838.5
			1064.0	1231.0	1322.2
			14194.9	13026.0	13835.9
664.5	111.7	87.8	340.7	107.3	163.6
25.0	15.7		963.6	814.2	988.7
	12.0	12.0	2211.0	1348.2	1064.8
2072.0	1486.4	1437.5	21293.3	18118.0	9077.5
			396.9	117.5	147.7
			1264.0	748.1	734.1
1927.0	481.7	424.0	2720.1	3932.2	3725.6
			33133.4	4418.2	15550.2
30.0	24.6	24.6	962.0	16.8	79.5
30.0			189.0	22.3	57.8
			300.0		
			432.7	453.4	499.3
			366.0	35.5	84.7
			1008.0	9.8	2.6
			1690.6	334.0	322.5

C-2-29 老龄事业

地区	单位数	年末职工人数						
			女性	受教育程度		职业资格水平		35岁及以下人数
				大学专科人数	大学本科及以上人数	助理社会工作师人数	社会工作师人数	
全　国	**1600**	**7783**	**3596**	**2639**	**3137**	**94**	**133**	**1951**
中央级								
北　京	13	160	73	21	134	1	5	37
天　津	11	46	25	11	34			16
河　北	22	96	47	47	28	5	1	36
山　西	59	329	157	123	100	15	8	88
内蒙古	16	63	29	26	33	1	2	15
辽　宁	55	242	138	72	118	1		56
吉　林	33	161	77	66	41	3	1	46
黑龙江	56	252	120	88	94	2		47
上　海	18	185	112	42	125	4	20	63
江　苏	51	235	119	59	97	9	10	70
浙　江	45	184	97	52	83	2		51
安　徽	22	85	28	24	45		1	21
福　建	53	151	60	54	62		1	22
江　西	66	260	92	113	63		6	67
山　东	107	805	265	277	392	17	12	214
河　南	54	226	96	76	60	4	6	85
湖　北	51	218	98	100	63			45
湖　南	44	190	82	81	54		1	37
广　东	36	182	74	47	108	6	10	54
广　西	34	133	75	51	57	3	2	23
海　南	17	196	137	4	3			43
重　庆	17	86	53	40	41	4	4	19
四　川	164	606	301	222	269	3	15	142
贵　州	76	312	162	126	158		1	69
云　南	60	329	143	115	143	1	6	66
西　藏	1	2						2
陕　西	98	771	344	278	267	7	1	240
甘　肃	81	450	176	94	98			93
青　海	4	14	7	8	5	1		6
宁　夏	23	104	32	36	58	1	2	12
新　疆	213	710	377	286	304	4	18	166

机构情况

单位：个、人、人次、时、万元

年龄结构			志愿服务		事业单位会计制度财务指标		
36岁至45岁人数	46岁至55岁人数	56岁及以上人数	志愿者服务人次数	志愿服务时间	固定资产原价	本年收入合计	本年费用合计
2894	**2475**	**463**	**6874249**	**24640540**	**74024.6**	**334759.6**	**333837.2**
60	51	12	6560736	23789764	771.0	44634.4	42311.6
13	15	2	300	600	154.8	4631.7	4562.4
35	20	5	96	418	161.3	1126.0	1112.8
129	96	16	405	405	605.4	4987.8	5301.7
24	21	3	166	400	246.3	1504.4	1450.8
83	76	27	40	55	568.3	6841.9	4847.5
54	54	7			206.6	2479.5	2586.5
97	86	22	9203	18406	3030.1	2562.5	3390.8
57	55	10			6632.8	80842.9	80783.5
71	78	16	5154	20350	7670.5	6197.6	6134.0
76	50	7	13151	34537	2738.0	12261.2	11943.8
22	32	10	31603	37735	153.5	5478.8	1720.1
45	69	15	22121	99246	424.3	11215.9	10835.2
110	75	8	2271	4440	456.1	2443.2	2175.2
253	282	56	2359	6877	5409.9	15762.4	15759.2
92	45	4	7656	13773	2362.5	2721.6	2365.2
86	68	19	1598	2411	1610.4	4507.5	4372.0
70	77	6	8310	25615	1226.4	2134.7	3098.5
67	55	6	71737	131030	8674.1	31399.6	31432.3
36	66	8	163	492	1322.8	4523.7	4963.4
100	44	9	431	1201	23.5	16.0	19.6
26	36	5	3887	12690	1677.7	2258.8	2261.3
212	203	49	118019	399198	4250.9	16878.4	17974.5
120	113	10	4539	10795	2025.1	10665.5	10958.9
125	111	27	42	248	11156.1	8244.1	9075.1
					432.0		
289	202	40	5821	15923	3881.7	34465.9	34616.4
177	156	24	184	557	1447.5	3116.3	2998.3
7	1				92.2	217.9	210.4
43	45	4	2	8	818.9	1173.8	1996.6
315	193	36	4255	13366	3793.9	9465.6	12579.6

C-2-30 居家养老

地区	老龄人口情况						老年维权	
	60周岁及以上老年人口数	65周岁及以上老年人口数	80周岁及以上老年人口数	100周岁及以上老年人口数	纯老年人家庭人口数	老龄系统接待来信来访次数	老年法律援助中心	涉老案件数
全　国	**234521955**	**155802616**	**31256522**	**86392**	**30669991**	**428216**	**19647**	**51651**
中央级								
北　京	3326609	2250746	590371	3399	521443	43715	130	835
天　津	2449012	1567839	342292	687	281519	28262	176	3651
河　北	11907438	8128854	1352680	2185	943368	4382	346	496
山　西	4918515	3195173	631311	8528	607551	8242	189	921
内蒙古	4166145	2614758	457324	331	658950	2918	135	427
辽　宁	8780935	5404546	1011251	1662	1938235	10365	1079	1066
吉　林	5363670	3419739	623522	723	481973	7520	70	1807
黑龙江	7984187	6058995	537714	1152	1403434	2989	356	512
上　海	4786466	3136686	768970	2203	1225588	43852	11	2330
江　苏	16422639	11142273	2361541	6020	2710867	27937	1271	3099
浙　江	10759384	7159492	1649020	2414	2469434	34292	1989	5265
安　徽	11800090	8287052	1915733	3820	1438710	8505	789	1688
福　建	5792204	3464355	880034	2102	1073746	5514	2656	2762
江　西	6730102	4646970	901584	1413	269810	6282	395	595
山　东	14975027	9294287	2061295	4901	3675052	8883	643	2561
河　南	15289248	9931694	2165068	6160	1094157	3598	1040	679
湖　北	11551511	7507374	1405831	5069	825486	9871	481	548
湖　南	12393321	8438827	1733087	2507	2009622	50957	773	2141
广　东	13016871	8824925	2125900	9624	1065204	15490	941	628
广　西	8367385	5715884	1193064	6176	562116	12541	264	757
海　南	1197731	840689	222264	2275	38265	1238	6	227
重　庆	7075081	4822490	932150	1571	1146674	5033	458	6387
四　川	18529324	12397925	2237376	5583	1847472	40760	1827	3763
贵　州	5710171	3761370	678923	1208	390550	5469	662	741
云　南	6457331	4081639	887805	1709	712446	8653	1035	4278
西　藏	187872	143229	23900	65	1265	560		
陕　西	6257709	4113730	743775	909	533914	14938	611	1971
甘　肃	4167305	2805931	424645	427	276945	7318	464	595
青　海	727836	504061	90893	136	82610			
宁　夏	846785	458464	69565	110	46693	2861	48	206
新　疆	2584051	1682619	237634	1323	336892	5271	802	715

服务情况

单位：个、人、张

老龄事业发展情况								
	老年活动设施			老年福利			老年医疗护理机构	
维权协调组织数	老年活动站/中心/室数	老年人参与人数	年末活动人次数	享受高龄补贴的老年人数	享受护理补贴的老年人数	享受养老服务补贴的老年人数	老年医院数	床位数
63910	**349874**	**46196874**	**195147392**	**26822358**	**613470**	**3544275**	**2717**	**135046**
2895	6298	909698	5831241	316939	31357	259449	18	2995
1108	2740	358810	613432	48020	9641	16747	30	1616
1165	14363	772592	1409076	1142207	13509	54466	71	1559
4441	14507	1171910	1804614	535209	5918	60913	49	359
148	2077	301105	2690642	468488	14868	35201	9	730
1458	5414	760668	2112616	209391	8412	32252	6	260
1541	8868			50561	11706	15734	5	1069
648	2664	872540	1465298	107648	14993	16726	251	3552
788	6355	331633	26641783	2207829	7222	137454	46	5650
5829	19301	4489500	51921721	2154324	52881	383229	305	28853
3514	31959	8881160	14484539	998752	25373	196473	68	9009
2239	8001	1346518	3237624	1452890	110159	255229	44	7131
2208	17622	1875358	3223507	533322	34849	80796	42	3107
2141	10875	1038079	1600366	647062	2960	7748	50	1614
3205	41992	2566675	3918082	1228519	21625	83198	59	5505
2343	33048	1467514	2659992	647437	18193	14667	102	4893
1733	9838	1735122	12640819	1045113	10849	12917	128	6322
2306	15563	2165782	3905408	299008	62453	196083	157	8074
2003	15651	2768443	6206768	4041278	11772	78802	65	8087
1239	5430	1047825	2155462	1133405	4822	36574	50	5762
80	742	327224	441293	217911	4036	4003	2	50
2674	7235	1789699	3559331	474825	20393	48435	13	1558
9123	29818	4221779	14445705	2126848	61657	1245743	790	15242
2514	5495	721051	1814881	614444	16194	171844	196	4321
2796	13325	2255212	21246494	770261	1905	15240	38	3491
	5	1848	1906	31449	3434	230		
1976	7937	958133	1602231	2641622	9428	47607	83	3031
1027	4046	502392	1409004	155007	8856	12970	32	235
	254	53809	117762	323951	5974	23038		
304	683	86050	197944	17097	753	53	1	12
464	7768	418745	1787851	181541	7278	454	7	959

C-2-30续表

地区	老龄事业							
	老年医疗护理机构			老年人协会个数	参加人数	村、居老年人协会	参加人数	乡、街道老年人协会
	老年临终关怀医院数	床位数	年末在院人数					
全　国	**637**	**25988**	**13409**	**393321**	**46050890**	**337549**	**36882157**	**26404**
中央级								
北　京	5	224	148	5208	320219	4861	278510	190
天　津	1	30	22	1470	204584	1372	178954	54
河　北	4	180	26	15226	614957	13010	523931	610
山　西	64	669	295	16996	1066408	15119	867855	847
内蒙古				1579	198050	1017	91405	278
辽　宁	2	734	92	8995	1064649	7194	870977	1066
吉　林	29	240		8819	582474	7361		226
黑龙江	33	557	276	5404	448436	4311	375121	721
上　海	37	374	111	2741	258045	2568	233907	164
江　苏	57	7797	5095	18314	3829057	16257	3028212	1247
浙　江	2	657	657	29948	7653673	28251	7418523	687
安　徽	8	221	104	13107	1308014	11083	991104	1119
福　建	32	1713	947	15919	2443071	14800	2238244	921
江　西	5	255	202	9999	1013162	8246	710350	895
山　东	10	721	331	39661	1759638	36399	1324747	1996
河　南	15	336	272	16620	1157956	12226	750467	959
湖　北	72	377	152	17993	1906581	15834	1603779	1467
湖　南	56	1992	748	20881	2636706	18142	2054531	1503
广　东	21	2421	771	16002	2249540	13147	2090551	790
广　西	4	204	112	9387	1582928	7450	1122809	827
海　南				935	98314	586	63766	192
重　庆	2	186	160	9458	2070417	7708	1230062	1066
四　川	122	3999	2028	45771	5789216	40387	4238094	4240
贵　州	12	67	30	15070	1358603	13151	973066	1342
云　南	2	10		15312	2190972	8669	1448449	973
西　藏				4	1596			
陕　西	41	1140	720	18229	1552769	16385	1634724	761
甘　肃	1	150	110	8886	397503	7851	378726	735
青　海				137	17787	123	3761	6
宁　夏				788	71719	677	58514	93
新　疆		734		4462	203846	3364	99018	429

单位：个、人、张

发展情况

	县、市老年人协会		老年基金会		其他老年社团组织		老年学校	
参加人数	县、市老年人协会	参加人数	老年基金会	事业投入经费	其他老年社团组织	参加人数	老年学校个数	在校人数
6808654	**5170**	**2494059**	**1327**	**25542**	**34940**	**4133338**	**49427**	**7039884**
36805	5	2920	3	73	5885	554157	1817	177755
24072	3	1648			4009	104111	388	93633
54073	81	121794	1	4	86	124836	201	34509
154837	363	22211	1	13	66	27857	659	73706
26182	197	75086			158	16132	75	27314
183681	170	20947			1766	54543	819	75764
	42		5	2465	23		770	79545
132884	222	37685			262	31720	119	19433
42727	9	4078	14	3640	10	860	166	446307
594576	209	104135	2	2525	7789	483697	3132	1106307
456152	28	243686	252	2040	871	144120	10729	868361
201590	137	57056	1	11	684	76095	2880	270388
211402	72	85508	170	4067	1040	292716	10743	1001559
209625	305	124281	217	556	1623	100498	1282	227571
259364	253	177133	3	24	1687	90872	827	208950
136901	205	30365			405	19974	1867	149815
394575	342	139849	2	11	361	174766	905	198864
659295	202	160201	32	151	902	495382	1001	177278
233655	95	69783	495	7968	2312	140860	555	110302
291683	76	54774	2	73	836	82620	562	78179
44291	141	30805	1	172	11	3374	7	2434
400174	286	303186	5	147	955	534339	1478	268506
1238990	430	364331	11	221	1243	366319	2576	665468
309335	164	71535	1	9	1245	82588	1675	184553
251941	566	131117	88	1168	210	54932	3581	379660
	3	729						
112872	468	17911	4	175	229	38252	116	61449
69601	24	7655	5	5	190	35248	42	11923
12754		653					3	890
23329	15	7055			10	300	15	1694
41288	57	25942	12	27	72	2170	437	37767

C-2-31 民政部门直属

<table>
<tr><th rowspan="3">地 区</th><th rowspan="3">单位数</th><th colspan="2"></th><th rowspan="3">年末职工人数</th><th rowspan="3">女性</th><th colspan="2">受教育程度</th></tr>
<tr><th rowspan="2">工商登记</th><th rowspan="2">编制登记</th><th rowspan="2">大学专科人数</th><th rowspan="2">大学本科及以上人数</th></tr>
<tr></tr>
<tr><td>全 国</td><td>24</td><td>5</td><td>19</td><td>1663</td><td>436</td><td>341</td><td>356</td></tr>
<tr><td>中央级</td><td></td><td></td><td></td><td></td><td></td><td></td><td></td></tr>
<tr><td>北 京</td><td>1</td><td></td><td>1</td><td>92</td><td>26</td><td>26</td><td>32</td></tr>
<tr><td>天 津</td><td>1</td><td>1</td><td></td><td>5</td><td></td><td>5</td><td></td></tr>
<tr><td>河 北</td><td>1</td><td></td><td>1</td><td>15</td><td>4</td><td>5</td><td>4</td></tr>
<tr><td>山 西</td><td>1</td><td></td><td>1</td><td>85</td><td>32</td><td>12</td><td>40</td></tr>
<tr><td>内蒙古</td><td>1</td><td>1</td><td></td><td>44</td><td>10</td><td>18</td><td>8</td></tr>
<tr><td>辽 宁</td><td></td><td></td><td></td><td></td><td></td><td></td><td></td></tr>
<tr><td>吉 林</td><td></td><td></td><td></td><td></td><td></td><td></td><td></td></tr>
<tr><td>黑龙江</td><td>1</td><td></td><td>1</td><td>29</td><td>5</td><td></td><td>5</td></tr>
<tr><td>上 海</td><td>1</td><td>1</td><td></td><td>71</td><td>19</td><td>19</td><td>5</td></tr>
<tr><td>江 苏</td><td>1</td><td></td><td>1</td><td>145</td><td>52</td><td>80</td><td>15</td></tr>
<tr><td>浙 江</td><td></td><td></td><td></td><td></td><td></td><td></td><td></td></tr>
<tr><td>安 徽</td><td>1</td><td></td><td>1</td><td>11</td><td>10</td><td>1</td><td>2</td></tr>
<tr><td>福 建</td><td></td><td></td><td></td><td></td><td></td><td></td><td></td></tr>
<tr><td>江 西</td><td>1</td><td></td><td>1</td><td>31</td><td>11</td><td>10</td><td>10</td></tr>
<tr><td>山 东</td><td>1</td><td>1</td><td></td><td>75</td><td>24</td><td>20</td><td>22</td></tr>
<tr><td>河 南</td><td>1</td><td></td><td>1</td><td>413</td><td>25</td><td>6</td><td>29</td></tr>
<tr><td>湖 北</td><td>3</td><td>1</td><td>2</td><td>142</td><td>42</td><td>40</td><td>41</td></tr>
<tr><td>湖 南</td><td>1</td><td></td><td>1</td><td>94</td><td>34</td><td>22</td><td>32</td></tr>
<tr><td>广 东</td><td>2</td><td></td><td>2</td><td>68</td><td>16</td><td>12</td><td>28</td></tr>
<tr><td>广 西</td><td>1</td><td></td><td>1</td><td>86</td><td>33</td><td>19</td><td>21</td></tr>
<tr><td>海 南</td><td></td><td></td><td></td><td></td><td>0</td><td></td><td></td></tr>
<tr><td>重 庆</td><td></td><td></td><td></td><td></td><td></td><td></td><td></td></tr>
<tr><td>四 川</td><td></td><td></td><td></td><td></td><td></td><td></td><td></td></tr>
<tr><td>贵 州</td><td>1</td><td></td><td>1</td><td>54</td><td>19</td><td>10</td><td>26</td></tr>
<tr><td>云 南</td><td>1</td><td></td><td>1</td><td>77</td><td>31</td><td></td><td></td></tr>
<tr><td>西 藏</td><td></td><td></td><td></td><td></td><td></td><td></td><td></td></tr>
<tr><td>陕 西</td><td>1</td><td></td><td>1</td><td>86</td><td>24</td><td>26</td><td>23</td></tr>
<tr><td>甘 肃</td><td></td><td></td><td></td><td></td><td></td><td></td><td></td></tr>
<tr><td>青 海</td><td>1</td><td></td><td>1</td><td>10</td><td>3</td><td>1</td><td>9</td></tr>
<tr><td>宁 夏</td><td></td><td></td><td></td><td></td><td></td><td></td><td></td></tr>
<tr><td>新 疆</td><td>1</td><td></td><td>1</td><td>30</td><td>16</td><td>9</td><td>4</td></tr>
</table>

康复辅具机构

单位：个、人、人次、时

职业资格水平		年龄结构				志愿服务	
助理社会工作师人数	社会工作师人数	35岁及以下人数	36岁至45岁人数	46岁至55岁人数	56岁及以上人数	志愿者服务人次数	志愿服务时间
48	**55**	**394**	**334**	**762**	**173**	**116**	**472**
	1	43	21	21	7	100	400
					5		
	1	4	4	4	3		
	2	26	19	34	6		
1		18	11	11	4		
		21	8				
		12	9	27	23		
2	1	77	40	20	8		
		1	2	4	4		
1		6	8	10	7		
		4	23	33	15		
21	25	7	2	388	16		
	3	42	31	43	26		
1	2	32	29	27	6	16	72
14	6	14	16	27	11		
5	9	27	28	21	10		
1	1	16	19	17	2		
1	3	27	20	24	6		
1	1	7	31	39	9		
		3	2	5			
		7	11	7	5		

C-2-31续表

地 区	企业会计制度财务指标			
	固定资产原价	本年收入合计	本年支出合计	营业利润
全 国	**30489.2**	**14783.2**	**8109.1**	**-1862.4**
中央级				
北 京	3660.5	2778.7	1364.1	-1303.2
天 津	86.0	25.0	28.0	-16.0
河 北				
山 西				
内蒙古	422.5	741.0	459.2	180.0
辽 宁				
吉 林				
黑龙江				
上 海	2590.2	2603.9	1039.1	-40.3
江 苏				
浙 江				
安 徽	474.0		5.0	125.0
福 建				
江 西				
山 东	4490.0	2757.0	1635.0	-676.0
河 南	9393.5			
湖 北	23.5	38.9	18.3	0.6
湖 南				
广 东	1487.5	3374.7	2330.0	107.1
广 西	3734.1	1082.0	804.8	-267.5
海 南				
重 庆				
四 川				
贵 州	1498.1			
云 南				
西 藏				
陕 西	2629.3	1382.0	425.6	27.9
甘 肃				
青 海				
宁 夏				
新 疆				

单位：万元

事业单位会计制度财务指标		
固定资产原价	本年收入合计	本年费用合计
26677.9	**17817.2**	**24471.4**
106.6	355.3	348.0
9325.1	3617.9	1944.5
991.5	1659.4	1659.4
6544.8	5273.4	5973.4
555.9	1429.1	1216.0
4277.0	1097.5	5198.8
1578.0	2389.3	4534.6
1821.0	379.3	1970.5
	140.0	216.2
1478.0	1476.0	1410.0

C-2-32 残疾人教育

地　区	残疾人就业服务机构（个）	残疾人就业人数（万人）	省市县乡残联实有人员（人）
全　国	**2787**	**942.1**	**113369**
北　京	17	10.7	1242
天　津	20	8.2	945
河　北	173	61.9	5676
山　西	118	29.1	4392
内蒙古	84	23.7	3091
辽　宁	116	29.1	3918
吉　林	68	19.5	3010
黑龙江	125	24.1	3181
上　海	17	8.9	1089
江　苏	111	46.4	4951
浙　江	101	33.1	4872
安　徽	97	50.1	3697
福　建	94	21.5	2645
江　西	86	35.2	4000
山　东	126	57.7	6308
河　南	166	56.6	8145
湖　北	108	42.1	3446
湖　南	133	41.3	4906
广　东	135	27.8	7714
广　西	118	32.2	3352
海　南	19	3.4	734
重　庆	39	24.9	1975
四　川	132	89.3	9180
贵　州	81	33.5	3221
云　南	138	45.0	3767
西　藏	2	1.8	293
陕　西	118	26.3	4211
甘　肃	98	26.7	4148
青　海	29	4.5	1234
宁　夏	21	5.8	822
新　疆	85	18.0	2873
兵　团	10	2.4	110
黑龙江垦区	2	1.0	221

指标解释：

1.残疾人就业服务机构：指截止到本年度12月31日，省（自治区、直辖市）、地（州、盟）、市（地市级市、县级市）、县（旗）、市辖区各级残联所建的残疾人就业服务机构数。

2.残疾人就业人数：指截止到本年度12月31日持证残疾人分不同就业形式（包括集中就业、按比例就业、个体就业、辅助性就业、公益性岗位就业、农村种养殖、灵活就业）的就业总人数。

就业情况

高等院校录取残疾考生（人）	接收托养服务残疾人（万人）	农村贫困残疾人危房改造（户）
12663	**101.10**	**82213**
230	12.89	381
158	4.08	249
343	1.94	3536
375	0.41	405
455	1.20	392
370	2.74	3122
487	0.68	337
278	0.86	8759
83	3.47	180
558	4.98	847
714	31.53	2346
496	1.64	11245
232	2.05	2518
327	0.75	2583
748	2.62	645
958	2.03	2526
369	1.60	497
473	2.18	13695
626	4.11	3656
315	2.88	2207
83	2.16	297
328	3.02	3550
682	3.17	2985
612	0.84	353
917	1.56	3317
36	0.07	
224	1.61	418
523	1.52	9115
135	0.26	557
151	0.59	178
316	0.87	1182
52	0.71	127
9	0.06	8

3.高等院校录取残疾考生：指本年度高等特殊教育院校和普通高等院校录取的残疾考生数。

4.接收托养服务残疾人：指本年度接受机构托养和居家托养的智力、精神、无生活自理能力、长期需要专人照料或护理的残疾人数。

5.农村贫困残疾人危房改造：指本年度完成危房改造的农村贫困残疾人户数。

C-2-33 孤儿、收养

地区	孤儿数	有身份信息的孤儿			无身份信息的孤儿	收养登记合计	
			集中养育孤儿	社会散居孤儿			中国公民收养登记
全国	**409840**	**407905**	**84090**	**323815**	**1935**	**18820**	**16592**
中央级							
北京	2149	2149	1582	567		215	177
天津	815	815	538	277		44	22
河北	16744	16658	2036	14622	86	277	250
山西	12228	12209	3187	9022	19	229	95
内蒙古	4848	4828	1138	3690	20	246	178
辽宁	6830	6782	2989	3793	48	178	155
吉林	4963	4963	1566	3397		24	10
黑龙江	6725	6688	1243	5445	37	106	84
上海	1670	1670	1581	89		212	152
江苏	15301	15266	2989	12277	35	1637	1515
浙江	3851	3821	2009	1812	30	3174	3087
安徽	26855	26782	2763	24019	73	593	534
福建	4660	4636	1622	3014	24	613	554
江西	22688	22671	5427	17244	17	183	88
山东	16072	15923	2243	13680	149	1662	1537
河南	24488	24204	4667	19537	284	627	288
湖北	10464	10462	1961	8501	2	735	676
湖南	33993	33954	4286	29668	39	591	530
广东	29408	28955	7693	21262	453	1257	953
广西	20264	20090	1994	18096	174	2400	2290
海南	1355	1352	285	1067	3	107	102
重庆	4246	4238	1054	3184	8	258	236
四川	26631	26624	3680	22944	7	1027	983
贵州	17908	17904	2524	15380	4	216	157
云南	23685	23397	1590	21807	288	1492	1422
西藏	5537	5537	5214	323		30	30
陕西	9822	9730	2323	7407	92	367	248
甘肃	14879	14861	2197	12664	18	91	50
青海	13754	13754	1545	12209		45	36
宁夏	6270	6270	423	5847		25	6
新疆	20737	20712	9741	10971	25	159	147

登记和残疾人

单位：人、件

香港居民	澳门居民	台湾居民	华侨	外国人收养登记	协议解除收养关系登记	中国公民	残疾人	困难残疾人生活补贴人数	重度残疾人护理补贴人数
61	**3**	**24**	**15**	**2228**	**407**	**400**	**20729413**	**10192016**	**10537397**
				38	2	2	329115	131837	197278
				22	4	4	180169	60599	119570
				27	7	7	896469	386959	509510
				134	1	1	361918	353952	7966
				68			479001	233788	245213
1		3	1	23	25	25	674730	301700	373030
				14			608707	305121	303586
		3		22	6	6	1974723	1047654	927069
		1		60	4	4	263965	77335	186630
1				122	38	36	979599	590064	389535
		1	7	87	21	20	802252	390644	411608
1				59			1380107	709853	670254
2		5		59	3	3	644846	305628	339218
	1	2		95	28	28	785098	446587	338511
2		3	2	125	11	8	1205198	476697	728501
3			1	339	31	31	1383531	597588	785943
1		1		59	5	5	960816	395481	565335
2		1	2	61	31	31	1211075	534104	676971
32	1	3	1	304	17	17	1078712	405832	672880
4	1	1		110	8	7	614726	224127	390599
7				5	1	1	87771	24629	63142
3			1	22	33	33	439180	170093	269087
1				44	96	96	761055	549518	211537
				59	7	7	352617	95807	256810
1				70			754335	433929	320406
							37437	27827	9610
				119	8	8	721844	502127	219717
				41	1	1	221496	125209	96287
				9	2	2	162795	98546	64249
				19			196611	98912	97699
				12	17	17	179515	89869	89646

C-2-34 被收养

地　区	被收养人合计	#女性	#残疾儿童	社会福利机构抚养的儿童	
					被外国人收养
全　国	**18820**	**12425**	**2154**	**9115**	**1988**
中央级					
北　京	215	103	39	44	37
天　津	44	23	21	31	22
河　北	277	140	15	112	27
山　西	229	100	137	180	134
内蒙古	246	122	59	87	68
辽　宁	178	103	23	77	21
吉　林	24	8		24	14
黑龙江	106	57	20	24	
上　海	212	157	57	111	57
江　苏	1637	1132	177	809	122
浙　江	3174	2434	32	2180	87
安　徽	593	356	11	253	58
福　建	613	438	59	232	55
江　西	183	126	93	145	95
山　东	1662	994	138	498	124
河　南	627	286	349	460	330
湖　北	735	468	61	237	
湖　南	591	371	61	287	59
广　东	1257	891	288	842	303
广　西	2400	1855	115	1181	110
海　南	107	70	2	91	5
重　庆	258	167	25	91	22
四　川	1027	565	43	329	
贵　州	216	150	50	106	59
云　南	1492	924	73	408	
西　藏	30	2		6	
陕　西	367	204	134	161	119
甘　肃	91	44	41	62	41
青　海	45	23	9	8	
宁　夏	25	18	20	24	19
新　疆	159	94	2	15	

儿童情况

单位：人

社会孤儿数	被外国人收养	近亲属抚养人数	被外国人收养	生父母有特殊困难无力抚养人数	被外国人收养	继子女收养	被外国人收养
4242	**159**	**1408**	**8**	**730**	**44**	**3325**	**29**
78		63	1	2		28	
2		10		1			
45		32		13		75	
2		11		19		17	
22		16		77		44	
50		35		2		14	2
4		39	2	8		31	20
56		11				34	3
259		147		21		401	
677		93		3		221	
169		51		19	1	101	
163		55	4	5		158	
20		12		3		3	
375		94		14		681	1
61	9	63		27		16	
179	58	115		60		144	1
79		80		31		114	2
192	1	94		18		111	
647		64		47		461	
11		1		3		1	
51		27		23		66	
188		109	1	197	43	204	
31		14		5		60	
757	70	75		71		181	
7		14		2		1	
57		26		39		84	
8		2		3		16	
15	9	19		3			
		1					
37	12	35		14		58	

C-2-35 救助、低保

地区	机构数			年末职工人数					
		编制登记	民政登记		女性	受教育程度		职业资格水平	
						大学专科人数	大学本科及以上人数	助理社会工作师人数	社会工作师人数
全　国	**923**	**921**	**2**	**7766**	**3605**	**2547**	**3407**	**153**	**208**
中央级									
北　京	10	10		94	59	16	76	3	4
天　津	2	2		10	5	1	9	1	2
河　北	4	4		24	14	6	5		2
山　西	65	65		581	289	198	254	13	14
内蒙古	24	24		273	150	63	185	18	26
辽　宁	17	17		113	54	26	62		6
吉　林	66	66		1119	352	241	360	13	5
黑龙江	28	28		265	141	76	133		5
上　海	7	6	1	88	49	18	58	13	8
江　苏	11	11		46	20	11	30	5	3
浙　江	14	14		69	43	15	41	7	9
安　徽	24	24		104	39	26	68	1	5
福　建	18	18		70	42	17	43	6	9
江　西	55	55		318	146	138	84	6	10
山　东	15	14	1	80	40	24	53	3	13
河　南	50	50		407	190	143	126	2	11
湖　北	70	70		656	316	286	238	10	10
湖　南	64	64		567	207	213	149	6	17
广　东	3	3		41	26	1	40	5	
广　西	112	112		653	363	211	362	5	5
海　南	2	2		15	8	7	7		1
重　庆	36	36		293	162	77	211	15	7
四　川	61	61		329	148	131	114	9	20
贵　州	55	55		584	284	242	290	2	6
云　南	22	22		98	45	26	64	1	
西　藏	12	12		149	95	84	54		
陕　西	39	39		441	219	170	181	7	5
甘　肃	18	18		152	46	25	67		2
青　海	4	4		15	10	5	9		
宁　夏	12	12		105	38	45	32	1	3
新　疆	3	3		7	5	5	2	1	

服务机构

单位：个、人、人次、时、万元

年龄结构				志愿服务		事业单位会计制度财务指标		
35岁及以下人数	36岁至45岁人数	46岁至55岁人数	56岁及以上人数	志愿者服务人次数	志愿服务时间	固定资产原价	本年收入合计	本年费用合计
3534	**3149**	**1001**	**82**	**3487**	**7794.5**	**28615.9**	**166974.0**	**174500.5**
35	36	23		118	328.0	243.7	35699.0	35496.5
7	2		1			231.4	226.4	334.9
20	3	1		5	10.0	21.3	8604.8	7947.1
257	217	101	6			1531.1	5480.1	5363.3
116	106	50	1			473.3	4271.1	4085.5
40	52	18	3			81.4	1215.4	1219.8
474	524	114	7			982.0	23167.9	23617.4
96	119	46	4			858.0	1002.6	1032.6
48	33	7				417.2	15889.2	16198.1
21	18	7		41	72.0	267.4	749.3	886.1
32	21	13	3			202.5	4990.9	5002.8
36	51	16	1	96		210.8	798.2	841.7
41	23	6		5	5.0	62.3	580.5	550.1
106	165	38	9	4	28.0	443.0	1176.1	1124.7
36	35	9				183.6	1248.6	1010.4
245	111	49	2	106	330.0	1063.3	1503.7	1672.2
228	317	105	6	295	567.0	11668.1	7108.9	13268.0
248	216	84	19	1047	2820.0	1555.0	7351.0	6327.9
27	6	8				1019.6	1673.3	1804.3
280	275	97	1			1476.3	18282.0	20248.7
3	7	5				41.1	977.6	977.7
148	113	30	2	334	1032.5	1011.0	4918.4	4901.7
148	147	29	5	126	128.0	544.8	3965.2	4759.9
314	211	58	1	1135	1963.0	1768.4	2999.7	3156.4
46	49	3		1	2.0	40.3	9007.6	8240.6
113	29	7				551.0		
248	148	40	5	163	476.0	646.2	3615.4	3636.1
98	37	15	2	11	33.0	400.2	193.5	352.5
2	10	3				483.0		88.0
19	66	16	4			69.6	274.6	352.9
2	2	3				69.0	3.0	2.6

C-2-36 城市最低

地 区	城市最低生活保障人数	按人员性质分类				
		#女性	#残疾人	重度残疾人	老年人	成年人
全 国	**12610267**	**5614387**	**1599295**	**405955**	**2189520**	**8367076**
中央级						
北 京	78341	34181	17776	13369	14068	44316
天 津	107075	53537	19055	10092	18340	67707
河 北	355026	156120	37025	12802	53831	238726
山 西	459785	205005	40717	14296	49280	302243
内蒙古	430372	212195	73586	25534	69268	326039
辽 宁	538453	221469	109236	37847	72534	364635
吉 林	591769	287664	89255	194	119552	423164
黑龙江	953614	441022	137851	21935	103527	738807
上 海	157052	58477	30187	1581	5094	119518
江 苏	205242	91625	31934	7991	57936	120589
浙 江	221598	92113	67185	14846	67710	124843
安 徽	479292	201755	76757	25780	153448	269603
福 建	68249	29744	16624	6528	16539	43724
江 西	832633	319541	116020	6657	170796	502156
山 东	237786	115653	34436	20549	43604	165847
河 南	677801	279944	56355	15537	153447	424811
湖 北	458616	218459	39280	5925	89228	320934
湖 南	766985	353852	61214	24956	126002	557305
广 东	228485	82267	38017	11172	48837	138713
广 西	190693	87815	20231	9863	31557	131871
海 南	63153	27235	8203	1852	5271	45189
重 庆	339740	154876	65077	39811	41442	228775
四 川	1184095	457904	174651	29632	240296	775362
贵 州	314995	133751	26789	8140	54846	200857
云 南	708681	348072	68381	309	170727	459027
西 藏	33131	15126	2466	263	6483	21163
陕 西	306061	150063	20561	1070	23441	151031
甘 肃	650523	291643	31318	7832	65200	449761
青 海	133875	71489	7063	1586	19771	87004
宁 夏	108446	54437	12749	7436	9674	78429
新 疆	728700	367353	69296	20570	87771	444927

生活保障

单位：人、户

按年龄分类					城市最低生活保障户数
在职人员	灵活就业	登记失业	无就业条件	未成年人	
185588	**2650103**	**1535390**	**3995995**	**2053671**	**7415341**
4349	9141	19291	11535	19957	47031
3177	9625	31850	23055	21028	67088
5643	68822	48427	115834	62469	210267
10760	141378	44906	105199	108262	240345
758	175821	50788	98672	35065	271798
4248	68453	138809	153125	101284	334925
8	61424	16894	344838	49053	404561
3918	83408	99587	551894	111280	596343
9794	1944	47054	60726	32440	112622
2630	17380	25392	75187	26717	121859
3269	53250	14060	54264	29045	150493
5385	87966	43240	133012	56241	310640
619	12310	6516	24279	7986	42949
22214	193920	142875	143147	159681	429584
1590	15759	15196	133302	28335	137816
5508	132750	110650	175903	99543	425355
41464	150709	42420	86341	48454	286438
3410	157345	99749	296801	83678	478630
6470	51296	19065	61882	40935	119187
350	110782	14729	6010	27265	102730
213	4699	1882	38395	12693	30717
541	107181	40480	80573	69523	211519
13415	241132	162738	358077	168437	702040
3497	60710	27495	109155	59292	178954
2946	336761	54310	65010	78927	473953
3717	5716	3509	8221	5485	18713
1680	74044	40837	34470	131589	157060
6171	127154	113485	202951	135562	270631
1527	10950	4539	69988	27100	69294
12	5847	2581	69989	20343	61028
16305	72426	52036	304160	196002	350771

C-2-37 农村最低

地区	农村最低生活保障人数	纳入扶贫建档立卡对象	按人员性质分类		
			女性	残疾人	重度残疾人
全　国	**40451543**	**1274934**	**16492471**	**4454300**	**1274934**
中央级					
北　京	44032	8504	17693	15714	8504
天　津	91292	7257	37223	16440	7257
河　北	1601717	92640	619821	203016	92640
山　西	1111867	49218	452593	142530	49218
内蒙古	1198720	71451	606055	155781	71451
辽　宁	730214	36613	271825	115167	36613
吉　林	703242		309027	77854	
黑龙江	1051754	16018	504372	91774	16018
上　海	34836	1209	17942	11159	1209
江　苏	972056	39469	385733	113156	39469
浙　江	592283	61840	239159	167983	61840
安　徽	1554727	72324	615867	239667	72324
福　建	390801	25778	160458	69555	25778
江　西	1757029	19063	590694	303319	19063
山　东	1815546	111280	793112	189767	111280
河　南	2880515	93073	1008511	309733	93073
湖　北	1378990	10505	632712	195618	10505
湖　南	1248802	101560	562427	197319	101560
广　东	1467670	37008	464813	150088	37008
广　西	2539255	72978	1149882	144703	72978
海　南	181390	6652	81676	17598	6652
重　庆	602191	62992	273150	97114	62992
四　川	3663099	131462	1174409	549868	131462
贵　州	2600135	62763	1031110	164157	62763
云　南	3299482	1797	1480247	343137	1797
西　藏	226763	221	94483	10112	221
陕　西	876274	980	373682	98959	980
甘　肃	2993008	29583	1167975	118365	29583
青　海	426492	2649	204333	11572	2649
宁　夏	381057	20387	175790	32930	20387
新　疆	2036304	27660	995697	100145	27660

生活保障

单位：人、户

按人员年龄分类					农村最低生活保障户数
老年人	成年人	有劳动条件	无劳动条件	未成年人	
15627519	**19631564**	**11243352**	**8332017**	**5192460**	**22492651**
18760	20020	10983	9037	5252	27317
27089	48621	28762	19859	15582	45159
911022	591282	236147	355135	99413	1145765
658107	394154	202367	191787	59606	807459
759419	397542	223688	173854	41759	827369
341886	339754	103735	236019	48574	496668
412797	266277	872	265405	24168	521933
603780	404514	211670	192844	43460	699702
13674	19609	10828	8781	1553	28444
390614	472023	176193	295830	109419	533950
235022	297210	174031	123179	60051	394075
687163	732642	320693	411949	134922	892616
115963	224418	99968	124396	50420	210969
544219	943995	434032	509963	268815	926375
1004304	683719	258644	425075	127523	1336683
1541122	1116235	548862	567373	223158	2192088
519403	723143	515416	207727	136444	790753
395303	674117	354195	319922	179382	629362
411147	717063	403152	312234	339460	579442
617698	1409556	763742	662908	512001	890723
38145	100724	60433	35395	42521	74783
110823	397571	157305	240266	93797	323992
1608418	1647552	890675	756877	407129	2180895
816030	1264833	955435	309398	519272	1191424
1175815	1768675	1381460	387215	354992	1986993
81085	94445	11991	16107	51233	79506
274776	484632	217804	266828	116866	369846
647142	1870347	1562593	307754	475519	955501
70505	239276	217134	22142	116711	128985
144554	206941	32427	174514	29562	290646
451734	1080674	678115	402244	503896	933228

C-2-38 特困人员

地 区	城市特困人员救助供养	#女性	#残疾人	#老年人	未成年人
全 国	**253693**	**37951**	**64871**	**183100**	**8501**
中央级					
北 京	978	259	397	648	20
天 津	1711	529	881	829	77
河 北	2365	400	836	1624	9
山 西	876	144	431	321	56
内蒙古	11855	1649	6406	6069	73
辽 宁	4062	900	1947	2396	51
吉 林	2251	252	840	1170	12
黑龙江	8907	2159	4779	4328	79
上 海	747	113	96	698	19
江 苏	8510	1208	3262	4610	714
浙 江	3535	1090	985	2919	188
安 徽	905	88	36	738	8
福 建	4340	840	1661	2512	243
江 西	9390	2543	1894	6373	1889
山 东	2022	445	995	1191	26
河 南	3747	392	555	3126	85
湖 北	8610	2084	2605	6023	201
湖 南	13633	3522	3833	7874	494
广 东	5944	1173	1674	4245	114
广 西	4812	567	818	3539	40
海 南	911	217	101	728	21
重 庆	72120	4655	11782	61206	1614
四 川	49504	6238	9251	38014	759
贵 州	4591	681	967	3488	231
云 南	10579	2060	3118	8052	533
西 藏					
陕 西	3014	514	827	1939	150
甘 肃	3201	610	1218	1996	61
青 海	1659	550	268	1103	71
宁 夏	677	199	270	318	11
新 疆	8237	1870	2138	5023	652

救助供养

单位：人

按护理类型分			按供养方式分	
全自理	半护理	全护理	集中供养	分散供养
165699	**55861**	**32133**	**88648**	**165045**
268	377	333	336	642
576	458	677	504	1207
1448	540	377	516	1849
445	298	133	124	752
6180	3634	2041	3368	8487
1717	1470	875	1347	2715
1379	620	252	341	1910
2601	4144	2162	4178	4729
415	117	215	265	482
4321	1942	2247	3647	4863
1594	1161	780	2994	541
718	145	42	64	841
2324	1095	921	1415	2925
6802	2091	497	3657	5733
948	722	352	639	1383
2298	1188	261	607	3140
5137	2175	1298	4905	3705
5480	5286	2867	4723	8910
3865	1508	571	716	5228
3930	559	323	2267	2545
845	36	30	32	879
63872	4344	3904	14808	57312
30456	12005	7043	26867	22637
3254	842	495	2266	2325
5691	3591	1297	4009	6570
1830	1058	126	781	2233
1631	1144	426	683	2518
593	807	259	403	1256
508	161	8	172	505
4573	2343	1321	2014	6223

C-2-38续表

地　区	农村特困人员救助供养	#女性	#残疾人	#老年人	未成年人
全　国	**4668900**	**614873**	**801627**	**3918787**	**92380**
中央级					
北　京	4503	307	2096	3741	8
天　津	11097	1006	2488	9665	46
河　北	231930	12773	39125	199968	1637
山　西	146500	10130	42518	103797	3580
内蒙古	83810	5012	23453	63318	165
辽　宁	130738	11216	24974	112005	973
吉　林	107727	17498	38918	67600	1680
黑龙江	112630	21340	44946	75861	1756
上　海	2292	341	587	1940	11
江　苏	200186	25949	20082	189750	1858
浙　江	27764	2821	3075	26555	69
安　徽	397711	54726	50865	360655	4543
福　建	67114	7385	16723	50801	1379
江　西	210870	57515	31546	182366	13370
山　东	210461	21087	11814	192850	1207
河　南	488649	56216	49149	438113	8030
湖　北	245735	34280	45664	205148	402
湖　南	378704	54173	64349	298637	6417
广　东	226050	28874	31314	203564	7232
广　西	250418	26088	25826	222776	5153
海　南	26291	5701	1104	22696	238
重　庆	111468	9417	17434	93312	3662
四　川	459085	48610	81409	389869	8001
贵　州	83793	10903	11072	69664	3848
云　南	138008	31913	42875	94802	9225
西　藏	14662	4038	813	6660	658
陕　西	119700	12385	36335	89987	2507
甘　肃	111163	18452	24795	90709	1977
青　海	20576	6666	3381	15675	1098
宁　夏	9976	2816	2005	6516	42
新　疆	39289	15235	10892	29787	1608

单位：人

按护理类型分			按供养方式分	
全自理	半护理	全护理	集中供养	分散供养
3473004	**878038**	**317858**	**996489**	**3672411**
2593	1227	683	1640	2863
7423	2844	830	993	10104
177793	40830	13307	32376	199554
105323	27105	14072	17737	128763
61991	15374	6445	10524	73286
96545	26152	8041	24104	106634
86516	19134	2077	20196	87531
74510	26876	11244	23043	89587
1421	740	131	861	1431
154141	32255	13790	63563	136623
20561	5818	1385	26347	1417
322143	59518	16050	90824	306887
44054	15084	7976	6181	60933
148942	51240	10688	115057	95813
130998	50949	28514	61829	148632
375578	87470	25601	76955	411694
218372	18242	9121	47725	198010
225864	101763	51077	60968	317736
177734	35000	13316	20776	205274
224339	14895	11184	18166	232252
23356	1821	1114	2053	24238
97457	11374	2637	17471	93997
326568	99300	33217	139309	319776
65899	10295	7599	36189	47604
92202	35504	10302	15809	122199
8958	4178	1526	8957	5705
94801	21447	3452	29497	90203
65480	39819	5864	7820	103343
9687	8986	1903	3169	17407
7746	2186	44	2445	7531
24009	10612	4668	13905	25384

C-2-39 医疗救助

地　区	民政部门资助参加基本医疗保险人数	重点救助对象	民政部门直接救助人次数	住院救助人次	重点救助对象	重特大疾病医疗救助对象	门诊救助人次
全　国	**56210312**	**18465115**	**35170667**	**15775366**	**6418921**	**1511173**	**19395301**
中央级							
北　京	15865		129921	31317	2234	10602	98604
天　津	246777	217978	2013967	59424	50149	2956	1954543
河　北	2281691	546704	451138	350174	73126	14941	100964
山　西	1210042	842333	248594	196157	131986	28899	52437
内蒙古	1659867	152124	312112	274470	174319	32984	37642
辽　宁	1036190	410973	990178	448607	105799	35561	541571
吉　林	798347	206387	543267	400607	72179	29189	142660
黑龙江	2298428	721779	607008	465664	197487	44537	141344
上　海	74738	37796	296283	104195	3251	1334	192088
江　苏	1543258	712692	4911247	1093091	390010	53738	3818156
浙　江	469699	262425	3209236	717960	475118	286729	2491276
安　徽	3906641	669153	1940196	1611850	141361	91910	328346
福　建	726954	20567	1258589	260721	25719	21314	997868
江　西	1707036	1146547	2011794	734340	470171	46202	1277454
山　东	1847770	1287368	1141783	532656	344075	34207	609127
河　南	3470837	598981	717996	652295	181999	18190	65701
湖　北	2040048	1097096	1183705	1024596	672947	93015	159109
湖　南	3446494	1907476	1153593	871641	537928	120820	281952
广　东	2647791	1058787	1684428	607148	212436	40426	1077280
广　西	2475766	374931	282881	260198	172813	5770	22683
海　南	227487	6239	135705	79409	6904	4555	56296
重　庆	1736805	681985	4744723	852051	264272	36362	3892672
四　川	4258658	3026414	2085832	1610809	953106	311878	475023
贵　州	2652689	896688	523177	419236	145032	45739	103941
云　南	4282065	61110	1073106	909786	407797	57341	163320
西　藏	68072	597	59614	49184	8364	675	10430
陕　西	777861	254421	513121	470952	34023	5170	42169
甘　肃	5495764	962538	271883	186313	58324	13893	85570
青　海	595686	70598	171682	149748	49162	6241	21934
宁　夏	505456	18778	119643	116716	15436	433	2927
新　疆	1705530	213650	384265	234051	41394	15562	150214

和临时救助

单位：人、人次

				按属地分类		按对象分类		
重点救助对象	重特大疾病医疗救助对象	传统救济	临时救助	本地户籍	非本地户籍	低保人员	特困人员	其他
9119965	**1477732**	**618083**	**9702953**	**9584110**	**118843**	**3898315**	**1206739**	**4597899**
4229	6		25816	25728	88	13097	40	12679
1659923			122029	121372	657	85966	2521	33542
16342	2377	6686	465832	464474	1358	183961	90289	191582
26073	13724	7623	312074	309972	2102	86361	41060	184653
20607	4555	17318	346941	333277	13664	177815	38424	130702
373517	15099	14955	250453	244395	6058	188697	20217	41539
34487	1676	1709	188194	188041	153	143576	13043	31575
62507	4238	29535	251156	250979	177	144940	10900	95316
3684	2	3	375510	372219	3291	320371	7222	47917
2152448	158831	39857	384642	380827	3815	104336	53902	226404
1297058	530490	2069	319860	317050	2810	80921	13576	225363
62867	26631	40520	122165	120978	1187	34581	22916	64668
85313	22239	3659	146881	145196	1685	34639	14172	98070
639561	76184	28458	162794	162266	528	83819	13465	65510
277045	22735	317	217871	216388	1483	95868	30463	91540
21842	2160	23195	300554	298326	2228	113332	56280	130942
94198	34857	15525	403162	399835	3327	74877	56859	271426
171442	60189	95142	1134223	1118982	15241	470973	131230	532020
348105	3561	1390	185299	179559	5740	70518	27392	87389
1851	66	119571	178294	178173	121	66630	27580	84084
166	6	43	53774	53226	548	8676	750	44348
1368289	437723	15082	242752	240321	2431	54224	25884	162644
267607	37347	58337	467791	462027	5764	197363	71187	199241
26403	3896	20327	424954	408537	16417	93161	11916	319877
68850	15239	37352	577127	575730	1397	180671	41567	354889
435	553	3	22054	21684	370	4926	12946	4182
857	15	4066	600813	596240	4573	244651	78489	277673
23467	126	30259	588203	580923	7280	216605	149594	222004
4598	993	353	98224	98139	85	25925	32871	39428
76		275	214570	214237	333	78087	21686	114797
6118	2214	4454	518941	505009	13932	218748	88298	211895

C-2-40 救灾储

地区	单位数	年末职工人数	女性	受教育程度		职业资
				大学专科人数	大学本科及以上人数	助理社会工作师人数
全国	**220**	**1200**	**426**	**428**	**571**	**15**
中央级						
北京						
天津	2	26	10	6	20	
河北	4	34	9	14	12	
山西	12	67	16	33	24	
内蒙古	3	20	5	5	8	
辽宁	19	116	43	50	55	
吉林						
黑龙江	7	34	9	9	18	
上海	1	1				
江苏	1	5	2		5	
浙江						
安徽	2	14	5	7	7	
福建	1	14	6	1	13	1
江西	3	6	4	2	2	
山东	5	34	5	8	26	
河南	6	57	13	14	38	1
湖北	29	101	48	34	32	
湖南	2	35	13	20	7	1
广东	18	104	46	36	59	3
广西	8	50	28	26	19	
海南	2	11	4	2	3	3
重庆	1	7	1	1	4	1
四川	45	185	70	75	76	3
贵州	5	27	6	7	19	
云南	6	57	27	10	43	1
西藏	3	8	1	5	1	
陕西	8	75	25	20	31	1
甘肃	11	34	13	8	21	
青海	3	12	1	1	8	
宁夏	9	38	11	23	9	
新疆	4	28	5	11	11	

备机构

单位：个、人、人次、时

格水平	年龄结构				志愿服务	
社会工作师人数	35岁及以下人数	36岁至45岁人数	46岁至55岁人数	56岁及以上人数	志愿者服务人次数	志愿服务时间
37	**407**	**469**	**265**	**59**	**779**	**1665**
	12	10	3	1		
3	3	19	5	7		
1	11	36	15	5		
2	3	9	8			
1	39	41	25	11	29	34
	12	10	11	1		
				1		
1	4	1				
1	2	6	4	2	15	80
2	8	3	2	1		
	1	3	2			
3	6	14	10	4		
	20	21	16		55	162
1	28	51	19	3	61	300
	3	6	25	1		
2	35	42	21	6	159	457
3	8	19	22	1		
	4	5	2			
	3	2	1	1		
5	82	69	32	2	126	128
	13	11	3		334	504
6	28	22	6	1		
	5	3				
2	25	28	16	6		
	16	12	6			
	7	1	2	2		
1	22	10	4	2		
3	7	15	5	1		

C-2-40续表

地　区	总建筑面积	库房建筑面积	#空余库房建筑面积	#租用库房面积
全　国	**810328**	**668612**	**39540**	**37070**
中央级				
北　京				
天　津	20176	10466	60	3316
河　北	18435	18245	4100	
山　西	18713	24677	280	9500
内蒙古	32336	24715	2606	
辽　宁	51466	44787		
吉　林				
黑龙江	6523	4728		
上　海	2000	2000		
江　苏	6987	6672		
浙　江				
安　徽	7020	6700		
福　建	12000	12000		
江　西	1600	109		
山　东	26393	16579	3000	3000
河　南	18625	16097	950	2186
湖　北	45389	37574	1870	6980
湖　南	18221	16338		
广　东	34242	29273	1390	4365
广　西	31260	30886	250	3000
海　南	1555	1523		1523
重　庆	2796	2796		
四　川	163949	129655	18928	3200
贵　州	6200	5000	1000	
云　南	44430	32560		
西　藏	13434	6844	1562	
陕　西	32680	22608	360	
甘　肃	50917	37483	2264	
青　海	24742	24742		
宁　夏	92945	91305	920	
新　疆	25295	12250		

单位：万元、平方米、顶

仓储物资种类				事业单位会计制度财务指标		
单帐篷	中央储备	棉帐篷	中央储备	固定资产原价	本年收入合计	本年支出合计
486466	**219819**	**179790**	**77815**	**117368**	**39179**	**41584**
8569	4860	12722	7216	2182	1265	1269
2470		2051		991	554	652
13772		2709		977	2365	2553
2140	55	3096	100	1833	1380	1306
25649	18200	14325	12367	3570	2481	2728
170				979	778	516
120						
2344				525	2206	1606
11859	8059	412	412	2090	148	265
25427	19360	700	700	79	859	334
400				24		6
5202	3380	3151		3567	3686	3674
34233	14589	4230	4100	2522	1530	2292
26761	21355	6418	5875	3152	2028	2632
16249	13285	3000	3000	283	2	83
10753				8924	6046	5796
16155	13116	408		3188	1721	1472
2188				1055	317	464
808		200		2144	606	675
85563	32373	22173	6044	53513	3202	3723
3412	1825	94		249	658	627
89243	26327	20770	9479	4213	2159	1905
800		2720		969		
30073	10049	10835	9264	4227	1802	1532
36090	18956	14320	8020	1454	579	726
5305	5245	20346	5789	4311	621	3177
15871	19	19323		6546	1478	837
14840	8766	15787	5449	3800	711	733

C-2-41 民政部门

地区	直接接收捐赠情况			间接
	捐赠款	捐赠衣被合计	捐赠其他物资价值	捐赠款
全　国	**250012.5**	**227.5**	**10734.8**	**103428.4**
中央级				
北　京	8121.0	80.1	22.4	81385.4
天　津	168.1	0.1		16.3
河　北	783.0	2.4		0.4
山　西	2912.8	0.1	5.0	
内蒙古	93.5	0.1		
辽　宁	811.8		91.4	22.5
吉　林	1732.7	2.0	150.0	
黑龙江	1109.2	39.0		26.8
上　海	4758.3	7.3		1773.5
江　苏	110154.4	9.1	674.0	13717.9
浙　江	1149.9	2.0	86.1	
安　徽	251.0		5.0	
福　建	195.3			
江　西	20568.0	4.9	2527.1	553.6
山　东	5104.9			
河　南	3885.7	6.7	102.0	99.5
湖　北	1281.9		1.0	257.2
湖　南	586.7	0.5	59.3	8.5
广　东	2106.5	46.0	495.7	
广　西	201.5	1.3	37.5	80.0
海　南		0.3		
重　庆	1041.6		4.6	3.2
四　川	57604.5	1.5	345.0	4106.6
贵　州	4917.6	12.8	130.2	642.2
云　南	1540.8	2.0	63.4	567.2
西　藏	338.1			
陕　西	15287.0	0.6	3214.0	157.6
甘　肃	580.9	4.2	1.3	
青　海	36.2	1.1	180.0	10.0
宁　夏	26.0			
新　疆	2663.6	3.4	2539.8	

接收的社会捐赠

单位：万元、万件、个

接收捐赠情况		社会捐赠接收工作站点数		
捐赠衣被合计	捐赠其他物资价值		社会捐赠接收工作站数	慈善超市数
18	**6523**	**28262**	**19293**	**8969**
11	6052	1848	1725	123
		671	638	33
0		597	567	30
		650	483	167
		385	160	225
		803	650	153
		142	99	43
1		743	223	520
1		3443	3277	166
		4134	2406	1728
		278	120	158
		336	232	104
		807	332	475
	58	219	154	65
		2103	1321	782
	97	791	687	104
		694	409	285
		1585	648	937
		900	739	161
		1083	797	286
	1	31	29	2
6		1654	1035	619
0	274	2301	974	1327
	32	838	619	219
		128	119	9
0	8	35	30	5
		416	378	38
		255	181	74
		45	37	8
		44	5	39
0	1	303	219	84

C-2-42 福利彩票发

地区	单位数	编制登记	民政登记	年末职工人数	女性	受教育程度	
						大学专科人数	大学本科及以上人数
全国	**729**	**658**	**71**	**12632**	**5777**	**4240**	**4309**
中央级	1	1		135	55	9	126
北京	17	17		136	56	36	92
天津	10	10		105	47	20	61
河北	21	14	7	344	163	98	88
山西	12	12		247	109	87	107
内蒙古	15	15		364	176	150	115
辽宁	17	17		356	137	82	207
吉林	42	42		581	150	95	160
黑龙江	17	17		204	86	57	49
上海	17	3	14	248	135	76	93
江苏	76	74	2	937	422	313	375
浙江	56	40	16	666	315	258	208
安徽	46	23	23	763	391	296	214
福建	10	10		189	66	47	104
江西	13	13		89	25	21	14
山东	18	18		910	438	311	383
河南	39	39		641	275	231	230
湖北	41	41		417	210	175	125
湖南	75	75		635	293	193	192
广东	56	56		892	424	270	306
广西	19	19		744	366	273	76
海南	3	3		48	17	20	18
重庆	1	1		169	45	34	122
四川	5	5		791	450	387	223
贵州	12	12		301	135	117	104
云南	13	13		146	62	46	50
西藏	1	1		40	25	20	10
陕西	27	26	1	579	219	114	143
甘肃	17	15	2	367	202	151	109
青海	3	2	1	101	57	29	36
宁夏	10	6	4	269	141	118	89
新疆	19	18	1	218	85	106	80

行机构情况

单位：个、人、人次、时

职业资格水平		年龄结构				志愿服务	
助理社会工作师人数	社会工作师人数	35岁及以下人数	36岁至45岁人数	46岁至55岁人数	56岁及以上人数	志愿者服务人次数	志愿服务时间
154	**169**	**6456**	**4140**	**1749**	**287**	**12284**	**26997**
		77	21	25	12		
	4	49	48	31	8	170	510
	1	50	36	14	5		
2	3	181	120	38	5		
	1	133	78	33	3		
1	1	212	104	38	10		
	1	139	132	73	12		
5	1	252	255	61	13		
3	7	79	86	35	4		
2		79	106	34	29		
34	30	452	325	140	20	10831	22297
4	9	354	216	84	12	100	200
12	9	446	216	91	10	186	496
1	1	53	84	41	11	8	32
		34	29	22	4	120	430
17	28	474	299	120	17		
7	5	320	217	92	12	73	224
1		193	154	65	5	79	221
4	15	322	222	87	4	319	867
45	22	437	296	142	17	184	1299
9	5	376	263	91	14		
2	4	15	15	18			
1		88	52	26	3		
2		611	127	43	10		
	2	171	106	19	5	45	72
1		78	40	20	8		
		15	23	2			
	6	240	186	130	23	169	349
1	1	232	89	40	6		
	1	49	32	19	1		
	1	170	75	22	2		
	11	75	88	53	2		

C-2-42续表

地区	事业单位会计制度财务指标		
	固定资产原价	本年收入合计	本年支出合计
全国	**1033473.6**	**1162353.0**	**1077375.4**
中央级	17628.8	118036.1	89323.1
北京	15717.0	23705.9	21684.1
天津	19505.1	11435.6	10922.7
河北	36965.2	60085.3	56344.3
山西	18087.7	22319.1	14700.6
内蒙古	43403.3	29395.2	25348.4
辽宁	64455.8	34599.3	29907.1
吉林	16250.9	23389.7	22731.2
黑龙江	28012.9	18456.3	18841.7
上海	9261.1	17930.9	17814.9
江苏	96035.4	76236.5	71225.7
浙江	56808.3	52263.0	48051.5
安徽	42536.7	31698.3	31673.0
福建	8014.3	19510.9	17351.1
江西	23384.1	16860.3	19775.5
山东	144010.6	109036.5	109857.9
河南	53485.6	37510.6	39073.8
湖北	36118.5	54941.7	52352.0
湖南	41937.6	42125.3	37445.2
广东	59370.4	95051.5	98285.0
广西	18561.6	23135.3	22983.6
海南	2553.2	19438.6	7259.7
重庆	15614.8	34679.8	33659.2
四川	2066.7	42369.5	43245.7
贵州	21054.1	20601.5	18436.5
云南	38314.2	21853.8	31069.4
西藏	423.0	7867.0	7668.0
陕西	50056.9	35478.8	32969.5
甘肃	22295.1	21145.5	13402.7
青海	3520.7	7446.5	7171.5
宁夏	7008.9	9863.1	11048.1
新疆	21015.1	23885.6	15752.7

单位：万元

民间非营利组织会计制度财务指标		
固定资产原价	本年收入合计	本年费用合计
5556.6	**13395.7**	**4442.5**
23.0		
555.4	4159.2	2643.0
11.7	270.6	1.2
1253.2	3150.3	363.3
687.3	2582.0	1398.0
108.0	98.3	
10.0	13.0	37.0
2766.0	300.2	
7.0		
135.0	2822.1	

C-2-43 优抚对象享受

地区	抚恤、补助优抚对象总人数	在院集中供养人数	定期抚恤人数合计	烈属	因公牺牲军人遗属	病故军人遗属	定期补助人数合计	在乡退伍红军老战士
全国	**8576757**	**58139**	**186501**	**100468**	**34555**	**51478**	**7688907**	**32**
中央级								
北京	45226	85	1437	273	144	1020	31675	1
天津	47322	40	836	331	140	365	38870	
河北	593922	1816	9388	3849	2220	3319	543427	
山西	181891	1804	5458	3218	823	1417	155831	3
内蒙古	51542	443	1511	618	409	484	38524	3
辽宁	193205	628	3985	1489	982	1514	163996	
吉林	120899	964	3574	1787	625	1162	100113	
黑龙江	115532	1539	3194	1778	586	830	99653	1
上海	38886	21	5281	4142	144	995	26569	
江苏	462345	3171	12286	5152	1773	5361	402799	
浙江	317383	149	4309	2038	916	1355	290730	
安徽	456705	1860	6689	3177	1468	2044	418354	
福建	184197	655	3940	2522	551	867	168734	
江西	295568	7967	16971	14840	984	1147	258683	2
山东	818871	4445	16134	6868	3513	5753	716731	
河南	736706	6620	11555	5023	2951	3581	666042	2
湖北	414909	2340	13463	9313	2327	1823	370051	
湖南	737782	6603	13983	7906	2667	3410	680818	1
广东	418436	628	5917	3607	824	1486	387476	
广西	287435	377	3673	2326	443	904	273252	
海南	26922	29	2055	1769	113	173	22701	
重庆	222071	866	3842	1777	806	1259	198648	
四川	850964	12077	19374	8868	4991	5515	773871	1
贵州	227187	453	2819	1412	541	866	210049	1
云南	283091	16	4202	2123	727	1352	261701	
西藏	4038	11	410	245	108	57	1338	
陕西	252888	1830	5688	2163	1510	2015	225464	15
甘肃	129548	153	2031	579	639	813	117084	2
青海	14660	53	434	211	76	147	10984	
宁夏	12873	20	358	137	200	21	10585	
新疆	33753	476	1704	927	354	423	24154	

定期抚恤、补助情况

单位：人

在乡西路红军老战士	红军失散人员	在乡复员军人	抗日	带病回乡退伍军人	60岁以上农村籍退伍军人	参战退役人员	参试退役人员	部分60周岁以上烈士子女(含错杀被平反人员子女)	其他
13	**1371**	**516309**	**15552**	**1073801**	**4198829**	**1268575**	**175549**	**228756**	**225672**
		2231	139	1642	21660	2933	858	1871	479
		1586	80	11648	15974	7378	164	1211	909
		16645	2380	48003	379304	49079	19969	27993	2434
		12893	994	24357	87110	8907	6741	12593	3227
		5044	123	8415	21032	1423	147	936	1524
		11705	181	12434	117994	4136	2832	2792	12103
		11807	242	10704	71095	3396	1396	1575	140
	2	15060	391	9074	65645	3926	491	2398	3056
		1638	20	550	21270	2366	655		90
	1	32485	3161	45829	234970	32657	5407	14540	36910
	23	14068	128	15928	229211	23415	1969	1280	4836
	70	20299	781	127540	213366	29111	11525	6505	9938
	51	8974	17	6891	113708	27744	316	7166	3884
4	729	21166	148	40399	92819	34847	2126	55318	11273
		37546	2620	82299	480232	66095	15039	35482	38
	127	30997	1182	77712	420504	82515	25155	14587	14443
	21	14782	526	83751	197122	56096	7200	10002	1077
	31	56252	289	141181	298571	156789	7510	10687	9796
	4	13497	270	25873	175119	149726	9079	2652	11526
	141	18345	41	3184	100796	84066	3707	3196	59817
	7	3325	768	1037	9960	7406	132	383	451
		14556	21	62368	64397	49574	5088	1445	1220
4	110	81004	213	172634	352178	129381	19005	7013	12541
	5	19166	27	11714	92397	85654	224	336	552
	2	15840	31	17753	98926	125139	35	2418	1588
		21		75	1136	56			50
	44	20534	331	21329	117676	35546	19332	3177	7811
2	1	6607	185	4087	83923	6595	4312	850	10705
		765	1	1281	6909	480	1093	131	325
1	1	1365	1	594	6156	797	235	116	1320
2	1	6106	261	3515	7669	1342	3807	103	1609

C-2-44 伤残人员和

地区	伤残人员合计	按伤残						
		一级				二级		
			因战	因公	因病		因战	因公
全 国	**701349**	**3242**	**668**	**2287**	**287**	**2325**	**269**	**1620**
中央级								
北 京	12114	44	2	38	4	40	2	30
天 津	7616	31		30	1	23	1	20
河 北	41107	155	5	128	22	86	7	55
山 西	20602	84	10	66	8	44	6	27
内蒙古	11507	52	6	44	2	24	2	15
辽 宁	25224	145	18	113	14	94	16	60
吉 林	17212	123	15	98	10	82	24	41
黑龙江	12685	104	19	80	5	54	2	44
上 海	7036	22	3	18	1	20	2	17
江 苏	47260	180	42	122	16	142	25	93
浙 江	22344	52	6	40	6	98		51
安 徽	31662	146	30	98	18	62	8	40
福 建	11523	50	1	43	6	34	3	23
江 西	19914	106	27	69	10	185	7	159
山 东	86006	259	55	186	18	297	15	245
河 南	59109	262	48	181	33	202	25	129
湖 北	31395	170	38	113	19	90	7	62
湖 南	42981	275	96	169	10	175	33	123
广 东	25043	101	17	67	17	37	4	24
广 西	10510	40	14	18	8	29	8	17
海 南	2166	9	2	5	2	5	2	2
重 庆	19581	99	32	55	12	38	5	23
四 川	57719	240	58	171	11	215	19	174
贵 州	14319	98	30	67	1	47	16	24
云 南	17188	112	37	65	10	82	13	29
西 藏	2290	9		3	6	4	1	2
陕 西	21736	135	44	84	7	43	11	27
甘 肃	10433	67	9	53	5	17		15
青 海	3242	25	1	21	3	16		16
宁 夏	1930	5		5		4		4
新 疆	7895	42	3	37	2	36	5	29

优抚对象医疗保障情况

单位：人

等级分类

因病	三级	因战	因公	因病	四级	因战	因公	因病
436	**14602**	**2893**	**9514**	**2195**	**13662**	**1549**	**8017**	**4096**
8	187	22	128	37	148	20	88	40
2	108	17	72	19	88	11	59	18
24	656	82	435	139	624	63	290	271
11	378	93	217	68	282	36	143	103
7	151	17	111	23	124	12	56	56
18	454	90	301	63	333	66	168	99
17	570	148	310	112	609	162	266	181
8	252	31	185	36	233	12	100	121
1	107	16	71	20	113	11	55	47
24	1236	439	691	106	1036	122	615	299
47	440	29	263	148	443	16	176	251
14	616	136	403	77	362	57	231	74
8	146	17	109	20	165	11	91	63
19	355	53	198	104	672	29	263	380
37	2573	433	1908	232	2468	170	2042	256
48	938	181	486	271	1845	194	753	898
21	634	80	425	129	605	48	360	197
19	1033	191	730	112	940	163	628	149
9	420	106	254	60	262	51	141	70
4	175	57	97	21	79	18	46	15
1	46	11	31	4	27	6	13	8
10	398	58	291	49	346	38	225	83
22	1194	216	838	140	984	124	688	172
7	283	85	173	25	126	17	90	19
40	419	142	178	99	299	45	131	123
1	37	14	22	1	40	5	13	22
5	338	73	229	36	124	14	76	34
2	194	21	140	33	123	8	85	30
	61	10	48	3	19	2	15	2
	39	6	28	5	34	5	26	3
2	164	19	142	3	109	13	84	12

C-2-44续表1

地区	按伤残							
	五级	因战	因公	因病	六级	因战	因公	因病
全国	**44925**	**9401**	**22761**	**12763**	**152750**	**24787**	**87427**	**40536**
中央级								
北京	478	68	341	69	1835	235	1338	262
天津	531	55	251	225	1515	192	990	333
河北	2849	375	1229	1245	9735	1048	5128	3559
山西	1294	343	667	284	4312	923	2438	951
内蒙古	580	70	411	99	2990	225	2255	510
辽宁	1495	340	911	244	5247	1003	3364	880
吉林	2034	477	1356	201	5002	937	3510	555
黑龙江	884	238	429	217	2812	755	1379	678
上海	353	71	189	93	1135	171	668	296
江苏	3278	919	1298	1061	11969	2612	6537	2820
浙江	1181	160	461	560	4426	355	2121	1950
安徽	1773	427	894	452	7267	1242	3823	2202
福建	1023	68	322	633	3245	234	1209	1802
江西	1385	214	628	543	4056	682	2017	1357
山东	4794	1115	2842	837	21167	3204	13578	4385
河南	4520	681	1892	1947	13723	1916	7730	4077
湖北	1724	248	923	553	6253	698	3455	2100
湖南	3034	703	1626	705	8879	1598	5038	2243
广东	1415	325	579	511	4631	972	2402	1257
广西	629	204	322	103	1828	488	881	459
海南	140	45	69	26	435	120	223	92
重庆	1033	238	592	203	3536	586	2092	858
四川	3545	860	1773	912	11675	1980	6576	3119
贵州	751	285	365	101	2323	580	1229	514
云南	972	356	400	216	2867	686	1459	722
西藏	133	48	81	4	311	148	150	13
陕西	1506	257	716	533	5029	621	2717	1691
甘肃	676	82	484	110	1984	197	1213	574
青海	218	29	181	8	507	98	360	49
宁夏	89	16	56	17	438	63	313	62
新疆	608	84	473	51	1618	218	1234	166

单位：人

等级分类								
七级			八级			九级		
	因战	因公		因战	因公		因战	因公
197939	**34394**	**163545**	**194305**	**39683**	**154622**	**44584**	**1562**	**43022**
3567	491	3076	4016	518	3498	1105	15	1090
2118	215	1903	2276	291	1985	518	12	506
11330	1535	9795	11475	1585	9890	2568	36	2532
6223	1384	4839	5584	1176	4408	965	20	945
3341	307	3034	3128	338	2790	722	6	716
7156	1496	5660	7642	1840	5802	1494	26	1468
3496	466	3030	3017	448	2569	1174	12	1162
3778	1354	2424	3809	1556	2253	512	20	492
1944	300	1644	2526	387	2139	470	17	453
12873	2882	9991	12702	3255	9447	2157	104	2053
5500	577	4923	8231	756	7475	1261	17	1244
8916	1628	7288	8739	1846	6893	2066	59	2007
2525	300	2225	2971	418	2553	904	11	893
5507	848	4659	5842	1064	4778	1139	59	1080
25113	3935	21178	20036	4021	16015	5577	92	5485
15402	2231	13171	14164	2168	11996	4257	98	4159
9109	1079	8030	8872	1302	7570	2292	52	2240
12110	2367	9743	11431	2369	9062	3157	200	2957
6435	1375	5060	8406	2266	6140	1806	72	1734
2914	794	2120	3367	1068	2299	888	32	856
545	154	391	620	167	453	247	25	222
6458	922	5536	5667	1214	4453	1167	37	1130
17341	3103	14238	16260	3617	12643	3261	151	3110
4450	1005	3445	4722	1502	3220	813	35	778
5097	1377	3720	5716	1985	3731	945	48	897
711	312	399	585	269	316	367	176	191
6754	930	5824	6134	1117	5017	976	60	916
3394	326	3068	3068	389	2679	572	17	555
1166	195	971	796	175	621	273	12	261
494	98	396	587	104	483	137	13	124
2172	408	1764	1916	472	1444	794	28	766

C-2-44续表2

单位：人

地区	按伤残等级分类			按人员种类分类				优抚对象享受医疗保障人数
	十级	因战	因公	残疾军人	伤残国家机关工作人员	伤残人民警察	伤残民兵民工	
全国	**33015**	**1472**	**31543**	**642011**	**31513**	**23942**	**3883**	**3671446**
中央级								
北京	694	8	686	10884	386	810	34	10790
天津	408	8	400	6718	154	714	30	25204
河北	1629	36	1593	38409	1750	772	176	181142
山西	1436	36	1400	19574	658	227	143	84448
内蒙古	395	13	382	8518	1916	946	127	31609
辽宁	1164	32	1132	21723	1375	1930	196	41683
吉林	1105	17	1088	12375	2433	2268	136	38492
黑龙江	247	15	232	11639	516	475	55	41983
上海	346	15	331	6418	118	489	11	11755
江苏	1687	63	1624	45355	955	822	128	240878
浙江	712	20	692	21745	247	226	126	66413
安徽	1715	47	1668	29199	1667	623	173	201631
福建	460	6	454	10768	343	251	161	62411
江西	667	42	625	18460	781	525	148	101696
山东	3722	83	3639	82301	1792	1705	208	431537
河南	3796	131	3665	55842	1870	1239	158	248455
湖北	1646	91	1555	29339	1051	920	85	203471
湖南	1947	190	1757	37005	3580	2296	100	373942
广东	1530	91	1439	24330	208	465	40	177913
广西	561	50	511	9433	394	203	480	103824
海南	92	7	85	2075	45	29	17	11773
重庆	839	32	807	18086	769	661	65	206316
四川	3004	158	2846	53141	2544	1691	343	347775
贵州	706	82	624	12766	902	600	51	121190
云南	679	65	614	15216	788	802	382	179726
西藏	93	53	40	1272	672	311	35	1476
陕西	697	37	660	20402	865	389	80	65320
甘肃	338	6	332	9596	484	314	39	36141
青海	161	8	153	2302	578	290	72	3517
宁夏	103	8	95	1614	166	126	24	4942
新疆	436	22	414	5506	1506	823	60	13993

C-2-45 优待和烈士褒扬

单位：户、万元、人

地 区	优待				烈士褒扬
	优待优抚对象户数	优待军属户数	优待总金额	固定优待军属总额	本年新增享受烈士待遇的人数
全 国	**2879584**	**791138**	**1849202**	**923732**	**184**
中央级					
北 京	14862	6791	23943	22954	
天 津	9467	5028	15193	7512	
河 北	180213	42712	170099	67447	2
山 西	53019	17045	63861	30490	6
内蒙古	21584	11140	39295	16899	
辽 宁	53676	12260	33983	11483	
吉 林	5178	2128	5477	2392	7
黑龙江	37534	12817	19783	8147	4
上 海	23231	5703	37347	9796	
江 苏	207843	45831	141632	52653	3
浙 江	149693	35823	129649	56711	6
安 徽	122613	36722	72252	31766	
福 建	70423	11340	37306	12381	3
江 西	54457	25202	27951	9881	8
山 东	401957	84885	193749	129812	39
河 南	196845	83381	129622	96986	13
湖 北	203823	27685	141770	39904	7
湖 南	247506	54665	75324	26056	15
广 东	85170	32496	104248	62455	2
广 西	165722	33417	63409	26890	4
海 南	8788	3380	8368	3174	
重 庆	182814	31233	43995	17299	3
四 川	209115	75119	106628	60218	23
贵 州	54119	23549	38329	19348	27
云 南	39991	21747	18059	8944	1
西 藏	865	801	115		1
陕 西	37556	29964	88093	85215	9
甘 肃	19693	9571	7360	2987	
青 海	3768	952	3777	900	
宁 夏	1588	872	980	422	
新 疆	16471	6879	7606	2612	1

C-2-46 接收军队

地区	本年接收人员合计	军队离退休干部		军队退休士官	军队无军籍职工
			离休		
全　国	**10531**	**6708**	**189**	**434**	**3389**
中央级					
北　京	1466	1218	9	8	240
天　津	156	152	2		4
河　北	613	388	29	37	188
山　西	148	112	14	14	22
内蒙古	80	67		5	8
辽　宁	675	277	20	22	376
吉　林	82	64	7	2	16
黑龙江	101	77	5	12	12
上　海	579	439	28		140
江　苏	561	370	16	16	175
浙　江	121	99		3	19
安　徽	126	87	5	21	18
福　建	481	100		5	376
江　西	63	58	2	5	
山　东	529	353	2	85	91
河　南	357	219	30	47	91
湖　北	339	231		29	79
湖　南	241	185	1	16	40
广　东	524	244	9	3	277
广　西	119	95		9	15
海　南	58	48			10
重　庆	228	196		9	23
四　川	445	330	1	32	83
贵　州	31	26		3	2
云　南	152	123	7	25	4
西　藏	1079	215			864
陕　西	677	485	1	11	181
甘　肃	89	61	1	6	22
青　海	54	44		2	8
宁　夏	2	1		1	
新　疆	355	344		6	5

离退休、退职人员

单位：人

本年实有人数合计	军队离退休干部	离休	军队退休士官	军队无军籍职工	军队离退休干部服务站
349476	**221336**	**15993**	**8020**	**120120**	**247**
71102	47606	1580	544	22952	5
7186	5282	394	80	1824	1
16605	10120	779	1143	5342	13
6048	3296	336	267	2485	5
3976	2753	226	64	1159	13
33373	22413	1371	311	10649	24
7501	4552	206	362	2587	
5687	3725	380	93	1869	11
12754	8496	500	16	4242	7
19940	13361	1076	292	6287	3
6735	4272	523	72	2391	10
4895	3238	527	251	1406	13
5297	3768	373	74	1455	3
2704	1150	282	192	1362	2
23729	16443	1553	1384	5902	9
11152	6987	723	689	3476	18
13432	7691	749	276	5465	5
10049	5455	720	244	4350	16
14507	8300	530	76	6131	12
3368	1991	125	57	1320	12
1927	627	22	14	1286	4
5846	3771	125	164	1911	15
15724	9772	610	536	5416	8
2077	1345	162	21	711	1
10016	6079	615	109	3828	20
1690	733	374	1	956	
16231	10363	647	260	5608	10
6497	2911	234	263	3323	
1910	789	42	45	1076	3
159	58	9	13	88	1
7359	3989	200	107	3263	3

C-2-47 军队离退休

地区	单位数	年末职工人数	女性	受教育程度		职业资格水平		年龄	
				大学专科人数	大学本科及以上人数	助理社会工作师人数	社会工作师人数	35岁及以下人数	36岁至45岁人数
全　国	**275**	**3733**	**1717**	**1189**	**1975**	**90**	**142**	**1256**	**1344**
中央级									
北　京	27	360	180	85	239	11	24	97	130
天　津									
河　北	22	283	149	78	102	2	7	129	97
山　西	5	40	18	8	22		1	15	9
内蒙古	1	21	11	5	16		4	12	3
辽　宁	16	456	186	135	242	1	12	142	136
吉　林	33	608	210	298	193	20	2	179	291
黑龙江	2	9	2	7				2	5
上　海	21	366	199	89	225	15	27	145	96
江　苏	4	24	14	3	13		5	10	10
浙　江	13	158	86	30	126		5	66	44
安　徽	9	61	22	27	28	1	5	29	10
福　建	6	47	22	10	23	1		15	15
江　西	3	4	1	2	1				3
山　东	7	148	62	50	76	12	15	54	46
河　南	9	95	48	50	34	4	9	22	45
湖　北	3	43	17	1	42	3		7	18
湖　南	11	47	21	12	24		3	10	30
广　东	5	78	32	23	54	7	8	23	32
广　西	4	68	35	19	49	2		27	30
海　南									
重　庆	37	330	147	105	219	2	3	73	133
四　川	15	159	101	67	58	3		51	54
贵　州	2	5	3	2	3			2	2
云　南	5	74	36	20	40	3	3	36	23
西　藏									
陕　西	6	66	32	14	50	1	1	44	15
甘　肃									
青　海	1	19	11					17	1
宁　夏	2	30	15	7	21		4	12	12
新　疆	6	134	57	42	75	2	4	37	54

人员管理中心

单位：个、人、人次、时、万元

结构		志愿服务		年末机构管理军休干部人数	分散安置人数	本年发放离退休金	事业单位会计制度财务指标		
46岁至55岁人数	56岁及以上人数	志愿者服务人次数	志愿服务时间				固定资产原价	本年收入合计	本年支出合计
922	**211**	**1918**	**6132**	**6347**	**4089**	**114147**	**588005.4**	**963660.1**	**914934.9**
125	8	80	240				231021.8	250671.0	243183.4
54	3	870	3421	524	524	6171	8400.0	28957.9	29004.4
11	5			7	7	50	742.4	3183.3	2999.9
5	1			546	546	8332	150.2	9511.3	9487.8
139	39	100	120	25		3130	18516.4	58578.2	54184.9
83	55	440	880	48	35	523	10421.1	35401.8	35746.5
2							9.0	122.0	122.0
98	27					5585	10867.6	147744.1	141762.2
3	1			4		51	698.6	285.0	171.6
37	11			102		1445	5457.1	57209.1	52926.0
18	4						3383.0	11665.5	11451.5
14	3			40	40		1027.5	1441.1	1215.5
1							3.0	17.0	17.0
43	5						5988.2	31640.4	31640.4
25	3						6605.5	8068.2	7507.3
13	5						230005.7	1249.0	1334.8
7		20	77				1358.7	3437.1	3359.9
22	1						11408.2	22413.3	22227.4
11				437	437	4326	5754.7	19420.6	18825.4
108	16	287	920	3791	2475	50304	9939.5	70199.2	69616.4
42	12					29634	4011.0	95342.7	77625.0
1		11	16				1.8	38.5	37.1
15		75	360	31	25	488	7791.9	2343.1	2146.1
				146		4107			
7		35	98				561.8	43861.1	39344.9
	1						166.0	3181.8	3091.2
6				645			10.0	148.0	138.0
32	11			1			13704.7	57529.8	55768.3

C-2-48 军队离退休

地区	单位数	年末职工人数						年龄	
			女性	受教育程度		职业资格水平			
				大学专科人数	大学本科及以上人数	助理社会工作师人数	社会工作师人数	35岁及以下人数	36岁至45岁人数
全　国	**21**	**325**	**138**	**121**	**166**	**7**	**7**	**84**	**94**
中央级									
北　京	9	170	69	60	90	3	1	40	54
天　津	1	11	3		11			4	1
河　北	1	6	2	2	4			2	2
山　西									
内蒙古									
辽　宁	1	6	1		6			3	1
吉　林									
黑龙江									
上　海	2	50	29	14	32	3	4	18	15
江　苏	3	40	14	16	13	1		6	10
浙　江									
安　徽									
福　建									
江　西	1	15	6	9	6		1	4	1
山　东									
河　南									
湖　北									
湖　南	1	5	3	2	1			1	2
广　东									
广　西									
海　南	1	14	7	11	2		1	3	5
重　庆									
四　川	1	8	4	7	1			3	3
贵　州									
云　南									
西　藏									
陕　西									
甘　肃									
青　海									
宁　夏									
新　疆									

人员活动中心

单位：个、人、人次、时、万元

结构		志愿服务		事业单位会计制度财务指标		
46岁至55岁人数	56岁及以上人数	志愿者服务人次数	志愿服务时间	固定资产原价	收入合计	支出合计
122	**25**	**70**	**190**	**73037.2**	**26104.0**	**20167.0**
61	15	60	180	29189.8	10874.4	6342.3
4	2			25824.3	2158.0	2034.0
2				716.8	418.4	432.0
2		10	10	6916.2	784.7	784.7
17				5610.7	5071.6	3542.7
21	3			3612.4	1304.2	1804.2
6	4			264.8	369.4	364.0
2				706.7	134.0	134.0
6				18.5	4922.3	4662.1
1	1			177.0	67.0	67.0

C-2-49 烈士纪念

地 区	单位数	年末职工人数	女性	受教育程度		职业资
				大学专科人数	大学本科及以上人数	助理社会工作师人数
全 国	**957**	**8499**	**3512**	**2705**	**2163**	**137**
中央级						
北 京	3	52	19	21	15	1
天 津	9	129	55	38	55	
河 北	76	747	303	178	217	8
山 西	38	294	138	94	46	2
内蒙古	8	89	29	29	37	3
辽 宁	37	266	114	80	125	3
吉 林	29	368	92	118	71	4
黑龙江	17	175	70	76	58	1
上 海	10	214	95	80	86	
江 苏	73	659	260	161	232	28
浙 江	23	144	74	26	75	2
安 徽	37	373	157	111	50	7
福 建	21	117	57	33	33	
江 西	37	265	102	70	58	
山 东	87	783	316	294	292	35
河 南	89	1190	521	379	180	7
湖 北	51	622	276	224	96	4
湖 南	46	368	163	98	41	5
广 东	23	214	102	54	76	4
广 西	16	199	74	108	76	10
海 南	1	11	2	3	3	
重 庆	12	46	26	19	26	
四 川	84	310	134	131	59	7
贵 州	15	61	19	29	10	
云 南	19	94	25	29	19	2
西 藏						
陕 西	36	336	160	120	54	1
甘 肃	38	249	87	57	44	2
青 海	3	12	4	8	2	
宁 夏	11	38	9	8	2	
新 疆	8	74	29	29	25	1

设施管理保护单位

单位：个、人、人次、时

格水平	年龄结构				志愿服务	
社会工作师人数	35岁及以下人数	36岁至45岁人数	46岁至55岁人数	56岁及以上人数	志愿者服务人次数	志愿服务时间
227	**2464**	**3191**	**2307**	**537**	**66991**	**124168**
2	19	16	6	11	300	1200
	27	43	45	14	300	600
25	195	295	188	69	880	3280
7	56	115	104	19	203	931
6	19	38	25	7		
4	75	92	81	18	306	360
	111	142	110	5		
1	44	64	56	11		
2	60	37	71	46		
49	164	244	213	38	14978	31478
5	42	45	49	8	1973	3471
9	100	164	95	14	1342	2644
5	22	47	39	9	55	111
	54	107	94	10	11166	14091
36	280	270	193	40	12040	30996
45	449	449	260	32	4408	8340
3	159	247	138	78	996	1957
4	112	147	94	15	401	1088
2	53	79	72	10	10383	11694
3	60	67	56	16	735	1535
	1	4	6			
	6	26	12	2	113	393
6	90	119	79	22	3020	3043
	5	28	24	4	2461	4833
	24	39	30	1	253	392
4	128	140	56	12	678	1732
7	82	83	64	20		
1	1	1	8	2		
	8	12	14	4		
1	18	31	25			

C–2–49续表

地　区	占地面积	烈士纪念建筑物面积	烈士纪念建筑物数	纪念馆（陈列馆）个数	藏品数
全　国	**41280844**	**4838150**	**7961**	**1044**	**208039**
中央级					
北　京	62628	25048	34	3	981
天　津	339913	43191	36	13	1611
河　北	3088186	235981	846	80	33538
山　西	1078910	312680	101	42	3774
内蒙古	388623	46930	35	12	423
辽　宁	1732953	217787	353	21	16563
吉　林	597262	29066	400	27	5787
黑龙江	439705	71175	381	13	5046
上　海	385650	43205	65	16	2874
江　苏	2932950	492142	394	102	20578
浙　江	1040717	83523	117	32	6061
安　徽	3676085	252869	656	46	6194
福　建	774142	61038	150	20	1450
江　西	1051040	83997	816	38	3975
山　东	5083273	446428	479	131	28418
河　南	2451424	237720	888	92	10472
湖　北	2538456	285447	296	105	17105
湖　南	1292539	441966	97	18	3389
广　东	1226815	84722	210	10	998
广　西	2118715	157296	48	6	1173
海　南	338532	147107	77	20	856
重　庆	224408	57149	114	19	2759
四　川	5219309	450557	722	63	11611
贵　州	533211	223425	123	7	387
云　南	512620	100950	72	12	2150
西　藏					
陕　西	529259	76934	94	37	5018
甘　肃	570685	53678	214	35	2536
青　海	88855	19980	24	5	10800
宁　夏	175806	37880	75	8	893
新　疆	788173	18280	44	11	619

单位：平方米、个、件、人次、万元

参观人次数	本机构管理的其他烈士纪念园地数	事业单位会计制度财务指标		
		固定资产原价	本年收入合计	本年支出合计
66586719	**351**	**537742.1**	**194994.7**	**177288.3**
372000	6	11855.6	1353.1	1270.1
811890	1	12408.9	3219.6	3215.3
3692313	23	40979.4	14608.2	12948.9
1303537	2	14468.6	5425.0	6861.7
452900	10	6133.7	2325.8	2009.4
2090567	8	5212.3	5831.3	4957.7
1030812	5	7532.5	2278.3	2366.5
675723	1	5393.3	2016.3	1511.9
1297944	8	65003.3	22798.0	22727.2
8828779	5	38278.3	16422.5	16583.4
1542253	10	43373.7	5216.2	5066.6
5103221	2	27309.2	8738.4	7953.9
3224998	25	3733.3	2646.4	2654.4
804759	44	10947.0	3386.3	3146.1
8937855	9	67273.0	28912.8	26572.2
3965460	9	23041.7	15469.7	14483.7
3286502	57	21186.1	6148.0	6859.7
1547220	2	22174.2	3814.6	3442.5
3380172	7	18432.4	13673.3	10173.1
1407576	6	14183.1	5838.0	3997.1
408772	25	1343.0	7300.0	1039.0
2392871	36	5804.1	1342.6	1342.6
3353932	13	39849.1	4485.3	4151.8
603481	7	2243.2	386.5	524.1
548496	6	1860.7	742.6	639.2
1919832	3	15764.8	5017.0	3551.3
2447157	20	9257.1	2679.6	3596.5
330000		586.3	273.0	297.8
113377	1	463.5	265.4	257.1
712320		1650.7	2380.9	3087.5

C-2-50 自然灾害损失

地　区	人口受灾情况					
	受灾人口	死亡人口	失踪人口	紧急转移安置人口	需紧急生活救助人口	受灾面积
合　计	**14448.0**	**881**	**98**	**525.3**	**170.2**	**18478.1**
北　京	4.6	7		1.2		6.7
天　津						
河　北	722.0	6		0.9	0.3	718.0
山　西	658.0	5		0.4	0.4	821.3
内蒙古	722.7	16	2	0.8		3917.3
辽　宁	599.4	5		1.5	0.1	949.6
吉　林	363.4	26	13	51.4	1.5	983.1
黑龙江	241.5	7		4.3	2.0	1550.5
上　海						
江　苏	77.0	18		0.5		90.7
浙　江	113.0	3	8	17.7		107.3
安　徽	347.6	7		2.0		399.8
福　建	61.4	9		26.0	0.2	57.5
江　西	665.5	18	2	59.4	41.2	441.4
山　东	785.7	2		0.8		856.9
河　南	1538.5	20	1	0.2		1247.0
湖　北	1254.8	41	1	10.4	25.0	1437.1
湖　南	1716.3	96	3	174.1	56.6	1217.7
广　东	326.4	25		56.2	0.9	282.6
广　西	357.4	84	8	22.1	9.7	196.0
海　南	88.4	1		31.4		10.8
重　庆	252.1	48	4	2.6	0.7	125.9
四　川	421.8	169	17	16.0	2.7	215.7
贵　州	531.4	56	12	13.3	9.4	267.3
云　南	629.0	90	20	4.6	0.4	406.6
西　藏	29.7	9	1	2.1	0.3	12.8
陕　西	687.3	66	3	19.0	13.2	651.1
甘　肃	668.2	20	2	1.1	0.9	773.1
青　海	207.6	17	0	1.9		272.4
宁　夏	227.2				0.2	174.4
新　疆	114.8	10	1	3.4	3.9	226.3
兵　团	35.3				0.6	61.2

情况总表

单位：万人次、人、千公顷、万间、亿元

农作物受灾情况		房屋倒损情况			直接经济损失
成灾面积	绝收面积	倒塌房屋	严重损坏房屋	一般损坏房屋	
9200.9	**1826.6**	**15.3**	**31.2**	**126.7**	**3018.7**
1.6					0.8
336.3	42.9			1.2	46.0
370.6	53.6	0.2	0.6	1.3	58.0
2418.0	376.1		0.3	1.0	126.5
292.1	57.8	0.1	0.3	1.2	108.5
521.6	100.2	0.6	2.6	11.4	394.8
424.1	110.7	0.2	0.5	1.6	54.7
58.5	8.1	0.1	0.2	2.1	8.0
53.7	7.1	0.2	0.1	0.6	46.2
201.6	34.7	0.0	0.1	0.5	21.2
26.0	5.7	0.1	0.1	0.4	17.1
308.7	55.3	0.9	1.2	6.3	118.2
311.3	86.4	0.1	0.2	1.0	86.8
648.5	109.4	0.1	0.1	0.7	58.2
715.0	200.8	1.0	1.9	4.1	149.7
557.0	138.2	5.7	7.2	32.5	588.0
132.3	10.7	0.3	0.3	1.4	316.2
61.8	16.7	0.9	0.8	2.0	99.0
2.6	0.7				4.0
44.5	6.8	1.0	1.0	2.3	24.5
130.9	32.0	0.4	2.7	16.2	153.9
153.1	41.2	0.3	1.3	4.4	57.6
233.1	50.0	0.5	1.5	8.0	76.6
9.7	2.5	0.2	0.6	1.6	17.8
312.3	92.8	0.6	1.9	4.0	162.9
375.7	66.0	0.3	2.1	3.3	105.1
160.7	30.8			0.2	17.4
113.0	29.5	0.1	0.1	0.3	12.0
172.8	48.3	1.3	3.2	15.8	66.6
53.8	11.6	0.1	0.3	1.3	22.5

C-2-51 旱灾

地　区	人口受灾情况		
	受灾人口	因旱需生活救助人口	因旱饮水困难需救助人口
合　计	**4717.0**	**681.0**	**281.2**
北　京			
天　津			
河　北	208.6	18.7	4.7
山　西	399.3	151.4	20.8
内蒙古	537.7	214.1	73.6
辽　宁	472.7	11.3	8.6
吉　林	85.0	0.1	0.1
黑龙江	62.1	0.1	
上　海			
江　苏	13.1		
浙　江			
安　徽	164.1	0.2	
福　建	0.1		
江　西	46.0	5.6	1.6
山　东	367.1	34.4	28.9
河　南	248.8	8.1	1.2
湖　北	439.6	14.8	9.7
湖　南	208.4	30.0	17.7
广　东			
广　西			
海　南			
重　庆	64.7	14.5	13.1
四　川	42.8	13.8	5.8
贵　州	96.9	15.9	11.3
云　南	101.8	15.1	14.0
西　藏			
陕　西	403.5	21.7	15.1
甘　肃	388.2	1.9	1.9
青　海	172.9		
宁　夏	188.6	108.7	53.1
新　疆	4.2		
兵　团	0.8	0.6	

损失情况

单位：万人次、千公顷、万头、亿元

农作物受灾情况			损失情况	
受灾面积	成灾面积	绝收面积	饮水困难大牲畜	直接经济损失
9874.8	**4444.2**	**752.4**	**381.4**	**375.0**
367.4	146.1	30.1	0.5	8.8
497.3	149.3	21.1	2.5	27.4
3238.8	1963.8	246.9	294.6	87.7
777.6	186.2	30.1	5.9	34.2
475.4	166.9	8.9		15.3
997.2	128.6	41.3		9.9
37.3	32.2	3.9		0.4
216.9	100.9	16.2	0.1	7.6
20.0	10.0	2.0		
41.2	26.9	2.5		2.3
531.0	265.4	81.3	4.5	50.3
219.1	148.4	43.7	0.4	12.6
626.7	282.7	34.3	2.9	20.8
222.0	60.5	17.4	3.8	19.5
79.6	27.4	2.6	6.2	2.6
34.8	24.8	5.8	1.4	4.6
56.5	34.4	9.1	4.7	3.7
102.0	69.8	4.9	2.9	4.5
434.2	181.7	64.0	3.8	19.5
526.7	225.1	42.0	0.6	20.5
225.3	118.0	17.3		13.5
130.7	81.7	23.3	46.6	8.0
11.8	9.5	3.6		0.8
5.3	3.9	0.1		0.6

C-2-52 洪涝和地质

地 区	人口受灾情况					
	受灾人口	死亡人口	失踪人口	紧急转移安置人口	需紧急生活救助人口	受灾面积
合 计	**6951.2**	**674**	**75**	**397.5**	**164.7**	**5414.8**
北 京	0.9			0.8		
天 津						
河 北	130.3	2			0.2	58.1
山 西	117.1	3		0.4	0.3	52.9
内蒙古	78.1	6	2	0.5		212.0
辽 宁	87.9	4		1.5	0.1	112.7
吉 林	231.3	23	13	50.4	1.5	451.9
黑龙江	97.1	3		4.2	2.0	188.0
上 海						
江 苏	1.2			0.3		0.6
浙 江	86.9			16.8		86.5
安 徽	148.1	1		2.0		156.8
福 建	21.2	7		3.6		12.8
江 西	606.2	14	2	59.1	40.7	387.1
山 东	93.5			0.5		67.3
河 南	1024.5	11	1	0.2		925.1
湖 北	747.5	38	1	9.7	24.2	692.7
湖 南	1498.6	85	3	174.0	56.4	990.0
广 东	77.0	4		3.5	0.3	84.5
广 西	317.2	71	8	21.1	9.6	173.3
海 南	13.0			1.5		0.3
重 庆	164.3	43	4	2.5	0.7	38.4
四 川	335.2	141	12	6.6	2.7	142.7
贵 州	365.7	54	12	13.2	8.3	164.1
云 南	333.0	68	10	2.5	0.4	185.6
西 藏	21.7	6	1	1.6	0.3	10.6
陕 西	160.7	60	3	18.7	13.2	82.4
甘 肃	111.7	16	2	1.1	0.2	82.5
青 海	4.9	12				5.0
宁 夏	24.7				0.2	7.0
新 疆	45.6	2	1	1.2	3.4	42.3
兵 团	6.1					1.6

灾害损失情况

单位：万人次、人、千公顷、万间、亿元

农作物受灾情况		房屋倒损情况			直接经济损失
成灾面积	绝收面积	倒塌房屋	严重损坏房屋	一般损坏房屋	
3021.9	**744.6**	**13.4**	**23.2**	**77.7**	**1909.9**
23.0	3.3			0.2	14.1
36.1	5.1	0.2	0.5	1.2	14.1
151.8	44.3		0.2	0.7	19.5
71.4	21.8	0.1	0.3	1.0	65.9
318.6	83.4	0.6	2.3	8.4	370.8
95.6	30.9	0.2	0.4	1.1	31.7
0.4				0.1	0.8
40.9	5.8	0.2	0.1	0.3	33.6
84.5	17.4			0.1	11.2
8.1	2.3			0.1	7.5
272.0	52.2	0.9	1.1	5.8	113.9
25.1	2.4		0.1	0.5	8.6
480.0	63.2	0.1	0.1	0.4	34.8
398.0	160.4	0.9	1.6	3.2	116.6
493.7	119.6	5.7	7.1	32.0	566.8
41.7	4.1	0.2	0.1	0.1	21.7
50.1	15.7	0.9	0.8	2.0	95.2
	0.1				1.7
12.4	3.2	1.0	0.9	1.5	20.3
92.5	23.5	0.4	0.9	3.7	62.6
92.0	24.7	0.3	1.2	3.3	48.6
81.8	23.4	0.4	0.6	2.8	42.1
8.0	2.2	0.2	0.5	0.6	14.8
56.5	16.7	0.6	1.8	3.7	128.4
56.1	10.6	0.3	2.1	2.8	52.5
3.7	0.9			0.1	0.9
4.8	2.3	0.1	0.1	0.2	2.2
22.6	4.9	0.1	0.4	1.8	5.6
0.5	0.2				3.6

C-2-53 风雹灾害

地 区	人口受灾情况					受灾面积
	受灾人口	死亡人口	失踪人口	紧急转移安置人口	需紧急生活救助人口	
合 计	**1965.4**	**119**	**1**	**2.8**	**3.7**	**2268.1**
北 京	3.7	7		0.4		6.7
天 津						
河 北	332.6	4		0.2		217.6
山 西	140.2	2			0.1	218.1
内蒙古	67.5	10		0.2		254.6
辽 宁	38.4	1				58.9
吉 林	45.4	2				54.8
黑龙江	67.1	4		0.1		325.3
上 海						
江 苏	62.7	11		0.2		52.8
浙 江	1.6					0.9
安 徽	33.9	6				26.0
福 建	0.1	1				0.1
江 西	6.5	4		0.2	0.3	5.3
山 东	293.5	2				227.1
河 南	253.6	9				93.5
湖 北	59.7	1		0.6	0.8	41.0
湖 南	9.1	10		0.1	0.2	5.5
广 东	0.1	8				0.1
广 西	2.8	7			0.1	2.4
海 南						
重 庆	22.0	4		0.1		7.9
四 川	11.2	2				12.2
贵 州	68.1	2		0.1	1.1	35.8
云 南	83.4	4	1	0.2		65.4
西 藏	1.6	3				2.2
陕 西	117.4	6		0.3		128.2
甘 肃	134.3	4			0.5	145.2
青 海	26.9	5		0.1		42.1
宁 夏	13.2					33.9
新 疆	47.1				0.1	155.7
兵 团	21.7				0.5	48.8

损失情况

单位：万人次、人、千公顷、万间、亿元

农作物受灾情况		房屋倒损情况			直接经济损失
成灾面积	绝收面积	倒塌房屋	严重损坏房屋	一般损坏房屋	
1237.7	**225.2**	**0.2**	**1.4**	**11.8**	**200.4**
1.6	0.1				0.8
114.7	7.8			0.5	18.2
155.7	23.6		0.1	0.1	15.9
138.1	28.6			0.3	11.4
34.1	5.5			0.2	8.3
35.2	7.9			2.2	7.2
183.9	32.0		0.1	0.5	11.3
25.9	4.2	0.1	0.2	2.0	6.7
0.4	0.1			0.3	0.9
16.2	1.1		0.1	0.4	2.2
0.1					0.0
4.6	0.2		0.1	0.5	0.8
4.9	0.7			0.3	18.7
18.9	2.5			0.3	10.2
25.2	5.6	0.1	0.2	0.8	11.3
2.8	1.2		0.1	0.5	1.4
0.1					0.1
1.7	0.6				1.1
					0.0
4.7	1.0		0.1	0.4	1.3
8.7	2.0			0.1	1.9
22.8	6.8		0.1	1.1	5.1
47.0	13.0		0.1	0.7	9.6
1.7	0.3				0.4
70.6	11.5		0.1	0.3	14.4
83.9	13.2			0.1	11.1
39.0	12.6				2.9
23.7	3.5				1.7
127.0	28.3		0.1	0.2	15.2
44.5	11.3				10.6

C-2-54 台风灾害

地 区	人口受灾情况					受灾面积
	受灾人口	死亡人口	失踪人口	紧急转移安置人口	需紧急生活救助人口	
合 计	**587.9**	**35**	**9**	**109.1**	**1.1**	**394.0**
北 京						
天 津						
河 北	38.9			0.7	0.1	33.5
山 西						
内蒙古						
辽 宁						
吉 林						
黑龙江						
上 海						
江 苏						
浙 江	23.9			0.6		18.8
安 徽						
福 建	40.0			22.4	0.2	24.6
江 西	6.8			0.1	0.2	7.8
山 东	29.7			0.3		30.2
河 南	11.0					8.6
湖 北						
湖 南	0.2					0.2
广 东	249.3	13		52.7	0.6	198.0
广 西	37.4	4		1.0		20.3
海 南	75.4			29.9		10.5
重 庆						
四 川						
贵 州	0.6					0.6
云 南	74.7	18	9	1.4		40.9
西 藏						
陕 西						
甘 肃						
青 海						
宁 夏						
新 疆						
兵 团						

注：台风灾害损失包含台风风暴潮。

损失情况

单位：万人次、人、千公顷、万间、亿元

农作物受灾情况		房屋倒损情况			直接经济损失
成灾面积	绝收面积	倒塌房屋	严重损坏房屋	一般损坏房屋	
185.3	**21.5**	**0.4**	**0.5**	**3.3**	**346.2**
15.9	1.5	0.0	0.0	0.5	4.1
11.8	1.2				11.5
7.8	1.4	0.1	0.1	0.3	9.5
5.2	0.4	0.0	0.0		1.3
15.4	1.8	0.1	0.1	0.2	5.3
0.8					0.3
					0.3
90.5	6.6	0.1	0.2	1.3	294.5
10.0	0.4			0.0	2.8
2.6	0.6				2.2
0.4	0.1				0.1
24.9	7.5	0.1	0.1	0.9	14.4

C-2-55 地震灾害

地区	人口受灾情况					
	受灾人口	死亡人口	失踪人口	紧急转移安置人口	需紧急生活救助人口	受灾面积
合计	**64.8**	**33**	**5**	**15.9**		**1.9**
北京						
天津						
河北						
山西						
内蒙古	0.1			0.1		
辽宁						
吉林	1.2			1.0		
黑龙江						
上海						
江苏						
浙江	0.3			0.3		
安徽						
福建						
江西						
山东						
河南						
湖北	0.6			0.1		
湖南						
广东						
广西						
海南						
重庆	1.1					
四川	28.7	25	5	9.4		1.9
贵州						
云南	2.8			0.5		
西藏	2.0			0.5		
陕西						
甘肃	7.4					
青海	2.1			1.8		
宁夏	0.1					
新疆	13.2	8		2.2		
兵团	5.2					

损失情况

单位：万人次、人、千公顷、万间、亿元

农作物受灾情况		房屋倒损情况			直接经济损失
成灾面积	绝收面积	倒塌房屋	严重损坏房屋	一般损坏房屋	
		1.3	**6.1**	**33.8**	**164.4**
			0.1		0.3
			0.3	0.8	1.4
					0.0
			0.1	0.1	0.7
				0.4	0.4
			1.8	12.4	84.4
			0.7	3.6	4.3
			0.1	1.0	2.3
				0.4	18.8
				0.1	0.0
				0.1	0.0
		1.2	2.7	13.7	44.7
		0.1	0.3	1.3	7.3

C-2-56 低温冷冻和

地　区	人口受灾情况					
	受灾人口	死亡人口	失踪人口	紧急转移安置人口	需紧急生活救助人口	受灾面积
合　计	**161.7**				**0.7**	**524.5**
北　京						
天　津						
河　北	11.6					41.4
山　西	1.4					53.0
内蒙古	39.3					211.9
辽　宁	0.4					0.4
吉　林	0.5					1.0
黑龙江	15.2					40.0
上　海						
江　苏						
浙　江	0.3					1.1
安　徽	1.5					0.1
福　建						
江　西						
山　东	1.9					1.3
河　南	0.6					0.7
湖　北	7.4					76.7
湖　南						
广　东						
广　西						
海　南						
重　庆						
四　川	3.9					24.1
贵　州	0.1					10.3
云　南	33.3					12.7
西　藏	4.4					
陕　西	5.7					6.3
甘　肃	26.6				0.2	18.7
青　海	0.8					
宁　夏	0.6					2.8
新　疆	4.7				0.4	16.5
兵　团	1.5				0.1	5.5

雪灾损失情况

单位：万人次、人、千公顷、万间、亿元

农作物受灾情况		房屋倒损情况			直接经济损失
成灾面积	绝收面积	倒塌房屋	严重损坏房屋	一般损坏房屋	
311.8	**83.0**			**0.1**	**18.9**
36.6	0.2				0.9
29.5	3.8				0.6
164.3	56.3				7.6
0.4	0.4				0.0
0.9					0.2
16.0	6.5				1.9
0.6					0.1
					0.2
0.5	0.2				0.3
0.4					0.3
9.1	0.5				0.3
4.9	0.7				0.5
3.5	0.5				
9.6	1.2				1.9
					0.4
3.5	0.6				0.6
10.6	0.2				2.3
					0.2
2.8	0.4				0.1
13.7	11.5			0.1	0.3
4.9					0.5

C-2-57 海洋灾害

地　区	人口受灾情况					
	受灾人口	死亡人口	失踪人口	紧急转移安置人口	需紧急生活救助人口	受灾面积
合　计		**10**	**8**			
北　京						
天　津						
河　北						
山　西						
内蒙古						
辽　宁						
吉　林						
黑龙江						
上　海						
江　苏		7				
浙　江		2	8			
安　徽						
福　建		1				
江　西						
山　东						
河　南						
湖　北						
湖　南						
广　东						
广　西						
海　南						
重　庆						
四　川						
贵　州						
云　南						
西　藏						
陕　西						
甘　肃						
青　海						
宁　夏						
新　疆						
兵　团						

注：海洋灾害损失包括温带风暴潮、海浪、海冰、海岸侵蚀。

损失情况

单位：万人次、人、千公顷、万间、亿元

农作物受灾情况		房屋倒损情况			直接经济损失
成灾面积	绝收面积	倒塌房屋	严重损坏房屋	一般损坏房屋	
					3.9
					0.1
					0.1
					0.1
					3.7

C-2-58 森林火灾

地　区	人口受灾情况					
	受灾人口	死亡人口	失踪人口	紧急转移安置人口	需紧急生活救助人口	受灾面积
合　计		**10**				
北　京						
天　津						
河　北						
山　西						
内蒙古						
辽　宁						
吉　林		1				
黑龙江						
上　海						
江　苏						
浙　江		1				
安　徽						
福　建						
江　西						
山　东						
河　南						
湖　北		2				
湖　南		1				
广　东						
广　西		2				
海　南		1				
重　庆		1				
四　川		1				
贵　州						
云　南						
西　藏						
陕　西						
甘　肃						
青　海						
宁　夏						
新　疆						
兵　团						

损失情况

单位：万人次、人、千公顷、万间、亿元

农作物受灾情况		房屋倒损情况			直接经济损失
成灾面积	绝收面积	倒塌房屋	严重损坏房屋	一般损坏房屋	

C-3-1 成员组

地　区	单位数	年末职工人数	女性	受教育程度		职业资
				大学专科人数	大学本科及以上人数	助理社会工作师人数
全　国	**1422248**	**11455052**	**3668348**	**1845145**	**1419423**	**98949**
中央级	2312	42032	18539		31820	177
北　京	19224	261637	142876	125355	102694	4046
天　津	10385	68726	32294	16845	20523	1263
河　北	75014	509474	146760	66973	42790	3932
山　西	43910	272499	83949	39351	13949	7638
内蒙古	28544	178843	62022	43813	23432	189
辽　宁	38903	286034	115196	65270	49502	3740
吉　林	22314	96577	28296	14810	6757	1266
黑龙江	28546	199203	61658	29803	13334	1612
上　海	20878	235919	53786	70521	26382	1741
江　苏	108687	721298	188920	118256	89287	8421
浙　江	83292	581656	170791	99760	73188	4287
安　徽	46065	372707	107616	69384	48309	3650
福　建	44762	352363	87715	33536	29458	1511
江　西	43212	390343	96995	34722	15511	2277
山　东	129722	1241615	461314	214176	226834	25268
河　南	85042	590606	184660	81934	43578	1743
湖　北	58840	417880	130159	56882	28116	1701
湖　南	62794	415474	139795	82419	48617	2207
广　东	90316	817155	309631	161829	153351	7171
广　西	40794	417424	107085	46532	28956	1186
海　南	10034	81064	24105	9263	7989	1447
重　庆	27969	237724	107492	55344	50081	2956
四　川	95375	768595	265693	91823	95378	2847
贵　州	30188	291222	79671	37914	39811	1490
云　南	37562	461486	165519	55231	36016	317
西　藏	6078	38268	9557	1973	1453	3
陕　西	45612	443571	111290	53058	33586	1629
甘　肃	44461	307712	47155	28589	13183	1997
青　海	9915	53475	13359	4794	1343	94
宁　夏	9349	71331	23282	7723	6647	141
新　疆	22149	231139	91168	27262	17548	1002

织总表

单位：个、人、人次、时

格水平	年龄结构				志愿服务	
社会工作师人数	35岁及以下人数	36岁至45岁人数	46岁至55岁人数	56岁及以上人数	志愿者服务人次数	志愿服务时间
136252	**3738163**	**4145065**	**2556001**	**1015823**	**1882579**	**4752152**
6972	11020	10755	10273	9984		
39379	97106	61824	84297	18410	50054	149756
463	18081	22666	21622	6357	9579	25559
3369	153168	192036	124636	39634	44944	154450
12591	86491	93224	64796	27988	216	420
131	56657	67400	39667	15119	14325	40926
1735	91811	106874	60948	26401	80143	112262
1842	19335	62126	9498	5618		
2504	50314	85646	47247	15996	634	2656
3197	78179	79159	52017	26564	21447	53009
3297	229750	258167	173974	59407	225265	508271
3664	169337	207986	126748	77585	109956	221711
1810	113444	142299	88166	28798	88546	264098
673	86933	121158	90653	53619	7289	12131
6023	117440	201773	53690	17440	3426	10940
32408	464675	386293	271525	119122	313358	822988
2292	201785	204937	108458	75426	6043	7105
646	140437	144123	110509	22811	1658	4858
1629	149270	154206	83480	28518	98598	251516
3336	375798	229879	154206	57272	67968	309402
917	106374	147578	112811	50661	757	1806
123	27822	33471	15119	4652	376	731
2298	93266	74955	50355	19148	309583	650721
1149	260933	296960	135204	75498	72899	327728
422	84622	120034	62599	23967	229869	450482
371	148922	182002	100932	29630	22334	57359
6	10106	14445	9679	4038	1	
1549	123888	146782	127341	45560	60380	123085
963	78375	143398	68390	17549	1426	1806
107	16757	23103	10645	2970	2149	
77	26133	28170	13497	3531	5	
309	49934	101636	73019	6550	39351	186378

C-3-1续表

地 区	企业会计制度财务指标			
	固定资产原价	营业收入	费用合计	营业利润
全 国	**528240.2**	**115478.2**	**103.7**	**-41660.6**
中央级				
北 京	369515.8	111850.8		-42972.2
天 津				
河 北				
山 西				
内蒙古	1827.0			
辽 宁	15.0			
吉 林				
黑龙江				
上 海	40515.9	2642.0		894.8
江 苏	95314.4			
浙 江	26.0			
安 徽				
福 建				
江 西	437.0	8.0		
山 东				
河 南				
湖 北				
湖 南				
广 东	12419.2	955.4	102.7	416.8
广 西				
海 南				
重 庆				
四 川				
贵 州	112.0			
云 南				
西 藏	4664.3			
陕 西				
甘 肃				
青 海				
宁 夏				
新 疆	3393.6	22.0	1.0	

单位：万元

事业单位会计制度财务指标			民间非营利组织会计制度财务指标		
固定资产原价	本年收入合计	本年支出合计	固定资产原价	本年收入合计	本年支出合计
2564594.7	**1058189.4**	**1032669.5**	**33264069.5**	**44584733.3**	**43583747.2**
			1159506.8	7175323.5	5791605.0
766567.6	175769.0	281489.9	3058733.1	3540715.4	2945472.5
			160072.8	295272.9	361105.5
6389.5	3610.7	3622.8	1584601.1	870355.5	860587.1
68738.1	17452.8	19121.6	317232.5	192871.3	171426.5
5399.0	5624.8	5630.8	127673.8	137212.9	146888.2
19600.4	8619.5	10609.7	1375437.6	1159353.2	839137.0
			17062.8	28546.8	30865.2
401.0			218381.2	37167.3	443420.4
170305.3	116669.0	105543.5	881015.8	3230094.4	2867584.0
368651.8	169147.5	84084.5	2392715.5	2148446.4	2318300.5
1343.0	2022.5	1637.5	1317851.3	1657235.0	1594077.0
47276.4	17736.0	17612.6	1416701.6	604035.1	603132.2
3106.1	255.3	142.2	335543.4	338198.6	354768.2
4723.3	7345.9	7352.7	367881.5	328218.9	759225.7
			2732897.4	846029.0	2066724.4
178.0	140.0	140.0	814030.9	274736.1	278903.1
102068.7	39552.5	39649.8	555798.0	300792.8	301884.2
441.5	13253.4	12115.4	641902.8	3135406.6	12992341.1
866855.2	418395.7	366761.7	7147080.3	5302364.3	4148971.2
			315211.5	95259.1	95340.6
5167.9	6103.8	7110.1	62342.1	27191.5	28383.0
25211.5	15138.4	15137.1	729940.1	774811.3	687384.8
21890.8	20653.6	35687.3	3026178.7	10765354.4	1777963.6
294.4	399.0	364.0	246915.8	136529.8	131718.4
55167.8	7075.9	5281.1	646086.8	706353.0	364596.2
1094.0	348.6	348.6	14682.2	6367.4	4275.6
			1237212.7	254823.7	321008.9
			177020.7	67214.2	93495.2
32.4			45380.9	68969.3	68093.3
			57752.0	47502.4	56945.1
23691.0	12875.5	13226.6	83225.8	31981.2	78123.5

C–3–2 社会组

地　区	单位数	年末职工人数	女性	受教育程度		职业资格水平	
				大学专科人数	大学本科及以上人数	助理社会工作师人数	社会工作师人数
全　国	**761539**	**8647039**	**2869173**	**1681181**	**1353318**	**72587**	**124189**
中央级	2312	42032	18539		31820	177	6972
北　京	12164	223915	122930	120115	99044	784	38058
天　津	5048	45646	21602	14891	18723	181	152
河　北	21928	314365	109549	61309	40678	3532	3136
山　西	13652	159994	55227	32655	11811	6726	11896
内蒙古	15116	126567	43834	37166	21588	87	76
辽　宁	22946	209732	81964	56772	45814	2068	1046
吉　林	11112	59828	15074	13956	6116	1098	1764
黑龙江	15839	141431	41741	28064	12461	1283	2384
上　海	14929	207274	36788	67482	24314	389	2600
江　苏	87024	608498	154089	107345	84101	3557	1645
浙　江	51368	455709	134494	95203	70641	2374	2606
安　徽	28067	292354	83858	63291	46509	2601	1418
福　建	27959	281713	69181	31419	29005	937	486
江　西	22610	307287	76474	32874	14533	1597	5685
山　东	48727	912711	366954	195505	218997	24095	31071
河　南	33378	375021	136559	73325	41748	1425	2165
湖　北	29469	297447	93175	51390	26059	1216	446
湖　南	33611	305810	104371	75359	46295	1810	1456
广　东	63784	687389	271074	145172	145150	5250	2356
广　西	24567	333915	84193	42463	27459	840	774
海　南	6873	61821	19596	7410	7709	1446	120
重　庆	16824	179847	85161	44627	46673	1702	1660
四　川	42282	558827	207654	84392	93015	1583	818
贵　州	12700	206135	57792	33804	38934	1442	406
云　南	23184	388126	149562	54391	35824	223	328
西　藏	604	12442	4697	1294	1240	1	2
陕　西	24725	357756	90109	50376	32394	1235	1367
甘　肃	27079	238540	34119	28086	12800	1923	933
青　海	5291	33374	8952	4023	1001	82	63
宁　夏	6548	58086	18110	7185	6473	47	70
新　疆	9819	163447	71751	19837	14389	876	230

织总表

单位：个、人、人次、时

年龄结构				建立党组织的社会组织	社会组织中中共党员人数	志愿服务	
35岁及以下人数	36岁至45岁人数	46岁至55岁人数	56岁及以上人数			志愿者服务人次数	志愿服务时间
3165972	**2966541**	**1729892**	**784634**	**106597**	**1222255**	**692774**	**2137994**
11020	10755	10273	9984	1143	22386		
89665	49722	70936	13592	1237	46350	9926	39626
10818	15906	15108	3814	2473	13388		
123766	114671	56615	19313	5381	44886	21770	63461
64560	51741	29139	14554	2645	20684	39	161
46142	46029	24214	10182	4902	25904	1448	3935
73411	78830	38820	18671	4105	42458	529	1055
17778	29722	7506	4822	275	5330		
38658	53827	34925	14021	2023	18731	614	2496
72019	70622	42659	21974	4655	39858		
201815	213791	140868	52024	4974	101977	81650	184687
141857	155978	89621	68253	8200	75929	74162	130128
97660	106860	64068	23766	3488	41118	29958	73626
73711	87413	70293	50296	1921	24703	2734	7236
102928	155077	35871	13411	4997	45377	3165	10160
394906	240604	182613	94588	5292	137585	142328	379539
159148	111066	47749	57058	4052	41017	898	1837
116688	93386	72013	15360	4230	42366	1576	4674
127938	105007	51106	21759	3813	46234	82495	207003
353515	187328	104922	41624	2524	44314	51832	277432
92919	119203	81555	40238	904	44531	717	1662
24412	25463	9231	2715	1152	6414	1	
77165	54553	32643	15486	1161	23105	46847	147924
215667	213631	72860	56669	4059	76041	48850	289375
64515	87276	37426	16918	3379	30581	11476	30986
129742	150194	82267	25923	2007	23830	18181	52487
5197	4413	2164	668	214	2743		
110899	114847	96740	35270	2882	32577	40427	84493
63596	109183	52004	13757	13151	64509	361	653
12299	14440	5336	1299	1567	6638	2	
22900	22769	9436	2981	1819	9666		
28658	72234	58911	3644	1972	21025	20788	143359

C-3-2续表

地区	行政执法	行政处罚数			行政处罚分类			取缔非法社会组织
			并处没收违法经营额/违法所得	并处罚款	警告	限期（责令）停止活动	撤销登记	
全国	**4293**	**4270**	**80**	**5**	**986**	**255**	**3029**	**23**
中央级								
北京	310	301	30		124	104	73	9
天津								
河北	73	73					73	
山西	63	63					63	
内蒙古								
辽宁	51	51			12	11	28	
吉林								
黑龙江	4	4					4	
上海	12	12					12	
江苏	66	66				23	43	
浙江	531	531		1	8	1	522	
安徽	155	152					152	3
福建	61	61				15	46	
江西	5	5				5		
山东	1126	1126	3	3	592		534	
河南	9	9					9	
湖北	25	23			8		15	2
湖南	238	230			31	13	186	8
广东	505	504	47	1	163	52	289	1
广西	452	452			16		436	
海南								
重庆	57	57				9	48	
四川	31	31					31	
贵州	2	2					2	
云南	145	145			29	16	100	
西藏								
陕西	264	264					264	
甘肃	4	4					4	
青海								
宁夏								
新疆	104	104			3	6	95	

单位：起、个、万元

当年新登记数	当年年检单位数	被认定的慈善组织	民间非营利组织会计制度财务指标		
			固定资产原价	本年收入合计	本年费用合计
81393	**393822**	**2740**	**28022284.1**	**43836442.6**	**43251461.2**
4	2191	158	1159506.8	7175323.5	5791605.0
1153	8410	404	1897552.4	3540715.4	2945472.5
299	4120	59	134928.8	293767.0	356561.5
2525	11251	22	1579616.1	870355.5	860587.1
1490	2577	120	238837.2	185678.1	161010.9
2083	4022	13	123739.8	136070.9	146698.2
1662	6801	43	1331330.5	1151828.0	829681.8
617	3207	43	17062.8	28546.8	30865.2
1233	5293	83	217991.2	37156.3	443419.3
1121	6910	20	297355.3	3224928.7	2865825.7
7985	53276	96	1829937.5	2024425.8	2220548.7
4947	41188	123	1309604.4	1649322.7	1594066.0
3454	22957	82	1258178.4	583683.6	581628.4
2249	19328	222	321698.8	334349.4	353322.0
2879	15371	8	354640.5	325548.9	756555.7
5908	32602	209	2732897.4	846029.0	2066724.4
4166	10231	15	813915.8	274284.0	278851.6
2355	7528	11	450525.9	292024.7	299574.0
3723	27588	280	640072.4	3128444.1	12991667.1
5535	28339	407	4869433.9	4793491.7	4000566.8
2684	6492	39	315211.5	95259.1	95340.6
754	2140	3	62209.1	27191.5	28383.0
1022	12461	58	662314.3	757875.8	683490.9
3560	14449	2	2997311.1	10757177.7	1769658.4
1238	2339	18	246464.0	136529.8	131718.4
6960	21782	26	558970.1	690604.7	348555.3
37	431		14682.2	6367.4	4275.6
5717	14967	20	1237127.7	254823.7	321008.9
1748	1568	128	174378.4	67214.2	91644.0
1041	1224	5	38278.8	68456.8	67548.0
689	698	9	57752.0	47502.4	56945.1
555	2081	14	78759.0	31465.4	77661.1

C-3-3 社会

地　区	单位数	年末职工人数	女性	受教育程度		职业资
				大学专科人数	大学本科及以上人数	助理社会工作师人数
全　国	**354794**	**4366639**	**1045068**	**590762**	**502851**	**25917**
中央级	1989	36129	15935		30144	177
北　京	4586	76363	28088	43091	32246	417
天　津	2044	13329	4500	3570	7190	20
河　北	9141	124886	23261	17582	13918	1080
山　西	6664	68836	18492	13951	3867	2573
内蒙古	7954	76108	21334	20914	12030	14
辽　宁	8155	68644	14133	14606	9647	762
吉　林	5207	33281	6362	4474	3330	662
黑龙江	6396	75186	19914	10793	6010	522
上　海	3999	33245	4534	14113	4879	186
江　苏	35139	208474	50215	36138	21263	1279
浙　江	23592	205453	38652	28521	24459	1218
安　徽	13083	124707	18249	17199	10960	1568
福　建	16992	190783	29029	17864	8673	254
江　西	11303	176570	25505	18164	5375	29
山　东	17657	575186	180516	85819	105176	9648
河　南	10737	134396	32155	11628	6326	225
湖　北	12347	166364	42620	17958	9949	511
湖　南	14720	138000	29370	24995	16667	213
广　东	28648	194709	38529	28894	32418	494
广　西	12574	220519	31400	18727	14191	135
海　南	2792	25378	4008	3815	4835	41
重　庆	7586	48877	9932	8851	8074	352
四　川	20149	303311	93091	26625	36220	393
贵　州	7127	134046	24404	17346	27406	391
云　南	14679	300562	108139	32810	15662	48
西　藏	545	11931	4527	1208	1139	1
陕　西	13898	209188	36644	20715	13529	718
甘　肃	21614	198952	20548	15880	8256	1714
青　海	3649	21657	5280	1827	663	15
宁　夏	4207	42963	10749	3644	2214	26
新　疆	5621	128606	54953	9040	6135	231

团体

单位：个、人、人次、时

格水平	年龄结构				志愿服务	
社会工作师人数	35岁及以下人数	36岁至45岁人数	46岁至55岁人数	56岁及以上人数	志愿者服务人次数	志愿服务时间
51209	**1161884**	**1588634**	**1059291**	**556830**	**427099**	**1396172**
6972	9032	9032	9032	9033		
14915	13575	46911	11650	4227	4813	19213
3	1142	2911	8389	887		
1346	36636	46542	30203	11505	8569	19184
2551	19173	24851	16528	8284	17	21
47	22875	27223	17289	8721	720	2386
491	14314	31763	15229	7338	280	590
313	10040	16602	4293	2346		
583	19654	27261	20312	7959	602	2408
372	8447	11084	7036	6678		
504	36642	79216	65480	27136	41228	93932
869	36680	62422	53618	52733	60413	104901
519	27270	52951	30207	14279	8051	15287
162	32010	57257	56185	45331	1772	4319
5419	41258	105840	21487	7985	1325	4300
12597	229053	144186	129819	72128	47576	135119
94	31131	35599	20475	47191	509	989
199	59208	49283	50074	7799	323	1097
346	40518	51892	30153	15437	80613	201453
328	60586	57098	52292	24733	39814	207632
414	44640	79644	61908	34327	627	1230
88	9212	10896	3849	1421		
373	10822	16928	12492	8635	19533	61192
167	101587	108309	44082	49333	48020	288120
41	29275	64394	26397	13980	3753	10245
164	84791	119249	73168	23354	4469	11905
2	4933	4278	2082	638		
432	41349	64425	77138	26276	33560	69664
730	46834	96210	43825	12083	341	653
4	8969	7624	4131	933		
51	16379	17732	6807	2045		
113	13849	59021	53661	2075	20171	140333

C-3-3续表1

地　区	社会组织负责人	女性	社会团体按活动区域分		
			全国性社团	省级社团	地级社团
全　国	**763412**	**141269**	**1989**	**31285**	**86165**
中央级	26419		1989		
北　京	40764	7773		2054	
天　津	5189	302		938	
河　北	16862	2038		1066	2835
山　西	11215	1075		782	2202
内蒙古	15382	2995		816	2803
辽　宁	18739	2605		841	3650
吉　林	7600	776		988	1777
黑龙江	9814	1355		1090	2574
上　海	18036	3997		1312	
江　苏	55250	9180		1075	6283
浙　江	50531	9129		1219	5213
安　徽	17910	2293		952	4020
福　建	18732	3147		1278	3780
江　西	17181	2504		868	3077
山　东	41170	7920		890	6058
河　南	44847	32259		996	3954
湖　北	24297	4796		991	3422
湖　南	30769	5292		939	4355
广　东	65917	13162		1979	10427
广　西	19278	2568		917	2850
海　南	8355	933		1141	568
重　庆	26849	4505		1052	
四　川	43033	6594		1379	4457
贵　州	37723	2751		774	1594
云　南	20651	2805		975	3061
西　藏	831	95		247	101
陕　西	28047	4996		956	2271
甘　肃	24939	1489		590	1780
青　海	3025	210		572	547
宁　夏	3998	38		744	812
新　疆	10059	1687		864	1694

单位：人、个

县级社团	建立党组织的社会组织	社会组织职工中中共党员人数	当年新增单位数	当年年检单位数	被认定的慈善组织数
235355	**58998**	**678613**	**36508**	**182687**	**156**
	1017	19855	4	1896	1
2532	651	29105	334	3283	
1106	1330	6935	75	1768	
5240	2287	19743	805	4631	5
3680	1167	9498	649	1072	1
4335	2998	17361	1036	2210	8
3664	1717	14327	377	2577	23
2442	170	3406	427	1567	1
2732	493	6235	406	2251	14
2687	1260	11468	113	3567	
27781	2048	41473	3138	21697	3
17160	4180	37435	1898	19602	
8111	1824	18398	1486	11151	
11934	1052	16086	1141	12232	3
7358	2695	24062	1457	7281	
10709	1593	88265	1856	11421	17
5787	2218	13182	1115	3459	11
7934	1683	17885	843	3155	5
9426	2405	27099	1590	11768	26
16242	1536	19690	2183	12890	2
8807	614	37695	1008	3288	
1083	271	2297	322	604	1
6534	594	8906	350	5762	3
14313	2819	45098	1508	6340	1
4759	2114	17894	576	1457	1
10643	1235	18362	4725	13813	18
197	203	2660	33	412	
10671	1818	22602	4346	7751	
19244	11302	55186	1165	1315	3
2530	1216	5014	835	826	
2651	1411	6773	461	446	
3063	1077	14618	246	1195	9

C−3−3续表2

地　区	社会组织					
	科技与研究	生态环境	教育	卫生	社会服务	文化
全　国	**15256**	**6112**	**9605**	**8924**	**48280**	**38558**
中央级	60	6	39	26	27	57
北　京	344	70	169	158	704	409
天　津	184	23	95	62	367	184
河　北	412	200	241	354	1003	1126
山　西	434	124	152	155	695	1082
内蒙古	230	121	242	189	859	1383
辽　宁	357	187	194	298	936	847
吉　林	121	41	135	130	986	488
黑龙江	220	83	218	246	1246	890
上　海	634	50	139	177	505	353
江　苏	1328	426	693	736	8936	4212
浙　江	1166	499	718	610	2574	2305
安　徽	643	209	311	331	2313	1566
福　建	406	254	807	420	2746	2286
江　西	297	214	349	504	1248	1032
山　东	860	185	334	422	2250	2474
河　南	594	227	464	302	1227	1256
湖　北	732	189	301	395	1401	1272
湖　南	627	282	444	365	1973	1681
广　东	1865	239	818	793	4045	3230
广　西	627	89	202	138	2126	799
海　南	285	30	102	38	240	431
重　庆	362	96	231	153	507	663
四　川	610	561	680	628	2690	2199
贵　州	233	85	130	154	900	810
云　南	310	248	421	341	1495	1574
西　藏	18	14	12	19	186	80
陕　西	496	92	310	197	1188	1971
甘　肃	162	953	171	212	1559	944
青　海	90	157	183	130	241	219
宁　夏	166	62	185	66	584	289
新　疆	383	96	115	175	523	446

单位：个

按行业分类							
体育	法律	工商业服务	宗教	农业及农村发展	职业及从业组织	国际及涉外组织	其他
29624	**3019**	**39153**	**4963**	**62349**	**20201**	**560**	**68190**
18	5	1538	4	9	3	27	170
324	61	634	42	493	97		1081
181	36	364	23	79	58	1	387
852	68	1055	206	1147	647	14	1816
844	68	537	123	607	333	9	1501
975	65	730	91	1012	356	3	1698
675	87	1092	164	992	618	32	1676
453	80	227	62	485	233	8	1758
681	66	611	104	671	536	11	813
384	44	859	67	56	234	11	486
4207	507	3325	305	3489	1574	18	5383
2226	249	3845	360	2189	2097	122	4632
1258	118	1411	216	2009	915	21	1762
1190	143	1541	318	1866	1451	59	3505
1051	77	1443	162	1504	751	16	2655
1755	164	2073	257	3076	1035	5	2767
1098	104	1527	268	1225	770	13	1662
1070	120	1679	192	1818	621	1	2556
1116	151	1471	238	1901	1183	41	3247
2648	89	4148	257	1458	1220	33	7805
648	46	910	90	3284	460	13	3142
281	8	493	20	260	131	6	467
513	33	1054	98	2520	437		919
1608	170	1741	334	3891	1340	4	3693
522	48	968	119	1312	627	2	1217
1025	154	1182	291	4078	843	38	2679
20	9	45	6	107	6		23
691	61	1080	187	5209	417	9	1990
361	42	399	199	12224	764	4	3620
360	9	71	52	871	81	16	1169
215	53	239	26	1302	102		918
374	84	861	82	1205	261	23	993

C-3-3续表3

地 区	行政执法	行政处罚数			行政处罚分类			取缔非法社会组织
			并处没收违法经营额/违法所得	并处罚款	警告	限期（责令）停止活动	撤销登记	
全 国	**2375**	**2352**	**70**	**4**	**520**	**183**	**1649**	**23**
中央级								
北 京	190	181	30		46	78	57	9
天 津								
河 北	66	66					66	
山 西	38	38					38	
内蒙古								
辽 宁	25	25				11	14	
吉 林								
黑龙江	3	3					3	
上 海								
江 苏	56	56				19	37	
浙 江	93	93			5		88	
安 徽	128	125					125	3
福 建	23	23					23	
江 西	1	1				1		
山 东	565	565	3	3	307		258	
河 南	9	9					9	
湖 北	19	17			8		9	2
湖 南	149	141			21	5	115	8
广 东	264	263	37	1	91	38	134	1
广 西	346	346			14		332	
海 南								
重 庆	30	30				9	21	
四 川	11	11					11	
贵 州	2	2					2	
云 南	82	82			28	16	38	
西 藏								
陕 西	170	170					170	
甘 肃	4	4					4	
青 海								
宁 夏								
新 疆	101	101				6	95	

单位：起、万元

民间非营利组织会计制度财务指标		
固定资产原价	本年收入合计	本年费用合计
4312928.1	**6919974.4**	**6796421.3**
1033432.8	2506584.1	1805709.4
274621.9	288662.0	169628.1
14083.0	55340.0	48467.2
61000.7	90197.5	58312.2
72210.7	51820.2	39457.3
25290.5	87746.8	90624.6
107378.3	172292.8	173848.5
3657.6	13798.8	16367.2
51242.6	10772.7	287076.6
23302.5	456838.1	375877.2
509509.2	419061.5	561016.3
183215.3	459394.8	439805.5
158963.6	90746.9	101249.8
36135.4	102455.6	90096.9
65611.4	43719.5	468178.3
101521.2	216928.6	321578.7
38865.9	32327.6	32910.3
70705.8	104588.3	96215.6
69520.5	151191.7	124249.1
370685.9	894364.3	798456.0
57160.1	19422.7	21749.2
11545.6	7267.8	3769.4
51376.6	128865.0	131695.9
522892.6	246730.1	213658.4
94359.9	27439.7	30797.7
59501.7	47577.1	65562.6
11399.2	1760.7	1606.7
102596.2	84142.1	95426.0
88333.9	35561.6	55514.5
9553.1	56306.2	52631.6
12049.8	10306.7	11979.8
21204.6	5762.9	12904.7

C-3-4 基金

地区	单位数			年末职工人数		受教育程度		职业资
		公募基金会	非公募基金会		女性	大学专科人数	大学本科及以上人数	助理社会工作师人数
全　国	**6307**	**1678**	**4629**	**30600**	**9526**	**6263**	**12580**	**876**
中央级	**213**	**104**	**109**	**3797**	**1352**			
北　京	609	44	565	5004	2752	914	4086	324
天　津	77	20	57	241	126	62	179	
河　北	103	17	86	267	110	85	149	1
山　西	77	28	49	415	42	7	2	227
内蒙古	120	87	33	257	80	99	105	
辽　宁	103	50	53	368	93	112	211	
吉　林	102	29	73	204	102	102	102	
黑龙江	103	43	60	252	3	1	2	
上　海	426	57	369	1312	8	937	271	
江　苏	660	231	429	1554	433	267	506	12
浙　江	593	189	404	1771	566	618	658	22
安　徽	124	5	119	490	51	27	62	1
福　建	316	53	263	1615	267	165	98	13
江　西	74	24	50	322	64	173	109	
山　东	167	39	128	1130	314	271	766	16
河　南	135	46	89	448	49	233	171	
湖　北	148	24	124	722	133	28	265	2
湖　南	282	134	148	1644	237	391	838	9
广　东	951	119	832	3895	1449	705	2215	40
广　西	80	28	52	666	209	139	59	1
海　南	89	22	67	509	68	73	160	144
重　庆	78	26	52	489	139	144	255	16
四　川	158	75	83	544	265	110	303	1
贵　州	53	30	23	321	52	71	185	12
云　南	112	46	66	361	134	99	213	16
西　藏	18	10	8	101	26	23	54	
陕　西	122	30	92	661	60	56	85	18
甘　肃	68	4	64	567	181	132	133	
青　海	32	17	15	99				
宁　夏	71	25	46	339	152	104	224	1
新　疆	43	22	21	235	9	115	114	

会

单位：个、人、人次、时

格水平	年龄结构				志愿服务	
社会工作师人数	35岁及以下人数	36岁至45岁人数	46岁至55岁人数	56岁及以上人数	志愿者服务人次数	志愿服务时间
984	**10351**	**8366**	**8087**	**3796**	**3532**	**9862**
	1406	1131	770	490		
629	2541	1	2119	343	300	1200
	110	47	31	53		
3	94	69	56	48		
180	199	72	71	73		
1	113	112	28	4		
	89	104	87	88		
		204				
5	1	2	249			
36	464	389	206	253		
17	498	485	369	202	1292	2601
10	646	710	278	137	388	692
1	25	211	144	110		
1	294	377	520	424	520	1133
	64	242	16		100	100
19	179	294	398	259	522	1464
1	73	51	147	177		
1	159	280	158	125		
6	349	477	508	310		
23	1733	1410	600	152	72	411
2	114	289	209	54	15	72
2	91	111	237	70		
36	110	225	82	72	323	2189
	189	164	118	73		
	98	68	106	49		
5	107	114	97	43		
	17	28	36	20		
5	136	169	229	127		
1	301	195	70	1		
	20	60	19			
	81	170	58	30		
	50	105	71	9		

C-3-4续表1

地区	社会组织负责人数	女性	建立党组织的社会组织	社会组织职工中中共党员人数	当年登记单位数	当年年检单位数	被认定的慈善组织数
全　国	**13640**	**3259**	**886**	**10106**	**742**	**3281**	**2074**
中央级	787		90	2025		199	157
北　京	3053	836	21	1447	92	510	403
天　津	239	63	77	235	10	77	51
河　北	66	23	41	137	14	1	1
山　西	120	3		65	3		28
内蒙古	131	8	99	311	11	6	3
辽　宁	126	13	1	10	4	87	8
吉　林	102	11			2	80	42
黑龙江	54	22	3	63	6		65
上　海	697	200	43	633	92	300	20
江　苏	747	318	30	279	58	79	89
浙　江	784	141	46	645	91	294	110
安　徽	127	2	53	264	7	102	78
福　建	368	55	161	573	46	194	175
江　西	190	34	7	24	6	6	6
山　东	385	74	5	682	26	116	57
河　南	423	65	6	221	5	3	
湖　北	305	124	20	61	18	6	5
湖　南	1237	166	53	702	27	249	221
广　东	1713	726	29	519	148	453	380
广　西	113	31	25	109	12	10	32
海　南	294	52		76	10	54	
重　庆	284	46	7	34	3	70	54
四　川	495	16		261		137	
贵　州	93	18	3	104	3		15
云　南	251	95	1	29	15	112	2
西　藏	52	18	4	34	3		
陕　西	169	80	14	123	20	86	9
甘　肃	82	4	41	314			58
青　海	32				4		
宁　夏	71	14		3	5	45	
新　疆	50	1	6	123	1	5	5

单位：人、个

社会组织按行业分类							
科技与研究	生态环境	教育	卫生	社会服务	文化	体育	法律
297	**66**	**1417**	**146**	**2090**	**266**	**45**	**42**
2		3	1	21			
24	10	79	36	364	59	4	3
2		24	2	35	5	2	
1		5	2	3			
		29	3	2	10		1
1		8	3	92	3	1	
		31	2	58	1	1	
	2	25	4	48	1	1	9
2	6	24	7	52	2	2	3
14	7	71	23	256	29	3	
3	4	171	14	229	23	3	4
10		213	11	142	29	8	
4	7	28	2	49	5	1	1
	5	134	4	74	10	3	
		17		40			1
		5	2	23	4	1	
		18	1	6	7	2	
	5	68	1	45	7	2	5
3		155	3	16	10	3	1
221	6	63	9	303	11	3	3
		26	5	39	1		
1	3	29	2	13	13	2	4
2		32	2	26	3		1
4		58	2	34	4	2	2
1		9		30		1	
	5	30	2	8	9		1
	2	4	1	3	4		2
1	2	39	2	16	13		1
		2		4			
	2	3		6	3		
1		12		49			
		2		4			

C-3-4续表2

地 区	社会组织按行业分类					
	工商业服务	宗教	农业及农村发展	职业及从业组织	国际及涉外组织	其他
全 国	**214**	**44**	**80**	**25**	**3**	**1572**
中央级	175					11
北 京			3			27
天 津	1	1				5
河 北		3		1		88
山 西						32
内蒙古	5		2			5
辽 宁				1		9
吉 林	1					11
黑龙江	1	1	1	1		1
上 海	9	3		2		9
江 苏	2	7	28	4		168
浙 江	3	6	27			144
安 徽	1			7		19
福 建	11	3	6		1	65
江 西		3	1			12
山 东	1					131
河 南			1	1		99
湖 北		1	4			10
湖 南		6	1	3	1	80
广 东	1	2	1			328
广 西	1					8
海 南	1	4	3			14
重 庆	1	2		3		6
四 川			1	2		49
贵 州						12
云 南						57
西 藏						2
陕 西		1	1			46
甘 肃						62
青 海		1			1	16
宁 夏						9
新 疆						37

单位：个、起、万元

行政执法	行政处罚数		行政处罚分类			民间非营利组织会计制度财务指标		
		并处没收违法经营额/违法所得	警告	限期（责令）停止活动	撤销登记	固定资产原价	本年收入合计	本年费用合计
49	**49**	**10**	**13**	**8**	**28**	**719675.0**	**7512385.0**	**5214150.9**
						85343.8	4507612.1	3847683.9
7	7			7		9792.2	263076.2	195716.4
						7767.9	45427.3	22076.8
						1382.3	14113.3	705.0
						1431.0	9422.0	11108.3
						1743.0	127.2	261.6
						4624.5	37376.1	28980.9
							510.0	510.0
						225.0	210.0	473.0
							370689.2	238551.2
						5065.1	29749.3	18106.4
7	7		3		4	12777.2	167601.8	157708.3
						3459.8	1878.0	560.5
						800.0	31302.9	28537.7
						1173.0	15017.0	11576.8
2	2		2			2381.9	69854.0	24596.7
						298.0	933.8	282.8
						3548.1	2369.5	2200.2
						22593.8	653360.9	84269.9
33	33	10	8	1	24	51836.1	960112.5	278786.2
						1413.2	1189.7	488.8
						6523.0	4000.0	1200.0
						72148.0	57504.9	48508.6
						6980.1	163739.9	146705.2
						784.5	32321.0	18284.5
						2456.0	27687.8	20983.9
						1448.0	3825.0	2075.6
						394582.7	17958.6	1211.2
						294.0	20.0	350.6
						370.0	8155.7	5756.4
						16392.6	15199.2	15853.3
						40.2	40.1	40.2

C-3-5 民办

地　区	单位数	年末职工人数	女性	受教育程度		职业资
				大学专科人数	大学本科及以上人数	助理社会工作师人数
全　国	**400438**	**4249800**	**1814579**	**1084156**	**837887**	**45794**
中央级	110	2106	1252		1676	
北　京	6969	142548	92090	76110	62712	43
天　津	2927	32076	16976	11259	11354	161
河　北	12684	189212	86178	43642	26611	2451
山　西	6911	90743	36693	18697	7942	3926
内蒙古	7042	50202	22420	16153	9453	73
辽　宁	14688	140720	67738	42054	35956	1306
吉　林	5803	26343	8610	9380	2684	436
黑龙江	9340	65993	21824	17270	6449	761
上　海	10504	172717	32246	52432	19164	203
江　苏	51225	398470	103441	70940	62332	2266
浙　江	27183	248485	95276	66064	45524	1134
安　徽	14860	167157	65558	46065	35487	1032
福　建	10651	89315	39885	13390	20234	670
江　西	11233	130395	50905	14537	9049	1568
山　东	30903	336395	186124	109415	113055	14431
河　南	22506	240177	104355	61464	35251	1200
湖　北	16974	130361	50422	33404	15845	703
湖　南	18609	166166	74764	49973	28790	1588
广　东	34185	488785	231096	115573	110517	4716
广　西	11913	112730	52584	23597	13209	704
海　南	3992	35934	15520	3522	2714	1261
重　庆	9160	130481	75090	35632	38344	1334
四　川	21975	254972	114298	57657	56492	1189
贵　州	5520	71768	33336	16387	11343	1039
云　南	8393	87203	41289	21482	19949	159
西　藏	41	410	144	63	47	
陕　西	10705	147907	53405	29605	18780	499
甘　肃	5397	39021	13390	12074	4411	209
青　海	1610	11618	3672	2196	338	67
宁　夏	2270	14784	7209	3437	4035	20
新　疆	4155	34606	16789	10682	8140	645

非企业单位

单位：个、人、人次、时

格水平	年龄结构				志愿服务	
社会工作师人数	35岁及以下人数	36岁至45岁人数	46岁至55岁人数	56岁及以上人数	志愿者服务人次数	志愿服务时间
71996	**1993737**	**1369541**	**662514**	**224008**	**262143**	**731960**
	582	592	471	461		
22514	73549	2810	57167	9022	4813	19213
149	9566	12948	6688	2874		
1787	87036	68060	26356	7760	13201	44277
9165	45188	26818	12540	6197	22	140
28	23154	18694	6897	1457	728	1549
555	59008	46963	23504	11245	249	465
1451	7738	12916	3213	2476		
1796	19003	26564	14364	6062	12	88
2192	63108	59149	35417	15043		
1124	164675	134090	75019	24686	39130	88154
1727	104531	92846	35725	15383	13361	24535
898	70365	53698	33717	9377	21907	58339
323	41407	29779	13588	4541	442	1784
266	61606	48995	14368	5426	1740	5760
18455	165674	96124	52396	22201	94230	242956
2070	127944	75416	27127	9690	389	848
246	57321	43823	21781	7436	1253	3577
1104	87071	52638	20445	6012	1882	5550
2005	291196	128820	52030	16739	11946	69389
358	48165	39270	19438	5857	75	360
30	15109	14456	5145	1224	1	
1251	66233	37400	20069	6779	26991	84544
651	113891	105158	28660	7263	830	1255
365	35142	22814	10923	2889	7723	20741
159	44844	30831	9002	2526	13712	40582
	247	107	46	10		
930	69414	50253	19373	8867	6867	14829
202	16461	12778	8109	1673	20	
59	3310	6756	1186	366	2	
19	6440	4867	2571	906		
117	14759	13108	5179	1560	617	3026

C-3-5续表1

地区	社会组织负责人	女性	按单位性质分		
			法人	合伙	个体
全　国	**567687**	**201569**	**331171**	**10298**	**58969**
中央级	102	64	108	1	1
北　京	23769	11941	6965		4
天　津	3083	1260	2878	2	47
河　北	19974	6219	8810	271	3603
山　西	9197	2287	6454	88	369
内蒙古	10431	3507	5565	217	1260
辽　宁	19245	7209	11912	190	2586
吉　林	6229	1880	3514	13	2276
黑龙江	11247	4477	6193	210	2937
上　海	29411	12784	9658	14	832
江　苏	56246	15734	46229	597	4399
浙　江	32298	11810	23222	696	3265
安　徽	21133	7482	11170	471	3219
福　建	10643	3791	9220	363	1068
江　西	18344	4307	7863	465	2905
山　东	48262	17898	26040	1425	3438
河　南	31962	11701	17129	1140	4237
湖　北	23925	6842	14677	414	1883
湖　南	29934	10370	14012	567	4030
广　东	42378	16938	32384	316	1485
广　西	12609	5472	8943	139	2831
海　南	6505	1659	3251	293	448
重　庆	20715	9828	8349	73	738
四　川	32186	11273	18050	498	3427
贵　州	7337	2462	3000	379	2141
云　南	10454	3118	6507	1070	816
西　藏	37	9	29	2	10
陕　西	14828	4960	7844	147	2714
甘　肃	5585	1527	4088	119	1190
青　海	2061	229	1523	10	77
宁　夏	2860	709	1665	48	557
新　疆	4697	1822	3919	60	176

单位：人、个

建立党组织的社会组织	社会组织职工中中共党员人数	当年登记单位数	当年年检单位数	被认定的慈善组织数
46713	**533536**	**44143**	**207854**	**510**
36	506		96	
565	15798	727	4617	1
1066	6218	214	2275	8
3053	25006	1706	6619	16
1478	11121	838	1505	91
1805	8232	1036	1806	2
2387	28121	1281	4137	12
105	1924	188	1560	
1527	12433	821	3042	4
3352	27757	916	3043	
2896	60225	4789	31500	4
3974	37849	2958	21292	13
1611	22456	1961	11704	4
708	8044	1062	6902	44
2295	21291	1416	8084	2
3694	48638	4026	21065	135
1828	27614	3046	6769	4
2527	24420	1494	4367	1
1355	18433	2106	15571	33
959	24105	3204	14996	25
265	6727	1664	3194	7
881	4041	422	1482	2
560	14165	669	6629	1
1240	30682	2052	7972	1
1262	12583	659	882	2
771	5439	2220	7857	6
7	49	1	19	
1050	9852	1351	7130	11
1808	9009	583	253	67
351	1624	202	398	5
408	2890	223	207	9
889	6284	308	881	

C−3−5续表2

地　区	社会组织					
	科技与研究	生态环境	教育	卫生	社会服务	文化
全　国	**16212**	**501**	**217313**	**27336**	**62404**	**21033**
中央级	24		8	7	26	19
北　京	364	24	3088	383	1705	370
天　津	65		1534	239	596	112
河　北	506		7262	2508	1131	361
山　西	464	16	4502	438	591	370
内蒙古	474	14	3914	299	780	358
辽　宁	258	16	8879	1929	1870	326
吉　林	159	1	3588	277	1144	208
黑龙江	557	7	5475	233	1491	186
上　海	463	25	3117	250	3547	771
江　苏	875	46	9810	2479	23856	2938
浙　江	1503	48	13497	951	4709	1836
安　徽	594	12	7868	2486	2030	614
福　建	392	21	7039	491	454	832
江　西	256	7	8586	729	381	473
山　东	3066	24	11507	2855	4224	3255
河　南	1017	13	15693	2460	1085	660
湖　北	706	102	8034	1064	1687	1289
湖　南	307	13	14514	1001	822	836
广　东	1596	39	21977	883	3578	1942
广　西	198	12	10020	242	538	280
海　南	188	2	2699	496	178	199
重　庆	170		6424	135	789	121
四　川	556	15	14366	1546	2021	741
贵　州	182	2	3958	465	412	94
云　南	192	10	5595	515	517	189
西　藏	3		21		3	2
陕　西	442	5	7123	865	798	617
甘　肃	352	3	2687	539	400	525
青　海	51	8	800	108	260	103
宁　夏	71	12	1217	60	294	177
新　疆	161	4	2511	403	487	229

单位：个

按行业分类

体育	法律	工商业服务	宗教	农业及农村发展	职业及从业组织	国际及涉外组织	其他
17875	**1197**	**3652**	**115**	**1736**	**816**	**15**	**30233**
	1	12				3	10
349	46	8	2	7	2		621
243		21	1		65		51
460	5	24	8	33	16		370
289	2	17	9	13	5		195
492	12	241	6	25	16		411
581	9	54	7	5	14	2	738
280	11	7		2	2		124
604	3	5	1	4	3		771
739	55	219		52	14	5	1247
2621	726	745	7	164	57		6901
1352	38	232	6	282	96		2633
566	2	63	16	89	7		513
582		140	4	21	16		659
286	3	36		12	30	4	430
2303	108	381	10	128	212		2830
1028	4	69	3	7	14	1	452
480	48	280	8	717	72		2487
442	6	83	7	11	3		564
1203	26	205	2	14	44		2676
446	2	28	1	1	3		142
113	2	8	1	1			105
425	3	74	1	29	11		978
590	37	410	3	61	23		1606
182	3	17	2	9	9		185
242	3	117	3	4	44		962
	1						11
259	33	51	1	10	5		496
235	4	58	5	31	18		540
92					1		187
176	2	31		3	9		218
215	2	16	1	1	5		120

C−3−5续表3

地　区	行政执法	行政处罚数	并处罚款	行政处罚分类		
				警告	限期(责令)停止活动	撤销登记
全　国	**1869**	**1869**	**1**	**453**	**64**	**1352**
中央级						
北　京	113	113		78	19	16
天　津						
河　北	7	7				7
山　西	25	25				25
内蒙古						
辽　宁	26	26		12		14
吉　林						
黑龙江	1	1				1
上　海	12	12				12
江　苏	10	10			4	6
浙　江	431	431	1		1	430
安　徽	27	27				27
福　建	38	38			15	23
江　西	4	4			4	
山　东	559	559		283		276
河　南						
湖　北	6	6				6
湖　南	89	89		10	8	71
广　东	208	208		64	13	131
广　西	106	106		2		104
海　南						
重　庆	27	27				27
四　川	20	20				20
贵　州						
云　南	63	63		1		62
西　藏						
陕　西	94	94				94
甘　肃						
青　海						
宁　夏						
新　疆	3	3		3		

单位：起、万元

民间非营利组织会计制度财务指标		
固定资产原价	本年收入合计	本年费用合计
22989681.0	**29404083.2**	**31240889.0**
40730.2	161127.3	138211.7
1613138.3	2988977.2	2580128.0
113077.9	192999.7	286017.5
1517233.1	766044.7	801569.9
165195.5	124435.9	110445.3
96706.3	48196.9	55812.0
1219327.7	942159.1	626852.4
13405.2	14238.0	13988.0
166523.6	26173.6	155869.7
274052.8	2397401.4	2251397.3
1315363.2	1575615.0	1641426.0
1113611.9	1022326.1	996552.2
1095755.0	491058.7	479818.1
284763.4	200590.9	234687.4
287856.1	266812.4	276800.6
2628994.3	559246.4	1720549.0
774751.9	241022.6	245658.5
376272.0	185066.9	201158.2
547958.1	2323891.5	12783148.1
4446911.9	2939014.9	2923324.6
256638.2	74646.7	73102.6
44140.5	15923.7	23413.6
538789.7	571505.9	503286.4
2467438.4	10346707.7	1409294.8
151319.6	76769.1	82636.2
497012.4	615339.8	262008.8
1835.0	781.7	593.3
739948.8	152723.0	224371.7
85750.5	31632.6	35778.9
28355.7	3994.9	9160.0
29309.6	21996.5	29112.0
57514.2	25662.4	64716.2

C-3-6 自治组

地区	单位数	居民1000户以下	居民1000户至3000户	居民3000户以上	社区居委会（村委会）主任	#主任、书记“一肩挑”
全国	**660709**	**464336**	**157811**	**38562**	**656969**	**218645**
中央级						
北京	7060	4275	2269	516	7060	4075
天津	5337	3536	1486	315	5234	1829
河北	53086	42338	9232	1516	52603	9307
山西	30258	24790	4680	788	30098	8581
内蒙古	13428	9148	3689	591	13388	1556
辽宁	15957	7958	5777	2222	15749	7245
吉林	11202	6626	3386	1190	11135	3709
黑龙江	12707	6410	5048	1249	12572	2449
上海	5949	2306	3319	324	5761	1317
江苏	21663	9050	9743	2870	21515	5644
浙江	31924	23915	6989	1020	31591	2929
安徽	17998	7999	7408	2591	17919	3831
福建	16803	12279	4129	395	16615	960
江西	20602	12560	7191	851	20556	1503
山东	80995	66227	12329	2439	80995	60461
河南	51664	34683	14286	2695	51266	21570
湖北	29371	20640	6576	2155	29320	24516
湖南	29183	19722	7318	2143	29064	9136
广东	26532	15706	7572	3254	26419	19513
广西	16227	10871	4463	893	16176	3486
海南	3161	2333	669	159	3153	2787
重庆	11145	6390	3607	1148	11107	676
四川	53093	40051	9863	3179	52881	3482
贵州	17488	13946	2879	663	17317	1215
云南	14378	9535	4134	709	14260	5846
西藏	5474	5448	21	5	5458	1472
陕西	20887	16620	3467	800	20887	1562
甘肃	17382	13871	2871	640	17338	1673
青海	4624	3698	369	557	4610	784
宁夏	2801	2017	580	204	2748	1195
新疆	12330	9388	2461	481	12174	4336

织总表

单位：个、人

#女性	社区居委会（村委会）成员	#中共党员	#女性	受教育程度	
				大学专科人数	大学本科及以上人数
100958	**2808013**	**1593571**	**799175**	**163964**	**66105**
2350	37722	21847	19946	5240	3650
1068	23080	9055	10692	1954	1800
5217	195109	95202	37211	5664	2112
2974	112505	41785	28722	6696	2138
2420	52276	26064	18188	6647	1844
4199	76302	41872	33232	8498	3688
2318	36749	3987	13222	854	641
3548	57772	26579	19917	1739	873
3194	28645	14722	16998	3039	2068
4958	112800	72888	34831	10911	5186
3622	125947	58168	36297	4557	2547
2772	80353	51457	23758	6093	1800
1794	70650	30363	18534	2117	453
5246	83056	27699	20521	1848	978
14198	328904	270520	94360	18671	7837
5822	215585	117868	48101	8609	1830
2985	120433	82907	36984	5492	2057
4009	109664	73741	35424	7060	2322
2825	129766	91276	38557	16657	8201
1930	83509	54558	22892	4069	1497
384	19243	12297	4509	1853	280
2040	57877	37752	22331	10717	3408
9058	209768	114654	58039	7431	2363
2377	85087	35905	21879	4110	877
1597	73360	48689	15957	840	192
785	25826	18088	4860	679	213
1452	85815	42934	21181	2682	1192
2440	69172	28907	13036	503	383
587	20101	7986	4407	771	342
544	13245	7675	5172	538	174
2245	67692	26126	19417	7425	3159

C-3-6续表

地　区	职业资格水平		年龄结构				志愿
	助理社会工作师人数	社会工作师人数	35岁及以下人数	36岁至45岁人数	46岁至55岁人数	56岁及以上人数	志愿者服务人次数
全　国	**26362**	**12063**	**572191**	**1178524**	**826109**	**231189**	**1189805**
中央级							
北　京	3262	1321	7441	12102	13361	4818	40128
天　津	1082	311	7263	6760	6514	2543	9579
河　北	400	233	29402	77365	68021	20321	23174
山　西	912	695	21931	41483	35657	13434	177
内蒙古	102	55	10515	21371	15453	4937	12877
辽　宁	1672	689	18400	28044	22128	7730	79614
吉　林	168	78	1557	32404	1992	796	
黑龙江	329	120	11656	31819	12322	1975	20
上　海	1352	597	6160	8537	9358	4590	21447
江　苏	4864	1652	27935	44376	33106	7383	143615
浙　江	1913	1058	27480	52008	37127	9332	35794
安　徽	1049	392	15784	35439	24098	5032	58588
福　建	574	187	13222	33745	20360	3323	4555
江　西	680	338	14512	46696	17819	4029	261
山　东	1173	1337	69769	145689	88912	24534	171030
河　南	318	127	42637	93871	60709	18368	5145
湖　北	485	200	23749	50737	38496	7451	82
湖　南	397	173	21332	49199	32374	6759	16103
广　东	1921	980	22283	42551	49284	15648	16136
广　西	346	143	13455	28375	31256	10423	40
海　南	1	3	3410	8008	5888	1937	375
重　庆	1254	638	16101	20402	17712	3662	262736
四　川	1264	331	45266	83329	62344	18829	24049
贵　州	48	16	20107	32758	25173	7049	218393
云　南	94	43	19180	31808	18665	3707	4153
西　藏	2	4	4909	10032	7515	3370	1
陕　西	394	182	12989	31935	30601	10290	19953
甘　肃	74	30	14779	34215	16386	3792	1065
青　海	12	44	4458	8663	5309	1671	2147
宁　夏	94	7	3233	5401	4061	550	5
新　疆	126	79	21276	29402	14108	2906	18563

单位：个、人、人次、时

服务	居民（村民）小组	当年完成选举的居（村）委会数	当年完成选举的居(村)选民登记总数			
志愿服务时间				本届登记选民数	参加投票人数	委托投票人数
2614158	**5768024**	**182018**	**306345898**	**239104557**	**213302305**	**19287798**
110130	65128					
25559	57344	2302	2656493	877494	597632	365141
90989	321719	473	1175157	315808	288062	4260
259	95401	18490	13562234	11042425	9207206	320635
36991	74394	72	41809	28005	23825	1450
111207	204273	752	2222770	673129	610593	2687
	54280	2821	3325911	276873	274871	5295
160	93487	3049	8735432	3059824	2289504	62144
53009	257169	538	2058601	44517	41383	2038
323584	323755	6212	16775522	12002685	10021199	1555779
91583	269490	18092	22731491	18344623	16906485	1933078
190472	291353	1620	6470638	1976536	1464107	184034
4895	178627					
780	143696	1182	2434462	1086818	1067522	12453
443449	526961	3862	3277425	1308098	1287213	16315
5268	351388					
184	226917					
44513	465101	29179	46680076	42535997	39129234	3358037
31970	259911	25493	59446917	59446886	56891245	4047975
144	269331	11918	30673517	28614354	25040178	1452557
731	19983	593	753268	517261	481836	34837
502797	96297	1	2057	2057	286	307
38353	394772	29956	42152376	26237018	21569692	4759811
419496	187362	12010	22668794	21257045	18127504	786185
4872	167433	2261	6034014	1552056	1453618	30569
	14859	2356	765825	685995	623444	1400
38592	130966	231	170966	101368	80026	7693
1153	87071	4746	6808812	4247138	3362796	59096
	82336	1993	1685308	957753	910016	55220
	16212	1214	2314138	1756578	1470523	225439
43019	41008	602	721885	156216	82305	3363

C-3-7 村民

地 区	单位数	居民1000户以下	居民1000户至3000户	居民3000户以上	社区居委会（村委会）主任
全 国	**554218**	**421963**	**111932**	**20323**	**551762**
中央级					
北 京	3920	3568	333	19	3920
天 津	3680	3229	414	37	3634
河 北	48671	40438	7288	945	48253
山 西	27881	24088	3320	473	27739
内蒙古	11053	8357	2503	193	11026
辽 宁	11598	7193	3627	778	11482
吉 林	9327	6103	2439	785	9262
黑龙江	8968	5210	3255	503	8897
上 海	1585	990	547	48	1558
江 苏	14462	6858	6105	1499	14412
浙 江	27458	21961	5102	395	27237
安 徽	14482	6878	5738	1866	14430
福 建	14399	11082	3135	182	14243
江 西	17033	10680	5754	599	17015
山 东	74167	62317	10161	1689	74167
河 南	46198	31936	12393	1869	45887
湖 北	24970	18933	4882	1155	24945
湖 南	23906	17371	5251	1284	23807
广 东	19785	13603	4559	1623	19714
广 西	14258	10201	3662	395	14218
海 南	2562	2050	439	73	2561
重 庆	8090	5486	2367	237	8073
四 川	45683	36319	7574	1790	45566
贵 州	13436	11363	1767	306	13356
云 南	11905	8608	3062	235	11815
西 藏	5259	5238	20	1	5245
陕 西	18116	15378	2483	255	18116
甘 肃	16039	13350	2262	427	15996
青 海	4147	3469	184	494	4135
宁 夏	2260	1888	335	37	2215
新 疆	8920	7818	971	131	8838

委员会

单位：个、人

#主任、书记“一肩挑”	#女性	社区居委会（村委会）成员	#中共党员	#女性
176643	**58973**	**2242570**	**1285911**	**518268**
2198	429	16227	11190	5393
712	100	12172	4854	2723
7904	3469	172516	84517	24561
7475	1921	100984	37583	22287
729	833	40489	20414	10552
3979	1425	46919	26926	12396
2754	1395	29342	2131	9408
1313	1310	40059	19798	8305
409	502	6297	4585	2208
3309	2287	72758	48103	17364
1709	1918	105346	46379	26010
2894	1663	61719	40425	15324
709	987	58142	24721	12947
1049	3901	67576	22537	13996
55753	11604	295898	245618	83190
19472	4174	188142	104638	36874
21161	1239	97930	67474	25648
7045	2502	85615	57799	24953
13933	628	89666	62395	19651
3008	1180	70948	47113	16447
2225	272	15192	10184	3217
198	913	39034	25635	12205
2689	6815	176576	95391	44672
662	1258	61761	26312	12420
4968	1061	58717	39373	11135
1429	751	24490	16957	4519
980	727	71305	35896	13959
1195	1910	62489	26269	10000
593	399	17542	6750	3064
815	190	9823	5894	2547
3374	1210	46896	18050	10293

C-3-7续表1

地　区	受教育程度		职业资格水平	
	大学专科人数	大学本科及以上人数	助理社会工作师人数	社会工作师人数
全　国	**90422**	**23858**	**4370**	**2553**
中央级				
北　京	2271	612	126	12
天　津	239	22	1	3
河　北	2553	552	120	43
山　西	4074	824	331	331
内蒙古	4667	926	2	3
辽　宁	3060	581	42	21
吉　林	161	95	6	
黑龙江	198	15	108	38
上　海	585	350	84	30
江　苏	6604	2290	1252	329
浙　江	2441	555	274	149
安　徽	3743	1049	136	41
福　建	1435	257	164	10
江　西	1281	735	206	203
山　东	15634	5898	725	955
河　南	6998	1132	72	43
湖　北	2736	836	15	5
湖　南	3883	722	23	20
广　东	7033	1638	182	91
广　西	1709	310	33	44
海　南	1234	59		3
重　庆	5437	823	121	19
四　川	3806	1071	236	63
贵　州	1836	392	4	3
云　南	476	68	13	29
西　藏	641	198	2	4
陕　西	932	145	36	10
甘　肃	97	18	1	5
青　海	491	243		32
宁　夏	192	16	34	1
新　疆	3975	1426	21	13

单位：人、人次、时

年龄结构				志愿服务	
35岁及以下人数	36岁至45岁人数	46岁至55岁人数	56岁及以上人数	志愿者服务人次数	志愿服务时间
410306	**948760**	**687007**	**196497**	**643090**	**1430421**
1227	4762	7421	2817	3913	15613
2150	3743	4381	1898	8904	24711
22613	68604	62396	18903	21584	85648
18157	36827	33171	12829	177	259
6726	16325	12956	4482	1249	3070
7077	17082	16165	6595	26696	43046
486	26830	1403	623		
6663	22796	9056	1544	20	160
1502	2149	2111	535	19241	47215
16354	28920	22392	5092	76441	200907
20859	43949	32274	8264	22537	51248
10526	27707	19179	4307	25627	77712
10200	28229	16967	2746	3365	3621
11009	38105	15034	3428	41	120
61540	131102	80753	22503	130591	337548
35063	81932	54367	16780	5025	5025
18187	41194	32231	6318	12	36
14802	38567	26548	5698	3236	8899
11439	27520	38099	12608	7533	10422
10270	23541	27729	9408	25	72
2280	6356	4942	1614	367	708
9227	13788	13298	2721	112037	187760
36004	70286	53694	16592	8474	19730
14565	24119	18113	4964	145081	273241
15715	25512	14709	2781	386	850
4479	9519	7218	3274	1	
9300	26324	26430	9251	17375	31647
12679	31170	15075	3565	1005	1153
3522	7419	5029	1572	2147	
2025	3790	3496	512		
13660	20593	10370	2273		

C-3-7续表2

地 区	当年完成选举的村委会数	当年完成选举的村选民登记数	本届登记选民数	参加投票人数	委托投票人数
全 国	**151513**	**228812125**	**179264045**	**162363494**	**16073097**
中央级					
北 京					
天 津	2119	2252936	815160	541531	328676
河 北	358	1106810	262564	238393	4258
山 西	17375	12138582	9864588	8580580	309639
内蒙古	3	2121	2117	1623	28
辽 宁	499	1553582	581085	532386	2604
吉 林	2184	2563642	161477	170132	4871
黑龙江	2425	6375062	1514000	1247236	56223
上 海	39	410854	38528	35882	1550
江 苏	4209	10419410	8600106	7296403	1167121
浙 江	16343	17358708	13836140	12901644	1770406
安 徽	1123	4588382	1576937	1204724	172513
福 建					
江 西	1013	2083323	947477	931337	10836
山 东	3574	3025764	1220141	1198520	16300
河 南					
湖 北					
湖 南	23904	36519515	33310718	31345271	3024965
广 东	18904	41415308	41415277	39776143	3429726
广 西	10395	24300099	22654628	20220736	1070066
海 南	442	614872	380023	353553	29714
重 庆					
四 川	25844	32614358	19957774	16209444	3788618
贵 州	9160	15837210	15049350	12948601	528598
云 南	1802	4173868	1138324	1074003	26886
西 藏	2267	692557	646659	588258	1366
陕 西	152	62772		3093	1028
甘 肃	4107	4962328	2838426	2721575	48902
青 海	1784	1426482	762602	764943	51992
宁 夏	1133	2019092	1637533	1425950	225439
新 疆	355	294488	52411	51533	772

单位：个、人、次

经推举产生的村民代表数	女性	当年召开村民会议次数	当年召开村民代表会议的次数	自然村	村民小组数
12183565	**2671041**	**363549**	**651454**	**1734688**	**4396849**
				4278	26910
35332	5294	225	638	3121	20110
7972	3032	1304	2432	53739	284038
302585	28192	8929	23326	44302	83579
30	1	2	2	39299	52343
33985	4244			26366	79013
71484	17559	877	1145	9327	32101
433510	153360	193	373	9562	51294
1355	530	57	110	1305	24156
208685	31769	4952	16590	63990	206118
1097033	373490	12607	38483	85808	208624
497022	206983	1612	4190	127826	245426
				66505	150195
51106	6307	9	18	109718	126766
1852496	455682	184151	357895	91225	453904
				127181	315329
				87250	182382
2118900	574517	22805	40863	95621	395583
1215871	133981	20374	28042	135960	210736
561972	150715	34165	18092	155106	229104
19290	4169	845	1042	13250	16982
				5830	66624
1894224	251280	23837	41371	71035	333136
907110	136735	27027	40282	91290	140261
411203	72773	1320	2127	117658	145598
58610	7103			12377	14264
1520		13923	26776	49163	113061
260813	38067	1388	2109	24346	77050
33894	1394	2137	4416	2807	65672
83637	7409	263	924	3885	13145
23926	6455	547	208	5558	33345

C-3-8 社区

地 区	单位数	居民1000户以下	居民1000户至3000户	居民3000户以上	社区居委会（村委会）主任	#主任、书记“一肩挑”
全 国	**106491**	**42373**	**45879**	**18239**	**105207**	**42002**
中央级						
北 京	3140	707	1936	497	3140	1877
天 津	1657	307	1072	278	1600	1117
河 北	4415	1900	1944	571	4350	1403
山 西	2377	702	1360	315	2359	1106
内蒙古	2375	791	1186	398	2362	827
辽 宁	4359	765	2150	1444	4267	3266
吉 林	1875	523	947	405	1873	955
黑龙江	3739	1200	1793	746	3675	1136
上 海	4364	1316	2772	276	4203	908
江 苏	7201	2192	3638	1371	7103	2335
浙 江	4466	1954	1887	625	4354	1220
安 徽	3516	1121	1670	725	3489	937
福 建	2404	1197	994	213	2372	251
江 西	3569	1880	1437	252	3541	454
山 东	6828	3910	2168	750	6828	4708
河 南	5466	2747	1893	826	5379	2098
湖 北	4401	1707	1694	1000	4375	3355
湖 南	5277	2351	2067	859	5257	2091
广 东	6747	2103	3013	1631	6705	5580
广 西	1969	670	801	498	1958	478
海 南	599	283	230	86	592	562
重 庆	3055	904	1240	911	3034	478
四 川	7410	3732	2289	1389	7315	793
贵 州	4052	2583	1112	357	3961	553
云 南	2473	927	1072	474	2445	878
西 藏	215	210	1	4	213	43
陕 西	2771	1242	984	545	2771	582
甘 肃	1343	521	609	213	1342	478
青 海	477	229	185	63	475	191
宁 夏	541	129	245	167	533	380
新 疆	3410	1570	1490	350	3336	962

居委会

单位：个、人

#女性	社区居委会（村委会）成员	#中共党员	#女性	受教育程度	
				大学专科人数	大学本科及以上人数
41985	**565443**	**307660**	**280907**	**73542**	**42247**
1921	21495	10657	14553	2969	3038
968	10908	4201	7969	1715	1778
1748	22593	10685	12650	3111	1560
1053	11521	4202	6435	2622	1314
1587	11787	5650	7636	1980	918
2774	29383	14946	20836	5438	3107
923	7407	1856	3814	693	546
2238	17713	6781	11612	1541	858
2692	22348	10137	14790	2454	1718
2671	40042	24785	17467	4307	2896
1704	20601	11789	10287	2116	1992
1109	18634	11032	8434	2350	751
807	12508	5642	5587	682	196
1345	15480	5162	6525	567	243
2594	33006	24902	11170	3037	1939
1648	27443	13230	11227	1611	698
1746	22503	15433	11336	2756	1221
1507	24049	15942	10471	3177	1600
2197	40100	28881	18906	9624	6563
750	12561	7445	6445	2360	1187
112	4051	2113	1292	619	221
1127	18843	12117	10126	5280	2585
2243	33192	19263	13367	3625	1292
1119	23326	9593	9459	2274	485
536	14643	9316	4822	364	124
34	1336	1131	341	38	15
725	14510	7038	7222	1750	1047
530	6683	2638	3036	406	365
188	2559	1236	1343	280	99
354	3422	1781	2625	346	158
1035	20796	8076	9124	3450	1733

C-3-8续表1

地区	职业资格水平		年龄结构				志愿
	助理社会工作师人数	社会工作师人数	35岁及以下人数	36岁至45岁人数	46岁至55岁人数	56岁及以上人数	志愿者服务人次数
全国	**21992**	**9510**	**161885**	**229764**	**139102**	**34692**	**546715**
中央级							
北京	3136	1309	6214	7340	5940	2001	36215
天津	1081	308	5113	3017	2133	645	675
河北	280	190	6789	8761	5625	1418	1590
山西	581	364	3774	4656	2486	605	
内蒙古	100	52	3789	5046	2497	455	11628
辽宁	1630	668	11323	10962	5963	1135	52918
吉林	162	78	1071	5574	589	173	
黑龙江	221	82	4993	9023	3266	431	
上海	1268	567	4658	6388	7247	4055	2206
江苏	3612	1323	11581	15456	10714	2291	67174
浙江	1639	909	6621	8059	4853	1068	13257
安徽	913	351	5258	7732	4919	725	32961
福建	410	177	3022	5516	3393	577	1190
江西	474	135	3503	8591	2785	601	220
山东	448	382	8229	14587	8159	2031	40439
河南	246	84	7574	11939	6342	1588	120
湖北	470	195	5562	9543	6265	1133	70
湖南	374	153	6530	10632	5826	1061	12867
广东	1739	889	10844	15031	11185	3040	8603
广西	313	99	3185	4834	3527	1015	15
海南	1		1130	1652	946	323	8
重庆	1133	619	6874	6614	4414	941	150699
四川	1028	268	9262	13043	8650	2237	15575
贵州	44	13	5542	8639	7060	2085	73312
云南	81	14	3465	6296	3956	926	3767
西藏			430	513	297	96	
陕西	358	172	3689	5611	4171	1039	2578
甘肃	73	25	2100	3045	1311	227	60
青海	12	12	936	1244	280	99	
宁夏	60	6	1208	1611	565	38	5
新疆	105	66	7616	8809	3738	633	18563

单位：人、人次、时、个

服务						
志愿服务时间	当年完成选举的居(村)委会数	当年完成选举的居(村)选民登记总数	本届登记选民数	参加投票人数	委托投票人数	居民小组数
1183737	**30505**	**77533773**	**59840512**	**50938811**	**3214701**	**1371175**
94517						38218
848	183	403557	62334	56101	36465	37234
5341	115	68347	53244	49669	2	37681
	1115	1423652	1177837	626626	10996	11822
33921	69	39688	25888	22202	1422	22051
68161	253	669188	92044	78207	83	125260
	637	762269	115396	104739	424	22179
	624	2360370	1545824	1042268	5921	42193
5794	499	1647747	5989	5501	488	233013
122677	2003	6356112	3402579	2724796	388658	117637
40335	1749	5372783	4508483	4004841	162672	60866
112760	497	1882256	399599	259383	11521	45927
1274						28432
660	169	351139	139341	136185	1617	16930
105901	288	251661	87957	88693	15	73057
243						36059
148						44535
35614	5275	10160561	9225279	7783963	333072	69518
21548	6589	18031609	18031609	17115102	618249	49175
72	1523	6373418	5959726	4819442	382491	40227
23	151	138396	137238	128283	5123	3001
315037	1	2057	2057	286	307	29673
18623	4112	9538018	6279244	5360248	971193	61636
146255	2850	6831584	6207695	5178903	257587	47101
4022	459	1860146	413732	379615	3683	21835
	89	73268	39336	35186	34	595
6945	79	108194	101368	76933	6665	17905
	639	1846484	1408712	641221	10194	10021
	209	258826	195151	145073	3228	16664
	81	295046	119045	44573		3067
43019	247	427397	103805	30772	2591	7663

C-3-9 其他社会服务

地区	单位数	工商登记	编制登记	民政登记	年末职工人数	女性	受教育程度	
							大学专科人数	大学本科及以上人数
全国	**5349**	**864**	**3968**	**437**	**88993**	**28514**	**24826**	**12302**
中央级								
北京	63	5	57		1951	667	435	560
天津	31	3	28		798	219	174	284
河北	213	5	206	2	3521	976	780	412
山西	91	22	65	4	1222	400	335	232
内蒙古	153	25	124	4	1973	564	681	294
辽宁	589	51	258	275	6399	1964	1798	1133
吉林	187	41	145	1	4392	650	1557	469
黑龙江	172	18	148	3	3175	1040	1029	468
上海	90	55	35		3631	1510	737	453
江苏	323	60	230	17	4970	1630	1416	890
浙江	260	63	185	10	3816	977	969	559
安徽	173	26	133	8	3089	1030	869	249
福建	161	31	127	3	2808	813	452	257
江西	142	7	127	5	1661	471	322	72
山东	269	24	233	11	4504	1399	1591	931
河南	276	33	242	1	5956	1897	1724	557
湖北	239	21	208	8	4151	1557	1574	459
湖南	226	35	189	2	2943	1000	1071	425
广东	301	54	231	13	7451	2102	1731	917
广西	142	27	115		2114	800	729	379
海南	18	6	9		322	69	50	24
重庆	153	38	93	11	2342	994	687	415
四川	339	46	277	8	4714	1775	1321	498
贵州	139	62	73	1	3798	1429	813	339
云南	173	11	155		1446	411	509	218
西藏	2		2		28	6	3	8
陕西	168	38	123	7	3006	1073	791	422
甘肃	92	23	56	12	1156	399	203	126
青海	13	6	7		149	35	31	9
宁夏	54	17	25	8	466	207	100	45
新疆	97	11	62	23	1041	450	344	198

机构总表

单位：个、人、人次、时

职业资格水平		年龄结构				志愿服务	
助理社会工作师人数	社会工作师人数	35岁及以下人数	36岁至45岁人数	46岁至55岁人数	56岁及以上人数	志愿者服务人次数	志愿服务时间
1055	**1034**	**27408**	**33668**	**21687**	**864**	**3968**	**517**
59	38	667	601	530	5	57	1
2	3	211	229	214	3	28	
9	28	1141	1414	751	5	206	2
6	10	379	440	305	22	65	4
9	17	526	745	565	25	124	4
82	165	1910	2320	1670	51	258	280
9	9	1203	1538	1210	41	145	1
21	15	786	1421	788	18	148	6
15	21	1000	1171	988	55	35	
118	117	1433	1875	1288	60	230	33
38	50	970	1336	1113	63	185	12
86	37	949	1163	823	26	133	14
45	45	817	1133	685	31	127	3
19	18	494	705	367	7	127	8
107	120	1471	1728	1029	24	233	12
50	35	2571	2165	994	33	242	1
49	43	1354	1607	954	21	208	10
25	23	1125	1159	544	35	189	2
114	73	2093	2968	1947	54	231	16
28	18	778	779	435	27	115	
		64	135	101	6	9	3
33	38	654	915	619	38	93	22
45	40	1402	1905	1158	46	277	16
5	13	1099	1652	834	62	73	4
23	24	504	556	208	11	155	7
		9	11	5		2	
9	17	988	1039	796	38	123	7
9	12	392	361	316	23	56	13
5		31	57	41	6	7	
25	5	63	154	167	17	25	12
10		324	386	242	11	62	24

C−3−9续表

地　区	企业会计制度财务指标			
	固定资产原价	营业收入	费用合计	营业利润
全　国	**1147532.8**	**1342929.0**	**313945.7**	**231052.0**
中央级				
北　京	39686.6	60339.5	25052.5	20635.7
天　津	17140.2	8955.2	3984.2	3536.8
河　北	7054.3	5538.5	2795.0	83.0
山　西	27716.9	6276.5	9024.4	-359.6
内蒙古	13516.9	7405.2	4236.1	324.5
辽　宁	62141.1	28744.7	25235.2	465.2
吉　林	23297.3	3111.1	887.3	88.1
黑龙江	20149.3	7268.8	4252.8	1140.5
上　海	253867.2	612034.1	66603.0	103712.7
江　苏	42391.5	63093.5	12171.0	35349.9
浙　江	22962.8	48788.5	14903.6	13497.4
安　徽	17497.8	14978.7	4990.5	2132.5
福　建	101881.0	24120.0	11937.3	1765.4
江　西	9511.5	5938.1	1539.0	632.4
山　东	22404.0	47763.5	2203.1	9558.4
河　南	25218.5	9446.4	3994.5	1629.6
湖　北	22431.3	21028.8	7672.7	3548.7
湖　南	33750.8	7702.6	3746.2	852.1
广　东	62204.5	54200.6	20136.5	9126.0
广　西	34587.9	106276.2	15629.9	5698.9
海　南	10792.6	5469.6	3256.0	304.2
重　庆	38771.9	32887.5	12684.4	2702.0
四　川	66992.4	64040.5	19606.5	5608.5
贵　州	90662.8	56252.4	23639.5	5214.7
云　南	13273.7	5734.9	2006.6	1088.5
西　藏	367.2			
陕　西	28041.0	25223.2	9995.0	2034.7
甘　肃	9612.7	8487.4	1204.7	641.8
青　海	1591.0	30.0	30.0	
宁　夏	5744.3	1300.6	244.3	39.4
新　疆	22271.8	492.4	283.9	

单位：万元

事业单位会计制度财务指标			民间非营利组织会计制度财务指标		
固定资产原价	本年收入合计	本年支出合计	固定资产原价	本年收入合计	本年支出合计
1955755.6	**1521613.2**	**1458231.8**	**80119.9**	**22085.8**	**19658.8**
80783.6	105929.3	91377.0			
47875.5	62083.4	68127.1			
96095.7	44490.7	46286.8	150.0		12.0
35258.2	25376.0	24887.0	1265.2	3.0	4.9
39268.9	30546.7	29585.2	1321.0	339.0	194.9
119662.5	91473.3	87256.8	12558.6	2663.8	1966.4
74731.6	23661.2	18987.5	890.0		10.0
73985.0	47161.8	43428.4	463.0	43.5	98.8
2333.8	13283.8	13166.2			
187844.4	142992.9	136152.2	6831.3	6402.6	3458.6
123898.6	116130.5	107997.0	1095.4	2239.5	1564.8
54431.0	46505.4	44699.4	1521.4	989.1	950.7
42579.8	34531.8	30820.5	634.0	2.0	45.0
21506.6	16978.6	16374.2	2042.5	57.0	1915.3
109938.2	88950.8	92718.0	4610.0	1377.1	1594.5
51958.8	31455.4	30873.8	10.0	2.0	2.0
97402.5	98018.2	86358.4	1153.0	652.5	498.0
76880.1	46290.0	45259.7	1980.0	980.0	545.0
259101.1	210417.5	213991.6	3057.0	828.6	568.0
49614.6	37066.4	36585.4	1.0		
8148.8	3143.0	3046.5	90.0	78.0	1.8
35711.8	45484.7	39111.4	16507.0	2206.3	2219.5
100076.0	76656.6	70514.7	13465.6	1643.4	2382.7
53526.6	8848.6	10665.4	104.6	10.2	805.4
41679.5	17000.2	14883.8	58.0	27.7	34.5
1867.0	610.0	617.0			
35352.7	34258.9	33595.9	450.0	62.0	50.0
20475.0	13680.8	12786.8	1577.7	262.8	55.4
1392.1	846.4	824.4			
1600.5	3047.5	2435.7	4037.6	91.6	16.5
10775.1	4692.8	4818.0	4246.0	1124.1	664.1

C-3-10 婚姻登记

地区	单位数	年末职工人数	女性	受教育程度 大学专科人数	大学本科及以上人数
全国	**1217**	**7714**	**5162**	**3085**	**2475**
中央级					
北京	11	110	87	17	87
天津	1	5	3		5
河北	40	369	237	117	83
山西	27	143	95	67	47
内蒙古	28	145	94	75	50
辽宁	109	708	495	245	340
吉林	64	462	288	118	100
黑龙江	34	241	158	99	53
上海	17	169	136	41	103
江苏	79	531	381	189	200
浙江	43	230	173	89	113
安徽	33	234	150	110	60
福建	26	86	55	31	31
江西	36	145	103	54	11
山东	91	759	497	336	291
河南	37	317	225	130	46
湖北	89	587	422	290	138
湖南	77	513	292	244	103
广东	58	411	273	178	146
广西	53	228	154	115	71
海南	4	28	7	10	3
重庆	47	305	184	86	139
四川	74	361	233	181	77
贵州	16	72	26	26	22
云南	24	87	56	30	21
西藏					
陕西	45	311	216	136	98
甘肃	24	65	48	19	15
青海					
宁夏	13	35	26	16	7
新疆	17	57	48	36	15

服务机构

单位：个、人、人次、时、处

职业资格水平		年龄结构				志愿服务	
助理社会工作师人数	社会工作师人数	35岁及以下人数	36岁至45岁人数	46岁至55岁人数	56岁及以上人数	志愿者服务人次数	志愿服务时间
179	**220**	**3360**	**3141**	**1116**	**97**	**23581**	**52655**
4	3	46	48	16		160	480
	1	4		1		200	500
	14	150	174	37	8	169	641
	3	71	57	13	2		
		36	71	37	1		
13	18	294	294	114	6		
3	5	179	177	99	7	3	3
2		114	104	21	2		
4	16	76	65	22	6		
28	24	273	184	63	11	10467	21181
10	14	108	91	30	1	4017	6782
10	8	106	78	50		635	1307
7	6	39	38	8	1	8	22
	1	66	69	10			
25	34	333	308	113	5	3132	8473
4	6	161	110	39	7	16	52
12	8	230	251	98	8	144	311
8	7	255	185	70	3	285	813
16	12	190	159	58	4	865	1133
2	1	63	119	42	4	15	72
		16	12				
18	19	107	148	48	2	1391	6755
6	5	150	160	42	9	116	121
2	3	26	18	25	3	1353	2885
5	6	35	47	3	2		
	4	163	111	36	1	605	1124
		41	17	6	1		
	2	12	14	6	3		
		16	32	9			

C-3-10续表

地 区	办理婚姻登记事务的处数	可办理婚姻登记的乡镇机关数	事业单位会计制度财务指标	
			固定资产原价	本年收入合计
全 国	**4877**	**1052**	**24152.0**	**55832.7**
中央级				
北 京	16		798.9	3601.5
天 津	19		23.8	113.0
河 北	316	121	522.8	1360.1
山 西	135	5	114.2	468.2
内蒙古	120	2	219.6	1089.6
辽 宁	216	48	2304.3	4155.3
吉 林	69		620.4	1519.3
黑龙江	194	9	1249.2	1279.9
上 海	21	2	1650.5	7056.7
江 苏	108		1233.7	4809.0
浙 江	107		479.0	3270.5
安 徽	113		613.8	1167.1
福 建	118	25	265.9	840.1
江 西	115	19	371.2	294.6
山 东	167	1	2955.2	5551.8
河 南	190	4	286.4	649.2
湖 北	112		1416.7	3509.9
湖 南	148	13	1602.1	2141.6
广 东	315	182	1823.6	3709.6
广 西	134	9	630.6	863.6
海 南	190	28	11.6	20.0
重 庆	66	16	2134.5	4044.5
四 川	389	170	1819.0	1614.1
贵 州	501	197	96.8	81.7
云 南	191	58	145.4	293.0
西 藏	82	2		
陕 西	159	21	496.4	2082.0
甘 肃	124	27	53.9	73.1
青 海	217	54		
宁 夏	51	2	105.9	16.0
新 疆	174	37	106.6	157.7

单位：处、个、万元

	民间非营利组织会计制度财务指标		
本年支出合计	固定资产原价	本年收入合计	本年费用合计
57339.2	**1082.6**	**1560.1**	**2009.3**
3585.2			
110.9			
1423.6			
485.0			
1072.8			
4446.6	2.0	22.0	4.0
1581.0			
1353.1	17.0	2.5	29.5
7065.6			
5015.8	129.8	568.3	330.6
3439.0	118.0	218.0	105.0
1184.3	83.4	68.1	65.6
830.2			
393.5	12.5	20.0	8.3
5513.3	10.3	206.4	206.4
603.4			
3648.6	16.0	18.0	14.5
2033.7			
3927.9	32.0	28.6	9.0
944.4	1.0		
21.4	90.0	78.0	1.8
4067.9	350.0	203.5	217.1
1765.5	53.0	87.8	172.5
127.8	4.6	5.2	803.4
291.9	58.0	27.7	34.5
2099.3			
74.3	100.0		1.0
15.8		1.0	1.1
217.4	5.0	5.0	5.0

C-3-11 结婚登

地 区	结婚登记件数	结婚登记人数	按居住		
			内地居民登记结婚件数	内地居民登记结婚人数	涉外及华侨、港澳台居民登记结婚件数
全 国	**10630951**	**21261902**	**10590427**	**21160279**	**40524**
中央级					
北 京	151454	302908	150538	301076	916
天 津	95068	190136	94780	189560	288
河 北	504865	1009730	503902	1007804	963
山 西	287723	575446	287566	575132	157
内蒙古	186958	373916	186766	364817	192
辽 宁	291851	583702	290507	581050	1344
吉 林	206260	412520	205498	410996	762
黑龙江	286732	573464	285454	570908	1278
上 海	108691	217382	107212	214424	1479
江 苏	675508	1351016	674096	1348192	1412
浙 江	344449	688898	341644	683188	2805
安 徽	673763	1347526	672438	1344876	1325
福 建	291447	582894	286595	573190	4852
江 西	289132	578264	287847	575694	1285
山 东	625812	1251624	624690	1249380	1122
河 南	869680	1739360	868860	1737720	820
湖 北	472102	944204	470885	935662	1217
湖 南	457746	915492	456340	912680	1406
广 东	758123	1516246	750392	1500502	7731
广 西	379421	758842	376613	753226	2808
海 南	75795	151590	75364	150728	431
重 庆	266004	532008	265356	530712	648
四 川	689530	1379060	688133	1376266	1397
贵 州	403564	807128	403137	806274	427
云 南	402757	805514	400102	800204	2655
西 藏	34064	68128	34053	64114	11
陕 西	300594	601188	300135	600270	459
甘 肃	197930	395860	197790	395580	140
青 海	59719	119438	59695	119390	24
宁 夏	60321	120642	60264	120528	57
新 疆	183888	367776	183775	366136	113

记服务

单位：件、人

地分类

内地居民	女性	香港居民	澳门居民	台湾居民	华侨	外国人
38978	**24064**	**5153**	**1116**	**6276**	**4197**	**25328**
844	584	60	9	128	18	773
281	198	12	2	35	4	242
963	275	16	4	58	6	879
157	2285	7	2	20	2	126
191	91	4	2	26	7	154
1322	1004	26	8	146	64	1122
751	511	16	10	104	25	618
1271	816	17	6	134	236	892
1347	961	97	7	264	26	1217
1390	1020	53	14	362	28	977
2066	1113	54	18	209	2104	1159
1016	363	28	6	204	5	1391
4764	2717	1322	98	1254	565	1701
1285	545	57	13	165	21	1029
1111	612	20	7	145	24	937
820	475	49	21	245	13	492
1215	853	86	31	339	21	742
1403	940	104	47	455	19	784
7648	4619	2682	677	695	873	2887
2805	775	95	44	236	53	2383
431	305	142	9	150	14	116
644	499	59	19	190	10	374
1390	973	81	28	348	29	918
427	275	32	19	126	11	239
2651	768	11	4	75	7	2562
10	1			2		10
458	280	14	7	97	10	332
139	85	2	2	39	2	96
24	18	2		6		16
41	18	2	1	2		68
113	85	3	1	17		92

C-3-11续表

地区	按婚姻状况分类			
	初婚人数	再婚人数		
			#女性	#恢复结婚件数
全国	**17463256**	**3798646**	**2013529**	**522556**
中央级				
北京	179316	123592	60241	19486
天津	154015	36121	18013	17633
河北	750461	259269	140296	2801
山西	502961	72485	40046	8884
内蒙古	263163	110753	58647	17954
辽宁	519388	64314	32338	26406
吉林	364741	47779	23616	22078
黑龙江	481250	92214	46347	30015
上海	138426	78956	39203	12761
江苏	1062877	288139	150423	51719
浙江	572689	116209	62373	24952
安徽	1053286	294240	155420	42695
福建	497319	85575	45349	1047
江西	477341	100923	53833	14129
山东	901747	349877	187279	13368
河南	1633982	105378	52896	46143
湖北	853124	91080	49262	12851
湖南	698995	216497	119067	16874
广东	1304060	212186	106202	35137
广西	641591	117251	67694	8982
海南	135729	15861	8537	1683
重庆	353545	178463	94164	15996
四川	1029904	349156	190165	31898
贵州	772711	34417	17499	11749
云南	642973	162541	88167	5807
西藏	66768	1360	683	6
陕西	482662	118526	66083	11432
甘肃	383348	12512	6574	3655
青海	102748	16690	9371	
宁夏	99090	21552	11331	2486
新疆	343046	24730	12410	11929

单位：件、人

按年龄分类				
20～24岁	25～29岁	30～34岁	35～39岁	40岁及以上
4865806	**7835246**	**2966751**	**1587227**	**4006872**
18885	113331	66428	40408	63856
26879	72415	38431	21337	31074
276241	389060	135569	70701	138159
145677	218085	61695	34516	115473
67996	146187	57487	31882	70364
86225	218393	102801	55934	120349
56639	137646	66681	39787	111767
75914	159554	83169	57984	196843
14097	77571	46111	26776	52827
267261	470953	142452	83871	386479
116084	279072	103962	50767	139013
363425	442666	129352	84281	327802
119308	250018	82262	35687	95619
163814	214237	71766	37388	91059
264458	540439	193926	88946	163855
438688	643563	207660	140485	308964
180069	375822	133006	61716	193591
192946	377152	145700	70439	129255
396826	638100	225529	98622	157169
187201	272021	144476	62804	92340
34405	51007	22675	12187	31316
142746	165472	71952	36075	115763
374478	439525	186144	102993	275920
221429	233057	109422	69823	173397
225463	243478	108054	65525	162994
24432	22415	11523	6260	3498
129165	277939	86865	33789	73430
112968	164081	48673	19005	51133
28889	38798	14975	10086	26690
33821	41800	13569	7962	23490
79377	121389	54436	29191	83383

C-3-12 离婚登

地区	总计	民政部门办理离婚登记合计	内地居民登记离婚	涉外及华侨、港澳台居民登记离婚	
					外国人
全国	**4373824**	**3704498**	**3698191**	**6307**	**3046**
北京	80621	72964	72705	259	183
天津	58878	55839	55764	75	56
河北	232386	192338	192255	83	64
山西	82211	65091	65069	22	17
内蒙古	100926	82851	82825	26	23
辽宁	166817	144081	143853	228	163
吉林	133645	123221	123107	114	70
黑龙江	196930	175276	175076	200	116
上海	58800	50834	50405	429	282
江苏	287831	246241	245980	261	145
浙江	157725	132855	132547	308	122
安徽	242105	208236	208068	168	105
福建	105942	89801	88965	836	251
江西	110824	93936	93813	123	60
山东	272501	220424	220252	172	131
河南	316571	275708	275604	104	53
湖北	199274	175815	175635	180	77
湖南	207585	176589	176354	235	76
广东	220343	193846	192514	1332	408
广西	120029	99278	99103	175	89
海南	17817	15429	15338	91	13
重庆	150841	133667	133538	129	60
四川	311734	269312	269070	242	116
贵州	134455	104270	104195	75	29
云南	127121	101477	101216	261	237
西藏	4024	3297	3294	3	3
陕西	108776	85870	85787	83	52
甘肃	54137	36165	36148	17	12
青海	16418	11279	11272	7	4
宁夏	22179	16866	16824	42	5
新疆	74378	51642	51615.00	27	24

记服务

单位：件、人

法院部门判决、调解离婚合计	离婚		收案	维持	
	判决离婚	调解离婚		判决不离	调解不离
669326	**207567**	**461759**	**1409563**	**328686**	**40585**
7657	2611	5046	17526	3461	122
3039	791	2248	12939	4341	1976
40048	12324	27724	89032	20877	1277
17120	5640	11480	36854	10688	546
18075	6589	11486	35334	3058	1413
22736	7163	15573	48388	9392	236
10424	3822	6602	22928	3977	38
21654	5812	15842	35842	3105	273
7966	2525	5441	16967	3830	287
41590	10589	31001	98045	25413	4681
24870	7193	17677	51603	12545	1178
33869	9182	24687	76251	20914	1633
16141	7271	8870	33791	9312	520
16888	6120	10768	38308	12213	632
52077	16652	35425	114869	32039	3406
40863	13934	26929	95448	27165	1312
23459	7183	16276	52601	15978	1279
30996	10544	20452	65755	19253	1467
26497	11534	14963	51876	13072	778
20751	7796	12955	39587	10270	1169
2388	1473	915	6401	1205	409
17174	6255	10919	33831	7714	604
42422	10697	31725	82463	19642	1901
30185	8025	22160	53851	7487	1459
25644	6980	18664	47442	6334	3170
727	60	667	968	36	111
22906	7247	15659	54036	11525	2522
17972	5433	12539	39215	8616	2394
5139	1137	4002	10420	1104	779
5313	1392	3921	12474	2429	612
22736	3593	19143	34518	1691	2401

C-3-13 殡葬服务

地　区	单位数	工商登记	编制登记	民政登记	年末职工人数	女性	受教育程度 大学专科人数	大学本科及以上人数
全　国	**4132**	**864**	**2831**	**437**	**81279**	**23352**	**21741**	**9827**
中央级								
北　京	52	5	47		1841	580	418	473
天　津	30	3	27		793	216	174	279
河　北	173	5	166	2	3152	739	663	329
山　西	64	22	38	4	1079	305	268	185
内蒙古	125	25	96	4	1828	470	606	244
辽　宁	480	51	154	275	5691	1469	1553	793
吉　林	123	41	81	1	3930	362	1439	369
黑龙江	138	18	117	3	2934	882	930	415
上　海	73	55	18		3462	1374	696	350
江　苏	244	60	167	17	4439	1249	1227	690
浙　江	217	63	144	10	3586	804	880	446
安　徽	140	26	106	8	2855	880	759	189
福　建	135	31	101	3	2722	758	421	226
江　西	106	7	94	5	1516	368	268	61
山　东	178	24	143	11	3745	902	1255	640
河　南	239	33	205	1	5639	1672	1594	511
湖　北	150	21	121	8	3564	1135	1284	321
湖　南	149	35	112	2	2430	708	827	322
广　东	243	54	176	13	7040	1829	1553	771
广　西	89	27	62		1886	646	614	308
海　南	14	6	8		294	62	40	21
重　庆	106	38	57	11	2037	810	601	276
四　川	265	46	211	8	4353	1542	1140	421
贵　州	123	62	60	1	3726	1403	787	317
云　南	149	11	138		1359	355	479	197
西　藏	2		2		28	6	3	8
陕　西	123	38	78	7	2695	857	655	324
甘　肃	68	23	33	12	1091	351	184	111
青　海	13	6	7		149	35	31	9
宁　夏	41	17	16	8	431	181	84	38
新　疆	80	11	46	23	984	402	308	183

机构总表

单位：个、人、人次、时

职业资格水平		年龄结构				志愿服务	
助理社会工作师人数	社会工作师人数	35岁及以下人数	36岁至45岁人数	46岁至55岁人数	56岁及以上人数	志愿者服务人次数	志愿服务时间
876	**814**	**24048**	**30527**	**20571**	**6133**	**14904**	**42595**
55	35	621	553	514	153	1222	4603
2	2	207	229	213	144	100	200
9	14	991	1240	714	207	272	1010
6	7	308	383	292	96	7	32
9	17	490	674	528	136		
69	147	1616	2026	1556	493	68	114
6	4	1024	1361	1111	434	30	60
19	15	672	1317	767	178		
11	5	924	1106	966	466	345	540
90	93	1160	1691	1225	363	3476	7808
28	36	862	1245	1083	396	828	1403
76	29	843	1085	773	154	1162	3189
38	39	778	1095	677	172	644	2693
19	17	428	636	357	95	218	914
82	86	1138	1420	916	271	869	2794
46	29	2410	2055	955	219	220	664
37	35	1124	1356	856	228	128	306
17	16	870	974	474	112	255	880
98	61	1903	2809	1889	439	128	919
26	17	715	660	393	118	15	72
		48	123	101	22	60	240
15	19	547	767	571	152	517	1214
39	35	1252	1745	1116	240	3	8
3	10	1073	1634	809	210	3408	9320
18	18	469	509	205	176	7	21
		9	11	5	3		
9	13	825	928	760	182	737	3189
9	12	351	344	310	86		
5		31	57	41	20		
25	3	51	140	161	79		
10		308	354	233	89	185	402

C-3-13续表1

地区	火化炉数	全年火化遗体数	有身份信息的火化遗体数	无身份信息的火化遗体数	国际运尸数	外国人
全国	**6361**	**4819781**	**4749213**	**70568**	**211**	**91**
中央级						
北京	90	97538	96031	1507		
天津	77	70037	70026	11		
河北	391	177083	174262	2821		
山西	65	26900	23466	3434		
内蒙古	170	71237	70846	391		
辽宁	382	311455	308861	2594		
吉林	178	106654	106354	300		
黑龙江	261	178613	174944	3669		
上海	96	128706	128114	592		
江苏	550	525975	522442	3533		
浙江	354	323218	316172	7046	5	5
安徽	268	283748	280369	3379		
福建	233	202358	200038	2320	41	2
江西	215	87074	86148	926		
山东	542	627723	624123	3600		
河南	320	127996	124911	3085		
湖北	338	230959	227557	3402		
湖南	175	90553	89213	1340		
广东	445	471898	454866	17032	159	79
广西	110	88238	85653	2585		
海南	6	3606	3551	55		
重庆	131	75747	74868	879	6	5
四川	295	217117	216173	944		
贵州	178	97818	96067	1751		
云南	233	84909	83259	1650		
西藏	6	1023	1016	7		
陕西	106	59484	58664	820		
甘肃	54	20027	19589	438		
青海	20	6181	6181			
宁夏	12	3689	3689			
新疆	60	22217	21760	457		

单位：台、具、个

港澳台	侨民	穴位数	本年销售穴位数	安葬数	本年安葬数	节地生态安葬数
106	**14**	**16391489**	**729000**	**11563000**	**759455**	**508333**
		755271	14433	623950	18232	30443
		447349	7664	491017	11297	58450
		262269	5146	239508	6440	14220
		114397	3985	64361	4572	1606
		337053	19498	244933	18849	2483
		823774	64672	538093	34853	2025
		27916	1111	17810	1119	234
		266148	21083	178653	22261	23321
		2093512	74934	1464237	55146	7864
		1606662	95111	1378234	65609	93954
		1171953	33468	935579	34377	16584
		524199	32468	461549	50156	2138
26	13	305753	11792	216123	15458	3788
		180111	9014	68516	10936	82
		334985	8977	273557	55996	45930
		343785	8467	211204	9062	142
		1105787	24841	671934	38886	1756
		393605	21090	217323	26329	6569
80		1144610	30922	653793	27866	116249
		349263	13231	180216	14260	7416
		104616	2667	73542	4251	10
	1	730998	17164	402019	21132	25608
		1331245	130773	873494	109131	15808
		518208	22268	187475	30424	5245
		304243	12667	111018	20259	17635
		402582	17238	437395	27238	6486
		184457	8446	175449	9493	1303
		5352	939	877	33	106
		48972	4376	29229	4396	161
		172414	10555	141912	11394	717

C-3-13续表2

地 区	企业会计制度财务指标			
	固定资产原价	营业收入	费用合计	营业利润
全 国	**1147532.8**	**1342929.0**	**313945.7**	**231052.0**
中央级				
北 京	39686.6	60339.5	25052.5	20635.7
天 津	17140.2	8955.2	3984.2	3536.8
河 北	7054.3	5538.5	2795.0	83.0
山 西	27716.9	6276.5	9024.4	-359.6
内蒙古	13516.9	7405.2	4236.1	324.5
辽 宁	62141.1	28744.7	25235.2	465.2
吉 林	23297.3	3111.1	887.3	88.1
黑龙江	20149.3	7268.8	4252.8	1140.5
上 海	253867.2	612034.1	66603.0	103712.7
江 苏	42391.5	63093.5	12171.0	35349.9
浙 江	22962.8	48788.5	14903.6	13497.4
安 徽	17497.8	14978.7	4990.5	2132.5
福 建	101881.0	24120.0	11937.3	1765.4
江 西	9511.5	5938.1	1539.0	632.4
山 东	22404.0	47763.5	2203.1	9558.4
河 南	25218.5	9446.4	3994.5	1629.6
湖 北	22431.3	21028.8	7672.7	3548.7
湖 南	33750.8	7702.6	3746.2	852.1
广 东	62204.5	54200.6	20136.5	9126.0
广 西	34587.9	106276.2	15629.9	5698.9
海 南	10792.6	5469.6	3256.0	304.2
重 庆	38771.9	32887.5	12684.4	2702.0
四 川	66992.4	64040.5	19606.5	5608.5
贵 州	90662.8	56252.4	23639.5	5214.7
云 南	13273.7	5734.9	2006.6	1088.5
西 藏	367.2			
陕 西	28041.0	25223.2	9995.0	2034.7
甘 肃	9612.7	8487.4	1204.7	641.8
青 海	1591.0	30.0	30.0	
宁 夏	5744.3	1300.6	244.3	39.4
新 疆	22271.8	492.4	283.9	

单位：万元

事业单位会计制度财务指标			民间非营利组织会计制度财务指标		
固定资产原价	本年收入合计	本年支出合计	固定资产原价	本年收入合计	本年支出合计
1931603.6	**1465780.5**	**1400892.6**	**79037.3**	**20525.7**	**17649.5**
79984.7	102327.8	87791.8			
47851.7	61970.4	68016.2			
95572.9	43130.6	44863.2	150.0		12.0
35144.0	24907.8	24402.0	1265.2	3.0	4.9
39049.3	29457.1	28512.4	1321.0	339.0	194.9
117358.2	87318.0	82810.2	12556.6	2641.8	1962.4
74111.2	22141.9	17406.5	890.0		10.0
72735.8	45881.9	42075.3	446.0	41.0	69.3
683.3	6227.1	6100.6			
186610.7	138183.9	131136.4	6701.5	5834.3	3128.0
123419.6	112860.0	104558.0	977.4	2021.5	1459.8
53817.2	45338.3	43515.1	1438.0	921.0	885.1
42313.9	33691.7	29990.3	634.0	2.0	45.0
21135.4	16684.0	15980.7	2030.0	37.0	1907.0
106983.0	83399.0	87204.7	4599.7	1170.7	1388.1
51672.4	30806.2	30270.4	10.0	2.0	2.0
95985.8	94508.3	82709.8	1137.0	634.5	483.5
75278.0	44148.4	43226.0	1980.0	980.0	545.0
257277.5	206707.9	210063.7	3025.0	800.0	559.0
48984.0	36202.8	35641.0			
8137.2	3123.0	3025.1			
33577.3	41440.2	35043.5	16157.0	2002.8	2002.4
98257.0	75042.5	68749.2	13412.6	1555.6	2210.2
53429.8	8766.9	10537.6	100.0	5.0	2.0
41534.1	16707.2	14591.9			
1867.0	610.0	617.0			
34856.3	32176.9	31496.6	450.0	62.0	50.0
20421.1	13607.7	12712.5	1477.7	262.8	54.4
1392.1	846.4	824.4			
1494.6	3031.5	2419.9	4037.6	90.6	15.4
10668.5	4535.1	4600.6	4241.0	1119.1	659.1

C-3-14 殡仪

地　区	单位数	年末职工人数		受教育程度		职业资
			女性	大学专科人数	大学本科及以上人数	助理社会工作师人数
全　国	**1760**	**47139**	**12337**	**13893**	**5734**	**528**
中央级						
北　京	12	602	154	190	144	23
天　津	11	393	91	105	107	2
河　北	152	2659	580	540	260	9
山　西	27	389	99	74	89	3
内蒙古	66	1116	283	378	138	4
辽　宁	82	2707	724	776	345	18
吉　林	46	1888	154	1140	254	6
黑龙江	95	2302	715	741	350	18
上　海	15	1132	328	349	179	3
江　苏	93	2943	731	845	492	58
浙　江	76	2110	432	609	260	24
安　徽	66	2071	595	576	138	66
福　建	64	1938	527	230	120	24
江　西	83	1224	300	191	44	8
山　东	123	2984	653	1041	509	64
河　南	114	3501	967	1020	288	35
湖　北	74	2523	802	907	219	24
湖　南	68	1387	382	493	197	6
广　东	87	4301	1009	1004	509	71
广　西	31	1068	342	383	165	12
海　南	2	65	19	13	10	
重　庆	39	960	348	319	149	5
四　川	85	1919	551	535	191	16
贵　州	59	2116	732	453	156	
云　南	78	744	162	290	108	6
西　藏	2	28	6	3	8	
陕　西	46	1136	307	413	183	5
甘　肃	25	426	165	87	48	1
青　海	6	54	13	27	9	5
宁　夏	6	70	31	15	12	9
新　疆	27	383	135	146	53	3

馆

单位：个、人、人次、时

格水平	年龄结构				志愿服务	
社会工作师人数	35岁及以下人数	36岁至45岁人数	46岁至55岁人数	56岁及以上人数	志愿者服务人次数	志愿服务时间
384	**14450**	**18007**	**11496**	**3186**	**8712**	**26297**
15	185	171	185	61	850	3401
	115	102	93	83		
12	833	1078	601	147	264	978
6	93	141	127	28		
4	264	440	332	80		
19	748	1020	691	248		
2	382	633	536	337		
14	534	1008	632	128		
4	420	347	234	131	130	240
47	784	1064	844	251	2027	4081
25	538	814	601	157	316	514
21	643	785	556	87	630	1479
26	567	748	501	122	547	2111
2	333	549	286	56	218	914
71	869	1136	748	231	835	2710
12	1604	1236	551	110	117	327
10	785	974	602	162	116	270
4	501	525	295	66	210	720
27	1168	1747	1129	257	128	919
10	443	348	211	66	15	72
	24	18	22	1		
19	279	340	280	61	302	773
17	554	803	469	93		
4	703	980	366	67	1491	4447
6	314	283	120	27	7	21
	9	11	5	3		
6	424	409	255	48	428	2190
1	190	114	82	40		
	22	24	8			
	4	25	31	10		
	118	134	103	28	81	130

C-3-14续表1

地　区	火化炉数	全年火化遗体数	有身份信息的火化遗体数	无身份信息的火化遗体数	国际运尸数	外国人
全　国	**6361**	**4819781**	**4749213**	**70568**	**211**	**91**
中央级						
北　京	90	97538	96031	1507		
天　津	77	70037	70026	11		
河　北	391	177083	174262	2821		
山　西	65	26900	23466	3434		
内蒙古	170	71237	70846	391		
辽　宁	382	311455	308861	2594		
吉　林	178	106654	106354	300		
黑龙江	261	178613	174944	3669		
上　海	96	128706	128114	592		
江　苏	550	525975	522442	3533		
浙　江	354	323218	316172	7046	5	5
安　徽	268	283748	280369	3379		
福　建	233	202358	200038	2320	41	2
江　西	215	87074	86148	926		
山　东	542	627723	624123	3600		
河　南	320	127996	124911	3085		
湖　北	338	230959	227557	3402		
湖　南	175	90553	89213	1340		
广　东	445	471898	454866	17032	159	79
广　西	110	88238	85653	2585		
海　南	6	3606	3551	55		
重　庆	131	75747	74868	879	6	5
四　川	295	217117	216173	944		
贵　州	178	97818	96067	1751		
云　南	233	84909	83259	1650		
西　藏	6	1023	1016	7		
陕　西	106	59484	58664	820		
甘　肃	54	20027	19589	438		
青　海	20	6181	6181			
宁　夏	12	3689	3689			
新　疆	60	22217	21760	457		

单位：台、具、个

港澳台	侨民	穴位数	本年销售穴位数	安葬数	本年安葬数	节地生态安葬数
106	**14**	**2752372**	**141673**	**1975044**	**262188**	**282028**
		10928	146	9601	149	
		44878	1768	19203	3244	58118
		69922	2120	165514	2382	11405
		1293	94	829	87	
		159701	12901	126795	13233	1349
		12516	456	15652	5000	266
		9549	395	7221	348	234
		92540	7383	72313	12531	23321
		1105	791			
		136341	8574	112000	11189	23586
		124377	4533	84228	4514	7836
		141141	19757	91459	35382	451
26	13	164555	6845	119770	8945	1790
		157924	7835	51958	9683	82
		117627	1657	140617	48380	44408
		56771	2654	38696	2583	
		164410	6906	116349	18393	392
		182694	8847	134921	12208	3125
80		127030	2724	74923	4081	76113
		4136	812	4426	2429	5860
	1	126916	4210	77106	5323	5808
		123914	7633	98521	12708	7221
		250859	11437	45708	19513	3010
		215202	8717	64171	16350	6394
		64772	2768	144811	3167	7
		24747	1775	18486	1639	535
		3623	291	1701	291	
		162901	7644	138065	8436	717

C-3-14续表2

地　区	企业会计制度财务指标			
	固定资产原价	营业收入	费用合计	营业利润
全　国	**453308.7**	**189054.5**	**65707.9**	**19663.8**
中央级				
北　京	4727.6			
天　津				
河　北	439.4	588.9	706.5	
山　西	680.0	53.0	41.0	18.0
内蒙古	3934.7	1541.3	1939.0	-81.7
辽　宁	19525.3	4318.6	3996.0	-281.6
吉　林	17737.9	1145.1	97.7	-1.9
黑龙江	8733.2	1858.0	1299.9	79.3
上　海	97398.5	85812.5	20401.9	12628.9
江　苏	6787.7	2711.3	503.5	621.2
浙　江	4105.8	3504.0	1085.7	250.3
安　徽	3474.3	1926.6	851.7	121.0
福　建	95429.0	15276.1	9106.4	353.8
江　西	7435.3	2298.1	682.8	301.6
山　东				
河　南	4776.1	867.4	340.0	101.2
湖　北	2467.1	295.9	320.6	-3.0
湖　南	11255.0	1738.2	1200.7	20.9
广　东	3553.3	1846.8	1112.6	35.5
广　西	16437.0	3602.3	1664.4	792.5
海　南	197.9	2403.3	922.0	343.8
重　庆	11684.3	4697.9	2685.0	163.3
四　川	35569.3	29313.1	6249.8	2364.8
贵　州	68460.0	22779.3	10172.4	1870.0
云　南	3820.0	50.0		
西　藏	367.2			
陕　西	2893.1	325.8	84.3	-34.1
甘　肃				
青　海	811.0			
宁　夏				
新　疆	20608.7	101.0	244.0	

单位：万元

事业单位会计制度财务指标			民间非营利组织会计制度财务指标		
固定资产原价	本年收入合计	本年支出合计	固定资产原价	本年收入合计	本年支出合计
1630404.7	**1077390.1**	**1042497.8**	**39747.4**	**7622.4**	**8878.4**
46067.8	39709.0	37308.5			
28848.6	24314.0	19821.8			
88944.3	34275.4	36993.1	150.0		12.0
31896.3	16123.9	15641.0			
36218.7	24367.8	23287.4	1001.0	60.0	54.1
100366.1	66834.7	63466.4	1028.0	452.0	133.0
68158.9	15619.8	11774.9	890.0		10.0
56333.0	37703.0	33971.0	200.0	18.5	0.3
166197.3	108113.2	105326.5	5493.6	1922.0	1920.0
113590.4	92195.6	87241.4	500.0	500.0	500.0
39478.7	34399.4	33572.7	1320.0	901.0	848.0
34501.7	23496.1	20968.1	634.0		45.0
19865.8	15841.0	15148.1	1980.0	37.0	1882.0
96125.9	73550.7	77131.0	2172.5	547.3	745.7
46392.8	22361.8	22300.7			
74648.7	64281.5	61578.3	1030.0	600.0	455.0
59401.3	38344.3	37450.2	500.0	500.0	500.0
232194.4	164752.0	171020.4	3025.0	800.0	559.0
44163.3	27721.8	26681.4			
28693.3	34240.3	28099.2	13736.0	1111.2	1100.2
72884.1	53419.0	49800.5	500.0		20.0
52018.7	7497.9	9260.4			
40252.1	14486.5	12259.5			
1867.0	610.0	617.0			
23508.3	27815.4	27144.3	390.0	46.0	40.0
19879.4	10194.8	9346.1	872.7	37.3	10.2
1135.0	705.0	705.0			
760.2	601.3	809.3	4036.6	89.6	13.4
6012.6	3814.9	3773.6	288.0	0.5	30.5

C-3-15 公

地　区	单位数	年末职工人数	女性	受教育程度		职业资
				大学专科人数	大学本科及以上人数	助理社会工作师人数
全　国	**1420**	**26504**	**9046**	**5244**	**2537**	**246**
中央级						
北　京	34	1190	404	223	297	30
天　津	10	295	101	47	108	
河　北	12	396	132	91	60	
山　西	27	618	180	158	76	3
内蒙古	23	446	130	143	56	
辽　宁	344	2584	629	617	312	43
吉　林	45	1779	171	212	89	
黑龙江	31	471	111	129	40	1
上　海	49	2286	1028	332	145	7
江　苏	105	1209	429	312	121	26
浙　江	79	1088	286	119	58	1
安　徽	53	718	260	163	38	9
福　建	18	280	118	57	24	1
江　西	4	140	44	29	13	8
山　东	44	646	204	178	119	17
河　南	45	1102	416	282	85	2
湖　北	49	771	261	263	66	13
湖　南	34	613	248	152	47	10
广　东	73	1862	637	272	128	13
广　西	28	662	267	180	84	7
海　南	6	179	37	17	4	
重　庆	36	852	374	212	57	8
四　川	111	2005	865	419	180	20
贵　州	23	1257	599	198	75	
云　南	23	373	123	77	21	8
西　藏						
陕　西	45	1300	475	154	80	4
甘　肃	30	545	139	70	33	6
青　海	5	88	20			
宁　夏	21	292	124	50	17	6
新　疆	13	457	234	88	104	3

墓

单位：个、人、人次、时

格水平	年龄结构				志愿服务	
社会工作师人数	35岁及以下人数	36岁至45岁人数	46岁至55岁人数	56岁及以上人数	志愿者服务人次数	志愿服务时间
310	**7112**	**9341**	**7441**	**2610**	**3250**	**9814**
16	414	368	321	321	314	1044
	71	89	89	89		
2	114	134	90	90	8	32
1	195	221	141	141		
1	158	117	130	130		
113	779	835	754	754	55	90
2	602	578	517	517	30	60
1	105	221	103	103		
	492	741	724	724	215	300
40	298	501	314	314	894	2650
1	172	296	399	399	490	828
7	190	270	196	196	532	1710
	75	124	57	57	30	90
15	40	22	44	44		
13	222	244	146	146	34	84
11	306	460	253	253	28	85
24	248	275	187	187	12	36
10	209	249	120	120	40	150
16	479	674	562	562		
5	225	254	142	142		
	15	80	68	68	60	240
	217	323	223	223	52	101
15	578	762	532	532		
	222	516	385	385	228	1603
5	74	112	48	48		
2	306	417	451	451	228	711
9	114	181	213	213		
	7	30	31	31		
1	37	92	100	63		
	148	155	101	53		

C-3-15续表

地　区	穴位数	本年销售穴位数	安葬数	本年安葬数	节地生态安葬数	企业会计制度	
						固定资产原价	本年收入合计
全　国	**13639117**	**587327**	**9587956**	**497267**	**226305**	**679232.8**	**1148802.7**
中央级							
北　京	744343	14287	614349	18083	30443	34959.0	60339.5
天　津	402471	5896	471814	8053	332	17140.2	8955.2
河　北	192347	3026	73994	4058	2815	6614.9	4949.6
山　西	113104	3891	63532	4485	1606	27036.9	6223.5
内蒙古	177352	6597	118138	5616	1134	9044.2	5783.9
辽　宁	811258	64216	522441	29853	1759	42615.8	24426.1
吉　林	18367	716	10589	771		4842.7	1557.5
黑龙江	173608	13700	106340	9730		7565.8	4254.2
上　海	2092407	74143	1464237	55146	7864	156468.7	526221.6
江　苏	1470321	86537	1266234	54420	70368	35603.8	60382.2
浙　江	1047576	28935	851351	29863	8748	18815.3	45018.5
安　徽	383058	12711	370090	14774	1687	14023.5	13052.1
福　建	141198	4947	96353	6513	1998	5585.0	7686.9
江　西	22187	1179	16558	1253		1876.2	3640.0
山　东	217358	7320	132940	7616	1522	22404.0	47763.5
河　南	287014	5813	172508	6479	142	20442.4	8579.0
湖　北	941377	17935	555585	20493	1364	19941.2	20732.9
湖　南	210911	12243	82402	14121	3444	15866.8	5607.4
广　东	1017580	28198	578870	23785	40136	58615.2	52263.8
广　西	345127	12419	175790	11831	1556	18150.9	102673.9
海　南	104616	2667	73542	4251	10	10544.7	3066.3
重　庆	604082	12954	324913	15809	19800	26887.6	28189.6
四　川	1207331	123140	774973	96423	8587	30773.4	34044.9
贵　州	267349	10831	141767	10911	2235	22035.4	32953.7
云　南	89041	3950	46847	3909	11241	9245.8	5684.9
西　藏							
陕　西	337810	14470	292584	24071	6479	25147.9	24897.4
甘　肃	159710	6671	156963	7854	768	9182.1	8329.0
青　海	5352	939	877	33	106	780.0	30.0
宁　夏	45349	4085	27528	4105	161	5704.3	1285.6
新　疆	9513	2911	3847	2958		1319.1	210.0

单位：万元、个、具

财务指标		事业单位会计制度财务指标			民间非营利组织会计制度财务指标		
本年支出合计	营业利润	固定资产原价	本年收入合计	本年费用合计	固定资产原价	本年收入合计	本年费用合计
245332.1	**210684.1**	**193664.5**	**267550.0**	**231168.0**	**25655.7**	**10044.1**	**5423.2**
25052.5	20635.7	32604.0	50956.4	46151.6			
3984.2	3536.8	15609.8	26312.7	24453.4			
2088.5	83.0	3046.9	7498.4	6517.0			
8983.4	-377.6	3007.0	7684.8	7673.4	1257.2		0.9
2277.1	398.2	1081.0	3204.3	3217.0	320.0	279.0	140.8
21239.2	746.8	15959.6	17053.6	15919.7	11528.6	2179.8	1819.4
447.5	62.3	1392.7	2565.9	2799.0			
2311.2	730.7	13967.1	7152.2	6629.5	246.0	22.5	69.0
46201.1	91083.8						
11667.5	34728.7	15623.4	23909.7	19647.7	793.9	2556.7	147.7
13781.4	13215.1	6471.7	10548.5	7357.6	347.4	1086.5	524.8
4138.8	2011.5	9296.8	9940.9	8743.9	118.0	5.0	30.7
2365.9	1201.6	492.9	3386.8	1870.6		2.0	
856.2	330.8	325.0	310.0	310.0	50.0		25.0
2203.1	9558.4	10084.4	9697.5	9471.9	2300.0	202.3	202.3
3654.5	1528.4	3988.6	5057.8	4540.4			
7352.1	3551.7	12086.2	27972.7	18750.4	78.0	32.0	26.0
2021.5	831.2	7053.1	1950.3	1919.5	1480.0	480.0	45.0
18943.9	9090.5	13383.0	20344.0	17393.3			
13965.5	4906.4	2371.6	4751.3	5285.5			
2334.0	-39.6	314.4	1133.7	578.1			
9999.4	2538.7	1245.7	2453.3	2257.9	520.0	450.2	450.8
12962.2	3175.4	19907.6	18757.5	15690.9	2911.6	1392.0	1290.0
13108.1	3324.1						
2006.6	1088.5	620.3	212.6	171.6			
9910.7	2068.8	2850.6	1784.4	1798.2	60.0	16.0	10.0
1183.7	634.8	197.5	1252.4	1202.0	600.0	225.5	44.1
30.0							
230.3	39.4	311.6	1370.3	529.9			
32.0		372.0	288.0	288.0	3045.0	1114.6	596.7

C-3-16 殡葬管

地 区	单位数	年末职工人数		受教育程度		职业资
			女性	大学专科人数	大学本科及以上人数	助理社会工作师人数
全 国	**952**	**7636**	**1969**	**2604**	**1556**	**102**
中央级						
北 京	6	49	22	5	32	2
天 津	9	105	24	22	64	
河 北	9	97	27	32	9	
山 西	10	72	26	36	20	
内蒙古	36	266	57	85	50	5
辽 宁	54	400	116	160	136	8
吉 林	32	263	37	87	26	
黑龙江	12	161	56	60	25	
上 海	9	44	18	15	26	1
江 苏	46	287	89	70	77	6
浙 江	62	388	86	152	128	3
安 徽	21	66	25	20	13	1
福 建	53	504	113	134	82	13
江 西	19	152	24	48	4	3
山 东	11	115	45	36	12	1
河 南	80	1036	289	292	138	9
湖 北	27	270	72	114	36	
湖 南	47	430	78	182	78	1
广 东	83	877	183	277	134	14
广 西	30	156	37	51	59	7
海 南	6	50	6	10	7	
重 庆	31	225	88	70	70	2
四 川	69	429	126	186	50	3
贵 州	41	353	72	136	86	3
云 南	48	242	70	112	68	4
西 藏						
陕 西	32	259	75	88	61	
甘 肃	13	120	47	27	30	2
青 海	2	7	2	4		
宁 夏	14	69	26	19	9	10
新 疆	40	144	33	74	26	4

理机构

单位：个、人、人次、时

格水平	年龄结构				志愿服务	
社会工作师人数	35岁及以下人数	36岁至45岁人数	46岁至55岁人数	56岁及以上人数	志愿者服务人次数	志愿服务时间
120	**2486**	**3179**	**1634**	**337**	**2942**	**6485**
4	22	14	8	5	58	158
2	21	38	31	15	100	200
	44	28	23	2		
	20	21	24	7	7	32
12	68	117	66	15		
15	89	171	111	29	13	24
	40	150	58	15		
	33	88	32	8		
1	12	18	8	6		
6	78	126	67	16	555	1077
10	152	135	83	18	22	61
1	10	30	21	5		
13	136	223	119	26	67	492
	55	65	27	5		
2	47	40	22	6		
6	500	359	151	26	75	252
1	91	107	67	5		
2	160	200	59	11	5	10
18	256	388	198	35		
2	47	58	40	11		
	9	25	11	5		
	51	104	68	2	163	341
3	120	180	115	14	3	8
6	148	138	58	9	1689	3270
7	81	114	37	10		
5	95	102	54	8	81	288
2	47	49	15	9		
	2	3	2			
2	10	23	30	6		
	42	65	29	8	104	272

C−3−16续表

地区	企业会计制度财务指标			
	固定资产原价	营业收入	费用合计	营业利润
全　国	**14991.3**	**5071.8**	**2905.7**	**704.1**
中央级				
北　京				
天　津				
河　北				
山　西				
内蒙古	538.0	80.0	20.0	8.0
辽　宁				
吉　林	716.7	408.5	342.1	27.7
黑龙江	3850.3	1156.6	641.7	330.5
上　海				
江　苏				
浙　江	41.7	266.0	36.5	32.0
安　徽				
福　建	867.0	1157.0	465.0	210.0
江　西	200.0			
山　东				
河　南				
湖　北	23.0			
湖　南	6629.0	357.0	524.0	
广　东	36.0	90.0	80.0	
广　西				
海　南	50.0			
重　庆	200.0			
四　川	649.7	682.5	394.5	68.3
贵　州	167.4	519.4	359.0	20.6
云　南	207.9			
西　藏				
陕　西				
甘　肃	430.6	158.4	21.0	7.0
青　海				
宁　夏	40.0	15.0	14.0	
新　疆	344.0	181.4	7.9	

单位：万元

事业单位会计制度财务指标			民间非营利组织会计制度财务指标		
固定资产原价	本年收入合计	本年支出合计	固定资产原价	本年收入合计	本年支出合计
107534.4	**120840.4**	**127226.8**	**13634.2**	**2859.2**	**3347.9**
1312.9	11662.4	4331.7			
3393.3	11343.7	23741.0			
3581.7	1356.8	1353.1			
240.7	1099.1	1087.6	8.0	3.0	4.0
1749.6	1885.0	2008.0			
1032.5	3429.7	3424.1		10.0	10.0
4559.6	3956.2	2832.6			
2435.7	1026.7	1474.8			
683.3	6227.1	6100.6			
4790.0	6161.0	6162.2	414.0	1355.6	1060.3
3357.5	10115.9	9959.0	130.0	435.0	435.0
5041.7	998.0	1198.5		15.0	6.4
7319.3	6808.8	7151.6			
944.6	533.0	522.6			
772.7	150.8	601.8	127.2	421.1	440.1
1291.0	3386.6	3429.3	10.0	2.0	2.0
9250.9	2254.1	2381.1	29.0	2.5	2.5
8823.6	3853.8	3856.3			
11700.1	21611.9	21650.0			
2449.1	3729.7	3674.1			
7822.8	1989.3	2447.0			
3638.3	4746.6	4686.4	1901.0	441.4	451.4
5465.3	2866.0	3257.8	10001.0	163.6	900.2
1411.1	1269.0	1277.2	100.0	5.0	2.0
661.7	2008.1	2160.8			
8497.4	2577.1	2554.1			
344.2	2160.5	2164.4	5.0		0.1
257.1	141.4	119.4			
422.8	1059.9	1080.7	1.0	1.0	2.0
4283.9	432.2	539.0	908.0	4.0	31.9

C-4-1 其他

地　区	单位数	年末职工人数	女性	受教育程度	
				大学专科人数	大学本科及以上人数
全　国	**1876**	**16069**	**7521**	**3960**	**7166**
中央级	28	1323	659	110	1146
北　京	63	828	390	138	598
天　津	20	175	95	42	114
河　北	34	629	351	103	98
山　西	71	608	297	152	235
内蒙古	26	246	103	61	141
辽　宁	112	712	344	197	403
吉　林	10	119	53	10	9
黑龙江	25	233	106	73	81
上　海	39	469	284	94	332
江　苏	67	581	280	142	250
浙　江	145	735	355	149	400
安　徽	23	148	62	44	44
福　建	49	245	109	57	148
江　西	364	1368	476	299	297
山　东	50	466	214	106	186
河　南	131	1420	648	412	497
湖　北	68	620	293	183	200
湖　南	103	856	404	238	258
广　东	33	423	231	110	273
广　西	63	787	364	298	260
海　南	8	67	25	29	24
重　庆	22	138	48	55	65
四　川	137	1143	556	325	540
贵　州	47	581	230	182	176
云　南	36	249	103	76	101
西　藏					
陕　西	40	387	204	117	95
甘　肃	24	229	70	66	68
青　海	3	15	9	5	10
宁　夏	10	73	26	21	13
新　疆	25	196	132	66	104

事业单位

单位：个、人、人次、时

职业资格水平		年龄结构				志愿服务	
助理社会工作师人数	社会工作师人数	35岁及以下人数	36岁至45岁人数	46岁至55岁人数	56岁及以上人数	志愿者服务人次数	志愿服务时间
311	**475**	**5444**	**5649**	**4046**	**930**	**10301**	**26208**
12	34	539	411	290	83		
16	28	273	266	230	59	170	510
8	11	39	71	57	8	200	400
	7	242	192	164	31	680	2930
11	22	143	208	211	46		
2	9	84	73	73	16		
2	6	234	282	165	31		
		50	28	30	11		
3	2	100	89	41	3		
20	38	167	156	110	36		
37	39	148	226	173	34	622	1930
11	47	246	248	198	43	4002	7147
4	3	27	51	64	6		
4	17	85	81	72	7	101	410
39	39	440	651	237	40	835	3277
6	15	148	156	129	33	2595	6877
38	33	523	460	341	96	139	466
6	6	203	222	156	39	146	345
3	13	279	309	206	62	57	125
8	17	142	158	102	21	27	132
12	19	287	254	208	38		
6	1	24	20	19	4		
1	2	30	54	49	5	102	216
36	36	454	378	236	75		
10	8	130	198	212	41	453	1084
12	9	122	95	24	8		
2	1	141	146	88	12	122	259
2	4	71	59	78	21	50	100
		7	4	4			
	1	10	17	31	15		
	8	56	86	48	6		

C-4-1续表

地 区	事业单位会计制度财务指标			
	固定资产原价	本年收入合计	本年支出合计	营业利润
全 国	**32418.7**	**21799.1**	**11812.1**	**1967.7**
中央级	28728.2	19349.2	10763.8	2479.1
北 京	181.5	1983.5	221.7	5.5
天 津				
河 北				
山 西	3.0	1.0	1.0	
内蒙古				
辽 宁				
吉 林				
黑龙江				
上 海				
江 苏	166.9	61.3	69.0	
浙 江	1446.5	103.6	513.4	-416.3
安 徽				
福 建				
江 西	715.0	50.0	35.0	1.0
山 东				
河 南				
湖 北				
湖 南				
广 东				
广 西				
海 南				
重 庆				
四 川	24.9		3.0	
贵 州	1085.7	200.5	203.0	-101.6
云 南	30.0	50.0	1.2	
西 藏				
陕 西				
甘 肃				
青 海				
宁 夏	16.0		1.0	
新 疆	21.0			

单位：万元

民间非营利组织会计制度财务指标		
固定资产原价	本年收入合计	本年费用合计
543286.2	**497407.4**	**588582.4**
117283.2	108278.2	185515.6
82615.5	70358.4	76116.6
8717.5	4548.3	4532.8
7479.1	7798.2	8399.7
19348.0	9224.9	10587.0
1709.0	4065.4	4093.1
8977.0	12671.4	12980.9
42.9	232.2	212.3
8746.4	4929.8	4920.6
31197.3	30336.9	29828.0
12654.0	23169.6	23655.5
18706.1	40050.3	40467.5
1035.7	1240.3	1257.8
3063.8	5920.4	12281.4
8471.4	12624.9	11826.8
1891.4	6748.0	6863.1
13364.0	17742.2	16156.2
17019.7	11029.7	11236.6
15695.3	11452.9	11588.2
31243.7	23675.2	24352.7
35355.7	12372.3	12981.2
866.5	6606.4	6043.4
2677.8	4171.9	4994.7
57142.5	27265.2	25144.6
11708.1	20969.7	23537.3
1480.2	1855.7	1947.7
3604.4	4806.9	4690.9
12805.7	4501.4	4144.9
220.1	3095.3	1908.4
349.7	150.2	161.2
7814.5	5515.2	6155.7

第六部分

附 录

《中国民政统计年鉴-2017》勘误

1.《中国民政统计年鉴-2017》第266页，排版错误，修改后见625页内容；

2.《中国民政统计年鉴-2017》第220-221页，数据错行，修改后见626-627页内容；

3.《中国民政统计年鉴-2017》第508-511页，数据错行，修改后见628-631页内容。

C-1-16续表3

地区	社会福利	儿童福利	孤儿生活补助	老年人福利	高龄补贴	护理补贴	养老服务补贴
全国	**7534094.3**	**562632.3**	**391660.4**	**2612433.7**	**1419655.6**	**39013.0**	**486244.3**
中央级	17827.9						
北京	331694.5	25698.3	3036.8	138901.0	10649.8	2261.4	67828.6
天津	129640.2	4680.4	1532.7	33862.4	4966.2	444.7	9787.7
河北	248756.5	15877.8	13250.7	88707.6	47617.9	1052.9	20126.8
山西	123380.1	11673.5	8298.0	33744.8	4301.7	709.4	13296.1
内蒙古	192802.7	10611.5	10590.3	61511.6	41779.2	183.4	4604.9
辽宁	156576.3	13454.7	7053.1	35798.9	14045.6	2160.9	11185.8
吉林	90798.9	4197.0	3168.2	17359.9	4201.3	532.9	9038.9
黑龙江	133153.9	6536.7	5791.2	22094.2	8148.6	1880.4	10727.0
上海	602473.9	5338.1	3818.3	447603.2	364382.5	637.5	29026.9
江苏	544463.0	36343.8	18395.5	221109.8	118930.4	3215.5	43041.5
浙江	464686.4	16728.4	5973.4	155528.2	26472.0	1081.4	37196.0
安徽	249740.0	23166.4	22905.2	78487.0	47126.5	1400.6	18692.1
福建	223292.3	5458.5	4379.2	26454.5	10943.5	239.6	7682.2
江西	111851.9	32382.3	22166.0	32615.8	20373.1	964.8	1758.9
山东	407359.0	21935.3	16062.5	158076.4	50996.0	6515.7	45332.4
河南	241360.7	27001.4	21726.7	60847.0	35609.3	547.8	10923.5
湖北	245194.6	18665.6	14342.1	73518.7	51599.1	3709.4	8919.1
湖南	312310.0	28335.7	21318.0	50941.4	13407.2	1367.1	11451.9
广东	553255.2	51881.5	45793.0	177447.1	141432.9	1257.4	20749.9
广西	239413.6	21421.2	15356.2	81675.7	48321.3	31.3	3271.6
海南	60620.7	4064.2	938.5	24534.7	20899.7	36.8	513.6
重庆	163857.2	10136.2	4739.0	41692.8	16046.6	1310.7	8485.5
四川	442223.4	36146.2	25383.3	118393.2	62145.7	2598.8	33707.7
贵州	167888.8	18140.0	16533.9	56284.5	26429.0	715.7	7685.8
云南	147924.1	32662.0	22204.2	37297.2	23420.6	884.7	3714.1
西藏	24255.8	5816.5	4434.9	2886.9	625.4	63.9	236.4
陕西	351300.3	14416.1	11369.8	166046.2	152687.2	1243.4	8205.2
甘肃	162454.3	16951.3	12033.9	29674.8	1903.3	956.6	19792.5
青海	111559.9	19128.4	10160.8	48649.6	25452.2	663.1	12304.1
宁夏	30427.4	5011.9	3578.9	16124.2	292.7		4417.0
新疆	251550.8	18771.4	15326.1	74564.4	24449.1	345.2	2540.6

注：此页为《中国民政统计年鉴-2017》第266页内容。

C-1-11 社会服务

地区	收入合计	上年结余	本年收入合计	本年实际支出
全国	**58808470.6**	**3382117.9**	**55426352.7**	**54401503.4**
中央级	323404.7	68794.9	254609.8	165749.1
北京	3049234.4	425980.4	2623254.0	2558934.6
天津	1055974.7	151382.6	904592.1	895069.9
河北	2283428.2	116258.7	2167169.5	2115331.3
山西	1526695.6	158481.9	1368213.7	1291517.7
内蒙古	1556557.2	95012.2	1461545.0	1400524.5
辽宁	1892242.7	28934.0	1863308.7	1845473.1
吉林	1059535.6	16717.7	1042817.9	1041251.7
黑龙江	1547118.4	20883.4	1526235.0	1526756.7
上海	1724294.7	197498.2	1526796.5	1532275.2
江苏	2917962.0	43149.7	2874812.3	2872252.8
浙江	2015620.7	94203.4	1921417.3	1899440.0
安徽	1978753.7	9015.8	1969737.9	1970515.8
福建	1179431.2	107906.2	1071525.0	1041706.7
江西	1718069.4	111.4	1717958.0	1717261.4
山东	3056256.5	8651.0	3047605.5	3048812.9
河南	2575697.1	65374.9	2510322.2	2469598.6
湖北	2732479.2	45090.2	2687389.0	2423266.1
湖南	2751678.2	38783.4	2712894.8	2716411.4
广东	3183990.2	83958.9	3100031.3	3056715.3
广西	1839496.2	212067.0	1627429.2	1577969.5
海南	463888.2	117559.5	346328.7	300733.3
重庆	1410380.5	89556.3	1320824.2	1299701.7
四川	3705685.9	206172.7	3499513.2	3486433.8
贵州	2160583.1	458051.3	1702531.8	1602657.5
云南	2532940.9	174866.7	2358074.2	2348845.7
西藏	257410.3	12410.2	245000.1	235821.1
陕西	2106494.6	95324.5	2011170.1	2020674.1
甘肃	1732787.9	75138.9	1657649.0	1631306.1
青海	504149.4	3881.1	500268.3	492304.9
宁夏	534403.3	100110.2	434293.1	420877.6
新疆	1431825.9	60790.6	1371035.3	1395313.3

事业费收支简表

单位：万元

收支结余	用事业基金弥补收支差额	结余分配	年末净结余
4406967.2	**127269.5**	**216107.0**	**4318129.7**
157655.6	432.3	1927.0	156160.9
490299.8	5622.7	12000.2	483922.3
160904.8	2162.3	5846.6	157220.5
168096.9	3695.4	5134.8	166657.5
235177.9	479.7	559.5	235098.1
156032.7	8075.5	8075.5	156032.7
46769.6	1990.9	347.1	48413.4
18283.9	3950.6	3116.6	19117.9
20361.7	856.2	543.3	20674.6
192019.5	741.0	8454.0	184306.5
45709.2	1101.7	4127.1	42683.8
116180.7	0.2	11010.2	105170.7
8237.9	18.8	1734.4	6522.3
137724.5	1431.3	3416.2	135739.6
808.0			808.0
7443.6	75.1	275.1	7243.6
106098.5		963.2	105135.3
309213.1	12717.4	17793.5	304137.0
35266.8	375.8	535.0	35107.6
127274.9	1382.4	22204.2	106453.1
261526.7	9480.5	15042.7	255964.5
163154.9	20233.5	28038.3	155350.1
110678.8	7554.7	10406.2	107827.3
219252.1	9359.7	10877.8	217734.0
557925.6	230.0	772.0	557383.6
184095.2	8550.4	18526.3	174119.3
21589.2	17545.4	20489.2	18645.4
85820.5	6159.9	316.5	91663.9
101481.8			101481.8
11844.5			11844.5
113525.7	3046.1	3574.5	112997.3
36512.6			36512.6

注：此跨页为《中国民政统计年鉴－2017》第220－221页内容。

C−2−36 城市最低

地　区	城市最低生活保障人数	按人员性质分类					
		#女性	#残疾人	#重度残疾人	老年人	成年人	在职人员
全　国	**14802422**	**6435570**	**1564792**	**75609**	**2579514**	**9508534**	**226764**
中央级							
北　京	81882	35824	18178		13140	47690	4625
天　津	121684	61158	20050	15788	18348	75611	3466
河　北	475772	214272	39551	4377	77296	297869	7471
山　西	530928	232104	43901	390	62590	326737	10776
内蒙古	491401	242063	74495	7140	68630	381373	1028
辽　宁	620121	258030	107798	295	81126	399852	5941
吉　林	678281	326550	79602		60771	575533	290
黑龙江	1111158	499790	132359	563	112275	851528	7400
上　海	168225	62359	29843		5340	127065	11408
江　苏	248442	111469	33581	410	68555	137563	3400
浙　江	108937	39971	32221	5280	25156	63142	2545
安　徽	544104	233187	69672	1	167946	299232	4967
福　建	85879	35546	17207	388	20924	52218	1087
江　西	895682	351387	121355	3715	182587	526273	23212
山　东	308575	130883	30181	9901	53007	206389	9124
河　南	821176	323303	56154	730	189625	489660	8378
湖　北	552887	261462	41381	36	104437	388594	46357
湖　南	1118173	460866	89999	1240	269274	658779	8738
广　东	254644	94815	35458	227	63130	139542	6478
广　西	226134	90303	21887	8668	52706	139633	2741
海　南	75354	33211	8452	105	9176	52693	1128
重　庆	347765	158073	63206		41601	233282	601
四　川	1344965	507207	192133	8626	301757	815077	14622
贵　州	358188	148790	26941	2747	60137	225345	5152
云　南	896829	435193	24516	28	209106	582811	5236
西　藏	35856	15373	2378	204	8299	20959	3585
陕　西	420888	205921	21740	2	35787	239338	2894
甘　肃	699949	289055	34034	20	64356	461607	5139
青　海	163213	85053	7367	562	22547	107378	2235
宁　夏	145716	63235	12426		14859	93682	1195
新　疆	869614	429117	76726	4166	115026	492079	15545

生活保障

单位：人、户

按年龄分类				城市最低生活保障户数
灵活就业	登记失业	无就业条件	未成年人	
3043739	**2529273**	**3708758**	**2714374**	**8553041**
9851	20773	12441	21052	48802
7134	36832	28179	27725	74543
93843	66560	129995	100607	273883
153561	49626	112774	141601	280134
189375	68293	122677	41398	304482
79487	162121	152303	139143	372927
111294	459993	3956	41977	454143
107911	182303	553914	147355	674024
2047	51597	62013	35820	118379
21434	30772	81957	42324	141682
13757	19264	27576	20639	75735
100318	50962	142985	76926	344490
15095	10636	25400	12737	54017
197322	159833	145906	186822	431927
77322	73139	46804	49179	172849
141202	136137	203943	141891	512972
178781	66611	96845	59856	340349
119317	192426	338298	190120	662452
53948	22340	56776	51972	132521
84490	27836	24566	33795	121741
5862	4222	41481	13485	36227
105042	43177	84462	72882	214749
261026	191949	347480	228131	819361
75540	34565	110088	72706	202678
452664	67810	57101	104912	591769
5796	3581	7997	6598	20590
103598	69050	63796	145763	210320
126272	125925	204271	173986	294272
19819	6637	78687	33288	81027
37416	18674	36397	37175	77071
93215	75629	307690	262509	412925

注：此跨页为《中国民政统计年鉴−2017》第508−509页内容。

C-2-37 农村最低

地区	农村最低生活保障人数	纳入扶贫建档立卡对象	按人员性质分类		
			女性	残疾人	重度残疾人
全国	**45864626**	**380472**	**17741561**	**4902056**	**380472**
中央级					
北京	46779		18876	16582	
天津	101600	14290	41613	19202	14290
河北	1894573	44366	697601	192567	44366
山西	1185256	1138	456764	139339	1138
内蒙古	1127626	17997	557109	158053	17997
辽宁	778820	1971	285120	104146	1971
吉林	786780		383496	486734	
黑龙江	1209362	1247	568167	77919	1247
上海	33778		17219	11059	
江苏	1098910	367	435737	114727	367
浙江	713704	30345	273241	203422	30345
安徽	1498194	264	611985	221804	264
福建	461493	4736	186463	78853	4736
江西	1800571	11119	612152	319718	11119
山东	2176628	102476	815103	238949	102476
河南	3280238	2475	1097961	293953	2475
湖北	1382491	424	625038	180139	424
湖南	2902350	2328	1021681	293870	2328
广东	1451361	55	458198	147772	55
广西	2905689	91409	1108178	177337	91409
海南	182906		82224	16096	
重庆	589830		266702	89820	
四川	3566780	33055	1087353	592631	33055
贵州	3048113	19649	1093273	200060	19649
云南	4229418	73	1897645	134303	73
西藏	257236	159	107202	10855	159
陕西	1303725		567146	119239	
甘肃	3247111	108	1237541	108131	108
青海	515836	421	228525	12904	421
宁夏	422218		146023	40949	
新疆	1665250		756225	100923	

生活保障

单位：人、户

按人员年龄分类					农村最低生活保障户数
老年人	成年人	有劳动条件	无劳动条件	未成年人	
18588539	**22152115**	**1114429**	**1051362**	**5123972**	**26352666**
19755	21510		1	5514	28925
29771	54761			17068	49188
1113577	673191	95934	118350	107805	1375141
694214	436136	1	2	54906	913568
698157	402084	53304	56612	27385	872911
366160	358339	489	2861	54321	533570
463136	294561		4521	29083	607785
636854	519117		11698	53391	800027
12438	19663		136	1677	27326
436774	534750	2391	2467	127386	592108
269485	367295	615	5982	76924	466070
655494	711192	447	690	131508	871247
139439	262689		6	59365	242437
548391	980286	19644	16666	271894	875272
1273833	770885	376481	430583	131910	1608429
1780682	1277103	11172	17362	222453	2629574
518664	731943			131884	807755
1306386	1370346	1307	3629	225618	1778908
449548	684422	1026	2579	317391	606658
891821	1415914	386311	192265	597954	1019010
39322	106471			37113	78339
106133	394118			89579	313426
1646309	1561495	89278	156963	358976	2243946
1054330	1503469	69641	25959	490314	1450352
1460921	2370326		1	398171	2514310
97880	105969	5968	1978	53387	87061
435493	732146	2	4	136086	585493
712729	2052336	418	47	482046	1082349
82550	307484			125802	153834
142259	251173			28786	324065
506034	880941			278275	813582

注：此跨页为《中国民政统计年鉴-2017》第510—511页内容。